KB165793

중국현대경제사

개혁과 전환,
그 역사구조적
전개

當代中國
經濟
改革

1956-2020

현대의
고전
20

중국현대경제사 1956-2020

개혁과 전환, 그 역사구조적 전개

우징롄 지음 **김현석 이홍규** 옮김

當代中國 經濟 改革

글항아리

제 1 부

총론

일러두기

〔 〕는 옮긴이 및 편집자 주다.

제 1 장

계획경제의 건립과 개혁 문제의 제기

1956년 중국공산당 제8차 당대회에서 '경제관리체제 개혁' 추진을 결정한 것부터 계산하면 중국의 경제체제 개혁은 이미 반세기를 넘었다. 전 지구적 범위에서 보면 중국의 개혁 추진 노력은 독립적인 현상은 아니다. 같은 시기에 여타 많은 사회주의 국가 역시 많든 적든 시장의 힘을 도입하는 방법으로 개혁을 진행하여 소련식 중앙집권적 계획경제체제('명령경제'[1]체제라고도 부른다)의 효율 저하 문제를 극복하고자 했다. 중앙집권적 계획경제체제 개혁이 세계적 현상이었다지만 다음과 같은 질문들을 피할 수는 없다. 사회주의 국가가 중앙집권적 계획경제체제를 사회주의의 표준적 경제 모델로 삼았던 이유는 무엇인가? 이러한 체제 수립 이후 사회주의 국가들이 잇따라 경제체제 개혁을 제기한 이유는 무엇인가? 이 장은 역사적 측면에서 그리고 논리적으로 이 두 가지 문제를 토론해볼 것이다.

1. 사회주의자의 경제체제 구상

사회주의 국가의 경제 개혁의 기점인 중앙집권적 계획경제체제는 사회주의자가 제시한 사회적 이상이 경제제도에 체현된 것이다. 그러나 초기 사회주의자들은 역사적 조건 때문에 실현 가능한 제도 설계를 제시하지 못했다. 이후 200여 년의 발전을 거쳐 카를 마르크스(1818~1883)와 프리드리히 엥겔스(1820~1895)가 이전의 사회주의 사상을 대거 흡수하고 참고해 비로소 실현 가능성이 있는 사회주의 경제체제 구상을 보여주었다.

1.1 초기 사회주의자의 이상사회

'사회주의socialism'란 말은 1920년대에야 비로소 영국과 프랑스 양국에서 유행하기 시작했지만[2] 16세기 초 서구의 봉건 장원제도가 와해되고 자본주의의 서광이 막 비칠 무렵, 사회주의자의 기본 주장은 이미 일부 선구자에 의해 제시되었다. 이러한 종류의 사회주의적 주장은 자본주의라는 새로운 사회 탄생의 진통 중에 몸부림치던 노동 대중의, 전환기의 여러 사회적 불공정에 대한 항거와 좀더 바람직한 사회에 대한 갈망을 반영한 것이었다.

자본주의의 탄생은 1000여 년 동안 지속되어온 서구 봉건 장원제를 타파하고 고용 노동을 기본 특징으로 하는 경제제도를 건립한 것이다. 바로 이러한 새로운 사회제도를 기반으로 서구사회는 이후 수백 년간 비약적인 발전과 진보를 실현했다. 마르크스와 엥겔스는 『공산당 선언』에서 말하길 자산계급이 마법을 쓴 것처럼 사회적 노동 속에 잠자고 있던 생산력을 깨웠는데 100년도 되지 않는 통치 와중에 창조해낸 이 생산력이 과거 모든 세대에서 만들어낸 어떤 생산력보다도 더 크고 막대하다고 했다.[3]

그러나 새로운 사회는 탄생의 진통을 겪는데 이는 많은 기층 민중에게 심각한 상처를 입힌다. 장원제라는 뱃속에서 태동된 자본주의 경제제도의 중심 행위는 대토지 자산을 기반으로 하는 인신의 종속관계를 와해시켜 농노를 그들이 종속되었던 봉건영주의 토지로부터 해방하고 노동력 시장에 진입시키는 데 있었다. 영국을 예로 들면, 15세기 말부터 영국의 방직업은 빠른 속도로 발전하여 양모 등의 농산품 가격이 대폭 상승했다. 사리 추구의 충동이 커지자 귀족과 교회 성직자들이 공공 목장을 대대적으로 점거하고 노동자를 고용하여 양들을 길렀다. 수많은 농민은 이로 인해 인신의 자유를 얻었으나 오히려 생계 수단으로 의지했던 토지를 잃고 아무것도 갖지 못한 채 부랑하는 무산계급으로 전락했다. 그들은 도시로 유입되어 머물 곳과 생활의 활로를 찾았다. 하지만 통치자는 채찍질, 귀 절단, 교수형 등을 포함한 여러 가지 혹독한 형벌과 잔혹한 사법 처리를 통해 무직의 유랑민들을 처벌했다. 설령 수공업 작업장이나 공장 등에서 요행히 일자리를 얻었다 해도 그 노동 조건과 생활 처우 역시 열악하고 비참했다.

이러한 상황에서 몇몇 선구적 사상가들이 떨쳐 일어나 당시 일반적이던 사회적 불공평을 비판하면서 이상사회에 대한 자신의 구상을 제시했다. 1516년 영국의 귀족 고관 신분이던 토머스 모어*는 『가장 완벽한 국가제도와 유토피아에 관한 유익하고 재미있는 저작』(약칭 『유토피아』)이란 이름의 책을 썼는데, 책 속 항해자의 입을 빌려 부를 위해서라면 인정도 없는 자들의 무자비한 침탈을 비난하면서 '한편에서는 빈곤을 감당키 어렵고 다른

• 토머스 모어Thomas More(1478~1535). 잉글랜드의 인문주의자였고 신실한 천주교도였으며 선구적인 사회주의 사상가로서 일찍이 영국의 대법관을 역임했다. 영국 왕 헨리 8세의 영국 교회 수장 지위를 인정하지 않은 까닭에 결국 헨리 8세에 의해 처형당했다. 1516년 라틴어로 쓴 『유토피아』라는 책을 통해서 그의 마음속 이상사회를 묘사해 후대의 사회주의 사상 형성에 중요한 영향을 끼쳤다.

한편에서는 오히려 끝없이 사치스러운' 추악한 사회 현상의 소멸을 호소하며 '유토피아Utopia'라는 이름의 아름다운 국가를 묘사했다. 이 국가 안에서는 모든 재산이 공유되어 전체 시민이 모두 평등하고 풍족한 생활을 향유할 수 있었다. 이것이 사회주의 사상의 첫 번째 외침이다.

모어 이후에 허다한 사상가가 유사한 방식으로 자신의 사회적 이상을 제시했다.[4] 이러한 초기 사회주의자들의 사회 이상은 사회적 공평과 공동 부유다. 그들이 이러한 이상에 근거해 구상한 사회경제체제는 두 가지 공통적인 특징이 있다.

첫째, 부富의 사회적 공유를 실행한다. 모어의 견해에 따르면 '사회가 행복을 얻는 유일한 탄탄대로는 바로 만인의 경제적 평등에 있으며 내가 보기에 재물을 사유재산으로 소유할 수 있는 곳은 이것이 불가능하다. 왜냐하면 만약에 사람마다 모두 일정한 구실과 법률의 명의를 빌려서 재물을 빼앗아 자기 것으로 만들 수 있다면 전국의 부는 소수의 소유로 귀착될 뿐이며 그 여타 대중에게 남은 것은 단지 고난과 궁핍뿐이기 때문이다'.[5]

둘째, 새로운 사회에서 화폐와 시장의 존재를 부정했다. 원래 부의 공유에서 출발했기에 상품화폐 관계를 부정하는 결론을 논리에 맞게 도출해낼 수 있었다. 그러나 초기 사회주의자들은 항상 매우 감정적으로 돈과 시장제도에 대한 부정적 태도를 드러냈다. 신구新舊 사회의 과도기 중에 권력을 장악한 과두 귀족 가문은 당시 봉건 질서가 이미 와해되고 기본적 시장 질서가 수립되는 기회를 이용하여 수단 방법을 가리지 않고 재산을 탈취하여 거부가 되고자 했는데, 이로 인해 일부 하층 대중이 봉건 장원제도의 와해 과정에서 혁명적 작용을 한 시장을 고난의 근원으로 오해하고 시장제도에 대한 두려움과 적개심을 가졌기 때문이다. 예컨대, 모어의 『유토피아』에서는 황금은 화폐에 대한 증오를 보여주기 위해 변기와 형구를 만드는 데만 사용될 뿐이다. 이러한 종류의 정서 성향은 모어 등 앞선 사상가들에게서 후대의 사회주의자들이 계승한 중요한 사상 유산이다.[6]

17~18세기에 이르러 자산계급은 영국, 프랑스 등의 국가에서 차례로 정권을 획득했고 아울러 자본주의의 신속한 발전을 위한 길을 열었다. 그들의 자유, 평등, 박애에 관한 인식은 많은 평민과 무산자에게는 여전히 비현실적 환상에 불과했지만 사람들에게 일체의 생활 영역에서 권리의 평등, 공동 부유, 사회 공정의 이상을 쟁취하도록 하여 자신의 정치경제적 지위를 변화시키고자 갈구하는 노동자 사이에서는 거대한 흡인력과 호소력을 가졌다. 그래서 사회주의 사조는 19세기에 영향력 있는 사회운동으로 발전했다. 3대 비판적 사회주의자인 생시몽(1760~1825), 샤를 푸리에(1772~1837), 로버트 오언*이 바로 이러한 사조의 중요한 대표적 인물이다. 그들은 모어 등 16~17세기의 사회주의자와 마찬가지로 소생산의 틀을 벗어날 수 없었고 여전히 가부장적이고 자급자족적인 소공동체를 이상사회 구상의 기본적인 모델로 삼았다. 이로 인해 그들의 이론은 도덕적 비판과 이상주의적 색채가 짙었고 따라서 마르크스와 엥겔스에게 '공상적 사회주의자'로 불리게 되었다.

● 로버트 오언Robert Owen(1771~1858). 영국의 성공한 방직업 공장주이며 19세기 공상적 사회주의, 협동적 사회주의의 대표 인물. 오언은 『래나크주에 대한 보고서Report to the County of Lanark』『사회에 대한 새로운 의견A New View of Society』『새로운 도덕세계의 책The Book of the New Moral World』 등의 유명한 저작에서 사회주의 사상을 선전했고 또한 직접 미국과 영국에서 '뉴하모니 공동체' '전국등가노동거래소' 등의 사회주의 실험을 실행했다.

모어의『유토피아』와 오언의 '평행사변형'[7]

모어는『유토피아』제2장에서 그와 다른 한 명의 허구 인물과의 대화로 자신의 마음속 이상사회를 묘사했다. 유토피아라는 이름의 섬 위에 54곳의 도시가 광활한 농촌 사이로 고르게 분포되어 있다. 각 도시는 4개의 동일한 구區로 나뉘어 6000가구의 주민이 거주하고 있으며 각 가구 주민의 수는 모두 10~16명 사이다. 도시의 적령기 인구는 모두 노동을 해야 하며 매일 6시간 일을 한다. 제품은 각 구의 중심에 위치한 시장에 집중되어 있고 각 가구의 호주戶主가 필요한 만큼 가져가는 역할을 맡는다. 주민들은 30가구당 1식당 규모로 모여서 식사를 하고 가장 맛있는 음식은 노인이 먼저 먹게 하며 그후 모든 이에게 평균적으로 분배한다. 향촌에서는 각 가구가 40명 정도이며, 그 외 2명의 농노가 있다. 각 농가는 모두 자급자족하며 없는 물품은 도시에서 수령할 수 있다. 각 도시 가정은 매년 20명을 향촌에 파견하여 농업 노동에 종사해야 하며 향촌도 매년 20명을 도시로 되돌려보낸다. 유토피아에는 빈둥거리는 사람이 없기 때문에 풍부한 물품을 생산해낼 수 있다. 도시 간에는 서로 유무상통할 수 있으나 교환을 위해 화폐를 사용할 필요는 없다. 그들은 대량의 잉여 생산품을 국외로 운송하여 자신에게 부족한 생산품과 교환하여 돌아온다. 유토피아의 모든 재산은 어떤 개인에게도 속하지 않는다. 그러나 유토피아의 사람들 역시 계급 간 구분이 있다. 공공업무를 관리할 관원을 선거로 뽑는 것을 제외하고도 500명의 학자를 선출해야 하는데 이들은 노동에 참가할 필요가 없다. 관원과 학자는 모두 특별한 배려를 받는다. 유토피아에는 또한 사회 최하층에 처한 노예계급이 있는데 그들은 죄수와 자원해서 온 외국인으로 구성되며 가축의 도축 등 하등 직업에 종사한다.

농업과 수공업 생산 방식의 기반 위에 건립된 데다 부족함의 걱정도 없는 모어의 이러한 유토피아는 후대 사람들이 사회주의적 이상사회를 표현하기 위해 근거로 삼는 원본 가운데 하나가 되었다.

300년 뒤인 1820년 영국의 공장주였던 오언은 『래나크주에 대한 보고서』에서 협동 노동, 지출 공동 부담, 재산 공유와 권리 평등의 기본 원칙에 기반한 사회주의 구상을 제시했다. 오언은 주 정부에 자신의 건의를 제출했을 뿐 아니라 자신이 가지고 있던 뉴래나크 공장에서 노동자의 업무와 생활 조건을 개선하는 실험을 시작했다. 이 실험은 매우 큰 성공을 거두었지만 오언의 지향은 더욱 원대했다. 그는 커뮤니티의 코뮌을 기점으로 전체 사회를 개혁하고자 했다. 1825년 오언은 미국 인디애나주의 토지를 사들인 후 주택을 설계하고 건축하여 '뉴하모니' 커뮤니티 건설의 사회적 실험을 시작했다.

'오언의 평행사변형Owen's parallelograms'이라고 불린 커뮤니티 설계에서 각 촌락의 주민 수는 500~2000명 사이로 제한되었다. 농산물 재배 면적은 600~1800에이커다. 촌락의 중심은 큰 평행사변형 건축으로 그 네 변은 몇 개의 구역으로 나누어졌는데 어떤 곳은 성인의 침실과 응접실, 입학 아동의 공공 기숙사 등이었고 어떤 곳은 제품 보관용 창고, 객실, 진료소 등이었으며 교회, 학교, 주방, 식당 등 공공시설도 있었다. 모든 사람은 식당에서 식사를 했다. 코뮌은 수요에 의거해 생산하고 물자와 각 개인의 노동 공헌도에 근거해 그들에게 '노동 증서'를 발급하여 코뮌 내부의 교환에 사용했다. 코뮌 간에는 잉여 생산품을 서로 교환할 수 있었다. 사람들은 통일된 복장을 하고 통일된 교육을 받았으며 자유롭게 직업을 교환할 수 있었고 원하는 대로 소비 물품을 받을 수 있었다.

이러한 실험은 단 2년간 지속되었다가 실패했다. 가난해진 오언은 1829년 영국으로 돌아간 이후 평등한 노동 교환 시장 등 사회주의 실험을 계속 진행했지만 모두 실패로 끝났다.

1.2 마르크스의 '과학적 사회주의'와 '사회대공장' 모델

마르크스주의의 창시자 마르크스와 엥겔스는 초기 사회주의 창시자와 동일한 가치를 추구했다. 그러나 그들은 자본주의에 대한 도덕적 비판에 그치거나 혹은 전설적인 이상 국가에 대한 열망에 빠져 있지 않았고 자본주의 사회의 현실적 모순에서 출발하여 사회 발전의 방향과 경로를 탐구했다. 그들은 새로 등장한 기계 대공업에서 사회적 공평과 공동 부유를 실현할 이상사회의 물질적이고 기술적인 기반을 찾아냈다. 그들은 그들의 비판적 노력을 통해서 사회주의가 일종의 공상에서 엄밀한 과학적 논증을 거친 학설로 변했다고 보았으며 아울러 자신의 사회학설을 '과학적 사회주의'라고 불렀다.

마르크스와 엥겔스는 사회주의가 자본주의를 대체할 수 있는 까닭이 자본주의 사회의 생산력과 생산관계 사이 즉 사회화된 생산력과 자본주의의 사유제도 사이의 충돌에 있다고 보았다. 엥겔스는 마르크스 사회주의 이론의 과학성을 다음과 같이 논증했다.

모든 사회 변천과 정치적 변혁의 궁극적 원인은 영원한 진리와 정의에 대한 인간의 인식 속에서 찾을 것이 아니라 생산양식과 교환 방식의 변혁에서 찾아야 한다. 현존 사회제도의 불합리와 불공평함이 날로 분명해지고 있다는 인식은 일종의 징후로서 그것은 생산양식과 교환 방식에 어느덧 조용하게 변화가 발생하여 과거의 경제 조건에 적합했던 사회제도는 이미 이러한 변화에 적응하지 못하게 되었음을 의미한다. 동시에 이는 또한 이미 나타난 그 재앙을 없애기 위한 수단 역시 얼마간 발전한 형태로서 변화된 생산관계 자체에 필연적으로 존재함을 뜻한다. 일찍이 매뉴팩처와 그 영향을 받으며 발전한 수공업이 동업조합이라는 봉건적 질곡과 충돌하게 된 것처럼, 대공업도 더 높은 발전 단계에 이르러서는 자기를 틀어박아 두고 있는 자본주의적 생산양식이라는 좁은 틀과 충돌하게 된다. 새로운 생산력은 이미 그것의 부르주아적 이용 형식을 벗어날 만큼 성장했다. 현대 사회주의는 이 실제적인 충돌이 사상에 반영된 것에 지나지 않는다.[8]

이는 곧 산업혁명 이후의 경제 발전 과정에서 사회분업의 심화에 따라 생산이 개인 행위에서 일련의 사회적 행위로 변화되었으며 생산품 또한 개인의 생산품에서 사회적 생산품으로 변화했음을 의미한다. 이러한 나날이 사회화된 생산력과 자본주의 사유제도 간에는 극심한 충돌이 야기된다. 이러한 충돌은 사회생활의 각 방면에서 나타나는데 예를 들면 생산의 무한 성장 경향과 최소 소비 부족의 모순, 기업 내부의 계획성과 사회경제의 무정부 상태, 주기적으로 출현하는 경제적 위기, 무산계급의 빈곤화와 계급 모순의 첨예화 등이 출현한다. 엥겔스는 고도로 사회화된 생산력이 요구하는 생산에 대한 사회의 통일적 관리는 오직 사회 대중이 생산수단을 점유한 상황에서만 실현 가능하다고 말했다. 종합하면 자본주의의 기본 모순은 '오직 현대 생산력의 사회적 성격을 사실상 인정하고 따라서 생산, 점유 및 교환 방식을 생산수단의 사회적 성격에 적합하게 할 때에만 해결할 수 있다. 그런데 이것은 사회적 관리 이외의 다른 관리에는 적합하지 않을 정도로 발전

한 생산력을 공공연히, 그리고 직접 장악함으로써만 이루어질 수 있다.'9

　그들은 사유제를 공유제가 대체하며 이는 재산권의 사회화라고 말할 수 있고 이는 사람들의 주관적 소망에 의해 결정되는 것이 아니라 자본축적 과정에서 저절로 발생하는 일종의 '자연적인 역사 과정'이라고 보았다. '자본주의 축적 법칙'은 '대자본이 소자본을 삼키는 것'이다. '한 생산 부문에 투입된 전체 자본이 단일 자본으로 합병되면 집중은 더욱 극한에 이르게 된다. 한 사회 내에서 사회적 총자본이 한명의 개별 자본가 혹은 하나의 유일한 자본가 회사 수중에 합병될 때 집중은 극한에 이른다고 할 수 있다.'10 자본축적 과정에서 형성된 독점이 사회화된 생산력의 발전에 나날이 방해가 돼서 생산수단의 집중과 노동의 사회화가 자본주의적 외피와 양립할 수 없는 지점에 도달하게 되었을 때, '이러한 외피는 바로 파열될 것이다. 자본주의의 조종이 울릴 것이다. 수탈자가 수탈을 받을 것이다.'11

　생산수단을 독점했던 극소수 자본가에 대한 사회적 박탈이 완성되면 전체 사회는 생산수단 공유제의 기반 위에 건립된 대공장이 된다.12 이러한 종류의 '사회대공장社會大工廠' 방식의 경제에서 상품생산, 화폐교환 및 시장관계는 모두 소멸한다.

　이렇게 비할 바 없이 거대한 '사회대공장'은 어떻게 조직되고 관리될까? 마르크스는 그것은 '장차 하나의 연합체로서 그 속에서는 개인의 자유로운 발전이 만인의 자유 신장의 조건이다'라고 말했다.13 '자유인의 연합체'는 전 사회 규모의 로빈슨 크루소로서 이러한 연합체를 구성하는 전체 사회 구성원은 '공공의 생산수단을 사용하여 노동하며 아울러 자각적으로 그들의 많은 개인 노동을 사회 노동력으로 사용한다. 여기에서 로빈슨 크루소의 노동의 모든 특징 역시 재현되지만 그것은 개인적 차원이 아니라 사회적 형태로 재현되는 것이다.'14

20세기의 100년에 가까운 실험을 거친 상태에서 되돌아본다면 자본주의와 사회주의에 관한 마르크스주의의 주장을 어떻게 바라봐야 할 것인가? 자본주의 경제의 현대적 발전 상황을 놓고 보면, 19세기 자본주의 '강도 귀족robber baron'의 여러 정의롭지 않은 행위와 자본주의 경제 운용의 다양한 모순에 대한 마르크스주의 선구자들의 정곡을 찌르는 비판적 분석은 지금도 여전히 선견지명의 빛을 발하고 있다. 하지만 사회주의가 선진 자본주의의 폐허 위에서 건립될 것이라는 그들의 예언은 들어맞지 않았고 20세기에 소련을 위시로 잇따라 건립된 사회주의 국가들은 주로 발전이 뒤떨어진 나라에서 탄생했다. 이는 다음의 세 가지 요인과 관련이 있다.

우선, 마르크스의 자본주의 사회 모순에 대한 구체적인 분석은 그가 처했던 시대의 경제성장 방식을 배경으로 한다. 투자를 주요한 구동력으로 삼는 이러한 성장 방식은 필연적으로 자본 총량 중 '불변자본(물질자본)' 비중의 상승과 '가변자본(노동자 수입)' 몫의 감소를 야기한다. 19세기 후반 제2차 산업혁명이 발생한 이후에는 실제로 상황에 이미 커다란 변화가 있었다.[15] '근대적 경제성장'이라 불리는 새로운 성장 방식 가운데 기술 진보와 효율 제고가 경제성장의 주요 원동력이 되었고 이에 따라 마르크스가 제시한 '양대 경제 법칙' 즉 '평균 이윤율의 지속적인 하락' 법칙과 '상대적 과잉 인구(실업인구)의 끊임없는 증가' 법칙 역시 현실화되지 않았다.

자본주의 경제가 '대자본의 소자본 침탈'을 통해 하나의 '사회대공장'으로 발전한다는 마르크스의 논법 또한 대체로 다음과 같다. 마르크스의 분석에서는 생산의 사회화와 기업의 대형화라는 이 두 가지 서로 다른 개념이 명백히 동일시되고 있다. 실제 전자가 가리키는 것은 분업의 심화에 따라 생산 사이의 상호 의존과 연계가 강화되는 것이며 후자가 가리키는 것은 자본의 집적과 집중을 통해 생산단위의 규모가 확장되는 것이다. 고도의 분업 상태인 생산자 사이의 교환은 생산의 수직적 일체화縱向一體化, 즉 기업의 대형화를 통해서 실현할 수도 있고 또한 상대적으로 작은 기업 사이의 시장 교환을 통해서도 실현할 수 있다. 18~19세기 제1차 산업혁명 과정에서 증기기관을 대표로 하는 기술 발전으로 규모의 경제가 최고로 중시됨에 따라 20세기 초기까지 공업 기업의 대형화와 대량생산mass production의 실행이 공업 발전의 주도적 경향으로 간주되었다. 그러나 그후의 기술혁명 예컨대 전기의 응용으로 이러한 흐름의 기술적 기반은 이미 변화했다. 특히 20세기 중반 서비스업의 발전과 20세기 하반기의 하이테크 산업의 발흥으로 일부 업종에서 소기업의 우위가 나타났다.[16] 기업의 대형화는 생산의 사회화에서 유일한 흐름이 되지 않았다.[17]

그 다음, 그들은 서방국가의 정부가 반독점 조치와 사회개혁 정책을 취하리라 예견하지 못했다. 마르크스 서거 7년 후인 1890년, 미국은 첫 번째 반反트러스트법인 '셔먼 법Sherman Act'을, 1914년에는 '클레이튼 법Clayton Act'을 제정하여 독점을 불법적 행위로 인정하고 서구의 반독점 입법의 첫 물꼬를 열었다. 제2차 세계대전 이후 거의 모든 선진국에서 반독점 입법과 법 집행을 강화하여 독점은 법률적으로 금지되었다. 따라서 설령 경제적으로 자본의 집중과 기업의 대형화 경향이 존재한다 하더라도 사회 전체가 몇 개 내지 한 개의 독점적인 '대공장'으로 변하기는 어렵게 되었다. 민주주의와 법치가 지속적으로 개선되는 상황 아래에서 각국 정부는 사회적 수요에 맞춰 다양한 방식과 다양한 종류의 사회 개혁을 차츰차츰 추진했고 대중의 권리와 생활 조건은 보편적으로 개선되었다.

마지막으로 마르크스가 구상한 사회주의 사회에서 '각 개인의 자유로운 발전은 만인의 자유로운 발전이 전제조건이다'. 따라서 국가의 강제가 필요한 것이 아니라 '자유인의 연합체'에 의해 관리되어야 한다. 이러한 상황이 실현될 수 있다면 당연히 매우 이상적이다.

마르크스의 관련 구상에서 인간의 자유와 인간의 전면적인 발전에 대해 그가 큰 관심을 가졌음을 느낄 수 있다. 그러나 이러한 종류의 인간과 인간 사이 그리고 개별 인간과 전체 인간들 사이의 관계는 이익의 모순 내지 충돌의 상황이 존재하지 않으며 경제적 자원 측면에서 희소성이 부재하거나 혹은 부가 무한으로 '솟아날' 수 있는 조건하에서만 나타날 가능성이 있다. 그러나 현실 세계에서는 이러한 전제가 존재하지 않음이 확연하다.

1.3 20세기 사회주의 운동의 분열과 '복지국가' 모델

1883년 마르크스가 서거했다. 1884년부터 서구 각국의 사회주의 정당은 엥겔스 등의 지도하에 연합하여 국제노동자협회(즉 제2인터내셔널(1889))를 성립시켰다. 1895년 엥겔스 서거 후 독일 사회민주당의 지도자 베른슈타인•은 엥겔스가 생전에 이미 제시한 바 있는 의회 투쟁을 통해서 정권을 획득하자는 사상을 다시 제기하면서[18] 평화적인 길을 통해 사회주의로 가자고 주장했다. 이로 인해 오늘날까지 줄곧 계속되어온 사회민주주의(혹은 민주사회주의라 칭함) 사조가 형성되었다.

사회민주주의자는 '민주는 수단이자 동시에 목적이다. 그것은 사회주의를 쟁취하는 수단이며 또한 사회주의를 실현하는 형식이다'라고 여긴다.[19] 베른슈타인이 말한 '사회주의는 구체적인 사회 모델이 아니라 일종의 사회

• 에두아르트 베른슈타인Eduard Bernstein(1850~1932). 독일 사회민주당 지도자, 사회민주주의 이론가, 마르크스의 유언 집행인. 1888년 이후 엥겔스와 밀접한 업무관계를 형성했다. 1896~1898년 사이에 일련의 글을 발표하여 서구 각국의 사회경제적 발전에 근거하여 자본주의와 사회주의의 문제를 새롭게 사고할 것을 제안했다. 1899년 그는 민주적 수단 그리고 비폭력 수단으로 사회주의를 점진적으로 실현하자는 강령을 더욱 명확히 했다.

적 진전 과정'이라는 관념에 의거하여 그들은 사회주의를 사회 개량의 한 원칙으로 간주했으니 다시 말해서 사회주의는 사람의 자유로운 발전, 공동 부유 및 사회 공정의 원칙에 입각하여 사회를 개선하는 것이다.[20]

20세기 전반기에 일부 국가의 사회민주당(예를 들면 스웨덴 사회민주당, 오스트리아 사회민주당), 영국의 노동당은 성공적으로 대선에서 승리하여 집권당으로서 자신의 정치적 영향력을 사용해 사회정책을 시행할 수 있었다. 시작 당시 이러한 집권 사회당 세력은 왕왕 국유화가 사회주의 목표 실현에 유리할 것으로 여겼다. 그러나 이후의 실천에서 그들은 국유화와 국유제 기반하의 계획경제 구축은 경제적 효율을 손상시키고 또한 자유와 공정에 걸림돌이 된다고 믿게 되었다. 따라서 이 정당들은 국유화 목표를 차례로 포기하고 세수, 사회복지 등의 정책을 취하여 사회주의의 기본 요구를 실현하고자 했다.[21]

이와 동시에 일부 사회주의자는 여전히 폭력 혁명의 입장을 견지했다. 1905년 무장봉기를 통한 정권 탈취를 주장했던 볼셰비키는 러시아사회민주노동당에서 분리되어 나와 1912년 동명의 독립 정당인 '러시아사회민주노동당(볼셰비키)'을 건립했다[1918년 '러시아공산당(볼셰비키)'으로 개칭]. 레닌을 필두로 한 공산당원들은 사회주의에 네 가지 지표가 있다고 보았다. (1) 폭력 혁명을 통해 정권을 탈취하여 무산계급 독재를 건립한다. (2) 사유재산을 박탈하고 대신 국유제로 대체한다. (3) 계획경제를 실행한다. (4) 노동에 의한 분배라는 분배 원칙을 취한다.

우리는 다음 절에서 레닌과 그의 후계자 스탈린의 사회주의 모델에 대해 더욱 상세히 논의할 것이다.

2. 소련식 사회주의 제도의 건립

스탈린 체제는 오랫동안 사회주의 경제의 표준 모델로 간주되었다. 예를 들면, 1949년 중화인민공화국 건립 이후 소련을 '일변도'로 따라 배움으로써 1950년대 중반에 중앙집권적인 계획경제체제를 수립했다. 이와 동시에 이러한 체제는 중국 경제개혁의 출발점이다. 따라서 우리는 중국 경제개혁 문제를 연구하기 전에 우선 스탈린 체제가 어떻게 형성되고 그것이 어떤 기본 특징을 갖고 있었는지 이해할 필요가 있다.

2.1 레닌의 '국가 신디케이트' 모델

블라디미르 레닌(1870~1924)의 사회주의 모델은 마르크스 이론에서 기원한 한편 자신의 특징도 가지고 있다. 가장 뚜렷한 측면은 무산계급 독재 국가의 강제력을 이용하여 사회주의 경제를 조직하고 관리하는 것이다. 이러한 변화로 인해 소련식 사회주의 경제체제는 마르크스의 '사회대공장'과 '자유인 연합체' 구상이 갖고 있던 이상주의 색채를 피할 수 있었으나 동시에 이러한 모델에 포함된 동양식 '국가주의'로 인해 서구의 사회주의 전통에서 멀어졌다.

레닌은 그가 10월 혁명 전야에 쓴 저작 『국가와 혁명』에서 사회주의 경제를 '국가 신디케이트the state syndicate' 즉 정부가 독점 경영하는 하나의 대기업에 비유했다. 그는 공산주의 사회의 첫 번째 단계 즉 사회주의 사회에서 '전체 시민은 모두 국가(무장 노동자)가 고용한 직원이 되었으며 전체 시민은 모두 전 인민의 국가 신디케이트의 직원과 노동자가 되었고' '전체 사회는 하나의 관리처가 됐으며 노동이 평등하고 보수가 평등한 공장이 되었다'고 말했다.[22]

국가가 등장하면서 마르크스주의의 공유제 관련 학설은 변형되었다. 레닌 이전에 마르크스주의자들은 '국가 숭배'를 비웃었다. 그들은 '국가가 아무리 좋은 것이라 해도 계급 통치 투쟁에서 승리한 무산계급이 계승하는 골칫거리에 지나지 않는다'고 생각했고 따라서 새로운 자유 사회의 조건하에서 성장한 세대가 이러한 국가라는 폐물 전체를 폐기시킬 수 있는 조건을 창조해야 한다고 주장했다.[23] 엥겔스는 말하기를, 무산계급이 정권을 획득한 이후 '국가가 진정으로 사회 전체의 대표로서 취할 첫 번째 행동은 바로 사회의 이름으로 생산수단을 점유하는 것이며 이는 동시에 국가가 취할 마지막 독립 행동이기도 하다. 그때 국가 정권의 사회관계에 대한 간여는 향후 각 영역에서 차례로 불필요해질 것이며 스스로 멈추게 될 것이다. 이 시점에서 사람에 대한 통치는 사물에 대한 관리와 생산과정에 대한 지도로 대체된다'.[24] 그러나 레닌과 그의 후계자는 국가의 역할을 최고 지위에 올려 놓았고 국가소유제를 사회주의의 유일한 경제적 기반으로 간주했는데 이는 마르크스와 엥겔스가 구상한 '자유인의 연합체'와 완전히 다른 것이었다.

볼셰비키 당이 정권을 획득한 이후 러시아에서는 소농경제小農經濟가 여전히 지배적 지위를 차지하고 있었다. 이러한 국가 안에서 사회주의 경제 토대를 빠르게 수립할 수 있는지에 대하여 볼셰비키 당 지도부 내부에 서로 매우 다른 의견이 존재하고 있었다. 레닌 본인 역시 다소간 어찌할 바를 몰랐다. 그는 1918년 5월에 쓴 「'좌익' 소아병과 프티부르주아적 심리」[25]라는 글에서 여러 종류의 경제 요소가 병존하는 역사 단계를 거쳐 점진적으로 국유제 기반의 '완전한 사회주의'로 넘어가는 것을 고려하자고 제안했다.

그러나 외국의 간섭과 1918~1920년 국내 전쟁의 폭발로 인해 전면적인 국유화와 명령경제로의 전환이 촉발되었다. 경제에 대한 엄격한 군사적 통제와 전면적인 배급제도는 본래 어떤 전시의 긴급 상태하에서든 필요한 조치이나 '전시 공산주의'라 불린 이러한 체제는 1919년 러시아공산당 제8차 대표대회에서 표준적인 사회주의 경제체제로 러시아공산당 강령에 삽입되었다. 당시 러시아공산당(볼셰비키)에서 가장 유명한 두 명의 이론가였던 니콜라이 부하린*과 예브게니 프레오브라젠스키(1886~1937)가 러시아공산당 제8차 대표대회 당 강령을 자세히 설명하기 위해 쓴 선전 소책자 『꼬뮤니즘 ABC』[26]가 바로 전시 공산주의의 경제체제와 경제정책을 모델로 삼아 사회주의 경제제도를 묘사한 책이다. 이렇게 소비에트 정부는 바로 '전시 공산주의' 형식으로 세계에서 첫 번째로 계획경제체제를 수립했다.

칼럼1.2

전시 공산주의: 소련 건국 초기의 사회주의 모델[27]

1919년 3월, 러시아공산당은 제8차 대표대회에서 정권 획득 후 첫 번째로 새로운 당 강령을 통과시켰다. 새로운 당 강령은 사회주의 경제제도에 관한 첫 번째 실천 원칙의 틀을 설계했다. 당 강령 통과 이후 러시아공산당의 주요 이론가인 부하린과 프레오브라젠스키는 『꼬뮤니즘 ABC』『과도기 경제학』[28] 등의 책에서 이에 대한 권위 있는 해석을 제시했다.

● 니콜라이 이바노비치 부하린Nikolai Ivanovich Bukharin(1888~1938). 레닌 서거 후 소련공산당의 주요 지도자 중 한 명으로, 일찍이 레닌에 의해 '당의 가장 귀중하고 가장 큰 이론가'로 불렸고 소련과학원 원사였다. 그의 『과도기 경제학』(1920), 『꼬뮤니즘 ABC』(프레오브라젠스키 공저, 1921) 등의 저작은 일찍이 중국공산당 원로 세대 혁명가들에게 중요한 영향을 주었다. 그는 1920년대 말기 소련공산당 당내 논쟁에서 '신경제정책'을 옹호한 '우파' 지도자였다. 1938년에 '간첩 및 파괴 분자'로 처형되었다. 1988년 소련최고법원은 부하린을 완전히 복권시켰다.

그들은 자본 집적과 집중 경향의 '수학적 한계'는 전체 국민경제를 '완전히 통일된 연합 트러스트'로 변화시키는 것이라고 인식했고, 따라서 무산계급이 정권을 획득한 이후에는 우선 대자본을 빼앗아 이 트러스트의 국유화를 실현해야 한다고 보았다. 그런 뒤 총체적인 국가 계획에 근거하여 모든 경제활동을 통일시키고 최고국민경제위원회 및 그 소속의 각급 공업국에서 이를 층층이 관리한다. 동시에 상품시장이 소멸되어 화폐를 계산 단위로 변화시키고 전국적 범위에서 조직적 생산이 실행된다.

러시아와 같은 이러한 뒤떨어진 국가에서는 소농경제를 '사회주의 대경제'로 변화시켜야 하는데, 구체적으로 발전한 지역에서는 국영농장을 창설하고 뒤떨어진 농촌에서는 여러 '소경제'를 연합시켜 코뮌과 노동조합으로 조직해내야 한다. 코뮌은 농민의 노동력 측면에서의 연합 조직일 뿐 아니라 분배와 생활 방면에서의 연합 조직이기도 하다. 생산품 분배 면에서 소비에트 정부는 또한 통일된 분배 기구를 건립하여 식량, 주택 등 중요한 소비재에 대해 통일적 분배를 진행해야 한다.

은행 또한 국유화를 실행하여 생산의 통계 기관이자 재정 분배 기구로 삼아 그 업무들을 모두 국가가 독점해야 한다. 사회주의는 궁극적으로 은행을 소멸시켜 그것을 사회의 종합 회계처總會計處로 변화시켜야 한다. 똑같이 화폐는 또한 점차 유통에서 퇴출되어야 한다. 우선 국유화 기업 내부의 생산품 교환 영역에서 화폐를 소멸시키고 그후 국가와 국가 근무자 사이의 결산 영역에서 소멸시키고 그 다음으로 국가와 소생산자 사이에서 상품 교환으로 화폐를 대체하며 마지막으로 소경제小經濟와 화폐를 함께 소멸시킨다.

전시 공산주의는 엄격한 군사 기율과 배급제도를 실행했는데 이는 볼셰

비키 당이 신생 소비에트 정권을 유지하는 데 도움이 되었지만 동시에 심각한 경제·사회 문제를 야기했다. 내전이 끝난 뒤, 특히 농민 대중은 더 이상 참을 수 없다고 느꼈으며 불만이 날로 극심해졌다. 레닌은 '프롤레타리아 국가가 직접 법령을 하달하는 식으로 소농 국가에서 공산주의 원칙에 의거하여 국가의 생산품 생산과 분배를 조정하는 방법은 통하지 않으며'[29] 사회주의 경제 토대의 구축 경로를 다시 모색할 필요가 있다고 인식하게 되었다. 따라서 소비에트 정부는 방향을 바꾸어 신경제정책을 실행했다. 그 주요 내용은 '상품 교환'을 회복하고 '사회주의 건설 수요에 적합한 상업'을 발전시키며 아울러 모든 상공업 기업에서 '상업화 원칙'과 '기업회계商業核算'를 실행하는 것이었다. '신경제정책'이 통과되어 국가 정권이 '경제의 명맥經濟命脈'[30]을 장악한 조건하에서 소비에트 정부는 시장제도를 회복했다.[31]

2.2 스탈린 체제

'신경제정책'하에서 4년의 노력을 거쳐서 소련의 농공업 생산은 1924년에 대체로 회복되었다. 같은 해 레닌이 세상을 떠났다. 이때 러시아공산당 지도부 내에서는 신경제정책의 존폐 문제에 대한 새로운 논쟁이 시작되었다.

논쟁의 도화선은 소련 공업화의 방법과 속도 문제였으나 그 본질은 오히려 소련이 계속 '신경제정책'과 시장경제를 실행해야 하는지 아니면 행정적으로 중앙집권화된 계획경제 제도를 수립해야 하는지에 있었다. 논쟁 과정에서 러시아공산당은 세 가지 정치 파벌로 나뉘었는데 그들은 각각 레온 트로츠키●를 지도자로 하는 '좌파', 부하린을 지도자로 하는 '우파' 그리고 이오시프 스탈린(1878~1953)을 지도자로 하는 '중도파'였다.

방법론적으로 이때의 논쟁은 '발생학embryology'과 '목적론teleology' 사이의 논쟁으로 불렸다. '발생학' 관점을 견지한 부하린이 따랐던 논리는 현실의 경제 상황에서 출발해서 공업화의 나아갈 과정을 계획하는 것으로, 그는 농업과 공업의 균형 발전을 주장했다. 그는 '농민의 실제 수요가 점점 커져야 우리의 공업이 더욱 빠르게 발전할 것이고 공업의 축적 속도 역시 더욱 빨라질 것이다'라고 말했다. 농민의 협조를 얻기 위해 반드시 '신경제정책'과 시장 제도 존속을 실행해야 한다는 것이다. '목적론'의 관점을 견지한 '좌파'와 '중도파'는 공업화 목표의 빠른 실현이라는 요구에 의거하여 경제 발전의 방향과 계획을 제정하자고 주장했다. 예컨대 당시 논쟁의 참여자 가운데 한 명이자 목적론자였던 그리고리 펠드만Grigory Feldman(1884~1958)은 '무산계급은 생산의 주체가 되었기에 생산재 생산과 소비재 생산 사이에서 자신의 역량을 임의적으로 분배할 수 있다'라고 말했다.[32] 이처럼 생산재 생산 부분의 비중 제고를 통해서 더욱더 높은 속도로 공업화를 실현할 수 있다는 것이다.

당내 투쟁에서 '좌파'와 '우파'를 차례로 격파한 스탈린은 그후에 트로츠키의 '좌파'와 비교해도 더욱 급진적인 방침을 취했고 '시장의 자연발생적 힘을 맹신하는' 부하린 등의 '우경 기회주의자'를 비판 숙청하여 신경제정책을 부정했다. '반우파'의 기반하에서 스탈린은 강제적인 집단화 운동을 일으켜 중앙집권적 계획경제 제도를 수립했고 아울러 이러한 제도의 기반 위에서 중공업을 우선 발전시키는 그만의 '사회주의 공업화 노선'을 추진했다.

스탈린은 체계적인 경제이론을 제시하지 않았지만 프롤레타리아 독재국가의 행정 강제력을 충분히 운용하여 레닌의 이론적 모델이었던 '국가 신디

• 레온 트로츠키Leon Trotski(1879~1940). 러시아 10월 혁명의 주요 지도자 중 한 명으로 내전 시기에 혁명군사위원회 주석을 맡았다. 소련 공산당 당내 '좌파'의 지도자로서 트로츠키는 스탈린의 '일국 사회주의 건설' 이론에 반대하고 '영구혁명'을 제시하며 세계혁명 실행을 주장했다. 대숙청 운동 중 트로츠키 추종자 대부분이 반혁명 분자로 찍혀서 진압되었고 (1956~1988년 기간에 차례로 복권되었다), 그 자신은 1940년 소련 정보기관이 파견한 자객에게 암살되었다.

케이트'를 현실화했다. 스탈린이 확립한 '사회주의 경제＝우월적 지위를 가진 국유제＋계획경제'의 공식은 사회주의 국가의 반세기를 지배했다. 그의 직접적인 지도하에 소련과학원 경제연구소가 작성한 『정치경제학 교과서』는 국가소유제와 국가기관이 조직, 실시하는 계획경제를 사회주의의 가장 기본적인 경제적 특징으로 열거했다. 그 가운데 더욱이 국가소유제는 모든 사회주의 제도의 기초로 간주되었다. 비록 스탈린의 사회주의 정의는 강렬한 '국가 맹신'의 색채를 띠었지만 상당히 오랜 기간 적지 않은 사회주의 국가의 지도자들에게 마르크스주의의 불변의 진리로 간주되었다.

소련 문제를 연구한 일부 '소련학' 전문가들은 왕왕 소련이 국가권력에 의해 강제적인 집단화를 실시하고 고도의 중앙집권적인 행정적 사회주의를 수립한 것을 스탈린의 성격 탓으로 돌린다. 이러한 종류의 분석은 문제를 단순화한다. 국가의 강제력을 충분히 운용하여 국가의 발전 계획을 추진하고 국가 목표를 실현하는 것은 러시아 피터 대제Peter I, the Great(1672~1725) 이래 계속되어온 전통이다. 국가의 강력력에 의거하여 사회주의 경제를 조직한 바로 이 점에서 스탈린이 수립한 중앙집권적 계획경제체제와 레닌의 '국가 신디케이트' 모델은 근본적으로 서로 다른 점이 없다. 시장을 통해 경공업 제품을 농민의 식량 및 농산품 원료와 교환하는 방식으로는 빠른 축적을 이룰 수 없었고, 따라서 경제적 기반이 매우 약한 조건에서 초고속의 중공업 우선 공업화를 실행하려면 강제적인 방법으로 농산물을 징발하고 농민에게서 공물을 수취할 수밖에 없었다.[33]

스탈린은 또한 레닌의 사회주의 경제 모델을 일정하게 발전시켰다. 이는 소련의 제1차 5개년 계획(1928~1932)의 집행이 어려움을 겪는 상황에서 일부 시장 요인('가치법칙의 보조적 작용')을 '재무회계 제도' 형태로 '국가 신디케이트' 모델에 도입했다.[34] 제2차 세계대전 이후에 그는 나아가 '두 가지 종류의 공유제 형태가 장기간 공존했기 때문에 상품의 생산과 유통은 여전히 필요한 부분'임을 인정했다.[35] 그러나 이러한 모든 부분은 단지 국부적인 수정일 뿐 국유제 기반의 계획경제라는 기본 구조는 바뀌지 않았다.

칼럼1.3

소련 『정치경제학 교과서』가 말하는 사회주의의 기본 경제 특징[36]

1980년대 말~1990년대 초 소련과 동유럽 각국의 사회주의 체제가 해체되기 이전 사회주의의 기본적인 경제적 특징에 대한 사회주의 국가들의 정통적 해석은 모두 소련과학원 경제연구소가 1954년에 출판한 『정치경제학 교과서』에서 비롯된다. 이 책은 스탈린의 직접적인 지도하에 소련과학원 경제연구소가 집필하여 출판한 교과서로 특유의 논리와 어휘를 사용하여 '사회주의 정치경제학'이라 불리는 체계를 수립하고 장기간 사회주의 경제에 관한 표준 이론으로 간주되었다.

『정치경제학 교과서』는 사회주의 생산관계는 두 가지 형태의―국가적 (전 인민의) 그리고 집단적― 생산수단 공유제를 기초로 하는 제도라고 보았다. 그 가운데 '국유제는 고차원의 가장 발달한 사회주의 소유제 형식'이다. 그것은 '가장 성숙하고 가장 철저한' 사회주의 생산관계를 구현하여 '전체 국민경제에서 주도적이고 결정적인 작용을 하고 있다'고 보았다. 두 종류의 사회주의 공유제의 발전 전망은 전면적인 전민소유제(국유제)로 넘어가는 것이다. 국가(정부)가 국민경제에 대해 전면적인 계획적 지도를 실행하는 것은 사회주의 경제의 가장 중요한 특징으로 간주되었다.

사회주의의 상품 생산과 유통은 개인 소비재로 제한되었다. 노동력은 상품이 아니며 따라서 임금은 노동력의 가격이 아니다. 사회주의 화폐는 국민 경제가 상품의 생산과 유통을 계획하고 계산하며 감독하는 수단이다. 상품 유통에서 결정적 역할을 하는 것은 국영 및 협동조합 형태의 시장인데 가격은 계획에 의해 규정한다.

1930년대 이후 스탈린의 경제 모델은 소련에서 모범으로 받들어졌으며 여타 사회주의 국가도 이를 모방했다.

3. 중앙집권적 계획경제체제에 대한 경제학적 분석

중앙집권적 계획경제체제에 대한 경제학적 인식은 계획경제의 실천 경험이 축적되고 경제학이 자체적으로 발전하면서 점점 심화되었다.

3.1 계획경제체제의 실행 가능성에 대한 신고전경제학자의 논증

중앙집권적 계획경제체제의 실행 가능성에 대해 가장 먼저 경제학적으로 논증한 것은 마르크스주의 경제학자들이 아니라 20세기 초 일부 신고전경제학 학자neoclassical economist였다.

빌프레도 파레토●는 『사회주의 체제Les Systèmes Socialistes』(1902~1903)와 『정치경제학 매뉴얼Manual of Political Economy』(1906)에서 '사회주의의 생산 파트'가 과학적 계산을 거친 계획을 제정·실시하면 자원의 최적 배치를 실현할 수 있음을 처음으로 제시했다. 이어서 파레토의 추종자였던 엔리코 바로네(1859~1924)는 그의 저명한 논문 「집산주의 국가에 있어서의 생산 파트The Ministry of Production in the Collectivist State」(1908)에서 파레토의 사상을 상세하게 논증했다.[37]

파레토와 바로네는 신고전경제학의 완전정보, 거래비용의 부재, 그리고 이에 따라 제도 배치가 효율 수준과 무관하다는 가설의 전제하에 '계획경제 조건하의 자원배치는 시장제도 조건하의 자원배치와 본질적으로 동일하

● 빌프레도 파레토Vilfredo Pareto(1848~1923). 이탈리아 신고전경제학자이자 사회학자. 경제학·사회학·윤리학에 중요한 공헌을 했다. 그는 무차별곡선indifference curve을 미시경제학 분석에 응용하여 파레토 최적의 개념을 제시함으로써 소득분배 구조를 분석하여 부의 분포 법칙을 제시했다. 파레토는 자유주의를 옹호한 바 있었고 사회주의에도 심취했다가 만년에는 무솔리니의 파시즘을 따를 것임을 밝혔다.

며 두 가지 모두 경제 균형 방정식의 해를 구하여 각종 희소자원의 상대가격을 얻을 수 있으며 다만 해를 구하는 방법이 다를 뿐이다'라고 증명했다.[38] 이러한 방정식 그룹은 수차례의 시장 거래를 통해서 해를 구할 수도 있으며 또한 '생산부生産部' 즉 중앙계획기관에서 직접적인 계산을 통해 해를 구할 수도 있다. '생산부'가 이러한 연립방정식 그룹의 해를 충분히 구할 수 있다면, 이에 근거해 각종 희소자원의 가격을 확정하고 아울러 각 생산단위가 자원 희소성을 충분히 반영한 상대가격에 따라 교환을 진행하고 생산을 배치하도록 할 수 있다. 따라서 경제계획도 시장경쟁에서의 효율과 동일한 수준에 이를 수 있다. 그러므로 그는 사회주의 계획경제가 실현 가능성이 있다고 보았다.

파레토와 바로네의 이러한 사상은 1920~1930년대 서구 학계의 '사회주의 논쟁'에서 '시장사회주의市場社會主義'가 형성되는 데 중요한 영향을 미쳤다.

3.2 1920~1930년대 서구 경제학계의 사회주의 논쟁

사회주의 경제제도가 실현 가능성이 있는지 여부에 관한 이번 논쟁은 오스트리아 학파의 경제학자 루트비히 폰 미제스(1881~1973)와 프리드리히 하이에크*가 도발한 것이었다. 그들은 자원배치 과정에서 시장가격과 경쟁 시스템의 작용이 지극히 중요하다고 보았다. 사회주의 국가는 아울러 시장

---

* 프리드리히 폰 하이에크Friedrich von Hayek(1899~1992). 영국 국적의 오스트리아 경제학자 겸 정치철학자. 오스트리아 경제학파의 지도적 인물이며 당대 신자유주의 사조의 대표 인물. 그는 화폐 이론과 경제파동 영역에서 얻은 성과 및 경제·사회·제도 사이의 상호의존 관계에 대한 중요한 분석으로 1974년 스웨덴 경제학자 군나르 뮈르달과 공동으로 노벨경제학상을 받았다. 주요 저작으로는 『노예의 길』(1944), 『개인주의와 경제질서』(1949), 『자유헌정론』(1960) 등이 있다.

시스템이 존재하지 않기 때문에 합리적인 가격 시스템과 인센티브(동기부여) 시스템이 구축될 수 없다는 것이다.

사회주의 지지자들은 매우 빠르게 응전하며 나섰다. 그 가운데 프레드 테일러Fred M. Taylor(1855~1932), 아바 러너Abba P. Lerner(1903~1982), 오스카르 랑게• 등이 제시한 계획기관을 통해 시장을 모방한다는 '경쟁해결법'은 사회주의 지지자들에게 가장 중요한 영향을 미쳤다. 랑게는 폴란드에서 태어난 경제학자다. 사회주의 논쟁이 발생했을 때 그는 이미 미국에서 학업을 마치고 미국의 한 대학에서 교편을 잡고 있었다. 그는 1936년과 1937년 두 차례로 나누어 저명한 논문인 「사회주의 경제이론 연구On the Economic Theory of Socialism」를 발표했다. 이 논문에서 랑게는 파레토와 바로네의 논리에서 한발 더 나아가 자원배치 방정식 그룹의 해를 빠른 속도로 구할 기술 수단이 여전히 구비되지 않은 상황에서 계획기관은 경쟁적 시장시스템과 동일한 '시행착오법trial and error'을 사용하여 수급 상황에 맞게 가격을 조정할 수 있다고 주장했다.[39]

랑게의 '경쟁사회주의'는 사회주의 경제체제를 3단계의 정책 결정 단계로 나누었다. 최고 단계는 중앙계획위원회로 그 직능은 두 가지다. 첫째는 생산수단의 가격을 제정하는 것이고 둘째는 국가 소유 생산자원이 생산한 사회적 소득(지대와 이윤)을 분배하는 것이다. 중간 단계는 산업 관리 부문으로 그 기능은 각 생산 부문의 발전을 결정하는 것이다. 가장 아래 단계가 국

• 오스카르 랑게Oskar Lange(1904~1965). 폴란드 경제학자 겸 정치인. 그는 1930년대 서구의 '사회주의 대논쟁'에서 발표한 「사회주의 경제이론 연구」란 글에서 신고전경제학 이론을 운용하여 계획기관이 시장가격 제도를 모방함으로써 사회주의 계획경제가 완전히 시장경제와 동일하게 높은 효율에 이를 수 있음을 논증했다. 이것으로 그는 이른바 '시장사회주의'의 창시자가 되었다. 제2차 세계대전이 끝난 뒤 랑게는 고국으로 돌아가 주로 국가 업무에 종사했다.

유기업과 주민 가정으로 기업은 가격 신호에 근거하고 다음의 두 가지 원칙에 의거하여 생산을 실행한다. 첫째, 각 생산품 가격이 한계비용과 동일한 수준에 도달하도록 생산한다. 둘째, 이러한 생산 수준에서 생산원가가 최저가가 되게 한다. 가정은 작업량을 얼마나 제공할지 자유롭게 결정할 수 있으며 아울러 개인소득을 분배한다. 랑게 모델은 본질적으로 중앙계획기관이 시장을 모방하는 것이다. 즉 중앙계획기관은 수급 상황에 근거하여 가격을 조정하고 기업은 가격 신호에 근거하여 무엇을 생산하고 얼마나 생산할지를 결정한다.

국유제의 기반 위에서 계획기관이 시장가격 결정을 모방하고 국유기업 간 일정 수준의 경쟁을 통하여 경쟁 운영 효율을 개선하려는 이러한 구상은 훗날 '시장사회주의market socialism'라 불렸고 제2차 세계대전 이후 사회주의 각국의 개혁에 중요한 영향을 미쳤다. 사회주의 지지자의 관점에 대응하여 하이에크는 1930~1940년대에 일련의 논문을 발표하여 랑게 모델이 현실에서는 실행 불가능함을 상세하게 논증했다. 그 가운데 가장 대표적인 것이 이하의 세 편의 논문 즉 「사회주의 계산Socialist Calculation (1): 문제의 성질과 역사The Nature and History of the Problem」(1935), 「사회주의 계산 (2): 논쟁의 상황The State of the Debate」(1935), 「사회주의 계산 (3): 일종의 '해결방법'으로서의 경쟁The Competitive 'Solution'」(1940)이다.[40] 여기서 그는 중앙계획 권력의 불완전 정보와 지식의 미비 및 소비자 선택의 불확실성 때문에 사회주의 중앙계획기관은 가치와 가격을 합리적으로 계산하기가 불가능하며 이로써 합리적인 자원배치가 불가능하다고 말했다. 아울러 중앙계획 권력 통제하의 모방 경쟁 역시 진정한 경쟁을 대체하여 경쟁적 시장과 동일한 성과를 얻기가 불가능하다고 주장했다.

논쟁에서 하이에크의 경제이론은 학계의 충분한 인정을 얻지 못했고,

랑게 등 사회주의 경제제도를 옹호하는 관점은 명확히 당시의 신고전경제학을 근거로 했다. 그때 서구 경제는 막 1929년부터 시작된 세계적 대위기 속으로 깊이 빠져들고 있었기 때문에 소련 경제의 어두운 면이 아직 충분히 폭로되지 않았으며 이렇게 논쟁은 승부를 가리지 못한 듯했다. 이 논쟁은 비록 소련의 국내 사태 진전에 거의 어떤 영향도 미치지 못했지만 논쟁의 쌍방이 제기한 논점과 논거는 그후 줄곧 이론 토론과 개혁 실천 과정에서 되풀이되었다.

제2차 세계대전 종전 이후 랑게는 폴란드로 돌아가 정부에서 요직을 맡았다. 랑게를 대표로 하는 폴란드 경제학파가 앞서서 제창한 시장사회주의 사상은 동유럽 개혁 과정에 광범위한 영향을 미쳤다. 1989년 이후 동유럽 사회주의 국가 개혁 실패의 교훈을 총결산하면서 사람들은 보편적으로 중앙집권적 계획경제는 효율이 떨어지며 이는 그 제도에 의해 결정되는 것이지 시장사회주의의 기술 발전으로 해결할 수 있는 것이 아님을 인식하게 되었다.[41]

3.3 20세기 후반 계획경제에 대한 재인식

1970~1980년대에 경제학에서는 새로운 진전이 있었는데 계획경제 제도에 대해 더욱 투철한 분석을 한 것이다. 1993년 조지프 스티글리츠 (1943~)가 그의 『경제학』 제1판 '서언'에서 말한 것처럼, 신고전경제학의 완전경쟁 모델은 1950년대에 매우 완성된 경지에 이르렀다. 그때부터 경제학자들은 몇 가지 방향에서 그 모델을 초월하기 시작했다. 그전까지는 동기의 중요성과 유한한 정보로 야기되는 문제들에 대하여 여전히 표면적인 고찰에 머물렀지만 과거 20년간 처음으로 이러한 문제들에 대한 이해에서 진정으로 진전이 있었고 곧 응용이 이뤄졌다.[42]

사람들은 신고전경제학의 완전정보 가정을 완화했고 계획경제 제도에 대해 다시 고찰하면서 그 병폐를 더욱 뚜렷하게 인식했다. 계획경제의 본질은 사회조직 전체가 단일한 대공장이 되어 중앙계획기관이 행정수단으로 자원을 배치하는 것이다. 이러한 종류의 배치 방식의 요점은 다음과 같다: 미리 편성된 계획을 통해 자원을 배치한다. 주관적으로 편성된 계획이 객관적 실제를 반영하여 자원 배치의 최적화 요구에 이를 수 있는가의 여부 및 이를 엄격하고 정확하게 집행할 수 있는가의 여부가 이러한 배치 방식의 성패를 결정한다. 따라서 계획경제가 효과적으로 운영되기 위해서는 다음과 같은 함축된 전제가 필요하다. 첫째, 물적 자원과 인적자원의 상황, 기술의 실행 가능성, 수급 구조 등 사회 전체의 모든 경제활동에 대해 중앙계획기관이 모든 정보를 가지고 있다(완전정보 가설). 둘째, 사회 전체의 이익이 일체화되어 서로 분리된 이익주체나 다른 가치 판단이 존재하지 않는다(단일 이익주체 가정). 이 두 가지 조건이 구비되어 있지 않으면 중앙집권적 계획제도는 정보비용과 동기부여 비용이 지나치게 높아져 효율적으로 운영하기 어려워진다. 문제는 현실의 경제생활에서 이 두 가지 조건을 구비하기가 어렵기 때문에 이러한 자원배치 방식을 취하면 정책 결정과 집행 시에 극복하기 어려운 난점들을 만나게 된다는 데 있다.

우선 계획경제의 운영을 유지하기 위해서는 매우 큰 정보비용을 지불해야 한다. 현대의 생산은 다음과 같은 특징을 지닌다: (1) 기술이 급속도로 발전하고 제품 구조, 가공 방법, 생산 방안 등의 선택 가능성도 매우 다양해졌다. (2) 소비구조가 매우 복잡하며 아울러 변화도 지극히 빨라졌다. (3) 사회 분업의 계속된 심화에 따라 사회 구성원과 경제단위 간에 나날이 광범위해지고 복잡해지는 연계가 필연적으로 발생했다. 이러한 종류의 상황에서 '정보 폭증'의 문제가 나타났다. 사회 각 구석에서 분산적으로 발생한 수많은 수치를 정확히 적시에 얻고 적시에 처리하기 위하여 수많은 미지수의 균형 방정식을 풀어서 매우 광범위한 계획을 편제하지 못한다면, 아울러 계획 단계마다 분해하여 집행 단위에 하달하는 데 매우 원활하고 효율적인 정보 시스템이 없다면 이러한 임무를 근본적으로 완성할 수 없다. 계획경제를 택한 상황에서는 생산자와 소비자 간 횡적 연계와 효율적인 피드백 메커니즘이 없으면 경제 정보에 대해 행정 체계 내에서 상부의 명령과 하부의 보고라는 종적인 전송만이 실현될 것이다. 이럴 경우 전송 거리는 매우 길고 통로는 좁아 정보의 지체와 막힘을 일상적으로 피할 수 없을 뿐 아니라 전송 단계도 너무 많아 정보의 왜곡을 면하기 어렵다. 생산단위가 직접적으로 수요와 기술 정보를 얻을 수 없기 때문에 또한 복잡다기한 수요 상황과 기술 가능성에도 원활하게 반응할 수 없다. 하이에크가 말한 바처럼, 분산적으로 발생한 수많은 자원의 희소성에 대한 지식을 적시에 장악할 수 있는 전지전능한 관리자는 없으며, 오직 가격 시스템의 중개를 통해서만 이를 효율적으로 전 사회에 전달하여 관련 인원들이 정책 결정에 필수적인 정보를 얻게할 수 있다.[43] 거래비용 분석을 통하여 우리는 중앙계획기관이 각종 미시적인 업무를 장악 처리하는 상황에서 경제 시스템의 원활한 운영에 필수적인 완전 정보를 적시에 얻으려면 그 비용은 무한대가 되고 따라서 이는 절대로 취할 수 없다는 결론을 얻을 수 있다.

동기부여(인센티브) 제도도 결국은 또 다른 거래비용 문제이기도 하고 주인과 대리인 사이의 정보 비대칭 조건하의 인센티브 조화성incentive compatibility 문제이기도 하다. 계획 수단 위주의 자원배치 방식하에서는 자원배치 정책 결정은 사회 전체 이익을 대표하는 중앙계획기관이 중앙집권적으로 결정하며 아울러 차등제 원칙에 의거해 조직된 사회 전체 구성원을 통해 집행된다. 이는 마치 마르크스가 묘사한 '사회 로빈슨'의 사지처럼 사회의 모든 구성원과 모든 조직에게 목표 함수는 상부에서 하달한 계획 임무를 절대적으로 충성스럽게 집행하는 것일 뿐 자신의 어떠한 특수 이익도 존재하지 않으며 동시에 계획기관이 수치를 제공하고 업무를 보고하고 사회 통일 계획을 집행할 때도 어떤 괴리도 발생하지 않는다는 뜻이다. 사실상 이는 불가능한 일로 계획의 제정자를 포함해서 경제활동의 각 당사자들은 모두 전체 이익과 완전히 일치하지 않는 그들 자신만의 이익이 있다. 그래서 편성 계획과 집행 계획의 전체 과정의 각 단계에서 이러한 모순들로 왜곡과 일탈이 발생하는 것을 벗어나기 어려우며 각 이익주체 간에는 이익 모순으로 인한 분규가 발생하기도 한다. 이러한 왜곡과 일탈을 극복하기 위해 부담해야 할 비용 역시 계획 제정에 필요한 비용, 계획 집행의 감독에 필요한 비용, 기회주의 행위 방지 비용 등을 포함하여 매우 높은 수준이다. 이렇게 보면 계획경제가 효율이 떨어지는 것은 그 자원배치 방식의 본질과 밀접하게 연관되어 있으며 이로 인해 그 결함은 메우기 어렵다는 결론을 얻을 수 있다.

시장경제의 상황은 조금 다르다. 시장경쟁으로 형성된 각종 자원의 상대가격에는 각종 자원의 사회적 희소성 정보가 적재되어 있어 사회 개별 구성원은 상품의 상대가격을 통해 경쟁의 상황을 장악하여 이를 근거로 정확한 자원배치 결정을 내릴 수 있고 정보 비용을 크게 낮출 수 있다. 이와 동시에 시장 활동의 각 참가자는 모두 경쟁의 제약을 받을 뿐 아니라 또한 재산권의 제약을 받기 때문에 감독 비용을 크게 낮출 수 있다. 이 두 가지 측면이 종합되면, 시장경제는 정태적 자원배치 효율과 동태적 자원배치 효율을 구비한 경제제도가 된다. 이러한 경제제도를 수립하지 않으면 사회적 자원배치는 믿을 만한 안내자가 없어 경제 자원은 효과적인 배치를 이룰 수 없다. 경제의 효율이 높지 않으면 어떤 아름다운 사회적 이상도 모두 물질적 기반이 없는 신기루가 되어버린다. 잘못하면 심지어 '사회주의의 잡초를 심을지

언정 자본주의의 싹을 키워서는 안 된다'는 입장은 '모두가 가난한 사회주의'가 될 수도 있다. 따라서 계획경제와 시장경제 사이의 취사선택에서 실제 다른 선택의 여지는 없다.

4. 소련과 동유럽의 경제개혁

계획경제는 장단점이 함께 공존하는 체제다. 그 체제의 장점은 강제적 수단으로 자원을 동원하여 자원을 국가가 지정한 용도에 배치할 수 있다는 데 있다. 그 체제의 치명적인 약점은 지나치게 높은 정보 비용과 동기부여의 결핍으로 인해 경제적 효율의 저하가 야기되는 것이다. 자원이 그리 부족하지 않고 외연적 발전 여지가 비교적 큰 경제 발전 초기와 전쟁 위협에 직면하거나 전시의 긴급 상태에서 혹은 자원배치에서 따라야 하는 이전 규칙이 있는 경제 회복 시기에는 계획경제 제도가 자신의 강력한 자원 동원 능력과 경제활동 참여자 개인의 물질적 복지 요구가 비교적 쉽게 만족되는 조건을 이용하여 왕왕 국가의 목표를 더욱 잘 실현할 수 있었다. 그러나 일단 조건이 변화되어 효율 제고와 생활의 질 추구가 주요한 요구사항이 되면 계획경제체제의 결함은 매우 빠르게 드러나게 된다.

소련은 제2차 세계대전 이전과 이후 회복 시기에는 분명히 자본주의 각국보다 더욱 높은 경제성장률을 유지했다. 미국 경제학자 에이브럼 버그슨 Abram Bergson(1914~2003)의 계산에 따르면, 1928~1955년 소련 국민소득의 연평균 성장률은 4.4~6.3퍼센트였다. 1928~1932년의 '제1차 5개년' 계획 기간 소련 공업의 연평균 성장률은 19.2퍼센트에 달했다. 1933~1937년 '제2차 5개년' 기간에는 17.8퍼센트였고 1938~1940년 '제3차 5개년' 기간에는 13.2퍼센트였다. 1950년 소련 사회의 총생산액은 1913년에 비해 17.2배 증가했는데 그 가운데 공업 생산액은 12배 증가했고 공업 가운데 생산수단 생산의 증가가 최대 26배에 달했으며 사회의 국민소득 총액은 또한 7.8배 증가했다.[44] 계획경제체제는 소련의 공업화와 반反파시즘 전쟁의 물질적 준비를 잘 수행했다는 점에서 일정한 공헌을 했다. 비록 이를 위해 극심한 물질적 대가와 생명의 희생을 치러야 했지만 말이다.

1950년대 제2차 세계대전의 회복기가 끝나면서 중앙집권적 계획체제의 결함이 날로 분명하게 드러났다. 소련, 동유럽 국가들의 성장률은 끊임없이 낮아졌고 효율도 떨어졌으며 기술적 발전도 완만해져 자본주의 경제와의 차이는 더욱 커졌다. 각국은 원래의 경제체제를 개혁하는 문제를 차례로 제기했다.

4.1 소련의 경제 개선 노력과 실패

스탈린 사망 이후 소련공산당 지도부는 소련 경제의 발전을 절실하게 희망했다. 흐루쇼프(1894~1971)는 소련공산당의 지도자 지위에 오른 이후 1954년부터 우선 매우 낙후된 소련 농업의 개혁을 시작했다.[45] 이러한 개혁은 여러 해 동안 지속되었으나 소련 농업의 안정적인 성장을 촉진하지는 못했다.

1957년 흐루쇼프는 지방정부로의 권한 이양을 특징으로 하는 '지역 국민경제위원회 개혁Sovnarkhoz Reform'을 발동했다. 이 개혁의 목적은 국민경제에 대한 중앙 및 부처의 행정관리를 지역의 행정관리로 바꾸는 것이었다. 주요 조치는 경제 업무를 주관하는 25개 연맹 겸 공화국부와 113개 가맹공화국부를 해체하고 그들의 기능을 새로이 성립된 105개 경제행정지역위원회가 행사하도록 한 것이며 본래 연맹과 가맹공화국에 예속된 기업은 지역 국민경제위원회 관할로 넘겼다. 중앙정부 관할 공업 생산액은 45퍼센트에서 6퍼센트까지 하락했으며 계획 물자 역시 중앙의 조절 균형 중심에서 지역의 조절 균형 중심으로 고쳤다. 이렇게 한 결과, 행정명령으로 자원을 배치하던 고유한 폐단을 극복할 수 없었을 뿐 아니라 본래의 경제적 연계 구조도 어지럽혀졌기 때문에 지방 분할이 극심해졌고 이로 인해 경제적 혼란이 출현했다. 흐루쇼프의 분권화 개혁 실패는 1964년 소련 지도부 내의 '궁정 쿠데타'와 흐루쇼프의 실각을 촉발했다.

흐루쇼프 이후 공업 관리 전문가 알렉세이 코시긴(1904~1980)이 소련 총리를 맡아 먼저 '종적 관리(업종)' 위주의 중앙집권적 관리 체제를 회복했고 이어서 1965년에 계획적 통제의 완화, 기업자주권 확대, '완전한 재정 책임제 financial accountability system' 실행을 내용으로 하는 개혁을 추진하기 시작했다. 이 개혁은 소련 경제학자 예브세이 리베르만Evsei Liberman(1897~1981)[46]이 1961년 제시한 것으로 기업자주권 확대를 핵심으로 하는 개혁 방안을 밑바탕으로 하고 있다. 코시긴 개혁은 단기간의 생산 증대와 소득 증대 효과를 얻었으나 얼마 못 가서 동기부여 효과가 감퇴하고 재정 상황이 악화되었으며 계획경제 질서가 혼란스러워졌기 때문에 부득불 기업에 대한 방권양리放 權讓利(권한 이양과 이윤 유보) 개혁은 중단될 수밖에 없었다.

코시긴 개혁의 실패 이후 소련의 지도자들은 다시는 소련의 경제체제를 개혁하려 시도하지 않았으며 계획경제의 틀 내에서만 일정한 개량을 도모했다. 당시 취한 주요한 조치는 아래와 같다.

1. '경제성장 방식의 전환' 요구

1928년 제1차 5개년 계획이 시작된 이래 소련의 경제성장률은 줄곧 서구 각 주요 국가보다 크게 높았다. 그런데 왜 소련 경제는 서구 경제보다 오히려 뒤떨어지게 되었을까? 연구를 통해 경제학자들이 얻은 결론은 문제가 '성장 방식'에서 나왔다는 것이었다. 이는 주로 소련의 과거 고속 성장은 외연 성장extensive growth(조방적 성장)에 의존하거나 요소 투입의 대량 증가 특히 자본 투입의 대량 증가에 의존해 얻어진 것임을 의미한다. 따라서 성장률이 높아도 실익은 얼마 없었던 것이다. 아울러 자원이 날로 부족해지면서 이

[표1.1] 소련 경제의 연평균 성장률(%)[47]

연도	1951~1960	1961~1965	1966~1970	1971~1975	1976~1980	1981~1985
소련의 관방 통계	10.1	6.5	7.8	5.7	4.3	3.6
미국 중앙정보국의 평가	5.6	4.9	5.1	3.0	2.3	0.6
소련 학자의 평가	7.2	4.4	4.1	3.2	1.0	0.6

러한 실익이 매우 적은 고속 성장세도 유지하기 매우 어려워졌다(표1.1). 이러한 결함을 극복하기 위하여 소련의 경제학자들은 외연 성장에서 내포적 성장intensive growth(집약적 성장)으로의 전환을 실현해야 한다고 주장했다.[48] 소련공산당의 지도자는 이러한 의견을 받아들여 연구개발R&D 업무, 기술 도입 가속화, 기업의 설비 갱신 및 개선을 제9차 5개년 계획(1971~1975)의 중점으로 확정했고 아울러 제9차 5개년 계획 중에 '조방형 성장 방식에서 집약형 성장 방식으로의 전환'을 실현할 것을 요구했다. 핵심을 포착하지 않았기 때문에 외연적 성장 방식은 계획경제체제의 산물이라는 가장 중요한 사실을 무시했고 문제의 중점을 기술 문제에 놓는 바람에 행정명령과 대량의 투자로 '기술 발전'의 가속화를 도모했으며 체제 측면에서는 아주 작은 수정 개혁에 머물렀다. 이렇게 이후 몇 번의 5개년 계획에서 모두 '경제성장 방식의 전환 실현'을 요구했음에도 결론은 소련의 해체로 나아갔고 소련 경제역시 효율 제고를 통한 고속 성장 실현을 이루지 못했다.

2. 계획 업무의 '과학화'

소련이 계획경제를 개선한 또 다른 조치는 현대 계산 기술을 운용하여 정책 결정의 과학성을 제고하고 계획 관리를 개선한 것이다. 1985년에 바로 고르바초프가 소련공산당 중앙총서기를 이어서 맡게 된 후 소련공산당 지도부는 모두 '계획화는 과거에도 현재에도 여전히 사회주의 경제를 관리하는 주요한 지렛대'[49]라는 입장을 견지했으며 동시에 계획 방법의 개선도 허락했다. 소련 계획기관의 현대적인 계산 기술 측면의 운용 수준은 낮지 않았다. 소련 계획기관들은 일찍이 실물 대차대조표를 사용하여 계획을 편성하는 것에 그치지 않고 각종 수학모형을 광범위하게 운용했다. 1969년부터 소련 계획위원회의 결정에 근거하여 계획 업무에 원자재 소모 기준량, 설계 능력 운용 기준량 등을 포함하는 완비된 기준량 체계를 채택하여 기업의 각 방면 활동에 대한 기준량 관리를 강화했다. 1976년에 시작한 제10차 5개년 계획 기간에도 또한 노동 소모, 임금, 자금 및 그 이용 등 기준량에 대한 관리가 증가했고 또한 소련 국가계획위원회와 각 연구기관이 공동 제정한 사회 경제생산효율 계획지표 체계를 도입했다. 특히 1971년 소련공산당 제24차 대표대회에서 기존의 국가계산센터네트워크와 전국적으로 통일된 자동화 통신네트워크의 기초 위에 '자동화 계획 계산 시스템' 수립을 결정한 것은 중요하다. 그들은 이러한 체계에 의거해서 경제수학의 방법과 통신수단을 운용하여 계획을 편성하고 계획의 집행을 감독하면 좀더 완벽한 계획 체제를 만들 수 있을 것이라고 보았다. 이는 소련 국가계획위원회가 지도하고 140여 개 과학연구 기관과 설계 기구가 참여하여 건립한 정보 체계로서 그 제1기 공정은 1976년에 교부되어 사용되었고 제2기 공정 역시 1980년에 교부되어 사용되었다.[50] 이 시점에 소련의 계획 편성 절차는 기술적으로 이미 완벽해졌지만 계획경제 제도의 본질적인 결함으로 소련 경제의 운영 상황은 조금도 나아지지 않았을 뿐 아니라 오히려 1970년대 초부터 시작하여 근 20년에 달하는 '정체기'에 진입했다.

소련 경제의 좋지 않은 실적은 성장률의 지속적인 하락뿐 아니라 더 중

[표1.2] 소련 생산율 변화 추세(%)51

연도	1961~1965	1966~1970	1971~1975	1976~1980	1981~1984
총요소생산율	0.5	1.2	-0.5	-0.9	-0.3
그중: 노동생산율	3.4	3.2	2.0	1.5	1.9
자본생산율	-3.5	-2.0	-4.0	-4.0	-3.4
토지생산율	4.4	5.6	2.9	2.7	2.8
외연적 성장/ 내포적 성장	0.10	0.23	-0.14	-0.35	-0.11

요하게는 효율의 지속적인 하락을 의미했다. 소련 과학원 원사 아간베기얀 Abel Gezevich Aganbegyan(1932~)의 계산에 근거하면, 1961~1984년에 소련의 총요소 생산성total factor productivity, TFP은 코시긴의 개혁 단계에 조금 향상된 비교적 좋은 성적을 거둔 것을 제외하고는 줄곧 하락했다(표1.2).

1985년에 고르바초프가 등장한 이후 취한 경제 회복 및 민심 수습의 첫 번째 조치는 소위 경제성장 속도를 높이는 '가속화 전략'을 제시한 것이었다. 그러나 개혁을 회피하고 가속화를 도모한 결과 실제로는 경제적 가속화도 없었고 거꾸로 성장률도 제로로 하락했다. 이러한 상황은 1987년 고르바초프의 '페레스트로이카改革' 제기를 촉발했으나 개혁 목표가 무엇이며 어떻게 바꾸어야 할지에 대해 줄곧 명확한 실행 방안이 존재하지 않았다. 1989년 이후에 이르러서야 비로소 시장경제로의 전환을 명확히 했으나 이때 소련의 지도자는 전체 국면에 대한 통제력을 이미 상실하여 지도부가 정치투쟁에 빠지게 되었다. 이후 비록 차례로 개혁의 '계획' '방안' '강령'을 제정했지만 경제체제는 기본적으로 원래 상태를 유지한 채 변화하지 않았고 소련 경제는 곧 한 걸음 한 걸음 더 깊이 위기에 빠졌으며 최후에는 심각한 경제적 파동과 소비에트 정권의 해체가 발생하기에 이르렀다.

4.2 유고슬라비아의 '자치사회주의' 개혁

1948년 소련 및 동유럽, 서유럽 일부 국가의 공산당으로 구성된 코민포름Cominform은 스탈린의 지시하에 유고슬라비아공산당을 제명했다. 1949년에는 또한 '유고슬라비아공산당이 살인범과 간첩에 장악되었음에 관하여'라는 결의를 통과시켜 유고슬라비아 지도자를 몰아낼 것을 호소했다. 극단적으로 고립된 상황에서 유고슬라비아 지도자는 대중의 지지를 얻기 위해 1950년대 초기 우선 스탈린의 사회주의 모델을 타파했고 '자치사회주의自治社會主義'를 독립적으로 발전시키는 길로 나아갔다. 유고슬라비아 개혁은 대략 아래의 세 단계로 나눌 수 있다:

(1) 1950년대 초~1960년대 초: 기업자주권의 확대. 비록 '기업 자치'의 구호를 제기했어도 유고슬라비아는 여전히 계획경제의 기본 틀을 유지하고 있었고 기업도 진정한 '자치'는 하지 못했다. 기업의 자주권 확대는 기업 지도부와 노동자의 적극성을 유도하여 경제성장을 가속화했고 유고슬라비아 지도부가 개혁을 더욱 추진하도록 촉진했다.

(2) 1960년대 초~1970년대 초: '자치기업 제도'에 기반한 시장경제 실행. 1961년 유고슬라비아는 차례로 임금, 투자, 대외무역, 가격 분야의 계획통제를 철회했고 기업은 제품 구조의 선택, 공급 판매의 결정, 소득 분배의 실행, 투자 등에 대한 완전한 자유를 얻게 되어 유고슬라비아 경제는 도약하기 시작했다. 그러나 경제체제에는 여전히 두 가지 중요한 결함이 존재했다. 첫째, '사회소유제社會所有制'의 재산권 제도가 모호하며 불명확했다. 유고슬라비아 공산주의자 연맹의 지도자이자 '자치사회주의' 제도의 주요 설계자인 에드바르트 카르델Edvard Kardelj(1910~1979)에 따르면, 사회소유제는

일종의 '비非소유제'로 '재산은 모든 사람에게 속하며 또한 어떤 사람에게도 속하지 않는다'. 실제로 그것은 각 기업에서 일하고 있는 노동자의 집단 공유제다. 기업은 노동자 재직 기간 내 소득의 최대화를 추구했기 때문에 벤저민 워드Benjamin Ward(1926~2002) 캘리포니아대학 교수의 유명한 '일리리아 모델Illyria Model'에서 제시된 '단기 행위 신드롬'이 야기되었다. 여기에는 '적립금 공제는 적게 하고 개인 소득 분배는 많이 하기' '빚져서 투자하기' 및 투자에서 하이테크 구성을 추구하는 일 등이 포함된다. 둘째, 시장의 발육이 좋지 않았고 질서는 혼란에 빠졌다. 중요한 제도적 결함이 거시경제 관리의 비효율성에 더해져 매우 빠른 속도로 인플레이션의 심화, 실업률 상승과 주민 소득 격차의 확대 등의 문제를 야기했고 사회적 불안정을 불렀다. 그런 상황에서 반反개혁 세력은 이 모든 문제를 시장 역량의 확대 탓으로 전가했다.

(3) 1970년대 초~1988년: '계약사회주의契約社會主義'의 실행. 유고슬라비아 공산주의자 연맹의 지도자는 1970년대 초기 자유시장 경제를 주장하는 경영자와 엔지니어 지식인 즉 '테크노크라트technocrat(기술관료)'를 배제하는 정책을 취하기 시작했고 '노동자의 정책 결정권' 강화를 강조했다. 1974년 헌법은 '자치협의自治協議'와 '사회계약' 등의 개념을 제시했다. 신헌법에 의거하면 각 상업 조직 사이의 연계 및 상업 조직과 정부 간의 경제적 연계는 '자치협의'와 '사회계약'으로 협조가 이루어진다. 그 가운데 '자치협의'는 상업 조직('연합노동조직聯合勞動組織') 사이에 가격, 납품 조건, 신용대출과 투자관계 등에 대해 체결한 계약이다. 그것은 시장 수급 관계와 가격 시스템을 대체하는 데 사용되었다. 사실 이러한 종류의 협의는 계약의 각 당사자에 대해 구속력을 갖기가 매우 어렵다. 그래서 유고슬라비아 경제에는 '계획도 없고 시장도 없는' 혼란 상태가 나타났다. '사회계약'은 기업과 정부

간 사회경제 발전 목표와 기업의 재정 의무 등의 문제에 대해 체결한 계약이다. 1970년대 중반 이후 각급 정부는 행정수단을 운용하여 경제 문제를 처리했고 거의 매일 모두 대량의 행정 법규와 명령을 공포하여 경제조직의 행위를 규범화했다. '계약사회주의'는 시장의 역량과 행정 권력을 기괴하게 종합한 것이었다. 유고슬라비아 경제학자 알렉산데르 바이트Aleksander Bajt (1921~2000)는 '일정 정도 봉건적 방식의 경제 관리와 유사하다'고 평가했다.[52] 이는 경제적 저효율과 사회적 불안정을 야기했을 뿐 아니라 공화국과 자치 성省 권력의 확대가 행정적 분권의 경향을 강화해 국내 시장을 분할하고 일종의 '다중심 국가주의多中心國家主義'로 일컬어지는 상황을 불러왔다. 1980년대에 이르면 유고슬라비아는 결국 심각한 경제적·정치적 위기에 빠지게 된다.

4.3 헝가리의 '신경제 메커니즘'

베테랑 공산당 지도자 카다르(1912~1989)의 지휘하에 헝가리는 1968년 1월 1일 '신경제체제' 개혁의 수립을 시작했다. 동유럽의 '시장사회주의' 사조는 계획과 시장의 장점을 결합한다는 사상의 영향을 받았으나 헝가리의 '신경제체제'는 계획체제를 취소하지는 않았으며 단지 기업에 대한 정부의 간접 통제 시스템으로 직접적인 간여를 대체하여 엄격한 계획체제를 완만하게 해체하는 것이었다. '신경제 시스템'은 아래와 같은 특징을 지녔다. 단기적인 경제적 정책 결정은 기업이 이윤 최대화의 요구에 따라 시장 상황에 근거하여 결정한다. 그러나 향후 중대한 영향을 끼칠 관련 발전 계획과 구조조정 계획, 소비재 가격 관련 우대 보조금 정책 및 공공서비스 원칙 관련 정책은 중앙의 계획기관이 결정한다. 구체적으로 말하면 다음과 같다.

(1) 가장 중요한 건설 항목은 중앙의 계획에서 규정하고 아울러 국가의

투자로 완성하며 여타 투자 항목은 중앙과 기업이 종합적인 정책 결정을 만들어 공동으로 투자를 분담했다.

(2) 시장가격과 고정가격이 병존하면서 1987년 이후에야 시장가격이 상품시장의 가격 체제에서 주도적인 지위를 점했고 요소가격은 줄곧 자유화되지 않았으며 금융 압력은 여전히 존재했다.

(3) 임금과 보너스의 증가 폭과 기업의 이윤은 연계되었다.

(4) 비非국유 소기업에 대한 제한은 점차 완화됐고 동시에 제한적인 범위 내에서 소형 사유기업을 설립하는 것을 허락했으나 대형 사유기업은 여전히 설립이 허용되지 않았다.

(5) 수입은 여전히 허가증의 제한을 받았다.

헝가리의 상술한 개혁은 본래의 체제 결함을 극복할 수 없었고 또한 이러한 경제체제의 기반 위에서 수립한 정치체제의 붕괴를 방지할 수 없었다. 그러나 이로 인해 헝가리는 심각한 사회적 혼란을 피할 수 있었으며 아울러 비교적 순조롭게 시장경제로 이행하기 위한 일정한 조건이 마련되었다.

4.4 추진과 중단이 반복된 폴란드의 개혁

1950년대 중반 폴란드가 공업화와 집체화를 완성한 이후 사회와 경제생활에서 내부적 모순이 끊임없이 발생하고 심화되었다. 1956년 흐루쇼프의 '해빙解凍'의 바람이 폴란드로 불어왔다. 그후 농업협동조합(합작사)이 해산되었으며 그로부터 개혁이 시작되었다. 그러나 차례로 진행된 4차례의 개혁은 모두 성공을 거두지 못했다.

(1) 1957~1958년 권한의 하방과 이윤 양도 위주의 개혁이 진행되었다. 충분한 사상과 조직적 준비가 부족해서 개혁은 1958년에 중단 상태에 빠졌다.

(2) 1960년대 중반기 소련과 동유럽 각국의 개혁은 고조기에 진입했고

폴란드 국내 경제의 모순은 극심해졌으며 폴란드 통일노동자당의 지도자 고무우카(1905~1982)가 제2차 개혁을 조직했다. 이 개혁은 똑같이 사상적·조직적 준비가 충분하기 못했기 때문에 실질적인 진전이 없었고 경제적 모순과 사회적 모순 역시 해소되지 못했으며 결국 1970년 12월 대중과 정부가 충돌하는 유혈 사건을 야기했다.

(3) 1973년 '고속 발전 전략' 선행의 개혁을 발동했다. 고속 성장 전략을 위한 이러한 종류의 개혁은 전통 체제를 근본적으로 건드릴 수 없을 뿐 아니라 오히려 경제생활의 모순을 날로 증대시켰다. 잘못된 발전 전략으로 폴란드 경제는 단기간 번영의 조짐을 보이다가도 한층 더 걷잡을 수 없이 후퇴의 길로 접어들게 되었고 최후에는 1980년 '연대노조'가 지휘하는 노동자와 정부의 엄청난 충돌을 야기했다. 이미 매우 위험한 상태였던 폴란드 경제는 붕괴 직전까지 나아가게 되었다.

(4) 폴란드 통일노동자당과 정부는 1980년 가을에 경제개혁위원회를 설립하여 제4차 개혁을 추진하기 위한 준비 업무에 착수했다. 그러나 이번 개혁은 개혁의 여러 험난한 암초들을 비켜갈 수 없었고 퇴조세를 회복할 수도 없었다.

4.5 체코슬로바키아의 중도 좌절된 '프라하의 봄'

제2차 세계대전 이전 체코슬로바키아 경제는 발전을 이루어 이미 유럽에서 영국과 프랑스 다음의 선진국 대열에 이르러 있었다. 그러나 소련식 중앙집권적 계획경제체제하에서는 단지 회복 시기 몇 년간만 상대적으로 높은 성장을 했을 뿐이다.

1962년 체코슬로바키아 경제는 위기에 빠져 노동자 사이에 강렬한 불만이 나타났다. 이러한 상황에서 체코의 지도자는 개혁파 경제학자 오타 시크●

를 부총리로 임명하여 개혁 방안의 설계와 실시를 주관하도록 했다. 1967년 1월 1일 공식적으로 헝가리보다도 더욱 철저한 시장화 개혁이 추진되었고 그후 대중은 민주화 기조의 운동을 일으켜 개혁을 지지했다. 이것이 바로 유명한 1968년 '프라하의 봄'이다. 체코슬로바키아 민주운동의 고조와 경제 개혁 단계의 가속화로 인해 소련 지도부 집단은 공황에 빠졌다. 그들은 결국 무력을 행사하여 1968년 8월 20일 체코슬로바키아를 침략하여 체코슬로바키아공산당과 국가 지도자를 체포하고 개혁을 전면 부정한 '모스크바 보충협약'에 서명하도록 강제해 중앙집권적 계획경제체제를 전면 회복시켰다. 그후 체코슬로바키아는 비록 몇몇 작은 개혁을 진행했지만 1989년 정치 체제 붕괴 때까지 줄곧 중대한 진전은 없었으며 경제적·정치적 붕괴 국면을 되돌릴 수 없었다.

4.6 소결

소련과 동유럽 국가가 개혁에서 걸었던 역정은 중국에게 중요한 경험적 교훈을 제공할 수 있다. (1) 경제 시스템의 저효율은 계획경제 고유의 제도적 결함에서 비롯되어 구체제에 대한 철저한 개혁을 진행하지 않으면 이러한 상태의 개선은 불가능하다. (2) 어떤 진정한 개혁이든 모두 시장화 개혁으로 자유로운 기업제도와 경쟁적 시장 시스템 건립이 개혁 성공의 관건이다. (3) 개혁은 시장경제 제도 건립을 목표로 전체적인 설계를 해나갈 필요

- 오타 시크Ota Šik(1919~2004). 체코슬로바키아의 저명한 정치가, 마르크스주의 경제학자로, 계획과 시장을 유기적으로 결합하여 '거시적 계획, 미시적 시장'이라는 '제3의 길'을 갈 것을 주장했다. 1967년 부총리를 맡아 1968년 체코슬로바키아 경제개혁('프라하의 봄')을 지도했다. 바르샤바 조약기구의 군대가 체코를 점령한 이후 스위스로 망명하여 여전히 사회주의 정치경제의 개혁 입장을 견지하여 체코슬로바키아 국내의 '반체제 인사' '77헌장파'의 정신적 지도자 중 한 명이 되었다. 2004년 스위스에서 병사했다.

가 있으며 각 개혁 조치는 체계적으로 실행하고 충분한 실시가 이루어져야 한다. (4) 경제개혁은 반드시 상대적으로 안정적인 거시경제와 사회정치적 환경에서 진행되어야 하며 아울러 대중의 지지를 얻어야 한다.

칼럼1.4

'시장사회주의': 브루스의 분권 모델[53]

폴란드 '시장사회주의' 학파의 계승자로서 브워지미에시 브루스●의 경제 이론은 1970~1980년대 동유럽 내지 중국의 개혁 사조에 광범위한 영향을 미쳤다. 브루스는 경제정책 결정을 세 가지 다른 수준으로 나누었다. 첫 번째 수준은 거시경제 정책 결정으로 그 단계에서 다루는 것은 전체 국민경제의 전략 문제다. 두 번째 수준은 기업의 일상적 정책 결정으로 이 단계가 포괄하는 것은 개별 기업이 무엇을 생산하는지, 생산을 얼마나 하는지, 누구를 위해 생산하는지 등의 미시적 문제다. 세 번째 수준은 개인경제의 정책 결정으로 이 단계는 개인의 직업 선택과 소비재에 대한 선택 등을 포괄한다.

● 브워지미에시 브루스Włodzimierz Brus(1921~2007). 폴란드 경제학자, 시장사회주의 계승자로서 일찍이 폴란드 국가계획위원회 연구부 주임, 국가경제위원회 부주석을 역임했다. 그는 1961년에 『사회주의 경제 운용의 일반 문제Ogólne problemy funkcjonowania gospodarki socjalistycznej』라는 책을 출판하면서 국유제 조건에서 경제개혁의 '분권 모델(시장 시스템이 포함된 계획경제 모델)'을 진행할 것을 제시했다. 1972년 옥스퍼드대학 교수직을 맡았으며 나중에는 영국 국적을 얻었다. 1989년 그는 또 다른 경제학자인 카지미에시 와스키Kazimierz Łaski와 『마르크스에서 시장으로From Marx to the Market』라는 책을 공동 출판하면서 1961년에 펴낸 저작에서 시장사회주의 관점을 제시한 것을 반성하면서 응당 진정한 시장경제를 실행해야 한다고 보았다.

이 세 가지 정책 결정의 집중과 분산 정도의 차이에 따라 브루스는 경제 운용 모델을 네 가지 종류로 나누었다: (1) 세 가지 단계의 정책 결정이 모두 집중화된 모델로 전시공산주의 경제체제와 유사하다. (2) 첫 번째 단계의 정책 결정과 두 번째 정책 결정은 집중화되어 있고 세 번째 정책 결정은 분산화되어 있는 것으로, '중앙집권 모델'로 불리는 즉 소련 모델이다. (3) 첫 번째 단계의 정책 결정은 집중화되어 있고 두 번째 정책 결정과 세 번째 정책 결정은 분산화되어 있는 것으로, '분권 모델'로 불린다(또는 '조절 가능한 시장 시스템을 가진 중앙계획경제 모델'이라고 부른다). (4) 세 번째 정책 결정은 전부 분산화되어 있는 것으로 이 모델은 완전한 자유방임의 경제를 배경으로 한다. 브루스는 첫 번째와 네 번째 두 가지 모델은 절대로 취하지 말아야 하고 오직 두 번째와 세 번째 모델 사이에서 선택할 수밖에 없다고 보았으며 '분권 모델'의 실행을 주장했다.

브루스에 따르면 중앙집권 모델은 자원의 강제적 동원과 신속한 행동이 가능하며 고도의 정책 선택 능력을 구비한 장점을 갖고 있으나 동시에 또한 경제적 효과의 무시, 책임제도의 부재 등과 같은 여러 폐단이 수반된다. 만약 자원이 대량으로 방치된 조건에서 이러한 중앙집권 모델을 채택한다면 이익과 손실이 서로 상쇄될 것이며, 자원이 부족하고 내포적 성장으로 전환해야 할 시점에는 그 결함이 장점보다 훨씬 클 것이다.

브루스는 계획과 시장을 결합해 '분권 모델'을 실행할 것을 주장했다. 이러한 모델에서는 (1) 거시경제 활동은 중앙정부의 정책 결정에 의해 이루어지는데 중앙정부의 기능은 여기서 두 가지다. 하나는 생산수단의 가격을 제정하는 것이요 둘은 국유 생산자원에 의해 생산된 사회적 소득(지대와 이윤)을 분배하고 아울러 투자 정책 결정을 실행하는 것이다. 국가는 거시적인 정책 결정을 통해 기업 내지 개인의 경제활동 범위를 규정하고 아울러 가격,

임금, 신용대출, 세수 등 '경제적 매개변수'를 운용하여 기업의 경제활동이 국가의 요구에 부합되도록 만든다. (2) 기업 수준의 정책 결정은 기업이 시장과 자신의 영리 최대화의 필요에 따라 하게 된다. 기업 간에는 시장을 통해 거래 쌍방의 자유로운 계약관계를 유지한다. (3) 가장 낮은 단계의 행위자는 가정으로 그들은 자신의 일과 가처분 소득을 자유롭게 결정할 수 있다.

브루스가 보기에 '분권 모델'은 국가의 조절하에 시장 시스템을 충분히 이용할 수도 있고 또한 국민경제 발전의 계획성도 유지할 수 있다. '분권 모델'에서 조절 가능한 시장을 이용한다는 것은 계획을 하지 않는 것이 아니라 시장 시스템을 이용해 계획을 개선하는 것이다. 여기에서 시장 시스템은 생산과 교환이 자발적 과정에 따르도록 만드는 수단이 아니라 개별 기업의 활동이 계획 속에서 나타나는 사회적 선호를 따르도록 만드는 수단이다.'

1968년에 폴란드 통일노동자당에서 퇴출되어 1972년 영국으로 이주한 이후 브루스의 사상은 매우 크게 변화했다. 만년의 저작에서 그는 시장을 활용해 계획경제를 강화하려던 자신의 생각을 비판했고 완전한 시장화 개혁으로 입장을 바꿨다. 그는 '거시경제의 중앙집권적 계획과 시장조절하의 국유기업 자주권을 함께 융합하려고 도모했'으나 '이러한 절충적 방법은 이론적으로 성립할 수 없으며 만약 시장화가 정확한 방향이라면 응당 처음부터 끝까지 일관적으로 가야 한다'고 말했다.

5. 중국의 계획경제체제 수립과 개혁 문제의 제기

5.1 중국의 중앙집권적 계획경제체제 형성

1949년 전국적인 승리를 거두기 이전 중국공산당의 정치 강령은 마오쩌 둥이 1940년의 『신민주주의론新民主主義論』에서 제기하고 1945년 중국공산 당 제7차 전국대표대회에서 확립된, 중국 혁명은 '두 단계로 나누어 진행한 다'는 사상에 따라 제정된 것이었다. 이는 곧 정권 획득 이후 첫 번째 단계로 신민주주의 사회를 우선 건설하여 농업국에서 공업국으로의 전환을 실현하 고, 두 번째 단계로 신민주주의에서 사회주의 사회로의 전환을 실현하는 것 을 의미한다. 민주혁명이 승리를 거둔 이후 건립된 신민주주의 경제는 바로 국유경제가 선도하고 '자본 통제'[54] 원칙의 지도하에 사적 자본주의의 존재 를 허용하는 혼합경제였다.[55]

마오쩌둥은 1945년 중국공산당 제7차 전국대표대회의 정치 보고인 「연 합정부론」에서 '신민주주의론'의 많은 관점에 대해 더욱 명확히 설명했다. 그는 이 보고에서 한 걸음 더 나아가 다음과 같이 주장했다. '이 보고가 『신 민주주의론』과 다른 점은 자본주의의 확대 발전이 필요함을 확정하고 또한 전제주의 반대를 최우선으로 놓은 것이다. (…) 자본주의의 확대 발전은 신 민주주의 정권하에서는 해가 없고 유익하다.'[56]

1948년 9월 중국공산당 중앙정치국 확대회의와 1949년 3월의 중국공 산당 제7기 2중전회는 중국에서 신민주주의 정치제도와 신민주주의 경제 제도를 건설하자는 강령을 재차 천명했다.[57] 비록 승리가 임박함에 따라 마 오쩌둥은 당의 영도간부들에게 '자산계급 민주혁명 완성 후 중국 내부의 주요 모순은 바로 무산계급과 자산계급 사이의 모순이다'[58]라고 '명확히 지 적'했지만, 그는 사회주의로의 전환 시점은 비교적 먼 미래라고 추정했다. 그를 보좌했던 류사오치(1898~1969)가 민주혁명 승리 후에도 급속한 사회주의 정책은 취하지 말아야 하며 신민주주의 경제 건설을 위해 공산당은 최소 자산계급과 '10년에서 15년까지 힘을 합칠' 수 있다고 말했을 때, 마오쩌둥은 '전면적인 공격을 시작하려면 아마 전국적인 승리 후에도 15년이 필요할 것이다'라고 덧붙였다.[59]

1949~1952년에 중국공산당 지도부는 '3년 준비, 10년 건설' 지도사상에 의거하여, 이후에 적절한 순서로 사회주의로 넘어가는 구상을 갖고 업무를 배치했다.[60] 1949년 9월 중국인민정치협상회의가 임시 헌법의 성격을 띤 「공동강령」을 토론하던 시점에서, 어떤 민주 인사가 문건 안에 사회주의를 제시해야 한다고 건의했으나 공산당 지도부는 역시 이를 받아들이지 않았고 오히려 노동자계급, 농민계급, 도시 소자산계급, 민족 자산계급의 공산당 영도하의 대단결을 중화인민공화국의 국기인 오성홍기 위에 표현했다.[61] 그 이후에는 류사오치 등 지도자들이 '지나치게 빨리 사적 자본주의를 억제' 하지 말 것을[62] 요구했을 뿐 아니라 마오쩌둥 자신도 각급 당과 정부의 영도간부는 절대로 전방위적 공세를 취하거나 '적수를 많이 만들지' 말라고 훈계했다.[63]

이러한 배경에서 중화인민공화국 건국 초에 건립된 경제체제는 자연히 소련의 계획경제가 아니라 일종의 정부 주도의 시장경제였다. 이러한 체제에서 국유기업이 운영되었지만 이 역시 시장 지향적이었다.

1952년에 이르러 토지개혁이 종결되고 한국전쟁의 정전 회담이 시작된 이후 당과 정부의 방침에 중대한 변화가 발생했다. 1952년 6월 6일, 마오쩌둥은 중국공산당 중앙통전부의 한 문건에 대한 지시에서 '중국 내부의 주요 모순은 노동자계급과 민족 자산계급의 모순'임을 재차 제기하고 아울러 '민족 자산계급을 다시는 중간계급으로 부르지 말 것'을 강조하며 지적했다.[64] 9월 24일 마오쩌둥은 중국공산당 중앙서기처 1차 회의에서 다음과 같이 주장했다. '우리는 이제 10년에서 15년의 시간을 활용하기 시작하여 사회주의로의 전환을 기본적으로 완성해야지 10년 혹은 그 이후에 사회주의로의 전환을 시작해서는 안 된다.' 1953년 6월 15일 그는 중국공산당 중앙정치국 회의석상에 '과도기의 총노선'을 공식적으로 제시하는 동시에 류사오치의 '신민주주의 사회질서 확립' 방침을 비판하며 이는 일종의 '우경기회주의 관점'이라고 말했다.[65]

1953년 8월, 과도기의 총노선은 전 당이 모두 반드시 준수해야 할 노선으로 공식 확립되었다. '중화인민공화국 성립부터 사회주의 개조로의 기본적 완성까지 이 시기가 과도기다. 이 과도기에 당의 총노선과 총임무는 상당히 장기간에 걸쳐 국가의 공업화와 농업, 수공업, 자본주의 상공업에 대한 사회주의적 개조를 기본적으로 실현하는 것이다. 이 총노선을 통해 우리 각 업무의 방향을 명확히 해야 하며, 각 업무가 이를 벗어나면 우경화 혹은 좌경화의 착오를 범하게 될 것이다.'[66] 중국공산당 중앙이 비준한 중앙선전부의 「과도기 총노선 선전 요강」은 다음과 같이 지적했다. '이 총노선의 본질은 바로 생산수단의 사회주의 소유제를 우리 나라와 사회의 유일한 경제 토대가 되도록 만드는 것이다.'[67]

1953년 10월 15일 마오쩌둥은 천보다陳伯達, 랴오루옌廖魯言과 담화를 하면서 총노선의 요지는 '소유제 문제를 해결하는 것' 즉 국유제를 확대하고 사적 소유제를 집체소유제와 국유제로 바꾸어야 '비로소 생산력을 향상시켜 국가 공업화를 완성할 수 있음'을 명확히 밝혔다.[68] 이어서 그는 중국공산당 중앙서기처 회의에서 자산계급의 소멸과 자본주의 상공업 소멸의 요구를 공식적으로 제기했다.[69]

1955년 마오쩌둥은 중국 농촌에서 '사회주의 열기社會主義高潮'를 일으켰다. 우선 전국적 범위에서 중국공산당 중앙 농촌공작부 부장 덩쯔후이鄧子恢에 대한 비판을 시작으로 '반反우파 운동'을 일으켰고 그 연후에 대략 1년여 만에 농민의 개체사유제를 폐지하고 농민 가정을 농업생산합작사로 합병했다. 그후에 또한 1958년의 '대약진大躍進' 운동 과정에서 농업생산합작사를 '정치와 생산이 통합된政企合一' '공업, 농업, 상업, 학교, 군대 오위일체'의 '대형 합작사' 즉 '인민공사'로 합병했다.

개체 농민이 사라지면서 사적 상공업 역시 존재의 이유를 상실했다.[70] 마오쩌둥은 1955년 10월에 전국상공업연합회 집행위원회 구성원의 상공업 개조 좌담을 개최하고 상공업자가 '공산주의를 준비할 것' 즉 국유화를 실현할 것을 주창했다.[71] 이러한 환경에서 상공업 자본가들은 잇따라 국유화를 신청했고 국가가 '전 업종의 공사합영' 방식으로 자신들에 대해 '사회주의 개조'를 실행하기를 요구했다.

1953년에 제시된 과도기의 총노선은 15년 심지어 좀더 오랜 시간을 들여 '사회주의 개조' 임무를 실현할 것을 계획했지만 실제 이러한 임무는 3년도 걸리지 않고 아주 손쉽게 실현되었다. 1955년 이래 국가소유제와 준准국유의 집체소유제는 국민경제의 유일한 토대가 되었으며 아울러 이러한 소유제 기반 위에서 전면적으로 소련식 중앙집권적 계획경제체제가 수립되었다.

중화인민공화국 성립 이후 신민주주의에서 사회주의로의 급속한 전환은 마오쩌둥에게는 일찍이 신新중국 성립 이전에 이미 도모한 바였지만 일부 당 고위간부를 포함해서 대다수 사람들에게 이에 대한 충분한 마음의 준비가 있었던 것은 아니다. 사회주의가 아주 짧은 1~2년 동안에 순조롭게 실현될 수 있었던 주요 원인은 다음과 같다.

(1) 이데올로기 측면에서 보자면 소련을 이상적 모델로 모방하여 사유재산과 시장제도를 폐지하고 국유제 기반 위에서 고도로 중앙집권적인 행정

조정 체제를 특징으로 하는 계획경제를 수립하는 것이 오랫동안 사회주의의 불변의 진리로 인식되었다. 중화인민공화국이 성립된 후 '소련의 전문가'가 스탈린의 정치경제학으로 중국의 경제학계를 전면적으로 개조하여 이것이 유일하게 통용되는 경제학 이론이 되었다. 이러한 이론에 따라 중앙집권화된 경제체제 수립이 당연한 일로 인식되었다.

(2) 국제적 배경에서는 한국전쟁이 발발한 이후 서방국가의 봉쇄와 포위에 봉착하여 국방력 강화가 중국 지도부의 국정 업무 가운데 최우선 순위가 되었다. 이를 위해 중국 지도부는 자원을 집중적으로 동원 배치하는 제도 체제를 선택하여 제한된 자원을 군수공업 중심의 중화학공업에 사용했다.

(3) 100년 동안의 식민지, 반半식민지의 굴욕을 겪었던 중국인들은 서방의 선진국을 추월하겠다는 강렬한 바람을 보편적으로 품게 되었다. 이로 인해 중국 지도자들은 소련을 이상적 모델로 모방해 중앙집권적 계획경제를 수립함으로써 인력, 물력, 재력을 충분히 동원하고 집중적으로 사용해 단시간 내에 공업화를 실현하는 계획이 민중의 지지를 얻을 수 있음을 인식하게 되었다.

(4) 중국은 오랫동안 소농 중심의 국가로서 '행정 권력의 사회 지배'가 공고한 역사적 전통으로 형성되었다. 신중국 성립 이후 마오쩌둥은 장기간 혁명전쟁 중에 형성된 자신의 높은 명망에 기반하여 자신이 이끄는 전능정부全能政府[72]를 수립했다. 이는 중국이 매우 짧은 몇 년 안에 사회주의를 개조하고 계획경제 제도를 시행한 정치적 기반이었다.

5.2 중국 개혁 문제의 제기

중국 경제는 1951~1955년 사이 빠르게 회복되고 안정적으로 성장하여 보편적으로 찬양받았다. 그러나 1950년대 중반기에 중앙집권적 계획경제가 전면적으로 수립되자 많은 비판에 봉착했다. 혼합경제 조건하에서 비교적 큰 자주권을 갖고 있었던 국유기업은 이때 상부 행정관리 기관의 부속물로 변했고 인적자원, 돈, 물적 자원 모두 그리고 공급, 생산, 판매가 다 국가 계획으로 결정되어 경제적 생기와 활력이 없어졌다. 동시에 상공업의 서비스 품질이 하락하여 소비자들의 불만이 그치지 않았다.

1956년 가을과 1957년 봄은 바로 마오쩌둥이 '백화제방, 백가쟁명'을 제창한 시기로 정치적 환경이 상대적으로 자유로워지고 학술토론도 상당히 활발해져 몇몇 경제학자들이 계획경제 모델에 대해 신랄한 비판을 제기했다. 그 가운데 유명한 인물이 당시 국가통계국 국장을 맡고 있던 쑨예팡*이다.

쑨예팡은 자신의 업무 중에 중앙집권적 계획경제의 병폐를 절실히 느껴 1956년 「계획과 통계를 가치법칙의 기반 위에 두다把計劃和統計放在價値規律的基礎上」와 「총생산액부터 이야기하다從總產值談起」[73]라는 두 편의 논문을 시작으로 비판의 예봉을 이러한 경직되고 효율적이지 않은 경제체제에 겨누었으며 자신의 사회주의 경제 모델을 구축하기 시작했다.

쑨예팡은 소련의 정치경제학 교육을 처음부터 받아들였던 경제학자로서 마르크스주의의 계획경제 이론을 여전히 깊이 신뢰했고 의심하지 않았다. 그러나 현실 문제 해결에 있어서 쑨예팡의 정책 주장은 대부분 시장('가

---

* 쑨예팡孫冶方(1908~1983). 본명은 쉐어궈薛萼果로 중국의 걸출한 마르크스주의 경제학자다. 청년 시절 공산주의 운동에 참가했다. 일찍이 중국의 중앙집권적 계획경제체제 수립 초기에 그는 이 체제의 유효성에 대해 의문을 제기했고 아울러 '천 가지 법칙, 만 가지 법칙 가운데 가치법칙이 첫 번째다千規律, 萬規律, 價値規律第一條' '계획경제를 가치법칙의 기반 위에서 수립하자把計劃建立在價値規律基礎上' 등의 주장을 제기했다. 이로 인해 수정주의 분자로 규정되어 비판받았으며 문화대혁명 기간에 8년간 감금되었다. 문혁 종결 이후 시장화 경제체제 개혁에 적극 참여했다.

치법칙')의 작용을 더 많이 발휘하자는 입장이었다. 그의 경제학 이론 체계 역시 심각한 내부 모순이 존재하고 있었다. 한편으로 그는 '자연경제론自然經濟論'에 반대하고 '천 가지 법칙, 만 가지 법칙 가운데 가치법칙이 첫 번째다' 등의 예리한 주장을 제기했다. 다른 한편으로 그는 사회주의 조건하에 시장의 작용이 존재한다는 '상품경제론'에 반대하고 아울러 자신이 이야기한 '가치법칙'이 시장 법칙을 가리키는 것이 아니며 사회 평균의 필요 노동량이 상품 가치의 양을 결정한다는 법칙을 의미한다고 말했다.

쑨예팡은 그의 사회주의 경제이론에 근거하여 응당 '계획경제 관리체제에서 이윤 지표의 지위를 높여야 한다'고 주장했다.[74] 이를 기본 입장으로 하여 쑨예팡은 자신의 사회주의 경제 모델을 설계했다. 이 모델의 요점은 그 자신의 말로 설명하면 자금량을 기준으로 하여, '큰 권력은 독점하고 작은 권력은 분산하는' 것이다. 이른바 큰 권력이란 자금량의 확대재생산 범위 내의 정책 결정을 가리키며 이른바 작은 권력이란 자금량상 단순재생산 범위 내의 정책 결정을 가리킨다. 앞의 정책 결정은 정부가 하는 것이고 뒤의 정책 결정은 가치법칙에 근거하는 것으로 기업이 스스로 결정하는 것이다. 바꾸어 말해서 쑨예팡 모델의 특징은 국가소유제와 기업의 공급 판매 관계에 대한 국가의 계획 관리를 전제조건으로, 일상적 정책 결정('단순재생산' 정책 결정)에서의 비교적 큰 자주권을 기업에 주는 것이다. 여기서 쑨예팡 모델과 브루스의 시장사회주의 '분권 모델'은 실질적으로는 서로 동일한 것임을 알 수 있다.

비록 쑨예팡은 단지 채산 방법의 의미에서 가치법칙과 이윤 지표의 중요성을 강조한 것이지만 이로 인해 그는 중국에서 1960년대 중반기에 시작된 '수정주의'에 대한 대숙청으로 첫 번째 피해를 입은 경제학자가 되었고 당시 이데올로기를 주관하던 캉성康生(1898~1975)에 의해 '리베르만보다 더 리베르만 같은 수정주의자'로 지목되었다.

당시에 문제를 더욱 심각하게 봤던 이는 중국과학원 경제연구소에서 일하던 또 다른 경제학자 구준*이다. 그는 1956년에 사회주의 경제의 문제는 시장제도를 폐지한 것이라고 이야기했다. 따라서 효율 제고를 위해서 사회주의가 선택할 수 있는 경제체제는 기업이 시장가격의 자유로운 등락에 따라 정책 결정을 하는 체제라고 했다.[75] 바꿔 말하면, 응당 시장 역량이 자원 배치에서 결정적 작용을 하도록 만들어야 한다는 것이다. 안타까운 것은 이러한 주장은 당시에도 여전히 전통사회주의 경제학의 편협한 시각 속에 갇혀 있었던 대다수 경제학자들의 주의를 전혀 끌지 못했다는 점이다. 오래지 않아 구준은 '자산계급 우파 분자'로 낙인찍혔고 그의 학술적 관점도 더욱이 이단적인 그릇된 학설로 단정되었다. 이로 인해 그의 관점은 사장되어 전해지지 않았다. 그러나 어찌됐든 구준은 중국 개혁이론 발전사에서 시장화 개혁을 제시한 첫 번째 인물로 남게 되었다.

앞에서 서술한 경제 상황에 직면하여 당과 정부 지도부는 반응을 보였다. 경제 업무 주요 책임자였던 천윈**은 경제정책을 약간 조정해 일종의 '3가지를 주축으로 하고 3가지를 보충으로 한다三爲主, 三爲輔'는 사회주의 경제 국

---

* 구준顧准(1915~1974). 당대 중국의 저명한 사상가, 경제학자. 청년 시절 공산주의 운동에 참가했다. 해방 초기에 화동군정위원회華東軍政委員會 재정부 부부장副部長 겸 상하이 재정국장, 세무국장을 맡았다. 1957년 '반反소련'의 죄명과 1964년 '반反마오쩌둥'의 죄명으로 두 차례 '우파 분자'로 낙인찍혔다. 1956년 중국과학원 경제연구소 연구원 재임 시 사회주의 경제는 자연적으로 등락하는 시장가격에 의해 조절될 수 있다는 관점을 제시했으며 이로 인해 중국에서 사회주의 시장경제를 제시한 첫 번째 사람이 되었다. 그가 문화대혁명의 고난 중에 쓴『그리스 도시국가 제도希臘城邦制度』『이상주의에서 경험주의까지從理想主義到經驗主義』 등의 저작에서 제시한 '노라는 가출한 후에 어떻게 되었나娜拉出走以後怎樣'의 문제 및 직접민주주의, 의회민주주의에 대한 분석은 개혁기의 사회사상에 중대한 영향을 끼쳤다.

면을 만들어야 한다고 주장했는데 이는 다음과 같다. (1) 상공업 측면에서 국가경영과 집체경영이 상공업의 주체이나 국가경영과 집체경영을 보충하는 일정량의 개체경영이 있다. (2) 생산계획 측면에서는 계획생산이 상공업 생산의 주체이며 시장 변화에 따라 계획이 허용하는 범위 내의 자유 생산은 계획생산의 보충이다. (3) 사회주의 통일시장에서는 국가시장이 그 주체이지만, 일정 범위 내에서 국가가 지도하는 자유시장이 있으며 이러한 자유시장은 국가 지도하의 국가시장의 보충 역할을 한다.[76] 천원의 이러한 사상은 훗날 '계획경제를 주축으로 하고 시장 조절을 보충으로 한다計劃經濟爲主, 市場調節爲輔'는 것으로 귀결되었으며 1976년 이후 중국의 경제개혁 목표 논의에 중요한 영향을 끼쳤다.

더욱 중요한 점은 마오쩌둥이 소련식 중앙집권적 계획경제에 대해 제시한 지도 의견이다. 1956년 초, 중국 지도자는 1956년 8월 거행이 예정된 중국공산당 제8차 전국대표대회 준비를 위하여 제1차 5개년 계획 기간 전반기 몇 년의 업무에 대해 종합 평가를 진행했다. 사람들은 일반적으로 1950년대 중반기 건립된 이러한 경제체제가 비록 고강도로 동원한 자원을 정부가 관심을 가졌던 중점 건설에 집중 사용해 중공업과 군사공업 성장 중심의 공업화를 비교적 빠르게 진행했지만 이로 인해 해결해야 할 결함도 적지 않다고 평가했다. 당시 전통적 사회주의 체제의 병폐들에 대한 인식은 1956년 4월 마오쩌둥의 중앙정치국 담화인 「십대관계론論十大關系」에 집중적

●● 천윈陳雲(1905~1995). 중국의 마르크스주의 지도자. 일찍부터 오랫동안 중국공산당과 중화인민공화국의 지도부 직무를 맡았다. 그가 1956년에 제시한 '3가지를 주축으로 하고 3가지를 보충으로 한다(국가경영과 집체경영을 주체로 개체경영을 보충으로 삼고, 계획경제를 주체로 자유 생산을 보충으로 삼으며, 국가시장을 주체로 자유시장을 보충으로 삼는다)'는 방침 및 1979년의 '계획경제를 주축으로 하고 시장 조절을 보충으로 한다'는 주장은 중국의 경제관리체제 개혁에 중요한 영향을 끼쳤다.

으로 반영되었다. 마오쩌둥은 전통적 사회주의 체제의 병폐가 주로 '권력의 과도한 중앙 집중'에 있으며 지나치게 과다하게 관여하고 지나치게 융통성 없게 관할한다고 보았다.[77] 따라서 현 체제를 개혁하는 근본 조치는 하급 정부와 기업에 권력을 하방하는 것에 있다는 것이다. 마오쩌둥이 제시한 방침에 근거하여 중국공산당 제8차 전국대표대회 1차 회의는 '경제관리체제 개혁'의 추진을 결정했다. 개혁 과정에서 마오쩌둥이 제시한 방침에 대해 다시 수정을 가하여 그 중점을 각급 행정기관 사이의 권력과 이익의 분할에 두었고 '행정적 분권行政性分權'이라는 개혁의 사고방식이 형성되었다. 이러한 사고방식에 입각해서 중국은 1958년에 '경제관리체제 개혁'을 시작했다(자세한 내용은 제2장 1절 참조).

칼럼1.5

마오쩌둥의 「십대관계론論十大關系」[78]

1956년 가을 중국공산당 제8차 전국대표대회 개최 준비를 위하여 류사오치에 이어 마오쩌둥은 그해 2~5월에 34개 부처와 일부 성(자치구, 직할시)의 업무 보고를 들었다. 각 부처와 각 지방의 보고에서 반영된 전체적 문제는 주로 농업, 경공업과 중공업의 비율 관계, 연해 지역 공업과 내륙 공업의 관계, 국방 공업 건설의 규모와 속도 문제, 국가·집단·개인의 권리·책임·이익분배 관계, 중앙과 지방의 관계 및 향후 소련을 배워야 하는지 그리고 배운다면 어떻게 배울 것인지 등의 문제였다.

보고가 끝난 후 중국공산당 중앙정치국은 토론을 반복적으로 진행했다. 정치국 회의는 새로운 세계대전은 단기간에 발발하지 않을 것이며 10년 혹은 좀더 장기간의 평화 시기가 출현할 수 있을 것이라고 보았다. 이러한 분석에 기초하여, 마오쩌둥은 재래식 무기(병기) 공업의 가속화 걸음을 늦추고 야금공업, 기계공업, 화학공업을 중점적으로 강화할 것을 제시했다. 이전에 류사오치가 보고를 듣는 자리에서도 역시 경공업과 농업의 발전과 연해 지역 공업의 잠재력, 지방의 적극성, 기술자의 역할 등의 발휘를 중시하며 소련에 대한 학습은 해야 할 것과 하지 말아야 할 것을 구분하도록 주문한 바 있었다. 이러한 관점은 마오쩌둥이 나중에 열 가지 중대한 관계의 처리 방침을 제시하는 데도 중요한 영향을 끼쳤다.

1956년 4월 말에서 5월 초까지 마오쩌둥은 중국공산당 중앙정치국 확대회의와 최고국무회의에서 두 번에 걸쳐 차례로 아래의 십대 관계를 논술했다.

1. 중공업과 경공업 및 농업 사이의 관계로, 경공업과 농업에 대한 투자 비율을 적당히 증가시켜야 한다. 2. 연해 지역의 공업과 내륙 지방의 공업 사이의 관계로, 평화로운 시기에는 연해 지역 산업을 발전시키는 데 치중해야 한다. 3. 경제 건설과 국방 건설 사이의 관계로, 군정軍政 비용의 비중을 적당히 줄여야 한다. 4. 국가, 생산단위 및 개인 생산자 사이의 관계로, 삼자 간의 이익관계는 반드시 동시에 함께 고려해야 한다. 5. 중앙과 지방의 관계로, 지방의 권력을 좀더 확대하여 지방에 더 많은 독립성을 주고 지방의 적극성을 발휘시켜야 한다. 6. 한족과 소수민족의 관계로, 대大한족주의 반대를 강조해야 하며 동시에 지방민족주의를 반대해야 한다. 7. 당과 비非당의 관계로, 공산당과 민주당파는 장기 공존, 상호 감독해야 하며 관료주의에 반대하고 당정 기구를 간소화해야 한다. 8. 혁명과 반反혁명의 관계로, 반혁명 세력을 개조하여 부정적 요소를 긍정적 요소로 변화시켜야 한다. 9. 옳음과 그름의 관계로, 잘못을 범한 동지에 대해 '이전의 과오를 뒷날의 경계로

삼고, 병을 치료하여 사람을 구한다'는 방침을 취해야 한다. 10. 중국과 외국의 관계로, 모든 민족과 국가의 장점을 배워야 하나 단 분석적, 비판적으로 학습해야지 맹목적으로 추종하거나 통째로 답습하지는 말아야 한다.

마오쩌둥이 「십대관계론」 강연에서 제시한 '국가, 생산단위와 생산자 개인의 관계' 및 '중앙과 지방의 관계'를 처리하는 방침은 이후 중국의 '경제관리체제 개혁'의 지도 사상이 되었다.

제 2 장

중국 개혁 전략의 변천

중국 경제개혁은 1956년 개최된 중국공산당 제8차 전국대표대회(이하 중공8대)에서 '경제관리체제 개혁'을 제기하면서 시작했다. 중국은 이후 반세기 남짓한 개혁 과정에서 중앙 집중 계획경제체제를 변혁하기 위해 여러 다양한 조치를 실시했다. 이 조치들은 여러 경제이론과 개혁 사상을 배경으로 했기 때문에 종종 개혁 방향이 서로 다르거나 심지어는 모순되기도 했다. 또한 각 단계의 다양한 조치들이 서로 맞물려 앞 단계에서 실시한 개혁이 종종 다음 단계에서 시행될 주요 개혁 조치의 맹아를 품고 있거나 다음 단계에서 시행된 개혁에 앞 단계 개혁의 유산이 남아 있기도 했다. 만약 구체적 사건이 발생한 역사적 순서에 따라 이러한 개혁 조치를 하나하나 다룬다면 개혁의 단서들이 실타래처럼 얽히고설켜 심도 깊은 분석이 어렵게 될 것이다.

이러한 점을 고려해, 이 장에서는 주요 개혁 조치를 기준으로 중국 경제개혁의 역정을 다음과 같이 세 시기로 나누고 이들 개혁 조치의 이해득실과 그 배후에 있는 개혁 사상을 분석할 것이다: (1) 1958~1978년: 행정적 분권이 시행되던 시기로 개혁의 중점은 중앙정부가 하급정부에게 권력을 이양하고 이익을 양도하는 데 있었다. (2) 1979~1993년: 증량개혁 시기로 주로 국유 부문 밖의 경제 영역에서 추진되었고, 민영경제의 성장을 통해 국민경제의 발전을 이끌었다. (3) 1994년~현재: 시장경제체제 건립을 목표로 전면적 개혁이 실시되는 시기다.

1. 행정적 분권(1958~1978)

1957년, 중국 정부는 중공8대 1차 회의 결정(제1장 5.2)에 근거해 각급 지방정부에 권한과 이윤 양도放權讓利를 주요 내용으로 하는 개혁 방안을 제정하고, 1958년 초부터 '체제 하방下放'을 시작했다. '체제 하방'과 농촌의 '인민공사화'로 형성된 지방분권형 명령경제체제는 1958년 마오쩌둥이 동원한 '대약진' 운동의 제도적 기반이 되었다.

1.1 '체제 하방' 방침의 확정

1958년 경제관리체제 개혁의 중점은 각급 지방정부로 권한과 이윤을 양도하는 것이었다. 이 방침은 마오쩌둥이 「십대관계론」에서 제기한 지방, 생산단위, 생산자에게 권력을 이양하려는 원래의 뜻과 완전히 부합하지는 않았고, 뒤의 두 종류(생산단위, 생산자)에 대한 권한 양도는 밀려나서 거의 미미한 수준에도 미치지 못했다. 이렇게 된 주요 원인은 1957~1958년 국내 정치 상황에 변화가 생겨서 국유기업과 노동자에게 권한을 양도하는 것이 '정치적으로 올바르지 못한' 것으로 변했기 때문이다.

첫째, 국유기업에 대한 권한과 이윤 양도. 1956년 중공8대 이전 경제 관료와 국유기업 지도자는 유고슬라비아가 실험하고 있던 '기업 자치'에 큰 관심을 갖고 연구하면서 중국에 본보기로 삼을 만한 점이 있을 것이라 기대하고 있었다. 중공중앙위원회를 대표해 류사오치가 중공8대에서 행한 '정치보고'에서도 국유기업이 '계획 관리, 재무관리, 간부 관리, 직원 배치, 복지시설 등에 대해 적당한 자주권'을 가지고 있어야 한다는 의견을 제기했다.[1] 이러한 사상적 지도 아래 1956년 말부터 1957년 초 국가경제위원회가 실시한 '전국 경제관리체제 조사'에서 기업자주권 확대를 요구하는 기업의 바람이 크게 반영됐다. 그러나 1957년부터 유고슬라비아 공산주의자연맹의 '자치 사회주의'를 비판하는 분위기가 점차 고조되면서 기업 자주권 확대의 문제는 자연히 중공의 개혁 강령에서 사라졌다.

둘째, 생산자 개인에 대한 권한 이양. 마오쩌둥은 「십대관계론」에서 생산자 개인에게 권한과 이익을 양도해 그들의 '적극성'을 '자극'해야 한다고 주장했다. 이 사상은 여타 다른 사회주의 국가들이 '탈스탈린화'² 과정에서 국유기업 직원들에 대한 물질적 자극을 높이려 한 사상적 조류와 서로 일치하는 것이다. 1956년 초 흐루쇼프가 스탈린의 경제정책을 비판할 때도 '물질적 자극'을 강화해야 한다고 주장했다. 마오쩌둥은 줄곧 '정신적 자극'을 주장하며 '물질적 자극'을 통해 노동자의 적극성을 불러일으키는 것에 반대했다. 1957년, 중국공산당과 소련공산당 간에 스탈린주의를 둘러싸고 나타난 인식상의 대립이 이미 드러났다. 동시에 '반우파' 운동 후반기에 들어서 '개인주의'를 '우파·반당·반사회주의의 사상적 근원'으로 규정하면서 사람들에게 '명리욕을 끊도록' 요구했다. 이때 노동자 개인의 '물질적 자극'을 통해 '적극성을 제고'하는 방식은 분명 주류적 이데올로기와 서로 충돌했다.

이러한 정치 환경 속에서 권한과 이익 양도는 각급 지방정부를 대상으로 할 수밖에 없었다. 이렇게 각급 지방정부로 권한과 이익을 양도하는 것이 1958년 개혁의 기본 내용을 이루고 있으며, '체제 개혁'도 '체제 하방'으로 정의되었다. 이러한 개혁 사상은 이후 중국의 경제체제와 경제 발전에 심원한 영향을 끼쳤다.

1.2 '체제 하방'의 실시

1957년 9월 개최된 중공8기 3중전회는 '대약진' 운동을 일으킨 회의이며, 동시에 '경제관리체제 개혁'을 시작해 '약진운동을 위한 체제의 기초를 준비'한 회의다. 이 회의에서 중앙경제공작 5인소조 조장 천원이 지도해 기안한 「공업 관리체제 개선에 관한 규정」「상업 관리체제 개선에 관한 규정」「중앙과 지방의 재정 관리 권한 분리에 관한 규정」이 원칙적으로 통과됐고, 이 3개 규정 초안은 전국인민대표대회 상무위원회에 제출돼 심의 후 통과됐다. 이 3개 문건에 들어 있는 총체적 정신은 각급 지방정부로 권한과 이익을 양도해 지방과 기업으로 하여금 능동성과 적극성을 한층 더 발휘해서 현지 실정에 맞게 적절한 정책을 세우면서 국가 계획을 완성하도록 하는 것이다. 이어서 전국인민대표대회 상무위원회는 이들 규정을 비준하여 1958년부터 시행하기로 결정했다.

1958년의 '체제 하방'은 아래의 몇 가지 측면의 내용을 포함하고 있다.

1. 계획관리권의 하방

1958년 9월 중공중앙은 「계획관리체제 개선에 관한 규정」을 발포해서 원래 국가계획위원회가 '통일적으로 균형을 맞추던統一平衡' 위에서 아래로의 계획관리 제도를 '지역의 종합적 균형을 기초로 하면서 국민경제의 각 부문과 지역 발전을 결합하는 계획관리 제도'로 전환하고, 지역을 위주로 하여 아래에서 위로 향하는 행정적 편제를 이루고 균형을 맞추어 지방경제 '스스로 완결된 구조'를 갖도록 요구했다. 이 문건에 따르면 지방정부는 현지 농공업 생산 계획지표를 조정할 수 있고, 현지 건설 규모, 건설 항목, 투자 사용 등에 대해 통일적인 계획을 세울 수 있으며, 현지의 물자 사용을 조절할 수 있고, 중요 제품의 초과생산 부분은 일정 비율에 따라 사용할 수 있다.

2. 기업관할권의 하방

1958년 4월 11일 중공중앙과 국무원은 「공업기업 하방에 관한 몇 가지 규정」을 발포하여 국무원 각 부문이 관리하던 기업 가운데 극소수의 중요하고 특수한 그리고 실험적 기업만을 계속 중앙의 관리 아래 두고, 나머지는 모두 지방정부가 관리하도록 했다. 중앙은 국무원 각 부문에 6월 15일까지 지방으로 넘길 기업과 사업 단위들의 하방을 완료하도록 요구했다. 이렇게 원래 중앙 각 부서와 위원회에 소속된 기업과 사업 단위 중 88퍼센트가 각급 지방정부로 이전되었고 일부는 가도街道와 인민공사公社로 이전되었다. 중앙 직속 기업의 공업 생산액이 전체 공업 생산액에서 차지하는 비중은 1957년 39.7퍼센트에서 1958년 13.8퍼센트로 떨어졌다.[3]

3. 물자분배권의 하방

첫째, 국가계획위원회가 통일적으로 분배하는 물자('통배물자統配物資' 혹은 '일류물자一類物資'라고 칭함)와 국무원 각 부서가 관리하는 물자('부관물자部管物資' 혹은 '이류물자二類物資'라고 칭함)의 종목과 수량이 감소했다. 1957년 530종이었던 일류물자와 이류물자는 1959년 132종으로 감소했고, 나머지는 모두 각 성과 직할시, 자치구에서 관리하도록 했다. 둘째, 보유하고 있는 일류, 이류 물자도 과거 중앙에서 통일적으로 배급하던 방식에서 각 성, 자치구, 직할시의 '지역 균형을 고려하고, 차액을 조달'하는 방식으로 전환하여 중앙은 각 지역 간의 수요공급의 차액과 전출입만을 관리하게 되었다. 셋째, 공급 측면에서 철도, 군수공업, 외환, 국가 비축 등 몇 가지만 제외하고 중앙기업이든 지방기업이든 필요한 물자는 모두 소재지의 성, 자치구, 직할시에 신청하고 지방정부 계획기관이 분배와 조달을 책임지도록 했다.

4. 기본 건설 항목의 심사비준권, 투자관리권과 대출관리권 하방

지방에서 시행하는 한도액 이상의 프로젝트는 국가계획위원회에 간략한 계획서를 서면으로 제출하여 비준받도록 했고, 나머지 설계 문건과 예산 문건은 모두 지방에서 심사 비준했다. 한도액 이하의 프로젝트는 완전히 지방에서 자체 결정했다. 1958년 7월, 지방 건설 항목의 투자 '책임'제도를 시행하는 결정이 이루어졌다. 즉, 건설투자는 본래 모두 국가의 교부금과 특별교부금으로 충당해야 했는데 이것을 중앙정부 교부금과 지방에서 조달한 자금을 합한 총액범위 내에서 지방정부가 각종 사업을 벌일 수 있게 바뀌었다. 동시에, 원래 고도로 집중된 신용제도를 '대출 권한 하방, 차액 관리' 방법으로 바꿔 대출 권한을 지방으로 이전했다. 지방은행은 각지의 '대규모 생산'의 요구에 맞춰 '필요한 만큼 대출해주고, 필요한 때 대출'할 수 있게 되었다.

5. 재정권과 세수권 하방

지방재정을 증가시키기 위해 지방정부의 재정권을 확대하고, '재정책임제包干制'를 시행하기로 결정했다. 구체적으로 중앙과 지방 간의 재정수지 구분을 먼저 '1년마다 지방의 지출을 확정하고 그에 따라 일정한 세수를 떼어주던 것에서 5년마다 지방의 세수와 지출 항목 및 지방과 중앙의 몫을 확정하고, 등급별 관리, 세종 분류, 기업 이윤 분할을 하는 것'으로 바꿨다. 도시 부동산세, 문화오락세, 수입인지세 등 7종의 세수를 지방 고정수입으로 집어넣고, 상품유통세, 화물세, 영업세, 소득세 등 거액의 세수는 중앙과 지방 수입으로 나누어 시행했다. 중앙기업 이윤을 지방과 나누지 않던 방식에서 중앙기업 이윤의 20퍼센트를 소재지(성, 자치구, 직할시) 지방정부와 나누었다. 동시에 지방정부에 광범위한 감세, 면세, 증세의 권한을 주었다.

6. 노동관리권 하방

노동 고용 계획은 국가계획위원회가 통일적으로 제정하여 층층이 밑으로 하달되는 방식에서 성, 자치구, 직할시가 각 지역의 모집 계획을 확정, 집행하도록 바뀌었다.

1958년 개혁에서는 비록 기업에 권한과 이윤을 이전하는 규정이 공개 강령에서 삭제되었지만, 실제로 일부 기업에 권한과 이윤 양도의 조치가 실시되었다. 그 조치들은 (1) 지령성 계획지표 감소. 국가계획위원회가 층층이 공업기업에 하달하던 지령성 지표가 12개에서 주요 산품의 생산량, 노동자 총수, 임금 총액, 이윤 등 4가지로 줄었다. (2) 원래 업종별로 일정 비율에 따라 이윤에서 약간의 '기업장려금(공장장 기금)'을 인출하던 제도4에서, 각 기업이 일정 비율의 이윤을 유보하는一戶一率 '전액이윤유보' 제도5로 바뀌었다. (3) 기업의 인사권을 확대하여 기업의 주요 관리자와 기술자를 제외한 기타 모든 노동자의 관리를 책임졌다. 기업은 노동자 총수를 늘리지 않는 조건 아래 스스로 기구와 인원을 조정할 수 있는 권한을 가졌다. (4) 일부 자금은 기업이 사용을 조정할 수 있고, 기업은 기업의 고정자산을 증감하고 폐기할 권한을 가졌다.

1.3 '체제 하방'이 야기한 경제 혼란과 회복

분권형 계획경제 아래 '3년 안에 영국을 따라잡고, 10년 안에 미국을 따라잡자'6는 마오쩌둥의 호소에 부응하여 각급 정부는 자신의 자원 동원 권력을 충분히 운용하여 기본 건설 프로젝트를 대규모로 실시하고, 대규모의 노동자를 모집하고, 무상으로 농민의 자원을 배분하면서 '1년 내 철강 생산 두 배 증산' 따위의 절대로 실현하지 못할 높은 계획지표7를 완성했다. 결과는 곧 각 지구, 각 부문, 각 단위 간의 자원 쟁탈전으로 나타났고, '일평一平

(평균주의), 이조二調(무상 조달), 삼수관三收款〔은행 대출 회수〕'의 '공산풍共産風'
은 경제 질서의 혼란을 야기했다. 1958~1960년, 고정자산 투자는 매년 평
균 39.5퍼센트 증가했고, 3년 투자 총액은 1007억 4000만 위안으로 '1.5 계
획' 시기 5년 동안 투자한 588억 5000만 위안보다 71퍼센트 더 많았다. 노동
관리권 이양으로 인해 1958년 1년간 국유기업 노동자 수는 2451만 명에서
4532만 명으로 2081만 명이 늘어나 84.9퍼센트 증가했다. 1960년 노동자 총
수는 5969만 명으로 3년간 143.5퍼센트 증가했다. 도시 인구는 1957년
9949만 명에서 1억 3000만 명으로 3000만 명 이상 증가했다.[8]

경제 효율이 크게 떨어졌고, 수많은 자원을 소비하여 얻은 것은 단지 부
풀린 숫자들뿐이었다. 나중에 증명된 바에 따르면 당시 이미 완성했다고 주
장한 강철, 식량 등 생산지표의 '위업豐功偉績'은 전부 날조한 것으로 드러났다.

그러나 당시 일부 지도자는 여전히 자기가 만든 환상에 도취되어 있었
다. 식품 공급 부족이 나타나고, 전국적인 기황이 막 폭발하려는 때에도 마
오쩌둥은 '남아도는 양식을 어찌할지' 걱정하면서, '휴경제' '배불리 마음껏
먹기'[9] 등을 통해 곧 나타날 식량 과잉 문제를 해결하자고 주장했다. 인민공
사도 분분히 '공공식당' '오포五包' '십포十包'[10] 등 '필요한 만큼 가져가는' 공
산주의 분배 방식을 채택했다.

1958년 말 이렇게 현실과 완전히 동떨어진 방식으로 인한 부정적 결과
가 나타나기 시작했다. 생산 저하와 함께 많은 공·상기업에 손실이 발생하
고, 생활필수품 공급 부족으로 경제가 엄청난 어려움에 빠졌다.

이러한 심각한 국면을 맞아, 중공중앙은 1958년 11월 '정저우鄭州 회의',
정치국 우창武昌 확대회의와 1959년 4월 중공8기 7중전회에서 '분위기를 누
그러뜨리고' '좌' 편향을 시정하도록 요구했다. 1959년 7~8월 사이, 중공중
앙은 루산廬山에서 정치국 확대회의와 제8기 8중전회(역사적으로 '루산 회의'

라 불림)를 소집했다. 마오쩌둥은 회의가 시작할 때 이번 회의에서 '대약진' 이래의 경험을 총괄하자고 이야기했고, '대약진' 과정에서 '균형을 잡지 못한 점, 전체 국민경제의 비례관계를 헝클었고, 인사권·재정권·상권·노동권의 4대 권력 하방이 많았던 점' 등 결함이 있었음을 인정했다.[11] 그러나 나중에 중공중앙 정치국 국무위원 펑더화이彭德懷(1898~1974)가 마오쩌둥에게 편지를 보내 진지하게 '대약진'과 인민공사화 운동의 경험과 교훈을 되새길 것을 희망하자, 마오쩌둥은 잠시 회의를 연장하기로 결정하고 펑더화이의 '우경 기회주의 반당 활동'을 격렬하게 비판했다. 이로 인해 전국적으로 '반우경 운동'이 일어났다. 전체 정치 분위기가 '좌경 노선'의 시정에서 '반우경 운동'으로 전환되었다.

'반우경 운동'이 야기한 제2차 '공산풍'은 경제사회 상황을 더 악화시켰다. 1959년 전국 양식 생산은 1700억 킬로그램으로 1958년 실제 생산량인 2000억 킬로그램에 비해 300억 킬로그램이 감소했다. 1960년 양식 생산은 1435억 킬로그램으로 1951년의 1437억 킬로그램보다도 낮았다. 전국적으로 기황이 발생한 상황에서 정보가 통제되고, 구제 조치가 결여되었기 때문에 도시 지역에선 영양 부족으로 인한 부종이 광범위하게 나타났고 농촌에선 2000만~4000만 명이 '비정상 사망'[12]했다.

1960년 가을, 중공중앙은 국민경제에 '조정, 공고, 충실, 제고調整·鞏固·充實·提高'의 '팔자八字 방침'을 시행하기로 확정하고, 단호한 조치를 통해 '대약진'과 '인민공사화'가 야기한 심각한 경제적 어려움을 극복하고자 했다. 이 조치들은 다음과 같다.

(1) 1962년 1월 중앙, 중앙국, 성(자치구, 직할시), 지地, 현縣의 간부들이 참가한 '확대중앙공작회의(칠천인 대회七千人大會)'를 개최했다. 류사오치가 마오쩌둥과 중공중앙을 대표해 회의석상에서 과실과 책임을 인정하면서

간부들의 노여움을 누그러뜨리고, 동시에 단결, 기율 강화, 집중 통일, 업무 완수를 강조하며 어려움을 이겨나가길 요구했다. 이와 동시에 중공중앙 재경영도소조가 회복되고 천윈이 조장을 맡아 '국민경제 조정' 업무를 총괄했다.[13]

(2) 1950년 중앙 집중 시기보다 '더 엄격하고 치밀한' 체제를 건립하라는 국무원과 중앙 재경영도소조의 요구에 따라 중앙정부 각 부문은 재정, 신용 대출과 기업관할권 등 1958년 개혁 과정에서 하급 단위에 이양했던 권력을 회수했다. 예를 들면, 계획의 기율을 강화하는 '10항 규정'을 반포하여 금융, 재정과 통계 부문을 중앙이 수직적으로 지도하고, 1958년 지방이 관리하도록 한 기업을 중앙으로 귀속시켜 각 관할 부서에서 관리했다.

(3) 이렇게 고도로 집중화된 체제를 통해 희소자원을 재배치했다. 주요 조치로는 대대적인 제련운동 중에 형성된 '소토군小土群'과 '소양군小洋群〔전통적 방식 혹은 현대적 방식으로 제철, 제련, 코크스 등을 만드는 소형 생산설비)' 제련 시설 전부를 '중단下馬'했다. '대약진' 중에 불러온 약 3000만 명의 도시 취업 농민공을 전부 농촌으로 돌려보냈다. 도시 공업기업에 '폐쇄, 정지, 합병, 전환'의 조정 정책을 실행했다.

수개월간의 조정을 거쳐 중국 경제는 점차 안정을 찾아갔고 1964년에는 1958년 이전의 상황을 대체로 회복했다. 그러나 사람들은 경제 질서 회복을 기뻐하는 동시에 집중된 계획경제의 모든 폐단이 또 권토중래하는 것을 발견했다. 그래서 다시 개혁의 필요성이 쌓여갔다.

그러나 1976년 '문화대혁명'이 끝날 때까지 사회주의란 행정명령을 통해서만 자원을 배분한다는 이러한 이데올로기의 장애가 존재했기 때문에 시장화 개혁은 정치적으로 용납되기 어려웠고, 지방정부에 계획 권력을 이전하는 것만이 거의 유일하게 선택 가능했다. 이 때문에 이후에도 여전히 몇 차례 1958년의 '체제 하방'과 유사한 정책을 시행했다. 예를 들면, 1970년 '하방이 곧 혁명이고 하방하면 할수록 혁명이다'란 구호를 외치며 실시한 대규모 경제관리체제 개혁이 바로 1958년 '체제 하방'의 재연이었다. 당시 마오쩌둥은 국제 정세가 언제든지 전쟁이 발발할 수 있는 상태라고 판단해 우선적인 중심 임무는 외적의 대규모 침입에 대처하는 것이라고 주장했다. 이에 따라 이번의 하방은 분명하게 '전쟁 준비'라는 군사적 목적을 갖고 있었다. 즉 전국을 10개의 협력구로 나눠 각 협력구 나아가 각 성(자치구, 직할시)에게 모두 '각개전투'에 적응하는 데 필요하고 '자체 무장'할 수 있는 독립적이고 완전한 공업 체계를 건립하도록 요구했다. 이번의 대규모 하방 결과 역시 1958년과 같았다. 한편, 각 협력구에서 모든 인민공사까지 모두 대규모 공업, 빠른 속도와 높은 지표를 추구하는 열기가 일어났다. 다른 한편, 각지는 또 자신의 이익을 위해 자원쟁탈전을 벌여 국민경제는 혼란에 빠졌다.[14] 이리하여 1971년 린뱌오가 도주 중 비행기 추락으로 사망한 뒤 저우언라이가 주관한 '비림정풍批林整風'과 1975년 덩샤오핑이 주관한 '전면 정돈' 과정은 모두 경제관리체제를 재집중시켰다.

결론적으로, 1958~1976년에 여러 차례 이루어진 '체제 하방'은 예외 없이 혼란과 잇따른 재집중화로 끝났다. '하방하면 혼란하고' '집중하면 정체되는' 순환 속에서 '하방 - 혼란 - 집중 - 정체'의 악순환이 형성되었다.

1.4 행정 분권의 경제학적 분석

중국 학계에서 처음으로 '체제 하방'의 사고방식을 비판한 경제학자는 쑨예팡이다. 그는 1961년 중국 경제를 이끄는 지도자에게 제출하는 글에서 경제관리체제의 중심 문제는 중앙과 지방정부의 권력을 어떻게 나누는지가 아니라 '독립채산 단위로서의 기업의 권력과 책임 및 기업과 국가 간의 관계, 즉 기업의 경영관리권 문제'라고 주장했다. 쑨예팡은 기업이 자주권을 가져야만 '비로소 기업의 적극성을 불러일으킬 수 있고, 국가가 기업에 부여한 임무를 완수할 수 있다'[15]고 보았다. 그러나 쑨예팡의 이런 비판은 여전히 '권력 이양과 이윤 양도'로 '적극성을 동원'하는 이론 틀 아래서 이루어지는 것이다. 따라서 그는 이론적으로 지방정부에 권력과 이윤을 양도하는 것으로는 왜 문제를 해결할 수 없는지, 기업에 권력과 이윤을 양도하는 '기업의 관리권 확대'가 효율을 높일 수 있는지 분명하게 말하지 못했다. 또한 당시 상황으로 볼 때, 비록 쑨예팡이 계획경제의 틀 내에서 기업자주권 확대를 주장했을지라도 용납되지 못했을 것이다. 그래서 그는 상술한 관점을 제기한 뒤 얼마 지나지 않아 '수정주의자'로 몰려 비판과 박해를 받았다. 1976년 극좌 노선 통치가 전복된 이후 쑨예팡의 의견은 다시 햇빛을 보게 되었고 많은 사람이 이를 받아들였다.

문화대혁명이 끝났을 때 중국 지도부는 비록 다시 '체제 하방'을 개혁의 근간으로 보지는 않았지만 '체제 하방'의 본질과 폐단의 원인을 분명하게 분석하지 못했기 때문에 그후에도 체제 하방의 구체적 조치들이 적지 않았다. 예를 들면, 재정세수체제에서 1980년 전국적으로 '재정분권分竈吃飯' 체제를 추진했고(제7장 2.1), 거시경제 관리, 화폐정책에서 오랫동안 중앙과 성의 '투 트랙 거시 조절'을 시행해왔다. 계획관리체제에서 1980년대 중반부터 일부 도시를 '계획독립 도시計劃單列'로 전환하도록 비준해서 이 도시들이 성급 정부와 동등한 계획 권력을 갖도록 한 것[16] 등 이런 방식은 이후 개혁과정에 상당히 큰 영향을 미쳤다.

1980년대 중반 사람들은 비로소 현대 경제학 이론으로 '체제 하방'의 폐단과 득실을 분석하기 시작했고 토론 과정에서 두 가지 주요한 인식을 형성했다.

한 가지 관점은 '체제 하방'이 중국 경제 발전에 중요한 추동 작용을 했다는 것이다. 특히 지방정부에게 재정권을 부여함으로써 야기된 지역 간 경쟁은 민영기업의 발생과 발전을 촉진했다.[17] 지방정부가 모종의 재정독립성을 갖는 상황에서 지방 관료가 현지의 이익을 추구하기 위해 손안의 권력을 운용하여 향진기업이 융자, 생산, 판매 등에서 보호와 편리를 얻도록 한 것이 중국의 비국유 기업이 빠르게 발전하게 된 중요한 원인이었다.[18] 장우창張五常 교수는 중국 시장화 개혁 30년을 개괄하는 논문에서 지방정부에 권력 이양과 이윤 양도를 한 것이 '현 간 경쟁縣際競爭'을 이끌어 중국 경제의 빠른 발전을 촉진했다고 매우 높은 평가를 내렸다.[19]

이와 다른 관점을 지닌 경제학자들은 '체제 하방'을 개혁의 근간으로 하는 생각과 방식에 비판적이다.[20] 그들은 두루뭉술하게 개혁 목표를 '분권'으로 규정해선 안 되고, 성격이 완전히 다른 두 종류의 분권, 즉 시장경제하의 분권 상태('경제적 분권')와 계획경제하의 분권 상태('행정적 분권')[21]를 구분해야 한다고 여긴다. 근본적으로 경제 운영 상황을 개선하고 전체 효율을 높이는 분권은 경제적 분권만이 가능하고, 행정적 분권으로는 할 수 없다는 것이다. 이들의 구체적 논증은 다음과 같다.

첫째, 계획경제의 시각에서 볼 때 계획 체제가 제대로 움직이기 위한 필요조건은 경제 계산을 집중적으로 하는 기초 위에 계획을 편제하고 중앙정부가 충분한 권위를 가지고 계획을 관철시키는 것이다. 만약 그렇지 못하다면 국가권력이 분산되어 지방의 이익과 관료의 의지에 따라 자원이 배분되어 전체 경제가 혼란에 빠지는 결과를 가져온다. 계획경제의 자원배분 방식은 본질적으로 중앙집권을 필요로 한다. 분권적 계획경제는 집권적 계획경제보다 더 나쁜 계획경제다. '집권적 계획경제는 정체, 분권적 계획경제는 혼란'이라는 진퇴양난에서 빠져나오기 위한 유일한 출구는 시장 지향의 개혁을 해서 자원의 희소성을 반영한 가격신호가 수평으로 전달되고 결정이 분산되는 시장제도를 건립해 자원배분에 기초적 역할을 하도록 해야 한다.

둘째, 시장제도 건립의 관점에서 볼 때, 행정적 분권은 확실히 지방정부가 개인과 기업 등 독립적인 시장 주체의 발전을 적극적으로 지원하도록 하는 역할을 하여, 명령경제 내부에서 시장 요인이 생겨나고 발전하기에 유리하다. 그러나 이로부터 기업과 현지 정부의 관계가 지나치게 긴밀해지는 체제가 형성되어 지방보호주의의 만연을 야기하고 부패가 자라나기 쉽다.[22]

후자의 관점에서 볼 때 1958년, 1970년, 1980년 중국이 실행한 행정적 분권의 재정 체제는 확실히 시장관계가 지역 간 경쟁의 틈바구니에서 성장해나갈 가능성을 제공했다. 그러나 다른 한편, 지방보호주의와 시장 할거의 경향 역시 자라났다. 1980년대 중반까지 지역 간 상호 봉쇄, 시장 분할 및 현지기업에 대한 행정적 보호 등의 행위가 이미 국내 통일시장 형성의 큰 장애가 되었다. 심지어 어떤 이는 당시 중국 경제를 '제후경제'라고 불렀다. 이런 상황은 서구 역사에서 나타난 시장관계의 발생과 상당히 비슷한 점이 있다. '천하에 왕의 땅 아닌 곳이 없다'는 동방 전제국가에서는 왕권이 지고무상하고 사유재산 보호 법률이 부재한 가운데 시장관계가 발생하고 성장하기 어려웠지만 서구의 봉건제도하에서 시장관계는 여러 봉건 영지의 틈새에서 성장해 나왔다. 그러나 시장의 힘이 어느 정도 강화되자 시장 할거를 깨기 위해 신흥 시민계급이 민족국가와 통일시장 건립을 요구했다. 따라서 1980년대 중반에는 국내 지역 봉쇄를 무너뜨리고 통일시장을 형성하는 것이 개혁의 중요한 임무였다.

2. 증량개혁(1979~1993)

1976년 10월 장칭江靑을 우두머리로 한 '사인방'이 체포되고 곧이어 문화대혁명 종료가 선포되면서 중국 경제와 사회 발전에 전기가 나타났다. '문혁' 종료 후 경제사회 체제 개혁은 국유기업 자주권 확대에서 시작했다. 기업자주권 확대 실험이 성공하지 못하고 국유경제 개혁이 멈춰서 앞으로 나아가지 못하는 상황에서, 중국 지도부는 비국유 경제 부문에 진전의 희망을 걸고 일련의 임시변통적인 제도를 배치해서 민영경제가 점차 크게 성장하여 중국의 새로운 경제성장 동력이 되도록 힘썼다. 우리는 이런 개혁 전략을 증량개혁 전략이라고 부른다. 이후 중국 경제개혁과 경제 발전이 이룬 성취는 상당 부분 이 새로운 개혁 전략과 관련 있다. 그러나 이런 개혁 전략이 가져온 '쌍궤제(이중가격제)'는 이후에 일련의 문제를 야기했다.

2.1 개혁 목표에 관한 초보적 토론

10년 '문혁'은 사회 전체를 감옥으로 만들고 수억 명을 박해했다.[23] 절대다수의 중국인은 '전면적인 독재' 제도에 철저히 절망하여 정부와 민간 모두 다시는 구노선과 구체제가 지속되어서는 안 된다고 생각했다. 여기에서 반드시 개혁개방을 통해 살길을 찾아야 한다는 공통된 인식이 형성됐다. 이는 덩샤오핑이 "개혁하지 않으면 안 되고 개방하지 않으면 안 된다. 과거 20여 년의 폐쇄 상태를 반드시 바꿔야 한다. 우리가 실행하는 개혁개방 정책은 모두의 일치된 의견이며, 이 점은 10년 문화대혁명에 '공'을 돌려야 한다. 이 재난의 교훈은 너무나도 깊다"[24]라는 말이 상징한다.

개혁 시동의 첫 번째 행동은 제11기 3중전회에서 극좌 사상의 구속을 해체하려는 '사상해방 운동'에서 시작했다. 운동이 벌어지기 전 중앙 직속의 주류 매체인 『런민일보』, 잡지 『홍기紅旗』와 『해방군보解放軍報』가 「문건을 학습해 원칙을 파악하라學習文件抓住鋼」는 사설을 발표하면서 이른바 '양개범시兩個凡是', 즉 '마오 주석이 내린 결정이라면, 우린 모두 단호하게 지켜야 한다. 마오 주석이 내린 지시라면 우리는 처음부터 끝까지 변함없이 따라야 한다'는 방침을 제기했다. '양개범시'는 엄청난 재난을 가져온 극좌 노선과 관련 제도들을 계속 집행해야 한다는 것을 의미한다. 이는 당시 전국 위아래서 제기한 극좌 노선의 종료와 '정상회복撥亂反正'의 호소와는 완전히 대립됐다. 당시 중공중앙 당교 업무를 담당했던 후야오방胡耀邦의 지도 아래 1978년 5월 11일 『광밍일보光明日報』가 「실천은 진리를 검증하는 유일한 기준實踐是檢驗真理的唯一標准」이라는 글을 발표했고 이를 시작으로 전국에서 '사상해방'을 기본 내용으로 하는 계몽운동이 일어났다. '사상해방'은 원래 불변의 진리로 여겨졌던 '계급투쟁 원칙' '프롤레타리아 독재하의 계속혁명' 등의 이론을 의심할 수 있고, 원래 신성불가침으로 여겨졌던 계획경제 제도와 '당 내외 자산계급(자산계급 지식인 포함)에 대한 전면적 독재'의 정치제도 역시 바뀔 수 있다는 것을 의미한다. 이 사상해방 운동은 수십 년간 경직됐던 사상적 속박을 타파하고 노동자, 농민, 지식인과 기관 간부들이 이성적으로 위기에서 벗어나 발전을 추구할 출구를 찾도록 자극했다. 그들은 진지하게 자신의 교훈을 되새기고 타국의 경험을 학습하면서 여러 가지 변혁의 가능성을 생각했다. 중국 정부 역시 많은 대표단을 서구, 미국, 동구와 동아시아 일부 국가로 파견하여 좋은 경험을 배워오고 중국 경제가 정체, 쇠퇴한 20년간 그들이 이룬 경제 발전 경험을 학습하는 데 힘썼다.[25]

이러한 분위기 속에서 중공 지도부는 개혁의 문제를 제기했다. 1978년 7~9월 소집한 '국무원 이론학습 토론회務虛會'에서 유고슬라비아, 루마니아 등이 기업개혁과 외자 도입으로 경제의 급속한 발전을 촉진한 자료들을 인쇄 배포했다. 국무원 부총리 리셴녠李先念은 이론학습 토론회 마지막 보고에서 우선 현재 낙후한 생산력을 대폭 변화시켜야 하고, 여러 방면에서 생산관계, 상부구조, 농공기업의 관리 방식과 농공기업에 대한 국가의 관리 방식, 인민의 활동 방식과 사유 방식을 바꿔야 한다고 언급했다.[26]

어떻게 경제체제 개혁을 진행할 것인가에 관해서 크게 두 가지로 나뉜다. 하나는 국유기업 자주권 확대를 주요 내용으로 하는 것이다. 문화대혁명이 끝난 뒤 정치사상과 경제정책의 '정상 회복' 과정에서 절대다수 국유기업 경영자와 당정 지도부는 쑨예팡의 경제사상을 받아들이면서 기업 경영 자주권과 기업 활동 강화를 개혁의 중심에 놓아야 한다고 생각했다.

리셴녠은 '국무원 이론학습 토론회'를 종결하면서 "과거 20여 년간의 경제체제 개혁의 중요한 결함은 주의력을 행정 권력의 분할과 이전에 두었던 점이다. 여기에서 '분산－집중, 집중－분산'의 순환이 만들어졌다. 오늘의 개혁에서는 반드시 각 기업에 필요한 독립 지위를 줘서 기업들이 피동적이 아닌 능동적으로 경제 독립채산제를 집행하고, 종합적인 경제 효율을 제고하도록 해야 한다"[27]고 지적했다.

많은 경제학자도 이와 유사한 관점을 가졌다. 예를 들면, 당시 중국사회과학원 공업경제연구소 소장이던 마훙●은 1979년 9월 한 편의 논문에서 '경제관리체제 개혁은 기업자주권 확대에서 시작'해야 하며, 기업이 인사, 재

● 마훙馬洪(1920~2007). 본명은 뉴런취안牛仁權. 중국 경제학자. 1937년 중국공산당에 가입한 후 정책 연구와 경제관리의 중책을 연이어 담당했고, 1953년 이후 오랫동안 경제관리와 연구 업무에 종사했다. 개혁개방 후 전통적 사회주의 경제관리체제 개혁, 시장 메커니즘 역할의 발휘, 중국 특색의 발전 경로 탐색을 적극적으로 주장하여 개혁 이론과 정책 개발에 중요한 공헌을 했다. 주요 저서는 『중국 사회주의 공업화 문제中國社會主義工業化問題』(1980), 『우리 나라 사회주의 경제 발전 신전략 시론試論我國社會主義經濟發展的新戰略』(1985) 등이 있고, 2005년 제1회 중국경제학걸출공헌상을 받았다.

무, 물자 조달과 계획 등을 결정할 권력을 확대해야 한다고 주장했다.[28] 공업경제연구소 부소장 장이웨이[•]는 중앙집권적 '국가본위론'과 행정 분권적 '지방본위론'을 겨냥해 '기업본위론'을 제기했다. 개혁 방향은 응당 '기업(공업기업, 상업기업, 농업기업 등 포함)을 기본 경제단위로 삼아야 한다'는 것이다. '기업은 국가의 통일적 지도와 감독 아래 독립 경영, 독립채산제를 실행하고 마땅한 권리를 누리는 한편 국가에 대한 의무를 완성해야 한다'고 여겼다. 그는 또한 '기업은 기업 전체 노동자의 연합체여야 하며 (…) 기업의 권리는 전체 노동자의 수중에 장악되어' 독립 경영, 독립채산을 실행해야 한다고 주장했다.[29] 당시 중국사회과학원 경제연구소 부소장이었던 둥푸렁[••]은 '전민소유제인 국유소유제 형식을 바꾸는 것'으로 개혁을 정의했다. 즉 전민소유제 경제단위에게 '통일적 지도 아래 독립성을 갖추고 완전히 독립적인 엄격한 경제채산제를 실행하도록 하며, 각 경제조직의 노동자는 전체 노동자의 공동 이익을 보호하고 증진시킬 권리가 있다는 전제하에 통일적 계획의 지도로 본 단위와 자기 이익의 결합을 고려하여 직접 경영에 참여해야 한다'[30]는 것이다.

다른 하나는 소련 모델과 완전히 다른 새로운 경제체제, 사회주의 상품

• 장이웨이蔣一葦(1920~1993). 중국 경제학자. 1979년 경제체제 개혁을 어디서부터 시작하는 가와 국유기업을 어떻게 개혁하는가의 문제에서 그는 '기업본위론' 관점을 제기했고 이로부터 중국 경제개혁 이론의 중요 학파가 형성되었다. 1980년 그는『노동에 따른 분배에 관한 몇 가지 문제關於按勞分配的幾個問題』와『전체 물질적 이익 원칙 시론試論全面的物質利益原則』 등에서 '차등적 노동 분배兩級按勞分配' 관점을 제기했다. 주요 저서인『기업본위론企業本位論』은 1984년 쑨예팡 경제과학논문상을 수상했다.
•• 둥푸렁董輔礽(1927~2004). 중국 경제학자. 1960년대 초 이미 '중국 경제성장론의 대표'라는 명성을 얻었다. 1979년 '전민소유제인 국가소유제 형식'을 개혁하고 '정기분리政企分離' '정사분리政社分開'를 실현할 것을 주장했다.

경제 체제의 건립을 개혁 목표로 삼았다.[31] 예를 들면, 중국 경제학계의 노장이며 중화인민공화국 성립 후 오랫동안 중앙정부 경제 지도 업무를 맡았던 쉐무차오*는 1980년 초 여름 국무원 체제개혁 판공실에서 기안한 「경제 체제 개혁에 관한 예비 의견關於經濟體制改革的初步意見」에서 다음과 같이 명확하게 언급했다. '우리 나라 경제개혁의 원칙과 방향은 생산수단 공유제를 견지하는 조건에서 상품경제 발전의 요구에 따라 합리적으로 가치 규율을 운용하여 단일한 계획 조절을 계획 지도 아래 시장 조절 역할이 충분히 발휘되도록 바꿔야 한다.' 쉐무차오는 1980년 9월 소집한 각 성(자치구, 직할시) 제1서기 회의에서 이 「의견」에 대해서 다음과 같이 설명했다. "이른바 경제 체제 개혁이란 중국이라는 이 땅 위에서 어떤 형식의 사회주의 경제를 건립하는가의 문제를 해결하는 것이고, 이것이 사회주의 건설의 근본 방침이다. 앞으로 기안할 경제관리 체제 개혁 규획은 '경제 헌법'이다."[32] 쉐무차오가 기초한 「의견」은 후야오방 등 중국 지도부의 지지를 얻었지만 이런 생각은 최종적으로 정부의 결정을 형성하지는 못했다.

중국 경제개혁 이론과 정책에 중요한 영향을 끼친 또 한명은 두룬성杜潤生(1913~2015)이다. 그는 오랫동안 농촌경제를 연구했고, 마오쩌둥이 1952~1962년 '10년 일관제十年一貫制' '우경 분자'라고 비판했던 중국 농촌 업무 지

● 쉐무차오薛暮橋(1904~2005). 본명은 쉐위린薛雨林. 고참 마르크스주의 경제학자, 중국과학원 학부위원. 1938~1942년 신사군新四軍에서 간부 교육 업무를 담당했고. 중화인민공화국 성립 후 국가경제지도기구에서 오랫동안 책임자로 종사했다. 1949~1966년 건국 초기 심각한 인플레이션 억제에 직접 참여했으며, 제1차, 제2차 5개년 계획과 몇몇 중요 문건의 기초와 집행에 참여했고, 여러 차례 경제 조정 지도 업무에 참여했다. 개혁개방 이후 그는 상품경제 즉 시장경제 건립을 목표로 제시했다. 1981년 이후, 국가의 주요 자문 기구인 국무원 경제연구센터에 있으면서 경제 개혁과 발전에 탁월한 공헌을 했다. 이론 연구와 경제정책 제정 등 여러 방면의 특출한 공헌으로 2005년 제1회 중국경제학걸출공헌상을 수상했다.

도자 덩쯔후이鄧子恢(1896~1972)의 비서를 지냈다[마오쩌둥은 덩쯔후이를 일관되게 합작화에 반대하고, 일관되게 개별 노동을 주장한 인물이며 사회주의자가 아니라고 비판했다. 덩쯔후이가 이끌었던 중앙농촌공작부를 10년 동안 일관되게 좋은 일은 하나도 한 게 없는 부서라고 비판했다].[33] 두룬성은 1980년대 초 농촌에서 농가 책임경영제를 추진하는 과정에서 농촌 경제정책을 제정하는 데 다시 영향력을 발휘했다. 그는 현대 경제학의 이론적 성과물을 넓게 흡수했고 완전한 시장경제체제 건립을 주장했다.

오랫동안 중공중앙 선전부 업무를 맡았던 위광위안●은 정통 마르크스주의 입장에서 스탈린과 마오쩌둥의 경제이론과 경제체제를 비판했다. 초기에 그와 그의 추종자들은 유고슬라비아 공산주의자연맹이 제기한 '기업 자치'와 '사회소유제' 경제체제(이 체제에 대해서는 제1장 4.2 참고)에 관심을 갖다가 나중에 위광위안은 사회주의 시장경제의 단호한 지지자가 되었다.

2.2 실패한 '체제 내 기업자주권 확대 개혁'

현장 종사자와 국유기업 지도자는 앞에서 언급한 두 가지 개혁 사상 중 첫 번째 사상을 더 많이 지지했다. 이 사상의 영향을 받아 쓰촨성이 '기업 자주권 확대' 개혁을 앞장서서 시작했다. 1978년 10월 쓰촨성 6개 국유 공

● 위광위안于光遠(1915~2013). 본명은 위중정郁鐘正. 저명한 마르크스주의 경제학자, 중국과학원 학부위원. 오랫동안 이론 연구에 종사했고, 1975년 이후 국가계획위원회 경제연구소 소장, 중국사회과학원 부원장 등을 역임했다. 그는 일찍이 상품생산은 사회주의 제도의 본질적 특징이라고 주장했으며, 제11기 3중전회 이후 개혁 문제를 끊임없이 탐색했다. 그는 동구 사회주의 국가의 개혁을 깊이 연구했고 중국 경제체제 개혁 문제를 체계적으로 사고하기 시작했다. 주요 저서는 『우리 나라 경제체제 개혁 실행에 관한 몇 가지 건의關於在我國實行經濟體制改革的若幹建議』(1979), 『중국 사회주의 초급 단계의 경제中國社會主義初級階段的經濟』(1986), 『신민주주의사회론에서 사회주의 초급단계론으로從新民主主義社會論到社會主義初級階段論』(1991), 『현대 시장경제를 원한다要的是現代市場經濟』(1992) 등이 있다.

장의 기업자주권 확대 실험은 두드러진 성과를 얻었다. 이어서 쓰촨성의 실험은 100개 국유기업으로 확대되었다. 1979년 7월 국무원은 「국영 공업기업 경영자주권 확대에 관한 몇 가지 규정關於擴大國營工業企業經營管理自主權的若干規定」 등 문건을 반포하고 각 지역, 각 부문에게 일부 기업을 선정해 이 규정에 따라 기업자주권 확대 실험을 하도록 요구했다. 1979년 말 전국 시범지역의 공업기업은 4200개에 달했고, 1980년 6600개까지 확대되어 이들 기업의 생산액은 전국 예산 내 공업 생산액의 60퍼센트, 이윤은 전국 공업기업 이윤의 70퍼센트를 점했다.

'기업자주권 확대' 개혁의 내용은 1965년 소련의 '완전 경제채산제' 개혁(제1장 4.1)과 대체로 유사한데 주로 두 가지 내용을 담고 있다. 하나는 계획지표 간소화와 계획 통제 완화이며 다른 하나는 장려 기금 확대와 기업과 노동자의 물질적 인센티브 강화다.

처음 시작 몇 개월 동안, '자주권 확대'는 생산 및 수익을 증대하려는 시범 지역 기업 노동자의 적극성을 눈에 띄게 올려놨다. 그러나 1965년 소련의 '코시긴 개혁'과 비슷하게 그 국한성이 빠르게 나타났다. 신체제 아래서 자주권을 갖는 기업은 시장경쟁의 구속을 받지 않고 또한 가격신호의 인도 아래 있지도 않았기 때문에 기업의 생산과 수익에 대한 '적극성' 발휘는 종종 사회자원의 효율적 배치와 사회 수익의 증가에 유리하지 않았고 따라서 총수요 통제 실패, 재정 적자 급증과 경제 질서 혼란을 야기했다. 그래서 중공 중앙은 1980년 겨울에 1981년 신년 목표에서 '국민경제 조정 강화(제10장 2.2)'에 역량을 집중하기로 결정했다.

거시경제 혼란이 발생하고 개혁 추진이 곤란한 상황에서 경제 지도부와 경제학계는 개혁 방향을 놓고 한바탕 논쟁을 치렀다. 당시 의견은 크게 두 개로 갈렸다. 하나는 중국의 경제개혁은 '시장 방향'이 아니라 '계획 방향'으로 가야 한다는 주장이다. 국유기업의 기업자주권 확대 개혁이 성공하지 못한 것이 '계획경제 위주'를 지지하는 사람들의 입지를 강화했다. 이들은 당시 출현한 어려움은 지나치게 시장과 화폐의 역할을 강조했기 때문이며, '시장 방향'의 개혁을 바꿔 완전한 계획과 엄숙한 계획 규율 방향으로 나아가야 한다고 주장했다.

개혁을 주장하는 경제학자들은 위에서 말한 '계획 방향'에 반대했다. 이들은 어려움이 발생한 이유를 시장화 개혁 때문이 아니라 개혁 방법의 부적절함에서 찾았다. 당시 국무원 체제개혁 판공실 주임으로 실제로 시장 개혁을 주장했던 쉐무차오는 1980년에 이미 '권력 이양과 이윤 양도' 개혁의 제한성을 지적했고, 점진적으로 행정가격 제도를 취소하고 상품시장과 금융시장을 건립해야 한다고 주장했다.[34] 쉐무차오 의견의 핵심은 시장을 기초로 하는 경제체제 건립이 개혁의 정확한 방향임을 확인하는 데 있었다.

1981~1982년의 정치경제 상황에서는 '계획 방향'을 주장하는 정치가와 이론가가 우위를 점하고 있었다. 그래서 정치적으로 '사회주의 경제는 상품경제'라는 인식을 부정하게 되었고, 당정 기관에서 반포한 문건에서는 '계획경제 위주, 시장 조절 보완' 방침이 확인되었다.[35] 이러한 분위기 속에서 도시개혁은 방향을 잃었고 비록 공상기업의 '도급책임제承包' 실험이 여전히 수도강철공사 등 몇 군데 기업에서 실시되고 있었지만[36] 사람들은 기업의 자주 경영, 독립채산 및 상품경제체제 건설 문제를 거의 입에 담지 않았다.

다양한 개혁 모델[37]

1980년대 초 개혁 연구가 날로 깊어지고 외국의 발전 경험을 더 많이 흡수하면서, 중국 개혁 이론 연구는 1970년대 말 적극성을 자극하는 구체적 조치를 토론하는 수준을 넘어, 점차 어떤 경제체제로 계획경제의 구체제를 대체할지 연구하는 데까지 나갔다. 정계, 경제계와 학계는 경제체제 개혁에 참고할 만한 세 가지 체제 모델을 제기했다.

첫째, '시장사회주의 모델(소련과 동구 모델)'이다. 소련과 동구의 개혁 이론과 실천은 중국 경제학계에 가장 먼저 광범위한 영향을 끼쳤다. 일부 학자들은 계획경제의 틀 안에서 기업에 더 큰 자주권을 주자고 주장했다. 이 주장은 1960년대 소련의 '리베르만 건의'와 비슷한 사고방식으로 1970년대 말 중국의 '기업자주권 확대' 개혁 과정에서 맨 먼저 응용되었다. 이 개혁이 어려움에 부닥친 이후에도 '기업자주권 확대'는 여전히 '기업을 살리는' 조치로 계속해서 제기되었다. 또 다른 일부 학자들은 동구 사회주의 국가의 개혁 과정을 깊이 비교연구 한 후 동구의 시장사회주의 개혁 이론과 실천을 체계적으로 소개하여 중국 개혁 진영에 유고슬라비아 열풍, 헝가리 열풍 등을 불러일으켰다. 1980년대 후반 소련, 동구 개혁이 이미 어려움에 빠지자 이 모델의 영향력도 점차 사라졌다.

둘째, 정부 주도의 시장경제 모델(동아시아 모델)이다. 제2차 세계대전이 끝난 뒤 일본, 한국, 싱가포르 등 동아시아 국가들은 권위주의 정부와 시장경제를 결합하는 방법을 채택하여 중상주의[38] 색채의 정부 주도 시장경제 체제를 형성했다. 이런 체제 아래서 정부는 산업 정책과 '행정 지도'를 운용해 경제에 협조, 규획과 간여를 행했다. 이런 체제 모델은 중국에 매우 큰 흡인력을 가졌다. 개혁개방 초기 많은 관료가 일본과 기타 동아시아 국가로 시찰을 갔고, 이들 국가의 경제체제, 발전 정책과 정부의 역할 등을 중국에 소개하여 상당히 큰 영향력을 미쳤다.

셋째, 시장경제 모델(서구 모델)이다. 많은 학계 인사, 특히 경제학자들은 보통 정부의 기본 직능은 시장에 사유재private goods를 제공하는 것이 아니라 공공재public goods를 제공하는 것이고, 지나친 정부 간여는 시장의 효율적 운영을 방해하고 부패가 자라나게 한다고 여겼다. 따라서 그들은 구미형의 시장경제, 즉 자유시장 경제체제에 기울어졌다. 현대 경제학을 공부한 학자들이 점점 많아지면서 이런 사상의 영향력은 점점 더 커지고 있다.

1980년대 초 개혁 이론과 개혁 과정이 심화되면서 '시장사회주의 모델'의 영향력은 점차 사라지고 뒤의 두 가지 모델이 우위를 가졌다. 이 두 모델 가운데 '동아시아 모델'이 관료들의 지지를 받았다. 덩샤오핑 본인도 '네 마리 작은 용', 특히 싱가포르의 많은 정책을 매우 좋게 평가했다.[39] 반면 구미 모델은 현대 경제학 지식을 갖춘 학자들이 지향하는 모델이다. 비록 이 두 모델이 정부의 역할 문제에서 원칙적인 차이를 갖고 있지만 당시 명령경제가 여전히 우월한 통치 지위에 있던 조건에서 이런 차이가 두드러진 것은 아니었다. 자유시장 경제를 개혁의 최종 목표로 삼은 사람들도 알렉산더 거셴크론Alexander Gershenkron[40] 등 발전경제학의 영향을 깊이 받았고, 낙후한 경제가 빠르게 발전하는 충격 속에서 강력한 정부는 폐단보다 유리한 점이 더 많다고 여겼다.

2.3 '체제 내' 개혁에서 '체제 외' 개혁으로

국유기업 개혁이 어려움에 빠지자, 이미 권력을 장악하고 있던 덩샤오핑은 개혁의 중점을 도시 국유경제에서 농촌 비국유 경제로 전환했다. 그 가운데 가장 중요한 조치는 '포간도호包幹到戶' '포산도호包産到戶' 등 개별 노동 금지[41]〔포산도호包産到戶와 포간도호는 농가별 청부책임제란 측면에서 같지만 포산도호는 일정한 생산량을 책임지는 생산책임제이고, 포간도호는 농장의 모든 경영을 책임지는 경영책임제라는 차이가 있다〕를 해제하고, 허가와 지원으로 전환한 것이다.

1980년 9월 중공중앙이 이첩한 「농업 생산책임제 강화와 완비에 관한 문제들: 1980년 9월 14일에서 22일 각 성, 시, 자치구 당위원회 제1서기 좌담회 요록關於進一步加強和完善農業生産責任制的幾個問題: 1980年9月14日至22日各省·市·自治區黨委第一書記座談會紀要」에는 "산간벽지와 빈곤 낙후 지역, 오랫동안 '식량을 조적糴糴에 의지하고, 생산을 대출에 의존하며, 생활을 구제에 의존하는' 생산대, 집체에 믿음을 잃은 대중이 이로 인해 포산도호를 요구한다면 대중의 요구를 지지하여 허가할 수 있고, 또 포간도호도 할 수 있다. 아울러 장기간 안정을 유지할 것"이라고 언급하고 있다.[42] 이후 2년 만에 농가책임제, 즉 가정농제가 전국 절대 다수 지역에서 인민공사의 '삼급소유, 생산대기초〔생산대를 기본 채산 단위로 삼고 인민공사, 생산대대, 생산대가 등급별로 소유〕' 제도를 대체했다. 농촌경제는 이로부터 분위기가 일신됐다. 이 기초 위에서 집체소유제 위주의 향진기업이 활발하게 발전하기 시작했다. 이 시기부터 중국은 소련과 동구 사회주의 국가들이 기존 국유기업 개혁을 위주로 한 것과는 다른 새로운 전략을 채택하기 시작했다. 즉 국유경제 부문에서 중대한 조치를 취한 것이 아니라 개혁의 중점을 비국유 부문에 놓고 거기에서 시장 지향의 기업을 형성하고 그들에 의존해 성장을 이루는 것이다. 이런 전략을 '증량개혁' 전략 혹은 '체제 외 선행' 전략이라 한다.

증량개혁 전략이 농업에서 초보적인 성공을 거둔 이후, 중국 당정 지도부는 이 경험을 다른 부문으로 확대하는 전략을 채택했다. 이 전략은 국유

경제의 주체적 지위를 유지하는 조건 아래 점진적으로 개인의 창업 활동 제한을 거두고, 더불어 국내시장을 외자에 개방해 민영경제 발전을 위한 일정한 공간을 개척하여 비국유 경제(민영경제)가 아래에서 위로 발전할 수 있게 하는 것이다.

비국유 경제 발전 전략은 주로 다음과 같은 세 가지 방면으로 나타난다. 첫째, 민영기업 허가 즉 비국유 기업의 성장이다. 비공유 경제의 발전을 허가할지 말지는 중국에서 계속해서 정치적으로 매우 민감한 문제였다. 비록 1976년 이후 몇 년간의 '정상 회복' 시기에도 '클수록 공유일수록 좋다' '자본주의 꼬리를 자르자' '자본주의를 멸종시키자' 등 교조적 분위기가 여전히 사람들의 머릿속을 지배하고 있었다. 따라서 개혁이 시작됐을 때 비공유제 경제의 발전을 허가하는 것은 우회적인 방식[43]을 취하지 않을 수 없었다. '포산도호'가 성공한 뒤 이런 사상적 속박은 한층 더 무너졌다. 1983년 사실상 사유기업 고용 인원수 제한은 철회됐다. 즉 사유기업은 합법적 지위를 얻었고 그후 사유 부문은 더욱더 빠르게 발전했다(제5장 1.2).

둘째, '경제특구'라는 '개방 분위기'를 조성해 일부 지역과 국제시장을 연결했다. 각국 경제 발전사를 보면 국내시장은 종종 오랜 시간이 걸려야만 형성됐다. 원래 구중국의 상업 문화 전통은 매우 박약했고, 중화인민공화국 건립 이후 30년의 계획경제를 거치면서 시장은 거의 소멸되어 국내시장 형성이 더욱 어려웠다. 이런 상황에서 개혁개방 초기의 짧은 시간 내 국내시장을 형성하고, 국제시장과 궤를 함께한다는 것은 완전히 불가능했다. 그래서 중국 정부는 다른 국가들이 수출가공구와 자유항을 건립한 경험을 모방하기로 했다. 연해 지구 인근의 홍콩, 마카오, 타이완과 해외 화교, 화인의 존재를 이용해 지역적 '분위기'를 조성하고 대외개방의 기지로 삼았다. 1978년 12월 중공11기 3중전회는 '대외개방' 방침을 실행하기로 선포하고, 세계 각국과 평등하고 호혜적인 경제 협력을 적극적으로 발전시켜나갔다. 1979년 중국 정부는 광둥, 푸젠 두 성이 이들의 지리적 우위를 발휘할 수 있도록 '특수 정책, 유연 정책'을 실행하도록 확정했다. 1980년 선전深圳, 주하이珠海, 산터우汕頭, 샤먼廈門 등 4개 경제특구를 건립하고 1985년 또 연해 14개 항구도시를 개방하기로 결정하고 연해, 연강, 연변에 개방 지대를 점차 형성해 나갔다(제8장 3).

대외개방은 중국 국내 경제개혁을 촉진했다. 국제시장의 격렬한 경쟁에 참여하는 중국의 경영 관리자들이 국제시장을 더 잘 이해하도록 했으며, 동시에 그들에게 제품의 질과 생산비용 절감에 대한 긴박감이 생겨났다. 경쟁에서 생존하기 위하여 더 큰 자주권과 경영관리 개선이 매우 필요한 사항이 되었다. 수출입 무역 경쟁에 참여한 것은 가격 구조를 국제시장에 맞추도록 촉진했고, 가격개혁의 진행을 빠르게 했다.

셋째, 경제체제 개혁종합시험구를 건립하고 개혁개방의 '지역별 추진'을 실행했다. 시장 지향의 개혁은 전국 동시적으로 전개할 수 없었고 또한 개혁은 체계적 조건이 갖춰져야 했기 때문에 시장이 비교적 발달하고 대외개방 조건이 좋은 일부 연해 지역을 우선 선택해 개혁 시험구를 건립했다. 그리고 개혁과 개방 두 방면에 앞에서 말한 두 가지 방식(민영기업과 경제특구)을 결합 운용하여, 상대적으로 완비된 시장경제체제를 건립한 후 이들의 시범 효과와 복사 효과를 통해 내지의 개혁과 개방을 이끌었다. 1985년 국무원이 광둥성의 광저우廣州, 포산佛山, 장먼江門, 잔장湛江 등 4개 도시를 '전국경제 체제종합개혁도시'로 확정한 뒤 10여 년의 발전을 거쳐 1990년대 중반까지 랴오둥반도에서 광시廣西 연해를 아우르는 해안 일선에 광대한 시장이 형성되기 시작했고 엄청난 경제적 활력을 가진 지역으로 변모했다. 내지에도 일부 '활기 띤' 지역이 나타났다. 시장의 힘이 이 지역에서 사방팔방으로 퍼져

나갔다. 이 지역들은 이미 시장화 개혁을 이끄는 강력한 기지로 변화했다.

2.4 민영경제의 탄생과 발전

증량개혁 전략 실시로 얻은 가장 중요한 성과는 민영경제가 밑에서 위로 성장하면서 나날이 발전한 것이다. 1980년대 중국 민영공업 성장률은 국유공업의 약 2배였다. 1980년대 중반에 이르러 민영경제는 공업 생산과 전체 국민경제에서 매우 중요한 지위를 차지했다. 공업에서 민영경제의 산출액은 3분의 1 이상(표2.1)을 점유하고 소매 상업에서 민영경제의 몫은 매우 빠르게 성장했다(표2.2).

10여 년의 증량개혁으로 중국 경제는 급속하게 성장했다. 1978~1990년의 12년 동안 국내총생산액은 연평균 14.6퍼센트, 도시 주민 가정 일인당

[표2.1] 중국 소유제별 기업이 공업 총생산액 중 차지하는 비중(1978~1990, %)44

연도	1978	1980	1985	1990
국유기업	77.6	76.0	64.9	54.6
집체기업	22.4	23.5	32.1	35.6
기타*	0.0	0.5	3.0	9.8

*사영기업과 외자기업 포함.

[표2.2] 중국 소유제별 기업이 소매상업 판매액에서 차지하는 비중(1978~1990, %)45

연도	1978	1980	1985	1990
국유기업	54.6	51.4	40.4	39.6
집체기업	43.3	44.6	37.2	31.7
기타*	2.1	4.0	22.4	28.7

*사영기업과 외자기업 포함.

[표2.3] 중국 경제성장 상황(1978~1990, 억 위안)46

연도	1978	1980	1985	1990
국내총생산액	3,624.1	4,517.8	8,964.4	18,547.9
공업총생산액	4,237.0	5,154.0	9,716.0	23,924.0
수출입총액	355.0	570.0	2,066.7	5,560.1
수출총액	167.6	271.2	808.9	2,985.8
사회소비품소매총액	1,558.6	2,140.0	4,305.0	8,300.1
도시 주민 가정 일인당 처분가능소득(위안)	343.4	477.6	739.1	1,510.2

처분가능소득은 연평균 13.1퍼센트씩 증가했다(표2.3).

소련과 동구 사회주의 국가들은 국유경제를 개혁하는 데 집중했다. 이들은 국유경제가 지배적 우위에 있던 경제를 개혁해야 했고 또 한편 국유기업에 기대어 국민경제를 지탱해야 했다. 이 때문에 국유경제 개혁이 짧은 시간 내에 효과를 보기 어려운 상황에서 이 국가들은 경제적 어려움을 면하지 못했고, 이로 인해 10년, 20년의 개혁을 거친 뒤에도 모두 진퇴양난의 곤궁에 빠졌다. 반면 중국의 증량개혁 전략은 다음과 같은 분명한 우위를 보여줬다. (1) 어려운 것은 피하고, 쉬운 것을 취해 비교적 빠르게 경제적으로 활력을 갖춘 기업과 지역을 발전시켜 인민들과 간부들이 자신과 결부된 이익에서 직접 개혁의 성과를 느낄 수 있었고 개혁만이 어려움에서 탈피하고 부흥으로 가는 길이라는 인식을 갖게 했다. (2) 날로 활력을 늘려가는 비국유 경제는 개혁 과정에서 피할 수 없이 나타나는 경제적 진통을 완화하고 경제 번영과 정치 안정을 유지하는 힘이었다. (3) 시범 효과와 경쟁 압력을 통해 국유 부문의 개혁을 촉진했다. 비국유 경제의 번영과 국유경제의 발전이 상호 촉진하면서 시장화 개혁 경로를 따라나가야만 경제적 번영을 유지할 수 있고 그것만이 유일한 선택인 상황을 만들었다.

1989년 동구 사회주의 국가에서 급변이 발생했고 1991년 소련이 해체됐다. 이후 러시아와 중유럽, 동유럽 제국은 새로운 정치체제 아래서 시장경제를 목표로 이행을 진행했다. 일부 경제학자들은 이들 국가의 이행을 '충격요법shock therapy'과 '점진주의gradualism'의 두 가지 주요 유형으로 구분한다. 그들은 1991~2000년 러시아의 이행에서 나타난 심각한 경제적 쇠퇴, 조직범죄 활동, 사회 불안정, 국유자산 침탈 등 부정적 결과를 이들 국가들이 '충격요법' 혹은 '빅뱅' 전략을 채택했기 때문으로 여긴다.

헝가리 경제학자 야노시 코르너이●는 시장경제 이행 전략을 이와 달리 해석한다. 그는 '충격요법'과 '점진주의'를 구분하는 기준은 속도인데 속도는 개혁 성공 여부를 가늠하는 주요 기준이 될 수 없다고 여긴다. 그는 시장경제로의 이행에는 두 가지 형태의 전략이 있다고 주장한다. 전략 A는 유기발전전략the strategy of organic development으로 불리는데 그 주요 목표는 사적 부문이 밑에서 위로 성장하기에 유리한 조건을 만드는 것이다. 전략 B는 국유기업사유화 가속전략the strategy of accelerated privatization으로 불리며 그 주요 목표는 가능한 빠르게 국유기업을 사유기업으로 전환하는 것이다(표2.4).

코르너이는 동구 포스트사회주의 국가의 이행 경험이 보여주듯 사유 부문의 유기적 발전을 촉진하는 전략A가 정확한 선택이라고 주장한다. 헝가

● 야노시 코르너이János Kornai(1928~2021). 헝가리의 경제학자. 헝가리과학원, 미국국립과학원, 스웨덴왕립과학학림원 회원이었으며, 미국 하버드대학과 헝가리 부다페스트 코르비누스 대학 교수를 역임했다. 2002~2005년 국제경제학회IEA 회장을 지냈다. 그의 『반균형론』(1971), 『결핍의 경제학』(1980), 『사회주의 체제』(1992) 등의 저서는 20세기 사회주의 경제를 분석하는 데 가장 중요한 저작으로 인정받고 있다.

[표2.4] 코르너이의 두 가지 이행 전략의 주요 특징[47]

전략A(사유 부문의 유기발전전략)	전략B(사유화 가속전략)
1. 가장 중요한 임무는 사유재산권 보호, 진입 자유* 등 사유 부문이 아래에서 위로 발전할 수 있는 유리한 조건 창출.	1. 가장 중요한 임무는 가능한 빠른 국가소유제 소멸.
2. 매각을 기본 수단으로 국가가 소유한 대다수 회사를 사유화.	2. 사유화의 주요 수단은 신주인수권증서 등 형식으로 무상분배.
3. 어떤 형식이든 국유자산 무상분배 반대.	3. 분산된 소유권 구조를 형성하여 '인민자본주의' 발전
4. 반드시 주요 소유자를 발생시킬 수 있는 기업 매각 방안을 우선적으로 고려.	4. 사유기업의 발전을 지지하고 사유 부문의 지위를 제고하지만 강조하지는 않음.
5. 기업의 예산 제약을 반드시 경성화하고 금융 질서를 유지하며 시장경제의 효율적인 운행을 확보.	5. 사유화를 실현하면 경성예산제약이 자동으로 발생.

*시장의 자유로운 진입市場進入, market excess은 중국에서 종종 부정확한 용어인 '市場准入'으로 번역되기도 한다('准入'는 '허가'의 뉘앙스를 준다).

리와 폴란드의 이행이 전략A의 장점을 보여준다. 사유 부문의 건강한 발전과 예산 제약의 경성화硬性化로 기업은 적자생존의 자연선택 과정을 거친다. 회사 간의 채무 연계를 끊고 금융 기율을 강화하여 계약 이행과 신용 상황을 개선해 금융 부문이 튼튼해지고 내실화를 꾀할 수 있게 되었다.

이 모든 것은 생산성 제고와 실업 문제 해소를 촉진했다. 이와 대비되는 국유기업 사유화 속의 전략B는 기껏해야 차선의 선택이다. 러시아가 바로 전략B의 실패를 잘 보여주는 비극적 예다. 러시아는 전략B의 각종 특징을 잘 보여준다. 많은 국유자산이 회사 경영자와 특권 관료에게 넘어갔고 천연자원, 특히 석유와 천연가스의 소유권은 몇몇 소수에 의해 침탈당했다. 1998년 헝가리의 노동생산성은 1989년에 비해 36퍼센트 높아졌고 폴란드와 체코도 각각 29퍼센트, 6퍼센트 상승했지만 러시아는 33퍼센트

하락했다.[48]

밑에서 위로 성장해온 사유 부문의 발전은 포스트사회주의 국가가 성공적으로 시장경제로 이행하는 데 중요한 의의를 갖는다. 중국이 계획경제에서 시장경제로 이행하는 문제를 분석하는 데 이는 똑같이 참고할 만한 의의가 있다. 증량개혁 전략은 민영기업이 싹을 틔울 수 있는 조건을 만들었고 시장과 기업가를 육성했으며, 중국 경제개혁 성공에 적극적인 추동 작용을 했다.

2.5 '쌍궤제(이중가격제)'의 형성과 사회경제적 문제

증량개혁 전략의 실행은 국유경제의 현 체제를 유지하는 조건 아래 사유경제의 발전을 허가하고 부분적인 시장 메커니즘을 도입하여 중국에 명령경제와 시장경제의 두 궤도가 병존하는 상태가 나타났다. 이런 이중 궤도(쌍궤) 경제체제가 가장 집중적으로 나타난 영역이 생산재 공급과 가격의 '쌍궤제'다.

계획경제 조건 아래서 생산재는 국가가 국유경제 단위 간에 통일적으로 조달했고, 가격은 단지 이들 단위 간에 계산 도구일 뿐이었다. 소비재는 국영상업 부문에서 통일적으로 경영했고, 각급의 물가 관리 부문이 통일적으로 가격을 정했다.

개혁개방 초 국유기업은 상품 판매 자주권을 획득했다. 1979년 7월 국무원은 기업이 계획 목표 초과달성분을 스스로 판매할 수 있도록 허가하는 「국영 공업기업 경영자주권 확대에 관한 몇 가지 규정」[49]을 반포하여 계획 궤도 외에 물자 유통의 '제2궤도' 즉 시장 궤도를 열어주었다. 동시에 물자 조달 지표가 없는 민영기업의 탄생과 발전 또한 생산재 시장 확대의 필요성을 높였다. 1980년대 중반까지 민영 공업기업 생산액은 전국 공업 총생산액의 31퍼센트를 차지했고 시장에서 유통되는 생산재의 양도 계속 늘어났다. 이런 상황에서 1985년 1월 국가물가국과 국가물자국은 「공업생산재 초과생산분 자체 판매 가격 개방에 관한 통지關於放開工業生產資料超產自銷產品價格的通知」를 하달하여 원래 정했던 기업 자체 판매 가격은 국가가 정한 가격을 20퍼센트 이상 초과해서는 안 된다는 상한을 정식으로 철회하고 자체 판매 가격을 개방했다. 또한 국무원은 계획 내 조달 물자를 획득할 권리가 있는 국유기업에 대해선 1983년 조달액(즉 1983년 기준액)에 근거해 국가가 조달 가격에 따라 필요한 생산재를 공급하고, '1983년 기준액'을 초과하는 부분은 기업이 시장가격에 따라 시장에서 구매하도록 했다.

증량개혁 전략을 실행하면서 국가 부문과 사유 부문의 이중가격제(쌍궤제)가 병존했고, 생산재 분배와 가격의 이중가격제 외에 다른 영역에서도 대출 이율과 시장 이율의 이중가격제, 외환공시가와 시장조절가의 환율 이중가격제 등 다양한 이중가격제가 형성됐다.

이중가격제의 이해득실에 대해서 경제학자들은 여러 다른 시각을 보여줬다. 류쭌이劉遵義, 첸잉이錢潁一, 롤랑Gérard Roland, 장쥔張軍은 국유경제의 생산 안정과 파레토 개선의 실현 등에서 이중가격제가 적극적 역할을 했다고 긍정적 평가를 내렸다. 그들은 일반균형 분석을 통해 이중가격제의 가격 자유화 특성을 논증했다.[50]

국가경제체제개혁위원회 체제개혁연구소는 1986년 한 편의 연구 보고서에서 경제와 정치 두 측면에서 이중가격제의 적극성을 논증했다. 보고서에서는 경제적 측면에서 이중가격제 조건 아래 '기업이 생산품 혹은 투입품을 증가시키거나 감소시킬 때 그 증감 변화 부분의 가격은 실제로 시장가격으로 계산한 것이다. 이것은 시장가격이 사실상 이미 기업의 한계생산과 투입에 결정적 작용을 한 것을 의미하며, 이 한계작용을 통해 단기적 수급을 조정하는 신호와 영향력을 형성했다'고 평가했다. 정치적 측면에서는 '이중 가격 경제에서는 행정 권력을 이용해 자원을 분배할 수 있는 메커니즘이 존재한다. 일정한 조건 아래 이런 허가증의 화폐화는 권력의 화폐화로 전환된다. 즉 허가증을 분배할 권력은 실제로 화폐를 분배할 권력, 다시 말하면 권력 자체가 화폐로 측량된다. (…) 중앙과 지방의 이익이 분리되고 독립적 이익의 필요가 나타나면서 권력을 화폐로 바꿀 수 있게 됐다. 이런 부패 행위는 경제적 측면에서 매우 합리적이다. 허가증의 화폐화 메커니즘이 발휘되고 계획에서 파생된 행정 권력이 유지될 때, 각종 자원의 분배 권력을 일종의 자본으로 운용하는 것은 매우 자연스러운 상황이다'[51]라고 주장한다. 이 연구 보고서는 '행정 권력의 화폐화'와 '자본화'가 개혁 추진의 중요 수단으로 사용됐고 이는 분명히 매우 중요한 정치적 판단이라고 보고 있다.

미국 경제학자 케빈 머피Kevin M. Murphy, 안드레이 슐라이퍼Andrei Shleifer 와 로버트 비시니Robert Vishny는 다른 시각을 갖고 있다. 그들은 만약 모든 가격이 한꺼번에 개방되지 않으면 자원배분의 왜곡이 일어난다고 주장한다.[52] 또한 이중가격제는 변칙적인 보조를 받는 국유기업과 시장가격만으로 원료, 설비와 대출을 얻어야 하는 민영기업 사이에 불평등한 경영 조건을 조성한다. 따라서 가면 갈수록 더욱 민영경제 발전에 장애 요소가 된다[53]고 말한다.

또한 프리드먼은 중국 지도자들에게 '중국이 현재 수많은 제품에 시행하고 있는 이중가격제는 부패와 낭비로의 공개적 초대'라며 총통화량 증가율 통제를 전제로 '되도록 조속한 시일 내에 개별 가격과 임금에 대한 통제를 전면적으로 풀어야 한다'[54]고 진지하게 지적했다.

그 외 일부 중국 학자는 이중가격제가 가져온 사회정치적인 부정적 결과에 깊은 주의를 기울인다. 그들이 보기에 이중가격제의 제도 시행이 야기한 경제사회적 결과는 이중적이다. 한편으론 앞에 몇몇 학자들이 말한 것처럼 민간의 창업 활동에 일정한 공간을 제공하여 각종 유형의 민영기업이 성장할 수 있었다. 또 한편으론 만약 국유경제에 우대 혜택을 준다면 일정 정도 민영경제 발전에 장애가 될 수 있다. 특히 유의해야 할 것은 이런 '권력 화폐화'와 '권력 자본화'의 제도 시행은 광범위한 지대 추구 환경을 조성했고, 부패가 만연하는 화근을 심어놓았다는 점이다. 만약 제때 더 나아간 시장화 개혁을 통해 이 화근을 제거하지 않는다면 정실자본주의의 발전을 조장하여 심각한 경제·사회·정치적 결과를 빚을 수 있다.[55]

이중가격제 아래 지대 추구 문제는 1980년대 중반 '관도官倒' 현상을 토론할 때 사람들의 시야에 들어왔다.

칼럼2.2

지대 추구 [56]

1970년대 이래 일부 서구 학자들이 몇몇 국가의 부정부패를 분석하면서 지대 추구 행위를 발견했다. 근본 문제는 정부가 행정 권력을 이용해 기업과 개인의 경제활동에 간여와 관제를 행하고, 시장 경쟁을 방해해서 소수가 특권을 이용해 초과 수입을 얻을 기회를 창출하는 것이다. 미국 경제학자 제임스 뷰캐넌James M. Buchanan과 앤 크루거Anne Krueger는 이런 초과 수입을 '지대rent'라 부르고, 권력을 얻어서 지대를 취득하려 모색하는 이런 활동을 '지대 추구 행위rent-seeking activities'라 칭했다.

'지대'의 본뜻은 전적으로 지조地租를 의미했지만, 앨프리드 마셜Alfred Marshall은 지대를 각종 생산요소의 임대료를 의미하는 용어로 사용했다. 임대료는 해당 요소의 수요가 증가하는데 공급은 도리어 여러 원인에 의해 증가하기 어려운 데서 오는 차액 소득에서 생겨난다. 현대 국제무역 이론 및 '공공선택 이론'에서 임대료는 여전히 공급탄력성 부족으로 생겨난 가격 차이를 의미한다. 그러나 여기서 말하는 공급탄력성 부족은 특히 정부 간여와 행정 규제(수입 할당액, 생산 허가증 발급, 물가 규제 나아가 특정 업종의 종사 인원수 제한 등)로 경쟁을 억제한 결과에 초점을 맞춘다. 이 두 가지 다른 성격의 임대료를 구분하기 위해 어떤 경제학자는 후자를 비직접 생산성 이익 directly unproductive profit, DUP이라고 부른다.

지대 추구란 바로 정부가 경제활동에 규제를 가하여 관료의 간여 권력을 증가시키고, 이런 권력에 접근할 수 있는 사람들이 합법 혹은 비합법적 수단(로비, 소통, 뒷거래, 배경 등)으로 지대를 점유하는 특권을 얻는 것이다. 행정 권력이 지대 추구의 조건을 형성할 수 있기 때문에 어떤 사람은 권력을 이용한 '지대 설치rent-setting' 활동을 통해 새로운 지대 추구의 가능성을 조성한다. 그래서 지대를 추구하기 위해 지대 추구 행위자는 관료에게 뇌물을 먹이고, 지대에서 이익을 얻는 관료는 원래의 지대제도를 유지하고 새로운 지대를 설치하는 데 힘을 쏟으며 행정 규제를 만든다. 지대 추구에서 지대 설치까지 부정부패가 만연하고 인과관계의 악순환이 벌어진다.

1980년대부터 중국의 시장화 개혁에서 나타난 부패 현상에 대해 몇 가지 다른 인식이 있다. (1) 부패는 시장경제에서 흔한 정상적 현상이다. 시장을 개혁하기로 했다면 부패를 용인할 수밖에 없고 별것 아닌 것으로 수선떨 필요 없다. (2) 부패는 시장경제의 필연적 산물이다. 개혁개방과 시장경제가 부패의 근원이다. 부패 행위를 근절하려면 행정 규제를 강화해야 하고, 가장 좋은 방법은 계획경제로 회귀하는 것이다. (3) 지대 추구 이론과 비교경제 연구로부터 추론하면 부패는 시장경제의 필연적 산물이 아니다. 부패의 근원은 구체제의 행정 권력 독점이지 시장화 개혁이 아니다. 오히려 개혁이 느리고 철저하지 못한 것이 원인이다. 따라서 정부의 행정 규제는 반드시 필요한 범위 내로 제한하고, 필요한 행정 권력에 감독과 제약을 가해야 하며, 동시에 평등한 경쟁이 이루어지는 시장경제 질서를 확립해야만 지대 추구 행위의 기반을 제거할 수 있다.

계획경제 시기 모든 공업과 상업은 국가가 독점 경영했기 때문에 정부는 농민이 생산한 양식, 면화, 원자재 가격을 인위적으로 낮출 수 있었고, 공업에서도 상류 제품의 가격을 낮출 수 있었다. 이렇게 농업과 상류 공업의 이윤을 상업으로 이전해서 국가는 자신이 독점 경영하는 상업 체인의 이윤 전부를 자기 수중에 넣어 각종 용도에 할당했다. 개혁개방 초기 정부는 기관, 사업 단위에서 서비스 기업을 설립할 수 있게 허가했다. 누구든 이 '3차 산업 설립'의 권력을 얻으면 이런 독점 이윤(지대)을 누릴 수 있었다. 따라서 '공농병학상工農兵學商 모두 장사에 뛰어드는' 붐이 일어났다. 나중에 상업에 대한 제한을 가하면서 이런 지대 추구의 가능성이 비로소 사라졌다. 1980년대 초, 기업은 일정한 자주권을 획득해서 시장가격에 따라 자신의 제품을 판매할 수 있게 됐다. 계획(조달) 가격과 시장가격의 차이가 컸기 때문에 만약 누군가가 낮은 가격으로 물자[혹은 계획(조달) 물자의 '허가증批文']를 얻을 수 있다면 그것을 자유시장에 내다팔아 엄청난 폭리를 취할 수 있었다. 1980년대 중반 이중가격제는 정식 제도가 되어 대량의 '전매꾼倒爺'이 나타나 두 시장 사이에서 전매 활동倒買倒賣에 종사하면서 짧은 시간에 벼락부자가 됐다. 전매꾼들이 횡재할 수 있었던 비밀은 할당 물자를 장악하는 권력 배경을 갖는 데 있었다. 그래서 사람들은 이런 전매 활동에 종사하는 사람을 '관료브로커官倒'라 불렀다.

'관료브로커' 현상에 대해 당시 두 가지 대립적인 의견이 존재했다. 첫째, 부패는 구사회에나 있었던 추악한 현상으로 해방 이후 부패는 소멸됐으며, 시장 지향의 개혁으로 사람들이 물질을 추구하게 됐고 돈에 대한 탐욕이 부패를 다시 자라나게 했다고 여긴다. 따라서 이들은 부패를 억제하는 정확한 방침은 개혁 방향을 올바르게 고쳐 시장 지향에서 계획 지향으로 전환하는 것이라고 주장한다. 둘째, 비록 시장이 사람들의 탐욕과 부패 행위를 증가시킨 것을 인정하지만 만약 시장을 개방하지 않았다면 중국은 부를 이룰 수 없다고 강조한다. 따라서 부패가 다시 나타나는 현상은 부민강국을 실현하는 데 지불해야만 하는 대가이기 때문에 도덕적 순결성을 지키기 위해 경제 발전의 근본 이익을 희생해선 안 된다고 주장한다.

이상 두 가지 관점은 비록 상반되지만 부패를 시장경제와 연관시킨 것이 공통점이다. 그러나 모든 역사를 훑어보면 상술한 주장은 근거가 없다. 예를 들면, 16~18세기 서구의 '중상주의 시대'는 부패 행위가 창궐한 시대로 일찍이 사학계에서 부패는 시장경제에서 근원한 것이 아니라 시장 발육이 불량하고 행정 특권이 여러 방면에 간여했기 때문이라고 단정지었다.[57] 또 다른 예로 제2차 세계대전 이후 개도국들의 시장화 개혁 과정에서 심각한 부패 현상이 모두에게 다 나타난 것은 아니다. 또한 상술한 바와 달리 시장화 진행이 빠르고 순조로운 국가일수록 부패 현상은 덜 심각했다.

1980년대 후반 제3의 시각이 나타났다. 일부 경제학자는 정치경제학과 국제경제학이 1970년대에 제기한 '지대 추구' 이론을 운용하여 부패 문제를 분석했다. 이들은 시장이 발전하고 화폐 역할이 강화되어 부의 범위가 더 이상 실물 영역에 제한받지 않게 되면서 일부 사람들의 축적 욕망이 증가했다는 것은 인정했다. 그러나 문제는 사람들의 탐욕이 얼마나 큰지에 달려 있는 게 아니라 이러한 탐욕을 실현할 제도 조건이 마련되어 있는지의 여부다. 이것이 바로 권력이 교환 활동에 간여해서 생겨난 지대 추구 가능성이다. 이후 지대 총액과 국민총생산액의 비율이 국가 부패 정도를 나타내는 공인된 지표가 됐다.[58]

결론적으로, 이중가격 병존의 체제가 확립된 날부터 중국 사회는 두 가지 추세의 길항작용이 시종 존재해왔다. 만약 시장경제의 완성을 향해 나아가면서 권력을 제한하고 법치를 건설한다면 사회 공정성과 공동 부유를 실현할 수 있는 사회주의 시장경제 제도를 건립할 수 있을 것이다. 이와 반대로, 중상주의의 길을 따라 나가면서 정부가 희소자원 지배 권력을 강화하고 경제활동 간여를 확대해간다면 정실자본주의(혹은 관료자본주의, 자본-관가官家주의)로 나아가게 될 가능성이 있다.[59]

3. 전면적 추진(1994년~현재)

증량개혁 전략을 채택한 목적은 개혁의 저항을 감소시키고, 개혁 역량을 축적하며, 개혁 과정을 단축해 최종적으로 통일적 시장경제체제를 건립하는 것이다. 민영경제 발전이 시장경제 제도의 건립을 위한 필요조건을 준비했을 때, 적당한 시기에 국민경제에서 중요한 자원을 대부분 장악하고 있는 국유 부문을 전면적으로 개혁해 계획경제에서 시장경제로 전체적 이행을 실현해야 한다.

적기에 개혁 전략의 전환을 이룰 수 없었기 때문에 국민경제에서 이미 활력을 띤 '체제 외' 부분과 여전히 전통경제 체제의 속박을 받고 있는 '체제 내' 부분 사이에 격렬한 마찰이 나타나 국민경제의 안정적 발전이 계속 위협받았다. 아오키 마사히코[*]가 『비교제도 분석Toward a Comparative Institutional Analysis』에서 지적한 대로 하나의 체계에서 각종 제도는 전략적 상보성을 갖고 있다. 그중 하나 혹은 몇 개의 제도가 변혁되면 다른 제도는 상응한 변화를 겪든지 아니면 새로운 제도와 정합하지 않아 새로운 제도 체계의 건립을 방해한다.[60] 따라서 비록 제도 변혁을 실시할 때는 단계별로 나누어 할지라도 제도 변혁은 본질적이고 전면적으로 추진해야 한다. 그렇지 않으면 제도 운행에 엄청난 비용을 지불하게 된다. 따라서 '이중가격제(쌍궤제)'를 오

---

* 아오키 마사히코青木昌彦(1938~2015). 일본 경제학자. 2008~2010년 국제경제학회IEA 회장을 역임했고 1998년 국제슘페터학회 슘페터상을 수상했다. 주요 저서로는 『기업의 협력 게임 이론The Cooperative Game Theory of the Firm』(1984), 『일본 경제의 정보, 인센티브 그리고 협상Information, Incentives, and Bargaining in the Japanese Economy』(1988), 『정보, 기업지배 구조 그리고 제도적 다양성Information, Corporate Governance, and Institutional Diversity』(2001), 『비교제도 분석Toward a Comparative Institutional Analysis』(2001) 등이 있다.

래 끌면 오래 끌수록 그 부정적 결과도 더 심각해진다.

사회경제 모순이 격화되면서 1980년대 중반부터 국부적 시장화를 전면적 개혁으로 전환하자는 주장이 더 강해졌다. 1986년 개혁파 지도자들이 마침내 전면적 개혁을 시도했다.

3.1 1984~1986년: 전면적 개혁의 첫 시도

덩샤오핑은 '증량개혁'의 창도자였지만 개혁 초기 비국유 부문이 얻은 성과에 만족하지 않았다. 비국유 경제가 전체 개혁을 위한 지렛대를 제공할 수 있게 되었을 때 그는 개혁 전략의 중심을 전환해서 국유 부문으로 개혁을 밀고나가길 요구했다. 그는 1984년 6월 농촌개혁이 효과를 본 후 '개혁은 농촌에서 도시로 이전했다. 도시개혁은 공업, 상업뿐만 아니라 과학기술, 교육 등 각 분야를 모두 아우른다'[61]라고 밝혔다. 같은 해 10월 개최된 중공 12기 3중전회에서 통과된 「경제체제 개혁에 관한 중공중앙의 결정」은 전략 전환의 실시를 요구했다.

칼럼2.3

중공12기 3중전회 「경제체제 개혁에 관한 중공중앙의 결정」[62]

1984년 10월 20일 중국공산당은 제12기 중앙위원회 제3차 전체회의를 개최했다. 회의는 「경제체제 개혁에 관한 중공중앙의 결정中共中央關於經濟體制改革的決定」(이하 「결정」)을 통과시키고 '도시를 중점으로 전면적인 경제체제 개혁의 발걸음을 빨리하자' '사회주의 상품경제를 발전시키자'고 요구했다.

「결정」은 '사회주의의 근본 임무는 사회주의 생산력을 발전시키는 것이다' '사회주의 생산력 발전에 유리한지 여부가 모든 개혁의 득실을 검증하는 유일한 기준이다' '상품경제의 충분한 발전은 사회경제 발전에서 건너뛸 수 없는 단계이고, 우리 나라 경제의 현대화를 실현하기 위한 필요조건이다. 상품경제를 충분히 발전시켜야 비로소 경제를 진정으로 활력 있게 만들고 각 기업의 효율성을 제고할 수 있으며, 경영을 유연하게 하고 복잡다단한 사회 수요에 빠르게 적응할 수 있다'고 주장했다.

「결정」은 또한 사회주의 상품경제를 발전시키기 위해 반드시 다음과 같은 방침을 실시해야 한다고 밝혔다. 첫째, '기업의 활력 특히 전민소유제 대중형大中型 기업의 활력을 증강시키는 것이 도시를 중점으로 한 전체 경제체제 개혁의 중심과제다'. 둘째, '가격이 사회 노동의 생산성 변화와 시장의 수요와 공급의 변화에 민감하게 반응할 수 있도록 합리적 가격체계를 수립해야 한다'. 또 '가격체계 개혁은 전체 경제체제 개혁 성패의 중심이다'. 셋째, '다양한 경제 형식과 다양한 경영 방식의 공동 발전을 견지하는 것은 우리의 장기적 방침이며 사회주의 전진에 필요하다'.

덩샤오핑은 이 회의와 「결정」에 대해 높은 평가를 내렸다. 그는 다음과 같이 말했다. '당의 12기 3중전회는 중국 역사 발전에 중요한 한 획을 그을 것이다.'[63] '전체회의 결의가 공포된 뒤 사람들은 우리 전국 개혁의 웅대한 포부를 알게 될 것이다.'[64] '무엇이 사회주의고 무엇이 마르크스주의인가? 우리는 과거에 이 문제를 완전히 분명하게 인식한 것은 아니었다.'[65] '이번 경제체제 개혁 문건은 훌륭하다. 무엇이 사회주의인지를 상세히 분석했고 우리 선배들이 하지 않았던 말도 일부 있으며 새로운 생각도 들어 있다. 내가 보기에 설득력이 있다.' '나의 인상으로는 정치경제학 초고를 써낸 것 같다. 마르크스주의 기본 원리와 중국 사회주의 실천을 결합한 한 편의 정치 상술한 「결정」과 1985년 「제7차 5개년 계획(1986~1990) 제정에 관한 중공중앙의 건의中共中央關於制定國民經濟和社會發展第七個五年計劃的建」에서는 기업, 시장 체계와 거시 조절 체계 등 세 가지 상호 연계된 개혁을 통해 '향후 5년 혹은 더 긴 시간 동안 기본적으로 중국 특색의 생기 가득하고 활력 넘치는 사회주의 경제체제의 기초를 마련할 것'을 요구했고 중국 정부는 1986년 초 새로운 개혁 조치들을 마련했다.

당시 국무원 총리 자오쯔양趙紫陽(1919~2005)은 1986년 업무 방침을 선포했다. 이는 거시경제 통제를 계속 강화하고 개선하는 조건 아래 거시 관리를 개선하고 수요를 억제하는 조건 아래 공급을 개선하면서 동시에 만반의 준비를 갖춰 1987년 결정적인 개혁의 발걸음을 내딛는 것이었다.[67] 이어서 자오쯔양은 개혁의 형세와 '7·5계획(1986~1990)' 전반기 개혁의 요구 사항을 여러 차례 정부 내부 회의석상에서 발언하면서 현재 직면한 많은 문제는 '신구 체제의 교착으로 상호 마찰과 충돌이 많은' 상황이라고 지적했다. 이런 국면을 너무 오래 끌어선 안 되었고 1987년과 1988년 비교적 중대한 조치를 통해 새로운 경제체제가 주도적인 작용을 하도록 할 필요가 있었다. 기업이 진정한 독립채산제를 이루고 평등한 조건에서 경쟁이 이루어질 수 있는 외부 조건을 창출하고자 시장 체계와 거시경제의 간접 조정 실현이라는 두 가지 숙제를 풀기 위한 조치가 취해졌다. '구체적으로 말하면, 다음해 개혁은 3개 방면으로 설계하고 연구했다. 첫째, 가격 둘째, 세수 셋째, 재정. 이 세 가지 개혁은 상호 연관돼 있다.' '중요한 것은 가격체계 개혁이고 나머지 개혁은 가격 개혁을 중심으로 해서 이루어진다.'[68]

계획한 종합 개혁들을 진행하기 위해 국무원은 1986년 4월 경제개혁방안설계 판공실을 세웠다.[69] 이 판공실은 국무원과 중공중앙 재경영도소조의 지도 아래 '7·5 계획' 전반기의 가격, 세수, 재정, 금융과 무역을 중심으로 한 종합 개혁의 방안을 입안했다. 가격 개혁에서는 1968년 체코슬로바키아에서 실시한 개혁 방식인 '선조정 후개방' 방법을 이용해 가격 시장화(자유화)를 실시하고자 했다.[70] 먼저 계산에 따라 전면적으로 가격을 조정하고 그후 1~2년 동안 가격을 전면적으로 개방하여 가격 자유화를 실현하는 방식이다. 재정세수체제 부문의 주요 조치는 당시 실행하고 있던 독립채산재정체제分竈吃飯, revenue-sharing system를 분세제分稅制, tax-sharing system로 전환하고 증치세value-added tax, VAT를 도입하는 등이 있었다.[71] 상술한 종합 개혁의 방안은 1986년 8월 국무원 상무회의에서 통과되고 덩샤오핑의 지지를 얻었다. 1986년 9월 13일 중앙 재경영도소조가 개혁 방안을 보고할 때 덩샤오핑은 이 종합 개혁 방안에 매우 높은 평가를 내리며 그대로 집행하도록 요구했다.

동시에 중국의 정치체제가 시장경제에 적응하도록 덩샤오핑은 1986년 재차 '당정 분리'를 중심으로 하는 정치체제 개혁을 주문했다. 1980년대 이중가격제(쌍궤제)가 야기한 많은 모순이 보여주듯 문제의 근원은 '국가 신디케이트' 중 정부가 기본 경제 자원을 통제하고 지배하던 유산이 아직 완전히 사라지지 않아서 모순이 정부로 집중되는 것이었다. 이런 유산을 제거하려면 국가 지도 체제를 개혁해야 한다. 정치개혁의 중요성을 인식했기 때문에 덩샤오핑은 1986년 다시금 정치체제 개혁 문제를 제기했다. '정치체제를 개혁하지 않으면 경제체제 개혁의 성과를 보장할 수 없고 경제체제 개혁이 전진하지 못하면 생산력 발전과 4개 현대화를 실현할 수 없다.'[72] 덩샤오핑의 지시에 따라 1987년 중공13대에서 정치개혁을 위해 새롭게 조직을 편성하고 일련의 구체적 조치를 채택해 '당정 분리' '권력 하방' '당내 민주를 통한 점진적 인민 민주 추진' 등의 방침을 결정했다.

그러나 두 가지 개혁 모두 진행되지 못했다. 경제개혁 면에서 정부 내부와 학계는 계속 의견의 일치를 보지 못했다. 국무원 지도부는 본래 '가격, 세수, 재정의 종합 개혁'을 견지하고 있었지만 1986년 10월 원래의 지도 방침을 바꿔 국유기업 개혁에 중점을 두고, 1987년과 1988년 '기업 청부책임제' '부문 청부책임제' '재정책임제' '대외무역 책임제'와 '신용대출 책임제信貸切塊包幹'의 5대 '책임'제도를 실행하여 시장경제와 명령경제를 유지하는 쌍궤 병존의 옛 방식으로 회귀했다. 전면적인 개혁 추진의 시기를 놓쳐 지대 추구, 인플레이션 등 문제가 점점 더 심각해지고 마침내 1988년 사재기 열풍과 1989년 정치적 파동으로 귀결됐다.[73]

칼럼2.4

1986년 개혁 전략에 관한 논쟁[74]

1980년대 중반 개혁 방향에 대한 경제학계의 대립적 시각은 1986년 종

- 리이닝厲以寧(1930~2023). 중국 경제학자. 중국에서 가장 먼저 주식제 개혁 이론을 제기한 학자 가운데 한 명이다. 그는 1986년 입안 중인 '가격, 세수, 재정 종합 개혁'에 대해서 비판적 의견을 제기했다. 가격개혁은 개혁의 실패를 야기할 것이라고 주장했으며, 동시에 중국 개혁은 소유제 개혁 즉 국유기업 주식제 개혁을 해야만 성공할 수 있다고 주장했다. 이로부터 '기업 개혁 근간론'의 주요 창도자가 되었다. 그는 전국인민대표대회 상임위 재임 기간 「증권법」과 「증권투자기금법證券投資基金法」의 기초 작업을 주도했다. 주요 저서로는 『중국 경제개혁의 맥락中國經濟改革的思路』『불균형의 중국 경제非均衡的中國經濟』『중국 경제개혁과 주식제中國經濟改革與股份制』 등이 있다.

합 개혁 방안, 특히 당시 가격개혁의 실시 문제를 둘러싸고 집중적으로 나타났다.

1. '기업개혁 근간론'

1986년 3월 자오쯔양이 '가격, 세수, 재정 종합 개혁' 노선을 제시하고 '방안판方案辦'을 설립하여 구체적 방안을 설계한 뒤 일부 인사가 다른 주장을 폈다. 그 대표적인 인물이 리이닝• 베이징대 교수다. 그는 1986년 4월 '중국 개혁이 만약 실패한다면 가격개혁에서 실패할 것이다. 중국 개혁이 만약 성공한다면 반드시 소유제 개혁으로 인해 성공할 것이다'라는 유명한 주장을 했다.[75]

리이닝의 주장은 다음과 같다: 가격 개혁은 주로 경제개혁을 위해 상품경제 발전에 적합한 환경을 조성하는 것이고 소유제 개혁 혹은 기업 체제개혁이 진정으로 이익, 책임, 동기 유발, 동력의 문제와 관련 있다.[76] 현재 중국 경제는 불균형 상태에 처해 있다. 불균형 조건 아래서 가격 조절의 역할은 제한적이다. 가격 개혁을 통해 경제 관계를 바로잡으려는 희망은 현실적이지 않다. 중국이 유일하게 선택할 수 있는 경로는 우선 소유제 개혁을 하고 소유제 개혁이 성공한 기초 위에 시장 체계가 점진적으로 완비되도록 하며, 동시에 단계별로 상품의 상대가격比價을 조정하고 마지막으로 전면적인 가격-임금 체계 개혁에 착수하는 것이다.[77] 여기에서 그가 제기한 개혁 순서는 '가격개혁을 우회해서 우선 소유제 개혁'을 하고[78] 15년 정도의 시간을 두고 소유제 개혁을 완성한 다음 다시 가격개혁을 하는 것이다.[79] 그가 말한 '소유제 개혁'은 규범화된 '주식제'와 비규범화된 '책임제'를 결합해서 '선청부책임 후주식' '선주식 후청부책임' '주식과 청부책임 혼합' '순 주식제'의 방법을 통해 국유기업을 '진정한 독립채산제의 공유제 기업'으로 개조하는 것이다.[80] 이 의견은 1986년 토론에서는 지지받지 못하다가 10월 이후 국무원 지도부가 받아들여 1987~1988년 기간에 실시되었다.

'가격, 세수, 재정 종합 개혁'에 반대한 또 한 명의 인물은 대형 국유기업인 수도강철공사의 경영자다. 그들은 수도강철경제연구소의 명의로 글을 올려 개혁은 '도급책임을 본으로 삼아야' 하며 기업도급책임제를 떠나면 개혁은 정확한 방향을 잃게 된다고 주장했다.[81]

2. '통합적 조화개혁론'

'통합적 조화개혁론整體協調改革論'이라 불리는 학술 파벌은 1986년 '가격, 세수, 재정 종합 개혁' 방안의 설계 과정에서 형성되었다. 1985년 초 중국사회과학원 연구생 궈수칭郭樹淸·류지루이劉吉瑞·추수핑邱樹芳 등은 국무원 지도부에게 제출한 보고서에서 '이중가격제(쌍궤제)'는 일종의 '충돌형' 이중체제이며, 이것을 오래 지속하면 반드시 경제 혼란을 가져오고 심지어 개혁의 '요절'을 야기할 것이라고 주장했다.[82] 이어서 궈수칭·러우지웨이樓繼偉·류지루이·쉬메이정許美征 등이 국무원 지도부의 지지 아래 종합적인 개혁방안을 기초했다.[83] 국무원 경제체제개혁방안설계 판공실의 우징롄·저우샤오촨周小川·러우지웨이·리젠거李劍閣 등이 '7·5 계획' 전반기 개혁에 관한 많은 논저를 발표하면서 '상품경제(시장경제)' 건립을 둘러싼 중심 사상은 점차 '종합개혁론' 혹은 '시장경제론'으로 불리는 개혁 이론을 형성했다. 종합개혁론의 요점은 다음과 같다.

—구체제의 근본 특성은 행정명령과 지령성 계획을 통해 희소자원을 배치하는 것이다. 이런 자원배분 방식은 정보 메커니즘과 인센티브 메커니즘의 중요한 결함을 극복할 수 없기 때문에 효율적이지 않다. 전통 체제의 폐단을 '권력의 지나친 집중' 탓으로 돌리는 것은 얄팍한 논단이다. 만약 계

획적 자원배분 방식을 바꾸지 않고 단지 '권력 이양과 이윤 양도'를 통해 경제 운행 상황을 근본적으로 바꾸려는 생각은 효과를 볼 수 없다.

―행정명령의 자원배분 방식을 대체할 수 있는 유일한 방식은 시장 메커니즘을 기반으로 한 자원배분 방식이다. 명령경제의 정보 메커니즘과 인센티브 메커니즘 결합을 극복하려면 경제 자원을 가장 효율적으로 배분하고 이용할 수 있어야 한다.

―시장경제는 유기적 체계다. 이 체계는 주로 자유롭게 경영하는 독립 채산 기업, 경쟁 시장 체계 그리고 주로 시장을 통해 조절이 이루어지는 거시 관리 체계 3자의 조합이다. 하나의 체계로서 위의 세 가지는 상호 연관되어 분리할 수 없다. 이 세 가지 지주가 초보적이나마 세워져야 이 경제체제가 비로서 효율적으로 운행될 수 있다. 따라서 경제개혁은 반드시 이 세 가지 상호 연관된 측면에 동시에 종합적으로 이루어져야 한다.[84]

3.2 1993년: 전면적 개혁 추진의 신국면을 연 중공14기 3중전회

1988년 경제위기와 1989년 정치 파동을 겪은 후 1992년 덩샤오핑은 남순강화 중 이번 경제와 정치 파동을 시장 지향의 개혁 탓으로 돌리면서 '계획경제 취소, 시장화 실현'은 바로 '사회주의 제도를 버리고 자본주의 제도를 시행하는'[85] 것이라고 질책한 '정치가와 이론가'[86]들을 비판했다. 그래서 개혁개방 이후 또 한 차례 사상적 회귀가 발생했다. 1992년 초 덩샤오핑이 더 큰 폭의 개혁개방을 추진했던 남순강화[87] 이후에야 비로소 새로운 개혁개방이 열기를 맞이했다.

1992년 10월 중공 제14차 전국대표대회는 사회주의 시장경제 건립의 개혁 목표를 확정했다. 1993년 11월의 14기 3중전회에서 또 「사회주의 시장경

제체제 건립의 몇 가지 문제에 관한 중공중앙의 결정中共中央關於建立社會主義市
場經濟體制若幹問題的決定」을 내고, 다음의 문제에 관한 중요한 돌파구를 열었다.

첫째, '전면적 추진, 중점 돌파'의 새로운 개혁 전략을 명확하게 제기하면
서 '체제 외'의 주변부뿐만 아니라 국유 부문에 대한 공략을 펼쳐 1990년대
말에는 초보적으로 사회주의 시장경제 제도를 건립하길 요구했다.

둘째, 재정세수체제, 금융체제, 외환관리체제, 기업체제와 사회보장체계
등 중요 영역의 개혁을 위해 목표를 제기하고 방안을 입안했다.

칼럼2.5

중공14기 3중전회
「사회주의 시장경제체제 건립의 몇 가지 문제에 관한 중공중앙의 결정」[88]

1993년 11월 11~14일 중공14기 중앙위원회는 제3차 전체회의를 개최
했다. 회의는 「사회주의 시장경제체제 건립의 몇 가지 문제에 관한 중공중앙
의 결정」(이하 「결정」)을 심의, 통과시키고 사회주의 시장경제의 개혁 목표를
어떻게 실현할 것인가에 대해 전반적으로 서술했다.

「결정」은 '전면적 개혁과 중점돌파의 결합' '개혁의 점진적 순서를 주의
하고, 시기를 놓치지 않고 중요 영역을 돌파해, 전체 개혁을 이끈다'는 개혁
전략을 제기하고, 1990년대 말 초보적인 사회주의 시장경제체제를 건립하
도록 요구했다.

「결정」은 사회주의 시장경제의 재정조세, 금융, 기업 등 서브시스템을 위
한 개혁의 목표와 실시 방안을 확정했다. 그것들은 다음과 같다.

1. 새로운 재정세수체제의 건립

재정체제 개혁의 기본 목표는 원래의 재정책임제(중앙지방재정책임제)에서 중앙정부와 지방정부(성과 현급 정부 포함) 직권을 합리적으로 나눈 기초 위에 '분세제'로 바꾸는 것이었다. 세수체제 개혁의 기본 요구는 '통일 세법, 공평 과세, 세제 간소화, 합리적 분권'의 원칙에 따라 세제를 규범화하고 평등한 경쟁을 촉진하는 시장경제 요구에 부합하는 세수제도를 건립하는 데 있었다.

2. 금융-은행 체계의 개혁

국유 상업은행을 주체로 하면서 다양한 금융기구가 병존하고 정책성 금융과 상업성 금융이 분리된 금융 조직 체계 및 통일, 개방, 경쟁 질서 확립, 엄격한 관리가 이루어지는 금융시장 체계를 건립하도록 했다. 구체적으로, 중앙정부 지도하에 독립적으로 화폐정책을 집행하는 중앙은행 체제를 건립하고, 기존의 국유 '전문은행'의 상업화 경영과 상업은행의 다원화를 실현하며, 국가개발은행·수출입은행·농업발전은행 등 정책성 은행을 건립해 원래 전문은행이 담당했던 정책성 업무를 이어받게 하고, 국가가 정한 테두리 내에서 건설 주기가 길고 영리 수준이 낮지만 외부 효익이 높은 프로젝트에 저리로 융자하도록 했다.

3. 외환관리체제의 개혁

중국 정부는 외환관리체제의 개혁을 두 단계로 나눠 진행하기로 결정했다. 우선 국내 기업과 외국 기업을 나눠 두 단계에 걸쳐 이중환율 제도를 철회하고 환율일원화와 경상 항목current account의 인민폐에 대해 관리적 태환을 실시하도록 했다. 그후 상황의 변화를 보고 자본 항목의 외환 통제 철회를 고려하고 인민폐의 완전한 태환fully convertible을 실시하게 했다.

4. 국유기업 개혁

'국유기업 경영 메커니즘 전환을 심화하여 시장경제에 적합하고 재산권이 명확한, 그리고 책임과 의무가 분명하고 정치와 경제가 분리되며 과학적 관리가 이루어지는 현대 기업제도를 건립할 것'을 제기했다. 이 결정에 근거해 전국인민대표대회는 「중화인민공화국 회사법中華人民共和國公司法」을 통과시켰다.

5. 새로운 사회보장체계의 건립

사회보험, 사회 구제, 사회 복리, 무휼안치撫恤安置와 사회 호조互助, 개인 저축 보장 등을 내용으로 하는 다층적 사회보장제도 건립을 결정했다. 그 가운데 도시 노동자의 양로와 의료보험은 공통 기금社會統籌과 개인 계좌를 결합한 제도를 시행하게 했다.

중공14기 3중전회의 「결정」에 근거해 1994년 초 중국 정부는 재정, 금융, 외환관리 등 영역에서 일련의 중대한 개혁을 실시했다. 1990년대 말 이상 여러 방면의 개혁은 대체로 중공14기 3중전회의 요구에 도달했다. 그 가운데 외환개혁이 가장 순조로워서 「결정」에서 규정한 경상 계정의 '관리된 변동환율제'의 목표를 앞당겨 실현하여 수출주도 정책을 전면적으로 실시하는 데 큰 힘이 되었다(제8장 1.3). 재정 조세 체제 역시 예정한 궤도에 진입했다(제7장 7.3).

그러나 기타 영역에서 개혁의 진도는 중공 14기 3중전회의 요구에 도달하지 못했다. 예를 들면, 중공14기 3중전회는 양로와 의료 두 항목의 가장 중요한 노동자 사회보장에 개인 계좌를 도입하고 사회보장의 행정관리와 사회보장기금의 경영을 분리하는 원칙을 실행하도록 요구했다. 이 원칙을 관철하려면 기존 행정관리 기관의 권력과 이익을 건드려야 했고 따라서 저항과 장애가 존재했다. 그래서 3중전회에서 설계한 사회보장체계는 질질 끌며 건립되지 못했다.

1990년대 말 중국은 소유제 구조의 조정과 개선 방면에서 큰 진전을 이루었다. 비국유 경제(민영경제)가 성장하면서 국유경제가 국민경제에서 차지하는 비중은 비교적 큰 폭으로 하락했다. 그러나 이 당시까지 비록 국유경제가 국내총생산GDP에서 차지하는 비중이 이미 절반에도 못 미쳤지만 정부와 국유기업은 여전히 희소 경제 자원의 주요 지배자이며 게다가 정부는 계속해서 미시경제 활동에 간여하는 큰 권력을 유지하고 있었다. 이로 인해 자원배분 권력의 관점에서 볼 때 중국 개혁은 아직 큰 관문을 넘지 못하고 있었다.

3.3 세기교체기 경제개혁의 진전과 문제

1. 세기교체기 경제개혁의 중요 돌파

중국 경제개혁은 옛 소유제 구조의 장애에 직면하여 1997년 중공15대에서 중요한 돌파구를 마련했다. 중공15대는 국유경제 비중의 대소와 사회주의 성질의 강약을 직접 연계하는, 즉 국유경제가 국민경제에서 차지하는 비중이 크면 클수록 좋다고 여겼던 소련식 관점을 부정하고, 다양한 소유제의 공동 발전은 적어도 100년의 사회주의 초급 단계의 '기본 경제제도'라는 점을 분명하게 긍정했다. 이에 따라 중공15대는 생산력 발전에 유리한지, 종합 국력 증강에 유리한지, 인민의 생활수준 제고에 유리한지를 판단 기준으로 삼아 국민경제의 소유제 구조를 조정하고 개선해 「결정」이 규정한 기본 경제제도를 건립하자고 주장했다.

소유제 구조의 조정과 개선은 세 가지 주요 내용을 포함했다. (1) 국유경제 분포 조정, 국유경제 범위 축소, 주요 부문을 제외한 영역에서 국유자본 퇴출. (2) 생산력 발전을 촉진할 수 있는 공유제 실현 형식을 탐색해 다양한 형식의 공유제 경제의 발전 장려. (3) 개체, 사영 등 비공유제 경제의 발전을 장려해 사회주의 시장경제의 중요 구성 부분으로 형성.

칼럼2.6

중공15대와 중앙위원회의 보고[89]

중공 제15차 전국대표대회는 1997년 9월 12~18일 베이징에서 거행됐다. 회의는 장쩌민 총서기가 중앙위원회를 대표해 보고한 「덩샤오핑 이론의 위대한 깃발을 높이 들고 중국 특색의 사회주의 사업 건설을 21세기를 향해 전면적으로 밀고 나가자高擧鄧小平理論偉大旗幟, 把建設有中國特色社會主義事業全面推向21世紀」(이하 「보고」)를 통과시켰다. 「보고」에서 심원한 의의가 있는 내용은 다음과 같다. '공유제를 주체로 하는 다양한 소유제의 공동 발전' 제도가 적어도 100년의 사회주의 초급 단계의 '기본 경제제도'임을 확정하고, 이 기본 경제제도에 따라 중국의 소유제 구조를 조정하고 개선하자고 요구했다. '소유제 구조의 조정과 개선'이라는 이 중대한 임무를 서술할 때 「보고」는 '공유제를 주체로' '국유경제가 주도' 등 원래 있던 논법을 더 명확하게 정의하고, 아울러 이 기초 위에서 소유제 구조를 조정하고 개선할 구체적 방법을 제시했다.

(1) 국유경제 분포에 대해 '진입과 퇴출'을 조정해 국가는 '국민경제의 명맥을 담당하는 중요 업종과 핵심 영역만' 통제한다. 이로 인해 국유경제 비중이 감소했지만 '우리 나라 사회주의 성질에 영향을 미치지 않는다'.

(2) '공유제 경제는 국유경제와 집체경제를 포함하는 데 그치지 않는다.' '생산력 발전을 크게 촉진할 수 있는 공유제 실현 형식을 열심히 찾아야 한다.' '모든 사회화 생산 규율을 반영하는 경영 방식과 조직 형식은 모두 대범하게 이용할 수 있다.'

(3) '비공유제 경제는 우리 사회주의 시장경제의 중요한 구성 부분이다. 개체, 사영 등 비공유제 경제는 계속 장려, 인도하여 건강하게 발전하도록 해야 한다.'

「보고」는 또한 '소유제 구조의 조정과 개선'은 마땅히 덩샤오핑이 제기한 '3개 유리'의 판단 기준[90]을 따라야 하며, 즉 "모든 '3개 유리'에 부합하는 소유제 형식은 모두 사회주의를 위해 복무할 수 있고 그래야 한다"고 지적했다.

1999년 중공15기 4중전회의 「국유기업 개혁과 발전에 관한 몇 가지 중요 문제의 결정關於國有企業改革和發展若幹重大問題的決定」에서는 국유경제가 통제할 필요가 있는 '중요 업종과 핵심 영역'을 한발 더 나아가 다음의 3개 업종과 1개 영역으로 규정했다. (1) 국가 안전에 관련된 업종 (2) 자연 독점 업종 (3) 중요 공공재와 서비스를 제공하는 업종 (4) 지주산업과 첨단기술 산업 중의 주요 골간기업.

상술한 중공15대의 결정은 1999년 「중화인민공화국 헌법 수정안」에 반영되었다. '사회주의 초급 단계에서 국가는 공유제를 주체로 다양한 소유제

[표2.5] 소유제별 GDP 비중(%)[91]

연도	국유 부문	집체 부문	민영 부문*
1990	47.7	18.5	33.8
1995	42.1	20.2	37.7
1996	40.4	21.3	38.3
1997	38.4	22.1	39.5
1998	38.9	19.3	41.9
1999	37.4	18.4	44.2
2000	37.3	16.5	46.2
2001	37.9	14.6	47.5

*민영 부문은 모든 비국유와 비집체 소유의 농촌과 도시경제 실체를 의미한다.

경제가 공동 발전하는 기본 경제제도를 견지한다.' '법률이 규정한 범위 내의 개체경제, 사영경제 등 비공유제 경제는 사회주의 시장경제의 중요 구성 부분이다.' '국가는 개체경제, 사영경제의 합법적 권리와 이익을 보호한다.'

이후 몇 년간 중국은 소유제 경제를 조정하고 개선하는 데 많은 진전을 이루었다. 첫째, 소유제 구조 합리화로 국유경제 독점에서 다양한 소유제 기업이 함께 발전하는 국면이 조성되었다. 소수의 행정 독점 업종 외에 민영경제는 비중이 가장 큰 경제 부문이 되었다(표2.5). 취업에서 역시 민영기업이 취업 흡수의 주체가 되어 2006년 민영기업 취업자 수는 전국 도시 취업인구의 72퍼센트를 차지했다. 이와 같이 연해 각 성은 다양한 소유제 경제가 공동 발전하고 강한 경쟁력을 갖춘 광대한 지역을 형성했다(제5장 2.4).

둘째, 국유기업 개혁이 큰 진전을 이루었다. 중국 기업개혁 나아가 중국 경제체제 개혁의 중심과 중점으로서 국유기업 개혁이 이룬 진전은 다음과 같다. 하나, 국유기업은 국유 독자의 재산권 구조에서 주식이 다원화된 회사제 기업 위주로 바뀌었다. 현재 비금융기업 부문에서 절대다수의 2급 국유기업[92]은 이미 국가가 상대적 혹은 절대적으로 지배하는 주식유한회사로 변모했다(제4장 3.1). 금융기업 중 2000년대 초 중국은행, 농업은행, 공상은행, 건설은행 4개 국유 상업은행이 해외 상장을 이루어 중국 금융시장에 필요한 미시적 기초를 제공했다(제6장 2.3). 둘, 이들 회사는 주주권 다원화의 기초 위에 회사지배구조의 기본 틀을 만들었다.

2. 2000년대 초 개혁의 정체와 사회 모순의 변화

중국은 비록 1990년대 말 시장경제 제도의 기본 틀을 초보적이나마 건립했지만 시장경제의 몇 가지 중요한 구조, 즉 규범적 금융시장, 현대 시장경제에 반드시 필요한 법치 체계 등은 만들지 못했다. 그래서 원래 확정한 국유기업 개혁 목표와는 아직 거리가 꽤 있었다. 이로 인해 2003년 중공16기 3중전회는 「사회주의 시장경제 개선의 몇 가지 문제에 관한 중공중앙의 결정中共中央關於完善社會主義市場經濟若幹問題的決定」을 통과시켰다. 그러나 집행 상황은 이상적이지 않았다.

첫째, 중공15대와 중공15기 4중전회의 요구에 따라 국유경제의 분포 조정과 국유기업 주식제 개혁이 모두 중요한 진전을 이루었다. 2000년대 초 전국 중소형 국유기업은 기층 정부가 소유한 향진기업을 포함하여 이미 완전히 개편됐고, 그 가운데 대부분이 개인 독자 혹은 회사제 기업이 되었다. 그러나 국유경제 개혁이 에너지, 전신, 석유, 금융 등 중요 업종의 국유 독점기업에 미치게 되었을 때, 개혁의 발걸음은 현저하게 느려지기 시작했다.

최근 중요 업종 국유기업의 '진입'과 '퇴출'을 둘러싸고 또 한 차례 논쟁이 벌어졌다. 일부 논자들은 이들 영역에서 국유경제의 비중이 하락해선 안

되고 마땅히 높아져야 한다고 주장했다. 2003년 국자위의 관료가 '국유경제는 공산당 집정의 경제 기초'라는 관점을 선전하여 상당한 사상적 혼란을 야기했다. 비록 2004년 중앙경제공작회의에서 당정 지도부가 이에 대해 분명한 결론을 냈지만 몇몇 사람은 여전히 유사한 논조를 되풀이하고 있다. 2004년 시장화 개혁의 큰 방향이 옳은지 그른지를 놓고 논쟁이 터진 후, 사회 매체들이 '재국유화' 혹은 '신국유화'라 부르는 '국진민퇴國進民退' 현상이 나타났다. 이런 '회귀' 추세는 주로 두 가지 형식으로 나타났다. 하나는 일부 영역 민영기업에 이미 '허가증'을 발부한 상황에서 다시 뒷걸음쳐 민영경제가 계속 경영하지 못하도록 하는 것이고, 다른 하나는 일부 국유 독자기업과 국유 지배 회사가 민영 중소기업을 인수합병하여 이들 기업의 독점 지위는 한층 더 강화하는 것이다.[93]

둘째, 기업의 미시적 경영 활동에 대한 정부의 행정 간여는 '거시경제 조절'이라는 이름 아래 더 강화됐다. 2003년 제4분기부터 중국 경제에는 '과열' 현상이 나타났다. 경제의 지속과 안정적 성장을 유지하기 위해 중국 정부는 과열을 억누르는 조치를 취하기로 결정했다. 경제학에서 거시는 총량의 개념이다. 거시경제 과열이 발생하면 즉 총수요가 총공급을 크게 초과하는 상황에서는 당연히 시장경제의 상규에 따라 기준금리, 지급준비율 등 간접 수단 위주로 총량을 조절해야 한다. 시장경제체제가 아직 충분히 성숙하지 않은 상황에서는 은행 신용대출의 '창구 지도' 같은 몇 가지 행정 수단을 보조적으로 운용할 필요가 있다. 그러나 분명히 해야 할 것은 이것은 단지 보조적 수단일 뿐이라는 점이다. 또한 이런 수단을 운용할 때 이 수단들의 제약성과 부작용을 충분히 생각해야 한다. 그러나 당시 지도 기관이 거시경제를 분석할 때 대부분 문제의 성격을 '국부적 과열'로 확정했고, 채택한 주요 조치 역시 주관 부서와 위원회가 합동으로 공문을 발표하여 강철,

알루미늄, 시멘트 등 '과열 업종'의 투자, 생산 활동을 심사, 비준하는 등 행정 수단을 통해 직접 통제하는 것이었다. 이때부터 '행정 조절 위주의 거시 조절'이 정식 지도 방침이 되었다.[94]

이런 지도 방침 아래 각급 정부 부문은 '거시 조절'의 이름으로 미시경제에 간여와 통제를 강화하여, 행정력을 통한 자원배분 능력과 수단이 크게 강화됐다. 반대로 자원을 배분하는 시장의 기본적 역할은 약화되었다. 영국의 액턴 경이 '권력은 부패하기 쉽고 절대 권력은 절대 부패한다'고 말한 것처럼 행정 권력의 확장은 지대 추구 행위의 제도적 기초를 확대하여 부패는 날로 성행했다.

셋째, 정치 개혁의 지지부진한 상황은 뚜렷하게 나아지지 않았다. 1980년 덩샤오핑은 전국 농촌에서 청부제 개혁을 시작했고 동시에 중공중앙정치국 회의에서 유명한 '8·18' 연설을 통해 정치개혁에 시동을 걸었다. 1986년 덩샤오핑은 여러 차례 정치개혁을 하지 않으면 경제개혁도 관철하기 어렵다며 빨리 정치개혁을 하도록 요구했다. 그러나 이 두 차례의 개혁은 모두 진행될 수 없었다. 덩샤오핑 사망 이후, 신세대 지도자는 추도회에서 재차 정치개혁 문제를 제기했다. 1997년 중공15대는 사회주의 법치국가 건설을 구호로 내걸었고, 중공16대는 다시 이 주장을 되풀이하면서 나아가 민주정치와 정치 문명의 제고 문제를 제기했다. 그러나 10년 동안 나아진 것은 거의 없었다. 예를 들면 「중화인민공화국 물권법」 「중화인민공화국 반독점법」 등 시장경제의 기본 법률은 13년이 지난 뒤에야 비로소 시행될 수 있었다. 소위 '비인격화 교환'이 주요한 지위를 차지하고 있는 현대 시장경제의 시각에서 볼 때 공인된 기본 정의에 부합하는 법률과 독립적이고 공정한 사법 체계가 없다면, 계약 집행은 효율적인 보장을 얻기 어렵다. 이런 상황에서 경제활동의 참여자는 자기 재산의 안전을 위해 '관부와 결탁'하는 수밖에 없다. 이 때문

에 지대 추구 행위를 하게 되는 '신동력'이 형성된다.[95]

지대 추구 규모가 확대되면 부패 활동도 날로 창궐한다. 1988년 이래 몇몇 학자의 연구에 따르면 중국 지대 총액이 GDP에서 차지하는 비중이 20~30퍼센트에 달하며 매년 절대액은 4~5조 위안에 달한다.[96] 거액의 지대 총량은 자연히 중국 사회에서 부패가 만연하고 빈부격차가 심화되며 지니계수가 상승하는 데 결정적인 영향을 끼친다.

'이중가격제(쌍궤제)' 아래 법치의 시장경제와 정실자본주의 두 가지 다른 발전 경로가 존재함으로써, 최근까지 계속 다음과 같은 상황이 존재했다. 시장화 개혁이 크게 진전할 때마다, 예를 들면 1990년대 초 상품 가격 개방이 이루어졌을 때 상품시장에서 지대 추구 가능성은 대폭 줄어들고 부패는 억제되어 대중 대부분이 만족했다. 1990년대 말에서 2000년대 초 '쑤난 모델'의 많은 향진기업을 포함한 중소기업에 대해 '작은 것은 놓아주기放小' 개혁을 시행했을 때 연해 지역 경제는 크게 발전하고 주민들의 생활 수준이 보편적으로 높아졌다. 비록 일부 국부적인 불공정 행위가 일어났지만 만족의 목소리가 여전히 높았다. 이와 반대로 국유 독점기업 개혁이 앞으로 나아가지 못하는 등 개혁이 방해받을 때 혹은 소위 '스톨리핀'식의 권력의 사유화[97]가 추진되는 등 개혁이 왜곡된 경우 부패가 창궐하고, 빈부격차가 확대되는 상황이 생겨나면서 당정의 지도와 대중 호소 사이의 모순도 격화되었다.

제 2 부

분야별 각론

제 3 장

농촌개혁

1950년대 중반부터 '경제관리체제 개혁'을 시작한 이래, 중국은 이러한 개혁의 초점을 도시의 국영 상공업 측면에 집중했으나 계속적인 노력에도 그 효과가 뚜렷하게 나타나지는 않았다. 1980년 가을에 이르러 농촌에서 농가청부경영제農村家庭承包經營制가 대규모로 실행된 이후에야 비로소 중국 경제에는 '곤경 속에서 드디어 희망이 나타나는' 새로운 국면이 출현했다. 그래서 농촌개혁은 중국 경제개혁 실천의 진정한 출발점인 것이다. 이번 장의 역할은 바로 농촌개혁의 원인, 성과 및 향후 개혁의 전망을 분석하는 것이다.

1. 국민경제에서 농업의 위상과 농업 경영제도의 특수성

농업은 인류 사회 생존과 발전의 기반으로 모든 발전이 농업에서 시작된다. 특히 개발도상국에서는 농업 상황에 따라 국가들의 발전 태세가 결정된다.

1.1 경제 발전 과정에서 농업의 위상과 작용

경제학자들이 통상 말하는 경제 발전에 대한 농업의 작용은 아래의 네 가지 측면이다.[1] 첫째, 생산 제품 측면에서의 공헌이다. 전체 산업 부문에서 농업은 유일하게 식품을 생산하는 부문이다. 철강이나 석탄이 없거나 혹은 전기가 없어도 인류는 여전히 생존할 수 있지만 식량이 없이는 절대로 불가능하다. 대다수 완제품은 실제 모두 대체제가 있지만, 식량은 대체할 수 없다.[2] 농산물 상품의 잉여 증대가 비농업 부문 발전을 위한 선결조건이다. 둘째, 시장 측면에서의 공헌이다. 발전 초기 단계에서 농업은 공업 및 모든 비농업 제품의 주요 구매자이자 소비자다. 셋째, 생산요소 측면에서의 공헌이다. 동일하게 발전의 초기 단계에서 농업은 국내 저축과 투자의 주요한 원천이기도 하며 또한 노동력의 주요한 공급자이기도 하다. 경제 발전 수준이 낮은 국가에서는 잉여농산물로 대표되는 농업적 축적과 농업 잉여노동력의 비농업 부문 이전이 비농업 부문 발전의 원시적 동력이다. 넷째, 외환 획득 측면에서의 공헌이다. 대다수 개발도상국의 경우 자국이 생산한 공업제품의 수출로 자국이 필요로 하는 자본재를 바꿀 만큼 공업이 성장하지 못했기 때문에 농업이 수출을 통한 외환 획득의 주요 부문이다.

발전의 여러 단계에서 이상의 네 측면의 작용이 똑같이 중요한 것은 아니다. 발전의 초기 단계에서는 농업이 국민경제의 기본 산업으로서 생산 제품 측면에서의 공헌, 생산요소 측면에서의 공헌, 외환 획득 측면에서의 공헌 등이 결정적인 의의를 지닌다. 발전의 후기 단계에서는 상공업의 주도적인 역할이 점차 뚜렷해지면서 농업의 요소 측면에서의 공헌과 외환 획득 측면에서 공헌 역할은 점차 줄어든다. 그러나 도시 인구의 증가에 따라 경제성장에서 농업 부문이 갖는 생산제품 측면에서의 공헌은 다시 두드러지게 된다. 설령 이미 초보적인 공업화를 실현한 국가일지라도 농업 기반이 취약하다면 이는 경제적·사회적 안정에 해를 끼친다.

일인당 소득수준이 일정한 단계를 넘어선 뒤에는 농산물의 사회적 수요 증가세는 상승세에서 하락세로 바뀐다.[3] 이와 동시에 삶의 질에 대한 수요가 높아지면서 사람들은 농업이 건강한 '생태 환경'을 제공하고 사회를 위해 휴식과 여행, 교육 등의 제품을 제공할 수 있을 것이라 점점 기대하게 된다. 그래서 인류 생존 환경을 푸르고 아름답게 만들고 그 환경을 보호하려는 목적의 나무 심기와 숲의 조성, 풀과 꽃 심기 등의 생산 경영 활동이 농업에서 발전됨으로써 농업은 생태 환경에 기여한다. 세계은행의 보고서에 따르면 농업은 환경보호 기능을 제공하는 산업으로 탄소 격리(이산화탄소의 포착, 분리, 저장, 재활용을 의미), 유역의 치수, 생물 다양성의 보존 등 일련의 수단을 통해 사회에 생태 환경을 보호하는 다양화된 기능을 제공해왔다.[4]

중국 대부분의 지역이 대륙성 계절풍 기후에 속하여 비가 여름에 집중적으로 내리므로 농업은 인공적인 관개 체제에 의존해야 해서 국가에 의한 대형의 수리 공정이 요구된다. 따라서 태고 이래 중국 농업은 토지, 수리, 농경의 삼위일체 구조를 유지해왔다. 진한 시기에는 수전제授田制를 채택하여 국가(황실)의 소유라 하더라도 이 토지들을 농민에게 나누어 경작하게 하고 국가는 세금을 받음으로써 토지소유권과 토지사용권은 오랜 기간 분리되어 있었다. 당나라에 이르러 토지소작제가 만들어져 관전官田이든 사전私田이든 모두 농가에게 나누어져 경작하게 했으며 소작료 납부 방식은 일반적으로 정액제를 채택했고, 정율제分成制(성과를 일정 비율로 나누는 제도)를 실행하는 경우는 비교적 적었다. 명대 이후에 이르러서 토지제도는 더욱 성숙해져 영전제永佃制가 등장했다. 소위 영전권永佃權은 '하나의 밭에 주인이 셋인一田三主' 제도다. '세 명의 주인'이란 업주業主, 대조주大租主, 전호佃戶를 가리킨다. 업주는 원래의 지주를 의미하며 '전저권田底權(토지소유권)'을 가지고 있고, 대조주는 바로 영전권을 갖고 있는 소작인으로 토지 생산력 향상을 위해 자본 투입을 추진하고 소작하는 토지에서 수리 공사를 하며 토지의 복구를 추진하고 토양의 비옥도를 향상시켜 '전면권田面權(토지사용권)'을 가지고 있게 되었다. 어떤 경우에는 '대조주'가 토지를 더 영세한 소작농에게 양도 임대할 수 있어 이러한 영세 소작농이 소작 토지에 자신의 가정 농장을 구축할 수 있었다. 이외에도 정부는 대규모 수리 공사에 있어 중요한 역할을 발휘했다.

1.2 농업: 가정 경영에 적합한 생산 부문

농업이 경제 발전에서 매우 중요한 위상과 역할을 갖고 있다 하더라도 여전히 많은 국가의 농업은 쇠락 상태에 놓여 있어 전체 경제의 안정과 발전에 영향을 미치고 있다. 이러한 상황의 발생은 왕왕 적절한 농업 경영 방식을 선택하지 않은 것과 관련이 있다.

농업에는 두 종류의 가장 기본적인 경영 방식이 있다. 한 가지는 가정을 기본 경영 단위로 하는 것이고 다른 한 가지는 자본주의 혹은 공유제 대농장을 기본 경영 단위로 하는 것이다.

사회주의 각국에서는 집체 농업이 가정 농업보다 우월하다는 논조가 보편적으로 유행했다. 설령 공산당 내에서 농민 문제에 비교적 개명한 태도를 가진 인사라도 '선先합작화, 후後기계화'에 반대했다. 그들은 집체 농업이 더 우월하다는 것을 부인한 것은 아니며, 단지 생산력이 생산관계를 결정하므로 집체화를 기계화의 필연적 산물로 간주할 뿐으로, 따라서 생산력의 발전 수준을 초월하여 조급하게 집단농장 발전을 서두르는 것에 반대했다. 비록 중국 농촌에 가정청부제家庭承包制가 실행된 이후에도 사람들의 머릿속에는 여전히 이러한 관념이 존재했는데, 그것은 곧 가정청부제가 농업에서 생산력 수준이 비교적 낮을 때에 채택해야 할 제도이지 농업 생산력이 향상되어 기계화가 실현되면 '다시 대집단大堆으로 돌아가야(재합작화)' 한다는 것이다.

이상 이러한 관점의 공통된 이론적 근거는 마르크스가 영국의 19세기 상황에 근거하여 제시한 논단으로 그 내용은 다음과 같다. 공업에서와 마찬가지로 농업에서도 대규모 생산이 소생산보다 우월하여 대규모 생산이 소생산을 밀어낸다. 농민의 가정농장은 후진성 때문에 그것은 자본주의적 대농장으로 대체되든가 아니면 사회주의적 대농장으로 대체된다. 마르크스는 다음과 같이 말했다. '대공업이 농업 영역에서 일으키는 가장 혁명적인 작용은 구사회의 보루인 농민을 소멸시키고 고용 노동자로 이를 대신하는 것이다.'[5] '농업과 공업은 완전히 똑같이 자본주의 생산방식의 통치를 받게 되는데 다시 말하면 농업이 자본가에 의해 경영되는 것이다.[6]

19세기 말에서 20세기 초 사회주의 운동 중, 농업에서 대규모 생산이 소생산보다 우월한지 여부에 관한 논쟁이 발생했다. 당시 사회민주당의 지도자였던 에두아르트 다비트Eduard David(1863~1930)와 에두아르트 베른슈타인 등은 마르크스의 주장에 의문을 제기하며 가정을 단위로 하는 농민경제가 더 발전 잠재력이 있다고 평가했다. 카를 카우츠키Karl Kautsky(1854~

1938)는『농촌 문제』라는 책에서 마르크스의 관점을 옹호하면서 '자본주의 성격이 점점 더 발전해가는 대규모 농업'이 현재 농민의 소생산을 대체하면서 '농업에서 사회 발전의 방향은 공업에서와 동일한 형태를 띨 것이다'라고 단언했다.[7] 레닌은 카우츠키의 이 저작을 '『자본론』3권이 출판된 이후 가장 뛰어난 경제학 저작'이라고 높게 평가하면서[8] 아울러 자신의『러시아에 있어서 자본주의의 발전』등의 저작에서 동일한 관점을 펼쳤다.

개혁 이전 소련, 동유럽, 북한, 베트남, 쿠바, 중국 등 사회주의 국가가 실행한 것은 계획경제 제도였다. 이러한 국가들에서 정부는 농산물의 생산과 소비 관련 경제활동을 통제하고자 우선적으로 농업에서 집체화를 추진하여 토지, 목축 등 농업 생산수단을 회수하고 공공 소유로 함으로써 준準국유인 집체소유제를 토대로 하는 집체농장 혹은 인민공사人民公社를 건립했다. 농산물의 생산과 유통에서 지령성 계획이 실행되어 집체소유제 단위는 계획의 요구에 따라 자신의 생산물을 지극히 낮은 가격으로 정부에 매도할 의무가 있었다.

그러나 이론적으로나 실천적으로나 이러한 관점은 논쟁거리였다. 일부 학자는 현재 다수의 시장경제 국가가 개인 농장을 기본 경영 단위로 하는 농업 조직 모델을 선택했음을 지적하고 있다. 개인 농장은 고용노동제를 실행하는 자본주의 대농장일 수도 있고 또한 농장주 가정 구성원의 노동력을 중심으로 하는 가정농장일 수도 있다. 자본주의 대농장 제도는 한동안 영국 등의 국가에서 성행했으나 20세기 선진국의 농장 발전 상황이 보여주듯 기계화된 경작 체제와 농업이 고도로 사회화된 상황에서도 가정농장 제도는 여전히 우월성과 생명력을 가지고 있다. 대농장이 한동안 우위를 점했던 영국에서도 현재는 가정농장 제도가 농장 총수의 52퍼센트를 차지하고 있으며 대농장은 23퍼센트를 차지하고 있을 뿐이다.[9]

중국에서는 농업 업무를 장기간 지도해온 두룬성*이 집중 경영의 농업 생산합작사와 농업 생산의 특징이 서로 조응하지 못하는 문제를 먼저 지적했다. 그는 농업 생산이란 생명 물질의 생산 및 재생산으로서 다음의 세 가지 특징이 있다고 했다. (1) 농업은 자연계의 변화무쌍한 여러 요인의 제약을 받기 때문에 높은 주인의식을 갖고 세심하고 융통성 있게 농업을 관리할 사람이 필요하다. (2) 농업의 수익은 최종 생산품에 집중되므로 생산자의 이익과 최종 경제성과의 연계가 요구된다. (3) 농업의 주요 생산수단 즉, 토지는 일종의 특수한 생산수단으로 열심히 토질을 육성해야만 하고, 열매도 심으면 심을수록 좋아진다. 이를 위해서는 생산자와 토지 사이에 안정된 개인적 이익 관계가 구축돼야 하며, 생산자가 장기적인 이익에서 출발하여 토지를 잘 관리하도록 하는 것이 필요하다. 이러한 여러 이유로 가정청부경영家庭承包經營은 강한 생명력을 갖게 되었다.[10]

농업경제학자 천시원**은 상술한 두룬성의 사상적 발전을 현재라는 시공간의 중국 농업에 적용했을 뿐만 아니라 농업의 일반 이론에도 적용했다. 그가 지적한 농업 생산의 가장 뚜렷한 특징은 다음과 같다. 첫째, 농업의 생산과정은 동식물의 생명 과정과 하나다. 이는 생산자가 항상 세심하게 노동 대상인 동식물의 생활과 성장을 돌봐야 하고 동식물의 성장 상황에 맞는 조치를 제때에 취해야 함을 의미한다. 둘째, 농업은 인력으로 통제할 수 없을 뿐만 아니라 끊임없이 변동하는 일조량, 강수량, 기류 등 지구 자연 과정의 결정적인 영향을 받는다. 공업과 구별되는 이러한 특징으로 농업 생산자들에게는 특별한 요구가 부과되는데 즉 동식물의 상황과 자연계 변화의 정보를 정확히 파악하여 적시에 상응하는 조치를 취해야 한다는 점이다. 이러한 두 가지 측면 때문에 농업에서 가장 효과적인 제도 배열은 생산자(노동자)가 특지통제권特指控制權과 잉여통제권剩餘控制權이 포함된 전체 통제권을

보유하는 것이다.[11]

단지 상술한 특징에 맞도록 하기 위해서라면 경영 활동은 소유자가 행사하고 직접적인 생산 활동은 고용된 노동자가 행사하는 것도 가능하며 효율적이다. 그러나 농업 생산 중 고용 노동에 대해 인센티브를 부여하는 데는 난점이 있다. 동식물의 생명 활동은 지속성이 있어서 노동자가 쏟아낸 전 노동의 결과가 동식물의 생산량으로 나타나며 공업처럼 생산과정의 매 단계마다 각 노동자가 쏟아낸 유효 노동의 양과 질을 측정할 수는 없기 때문이다. 만약 최종 생산량으로 노동자의 노동을 평가하도록 연계하지 않는다면, 즉 각 노동자의 노동이 생물의 전체 생명 주기에 작용할 수 없게 하면 노동자가 쏟아낸 노동을 정확하게 측정할 수 없다. 농업은 노동 직종이 아주 많고 작업은 분산되어 있으며 계절별 차이가 커서 문제가 더욱 복잡해진

- 두룬성杜潤生(1913~). 본명은 두더杜德이며, 중국공산당 원로 세대 혁명가, '삼농三農(농민, 농업, 농촌)' 문제의 최고 전문가다. 중화인민공화국 건립 이후 중국공산당 중앙위원회 중남국中南局 비서장과 중국공산당 중앙위원회 농촌공작부農村工作部 비서장을 역임했다. 개혁개방 이후에는 국가농업위원회 부주임과 국무원 발전연구센터의 주임을 역임했다. 두룬성은 중국 농촌개혁의 기획자이자 조력자 중 한 명으로 중국의 농촌 정책 제정에서 매우 중요한 역할을 했으며 농촌에서 '포산도호包産到戶'와 '포간도호包幹到戶'의 가정연산청부책임제家庭聯産承包責任制를 실시하여 토지 소유권을 농민에 돌려줄 것을 주장했다. 주요 저작으로는 『중국 농촌제도의 변천中國農村制度變遷』(2003), 『두룬성 자술: 중국의 농촌 체제 변혁의 중대 전략 기록杜潤生自述: 中國農村體制變革重大決策紀實』(2005), 『두룬성 문집杜潤生文集』(2008) 등이 있다.
- •• 천시원陳錫文(1950~). 중국의 농업경제학자로 중앙 재경영도소조 판공실 부주임과 중앙 농촌공작영도소조 판공실 주임을 역임했다. 그는 오랫동안 중국 농촌경제 연구에 종사했고 1980년대 중반 이래 대부분의 농업과 농촌 정책 관련 중앙 문건의 초안 작성에 참여했다. 세 번에 걸쳐 연속해서 쑨예팡 경제과학상을 받았다. 주요 저작으로는 『중국 농촌경제 체제 개혁의 계통 고찰中國農村經濟體制改革的系統考察』 『중국 농촌경제 체제의 개혁 중반기의 계획中國農村經濟體制改革中期規劃』 『중국 농촌경제 개혁: 회고와 전망中國農村經濟改革: 回顧與展望』 『중국 농촌 발전의 새로운 단계中國農業發展新階段』 등이 있다.

다. 그러나 이러한 문제를 가정에게 넘겨 처리하면 사정은 매우 간단해진다. 가정은 관계가 매우 긴밀한 경제 이익 공동체이기 때문에 가정의 구성원 간에는 목표의 차이와 이익의 마찰이 크지 않고 각 개인의 노동 투입과 경제적 소득을 계산하고 비교하지 않아 거래 비용은 곧 크게 낮아진다.

구체적으로 말해서 농가 경영은 다음과 같은 특징이 있다. (1) 가정 내부 노동력의 최적화와 장점의 상호 보완을 실현할 수 있다. 가정 내 협업은 구성원들에게 공동의 목표 함수를 갖게 만들어 거래 비용이 비교적 낮다. (2) 정책 결정 비용이 매우 낮고 가정의 정책 결정은 주로 몇몇 핵심 구성원의 공동 결정이며 정보도 비교적 충분하다. 가정의 정책 결정은 빠르고 융통성이 있으며 편리하고 그 결정에 권위가 있으며 수시로 이루어지는 등의 장점이 있어 변화된 상황에 매우 잘 적응할 수 있다. (3) 리스크를 책임지는 능력이 비교적 강하다. 가정 내부에 혈연관계가 존재하므로 응집력이 강하고 투자 수익에 대한 계산도 비교적 충분히 이루어진다. (4) 가정 내부에서 분배가 이루어져 분배 비용을 줄이고 결산, 측정, 배분, 감독의 비용 발생을 피할 수 있다. (5) 관리 비용이 비교적 낮다. 종합하면 가정은 생산, 소비, 교육, 자녀 부양이 일체화된 사회의 기본적인 경제 세포로서 지속적인 안정성을 갖고 있어 가정 내부의 자연적인 분업을 이용하여 정책 결정의 비용을 감소시키며 측정과 감독 등 거래 비용이 거의 존재하지 않는다. 이 때문에 가정 경영은 여타 경영 형식과는 비교할 수 없는 장점을 갖는다. 따라서 바로 경제학자 린이푸* 같은 사람은 다음과 같이 말한다. '농업은 내부 규모의 경제 효과가 뚜렷하지 않고 노동에 대한 감독이나 측정이 지극히 어렵다는 등의 특징이 있어 가정 경영이 적합한 산업이다.'[12]

상술한 관점에 동의하지 않는 학자도 몇몇 있다. 그들은 농민 가정이 자본주의 혹은 사회주의 대농장에 의해 대체된다는 마르크스의 전통적인 명제는 논박할 수 없는 사실이라고 주장한다. 그들은 가정농장이 풍부한 생명력을 가지고 있다는 관점은 '이론적으로 성립될 수 없을 뿐만 아니라 실천적으로도 지극히 유해한 관점이다'라고 주장한다.[13]

1970년대 말 문화대혁명 종결 이후, 농업이 부진하고 농촌경제가 매우 어려운 상황에서 인민공사 제도를 폐지하고 가정을 기본 생산단위로 하는 포산도호包産到戶 형식의 농업 생산 모델로 전환하여 농업의 급속한 회복과 발전을 촉진했다. 그러나 농업 생산력이 비교적 크게 발전된 이후 다시 집체화를 추진하여 공유제의 대농장으로 개체 가정농장을 대체할 것인지 여부는 사람들의 열띤 논쟁으로 결론을 내리지 못한 상태였다. 1990년대 말에 이르러 다년간의 실천과 연구를 거치고 나서야 중국공산당 중앙위원회는 공식적인 결론을 내놓았다. 1998년 중국공산당 제15기 중앙위원회 제3차 전체회의(이하 제15기 3중전회)의 「농업과 농촌 업무에 관한 몇 가지 중대한 문제에 관한 중공중앙의 결정中共中央關於農業和農村工作若干重大問題的決定」은 제시하기를 '가정 경영 방식은 수작업 위주의 전통 농업에 맞을 뿐 아니라 선진 과학기술과 생산수단을 활용하는 현대적인 농업에도 적합하여 광범한 적응성과 왕성한 생명력을 가지고 있으므로 반드시 장기적으로 견지해야 한다'고 했다.[14]

• 린이푸林毅夫(1952~). 중국 경제학자, 베이징대학 교수. 2008~2012년 세계은행 부총재를 역임했다. 주요 연구 영역은 발전경제학, 농업경제학, 제도경제학이다. 저작『제도·기술과 중국 농업 발전制度技述與中國農業發展』(1993)은 쑨예팡 경제과학상을 수상했으며『제도·기술과 중국 농업 발전 재론再論』(2000)은 교육부의 제3기 대학 인문사회과학 우수성과 1등상을 수상했고 그 가운데 「가격쌍궤제와 공급 반응價格雙軌制與供給反應: 理論與來自中國農業的經驗證據」은 제9기 쑨예팡 경제과학상의 영예를 안았다.

2. 청부제 개혁 이전 농업 경영 방식과 조직 형식

중화인민공화국 건립 이후 토지개혁을 통해 전국적 범위 내에서(신장웨이우얼 자치구는 제외) '경작자가 농지를 보유한다'는 목표가 실현되었다. 그러나 오래지 않아 곧 '농업 합작화' 운동과 '인민공사화' 운동을 통해 농민들의 토지를 집체 소유로 귀속하고 아울러 1958년에 '일대이공一大二公'과 '농촌 정사 합일農村政社一'의 '인민공사' 제도를 확립했다.

2.1 '합작화'에서 '인민공사화'까지

1948~1952년, 중국 각지는 북에서 남에 이르기까지 토지개혁을 완성했다. 농민들이 일정분의 토지를 얻게 된 이후 중국 농업은 개체 농업個體農業을 발전시킬 것인지 아니면 농업 집체화를 실현할 것인지 두 가지 선택의 기로에 직면해 있었다. 당시 중국공산당의 지도자들 사이에는 두 가지 서로 대립되는 의견이 존재했다. 한쪽은 류사오치의 지지를 받은 중국공산당 중앙위원회 농촌 업무의 주요 지도자였던 덩쯔후이● 등이었다. 그들은 사회주의란 고도로 사회화된 생산력의 기반하에서만 건립될 수 있다고 보았다. 이러한 사상적 입장에서 그들은 1945년 중국공산당 제7차 전국대표대회가 확정한 '사회주의는 두 단계로 나누어 가야 한다'는 강령에 따라 농민에게

● 덩쯔후이鄧子恢(1896~1972). 또 다른 이름은 샤오지紹箕로, 중국공산당의 원로 1세대 혁명가, '삼농三農' 업무의 탁월한 지도자였다. 1949년 이후 중국공산당 중앙위원회 중남국 제2서기, 중남군정위원회中南軍政委員會 부주석 등의 직무를 역임했고 중남 지역의 토지개혁과 각종 민주개혁 운동을 지도했다. 1953년 이후 중국공산당 중앙위원회 농촌공작부 부장, 국무원 부총리를 역임했다. 1955년에 농업 합작화 과정에서 나타난 '강제적인 합작사 가입 요구强迫入社' 편향을 고칠 것을 주장해서 비판을 받았다. 1972년 농촌 인민공사에 대해 생산책임제(포산도호)를 실행할 것을 주장해 다시 비판을 받았다.

토지 매매 및 임대, 노동력 고용, 대출의 자유를 주어 농업을 발전시켜야 한다고 보았다. 아울러 그들은 사유제의 기반을 즉각적으로 흔들어 약화하고 심지어 부정하여 농업 합작화 실현을 기도하려는 사고방식은 '착오적이고 위험하며 공상적인 농업사회주의 사상'이라고 간주했다.[15] 다른 한편은 마오쩌둥을 대표로 하는 세력으로 그들은 토지개혁의 승리 완성으로 이미 민주혁명은 종료되었고 응당 '사회주의 혁명의 내실 수행'을 공식화하며 그 방법으로 호조합작운동互助合作運動을 대대적으로 전개하여 '농업의 사회주의적 개조'를 실현해야 한다고 보았다.[16]

이러한 논쟁의 결과, 마오쩌둥이 1955년 중공중앙 농촌공작부 부장 덩쯔후이의 '우파 노선'에 대한 비판을 시작했고 그후 각급 당정 기관의 행정 추진 아래 '농촌의 사회주의 고조'를 불러 일으켰다.

마오쩌둥이 1955년 농업 집체화를 발동한 것은 1952년 이래 중국 사회의 필연적인 산물이다. 첫째로 1952년 토지개혁이 종료된 이후, 마오쩌둥은 당의 과도기 총노선을 제시하여, '농업, 수공업, 자본주의 상공업에 대한 사회주의 개조'의 시작을 결정했다. 둘째로 1953년 제1차 5개년 계획을 집행하여 중공업 우선 발전의 공업화 노선을 실시했다. 인력, 물자, 자금이 중공업에 집중된 조건에서 어떻게 시장이 아닌 방식으로 공업화에 필수적인 자금, 식량, 농산품 원자재를 조달할 것인지가 반드시 해결해야 할 중대한 문제가 되었다. 바로 마오쩌둥이 말한 것처럼, 국가의 공업화에 필요한 '막대한 자금 가운데 상당한 부분은 농업 분야에서 축적되어야 하는 것'이며, '만약 식량과 기타 생활필수품이 충분하지 않으면 우선 노동자를 먹여 살릴 수 없으니 중공업 발전을 이야기해봐야 무슨 의미가 있겠는가?'[17]

1952년 1월, 경제 업무를 주관하는 중국공산당 중앙서기처 서기 천윈은 제시하기를, 향후 몇 년간 식량이 부족할 것이기 때문에 충분한 식량을 얻으려면 식량을 수매하여 전체 남은 식량을 국가의 규정 가격에 따라 국가가 장악하는 것이 필요하다고 했다. '지금부터 준비 업무를 먼저 하고 1952년 여름철 수확 시기에 공급판매합작사의 동원 수매 방식과 지방정부 수매령 하달 방식으로 중요 지역에 시도하여 효과를 관찰한다. 실험이 성공한다면 1952년 가을 이후에 수매 범위를 확대하여 점차 전국적으로 실행할 것이다.'[18] 천원은 "만약 자유 구매의 방법을 계속 취한다면 내가 보기에 중앙인민정부는 매일매일 '동냥'을 해야 하고 매일매일 '배고픈 섣달그믐'을 보내야 한다"고 보았다. 그는 '일괄수매 일괄판매統購統銷'를 실행하기 전에 어떤 혼란이 생기지 않을까 미리 진지하게 생각했었다고 말했다. '그러나 되돌아 생각해보면 이렇게 하지 않으면 또 어떻게 할 것인가? 외화를 식량 수입에 사용하는 방법밖에 없을 것이다. 그렇게 하면 기계 설비를 살 돈이 없어 우리는 국가 건설도 하지 말아야 하고 공업도 하지 말아야 한다.'[19] 따라서 중국 정부는 제1차 5개년 계획 이후 오래지 않은 1953년 10월에 식량, 면화 등 농산물에 대한 일괄수매 일괄판매, 즉 계획수매와 계획판매 제도의 실행을 선포했다.

수많은 독립 농가가 존재하는 상황에서 일괄수매 일괄판매를 실행하고 정부가 규정한 가격대로 수많은 농민 수중의 농산물을 수매하는 것은 매우 어려운 일이다. 일괄수매 가격이 통상 시장가보다 낮기 때문에 정부의 수매는 농민들의 강렬한 저항을 받았고 정부는 이를 통제하기 어려웠다. 그래서 1954년에는 '집집마다 식량을 걱정하고 사람들이 모이면 일괄수매 문제를 이야기한다'는 풍조가 전국적으로 나타났다. 이러한 풍조는 농민 조직을 국가가 통제하는 집체경제 조직 속에 두지 않으면 농민 수중에서 충분한 자금과 식량, 농산물 원자재를 끌어내기란 매우 어렵다는 사실을 명확하게 보여줬다. 이러한 이유로 마오쩌둥은 1955년 여름에 농업 합작화의 '사회주의적 고조'를 발동했다.

이 운동은 덩쯔후이로 대표되는 '우경 노선'을 비판하면서 시작되었다. 정치 운동의 강력한 압력하에 대략 1년의 시간만으로 농업에서 가정농장 제도를 폐지함으로써 '고급 합작화'를 실현했다. 1955년 말 전국에는 500개의 고급 농업생산 합작사만이 존재했고 합작사에 들어간 농가는 전국 농가 총수의 3.45퍼센트를 차지했다. 합작화 운동을 발동한 지 17개월 만인 1956년 말에는 고급 합작사가 이미 54만 개였고 합작사에 들어간 농가는 전국 총농가의 88퍼센트를 차지했다. 1957년 겨울에 이르면 정부는 합작화의 실현을 선포하여 전국적으로 근 1억2000만 개의 개별 농가가 75만3000개의 고급 농업생산 합작사로 조직되었다.[20]

합작화를 실현하기 이전 중국 농촌에는 토지에 참여하여 이익을 분배하는 초급 농업생산 합작사 형태의 소수 상호부조 합작 조직이 존재했다. 사원들은 자원하여 가입했고 자유로운 탈퇴 권리를 갖는 조건이어서 이러한 상호부조 합작 조직은 린이푸가 말한 것 같은 '자발적 실시 협약'을 통해서 노동에 대한 측정과 감독 문제를 충분히 해결할 수 있었다.[21] 이로 인해 일정한 제도 효율을 구비하여 농업 생산 역시 끊임없이 향상되었다. 1955년의 '합작화 고조'는 합작사의 성격을 바꾸어놓아 합작사는 자발적 가입 형태에서 변화되어 '대비판'의 사회적 강제하에서 구축되었는데 이는 실제로는 준准국유제의 경제조직이었다.

고급 농업생산 합작사에서는 개체 농민의 재산은 이미 분리가 되지 않는 집체 재산으로 합병되었고 사원의 자유로운 퇴사가 불가능했다. 합작사가 '간부'에 의해 관리되고 생산품이 지배되는 조건에서 합작사는 국가가 임금 분배를 맡지 않는다는 점을 제외하고는 이미 국영기업과 구별되지 않았다. 동시에 식량과 기타 농산물은 간부의 손에 장악되어 농민들이 농산물을 국가에 수매하지 않을 것을 염려하지 않아도 되었다.

그러나 이러한 농업생산 합작사가 매우 작게 분산되어 있었고 각 합작사마다 100~200개의 농가만이 존재하여 전국적으로 75만여 개의 합작사가 있었지만 기층 정권이 직접적으로 통제하기는 매우 어려웠다. '영도가 편리하도록'[22] 중국공산당 중앙위원회는 1958년 3월 30일 지시를 선포하여 소형 인민공사를 대형 인민공사에 합병할 것을 요구했다. 1958년 6월에는 고급 합작사를 '일대이공一大二公' '정사합일政社合一' '공농상학병 오위일체工農商學兵五位一體'의 인민공사로 합병하여 재편할 것을 더욱 호소했다.[23] 이로 인해 전국적으로 '인민공사를 크게 일으키자'는 운동이 퍼져나갔다. 1958년 가을 전국적 범위에서 인민공사화가 실현되었다.

인민공사는 처음에 '일급 채산一級核算' 즉 단일한 공사 소유제를 실행했고 본래의 고급 합작사는 인민공사로 합병되어 인민공사, 생산대대 그리고 부속의 3급 기구三級機構 즉 생산대가 되었다.[24] 고급 합작사의 보유 토지와 기타 생산수단은 모두 무상으로 인민공사 소유로 전환되어 인민공사에 의해 통일적으로 지배되었고 인민공사 전체 노동력은 군사 편제에 의거하여 인민공사의 통일적인 배치에 귀속되었다. 이러한 재산권 제도의 기반 위에서 인민공사의 '통일적인 경영, 통일적인 분배, 손익에 대한 통일적인 책임제'가 실행되었다. 인민공사화의 조건에서 농민은 인민공사라는 엄격한 기율을 가진 군사화 조직 속으로 편제되어 하루 세끼 식사조차도 '조직되어' 공공 식당에서 먹어야 했다.

인민공사화人民公社化 운동[25]

1958년 7월 1일 마오쩌둥의 비서이자 중국공산당 중앙정치국 후보위원인 천보다陳伯達는 베이징대학에서 '7·1' 중국공산당 창건 37주년 경축대회의 강연 중 마오쩌둥의 '최신 지시'를 다음과 같이 전달했다. "우리의 방향은 점차 질서 있게 '공(공업), 농(농업), 상(교환), 학(문화 교육), 병(전민 무장)'을 하나의 대형 인민공사로 조성하여 우리 사회의 기본 단위로 구성하는 것이다." 이후 중국공산당 중앙정치국에서 결의하여 다음과 같이 확인했다. '인민공사는 앞으로 사회주의를 건설하고 점차 공산주의로 가는 과도기에서 가장 바람직한 조직 형식이다.' '공산주의가 우리 나라에서 실현되는 것은 이미 미래가 요원한 그런 일이 아니며 우리는 적극적으로 인민공사의 형식을 운용하여 공산주의로의 과도적인 구체화된 경로를 모색해내야 한다.'

따라서 전국 농촌에서는 '인민공사화 운동'이 급속히 일어나서 고급 합작사는 인민공사로 합병되었다. 원래의 고급 합작사의 모든 재산은 인민공사로 넘어갔고 고급 합작사의 사원이었던 농민들은 또한 자류지自留地를 내놓고 개인 주택 부지, 가축, 삼림, 나무 등 생산수단을 전부 상부에 내주었으며 이는 인민공사 소유로 귀속되었다. 이러한 한바탕의 '평균주의, 무상의 물자 조달, 농촌 대출 회수'의 '인민공사화 운동'을 거쳐서 1958년 10월 말까지 전국에 있던 원래의 74만여 개의 고급 합작사는 이미 2만6000개의 인민공사로 개조되어 평균적으로 28.5개의 고급 합작사가 하나의 인민공사로 합병되었으며 각 인민공사에는 평균적으로 약 4500여 개 농가가 소속되었다. 인민공사는 하부에 생산대대를 설치했으며 생산 관리와 경제적 채산을 실행하는 단위로서 손익을 인민공사가 통일적으로 책임졌다. 분배는 '고정적 노동 점수제'를 실행하는 것 외에도 양식 공급제를 실행하여 각 농가의 노동력 수준과는 무관하게 사람 수대로 정량만큼 식량을 무료로 공급하고 생산대를 기본 단위로 공공 식당을 조직하여 모든 사원이 반드시 공공식당에서 식사를 수령하도록 했으며 집에서 밥을 짓는 것은 엄격히 금했다.

그러나 인민공사화 운동은 너무 빨라서 재앙적 결과를 초래했다. 1959년 전국의 곡물 생산량은 15퍼센트 하락했고 1960년에 또 10퍼센트 하락했다. 1960년 도농 1인당 평균 식량 소비량은 1957년의 203킬로그램에서 163.5킬로그램으로 줄어들어 19.5퍼센트 하락했으며 농촌의 일인당 식량 소비량은 더욱이 23.4퍼센트나 하락했다. 그래서 도시 주민 가운데 영양 부족으로 인한 부종 질병이 보편적으로 나타났다. 농촌에서는 더욱이 2000~4000만 명이 이로 인한 기아로 사망했다(이 책의 제2장 1.3을 보라). 이렇게 농업은 계획경제체제에서 가장 깊은 타격을 받은 분야가 되었다. 인민공사의 정당성이 많은 농민 속에서 흔들리게 되었다. 이런 상황으로 인해 정부는 원래의 정책을 조정하지 않을 수 없었다.

1959년 2월, 중국공산당 중앙정치국 정저우鄭州 회의에서는 인민공사의 규모를 작게 분할하여 인민공사 총수가 원래의 2만 6000개에서 7만 5000개로 증가했다. 동시에 인민공사 소유제를 생산대 기초, 분급 영도分級領導 체제로 전환했다. 생산대의 평균 규모는 100~200호의 농가로 구성했는데 이는 고급 합작사와 비슷한 수준이었다. 1960년 11월 중국공산당 중앙위원회는 생산대 산하의 생산소대(평균 규모는 20~30호 농가 규모로 원래의 초급 합작사 수준이었음)에 작은 부분의 소유권을 부여하기로 결정했다. 1962년 2월 중국공산당 중앙은 원래의 생산소대를 생산대로 고쳐 부르고(동시에 원래의 생산대는 생산대대로 고쳐 부르고), 아울러 이를 인민공사의 기본적인 채산 단위로 삼았다.

1961년 5월, 중국공산당 중앙공작회의가 수정한 「농촌 인민공사 공작 조례農村人民公社工作條例」는 본래 공사 사원은 공공 식당에서만 밥을 먹을 수 있다는 규정을 공사 사원이 스스로 결정한다고 고쳤다. 동시에 공사 사원은 소량의 자류지와 소규모의 가정 부업 경영이 허락되었다. 그러나 1962년 마오쩌둥이 베이다허北戴河 중앙공작회의 석상에서 '삼자일포三自一包[자류지·자유시장·(개체 공상업자의) 자기 손익 책임 부담과 포산도호]'는 자본주의를 복원시키려는 어두운 풍조라고 비판한 이후 자류지 허가는 다시 '자본주의적 꼬리'로 취급되어 취소되었다.

1976년 '10년 동란'이 끝난 이후 안후이와 쓰촨 두 개 성에서 시작하여 농민들은 자발적으로 포산도호 실행을 요구했다. 1980~1982년에 농촌은 보편적으로 가정청부경영제를 실행했고 동시에 정부와 인민공사의 분설政社分設을 실시했다. 1984년에 이르면 전국의 99퍼센트 이상의 농촌 지역에서 정부와 공사의 분리가 완성되어 9만1000개의 향(진) 정부가 건립되었고 동시에 92만6000개의 촌민 위원회가 성립되었다. 이렇게 인민공사는 더 이상 존재하지 않게 되었다.

2.2 '인민공사' 제도 속 중국 농촌의 기본 상황

정부가 농산품의 생산, 판매, 가격 결정권을 통제하는 상황에서 정부는 1950년대부터 공산품과 농산품의 '협상 가격차剪刀差' 등 다양한 형식을 통해서 농업에서 많은 수입을 얻었다.

관련 부처의 계산에 근거하면 1951~1978년 사이에 농민은 세수의 방식으로 국가에 978억 위안을 제공했고 공산품과 농산품의 협상 가격차의 방식으로 국가에 5100억 위안을 제공했다. 같은 기간 국가의 농업에 대한 투자는 전부 1763억 위안으로 수지가 상쇄되어 농민은 공업화를 위해 순저축淨積累을 제공한 것이 총 4340억 위안에 달했다. 1962~1978년의 16년간, 식량 생산은 5년 정도만 약간 이익이 있었고 각 무畝[26]당 평균 이익이 단지 2~5위안이었으며 그해 나머지 기간 평균적으로는 손해가 발생하여 단순재생산조차도 유지하기 어려웠다. 1957~1978년의 21년 간 농민의 일인당 평균 수입은 73위안에서 133.6위안으로 증가하여 매년 평균 2.9위안 증가하여 물가 상승 요인을 제하고 나면 실제 순수입은 일인당 매년 평균 1위안이 증가했다.[27] 국가의 일급 재정수입 가운데 직간접으로 농업에서 나오는 수입이 절반을 차지하여 1952~1978년의 20여 년 동안 농업 부산품 및 그 가공품의 수출액이 대외무역 수출액의 62.6~90.6퍼센트를 차지했다.[28] 농민이 만들어낸 대부분의 수익을 국가가 가져간 것이다.[29]

'인민공사화' 운동과 '대약진' 운동이 생산 하락과 식량 부족 등의 심각한 경제적 문제와 사회적 재앙을 초래했기 때문에 정부는 인민공사와 농업 정책을 조정하지 않을 수 없었다. 1959년 2월의 중국공산당 중앙정치국 정저우 회의에서부터 시작해서 인민공사는 '생산대 소유제를 기초로 하는 분급分級 소유' 체제를 실행했고 기본 채산 단위 또한 인민공사에서 점차 아래로 내려갔다. 1962년 2월, 중국공산당 중앙위원회는 「농촌 인민공사의 기본 채산 단위 변경 문제에 관한 중공중앙의 지시中共中央關於改變農村人民公社基本核算單位問題的指示」를 발송하여 생산소대(이때 이미 생산대로 개칭)를 기본 채산 단위로 하는 '3급 소유, 생산대 기초三級所有, 隊爲基礎'의 인민공사 체제를 실행하기로 결정했다. 이러한 체제는 1976년 문화대혁명이 끝날 때까지 줄곧 유지되었다.

비록 이상의 조정을 거쳤지만 농업의 경영 체제와 농촌 정책은 생산력 발전에 불리했고 농민 대중의 환영을 받지 못하는 기본적 상황을 여전히 변화시킬 수 없었다. 합작사 시기와 인민공사 시기의 중국 농민, 농업, 농촌의 기본 상황에 대하여 중국공산당 제11기 4중전회는 일찍이 아래와 같이 평가한 바 있다.

'1957년부터 1978년까지 전국의 인구는 3억 명이 증가했는데 비농업 인구는 4000만 명이 증가하여 경지 면적은 오히려 기본 건설 용지 등의 원인 때문에 증가하기는커녕 오히려 감소했다. 따라서 단위 면적당 생산량과 식량 총생산량은 모두 증가했음에도 1978년 전국 일인당 평균 식량은 대체로 1957년 수준에 머물렀고 전국 농업인구 일인당 평균 전체 수입은 70여 위안에 불과했으며 4분의 1에 가까운 생산대 사원의 수입은 50위안 이하였고 각 생산대의 집단적 축적액은 평균적으로 1만 위안에 미치지 못하여 어떤 지방에서는 심지어 단순재생산도 유지할 수 없었다.'[30]

구체적 상황은 이하 몇 가지 측면에서 설명할 수 있다. 첫째, 정사합일 제도政社合一制度(호적제도, 식량 배급표糧票 제도, 식량제도 및 정치사상 통제 등을 포함)의 확립으로 농민들은 자신의 재산, 노동, 생산품을 지배할 수 있는 권리는 물론이고 인신의 자유까지 잃어버렸다. 무엇을 생산하고 얼마를 생산할 것인지 그리고 생산수단을 누가 공급할 것인지부터 매월 몇 근의 식량을 먹을 것이며 그중 잡곡과 쌀은 어느 정도 비율로 섞을 것인지 심지어는 도시의 친구 방문이나 물건 구매에 이르기까지 모두 일률적으로 정부와 간부의 결정대로 해야만 했다. 계획이 층층이 하달되어 각급 간부는 종자 심기에서부터 수확까지 다 재촉하고 돈과 양식 분배도 결정했기 때문에 생산주체인 농민은 이를 피동적으로 받아들일 수밖에 없었다. 정부는 곡물, 면화, 유채씨 등 주요 농산물에 대해 일괄수매, 일괄판매를 실행했고 국영 상업 부문과 준국영 공급판매합작사의 독점 경영으로 농민들의 장거리 운송 판매 등의 상업 활동을 엄격히 금했다.

둘째, 인센티브 방식의 경우 고급 합작사 시기에 사원에 대해 '노동평가 점수합계' 제도를 실행했다.[31] 인민공사 시기에 이르면 대다수 지방은 '사분사기死分死記'의 기본 점수로 노동 점수를 고정시키는 방식을 택했다. 이는 생산대가 연령이 엇비슷하고 성별이 같은 노동자에게 동일한 노동 점수 기준을 제정하고 연후에 노동 일수에 따라 노동을 평가하는 것이었다. '우르르 모여들어 일하지만 소리만 요란한' 인민공사의 집단적 노동에서는 '많이 일하건 적게 일하건 일을 잘하든 못하든 같은 대접을 받았다'. 따라서 '무임승차'가 보편적 현상이 되어 농민의 적극적인 노동 의욕이 꺾였다.

셋째, 농민의 수입 면에서 그들은 1년 내내 지치게 일해도 수익은 오히려 매우 낮았다. 설사 큰 재해가 발생하지 않은 해라도 기본적인 의식주 해결(온바오溫飽) 또한 때때로 보장하기 어려웠으니 나아가 저축은 말할 처지도 아니었다. 1978년에는 약 2억5000만 명의 농민 즉 전체 농촌 주민의 30.7퍼센트가 극빈 상태에 놓여 있었다.[32]

3. 농업 청부경영(포산도호)의 추진과 효과

농민은 '일대이공一大二公' 체제의 주된 피해자였다. 그들은 기회만 있으면 '독립 작업單幹'의 경영 체제로 돌아갈 것을 요구했다. 1956년 합작화 실시에서부터 1976년 문화대혁명 종료 전까지 농민의 '포산도호' 노력은 일찍이 세 번이나 추진되었다가 중단되었는데, 1980년대 초기에 이르러 각종 형태의 농업 청부경영 제도(포산도호)가 비로소 광범위하게 보급되었고 이로써 중국 경제의 모습에 근본적인 변화가 나타났다.

3.1 1976년 이전 세 번의 추진과 세 번의 중단[33]

'포산도호包産到戶'는 중국의 농촌개혁에서 중대한 작용을 한 제도였는데, 단 이번 장 1.1에서 제시한 것처럼 이러한 종류의 소규모 가정 경영과 비교적 큰 규모의 토지 자산을 연계한 제도는 중국의 농업 발전사에 일찍이 존재했다. 그래서 토지가 집체 소유로 귀속된 이후 농민들은 왕왕 아주 자연스럽게 집체 토지를 청부 임대받아 자신의 가정농장을 건립할 수 있기를 희망했다. 그러나 농민의 이러한 요구는 강력한 반대와 가혹한 진압에 맞닥뜨렸다. 그래서 1976년 전까지 이는 세 번 추진되었다 세 번 중단되었다.[34]

아래에서는 이러한 세 번의 포산도호 전후 경과를 간략하게 살펴보았다. 제1차 '포산도호' 물결은 1956년 가을에 발생했는데, 즉 고급 합작사가 다 보급되기까지 아직 1년의 시간이 남아 있을 때였다. 당시 농촌에서는 생산은 개별 농가가 청부하고 농업의 최종 생산량에 의거하여 사원들의 보수를 계산하는 방식이 자연 발생적으로 출현했다. 이러한 방식은 저장성 원저우溫州, 안후이성 우후蕪湖, 쓰촨성 청두成都 등의 지역에서 가장 먼저 생겨났다. 그 가운데 원저우 지역에 있는 1000여 개 고급 합작사의 17만8000개

농가가 '포산도호'를 실행하여 전 지역의 농가 총수의 15퍼센트를 차지했다. 중국공산당 원저우 전구專區〔중화인민공화국 행정구역의 한 단위로 성과 현의 중간에 해당〕의 융자永嘉현 당위원회 부서기를 맡고 있던 리원허李雲河는 그 현의 랴오위안燎原 합작사의 포산도호 경험을 총결하면서 「전관제와 포산도호는 합작사 내 주요 모순을 해결하는 좋은 방법이다'專管制'和'包產到戶'是解決社內主要矛盾的好辦法」란 글을 써서 『저장일보浙江日報』에 발표했고[35] 현縣 당위원회의 지지를 얻었다.

1957년 여름 '반우파 운동'이 전개된 이후 중국공산당 중앙위원회는 지시를 내려 전국 농촌에서 '사회주의와 자본주의 두 가지 길에 대한 대논쟁'을 진행할 것을 요구했다. 비판 투쟁 중에 포산도호에는 '자본주의의 길로 가는 것'이라는 꼬리표가 붙었다. 10월 9일 『런민일보』는 「원저우 전구가 포산도호의 잘못된 방식을 교정하다溫州專區糾正'包產到戶'的錯誤做法」라는 글을 발표하며 다음과 같이 보도했다. "중국공산당 원저우 지역 당위원회가 8월 중순에 소집하여 개최한 확대회의에서 '포산도호'에 대해 비판을 전개했고 '이러한 잘못된 방식을 견결하고 철저하게 고치자'고 결정했다. 원저우 전구의 각 현은 또한 간부들이 비판 '대논쟁'을 전개하여 많은 간부가 비판과 처분을 받았다. 리원허는 '우파 분자'로 몰려 노동 개조를 받으러 하방되었다. 원저우 지역 전체에 포산도호에 참여하여 형을 선고받은 사람이 20여 명에 달했다." 이 기간에 『런민일보』와 각 지역 당보 역시 잇달아 기사를 게재해 '포산도호'에 대하여 혹독한 비판을 가했다.

제2차 '포산도호' 물결은 1959년에 발생했다. 인민공사화 운동 중 그리고 인민공사화가 실현된 이후 농촌에서는 '공산주의 풍조' '과장하기 풍조' '명령주의 풍조' '제멋대로 지휘하는 풍조' '간부의 특수화 풍조' 등이 크게 불어 농민이 깊은 상처를 받았다. 농업 생산과 농민의 기본 생활이 유지되기 매우 어려워지면서 일부 지역에서는 자구책을 도모하기 위해 기본 정산 단위를 생산소대로 낮추는 동시에 '포산도호'를 시작했다. 그러나 이러한 지방에서는 막 '포산도호'를 실행하자마자 곧 루산 회의廬山會議 이후의 '반우경 운동'에 봉착했다. 이에 그것은 '우경 기회주의'의 중요한 표현으로 간주되어 비판을 받았다. 11월 2일 『런민일보』는 논설을 발표하여 "1959년 5~7월 3개월 동안 중국 농촌에 자본주의의 유령이 출현하여 사람들을 '소규모로 사적 이익을 추구하는' 호조조互助組나 혹은 개별 농가의 구시대적 방식으로 되돌아가게 했다"고 말했다. 이 논설의 평자는 '포산도호는 우경 기회주의의 주장과 활동이다' '포산도호는 극히 낙후되고 역행적이며 반동적인 방식이다'라고 말했다. 따라서 '포산도호라는 이런 독초는 반드시 뿌리째 뽑아내야 하며 완전히 소멸해 약간의 여지도 남지 말아야 한다!'고 했다. 『광밍일보光明日報』 또한 12월 4일 「포산도호는 우경 기회주의 분자가 농촌에서 자본주의를 부활시키려는 강령이다」라는 신문사 명의의 글을 통해 '포산도호'의 성격을 '자본주의 부활의 강령' 수준으로 높여놓았다. 농민의 '포산도호' 요구를 지지한 많은 간부 역시 '우경 기회주의 분자'의 모자를 쓰게 됐다.

시간이 오래 지나지 않아 이러한 극좌적 방식의 나쁜 결과가 전면적으로 폭로되었다. 농촌의 상황은 특히 심각하여 전국 범위의 거대한 기근이 나타났다(이 책의 제2장 1.3을 참고하라).

이러한 상황에서 세 번째 '포산도호' 물결이 출현했다. 당시 일부 지역 농민들에게 기아와 추위가 동시에 닥쳐 비정상적인 죽음이 대규모로 발생했고 집체경제는 이미 사원들의 기본 생존 조건을 유지할 힘을 완전히 상실했다. 상황이 이러하자 안후이성에서 원래 극좌적이었던 지도자들이 냉정을 차리기 시작하면서 '생산량은 농지 수준에 따라 정하고 그 책임은 사람이 지는' 방법을 택하여 이러한 방법으로 농업 생산이 회복되고 농민의 생계가 유지되기를 희망했다. 1961년 3월까지 '개인 책임 경작지'를 실행한 농촌의 인민 공사 생산대는 이미 안후이성 농촌 생산대 총수의 39.3퍼센트를 차지했다. 여타 일부 지방에서도 유사한 방식을 취했다.

그러나 마오쩌둥은 인민공사가 '3급 소유, 생산대 기초'의 체제를 실행하여 기본 정산 단위를 생산소대로 낮추면 집체경제 범위 내에서 농민의 적극성 부족 문제를 해결할 수 있으며 '포산도호'는 사유제 성격에 속하여 절대 수용할 수 없다고 보았다. 그래서 1961년 11월 중국공산당 중앙위원회에서 발표한 「농촌에서 사회주의 교육을 진행하는 것에 관한 중공중앙의 지시中共中央關於在農村進行社會主義教育的指示」에서 다음과 같이 명확히 제시했다. '현재 개별 지방에서 출현한 포산도호와 일부 형식만 달리하는 농가 단독 생산變相單幹 방식은 모두 사회주의 집체경제 원칙에 부합하지 않으며 따라서 또한 부정확한 것으로 점차 농민이 이러한 방식을 고쳐나가도록 유도해야 한다.' 1962년 1월 소집되어 열린 중앙공작회의(즉 '칠천인 대회')에서 마오쩌둥은 안후이성 당위원회 책임자가 농민들의 '개인 책임 경작지' 방식을 지지했다고 비판했다. 3월 20일 안후이성 당위원회는 「책임 경작지 개정 방법에 관한 결의關於改正'責任田'辦法的決議」를 작성해야 했다. 그러나 한편으로 일부 지도자는 '포산도호'를 당시의 정세에서 선택할 수 있는 하나의 방법으로 보았다. 예를 들면 1962년 6월 하순 중국공산당 중앙서기처에서 회의를 열어 화둥華東 지역의 보고를 들었는데 회의 참석자 중 포산도호 찬성자와 반대자가 각각 절반을 차지했다. 덩샤오핑은 회의에서 쓰촨 농민의 말을 빌려 다음과 같이 말했다. '검은 고양이든 황색 고양이든 쥐만 잘 잡을 수 있으면 좋은 고양이다.' 회의 이후 천윈과 덩쯔후이 또한 마오쩌둥에게 일부 지방에서 '포산도호'의 방법으로 농민의 적극성을 일으켜 농업 생산을 신속히 회복할 수 있었다고 지적했다.[36]

이처럼 많은 당내 지도자가 모두 '포산도호' 실행에 동의하자 마오쩌둥은 크게 분노했다. 그래서 그는 1962년 8월의 중앙 베이다이허北戴河 공작회의와 9월 24~27일 소집해 열린 중국공산당 제8기 10중전회에서 '계급투쟁을 다시 제기한다'는 연설을 수차례 발표했다. 이 연설 중에 그는 이른바 '자본주의로 복귀하려는' '독립적 영농 풍조' '기존 결론 뒤집기 풍조' '반동적 풍조'를 신랄하게 비판하면서 계급투쟁을 '해마다 이야기하고 달마다 이야기하자'고 주장했다. 1963년 5월 20일 중국공산당 중앙위원회에서는 「현재 농촌 업무 중의 몇 가지 문제에 관한 중공중앙의 결정(초안)中共中央關於目前農村工作中若干問題的決定(草案)」을 내놓으며 중국 농촌 속에 심각하고 첨예한 계급투쟁 상황이 출현했다고 보고 '어떤 시기에도 계급투쟁을 잊지 말고 무산계급 독재를 잊지 말아야 한다' '계급투쟁을 제대로 하면 만사형통이다' 등의 구호를 제시하면서 전국의 농촌에서 대규모 사회주의 교육 운동을 전개할 것을 결정했다. 이 정치 운동이 바로 10년 '문화대혁명'의 서곡이었다.

3.2 1980년 이후 포산도호(포간도호)의 급속한 보급

10년의 문화대혁명이 끝난 이후 엉망이 되었던 농촌경제에 직면하여 안후이성의 당정 지도자들은 어려움에서 벗어날 길을 초조하게 찾고 있었다. 일부 지역 농민들이 '청부承包' 실시를 재차 요구했고 이번 노력은 결국 상대적으로 개명된 지도 간부들의 지지를 얻었다.

당시 각지에서 출현한 농업 청부제에는 '포공도조包工到組' '포산도호包産到戶' '포간도호包幹到戶(대포간大包幹으로 불리기도 함)'라는 가장 주요한 3가지 형식이 존재했다.[37] 우리가 현재 통상 '포산도호'라고 부르는 것은 기실 포간도호(대포간)라는 형식의 청부제였다.

'포공도조'는 집체경제 내의 노동 방식이며 노동 보수의 분배 방식이다. 그것의 기본 방법은 다음과 같다. 생산대는 업무 시간, 업무 수준과 보수의 기준이 규정된 작업량을 작업조에 하청을 주고 아울러 하청자承包者가 완성한 임무의 좋고 나쁜 상태에 따라 보수를 결정하여 준다. 업무의 양과 질적 수준 그리고 받아야 할 보수에 대해 모두 명확한 규정이 있으며 작업조는 통상적으로 자원하여 구성할 수 있어 이러한 방식은 '우르르 모여들어 일하지만 소리만 요란한' 작업 형태와 비교하여 감독 비용과 '무임승차' 행위를 줄일 수 있었으며 노동자 집체의 생산 적극성을 비교적 잘 불러일으킬 수 있었다.

'포산도호'는 집체경제 내의 또 다른 노동 조직 방식이자 노동 보수의 분배 방식이다. 이 제도의 특징은 노동에 대한 고과 방식을 고쳐 노동의 양과 질에 대한 직접적인 측정을 생산량을 통해 노동의 양과 질을 측정하는 것으로 바꾼 것이다. 그 제도의 기본 방식은 다음과 같다. 토지 소유자이자 농업 경영자로서 생산대는 생산량 요구가 규정된 토지를 농가에 하청을 줘서 경작하게 하고 이에 따라 생산된 수확량 전부는 생산대에 넘기도록 하되 초과 생산 부분은 모두 하청 농가에 남기거나 혹은 하청 농가와 생산대가 나눠 갖는다. '포공도조'와 구별되는 '포산도호'의 차이점은 다음과 같다. (1) 농업 중 단계적 성과를 심사 평가하기가 쉽지 않은 난제를 피하여 청부 생산과정의 특정 단계를 전체 청부 생산과정으로 확대했다. (2) 업무 중 노동 감독을 실시하기 어렵고 '무임승차' 행위도 제지하기 어려운 난제를 피하여 청부 주체를 작업조 집단에서 개별 농가로 바꾸었다.

'포간도호'는 농업 경영 방식의 근본적인 변화를 의미한다. 이는 집체 경영을 바꾸어 농가가 청부 토지에서 자신의 가정경제를 경영하도록 한 것으로 이는 '분전단간分田單幹(농지를 분배하여 개별적으로 경작하는 방식)'으로 불리기도 했다. 이 제도의 기본 방식은 다음과 같다. 토지 소유자로서의 집체(일반적으로는 촌민 위원회 대표)가 인구나 혹은 노동력의 많고 적음에 따라 토지를 농가에 하청을 주어 경영하게 한다. 농가는 청부 계약에 의거하여 국세, 총괄 구매 혹은 계약 구매 임무를 완성하고 아울러 생산대에 일정 수량의 유보액을 상납한다. 그리고 공적금과 공익 비용 등으로 쓰고 난 뒤 남은 생산물은 전부 농민의 소유와 지배로 귀속시킨다. '포산도호'와 구별되는 '포간도호'의 최대 차이점은 생산대가 통일적으로 경영하고 통일적으로 분배하는 것을 철회하고 '국가에 충분히 납부하고 집체에 일부를 남겨 보유한 뒤 나머지 전부를 자신들이 갖는 것'이다.

칼럼3.2

안후이 펑양 샤오강촌 농민의 계약[38]

1978년 안후이에 9개월 동안 충분히 비가 내리지 않으면서 100년 동안 보지 못한 큰 가뭄이 나타나 가을 파종을 실시할 수 없었다. 이러한 상황에서 중국공산당 안후이성 당위원회는 농민들이 '땅을 빌려 흉년을 넘기게' 하도록 결정했는데 즉 농촌 집체가 각 농민에게 '약간의 토지'를 빌려줘 채소를 심게 하고, 밀을 심을 수 있는 토지는 심기만 하면 강제 수매에 포함시키지 않았다. 산간 황무지나 호숫가 모래톱을 이용하여 식량이나 식용 작물을 심는 것은 누구든 상관없이 심고 수확할 수 있었다. 농지 임대를 통해 '포산도호'는 부활의 기회를 발견했다.

이해 가을 안후이 추현滁縣 지역의 일부 인민공사는 '포산도조包産到組' 방식의 연산청부책임제聯産承包責任制를 채택했다. 그들은 이러한 방식을 가품 재해를 제어하기 위한 '비밀 병기'로 불렸다.

더욱 발전된 방식은 추현 지역 펑양현鳳陽縣 리위안梨園 인민공사 샤오강小崗 생산대대가 실행한 '포산도호 생산책임제(농가청부생산책임제)'였다. 20호의 농가로 구성된 샤오강 생산대는 우선 작업조를 4개로 나누었지만 일이 잘되지 않았고, 다시 8개로 나누어도 역시 일이 잘되지 않았다. 막 생산대 부대장을 맡은 옌훙창嚴宏昌은 나이 많은 농민 관팅주關庭珠에게 가서 가르침을 청했다. 관팅주는 "1961년의 '구명전救命田'이 매우 유용했다. 이를 실시하자 곧 생산이 증가했다"라고 말했다. 옌훙창은 '알겠습니다. 곧 그렇게 하겠습니다. 아예 한 방에 농가에 청부를 맡기겠습니다!'라고 했다. 인민공사 사원 대회에서 옌훙창은 '우리는 확실하게 농가에 청부를 맡겨 추수 이후 식량을 거두어 국가에 넘기고 집체에 유보하고 남은 것은 모두 농민 자신의 몫으로 줄 것이니 다시는 노동 점수를 기록할 필요가 없다'라고 말했다. 회의에 참가한 사람들은 일제히 좋다고 외쳤다. 회의에 온 21명의 농민 가운데 아래의 증서에 3명이 개인 도장을 찍었고 18명은 손도장을 찍었다.

1978년 12월

장소: 옌리화嚴立華의 집

우리는 농지를 각 집에 나누고 각 집 호주가 이를 서명 날인한다. 이후 일이 잘 된다면 각 집이 그해 전체에 내야 할 현물세 곡식을 완수하여 국가에 다시는 손을 벌려 돈이나 식량을 요구하지 않겠다고 약속한다. 만약 잘 되지 않으면 우리 간부들이 옥살이를 하거나 사형을 당해도 감수하겠다. 여러 사원은 우리의 아이들이 18세가 될 때까지 잘 기를 것을 약속한다.

그해 샤오강 생산대의 식량 생산은 곧 13만여 근에 달했다. 이 사건은 이후에 바로 중국 경제체제 개혁의 획기적인 상징이 되었다. 1979년 중국공산당 안후이성 당위원회는 또한 페이시현肥西縣 산난山南 인민공사가 자발적으로 실시한 포산도호를 실험 대상으로 공식 결정했다.

'대포간'을 주요 형식으로 하는 '포산도호' 물결은 먼저 안후이에서 흥기했다. 1978년 말 안후이에서 포산도호를 실행한 생산대는 1200개에 달했으며 1979년에는 또 3만8000개로 발전하여 성 전체 생산대 총수의 약 10퍼센트를 차지했다. 쓰촨, 구이저우貴州, 간쑤甘肅, 네이멍구內蒙古, 허난河南 등지의 포산도호도 상당 규모의 발전을 이루었다.

그러나 당시의 중앙 지도부는 여전히 '양개범시兩個凡是'의 원칙을 고수하여 자연히 마오쩌둥이 반대한 '포산도호'를 허가하지 않았다. 1978년 12월 중국공산당 제11기 3중전회가 심의한 「농업 발전 가속화의 몇 가지 문제에 관한 중공중앙의 결정(초안)中共中央關於加快農業發展若幹問題的決定(草案)」 또한 극좌의 사유 성향을 벗어날 수 없어서 '분전단간 불허'와 '포산도호 불허'를 규정했다. 1979년 9월 중국공산당 제11기 4중전회가 정식으로 통과시킨 「농업 발전 가속화의 몇 가지 문제에 관한 중공중앙의 결정」은 '두 가지 불허'를 '한 가지는 불허, 한 가지는 불필요' 즉 '분전단간은 불허'와 '포산도호는 불필요'로 고쳤다. '포산도호'를 '불허'에서 '불필요'로 고쳐서 어감이 비교적 누그러졌다. 분전단간 즉 포간도호는 여전히 엄격하게 금지했다.[39]

1978년 12월 중국공산당 제11기 3중전회의 사상 해방 운동 중에 '양개범시' 방침이 비판을 받았다. 1980년 2월 중국공산당 제11기 5중전회는 후야오방을 선출하여 중국공산당 중앙정치국 상무위원회 및 중앙위원회 총서기를 맡기고 중앙 업무를 주관하도록 했다. 이는 덩샤오핑이 실제 지도부의 권력을 장악했음을 의미했다. 그러나 각급 당정 기관에는 여전히 포산도호 반대를 견지하는 적지 않은 사람들이 존재했으며 그들은 이것이 '사회주의의 길에 대한 배반이 틀림없다'고 보았다.

1980년 5월 31일 덩샤오핑은 중앙의 업무 책임자들과의 담화 중에 일부 지방이 실시한 포산도호와 대포간 실험을 명확히 지지했다.[40] 같은 해 9월 중국공산당 중앙위원회는 「농업 생산책임제를 한층 더 강화하고 개선하는 것에 관한 중공중앙의 몇 가지 문제中共中央關於進一步加強和完善農業生産責任制的幾個問題」를 발행했다. 이 문건에서는 책임제를 추진 확대할 때는 지역 실정에 맞게 적절하게 대처하고 분류하여 지도해야 하며 '다양한 종류의 경영 방식, 다양한 종류의 노동 조직, 다양한 종류의 노동 보수 계산법이 동시에 존재하도록 허락한다'고 강조했다. '무릇 생산자가 최대한 집체 생산에 관심을 갖도록 장려하는 데 유리하고 생산 증가와 수입 증가 그리고 상품 증가에 유리한 책임제 형식이면 모두 좋은 것이고 실시 가능하며 전부 지지를 얻어야 하지만 한 종류의 형식에 구애받거나 획일적으로 하지 않아야 한다.' "변경 산악 지역이나 빈곤하고 낙후한 지역에서 오랫동안 '먹을 식량은 정부가 되판 것에 의존하고 생산은 대출에 의존하고 생활은 구제에 의지한' 생산대의 경우, 대중이 집체에 대한 믿음을 상실했고 이로 인해 포산도호를 요구한 것이므로 응당 대중의 요구를 지지해야 하며 포산도호도 할 수 있고 포간도호도 할 수 있으며 아울러 비교적 오랜 시간 동안 안정을 유지해야 한다." 이 문건이 하달된 이후 다양한 형식의 청부책임제가 모두 발전했다. 그 가운데 발전이 가장 빠른 형태가 '두 가지 청부제包' 즉 포산도호와 포간도호였다.

1982년 1월 중국공산당 중앙위원회와 국무원이 발표한 농촌의 경제정책에 관한 첫 번째 '1호 문건'[41]에서는 '일반적으로 말해 생산 연계 방식聯産은 곧 청부제承包를 필요로 한다'고 명확히 제시했다. 노동 청부包工, 생산 청부包産, 업무 청부包幹 삼자 중에서 '업무 청부'는 노동 점수에 따른 분배를 하지 않고 방법이 간편하여 대중의 지지를 받았다. 이로써 '청부'의 존재는 공식적인 정책 근거를 갖게 되었다.

이러한 두 건의 중앙 문건의 지도하에 '포산도호'와 '포간도호'의 경영 방식은 신속하게 추진 확대되었다. 1982년 말 '두 가지 청부제'를 실행한 생산대는 이미 전국 생산대의 93퍼센트를 차지했고 그 가운데 대부분이 포간도호였다.[42] 포간도호가 가정연산청부제의 주류가 된 것은 중국 농업이 인민공사의 집체경제에서 농민이 '청부' 토지에 세운 가정농장 제도로 전환을 실현했다는 것을 상징한다.

중국 농촌에서 경영제도의 변혁이 매우 짧은 시간 내에 실현될 수 있었던 주요 원인은 (1) 청부제가 중국 농민에게 비교적 익숙했으며 또한 받아들이기에 가장 용이했던 농업 경영제도였다는 데 있다. 집체 소유가 유지되는 토지제도가 변화되지 않는 상황에서는 농민이 '청부(임대)' 토지 위에 자신의 가정농장을 꾸리도록 하는 것이 가장 간편한 선택이다. 포산도호는 바로 이러한 종류의 농업 경영 방식이었다. (2) 청부경영제로 변화하는 데 있어 심각한 수준의 사회적 저항이 존재하지 않았다. 청부경영제로의 변화 중에 농민은 얻을 것만 있고 잃을 것은 없었으며 여타 사회집단의 이익도 커다란 손상을 받지 않았으므로 이러한 변혁은 사회가 수용하기 쉬웠다. 농민의 경우, 계획 체제에서 농민은 노동자와는 달라서 도시 직공과 같은 사회복지의 보장을 받을 수 없었다. 농민은 줄곧 스스로 위험을 부담해야 했으며 자신의 생활을 책임지려 해도 먹을 수 있는 '큰 솥밥大鍋飯'이 존재하지 않았다. 그래서 집체경제에서 가정청부경영제로의 변화 과정에서 그들은 거의 잃을 것이 없었다. 농촌 간부의 경우, 문화대혁명이란 거대한 재난으로 중국 사회가 붕괴에 직면하자 일련의 실용적인 농촌 간부들 또한 응당 농민의 제도적 혁신을 지지해야 한다고 보았다. 이와 동시에 포산도호는 그들에게 권력이나 이익을 잃게 하기는커녕 반대로 그들의 가정과 자신의 수익을 증가시켰다. 이 때문에 적지 않은 간부들이 가정청부제의 제도 혁신에서 긍정적인 역할을 했다.

3.3 포산도호의 농업 생산물의 급속한 성장 촉진

1970년대 말에서 1980년대 초 중국에서 보편적으로 추진된 가정청부경영제는 농업의 발전을 크게 촉진했다(표3.1). 1984년 전국 식량 총생산량이 기록적인 4억731만 톤에 달해 1978년에 비해 33.6퍼센트 증가했고 연평균 4.95퍼센트 증가했다. 면화의 총생산량은 625만8000톤에 달하여 1978년에 비해 1.89배 증가했으며 연평균 19.3퍼센트 증가했다. 기름油料의 총생산량은 1191만 톤으로 1978년에 비해 1.28배 증가했으며 연평균 14.7퍼센트 증가했다. 당료의 총생산량은 4780만 톤으로 1978년에 비해 1.01배 증가했으며 연평균 12.3퍼센트 증가했다.[43] 린이푸의 추산에 따르면 여러 농촌 개혁이 1978~1984년의 농촌 생산량 증가에 끼친 공헌도 비율 총합이 48.64퍼센트에 이르며 그 가운데 청부경영제의 공헌도 비율이 46.89퍼센트였다.[44] 1978년에서 1984년까지 농업 생산에서 신중국 성립 이후 없었던 변화가 발생했다.

농업제도의 혁신으로 목축업 및 수산업도 급속히 발전했다. 1988년 전국의 돼지고기, 소고기, 양고기의 총생산량은 2193만6000톤에 달하여 1978년에 비해 1.56배 증가하고 연평균 9.9퍼센트 증가하여 1978년 이전

[표3.1] 주요 농산품의 생산량 변화(1978~2010, 만 톤)45

[표3.1] 주요 농산품의 생산량 변화(1978~2010, 만 톤)45

연도	식량	면화	기름	당료	육고기	우유류	수산품
1978	30,477	217	522	2,382	865	—	466
1980	32,056	271	769	2,911	1,205	137	450
1985	37,911	415	1,578	6,047	1,761	289	705
1990	44,624	451	1,613	7,215	2,514	475	1,237
1995	46,662	477	2,250	7,940	3,304	673	2,517
2000	46,218	442	2,955	7,635	4,743	919	3,706
2005	48,402	571	3,077	9,452	5,474	2,753	4,420
2010	54,641	597	3,239	12,045	6,121	3,570	5,366

26년 평균 성장률의 2.75배에 해당했다. 우유류의 생산량은 418만9000톤으로 1980년에 비해 2.06배 증가하고 연평균 11.857퍼센트 증가했다. 수산업은 1988년 전국 수산물 생산량이 1060만9000톤으로 1978년에 비해 1.28배 증가하고 연평균 8.6퍼센트 증가했다.46 농업, 목축업, 어업 생산품의 증가는 인민의 생활수준을 크게 향상시켰다. 1988년 전국 일인당 평균 식량은 362킬로그램, 면화 3.8킬로그램, 기름류 12.1킬로그램, 육고기(돼지고기, 소고기, 양고기) 20.2킬로그램, 수산품 9.7킬로그램으로 1978년에 비해 각각 13.5퍼센트, 65.2퍼센트, 120퍼센트, 124퍼센트, 98퍼센트 증가했다.47

3.4 농민의 생활수준 향상과 재산 증가

농업의 급속한 발전에 따라 중국 농민의 수입 역시 큰 폭으로 증가했다. 농촌의 연간 일인당 평균 순수입은 1978년의 134위안에서 1985년 398위

안, 1990년 686위안 그리고 2010년 5919위안으로 증가했다(표3.2).[48]

일인당 평균 수입의 급속한 증가로 중국 농촌은 1978년의 빈곤 인구 2억 5000만 명, 빈곤 인구 발생률 30.7퍼센트에서 2007년의 빈곤 인구 1479만 명, 빈곤 발생률 1.6퍼센트로 하락했다. 일인당 수입 수준의 향상에 따라 농민들이 '원바오溫飽(의식주)' 문제를 해결한 이후 식품의 소비지출이 생활의 소비지출에서 차지하는 비중 즉 엥겔지수가 뚜렷하게 하락하여 1978년의 67.7퍼센트에서 2007년 43.1퍼센트로 내려갔다. 이는 농촌 주민이 전체적으로 의식주가 여유로운 생활수준에 올라섰음을 의미하는 것이다.[49]

포산도호가 농민의 수입 생성에 미친 깊은 영향의 의미는 농민이 그 전에 없던 자신만의 재산 권리를 갖게 된 데 있다. 농촌개혁 이전에 농민들은 집이라고는 사방 벽밖에 없을 정도로 너무 가난하고 주택(택지는 포함되지 않음)을 제외하고는 거의 자기 재산이 없었다. 1978년 전국 농업인구 평균 각 농가 재산이 500위안을 초과하지 않는 것으로 평가되었다. 집체 재산 역시 가련할 정도로 적었다. 그해 전국 농촌 집체 소유 경제의 고정자산은 모두 720억 위안에 불과하여 매 노동력 평균이 240위안에도 이르지 못했다.[50]

가정청부경영제 개혁이 실행된 이후 중국 농민의 자산은 크게 증가해 2006년에 이르면 중국 농촌 주민 가정은 고정자산 원가가 1조9288억 위안에 달했고 매 농가 평균 7647.1위안으로 그중 50.7퍼센트는 농업 자산이었고 18.7퍼센트는 목축업, 12.1퍼센트는 교통운수업, 7.2퍼센트는 제조업 자

[표3.2] 농촌 주민 가정의 일인당 평균 총수입과 순수입(1978~2010, 위안)[51]

연도	1978	1980	1985	1990	1995	2000	2005	2010
총수입	152	216	547	990	2,338	3,146	4,631	8,120
순수입	134	191	398	686	1,578	2,253	3,255	5,919

산이었다.[52] 고정자산 투자의 증가는 더욱 두드러졌다. 1981년에서 2006년까지 농촌 집체 단위의 고정자산 투자는 83억7000만 위안에서 1조2193억3000만 위안으로 증가하여 명목상 144.7배 증가했고 농민 개인의 고정자산 투자는 166억3000만 위안에서 4436억2000만 위안으로 증가하여 명목상 25.7배 증가했다.[53] 개혁 이후 농민은 세 종류의 재산권을 획득했다. 첫째는 개인 재산으로 주로 저축,[54] 개인 주택, 가정용 생산도구와 생활 물자 등으로 구성되었다. 둘째는 청부 기간의 토지사용권이다. 토지소유권은 집체에 속해 있었지만 그 경영권은 농민에게 귀속되었고 농민이 장기로 청부하게 되었기 때문에 농민은 전대미문의 수익 권리를 획득하게 되었다. 셋째는 농민이 자신의 인력 자본을 지배할 수 있는 권리로 인력 유동과 직업 선택의 과정에서 그 관념과 의식은 커다란 변화를 초래했고 자질이 크게 향상되었다.

3.5 향진기업의 새로운 출현과 농촌 잉여노동력의 이동

'포산도호'는 또 다른 중대한 영향을 미쳤는데 바로 향진기업의 새로운 출현을 촉진하여 중국의 공업화와 도시화 진전 과정을 대대적으로 가속화한 것이다.

세계 각국의 공업화 경험과 발전경제학 이론 분석이 보여주듯 농촌 잉여노동력의 도시 비농업 산업으로의 이동은 공업화와 현대화의 기본 내용이자 농민의 생활수준 향상의 효과적 경로였다. 이 문제를 해결하는 속도의 빠르고 느림에 따라 각국 공업화 진전 과정의 차이가 거의 결정된다. 예를 들면, 미국의 농업인구가 전체 인구에서 차지하는 비중은 1870년에는 여전히 50퍼센트였는데 1920년 대체로 공업화가 실현된 시점에는 30.1퍼센트로 떨어졌고 1955년에는 11.6퍼센트로 더욱 떨어졌다. 2005년에 와서 그 비중은 1.9퍼센트에 불과했다. 일본의 농업인구 비중은 1870년에 70.1퍼센트에 이를 정도로 높았는데 1950년에는 48.3퍼센트로 떨어졌고 2005년에 그 비중은 2.9퍼센트에 불과했다. 한국은 1963년 농업인구 비중이 63.2퍼센트에 이를 정도로 높았으나 1995년에 이미 12.5퍼센트로 떨어졌고 2005년에는 6.4퍼센트로 떨어졌다.[55]

공업화 국가와 비교해 중국은 기본 인구가 많아서 농민의 숫자도 많은데 경지 부족으로 각 농민이 차지한 자원은 제한적이었다. 우선 토지자원의 수량이 매우 적었다. 또한 토지 수확 체감의 추세가 매우 뚜렷했다. 따라서 농촌의 잉여노동력이 비농업 산업으로 이전할 필요성이 더욱더 절실하게 나타났다. 만약 대량의 잉여노동력이 이전될 수 없다면 정부가 농산품 가격 등의 측면에서 어떤 조치를 취하든 농민의 소득수준은 크게 향상되기 어려우며 그들의 생산 및 생활 조건 역시 크게 개선되기 어려웠다. 따라서 '삼농三農(농민 빈곤, 농업 정체, 농촌 쇠퇴)' 문제가 해결되어야 하며 그 근본적인 방법은 농촌 잉여노동력의 비농업 산업으로의 이동을 실현하는 것이었다.

칼럼3.3

이원경제 모형[56]

아주 이른 시기에도 경제학자들은 경제 발전 과정에서 공업과 농업의 상호작용 관계의 중요한 의의를 인식했다. 가장 먼저 단순화한 모형을 사용하여 두 분야의 기본적인 연계를 설명한 학자는 데이비드 리카도David Ricardo(1772~1823)다. 그는 1817년 출판한 『정치경제학 및 과세의 원리에 관하여On the Principles of Political Economy and Taxation』에서 큰 영향력을 발휘한 첫 번째 '두 산업 부문 모델'을 설계하여 공업과 농업 간 상호작용 관계를 분석했다. (1) 농업 분야에는 수익 체감의 법칙이 존재한다. (2) 공업 분야에서는 농업 분야에 대거 존재하는 잉여노동력을 흡수함으로써 일반적으로 도시 혹은 향촌 노동자 임금의 상승이 야기되지 않는다.

1950년대 일부 네덜란드 경제학자들은 네덜란드령 동인도 경제를 연구하면서 네덜란드령 동인도 경제에 '외국에서 수입한 현대적 분야'와 '토착적으로 성장한 전통 분야' 간 모순과 충돌이 존재한다고 주장했다.

노벨 경제학상 수상자인 윌리엄 아서 루이스[•]는 이러한 '두 산업 부문 모델' 혹은 '이원경제Dual Economy 모형'의 집대성자다. 루이스의 판단에 따르면 개발도상국의 기본 특징은 '허약한 자본주의 분야(루이스가 말한 자본주의는 사회주의나 소유제 성격과는 무관하며 노동자를 고용하고 이윤을 창출하여 자본을 재생산하는 경제를 의미한다)'와 '강대한 전통 농업 분야' 혹은 '자기고용 농업'이 병존하는 것이다. 이러한 종류의 이원경제 중에서 전통적인 농업 분야에는 많은 잉여노동력이 존재했으며 동시에 인구의 급속한 증가에 따라 노동력의 공급은 이례적으로 충족되었다. 이렇게 자본주의 공업 분야의 노동자 임금은 노동자의 한계생산력과 노동력 시장의 수요공급 관계에 의해 결정되는 것이 아니라 전통 농민의 평균 수입에 의해 결정된다. 노동자

[•] 윌리엄 아서 루이스William Arthur Lewis(1915~1991). 영국령 세인트루시아섬(현 세인트루시아 공화국)의 이민자 가정에서 태어나 런던정경대학을 졸업했다. 1954년 발표한 논문 「노동의 무한 공급 조건하의 경제 발전Economic Development with Unlimited Supplies of Labour」에서 개발도상국의 경제 발전을 해석하는 이원적 경제 모형을 제시하여 경제학계에 많은 논쟁을 야기했다. 1955년 출판된 『경제성장 이론The Theory of Economic Growth』은 경제 발전 문제에 대한 넓고 깊은 분석으로 오늘날까지 여전히 이 문제를 간명하고 핵심적으로 논한 대작으로 여겨지고 있다. 그는 일찍이 여러 직무를 맡아 개발도상국의 경제 발전 전략을 세웠다. 발전경제학에서의 미래지향적인 공헌을 인정받아 1979년 노벨 경제학상을 받았다.

임금이 농업 분야의 일인당 평균 수입보다 약간이라도 높다면 농업 분야의 잉여노동력은 계속 공업 분야로 쏟아져 들어올 것이다. 이런 상황에서 비농업 분야의 취업과 생산은 증가하고 아울러 자본 축적을 통해 확대될 수 있다. 농업의 잉여노동력이 공업에 모두 흡수되어야만 비로소 농업의 노동자 임금이 향상되고 전체 경제도 현대적인 성장세로 넘어간다.

미국 경제학자 구스타브 래니스Gustav Ranis와 존 페이John Fei는 루이스의 '이원경제 이론'을 발전시켜, 잉여노동력의 거대한 '자연경제의 농업 분야'에서 '상대적으로는 작지만 끊임없이 상업화된 공업 분야'로의 전이 과정을 더욱 깊이 분석했다.

문화대혁명이 끝나기 전 중국 정부는 호적제도를 도입하여 도시와 농촌을 차단하고 정부 주도의 강제적 축적 방식을 통해 공업화를 실현했으며 '농전비農轉非(농업 호구의 비농업 도시 호구로의 전환)'는 통제했다. 농촌에 일부 '사대기업社隊企業'이 발전했지만 이 또한 '세 가지 현지화(현지 조달, 현지 가공, 현지 판매)' 원칙을 반드시 준수해야 했으니 이는 곧 넓은 시장을 지향하는 가공업을 발전시킬 수 없고 생산을 자급경영의 범위 내에 제한해야 함을 의미했다. 농촌의 '자발적인 자본주의 세력'의 발생을 방지하기 위해[57] 정부는 또한 '사대기업'에 대해 줄곧 정치적·경제적 수단을 취하여 그들의 발전을 자연경제의 범위 내에 엄격히 제한하고자 힘썼다.[58] 이러한 의미에서 '사대기업'은 아마도 '이원경제'의 '전통적인 자연경제 분야natural traditional sector'에 속하지 '현대적 분야'는 아닌 것이다.[59] 따라서 농업에는 대량의 잉여노동력이 쌓이게 되었다.

'포간도호'는 의외로 '사대기업'에서 시작한 향진기업을 급속히 발전시켰는데 이는 농촌의 잉여노동력의 취업에 새로운 길을 열었다. 다년간의 지속적인 고속 성장을 거쳐 1990년대 중반 향진공업은 이미 중국 공업 생산의 3분의 1을 차지하여 매우 중요한 위상을 획득했다. 수치상으로 보면, 1978년 '사대기업'이 창출한 부가가치액은 전국 국내 생산 총액의 5.7퍼센트를 차지했으나 1990년 향진기업의 부가가치액 비율은 이미 13.4퍼센트까지 상승했고 2000년에는 다시 27.4퍼센트까지 높아졌다.

개혁개방 초기 대부분의 향진기업은 '사대기업'에서 비롯된 것이었지만 향진기업이 '사대기업'과 분명히 달랐던 것은 가정청부경영제가 보급된 농촌의 제도적 환경에서 향진기업의 급속한 발전이 강력한 추동력을 얻게 된 점이다. 이는 세 가지 측면에서 설명할 수 있다. 첫째, 가정청부경영제의 추진으로 농촌의 잉여노동력이 본래의 인민공사 체제의 은폐 상태에서 벗어나 노출되었고 합법적으로 비농업 산업으로 움직일 수 있는 자유가 생겼다. 한편으로 이는 향진기업의 발전에 필요한 충분한 노동력을 공급하고 한편으로는 농촌의 다양한 '인재'가 자신의 창의성을 발휘할 수 있게 했는데 이것이 바로 조지프 슘페터●가 말한 '기업가 정신'이다. 다음으로 가정청부경영제의 추진으로 오랫동안 인민공사 체제에 속박되었던 농촌 생산력이 해방되어 농업 생산의 일정한 잉여가 농촌 공업 발전을 위한 축적 자본으로 전화될 수 있었다. 마지막으로 농민의 생활수준은 가정청부경영제 실행 이

● 조지프 슘페터Joseph A. Schumpeter(1883~1950). 오스트리아에서 태어난 걸출한 경제학자이자 경제사학자다. 1932년에 미국으로 이주했으며 하버드대학 경제학 교수로 일하다가 별세했다. 그는 처음으로 혁신 이론을 주창했고 아울러 자본주의의 경제 주기가 '창조적 파괴'를 야기하여 사회적 진보를 추진한다고 보았다. 사회적 이론 측면에서 슘페터는 마르크스의 사회주의 학설을 반대했을 뿐 아니라 자본주의가 내부 역량으로 그가 상상한 사회주의 사회로 발전할 것이라고 여겼다. 주요 저작은 『경제발전의 이론』(1911), 『경제 주기: 자본주의 과정의 이론, 역사 그리고 통계 분석』(1939), 『자본주의·사회주의·민주주의』(1942), 『경제분석의 역사』(1954) 등이 있다.

전에 비해 향상되어 소비 수요가 증가했고 도농 간의 제도적 차단이 타파된 후에 도농 간 교류의 발전 또한 이루어져 향진기업의 제품이 새로운 시장에 진입하게 되었다.

향진기업의 발전에 따라 농촌의 많은 잉여노동력이 비농업 산업 분야로 취업하여 이동했다. 1980~1990년 농촌의 비농업 산업이 흡수한 노동력의 취업자 수는 3057만 명에서 8673만 명까지 1.84배 증가했다.[60] 1980년대 정부는 여전히 농촌기업은 '세 가지 현지화' 원칙을 견지해야 한다고 보았고 농민들이 '토지는 떠나되 고향은 떠나지 않고, 공장에 취업하되 도시에는 들어가지 않을 것'을 원했다. 그래서 1980년대 농촌 노동력의 이전은 주로 농촌 내부에서 실현되었고 그 가운데 향진기업은 농업의 잉여노동력이 비농업 산업으로 이동하는 주요한 경로였다. 그러나 연해 지역의 향진기업은 왕왕 성진城鎭(농촌 내부의 소도시 기능 지역)에 세워져(나중에 수많은 성진이 대형, 중형, 소형 도시로 발전했다) 성진에 이동하여 취업한 노동자들은 또한 '세 가지 현지화' 원칙을 벗어나 가공업과 상업 등의 서비스업에 종사했다. 이처럼 노동력의 이동이 해당 지역 내지 농촌의 범위를 벗어남으로써 이른바 '농민공農民工'이 형성되었다. 1992년 초 덩샤오핑의 남순강화 이후 지방

[표3.3] 향진기업 단위 수와 취업자 수(1978~2010)[61]

연도	1978	1980	1985	1990	1995	2000	2005	2010
단위 수 (백만 개)	1.5	1.4	12.2	18.5	22.0	20.8	22.5	27.0
노동자 수 (백만 명)	28.3	30.0	69.8	92.6	128.6	128.2	141.8	158.9
부가가치액 (억 위안)	208.32	285.3	772.3	2,504.3	14,595.2	27,156.2	46,600	106,250

정부들은 모두 농촌 노동력의 지역 간 질서정연한 이동을 유도하는 정책을 실시했다. 이에 상응하여 1990년대 이후 농촌 노동력의 이전은 주로 지역을 뛰어넘는 유동과 '도시 품팔이打工'를 통해 실현되었다.[62]

4. 가정청부제 이후 농촌개혁의 전망

농촌의 청부제 개혁은 중국 농촌의 진보와 농민 생활수준의 향상을 이끌어 도농 간 주민 소득의 격차는 1978~1989년 기간 감소 추세를 보였다. 그러나 농민은 많고 토지는 적은 중국 농업의 기본 문제는 완전히 해결되지 못했고 1989년 이후 농민의 생활수준 향상 속도는 도시 주민의 소득 성장 속도보다 줄곧 떨어졌으며 농민의 빈곤, 농촌의 정체, 농촌의 쇠퇴라는 '삼농' 문제 역시 완전히 해결되지 못하여 농촌개혁 가속화 노력이 한층 더 요구되었다.

4.1 도농 총괄로 농촌의 잉여노동력 이전 가속화

이번 장 3.5에 제시한 것처럼 이원경제 조건에서 '삼농' 문제 해결의 근본적인 출로는 중국 농촌의 잉여노동력이 도시 상공업에 최대한 취업하도록 돕고 아울러 조건을 조성해 도시에서 일하는 농민이 도시 시민으로 최대한 빨리 변하도록 돕는 데 있었다.

「1984년 농촌 업무에 관한 중공중앙의 통지中共中央關於1984年農村工作的通知」(1984년 1호 문건)에서 '각 성, 자치구, 직할시는 몇 개의 집진集鎭〔읍 정도의 스몰 타운〕을 선택하여 실험을 진행할 수 있으며 공업 건설, 상거래, 서비스업에 종사하는 농민은 스스로 식량을 자급하며 집진에 호구를 두도록 허락한다'고 제시하여 삼엄했던 도농 간 장벽이 타파된 후 농민들의 도시 취업이 합법화되었다. 이후 도농을 총괄하는 취업제도가 점차 형성되었다. 국무원 발전연구센터의 계산에 따르면, 1983년 향진을 초월하여 이동한 노동력의 수가 대략 200만 명이었으며 1989년 3000만 명으로 증가했다. 수억 명의 농민은 성진 상공업의 종업원으로 변화했는데 이는 농촌개혁인 동시에 또한 중국이 개혁개방 이래 성취한 튼튼한 기초였다.

과거의 성공 경험에 근거하여 2003년 중국공산당 제16기 3중전회는 역점을 두어 다음과 같이 제시했다. '농촌의 많은 잉여노동력이 도농 간 쌍방향적 이동 속에 취업했는데 이는 농민 소득의 증가와 성진화를 추진하는 중요한 방식이다. 건전한 농촌 노동력의 직업교육 시스템을 건립하고 향진기업의 개혁과 조정을 추진하며 현縣 지역 경제를 크게 발전시키고 농촌의 취업 공간을 적극적으로 개척하며 농민의 도시 취업에 대한 제한 규정을 폐지하여 농민에게 더욱 많은 취업 기회를 제공해야 한다. 점차 도시와 농촌의 노동력 시장을 통일하여 취업 유도와 취업 관리를 강화하여 도시와 농촌 노동자의 평등한 취업제도를 만들어야 한다. 호적제도 개혁을 심화하고 유동 인구에 대한 관리를 개선하여 농촌의 많은 잉여노동력이 평온하고 질서 있게 이동하도록 유도해야 한다. 성진화 건설을 가속화하여 도시에서 안정적인 직업과 주소를 가진 농업인구가 해당 지역 규정에 의거하여 취업 지역 혹은 거주 지역에서 호적을 등록할 수 있어야 하며 아울러 법에 의거하여 해당 지역 주민이 가져야 할 권리를 향유하고 져야 할 의무는 책임질 수 있어야 한다.'63

한편 어떤 학자들은 도시화 가속 현상과 농민의 시민화를 '삼농' 문제를 해결하는 주된 경로로 삼자는 주장에 동의하지 않는다. 그들은 도시화의 가속으로 인해 땅을 잃은 수많은 농민과 대량의 도시 빈민층이 만들어지고 아울러 이로 인해 거대한 사회적 혼란이 야기된다고 주장한다. 따라서 농민들을 농촌에 안정적으로 살도록 하고 신농촌 건설을 통해 '삼농' 문제를 해결해야 한다고 주장한다.64

2005년 10월 중국공산당 제16기 5중전회는 사회주의 신농촌 건설의 구호를 내놓았다. 계속해서 중국공산당 중앙위원회와 국무원은 「사회주의 신농촌 건설 추진에 관한 중공중앙과 국무원의 몇 가지 의견中共中央國務院關於推進社會主義新農村建設的若干意見」(2006년 1호 문건)을 발표했다. 이 문건은 중국이 전체적으로 이미 공업이 농업을 촉진하고 도시가 농촌을 이끄는 발전 단계에 진입했고 '삼농'을 더욱 힘써 지원할 능력과 조건을 초보적으로 갖추었으므로 '생산은 발전시키고, 생활은 넉넉하게, 농촌 분위기는 문명적으로, 마을 모습은 정결하게, 관리는 민주적으로 하자'는 요구에 따라 도시와 농촌의 경제사회 발전을 통일적으로 계획하고 사회주의 신농촌 건설을 견실하게 추진해야 한다고 했다.[65]

신농촌 건설 정책이 편성된 이래 국가는 연속해서 농업 및 농촌 기반시설 투자를 대폭 증가했고 농업세를 전면 철회했으며 농민에 대한 보조금 범위를 확대하고 보조금 기준을 계속 높였다. 농촌에서 보편적으로 의무교육 단계의 '두 가지를 면해주고 한 가지를 지원하는' 정책을 실시했고,[66] 전국 보편적으로 새로운 형태의 협력 의료제도를 수립하고 농촌의 최저생활보장 제도 등을 수립했다. 몇 년간의 신농촌 건설을 거쳐서 물, 전기, 도로, 가스를 중심으로 하는 농촌 기반시설이 뚜렷하게 개선되었고 농촌의 공공서비스 사업이 비교적 빠르게 발전했다. 농민 수입 역시 1990년대 이래 가장 빠른 성장이 이루어졌다. 그러나 신농촌 건설의 전개에서 일부 지역에는 맹목성과 편향성이 존재했는데 이를테면 '겉치레' 공정을 중시하여 농촌의 산업건설에 대한 노력이 충분하지 않았다든지 중앙정부의 작용을 중시하고 농촌에 대한 지방정부의 투자는 부족했다든지 하드웨어 건설을 중시하고 소프트웨어 건설은 소홀히 해서 농민의 자질 교육, 법제 교육 및 기층 조직 건설 등에 대한 관심이 부족했다든지 하는 것들이었다. 가장 중요한 문제는 신농촌 건설과 국가 공업화 및 도시화의 전체 국면 간의 결합이 여전히 충분히 긴밀하지 못했다는 점이다. 예를 들면 도시와 농촌 사이의 통일된 취업 시장, 통일된 호적제도, 금융제도, 균등화된 기본 공공서비스 건립 및 농촌 잉여노동력의 비농업 분야 이동을 더욱 촉진하고 '농민공'의 시민화를 실현하는 것 등의 측면이 상대적으로 뒤떨어졌다.

판단컨대, 신농촌 건설은 역시 국가 공업화 및 도시화와 더욱 긴밀한 결합이 필요하다. 농촌의 발전과 도시화 전략을 결합시켜서 종합적으로 고려해야만 '삼농' 문제를 해결할 수 있다. 우리는 이러한 두 가지 측면에서 또한 해야 할 일이 많다.

첫째, 농촌 잉여노동력의 도시 상공업 취업을 가속화해야 한다. 농촌에서 이동하여 도시 상공업으로 취업하는 것은 농민에게는 통상적으로 쉽지 않은 과정이다. 적지 않은 도시에 산업구조 개선, 산업 경쟁력 제고 등의 이유로 외래 노동 인력에 대해 학력이나 경력 증명 등을 요구하여 농민의 도시 취업을 제한하는 많은 규정이 있다. 예컨대 각종 '허가증' '자격증上崗證' 등의 요구가 여기에 포함된다. 21세기 이후 국민경제 구조에 있어 대형화와 중화학공업화 조류가 출현하여 새롭게 증가된 노동력의 취업이 매우 불리해졌고 노동력의 이동 속도도 명확히 느려졌다. 도시화 과정에서 중대형 도시와 소도시 발전 협력이 이뤄지지 않는 문제 또한 노동력 취업의 흡인 능력을 억제하고 있다.

농촌 잉여노동력의 도시 상공업 취업 촉진을 위해서는 도시의 취업 환경을 크게 개선할 필요가 있다. 농민의 도시 진입을 제한하기 위해 만든 도시의 각종 장애물을 최대한 빨리 치워내고 「2002년 농업과 농촌 업무 완성에 관한 중공중앙과 국무원의 의견中共中央國務院關於做好2002年農業和農村工作的意見」 중 농민의 도시 노동에 대한 공평한 대우와 좋은 서비스라는 규정을 더욱 잘 실현해야 한다. 특히 민영 중소기업, 서비스 기업 등 신규 고용을 흡수하는 능력이 큰 상공업의 발전이 이루어지게 진입 장벽을 축소하고 더욱 더 많은 노동력의 이동과 취업 기회가 만들어지도록 편의를 도모하며 이를 수용·지지해야 한다. 현재의 도시화 전략을 조정하고 중등 도시를 크게 발전시켜 농촌 잉여노동력의 도시 이동을 장려해야 한다.

둘째, '농민공'의 시민화를 가속화해야 한다. 오랜 기간 중국에서 실행된 것은 도농 분할의 이원적 호적관리제였고, 도농 호적관리제의 배후는 교육, 보건의료, 주택, 양로, 최저생활 보장, 실업보험 등 농촌 호적제에 대한 혜택과는 차이가 큰 공공복지 정책에 의존해왔다. 이러한 종류의 호적제도 때문에 도시에 들어온 농민공들은 도시에서 호적을 얻어 진정한 시민으로 변모하기 어려웠고 해당 지역 시민의 공공복지 정책을 향유하기도 어려웠다. 대거 도시로 온 농민공들은 도시에 안착할 방법이 없었으며 심지어 체제상으로도 혹은 정책적으로도 멸시를 받았다. 노동 권익은 보장되기 어려웠고 사회보장 권리도 잃었으며 공공서비스의 불평등을 감수하고 도시 발전에 참여할 민주적 권리도 보장받지 못하여 장기적으로 도시의 주변부로 밀려나 있었다. 이로 인해 농촌 잉여노동력의 도시 이동이 억제되었을 뿐 아니라 도시화의 건강한 진전도 어렵게 되었다. 도시에 온 농민공이 도시 안에서 일하더라도 도시에 융합될 수 없었고 토지를 떠났어도 마음은 여전히 토지에 남아 있는 이런 '타향살이' 상황으로 인해 심리적인 문제, 가정적 문제 그리고 사회적 문제가 대거 야기되었다.

도시 상주 농민공들이 착실히 정착하여 도시 주민이 받는 여러 서비스를 받도록 여건을 조성하는 것이야말로 농민의 수를 감소시켜 농촌의 발전을 실현하는 데 필요한 조치이며 경제적 안정과 번영 유지를 위한 원대한 계획이기도 하다. 구체적으로, 정부는 노동력 시장 개선의 기반 위에서 취업 및 재취업 교육을 강화·개선하고 창업 컨설팅을 발전시켜야 한다. '농민공'의 조직화도 허용하여 그 합법적인 권익을 실질적으로 보호해야 한다. 도시로 새로 이전한 취업인구의 주택, 교육, 의료 서비스도 대대적으로 개선해야 한다. 농민공의 생활 조건도 개선하고 농민공의 도시 사회로의 통합도 보장해야 한다. 종합하자면 중국공산당 중앙위원회와 국무원이 제시한 '도시와 농촌을 통일적으로 계획하고 도시의 발전으로 농촌의 발전을 이끈다'는 요구를 철저히 관철하여 장기적으로 효과적인 이러한 메커니즘을 실질적으로 수립해야 한다.

4.2 토지제도 개선과 농민의 토지 권익 옹호

가정청부경영제는 토지의 집체소유권을 고친 것은 아니었지만 농민이 '청부' 토지에 자신의 가정경제를 수립할 수 있어 농업 발전 촉진에 중요한 작용을 했다. 토지 청부에 대한 농민의 기대를 안정시키기 위해 중국공산당 중앙위원회는 과거 30년 농지 청부의 계약 기한을 두 번 연장했다. 1984년 중국공산당 중앙위원회의 1호 문건은 토지 청부 기간이 15년 이상이어야 한다고 제시했다.[67] 1993년의 「현재의 농업과 농촌경제 발전에 관한 중공중앙과 국무원의 몇 가지 정책 조치中共中央國務院關於當前農業和農村經濟發展的若幹政策措施」는 토지 청부 기한을 30년으로 다시 연장할 것을 주장했다. 1993년 11월 5일 일찍이 가정 청부경영을 실시했던 일부 지방의 제1차 토지청부제 실시가 곧 기한에 도달하는 현실적 상황에 직면하여, 중국공산당 중앙위원회와 국무원은 하달한 문건에서 '토지 청부 관계를 안정시키고 농민의 투자 증가를 장려하며 토지의 생산 효율을 향상시키기 위해 원래 정해진 경지의 청부 기간이 기한에 도달하면 30년을 다시 연장하여 변화시키지 않는다'라고 규정했다. 2008년 중국공산당 제17기 3중전회는 또한 현재의 토지 청부 관계를 안정적으로 유지하고 장기적으로 변화시키지 않겠다고 말했다. 농민들은 이러한 결정을 보편적으로 환영했다.

그러나 현재 농민의 토지 청부 기간의 연장은 또한 '경자유전'의 목표를 완전히 실현하는 것을 의미하지는 않는다. 현행 법률 규정에 의거하여 농촌 토지는 농민의 집체 소유에 속한다. 마을 내 2급 이상 농촌 집체 경제조직에 속한 농민 집체 소유의 토지는 마을 내 각 농촌 집체 경제조직 혹은 촌민소조에 의해 경영·관리된다. 이미 향(진) 농촌 경제조직에 속한 농민 집체 소유의 토지는 향(진) 농촌 집체 경제조직에 의해 경영·관리된다. 그러나 실제 운영 과정에서 농촌 토지는 사실상 간부에 의해 통제되며 농지의 징용이나 점용이든 아니면 청부 토지의 내부적 조정 및 집체 경제조직 이외의 단위 혹은 개인에게 토지경영권을 양도하는 것이든 상관없이 실제로는 모두 간부에 의해 결정된다. 이러한 현실에서 농민들은 토지가 그들 자신에게 속한 재산이라고 여기지 않으며 이러한 상황을 매우 불만스럽게 생각한다.

농민들은 청부 토지의 영구적 사용권을 획득하지 못했고 더욱이 소유권도 갖고 있지 못한 만큼 그들은 경지 보호와 토지에 대한 장기투자에 열정이 없다. 법률과 정책에서도 알 수 있듯이 토지 청부경영권과 택지는 담보가 될 수 없고 농민들의 부동산은 촌村을 뛰어넘는 거래가 허용되지 않고 있으며 유한적인 자산사용권 역시 운용 가능한 자본으로 전환될 방법이 없기 때문에 농민이 자금을 모아 창업할 능력이 억제돼왔다.

더욱 중요한 사실은 농민은 토지소유권이 없기 때문에 집체 토지를 매각할 것인지 말 것인지, 매각한다면 누구한테 매각할 것이고 가격은 어떻게 정하며 토지 매각의 수익은 어떻게 분배할 것인지 등 모두를 농민 스스로 결정하지 못하며 따라서 농촌의 집체 토지는 여러 차례에 걸쳐 멋대로 점유되거나 매각되어 농민들은 토지 양도 과정에서 걸맞은 보상을 받을 수가 없었다. 1990년대 이래 공업화와 도시화가 급속하게 추진되고 농촌 토지는 대거 징용되거나 점용되었는데 이러한 토지의 '농전비農轉非〔농업 부문에서 비농업 부문으로 전환된 토지' 대다수는 정부가 농촌 간부의 토지 지배 권한을 이용하여 염가로 획득한 것이고 지방정부의 거대한 '이미지 프로젝트'와 '정치적 업적 쌓기 프로젝트' 구축 지원에 활용되고 있다. 농촌 문제 전문가 위젠룽于建嶸에 따르면 1990~2002년의 13년 동안 전국에서 비농업용 건설로 경지를 점용한 면적은 4736만 무畝에 달하여 약 6630만 명의 농업인구가 생계를 의지할 토지를 잃은 것으로 추정됐다. 이에 더해 그들이 받은 보상금은 도시에서의 살림과 창업에는 부족했기 때문에 토지를 잃은 일부 농민은 사회의 유랑민으로 전락했다.[68] 토지 매도 수입을 예로 들면, 2005년 전국 공히 매도한 토지 면적이 244.8만 무였고 매도 가격은 5505억1500만 위안이어서 1무당 평균 매도금은 22만9000위안이었으나 정부의 '국가입찰경매' 매도 토지의 1무당 평균 가격은 45만6900위안으로 가격차 총액이 5680억 위안에 달했다. 입찰 가격이 낮은 토지의 매도 과정에서도 농민이 획득한 수입 역시 매우 작은 부분에 불과했고 대부분은 세금 형식으로 각급 정부가 수거해갔다. 상하이, 항저우, 허페이, 하얼빈, 난닝 등의 도시에 대한 조사에 따르면 정부의 각종 세금이 토지 징용 원가의 60퍼센트를 점하는 반면 토지 징용 보상금 및 정착금이 단지 30~40퍼센트를 차지했다. 토지 매도가격 기준은 토지의 시장가격 수준보다 훨씬 낮았으며 농민이 받는 보상비는 각급 정부가 받는 각 항목의 세금보다 훨씬 낮았다.[69]

어떤 경제학자는 '토지는 농민의 최후 보장이기 때문에 토지를 농민에게 교부할 수 없어 현실적으로 정부의 손안에서 통제되고 있는데 그렇게 하지 않으면 유랑민의 증가와 사회 혼란을 야기할 것이다'라고 지적했다. 중국 사람들에게 농민들의 최저생활 보장 결핍이 가능한 한 빨리 보완되어야 한다는 현실에 주목하도록 알려주는 것은 의심할 바 없이 매우 필요한 일이다. 그러나 토지가 농민의 목숨줄이라는 점을 인정한다면 더더욱 농민이 스스로 토지를 통제할 수 있는 권리를 갖도록 해서 정부 간부의 전횡을 막아야 한다.

또한 2008년 글로벌 금융위기 이후 수천만 명의 농민공이 고향으로 돌아간 후 직면한 상황은 도시에서 품을 팔거나 장사를 하던, 특히 도시에서 수년 동안 살았던 농민에게 농촌의 토지를 기본 생활의 원천으로 삼게 하는 것은 비현실적이라는 점을 보여준다. 그래서 출로는 역시나 다음과 같다. 한편으로는 가장 기본적인 사회보장체계를 전 국민적으로 최대한 빨리 보급해야 하고 다른 한편으로는 농촌 잉여노동력의 도시(본고장 도시를 포함) 비농업 산업 이전 과정을 가속화하고 정부가 도시 생활자들에 대한 의료, 양로, 교육 서비스를 개선하여 그 자녀들이 최대한 빨리 도시사회에 융합되어 새로운 시민이 되도록 해야 한다.

농민 권익 옹호 차원에서 더욱 토지제도를 개선하고 진정으로 '경자유전'의 목표를 실현할 필요가 있다. 구체적으로는 현재의 청부 토지에 대한 농민의 영구적 사용권을 인정·실현하고 아울러 농지의 저당이나 유통에 대한 규제를 풀 수 있어야 한다. 물론, 농민의 재산권에 대한 불가침을 효과적으로 보장받으려면 토지재산권 제도의 개혁 시 반드시 정치와 법률 등 기타 측면의 개혁도 지원되어야 한다. 그렇게 하지 않으면 과거 경험에 비추어 토지 유통의 실현은 거꾸로 권력자가 농민의 토지를 약탈하는 합법적인 근거로 활용될 수 있다.

4.3 미시적인 활력 확보와 식량유통 체제의 시장화 성과 공고화

1998년 5월 국무원이 「식량유통 체제의 개혁을 더욱 심화하는 것에 관한 국무원의 결정國務院關於進一步深化糧食流通體制改革的決定」을 발표하면서 식량유통 체제는 '네 가지 분리와 한 가지 개선四分開一完善', 즉 정부와 기업의 분리, 비축과 경영의 분리, 중앙과 지방 책임의 분리, 신구新舊 재무 계정의 분리가 실행되고 식량 가격의 형성 시스템이 개선되어 점차 시장화가 실현되었다. 2001년 7월 국무원이 또 「식량유통 체제의 개혁을 더욱 심화하는 것에 관한 국무원의 의견」을 발표함으로써 식량유통 체제가 시장화의 방향으로 한 걸음 더 추진되어 저장, 상하이, 푸젠, 광둥, 하이난, 장쑤, 베이징과 톈진 등 8개 주요 판매 지역의 식량 매매 시장이 열렸다. 2003년 '중공중앙 3호' 문건은 2004년부터 식량 수매와 판매 시장을 전면 개방할 것을 제시했다. 이때에 이르러 계획경제체제를 위해 구축된 주요 농산품 일괄수매·일괄판매 제도가 철저하게 폐지되었고 중국의 기름, 가축, 수산물 등 농산품의 시장화가 전부 실현되었다.

식량시장은 파동이 매우 심한 특징이 뚜렷하기 때문에 1990년대 말 이후 정부는 농산품 가격보호 제도를 구축하고 기름 등의 저장시설을 개조 및 신축하고 농산품의 수출입과 물동량 조절 시스템을 완비했다. 식량 등 주요 농산물이 풍년인 해에는 정부가 식량의 최적 수매가 정책을 실행하여 식량 저장을 증가시키고 수출을 적당히 늘리며 시장 식량 가격의 과도한 하락을 억제하여 농민의 수입을 안정시켰다. 식량 생산이 감소된 해에는 농민의 식량 생산 증가를 장려하는 기반 위에 정부는 저장량도 줄이고 수입을 적당히 늘려 시장 공급을 증가시켜 식량 가격의 과도한 상승을 억제했다.

그러나 현재의 경제조정에서 직면한 난제는 경제적 고속 성장으로 심각한 인플레이션 시기에 기름 등 주요 농산품 가격의 과도한 상승 억제를 위해 비축량을 줄이고 시장 공급을 증가시킨 결과, 농산물 가격의 급속한 상승세는 억제되지만 농업 생산수단의 가격 상승폭이 오히려 농산물의 가격 상승폭을 크게 초과한다는 것이다. 설령 정부가 농업 생산수단 가격에 대한 보조금을 증가하더라도 여전히 농민의 손실을 메우기에는 부족한 상황이다. 또한 일부 중요한 농산품(예컨대 돼지고기)의 생산 주기가 상승 단계에서 하락 단계로 전환했을 때 시장가격이 급등하여 정부가 시장 공급 안정을 위해 보조금 등의 방식으로 농민의 생산을 지원한 결과, 이러한 농산품 생산 하락 단계가 조기에 종료되고 생산 증대 단계가 조기에 도래하여 시장가격이 다시 이전처럼 하락한다는 것이다.

시장경제에 대처하는 정부의 조정이 어려움에 빠지면 사람들은 왕왕 정부의 직접적인 가격 통제를 수용하려는 충동을 보인다. 이러한 사실로 보면 과거 회귀 방식의 실행은 맞지 않으며 역시 시장화 개혁의 방향을 견지하고 식량유통 체제의 개혁 성과를 공고화해야 함을 알 수 있다. 이를 위해선 두 가지 측면의 노력이 필요하다.

첫째, 식량유통 과정에서 농민 중개 조직의 역할이 배양되고 발휘되도록 정부는 농산물 시장의 유통 체계를 더욱 개선하고 거래 쌍방의 합법적인 권익을 보호하여 농가와 회사 등 경제조직 간 협력 작용을 더욱 잘 발휘시켜야 한다.

둘째, 미시경제와 거시경제를 구분하여 식량시장에 대한 직접적인 가격 개입을 줄여야 한다. 일반적인 물가 수준의 지속적인 등락은 자원의 희소성 신호를 왜곡하여 자원의 효과적인 배치에 도움이 되지 않기 때문에 거시경제 관리 부문이 경제 주기 안정화 조치를 적시에 내놓는 것이 매우 필요하다. 그러나 정부가 식량과 부식품 등 개별 상품의 가격에 직접적으로 간여하는 미시적 조치는 가격신호를 왜곡하여 잘못된 자원배치와 정부의 수동적인 태도를 야기하기 때문에 최대한 피해야 한다. 농산품은 인민의 기본 생활 수요와 관련되어 있기 때문에 농산품 가격 파동이 발생했을 때 정부 개입이 종종 필요하다. 예를 들면, 식량(배급 식량)과 부식품 가격에 비교적 큰 파동이 발생한 경우 정부는 저소득 주민에게 보조금을 지원할 필요가 있다. 그러나 설령 이러한 상황에 있다 하더라도 또한 가격 규제 방법을 취하는 것은 온당치 않다.

4.4 농촌의 전문 합작조직의 발전으로
소규모 농가와 대규모 시장 사이의 모순 해결

농산물 생산은 공간적으로 분산되어 있고 시간적으로는 계절성의 특징을 갖는다. 반대로 시장에서의 농산품에 대한 소비는 공간적으로 집중되어 있으나 시간적으로는 오히려 지속성을 갖는다. 특히 현재 중국의 농업은 경영 규모가 매우 작고 개별 농가가 시장에 제공하는 농산물 상품의 양이 매우 제한적이어서 작은 규모의 농가 공급과 큰 규모의 시장 수요 간에 매우 큰 모순이 존재한다.

개혁 과정에서 정부가 한때 제창한 분산 농가와 시장의 연계 방식은 각 분야 선도기업, 예를 들면 대외무역 회사, 대형 상업 기관과 농민 사이에 연계 시스템을 구축하여 농산품의 생산, 가공, 판매를 결합하여 생산의 전문화, 관리의 기업화, 서비스의 사회화, 경영의 일체화를 실행하는 것이다. 농업부의 자료에 따르면 2007년 말 중국에는 농업의 산업화 조직이 근 17만 2000개 있어 농가 9511만 호를 이끌어가고 있다.[70] 이곳의 산업화 조직에는 선도기업, 중개서비스 조직, 도매시장 등의 유형이 포함되며 그 가운데 선도기업이 44퍼센트, 중개서비스 조직이 49.1퍼센트, 도매시장이 6.9퍼센트를 차지한다. 이러한 모델에서는 '회사+농가' '회사+중개서비스 조직+농가' 등의 형태가 빠르게 발전했으며 효과도 뚜렷했다. 분명 회사와 농가 사이에는 산업화된 선도기업이 일반적으로 비교적 강력한 자금, 기술, 시장정보 측면의 우위를 갖는다. 그들과 여러 농가는 비교적 안정된 경제적 연계나 이익 공유 시스템을 구축했다. 농가는 예약 구매 계약에 규정된 가격 등의 조건에 맞춰 회사에 농산품 원료 혹은 1차 제품(미가공 생산물)을 제공하고 공급 회사가 가공하여 판매한다. 통상적으로 회사는 농가에 종묘, 기술, 자금 등의 측면을 지원한다. 이는 농산품의 시장 리스크를 낮추고 농민의 수입을 증가시키는 데 유리하며 아울러 농업의 현대화 건설을 촉진할 수 있다. 단 무시할 수 없는 것은 실천 과정에서 왕왕 두 가지 부정적 상황이 나타난다는 것이다. 하나는 권력의 배경을 갖고 있는 회사에 비해 농가의 협상 지위가 낮고 협력 과정에서도 약자의 지위에 처할 때 결과적으로 회사가 수시로 계약의 허점을 이용하거나 약속을 연기하고 심지어 어기거나 등급과 가격을 낮추는 등의 방식을 통해서 농민을 착취하는 경우다.[71] 두 번째는 분산되어 있고 자주적 의사결정 능력을 가진 농가에 맞서서 회사가 정보의 획득과 장악 면에서 약자의 위치에 처해 있고 회사가 아무런 권력의 배경이 없을 때 왕왕 농민이 계약을 이행하지 않아 회사의 이익에 손실을 끼치는 경우다. 이러한 두 종류의 국면에 특별히 주의하여 최대한 이러한 상황이 발생하지 않게 해야 한다.

시장경제 국가에서 더욱 보편적인 개별 농가와 시장의 연계 방식은 사실 농업의 생산 전, 생산 중, 생산 후 서비스의 각 단계에 농민 협동 조직을 구축하는 것이다. 예컨대 서유럽, 북유럽의 여러 국가는 80퍼센트 이상의 농장주가 다양한 유형의 협동조합에 참여하고 있다. 서유럽 농산품 시장에서는 협동조합 제품의 점유율이 60퍼센트에 이른다. 덴마크의 유제품은 90퍼센트가 협동조합이 경영 판매하는 것이고 네덜란드의 협동조합이 판매하는 화훼, 과일, 채소는 각각 네덜란드 시장 점유율의 95퍼센트, 78퍼센트, 70퍼센트를 차지한다. 미국의 농업협동조합 또한 매우 발전해 있어 곡물 판매 협동조합만 2000개 정도이며 전국 3분의 1의 농장주가 협동조합을 통해서 곡물을 판매하고 이러한 협동조합이 미국 곡물시장의 60퍼센트를 장악하고 있을 뿐 아니라 전 미국 곡물 수출의 40퍼센트를 공급하고 있다. 캔자스의 농지산업협동조합, 세인트 폴Saint Paul의 수확연맹, 캘리포니아주의 선키스트Sunkist 협동조합, 그리고 여러 주에 퍼져 있는 블루다이아몬드 협동조합(아몬드 가공·판매) 또한 세계에서 명성이 자자하다. 이러한 협동조합은 많은 농장주를 위해 곡물, 채소, 과일 등의 농산품을 판매하고 아울러 시장 수급 정보 및 기술 정보를 제공하여 농장주와 시장 간의 교량과 연결 고리 역할을 하고 있으며 농장주가 시장의 리스크를 피하고 자신의 이익을 보호하는 중요한 수단이 되고 있다.

1950년대 중반의 '농업합작화 운동'에서 중국은 농업생산합작사를 건립하는 것 외에도 농촌에 보편적으로 공급판매합작사와 신용합작사를 건립했다. 그러나 이러한 종류의 합작사는 기실 농업합작사와 마찬가지로 모두 국가에 의해 통제되는 것으로 국영기업과 다른 점은 단지 이러한 종류의 '집체경제'에서 '국가가 통제하지만 오히려 통제의 결과는 농민들이 책임진다는' 점뿐이다.[72] 개혁개방 이후 정부는 문화대혁명 기간에 공식적으로 국유경제에 합병됐던 공급판매합작사와 신용합작사를 회복했다. 그러나 그것들은 여전히 사원들이 자발적으로 조직하고 사원들 자신이 주인인 협동 조직의 성격을 회복하지 못했다.[73]

20세기 말에 이르러 전국 각지에서 농민과 여타 경영자들이 자발적으로 건립한 일부 새로운 협동 경제조직이 출현하기 시작했다. 이러한 종류의 조직을 일부에서는 '협회協會'라 부르기도 했고 일부는 '각종 유형의 전문합작사專業合作社'라고 불렀다. 그것들은 시장 지향적이고 완전히 자발적인 참가와 공동 경영, 민주적 관리와 수익 반환이라는 협동조합제合作制 원칙에 의거 수립되었기 때문에 농민들의 뜨거운 호응을 받았다. 합작사(협동조합)에 대한 농민들의 자발적 수요에 부응하기 위해 2002년 농업부는 전국에 100개의 전문합작조직, 6개의 지급地級 시 및 저장성을 종합적인 실험 단위로 삼았다. 2006년 전국인민대표대회 상무위원회는 「농민전문합작사법農民專業合作社法」을 통과시켜 농민전문합작사의 구성원, 조직 기구, 재무관리, 지원 정책에 대하여 전면적으로 규정함으로서 농민전문합작사는 법인 지위를 갖게 되었다. 법률과 정책 환경의 개선은 농민합작사의 발전을 더욱 촉진했다. 현재 전국의 농민전문합작사 조직은 15만여 개가 있으며 그중 2008년 3월 말까지 공상행정관리工商行政管理 부문에 등록한 농민전문합작사는 4만 3000여 개에 이른다.[74]

농민전문합작조직이 더욱 발전하기 위해서는 아래와 같은 몇 가지 문제를 반드시 해결해야 한다. 첫째, 농민전문합작 조직의 내부 거버넌스 시스템을 건전화해야 한다. 현재 적지 않은 농민전문합작조직의 규정章程 내용이 불완전하고 제도가 건전하지 못하다. 관리 운용이 규범화되어 있지 못하고 재산권 관계가 명확하지 않으며 경영과 재무관리가 비공개다. 농민과 합작조직의 이익 관계가 긴밀하지 못하고 내부의 주요 업무는 대형 농가 혹은 외부 세력에 의해 통제되고 있다. 이러한 모든 점이 농민합작조직의 확대 발전에 영향을 미치고 있다. 따라서 반드시 전문합작조직의 규정을 개선하고 전문합작조직의 관리제도를 규범화해야 한다. 농민이 합리적이고 과학적인 조직 구조를 수립하도록 유도하고 재산권 관계를 더욱 명확히 하며 전문합작조직 내부의 민주적 관리 시스템을 구축함으로써 농민전문합작조직이 진정으로 자주적 의사결정과 자발적인 발전, 공동 경영과 민주적 관리를 실현하도록 해야 한다.

둘째, 농민전문합작조직에 대한 정책적 지원을 강화해야 한다. 각 종류의 농민합작조직의 발전은 정부의 지원을 필요로 한다. 최근 몇 년 동안 농민합작조직을 지원하기 위해 중앙정부와 각급 지방정부는 많은 지원과 우대 정책을 내놓아 등록, 재정, 세금, 신용대출, 용지, 운수, 인재 양성 등의 측면에서 장려 지원책을 폈다. 그러나 실시 효과의 측면에서 보면, 농민전문합작조직에는 등록 문턱이 높고 재정지원은 적으며 신용대출이 어렵고 공공서비스는 제대로 이루어지 않으며 기술 공급은 부족하고 경영 범위의 제한이 엄격한 등의 문제가 여전히 있다. 이후 각급 정부는 농민전문합작조직에 대한 정책 지원을 더욱 강화하고 심사 비준 수속을 간소화하며 등록의 문턱을 낮추고 각 항목의 세수 우대 정책을 집행해야 한다. 합작조직의 경영환경 개선을 지원하고 각종 방식의 기술훈련 전개를 지지하며 합작조직의 각종 서비스를 활성화해야 한다. 개혁 이전의 중국에 관이 운영하는 합작사의 전통이 오랫동안 존재했기 때문에 정부는 전문합작사에 대한 정책적 지지를 강화하는 동시에 또한 합작사에 대한 직접적인 지시 명령이나 합작사 내부 업무에 대한 간여를 방지하도록 주의해야 한다.

제 4 장

기업개혁

계획경제에서 시장경제로 전환하는 과정에서 한 가지 중요한 내용은 기업 부문 corporate sector의 기초 경제주체가 국가 신디케이트the state syndicate의 비자율적 '단위'에서 진정한 기업으로 전환한 것이다. 기업 부문의 전환은 기본적으로 3가지 경로가 있는데 첫째 사유기업의 성장, 둘째 국유자본이 경쟁 영역에서 퇴출되는 것, 셋째 기업의 지배구조 개선이다. 이 세 측면이 잘 어우러져야만 점진적으로 다양한 소유제 경제의 공동 발전 국면을 형성하고 현대 시장경제의 미시적 기초를 구성할 수 있다.

이행 전략을 다룬 2장에서 보았듯이 위의 세 측면의 개혁 가운데 사유 부문의 성장이 가장 기초적인 역할을 한다. 그러나 개혁 초기 가장 먼저 제기된 것은 국유경제 위주의 분포 구도를 조정하지 않고 국유기업의 기본적인 지배구조를 건드리지 않는 전제 아래 국유기업의 내부 관리를 개혁하는 것이었다. 이것이 이루어진 뒤 국유경제 분포의 구조조정과 사유기업 발전이 의제로 올랐다. 따라서 이번 장에서는 우선 국유기업 개혁에 대해 논하고 첫 번째와 두 번째 문제는 제5장에서 다루기로 한다.

1. 기업제도와 현대적 회사

국유기업 개혁과 기업 부문 전환의 복잡성과 이행 과정의 정책 선택을 충분히 잘 이해하기 위해서는 우선 현대 기업 이론과 현대적 회사제도에 대한 개괄적인 소개가 필요하다.

1.1 기업과 소유권

기업firm은 고대부터 존재했던 경제조직 형태다. 1930년대 이전 경제학자들의 눈에 기업은 블랙박스로 보였다. 토지, 노동, 자본 등의 생산요소를 기업에 투입하면 기업은 그에 상응하는 산출물을 얻는 것일 뿐이었다. 경제학자들은 기업 내부의 제도 구조를 분석하지 못했다. 왜냐하면 최대 이윤을 추구하는 독립적 경제주체로서 기업과 개인의 외부 행위 특징을 구별하지 않기 때문이다. 경제학은 기업과 개인(가정) 등 독립적 경제주체를 최소의 분석단위로 삼아 다양하게 세분화되어 분업하고 있는 경제주체들이 어떻게 시장 시스템을 통해 효율적으로 자원을 배분하는지 연구해왔다.

1937년 로널드 코스•의 선구적인 저작 『기업의 본질The Nature of the Firm』[1]이 발표되자 상황이 변했다. 코스가 『기업의 본질』에서 기업이란 무엇이고 기업이 왜 존재하며 기업의 경계는 어떻게 결정되는지 등의 문제를 제기하자 사람들은 평범하게 여겼던 기업이란 경제조직의 본질이 무엇인지 고민했다. 코스가 보기에 기업은 시장과 상호 대체해서 생산을 조정할 수 있

• 로널드 코스Ronald H. Coase(1910~2013). 신제도경제학을 정초한 사람으로서 1991년 노벨 경제학상을 수상했다. 주요 학술적 공헌은 '거래비용'과 재산권이 경제조직과 제도 구조에서 차지하는 중요성과 경제활동에서의 역할을 보여준 것이다.

는, 즉 사람들이 상호 간에 자신의 활동(거래)을 교환하는 방법이다. 기업 밖에서 시장 거래는 가격 변동을 통해 생산을 조정한다. 기업 내부에서는 복잡한 시장구조가 기업가entrepreneurs와 기업가가 이끄는 위계적 조직hierarchical organization에 의해 대체되고 기업가는 이 위계 조직을 통해 생산을 지휘한다. 이 위계 조직이 바로 기업이다. 코스는 한 가지 문제를 제기했다. 만약 생산이 시장과 가격 변동에 의해 쉽게 조정될 수 있다면 왜 기업조직이 존재하는가? 이에 대해 그는 거래는 비용이 들기 때문이라고 대답한다. 어떤 특정한 조건 아래서 기업 운영을 통해 거래를 조직하는 것이 시장을 통해 거래하는 비용보다 낮기 때문이다. 그러나 과연 그렇다면 '왜 시장 거래는 여전히 존재하는가? 왜 규모가 거대한 기업이 모든 생산을 담당하지 않는가?' 코스의 해석은 기업 안에서 거래를 조직하는 것도 비용이 든다는 것이다. 기업 규모가 커지면 '기업 내부에서 조직하는 추가 거래의 비용도 상승한다'.[2] 따라서 "한계점(기업이 규모의 확대를 정지하는 한계점)에서는 기업 내부에서 거래를 조직하는 비용이 다른 기업에서 거래를 조직하는 비용과 같거나 혹은 가격 시스템을 통해 이 거래를 '조직'하는 데 들어가는 비용과 같다." 코스는 기업들의 '끊임없는 실험'이 균형점을 유지한다고 보았다.[3]

코스 이후 올리버 윌리엄슨,[4]● 샌퍼드 그로스먼과 올리버 하트[5]●● 등의 학자들이 이 문제를 더 깊이 연구했다. 특히 1970년대 이후 정보경제학

● 올리버 윌리엄슨Oliver Williamson(1932~2020). '신제도경제학'이란 용어의 명명자, 코스 정리의 재발견자로 불린다. 조직이론, 법학, 경제학을 포함한 학제 간 융합을 통해 학술적 혁신을 이루고 점차 발전시켜 '신제도경제학'을 현대 경제학의 새로운 분과로 만들었다. 경제 지배구조, 특히 회사지배구조 분석으로 2009년 노벨 경제학상을 수상했다.
●● 올리버 하트Oliver Hart(1948~). 하버드대학 경제학과 교수. 그와 샌퍼드 그로스먼Sanford Grossman은 기업통합 이론을 획기적으로 발전시키면서 1980년대 말 불완전 계약이론을 제기했고 현재까지 이 분야를 선도하고 있다.

infomation economics, 계약이론contact theory과 게임이론game theory 등 미시경제학 분야가 획기적으로 발전하고 기업제도와 내부구조에 대한 연구가 더욱 깊어지면서 새로운 경제학 분과를 형성했다. 현대 미시경제학에서 기업이론의 기본적인 착안점은 기업에 투입하는 각 생산요소 소유자 간의 계약관계다. 기업은 일종의 제도 배치로, 생산요소 소유자 간의 실질적 계약관계를 형성하는 연결점이다. 예를 들면 기업이 생산을 하려면 자본가들에게서 많은 자본을 모아야 하고, 경영관리 능력이 있는 노동자CEO의 노동을 포함해 많은 노동자의 노동과 그밖에 토지 등 여러 가지 요소를 투입해야 한다. 현대 대기업에는 일개 기업에 연관된 요소 소유자의 수만 해도 수천만 명에 이른다. 이와 같이 많은 개인이 그들의 생산요소를 기업에 투자해 공동으로 부를 생산하려면 우선 반드시 계약관계의 확립을 통해 그들 간에 결정권, 이익과 위험 책임을 분배해야 한다. 그렇지 않으면 생산 활동이 진행될 수 없다. 이런 측면에서 본다면 기업의 존재 의의는 각 요소 소유자가 기업과 계약관계를 맺게 되면 모든 다른 요소 소유자와도 계약관계를 맺게 된다는 데 있다. 이런 의미에서 기업은 계약관계의 연결점이다.

계약관계를 맺은 요소 소유자는 두 종류로 나눌 수 있다. 첫 번째 종류의 요소 소유자는 계약으로 인해 소득을 얻을 수 있고 결정권을 향유할 수 있다. 이미 이들과 기업이 맺은 계약에 분명하게 규정되어 있기 때문이다. 바꿔 말하면 이들이 얻는 것은 '계약권리'와 '계약소득'이다. 두 번째 종류의 요소 소유자가 얻는 것은 '잉여권risidual rights(혹은 잔여통제권risidual control rights)'과 '잔여소득수취권risidual income claim'이다. 다시 말하면 그들의 수입은 기업과 기타 요소 소득 소유자 간 맺은 계약 의무를 완료한 다음 남은 총소득과 같다. 그들이 누리는 권리는 기타 요소 소유자의 계약권리 이외의 모든 권리다. 이 두 번째 종류의 요소 소유자가 바로 기업의 '소유자' 혹은

'오너'다.

왜 이러한 재산권의 제도 배치가 나타나게 되었는가? 경제학자들이 내놓은 다양한 해석 가운데 하나가 하트가 집대성한 불완전 계약이론이다. 이 이론에 따르면 '완전한' 계약이란 계약을 맺는 각 당사자들이 계약을 맺을 때 계약 유효기간 내의 모든 출현 가능한 상황을 예견해서 여러 가지 상황이 발생할 때를 대비한 권리, 이익과 위험 책임을 어떻게 분배할지 명확하게 규정하는 것이다. 만약 계약이 완전하다면 각 요소 소유자가 획득한 권리는 모두 계약에서 규정한 계약권리이며 각 요소 소유자가 획득한 수입은 모두 계약에서 규정한 계약 수입이므로 잉여 수입이 있을 수 없다. 그러나 현실의 계약은 모두 '불완전imcomplete'하다. 따라서 잉여 수입이 나타나는 것이다. 기업 잉여 수입의 존재로 인해 기업이 맺은 계약관계의 한쪽 당사자가 반드시 있게 되며, 이는 즉 중심 계약자로서 그리고 잔여통제권의 보유자로서의 기업주가 떠맡아야 한다. 그렇지 않으면 거래비용이 너무 높아지기 때문이다. 그래서 계약에 큰 불완전성이 존재할 때 잔여통제권과 잔여소득수취권을 핵심으로 하는 기업 재산권 제도가 일종의 거래비용을 절약하는 제도가 된다. 이런 의미에서 불완전 계약이론이 코스가 개척한 기업이론을 심화 발전시킨 측면이 있다.

주목할 점은, 잔여소득수취권 자체에도 위험 책임이 있다는 것이다. 만약 잔여소득이 마이너스라면 기업 소유자는 이를 청산할 책임을 진다. 위험을 감당한다는 측면에서 자본 소유자는 노동력 소유자보다 더 큰 우위를 갖고 있다. 비록 노동자의 인적자본은 생산과정에서 매우 높은 가치를 지니지만 한 가지 중요한 성질이 있는데 바로 노동자의 인신과 분리할 수 없다는 점이다. 이것이 바로 하트 등이 말하는 '인적자본의 분리 불가능성 inalienability of huaman capital'이다.[6] 반면 자본 소유자는 자신의 실물 자본 혹은 금융자본을 통해 위험을 담당함으로써 자신의 자본을 상실한다. 따라서 기업의 오너가 보통 자본의 소유자로서 위험을 담당한다.

1.2 기업의 세 가지 법률 형식

가장 간단한 기업형식은 '업주제 기업entrepreneurial proprietorship'이다. 업주제 기업은 개인 재산의 기초 위에 설립한 것으로, 자연인 혹은 하나의 가족이 이 기업을 소유한다. 중국에서 업주제 기업은 1999년 반포된 「중화인민공화국 개인독자기업법」에서 '개인독자기업個人獨資企業'으로 명명되었다. 업주제 기업과 개인 재산 간의 밀접한 관계로 인해 나타나는 또 하나의 전형적 특징은 기업 채무에 대해 무한책임을 진다는 점이다. 다시 말해서 만약 기업이 전체 자산을 사용하고도 만기 채무를 다 갚지 못할 경우 업주는 반드시 자신의 개인 재산으로 상환해야 한다.

만약 몇몇 업주가 모여 하나의 기업을 만든다면 이로부터 기업의 두 번째 법률 형식인 합자기업partnership, 合夥制企業이 생겨난다. 합자기업의 소유자는 그 기업의 공동 출자자들이다. 일반적 상황에서는 업주와 마찬가지로 공동 출자자들도 기업 채무에 대해 무한책임을 진다. 중국의 합자기업은 1997년 반포하고 2006년 수정한 「중화인민공화국 합자기업법中華人民共和國合夥企業法」에서 정의되고 수정되었다.

현대 시장경제에서 주요 기업형태는 회사corporation, 公司다. 회사는 주주를 구성원으로 하는 법인 조직이다. 소위 법인이란 자연인과 서로 대응되는 법률 개념이다. 법인은 한 '개인'이 아니라 기업 구성원(회사 내에 출자금을 낸 주주)들로 만들어진 조직이다. 이런 조직은 자연인과 동일한 민사소송 행위능력을 갖고 있고 민사책임을 진다. 이 조직은 계약을 맺을 수 있고 소송을 제기하거나 응소할 수 있다. 회사제도 아래서 민사책임은 회사 법인이 독립적으로 진다. 따라서 회사의 채무는 회사 법인의 채무이지 주주의 채무는 아니다. 주주는 회사에 투자한 자본액만큼만 회사 채무에 유한 책임을 진다. 이것이 바로 회사의 유한책임 제도다.

회사의 법인 재산은 주주의 재산이 분명하지만 이 부분의 재산과 주주의 그 외 기타 재산 간에는 명확한 구분이 있다. 주주가 일단 출자하면 그 출자한 부분에 대해 다시는 직접적으로 지배할 수 없다. 왜냐하면 이 부분의 재산은 이미 다른 주주들의 재산과 합쳐져 회사의 법인 재산이 되어 독립적인 생명을 갖기 때문이다. 개별 주주들은 단지 일정한 조직 체계와 일정한 절차를 통해서만 회사의 재산을 지배할 수 있다.

비록 개인독자기업, 합자기업, 회사가 기업의 3가지 기본 법률 형식이지만 현대 시장경제에는 이보다 훨씬 복잡한 기업형식들이 존재한다. 예를 들면 합자기업에서 파생한 유한합자기업limited partnership, 有限合夥制企業이 바로 벤처 투자업계에서 통용되는 기업조직 형태다. 2006년 수정한 「중화인민공화국 합자기업법」에도 유한합자 제도가 들어 있다. 간단히 말하면, 유한합자기업의 요점은 결정권, 이익과 위험 책임이 보통출자자와 유한출자자 간에 다르게 분배된다는 점이다. 결정권의 분배 측면에서 보면 보통출자자들은 기업의 업무를 처리(관리, 경영)하고, 유한출자자들은 결정 과정과 일정한 '거리를 유지'하면서 합자기업 업무 집행에 참여하지 않는다. 이익 분배 측면에서 보면, 유한출자자들은 투자에 대한 보답만을 받는다. 보통출자자들은 사무 관리에 대한 보수를 받을 수 있다. 위험 책임 면에서 유한출자자는 기업 채무에 유한책임을 지는 반면 보통출자자들은 무한책임을 진다.

유한합자기업 제도의 예가 설명해주듯 잔여소득수취권과 잔여통제권의 분배는 여러 다양하고 유연한 조합을 가질 수 있다. 권리, 책임, 이익의 총원칙 아래 기업은 다양한 실제 수요에 따라 그에 상응하는 제도들을 설계할 수 있다. 예를 들면 일부 투자자들의 특수한 수요를 만족시키기 위해 주식제 기업은 우선주를 부여할 수 있다. 우선주란 우선주를 갖고 있는 투자자는 비록 기업의 주주이지만 회사 결정에 참여하는 권리를 포기하고 기업 파산 시 모든 채권자의 다음 순위, 보통 주주들의 최우선 순위로 채무 청산의 지위를 갖는 것이다.

1.3 현대 주식제 기업의 탄생

현대 주식제는 회사제도의 최고 형태다. 회사제의 맹아에서 현대 주식제의 확립까지 대략 4개 단계를 거쳐왔다.

1. 중세 말 맹아 형태의 회사

회사제 기업의 맹아는 중세 말 서구에서 자라났다. 당시 지중해 연안 각국 간의 해운업과 해운무역은 비교적 크게 발전하고 있었다. 이러한 무역에는 큰 자본이 필요했고, 위험 또한 커서 개별 업주제나 합자제로는 적응하기 어려웠다. 그래서 코멘다commenda, 콜레간차colleganza 같은 연합 기업들이 생겨났는데7 명칭만 다를 뿐 그 실질은 동일했다. 이들 조직의 특징은 몇몇 상인이 돈을 모아 배와 화물을 사고, 그중 상인 한 명을 초빙해 경영을 책임지도록 위탁하는 것이다. 무역이 끝난 후 출자금에 따라 본전을 돌려주고 이윤을 분배했다. 이러한 연합 조직은 보통 일회성이거나 기간제였고 다음 무역에서는 새로 연합체를 조직했다.

2. 17~18세기의 특허회사

1492년 스페인의 항해가 콜럼버스가 '신대륙'이라 부른 서인도제도에 처음으로 도달했다. 6년 뒤 포르투갈의 항해가 바스쿠 다 가마가 희망봉을 돌아 인도에 도착했다. 이들의 항해로 유럽은 미국과 아시아로 가는 원양 무역 항로를 발견했다. 그래서 중세 지중해 무역에서 탄생한 코멘다와 같은 임시 기업조직이 영구적 회사 조직으로 한층 더 발전할 수 있었다. 당시 서구 각국의 중상주의 정부(제8장 1.1)는 평민들이 무역에 종사할 권리를 인정하지 않았기 때문에 회사를 설립하기 위해서는 황실이나 의회에서 특허charter를 부여받아야 했다. 그래서 이 시기의 회사를 특허무역회사chartered trading company라고 부른다. 이어서 영국 국왕은 특허무역회사에 법인legal person, corporation 지위를 부여했다.[8] 특허무역회사와 근대에 설립된 회사 간에는 커다란 차이가 있다. 특허무역회사는 정부의 특허를 부여받아 모종의 특권을 보유하고 정부에 대해 특수의무를 졌다.

3. 19세기 중반 보통회사법의 확립

18세기 초 영국에서 민간은 경제 발전의 수요에 적응하여 정부 특허를 부여받지 않고 자발적으로 수많은 회사를 건립했다. 이를 조인트스톡 컴퍼니joint-stock company(초기에도 주식회사股份制公司로 번역되었다)라 불렀다. 특허무역회사는 이들 민간회사가 자신의 특권 이익을 침해한다고 여겨 국회를 설득해 1720년 6월 「투기 행위와 사기 단체 단속법」[9]을 통과시키고 민간의 자발적인 회사 건립을 금지했다. 비록 회사를 세웠다 하더라도 법률상 법인 신분을 인정하지 않았기 때문에 이들 회사의 주주들은 회사 채무에 대해 여전히 무한책임을 져야 했다. 오랜 투쟁을 거친 후 1873년이 되어서야 최초의 보통회사법이 미국 코네티컷주 의회에서 통과되었다. 이 법률에 따르면 일정한 조건을 갖춘 경우 등록하기만 하면 어떤 회사라도 모두 법인 지위를 얻을 수 있었다. 이어서 1884년 영국에서도 유사한 회사법이 통과되었다. 이렇게 회사제도는 비로소 정식으로 건립되기 시작했다.

4. 소유와 통제가 분리된 현대 회사

초기 회사는 대주주와 그들의 친족 및 측근들이 상층과 중간경영자를 맡고 있었다. 그러나 회사의 규모가 날로 커지고 업무가 복잡해지면서 이런 상황에 변화가 생겼다.

미국의 저명한 기업사가 앨프리드 챈들러●는 『보이는 손: 미국 기업의 경영자 혁명』[10]에서 미국의 첫 번째 현대 기업들은 1850~1860년 철도 운수업에서 생겨났다고 지적한다. 철도 건설에는 과수원이나 방직공장을 건설하는 것보다 훨씬 많은 자본이 필요하다. 따라서 일개 기업가 단독으로 혹은 가족이나 소규모 합자기업이 철도를 보유하는 것은 거의 불가능하다. 동시에 수많은 주주나 그 대리인이 직접 철도를 경영하는 것도 불가능하다. 관리 업무는 번거로울 뿐만 아니라 복잡해서 특별한 기술과 훈련을 받아야만 업무를 잘 수행할 수 있기 때문에 전문적인 직업경영자가 맡는 것이 가장 알맞다. 철도 관리는 특수한 기술과 훈련이 필요하고 관리 계층의 서열이 존재하기 때문에 철도 경영자들은 과수원의 감독이나 공장 대리인과는 다르다. 그들은 자신의 업무를 평생의 사업으로 여기면서 계층의 사다리를 한 단계 한 단계 올라가며 일생을 마치길 희망한다. 이것은 철도 경영자들이 점점 더 자신의 업무를 일종의 전문 직업으로 여기게 된 이유다. 기업의 지속적인 번영에 긴밀한 개인적 의무를 담당하고 있기 때문에 이들은 기업 경영에 관해 주주들과 거의 같은 발언권을 갖는다. 1880년대 이후 다른 회

● 앨프리드 챈들러Alfred D. Chandler, Jr(1918~2007) 기업사학자, 경영학의 정초자. 주요 저작인 『전략과 구조Strategy and Structure: Chapters in the History of the Industrial Enterprise』 (1962/1998), 『보이는 손』(1977), 『규모와 범위Scale and Scope: The Dynamics of Industrial Capitalism』(1990) 등은 지금까지도 여전히 관련 문제에 관한 고전이다. 그중에서도 『보이는 손』은 미국의 밴크로프트상과 퓰리처상을 수상했다.

사들도 점차 경영자와 소유자를 분리하는 제도를 채택하기 시작했다. 20세기 중엽에 이르러 소유자와 경영자가 분리된 현대 회사제도는 대형 상공업에서 주도적 지위를 점하는 기업조직 형태가 됐다.

1932년 미국 법학자 애돌프 벌리*와 민스Gardiner C. Means는 『현대 회사와 사적 재산The Mordern Corporation and Private Property』[11]에서 '소유와 통제의 분리a separation between ownership and control(중국에서는 '소유권과 경영권의 분리'라고 한다)'라는 개념을 제기했다. 이들은 대다수 미국 대형회사의 주주는 이미 스스로 기업을 경영하지 않으며 실제로 기업을 통제하는 것은 최고위 경영자라고 지적했다. 이 중요한 발견으로 인해 이 책은 현대 회사제도를 서술한 고전이 되었다. 그러나 이것은 현대 회사의 소유자로서 주주가 이미 완전히 통제권을 상실했다는 것은 아니다. 지배구조가 건전한 현대 회사 주주는 주주총회와 이사회 등의 시스템을 통해 여전히 잔여통제권을 보유하고 회사의 최종 통제권을 행사한다.

이런 회사제도의 발전에 근거해 챈들러는 자신의 책에서 현대 기업을 정의했고 이는 널리 받아들여졌다. '현대 기업이 의미하는 것은 월급쟁이 중상층 경영자들이 여러 부문을 관리하는 회사'다. 그는 현대 회사를 '경영자 기업managerial enterprises'이라 부르면서 전통적 '업주제 기업'과 구분했다. '경영자 기업'의 건립에 따라 '업주제 자본주의entrepreneurial capitalism'도 '경영자 자본주의managerial capitalism'로 전환되었다고 주장했다.[12]

역사적 배경과 법률적 틀 등의 차이로 인해 세계 각국의 회사제도 역시

---

* 아돌프 벌리Adolf A. Berle, Jr(1895~1971) 미국의 법학자. 민스와 공저한 『현대 회사와 사적 재산』(1933)에서 '소유와 통제가 분리'된 '벌리-민스 명제'를 제기, 지금까지 여전히 기업지배구조 문제에 깊은 영향을 미치고 있다.

[표4.1] 각국 회사 제도의 명칭 구별

영미		독일	일본	타이완	중국
유한합자회사 LTD	공개형 public, PLC	주식회사AG	주식회사 株式會社	주식회사 股份公司	주식유한회사 股份有限公司
	폐쇄형 private/closed	유한책임회사 GmbH	유한회사 有限會社	유한회사 有限公司	유한책임회사 有限責任公司
합자회사 limited partnership		합자회사	합자회사 兩合公司	합자회사 兩合公司	유한합자기업 有限合夥制企業
무한회사 혹은 합자기업		무한회사	무한회사 無限公司	무한회사 無限公司	합자제기업 合夥制企業

약간씩 각자의 특색이 있고, 각종 회사의 명칭도 조금씩 다르다(표4.1).

1.4 현대 회사의 지배구조

현대 회사에서 나타난 소유와 경영 '두 가지 권리의 분리'는 회사지배구조corporate governance 문제를 일으켰다. 회사지배구조란 좁게는 소유와 경영이 분리된 상황에서 투자자와 회사 간의 이익 분배와 통제 관계를 의미한다.[13] 넓게는 회사 가치 최대화를 목표로 일련의 제약-인센티브 수단과 상호 견제 시스템을 통해 기업은 물론 주주, 채권자, 관리자, 사원, 공급상, 소매상, 소비자와 지역 주민까지 이해관계자shakeholders 간의 관계를 규율하고 조정하는 것을 의미한다. 그 요지는 회사의 재무, 법률과 기타 계약 의무(기타 이해관계자의 이익 보호)를 이행하는 전제 아래 기업 가치를 최대화하는 것이다.[14]

회사지배구조의 핵심 문제는 주주와 직업경영인 간의 관계를 어떻게 처리하는지에 있다. 경제학자들은 보통 이런 관계를 '주인-대리인 관계'라 부른다. '대리인 문제'가 발생하는 이유는 대리인과 주인 간의 잠재된 이익 충돌 때문이다. 대리인은 행동할 권리가 있는 반면 주인은 그 행동의 결과에 책임을 져야 한다. 이 이익 충돌의 결정적 원인은 소유자와 경영자 간의 정보 비대칭에 있다. 주주는 회사의 일부 통제권을 직업경영인에게 줄 때 두 가지 정보 비대칭 문제에 봉착한다. 첫째, 경영자를 고를 때 후보자의 능력과 적임 여부에 대해 후보자 본인보다 아는 것이 훨씬 적다. 다시 말하면, 경영자가 주주 혹은 회사와 계약할 때 후보자는 주주들이 모르는 '사적 정보 private information'를 움켜쥐고 있기 때문에 주주는 후보자가 제공한 정보에 의해 잘못된 선택을 할 가능성이 있다. 둘째, 비록 적임자를 뽑았을지라도 주주들은 경영자의 충성도에 대해 경영자 본인보다 잘 모른다. 이 두 가지 문제, 즉 '역선택adverse selection'[15]과 '도덕적 해이moral hazard'[16]가 존재하며 경영자는 주주의 목표와 어긋나게 회사의 자원을 이용해 자신의 이익을 추구할 가능성이 있다. 이러한 어긋남 혹은 주주 권익의 침해 사례는 부지기수다. 안드레이 슐라이퍼와 로버트 비시니에 따르면 18, 19세기 영국과 유럽 각국 회사법 개정의 중점은 바로 '관리층 도둑managerial thief'의 문제를 해결하는 데 집중되었다.[17]

기업의 집중형 소유권 구조, 즉 주주들의 분산된 권익을 조합하여 구체적이고 독립적인 생명을 갖는 회사 재산corporate property(법인 재산)으로 만드는 것은 주주들이 관리층에 대한 감독과 구속을 강화하는 일종의 제도로 볼 수 있다. 그러나 회사 재산의 존재 자체는 또 다른 유형의 대리인 문제, 즉 대주주와 기타 주주들 간의 대리 문제를 일으킨다. 대주주는 종종 더 많은 정보를 얻을 수 있고 관리자 선발에 더 큰 권력을 갖고 있으며 중요한 결정에 참여한다. 실제로 대주주가 소주주의 권익을 침해하는 현상은 경영자가 주주 이익을 침해하는 현상만큼이나 보편적이다. 이런 점에서 볼 때

기업지배구조는 대주주의 침탈을 받지 않도록 소주주를 보호하는 규칙과 시스템으로도 볼 수 있다. 대주주가 기업의 경영관리에 직접 참여[18]하는 경우가 상당히 보편적이기 때문에 이 두 가지 대리인 문제는 보통 뒤섞여 나타난다. 따라서 기업지배구조는 때때로 외부 주주를 보호하는, 다시 말하면 소주주들이 '내부자' 즉 관리자층과 대주주의 침해를 받지 않도록 하는 규칙과 제도로 묘사되기도 한다.

이런 의미에서 기업지배구조는 또한 일종의 외부불경제negative externalities[19]를 최소화하는 기제다. 주주(혹은 소주주)의 권익이 침해당할 때 경영자(혹은 대주주)는 가운데서 이익을 얻는 반면 주주(혹은 소주주)는 이로 인해 발생한 비용을 떠맡게 된다. 이것은 개별 생산자가 환경을 오염시켜 사적 이익을 얻는 것과 동일한 성격을 갖는다. 이 때문에 주주 혹은 소주주의 권익을 보호하는 것은 침해로 인해 발생한 비용을 내부화함으로써 외부불경제를 최소한도로 감소시키는 것을 의미한다. 외부불경제의 또 다른 경우는 대주주와 경영자가 직원, 채권자, 공급상, 소비자 등 기타 이해관계자의 이익을 침해하여 자신의 이익을 얻는 경우다. 예를 들면 회사가 인원을 줄여 이윤을 증가시킬 때 회사 고용자들이 그 회사의 특정 기능 부분에 쏟아부은 기존에 쌓은 투자는 침식당하고 주택, 배우자의 직장, 자녀의 학교, 사회관계 등 직장 외의 자본도 손해를 입는다. 원료 공급상과 소비자가 그 회사와의 관계에서 쌓아온 투자도 기업의 이윤 최대화 행위의 피해자가 될 수 있다. 회사가 환경을 오염시키거나 정부 관리에게 뇌물을 주거나 해서 이윤 최대화를 추구할 때 사회 전체는 손해를 입는다.

이러한 인식은 사람들에게 더 넓은 관점에서, 즉 이해관계자의 시각에서 기업지배구조 문제를 관찰하게 함과 동시에 논쟁을 야기한다.[20] 논쟁의 한쪽은 이해관계자의 시각에서 기업지배구조를 이해하는 데 찬성하고 다른 한쪽은 전통적 주주 가치관을 견지한다. 전자의 관점은 이중의 파생적 함의를 갖는다. 첫째는 관리자층 사명의 확대다. 관리자층은 단지 주주 가치 최대화만을 보증하는 게 아니라 각 이해관계자 잉여의 총합을 최대화해야 한다. 둘째는 이해관계자들의 기업통제권 공유다. 비록 관련 논쟁이 여전히 계속되고 있지만 이해관계자 보호는 의심할 바 없이 기업지배구조의 중요한 부분이다. 좋은 기업지배구조는 기업의 재무, 법률과 기타 계약 의무(즉 각 이해관계자의 이익 보호) 이행의 전제 아래 기업 가치(주주 이익 보호)를 최대화하는 것이다.

칼럼4.1

기업지배구조의 주요 메커니즘[21]

기업지배구조의 주요 메커니즘은 아래의 몇 가지로 나눌 수 있다.

(1) 정보 공시(공개). 정보 공시제도의 목적은 최대한 정보 비대칭을 제거하여 정보 약자의 정보 장악력을 최대한 높여 '정보에 근거한 결정informed decisions'에 따라 최대한 자신의 이익을 보호할 수 있도록 하는 것이다. 따라서 완전·정확·신속한 정보 공시는 좋은 기업지배구조의 기초다. 이런 면에서 회계, 감사와 정보 공시 규칙, 회계와 감사 기구의 설립 모두 중요한 의의를 갖는다.

(2) 주주총회. 주주총회는 회사 주주들이 보유한 주식액에 따라 자신의 법정 권리를 행사하는 기구다. 주주의 권리는 (i) 이윤청구권, 즉 배당받을 권리, (ii) 발언권과 투표권, (iii) 알 권리와 감찰권, 책임을 다하지 못한 이사에 대한 제소권을 포함한다. 주주총회는 정기총회와 임시총회가 있으며 정

기총회는 보통 이사회가 소집한다. 주요 내용은 (ⅰ) 회사의 연도 보고와 기타 재무 보고에 대한 토론과 비준, (ⅱ) 사칙 개정, (ⅲ) 회사의 합병 및 해산 결의, (ⅳ) 이사회가 건의한 회사 자본 증감에 대한 토론과 결의, (ⅴ) 이사회의 선거와 재선출, (ⅵ) 이사회가 제출한 주식 배당금의 분배 방안에 대한 토론과 비준 등이다. 임시총회는 부정기적으로 소집한 주주회의를 말하는데 이사회가 소집할 수도 있고, 일정액의 주주권을 갖고 있는 주주가 소집을 제기하거나, 법원이 이사 및 표결권을 갖는 주주의 신청에 의해 소집 명령을 내릴 수 있다. 주로 특정 사안에 대해 토론한다.

(3) 이사회[독일식 기업지배구조에서는 감사회(감독이사회)라 한다]. 주주들은 이사들에게 회사 관리를 위임한다. 신탁 책임을 진 이사들은 이사회를 조직하여 집단으로 그들의 직권을 행사한다. 따라서 이사회는 회사의 법정 대표 기구다. 이사회의 주요 직무는 (ⅰ) 회사의 경영 목표, 중요 방침과 관리원칙 비준, (ⅱ) 경영자 선발, 임명, 감독 및 경영자의 보수와 상벌 결정, (ⅲ) 회사와 주주, 관리 부문과 주주 간의 관계 조정, (ⅳ) 주주총회 심의를 위한 이윤 분배 방안 제출이다. 법률은 세 가지 측면에서 이사회 권한을 제한한다. (ⅰ) 이사회 성원은 회사와 이익 충돌이 있는 활동에 종사할 수 없다. (ⅱ) 이사회는 주주가 부여한 권한을 넘어서는 일을 해서는 안 된다. (ⅲ) 만약 이사회의 결의가 주주총회의 결의와 충돌하면 주주총회의 결의를 따라야 한다. 주주총회는 이사회의 결의를 부결하고 이사회를 재선출할 권한이 있다. 일반적으로, 이사회 밑에 집행위원회 및 감사, 보수 등 전문위원회를 설립한다.

(4) 집행 기구. 회사 관리층은 고위 집행 임원들로 구성된다. 집행 기구의 책임자는 최고경영자chief executive officer, CEO로서 회사 사칙이나 이사회 결정에 따라 사장, 총재 혹은 이사장이 담당한다. 최고경영자의 주요 직무는 (ⅰ) 이사회 결의 집행, (ⅱ) 회사 일상 업무 주관, (ⅲ) 이사회의 권한을 부여

받아 대외 계약 체결 및 업무 처리, (iv) 관리자 임면, (v) 이사회에 정기적 업무보고 및 연도보고서 제출이다. 최고경영자 밑의 집행부는 최고운영책임자COO, 최고재무책임자CFO, 최고기술책임자CTO 등이 있다. 최고경영자는 관리자층의 핵심이지만 제멋대로 행동할 수는 없다. 최고경영자는 큰 권한을 가지고 이사회가 부여한 권한 내에서 일련의 중요한 문제를 결정하고 회사 경영 업적에 따라 보수를 받는 한편, 주주 및 그들의 대표(주로 이사회)와 시장(상품시장, 자본시장과 경영자 시장)의 엄격한 감독을 받는다.

(5) 회사지배권 시장. 회사의 지배권이란 회사 지배주주가 정식 규칙 혹은 영향력을 통해 회사의 다수 이사를 선택할 권력을 갖는 것이다. 회사지배권 시장의 주요 기능은 주주총회와 이사회가 역할을 효과적으로 수행하지 못할 때 인수합병을 통해 이사회 혹은 경영진을 바꾸는 것이다. 주가가 기업의 미래 수익 능력을 잘 반영하고 비교적 효율적인 증권시장이 존재할 때, 만약 기업경영이 나쁘다면 주주들은 '발로 하는 투표vote by foot'를 행사해 보유 주식을 팔아버리고 '기업사냥꾼raiders'의 '적대적 인수합병hostile buyout'을 불러들여 이사회와 고위 임원들을 갈아치운다. 이것은 고위 임원들 머리 위에 달려 있는 날카로운 칼날로, 이들이 주주의 이익을 위해 열심히 일하지 않을 수 없도록 한다.

현재 선진국 기업지배구조는 독일형과 영미형 두 가지 주요 유형이 있다. 이 두 유형의 주요 차이점은 다음과 같다.

(1) 독일식 기업지배구조는 유형의 조직, 즉 주주총회-감사회(영미의 이사회)-집행 기구를 통해서 소유자와 경영자 간의 견제와 균형을 이룬다. 여기서 가장 큰 어려움은 관리자층의 업적과 성과를 정확하게 측정하는 것이다.

이 어려움을 해결하기 위해 영미식 기업지배구조는 위에서 언급한 유형의 조직을 운용할 뿐만 아니라 주식시장에 크게 의존해 주요 임원들에 대한 감독과 동기부여를 실현한다. 앞에서 말한 '발로 하는 투표' 등의 방식이 감독 역할을 하는 것 외에, 영미 두 나라는 고위 임원들에게 스톡옵션, 조건부 주식 등의 방법으로 인센티브를 제공한다. 영미 대기업의 고위 임원 보수에서는 스톡옵션이 가장 큰 비중을 차지한다.

(2) 영미 기업 이사회는 집행부, 독립된 비상임이사(미국의 사외이사) 그리고 임원을 겸한 상임이사(미국의 사내이사)로 구성된 '단일구조'다. 독일식 기업지배구조는 회사의 감사회 구성원과 경영 이사 간에 서로 겸직하지 않기 때문에 '이중구조'라 불린다. '이중구조'의 이점은 임원을 감독하는 데 유리하다는 것이다. 그러나 이 제도는 감사회 구성원 모두 회사 외부에 있어서 회사의 운영 상황을 잘 알지 못해 정보가 불충분한 단점이 있다. '단일구조'의 이점은 이사회가 비상임이사와 상임이사를 모두 포함하고 있기 때문에 그들 간의 상호보완이 잘 이루어진다는 것이다. 그러나 잘못하면 경영자가 주도한 내부자 통제가 발생해 이사회가 '유명무실'해지는 폐단이 나타나기 쉽다.

(3) 독일 기업에는 '노동자 참여 결정 제도'가 있지만 영미 기업에는 이런 제도가 없다. 노동자 참여 결정 제도는 주로 두 가지 내용을 담고 있다. 하나는 노동자의 이익과 관련된 문제에 대한 참여와 결정, 다른 하나는 기업의 중요한 경영정책에 대한 참여와 결정이다. 노동자가 기업의 중요 의사결정에 참여하고 결정하는 방식은 노동자 대표가 회사의 중요 기구(감사회, 이사회)에 들어가 실현한다. 1000명 이상 대기업의 감사회 구성원 절반은 노동자가 선출한다.

2. 전통 국유기업 제도와 권력 이양과 이윤 양도 위주의 개혁

중국은 1956년 '호기롭게 사회주의에 진입'하고, 이어서 전국적으로 소련식 국영기업 제도를 건립했다.

2.1 전통 국유기업 제도의 주요 특징

집중적 계획 혹은 '국가 신디케이트' 체제 아래서 국유기업은 다음과 같은 특징을 갖는다.

1. 정부가 직접 경영하는 '국가 신디케이트' 기층 단위인 국유기업

전통적 국유경제는 레닌의 '국가 신디케이트' 모델에 따라 건립됐다(1장 2.1 참고). 호적제도를 이용해 도시와 농촌 두 개 부문으로 나눈 뒤 전체 도시의 비농업 경제를 비할 데 없이 거대한 기업으로 조직하고, 정부가 전체 주민 모두를 고용했다. 이러한 국가대기업[22]에서 '국영기업'이란 원가계산을 하는 기층 생산단위일 뿐 이번 장 서두에서 말한 기업 본연의 여러 특징은 찾아볼 수 없다. 국유기업은 당정 기관의 부속물로 기본 임무는 상급 기관의 지시와 지령을 철저하게 집행하는 것이다. 경제적 측면에서, 국유기업이 해야 할 가장 중요한 임무는 정부가 하달한 계획을 완수하는 것이지 혁신 활동을 하는 것이 아니다. 기업이 무엇을, 얼마나, 어떤 방법으로 생산할지, 원자재를 어디서 들여오고 누구에게 판매할지, 이 모든 것을 정부 기관이 계획하고 지령한다. 기업 관리층의 임무는 상급 기관의 명령을 집행하는 것이다. 따라서 일부 경제학자는 전통 체제에서 본래적 의미의 기업은 존재하지 않는다고 주장한다.[23] 국영기업은 사업 추진력도 없고, 자신의 이익과 시장 변화에 따라 자주적으로 자원을 효율적으로 배분할 수도 없다. 소유권을 장악한 사회경제 조절자인 상급 행정기관에 종속돼 있는 것이다.

2. 다중적 역할과 목표

당, 정부, 경제가 고도로 일체화된 체제 아래서 국유기업은 생산단위일 뿐만 아니라 동시에 국가 정치 체계의 기층조직으로 광범위한 사회 정치 직능을 담당했다.[24] 이에 걸맞게 국가는 국유기업의 소유자로서 그 소유자 직능과 기타 정치 사회 직능을 고도로 일치시켰지만 결과적으로 국유기업의 다중적 목표는 자주 충돌했다. 국가는 국유기업을 거대한 중공업 체계 건립, 서구 선진국 따라잡기 등 정치 경제적 목표를 실현하는 도구로 여겼다. 따라서 국유기업 관리자들과 당정 기관 종사자들은 모두 '국가 간부'로 간주되며 당정 기관과 동일한 체계 속에서 동일한 방법으로 관리됐다. 그 밖에 취업, 사회보장과 사회 구제 직능이 국유기업에 집중되어 직원들에게 '요람에서 무덤까지' 전 방위적 사회서비스를 제공했다.

3. 소유권 분리

국가 소유권은 종적, 횡적으로 분할되고 권리와 책임이 비대칭적인 조직 체계를 통해 행사됐다. 우선 국유기업 경영은 중앙과 지방 각급 정부가 분담하고, 국유기업은 '예속관계'에 따라 각급 정부가 관리했다. 다음으로 각급 정부마다 국유기업 경영권이 각 행정 부문에 의해 분할됐다: 투자와 생산 관련 결정권은 계획위원회, 경제위원회 등 행정기관이 행사한다. 기업 주요 관리자들의 임면, 심사와 감독은 주로 당 조직 부문과 정부 인사 기관이 진행한다. 재정 부문은 국유기업의 총재무부 역할을 하며 국유기업의 수입 지출 관리와 더불어 세수, 수수료와 이윤 징수를 맡는다. 공회(노조)는 '민주관리'를 집행하는 권력기관이다. 한마디로 '사공이 너무 많은' 상황이 출현하여 비효율적인 제도 배치가 나타났다. 이렇게 되면 통일적 소유권이 분리되어 각 당정 부문은 자신의 필요, 심지어 자신의 이익에 따라 그들이 부여받은 권력을 행사하면서, 기업 경영의 종합적 결과에는 책임을 지지 않는다.

4. 예산 제약의 심각한 연성화

상품시장과 요소시장이 모두 존재하지 않아 기업은 시장의 수급 상황을 고려할 필요나 시장경쟁에 직면할 필요도 없다. 그들의 주요 업무는 정부 기관과의 접촉이다. 우선, 그들의 관리제도와 경영방식은 정부 목표를 실현할 수 있도록 보장하는 것이지 시장 수요를 만족시키는 것이 아니다. 다음으로, 그들은 더 많은 자원을 공급받고, 더 유리하고 더 쉽게 완성할 수 있는 임무 지표를 얻기 위해 끊임없이 상급 행정기관과 협상해야 한다. 국유기업과 정부의 관계에서 가장 중요한 특징은 헝가리 경제학자 코르너이가 정의한 '연성예산 제약soft budget constraint'이다. 기업 생존과 발전을 결정하는 주요 경제변수들 즉 가격, 투자, 세수 등의 결정권이 모두 국가에 있기 때문에 기업은 항상 정부와 협상을 통해 자신이 직면한 제약 조건을 변화시킨다. '만약 기업이 재무 곤경에 처한다면 국가는 감세, 대출 우대, 재정 지원, 손실 부담 혹은 가격인상 허가 등의 방법으로 기업이 곤경에서 벗어나도록 돕는다.' '만약 이러한 간섭이 빈번하다면 기업의 행위 준칙은 정부 간여를 기대하는 기반 위에서 이루어질 것이다.'[25]

2.2 기대에 못 미친 '방권양리' 개혁 및 그 원인

중국에서 국유기업 경영 상황을 개선하려는 노력은 국유기업 제도가 전면적으로 건립되던 초기까지 거슬러 올라간다. '경제관리체제 개혁'을 결정한 1956년 중공8대부터 국유기업 개혁 방향을 기업제도 혁신과 '현대 기업제도 건립'이라고 명시한 1993년 중공14기 3중전회까지 국유기업의 기본 목표는 국유기업의 기본 제도를 바꾸지 않는 조건에서 기업을 '활성화'하는 것이었다. '활성화'의 구체적 기준은 장부 손실의 감소 혹은 장부 이익의 증가다. 많은 개혁 조치가 실시됐지만 근간은 정부와 기업 내부자(관리자층과 노동자) 간의 권리, 책임, 이윤의 분배를 조정하던 것에서 기업 내부자에게 '권한을 이양하고 이윤을 양도하는' 방향으로 전환하는 것이다.

'방권양리'를 근간으로 하는 각종 개혁 조치는 국유기업 문제와 관련한 일련의 기본 진단과 설계에 기인했다. 이러한 진단에 따르면 국유기업이 효율적이지 못한 까닭은 국유기업의 기본 제도에 있는 것이 아니라 권력과 이익이 지나치게 정부에 집중되어 기업 관리자들과 노동자들의 적극성이 결여되고, 기업의 과도한 사회 부담, 기업의 기술개발 자금 부족 등 문제를 야기한 것이다. 따라서 이 모든 문제는 국유기업의 기본 제도의 틀을 바꾸지 않으면서 '방권양리'를 통해 해결할 수 있다. '방권양리'는 '기업하방' '기업 자주권 확대' '기업청부제'라는 3가지 주요 형식이 있다.

1. 기업하방下放

'기업하방'은 1956~1978년 가장 중요한 중국 국유기업 개혁 형식이었다. '기업하방'이란 성과 성 이하의 각급 지방정부가 중앙정부에 예속된 기업을 관리하는 것이다. 국유기업의 비효율성은 국유기업을 관리하는 권력이 지나치게 중앙정부에 집중되어 있어 기업의 행정 주관 기관이 기업 현장과 멀어져 정확하고 신속한 결정을 내리기 어려운 데서 기인한다. 만약 지방정부가 기업을 관리하면 현지 정부 기관은 실제 상황을 더 잘 파악하고, 이해관계가 더 밀접하기 때문에 정부의 기업 관리와 기업 경영 실적을 개선할 수 있다는 논리다.

'기업하방' 사상은 1956년 9월 중앙공산당 제8차 전국대표대회에서 형성되었다. 대회에서 마오쩌둥이 「십대관계론」에서 제기한 방침에 근거해 정부는 '통일영도, 분급관리分級管理, 지역과 사안에 따른 구체적 대책' 원칙에 따라 기업, 사업, 계획과 재정의 관리 범위를 나누고 각 성, 자치구, 직할시의 관리 범위를 알맞게 확대하도록 요구했다. 제2장 2.1에서 토론한 것처럼 1958년 중앙이 관리하던 9300개 기업과 사업 단위 가운데 8100개가 지방정부로 이양되었다. 중앙 직속 기업이 전국 공업 총생산액에서 차지하는 비중은 1957년 39.7퍼센트에서 13.8퍼센트로 하락했다. 그러나 기업 및 부문의 행정 분권은 중국 거시경제와 미시적 효율을 개선할 수 없었다. 오히려 중앙 권력의 하방과 '대약진'이 야기한 혼란은 정부가 행정을 재집중하도록 조정하지 않을 수 없게 압박했다. 1961~1965년 일부 국유기업이 연달아 중앙으로 귀속되었고 새로 건설된 기업까지 더하여 1965년에는 공업 총생산액에서 중앙기업이 차지하는 비중이 42.2퍼센트로 올랐다.[26]

1958년 '기업하방'의 실패는 대부분의 사람이 갖고 있던 국유기업 병폐에 대한 진단을 바꾸지 못했다. 그래서 권력이 회수된 이후 국유기업이 원래 갖고 있던 각종 문제가 다시 출현했고, 지방분권이 다시 정책 결정자들이 선택한 해결 방법이 되었다. 1966년 마오쩌둥은 다시 '모든 것을 중앙에 집중해 엄격하게 통제하는 것은 좋은 방법이 아니'라고 주장했다.[27] 1970년 '하방이 곧 혁명이며, 하방할수록 더 혁명적'이라는 구호 아래 국무원은 다시 '기업하방'을 실시했다. 하방 후 중앙 직속 민용 공업기업은 142개만이 남았고 중앙 직속 기업이 전민소유제[국유기업] 공업 총생산액 가운데 차지하는 비중은 8퍼센트로 하락했다.[28] 이번 하방의 결과는 1958년과 거의 비슷하게 경제 혼란의 국면을 더욱 가중시켜 마침내 다시 권력이 회수되는 것으로 끝났다.

국유기업 관리 권력을 중앙정부에서 지방정부로 이전하는 행정 분권은 중앙정부와 지방정부 간 기업 관리 쪽의 관계만을 변화시켰을 뿐 정부와 기업의 관계는 변하지 않았고, 더군다나 국유기업의 기본 제도는 변하지 않았다. 따라서 기업하방은 국유기업의 실적을 개선할 수 없었다.

2. 기업자주권 확대

마오쩌둥 시대가 끝난 후 기업계와 경제학계의 대다수는 '기업하방'식 기업개혁을 부정했다. 그들 대부분은 국유기업의 활력과 효율이 부족한 까닭은 정부 간여가 너무 많고, 관리가 너무 경직됐기 때문이라고 주장했던 쑨예팡의 관점[29]에 동의했다. 따라서 개혁의 방향은 기업에게 권한을 주고 이윤을 양보하는 쪽으로 나가야 한다고 여겼다. 1970년대 말 기업에게 '자주권 확대' '이윤 양도'를 하는 것이 경제 지도부의 주류 의견이 됐다.[30] 이때부터 1990년대 초까지, 중국 국유기업은 '기업자주권 확대' 개혁을 반복했다.

1978년 10월 쓰촨에서 먼저 충칭 제철소 등 6개 기업을 선택해 '기업자주권 확대'를 시범적으로 실시했다. 우선 기업 관리자층에게 권력을 부여했다. (1) 증산 절약의 전제 아래 기업은 일정액의 적립금을 인출해 노동자들에게 장려금을 지불할 수 있다. (2) 국가계획 완수의 전제 아래 시장수요 제품을 증산하고, 위탁 가공을 맡을 수 있다. (3) 여분의 물자를 판매하고, 상업 부문이 구매하지 않는 제품과 신제품을 판매할 수 있다. (4) 중간 관리 간부를 발탁할 수 있다.[31] 1979년 7월, 국무원은 「국영 공업기업 경영관리 자주권 확대에 관한 국무원의 몇 가지 규정國務院關於擴大國營工業企業經營管理自主權的若幹規定」「국영기업 이윤 유보 실행 규정關於國營企業實行利潤留成的規定」과

5개의 관련 문건을 반포하여 기업자주권 확대와 이윤 유보의 개혁 조치를 전국으로 확대했다. 1980년 이 조치는 이미 전국 예산 내 공업생산액 60퍼센트, 이윤 70퍼센트를 점하는 6600개 중대형 국유기업으로 확대됐다. 이 개혁은 곧 경제질서 혼란, 재정적자 급증과 인플레이션 등 폐단이 나타나면서 의심받았다. 1980년 말, 중국 정부는 국민경제를 조정하기로 결정하고, 국유기업도 '자주권 확대' 개혁에서 국가계획 완수를 강화하는 '책임제'로 전환했다. 1985년 5월 국무원이 반포한 「국영기업 자주권 확대 심화에 관한 결정關於進一步擴大國營工業企業自主權的暫行規定」('확권 10조')과 1992년 7월 23일 국무원이 반포한 「전민소유제 공업기업 경영 기제 전환 조례全民所有制工業企業轉換經營機制條例」('전기조례轉機條例')는 다시 국유기업에게 여러 가지 자주권을 부여했다.

이 규정과 조례들이 기업에 부여한 권리는 주로 '방권'과 '양리' 두 측면의 내용을 포함한다. '방권'이란 기업 관리자들에게 과거 정부가 장악하고 있던 일부 통제권을 이전하는 것으로, 정부 행정 기구의 기업 계획 관리를 완화하고, 기업 관리자들이 자주적으로 과거 정부 주관 부문만이 할 수 있었던 경영 결정을 하게 하는 것이다.

'양리'의 최초 형식은 국유기업이 이윤의 일정 부분을 '3가지 기금'으로 유보하도록 허가한 것으로, 즉 '노동자 장려 기금' '노동자 복리 기금' '생산 발전 기금'을 기업 스스로 지배하는 것이다. 1983~1984년의 '이개세利改稅' 개혁 이후, 국유기업은 재정에 상납하던 대부분의 이윤을 기업소득세, 조절세 등의 형식으로 납입하고, 나머지 부분은 기업에 귀속시켰다. 1994년 세수 개혁 이후, 국유기업은 통일적 세율에 따라 기업소득세를 납입하는 것 외에 다시는 국가 재정에 이윤을 상납하지 않게 됐다.

「전민 소유제 공업기업 경영 기제 전환 조례」 규정의 기업경영권[32]

기업경영권이란 기업이 국가로부터 경영관리권을 부여받은 재산을 점유, 사용하고 법에 의해 처분할 권리를 의미한다.

1. 기업은 생산경영결정권을 향유한다.

2. 기업은 상품, 노무의 가격결정권을 향유한다.

3. 기업은 제품판매권을 향유한다. 기업은 지령성 계획의 제품 생산 임무 완성 후 초과생산 부분은 스스로 판매할 수 있다.

4. 기업은 물자구매권을 향유한다.

5. 기업은 수출입권을 향유한다. 기업은 전국에서 스스로 대외무역 대리 기업을 선택해 수출입 업무에 종사할 수 있고, 외상과의 협상에 참여할 권리가 있다.

6. 기업은 투자결정권을 향유한다.

7. 기업은 자산처리권을 향유한다.

8. 기업은 연영聯營·합병권을 향유한다.

9. 기업은 노동사용권을 향유한다.

10. 기업은 인사관리권을 향유한다.

11. 기업은 임금·장려금의 분배권을 향유한다.

12. 기업은 내부 기구 설치권을 향유한다.

13. 기업은 규정 외 부과금 거부권을 향유한다.

14. 기업경영권은 법률의 보호를 받으며, 어떤 부문, 단위, 개인이 간여하고 침범할 수 없다.

‘기업자주권 확대’ 개혁은 어느 정도 국유기업의 적극성을 자극했지만, 이는 국가의 업주적 지위를 바꾸지 않는 전제 아래서 단지 관리 체제에 대해서만 손질한 것으로 ‘방권’이든 ‘양리’든 모두 완전히 제 역할을 할 수 없었다. 만약 ‘방권’과 ‘양리’가 제대로 역할을 했다면 필연적으로 재산권 규제 결함과 내부자 통제 문제를 야기했을 것이다.

‘방권’ 측면에서 볼 때, 중국적 맥락에서 기업에게 경영권을 주도록 요구하는 ‘방권양리’ 개혁은 흔히 기업재산권의 기본 내용인 잔여통제권, 예를 들면 투자, 합병, 분할 등의 권리와 세후 유보 이윤 중 각항 기금의 비율과 용도의 확정 등을 의미한다. 이로 인해 기업에 대한 ‘방권’은 기업 내부자와 국가가 기업의 잔여통제권을 나누는 것을 의미한다. ‘양리’의 측면에서, 양리는 실제로 기업 내부자와 소유자로서의 국가가 잔여소득수취권을 나누는 것을 의미한다.

중국은 개혁 이래로 이미 몇 차례 국유기업에 방권양리 개혁을 실시했지만 매번 개혁 시작 이후 얼마 지나지 않아 진퇴유곡의 어려움에 빠졌다. 만약 기업과 기업 관리자의 ‘자주권’을 단호하게 실현하면, 기업은 국가 소유권의 구속을 받지 않지만 내부자 통제 기업이 된다. 만약 국가의 소유자 권리를 강력하게 보호하면, 개혁 조치는 제대로 실현되지 못한다. 일반적으로 한편으로는 내부자 통제의 여러 폐단이 날로 심해지고, 다른 한편으로는 국가의 국유기업 관리자의 임면과 중요 결정에 대한 행정통제도 제거할 수 없게 된다. 그래서 매번 ‘기업자주권 확대’ 개혁은 모두 용두사미로 끝나고 만다.

‘기업자주권 확대’ 개혁이 기대한 성공을 거두지 못한 이유를 놓고 매우 다르게 분석한 것도 있다. 국유기업 개혁 지도부의 주류 의견은 자주권 확대와 이윤 양도 개혁이 철저하지 못했다고 보았다. 그래서 그들은 농촌개혁의 ‘청부’ 방식을 국유 공상기업에 도입해 기업청부제를 실행하기로 결정했다.[33]

3. 기업청부제

1980년대 초부터 농가청부경영책임제가 성공을 거둔 반면, 국유기업 개혁은 적당한 경로를 찾지 못한 상황에서 청부책임제가 자연스레 국유기업 개혁에 도입되었다.

기업청부경영책임제는 청부인이 하청 발주자의 재산을 넘겨받아 경영하고 쌍방 합의를 통해 청부인은 소유자(국가)에게 고정액의 수익을 상납하고, 상납액을 초과하는 수익은 청부인이 지배하거나 일정 비율에 따라 쌍방 간 분배하는 것이다.[34] 이는 사실상 차등적 재산권 배치다. 즉 하급 소유자가 정액지대 혹은 정율지대를 교부하는 조건 아래서 상급 소유자에게서 청부 기간 동안 잉여통제권을 취득하고, 지대 공제 후의 경영성과에 대해 잔여청구권을 향유한다.

1983년 초 중공중앙 서기처 지도부는 농촌의 '가정청부경영제'와 유사한 도시 국영 상공업 청부제의 실시를 제기하고, '청부제를 도시로, 청부하기만 하면 잘된다'는 구호 아래 도시 상공업에 기업청부책임제를 전면적으로 도입할 것을 요구했다. 3개월이라는 짧은 기간에 전국 국유기업 대부분이 청부책임제를 실시했다. 그러나 이는 곧 경제질서 혼란과 물가 상승을 가져와 국무원 지도부는 중공중앙에 결정을 내리도록 촉구했고, 수도강철회사 등 몇몇 기업을 제외하고 기업청부제 실시를 중지했다.

1986년 말 국무원 지도부가 종합 개혁의 집행 중지 방안을 결정(2장 3.1 참조)한 뒤 이를 '기업개혁 위주'의 개혁으로 전환했다. 회사제(당시 '주식제'로 불림)를 새로운 기업 체제의 주요 형식으로 하려는 시도가 있었지만, 당시 사람들은 회사제에 대해 매우 생소해했고, 현대 회사제도가 요구하는 기본 경제 조건과 법제 환경이 모두 갖추어지지 않아서 사람들이 받아들이기 쉬운 기업청부제도를 다시 선택했다. 1986년 12월 국무원은 '여러 형식의 청부경영책임제를 실시하여 경영자에게 충분한 경영자주권을 줄 것'을 주장했다. 1987년 중반은 기업청부제의 두 번째 절정기였다. 연말이 되자 전국의 80퍼센트 중대형 국유기업이 청부제를 실시했다.

국유기업청부제의 주요 형식은 (1) '상납이윤 정액청부' (2) '상납이윤 기준 청부, 초과수익 배당' (3) '상납이윤 체증청부' (4) '적자기업 결손감소청부' (5) 청부의 주요 내용은 '2보 1연' 즉 세금이윤 상납 보증, 기술 개선 항목 보증, 임금 총액과 경제 효익의 연계를 실행하는 것이다.

청부제는 기업이 명확한 재산권 위에서 충분한 경영자주권을 획득하는 것이 아니라 오히려 단기 행위를 하도록 부추겼다. 비록 나중에 '위험 담보 청부' '청부 조건의 합리적 확정' '위험 보증 청부' 등 여러 교정 조치를 제기하며 청부제를 개선하려고 시도했지만 결국 기업의 독립채산제를 정착시키려는 목표는 이루지 못했다. 근본적인 원인은 청부제라는 제도 배치 자체에 본질적인 결함이 있었기 때문이다. 즉 청부 기간 내의 잔여통제권과 부분적 잔여소득수취권을 청부인에게 넘겨주면 기업의 재산권 경계를 더욱 모호하게 만들고, 발주자와 청부자 간의 이익 충돌이 더 심화되어 쌍방 간의 침해 행위가 발생하기 쉽다. 그 밖에 기업청부는 구체적 기한이 있기 때문에 청부인이 장기적 투자를 꺼리게 된다. 이는 청부기업의 장기적 성장 동력의 결핍을 야기하고, 심지어 청부기업의 '본전'까지 거덜내는 행위가 발생할 가능성이 있다. 1980년대 말과 1990년대 초에 이르러서는 극소수를 제외하면 절대다수 기업인 모두 기업청부제가 국유기업 개혁의 효과적 방식이라고는 더 이상 생각하지 않았다.

2.3 방권양리 개혁의 효과와 역효과

사회와 정치의 안정을 유지하는 전제 아래, 중국의 전체 경제체제 개혁의 일부로 방권양리 위주의 국유기업 개혁은 전통적으로 집중된 계획경제 체제에서 기업이 점진적으로 탈피하도록 했고, 주요 업종의 일부 기업은 시장에서 비국유 기업과 경쟁하고 적응하면서 좋은 성과를 올렸다.

방권양리 개혁이 효과를 거둘 수 있었던 것은 국가와 기업 내부자 간 관계의 몇 가지 중요한 측면에서 전통적 국유기업 제도를 개선시켰기 때문이다. 첫째, 인센티브 면에서 국유기업의 관리자층과 노동자는 사실 국가와 기업의 이윤을 나눠 가질 수 있었기 때문에 원래 행정기관의 부속물로 국가계획의 완성을 목표로 하던 국유기업에게 정도는 다르지만 모두 이윤 동기가 부여되었다. 관리자와 노동자가 노력만 하면 이윤을 크게 높일 수 있는 영리적 전망이 비교적 좋은 기업은 이런 동기가 더욱 강렬했다. 이윤 동기는 기업에게 활력과 자기 발전의 자극을 주었다. 둘째, 정보 메커니즘과 정책 결정의 효율 면에서 기업 관리자층은 광범위한 정책 결정 자주권을 부여받았기 때문에 정부 간여가 크게 감소했다. 과거 정부 행정기관의 지휘와 비교해보면, 정책 결정은 이미 상당히 분산되었고 많은 정보 수집과 정리 업무도 정부에서 기업으로 이전되어 기업 관리자층의 정책 결정은 과거에 비해 신속하고 유효해졌다.

그러나 방권양리 개혁 조치가 이룬 성과는 매우 제한적이었다. 방권양리 개혁이 국유기업의 기본 제도를 변화시키지 못했고, 본장 1.1에서 토론한 효과적인 인센티브 시스템을 만들지 못했기 때문에 다원적 목표, 소유자 직능의 횡적·종적 분할, 책임과 권리의 비대칭, 연성예산 제약 등 국유기업의 심층적 문제를 해결할 수 없었기 때문이다. 동시에 방권양리의 개혁은 '소유권과 경영권의 분리'를 국가와 기업 내부자 간의 소유권 분할로 연역해 재산권 관계의 혼란과 심각한 '내부자 통제'[35] 문제를 야기했다.

기업청부제를 배경으로 1988년 제정·실시한 「중화인민공화국 전민소유제 공업기업법中華人民共和國全民所有制工業企業法」은 '두 가지 권리의 분리'에 대해 규정해놓았다. 예를 들면 기업의 공장장을 기업의 '법정대리인(공상 행정 관리 부문의 경우 '법인 대표'로 부른다)'으로 확정하고, 회사의 지배구조가 결여된 상황에서 '법정대리인(법인 대표)'에게 월급 사장의 직권보다 큰 일련의 권리를 부여했다. 이렇게 국유기업의 내부자에게 '내부자 통제'를 할 수 있는 법률적 의거를 제공했고, 이들은 국유기업 개혁 과정 중 염가로 '스스로 사고파는自賣自買' 방법을 이용해 공공재산을 사유화했다. 일련의 국유기업 '법정대리인' 부패 사건을 보면 이러한 제도 혼란이 야기한 부정적 결과를 발견할 수 있다.

칼럼4.3

1988년 「기업법」과 이것이 1993년 「회사법」에 미친 영향[36]

국유기업청부제에 근거하여 1988년 제정한 「중화인민공화국 전민소유제 공업기업법」(약칭 「기업법」)은 일반적으로 신형 국유기업의 규범으로 여겨진다. 기업법이 정한 '소유권과 경영권 분리 원칙'은 기업 개혁 과정에서 광범위한 영향을 미쳤다. 예를 들면 다음과 같다.

(1) 국유기업의 재산은 전민 소유에 속하며 국가는 소유권과 경영권 분리 원칙에 따라 기업에 경영관리를 맡긴다. 기업은 국가로부터 부여받아 경영 관리하는 재산을 점유, 사용하고 법에 따라 처분한다.

(2) 기업은 법에 의해 법인 자격을 취득하고 국가로부터 부여받아 경영 관리하는 재산에 대해 민사책임을 진다. 경영 관리하는 재산은 법률의 보호를 받으며 침해받지 않는다.

(3) 기업은 공장장 책임제를 실행하며 공장장은 기업의 법정대리인이다.[37]

이 규정들은 「기업법」이 규정한 범위 내의 국유 공업기업에서 기업 재산권 소유자로서 국가는 재산권의 기본 부분을 기업 '법인'의 '법정대리인'인 공장장 혹은 사장에게 넘겨주어 그들이 재산권을 행사하게 하고, 국가는 단지 추상적인 '소유권'만을 유지한다는 것을 의미한다. 이러한 규범은 소유자가 부여한 권한 범위 내에서 월급쟁이 경영자가 갖는 특지통제권과 기업 재산 소유자가 보유하는 잔여통제권을 뒤섞어 국유기업 개혁 과정에서 광범위하게 나타난 내부자 통제의 법률적 근거가 되었다.[38]

「기업법」이 직업경영자의 직권과 소유자의 재산권에 끼친 이러한 혼동은 1993년 반포한 「중화인민공화국 회사법中華人民共和國公司法」(약칭 「회사법」)에도 나타난다. 「회사법」은 유한책임회사, 주식유한회사, 국유독자기업을 막론하고 '이사장이 회사의 법정대표자'라고 규정했다. 이사장이 회사의 당연한 '대리인'이라고 법률로 규정하는 것은 민법의 기본 원칙(사법자치원칙私法自治原則)을 위반하는 것이다. 이로 인해 기업 운영에 많은 폐단이 발생했다.[39] 2005년 수정한 「회사법」은 여전히 이러한 고정된 '법정대리인'의 조항을 유지하고 있다. 단지 '법정대리인'은 '회사 정관의 규정에 의해 이사장, 집행 이사 혹은 사장이 담당'할 수 있다고 규정했을 뿐이다.

3. 국유기업의 회사화

방권양리가 효율적인 기업제도를 만드는 데 아무런 소용이 없었기 때문에 국유경제의 상황은 갈수록 나빠졌다. 1988년 이전 국유기업의 손실은 일반적으로 20퍼센트를 넘지 않았다. 그러나 1990년대 초가 되면서 국유기업에 손익 '33제'가 나타났다. 즉 3분의 1은 적자, 3분의 1은 장부상 흑자虛盈實虧, 3분의 1만 수익을 냈다. 1995년에는 적자기업이 33.3퍼센트에 달했고, 1997년에는 43.9퍼센트로 더 악화되었다. 국유기업의 전체 이윤액과 전체 손실액을 비교하면 문제의 심각성은 더욱 분명해진다. 1994년 총이윤액과 총손실액을 비교했을 때 국유기업은 900여 억 위안의 순이윤을 보았고, 1996년 상반기에는 국유 부문에서 130여 억 위안의 순손실이 나타났다. 하반기 상업은행이 두 차례 대출금리를 내려 약간 호전됐지만 1997년 일사분기에는 순손실액이 20여 억 위안, 1998년에는 78억 위안에 달했다(표4.2).[40]

1993년 중공14기 3중전회는 「사회주의 시장경제체제 건립의 몇 가지 문제에 관한 결정關於建立社會主義市場經濟體制若幹問題的決定」을 발표해 국유기업 개혁 심화는 반드시 '기업제도 혁신에 총력을 기울이도록' 했다. 이는 국유기업 개혁의 방향이 방권양리에서 기업제도 혁신으로 전환됐음을 의미한다. 어떻게 제도 혁신을 이룰 것인가? 「결정」은 '현대 기업제도 건립'을 제시했다. 현대 기업제도란 소유와 경영이 분리된 현대 회사를 말한다. 그러나 당시 일반 관료들의 언어습관을 고려해 「결정」은 현대 회사제도를 정의하지 않았고 심지어 현대 회사제도의 핵심 토대인 기업지배구조도 언급하지 않았다. 단지 네 마디 '분명한 재산권, 명확한 권리와 의무, 정경 분리, 과학적 관리'를 기본 특징으로 하는 기업제도라고 현대 회사의 특징을 개괄했다.

같은 해 12월 29일 전국인민대표대회를 통과하고 1994년 7월 1일 정식

[표4.2] 전국 국유기업 수익 손실 상황(1990~1998, 억 위안)41

연도	국유 공업기업 적자기업 수(%)	적자 국유기업 적자액	전체 국유기업 이윤
1990	30.3	932.6	491.5
1991	28.0	925.9	744.5
1992	22.7	756.8	955.2
1993	29.8	479.4	1,667.3
1994	32.6	624.5	1,608.0
1995	33.3	802.1	1,470.2
1996	37.5	1,127.0	876.7
1997	43.9	1,420.9	539.8
1998	47.4	1,960.2	-78.0

으로 실시된 「중화인민공화국 회사법」은 각국 회사제도의 통례에 따라 법률 형식으로 회사제도를 규범화했다.

3.1 대형 국유기업의 회사제 개혁

1994년 11월 국무원은 100개 국유기업을 선정해 회사제 개혁을 시험하기로 결정했다. 주식 다원화를 통해 원래의 국유기업을 진정한 기업으로 개조하도록 강조하지 않았기 때문에 이 시험에 참여한 절대다수의 기업은 단지 형식적인 개편으로 국유독자기업이 되었다. 따라서 실질적인 변화는 없었고, 효율적인 기업지배구조를 건립하지도 못했다. 1996년 말 이 시범 단위들을 검수할 때 시범 기업들 대부분이 회사제 기업의 기준에 도달하지 못했다. 1997년 중공15대에 이르러, 특히 1999년 중공15기 4중전회에서 「국유기업 개혁과 발전의 몇 가지 중대 문제에 관한 중공중앙의 결정中共中央關於國

有企業改革和發展若干重大問題的決定」이 통과된 뒤 비로소 회사제 개혁의 내용을 더 명확히 했고, 특히 다원적 지분 소유의 기초 위에 효율적인 회사지배구조를 건립하도록 강조하여 국유 대·중형 기업의 회사제 개혁은 국제적으로 통용되는 규범에 따라 현대 회사제를 건립하는 단계로 진입했다.

중공15기 4중전회에서 통과된 「국유기업 개혁과 발전의 몇 가지 중대 문제에 관한 결정」이 대·중형 국유기업의 회사제 개혁에 대해 내놓은 새로운 주요 내용은 첫째, 반드시 국가가 독점 경영해야 하는 극소수 기업 외에 '투자 주체가 다원화된 회사를 적극적으로 발전시키고' 대·중형 국유기업은 '규범화된 상장, 중외 합자 및 기업 상호출자 등의 형식을 통해 주식제 기업으로 바꾸어 혼합소유제 경제를 발전시킨다'. 둘째, '소유자와 경영자가 서로 견제하는 법인지배구조를 회사제의 핵심'으로 삼아 개혁 후의 회사는 모두 효율적인 회사지배구조를 건립하도록 한다.[42]

1998년 이후의 대·중형 국유기업의 회사제 개혁은 대체로 3개의 서로 맞물리는 진행 과정을 포함한다.

1. 정부와 기업의 기능政企職責 분리

계획경제 시기 정부는 사회 관리자의 직능과 소유자의 직능을 한몸에 갖고 있었다. 국영'회사' '집체회사' 등 경제조직은 행정기관이면서 '기업'이었다. 1998년 출발한 새 정부는 정치와 기업을 분리하여 각각의 조직이 직책을 행사하도록 하기 위해 중대한 행보를 내디뎠다. 즉 중앙정부 소속의 정치와 기업의 두 가지 직능을 갖는 부部급 기구의 행정 직능을 국가경제무역위원회의 '국가국國家局'에 이임했다.[43] 곧이어 이들 '국가국'은 경제무역위원회의 각 직능사職能司에 편입됐다. 원래의 '행정형 회사'는 행정기구의 지위가 없어지고 행정 직능을 갖지 않는 기업이 되었다.

2. 독점 타파, 경쟁 촉진

계획경제 시기 규모의 경제를 최대화하기 위해 보통 한 개 업종 혹은 그 밑의 세부 업종에 한 개의 독점기업을 세웠다. 1998년 이후 중국 정부는 분할 재편의 방법을 취해 독점을 깨고 경쟁 국면을 형성했다. 석유공업을 예로 들면 개혁개방 이전 국가는 석유공업부와 석유화학공업부를 설립하여 각각 상류 업무와 하류 업무를 관리하도록 했다. 이어서 이 두 개 부는 다시 각각 중국석유화공총공사SINOPEC와 중국석유천연가스총공사CNPC로 행정 직능과 기업 직능을 겸한 '행정형 회사'로 개편되었다. 1998년 6월 이 두 개 회사의 행정 직능이 국가경제무역위원회 국가석유공업국으로 이전된 이후 정부는 이들을 모두 개편하여 종합적 석유회사로 만들기로 결정했다. 구체적인 방법은 북방 지역의 중국석유화공이 담당했던 정유, 소매 등 하류 시설을 중국석유천연가스공사에 넘겨주고, 남방 지역의 중국석유천연가스의 유전을 중국석유화공에 넘겨 서로 상대방 지역에서 투자와 운영을 하도록 허가했다. 이 두 회사에 원래 해상 석유 채굴을 하던 중국해양석유총공사CNOOC를 더하여 중국은 서로 경쟁하는 3개의 종합적 석유공사를 갖게 되었다. 기타 업종에서도 유사한 방법을 이용하여 경쟁 국면을 형성했다. 일부 자연독점 성격을 갖는 업종에 대해서는 근 20여 년간 각국에서 시행된 독점 업종의 개혁 사례를 채용하여 독점 경영을 최소한의 범위로 제한하고 이러한 독점기업은 사회의 감독 아래 운영되도록 했다.[44]

3. 기업 구조조정과 상장

위에서 말한 개혁 과정을 거친 국유기업은 일반적으로 규모가 지나치게 방대하고, 남아도는 인원이 많았다. 또 빚이 과중하고 자산건전성이 나빴다. 이런 상황을 겨냥해 회사제 개혁은 두 가지 다른 방법을 선별해 사용했다.

하나는 분할, 퇴직, 취업 소개 등의 방식을 이용해 비핵심 자산과 불필요한 인원을 처리한 후 핵심 자산을 재편해 기업공개IPO와 상장listing을 하는 것이다. 중국에선 이 방법을 '전체상장整體上市'이라 부른다. 다른 하나는 핵심 자산을 원래 기업에서 떼어내어 구조조정, 기업공개, 상장을 하고 비핵심 자산, 불량 채권, 불필요한 인원을 원래 기업에 남겨 새로 설립하는 기업이 회계장부상 양호한 재무실적을 갖도록 보증하고 상장 성공을 확보하는 것이다. 이 방법을 중국에선 '분할상장剝離上市'이라 한다.

이 두 가지 방법 가운데 앞의 방법이 효과가 비교적 좋지만 긴 시간이 필요하다. 뒤의 방법은 효과가 빠르지만 남는 문제들이 비교적 많다. 중국 국유 공상기업의 구조조정은 대부분 뒤의 방법을 사용했다. 예를 들면, 1999년 10월 중국석유집단CNPC은 채굴-제련-화공-소매의 핵심 자산을 떼어내어 중국석유천연가스주식유한회사Petro China(약칭 '중국석유')를 설립하고 홍콩과 뉴욕에 기업공개와 상장을 실시했다. CNPC의 154만 직원 가운데 106만 명이 '존속 기업'에 남고, 나머지 48만 명이 중국석유천연가스주식유한회사에 고용되었다. 중국석유는 2000년 3월 주식 공개 상장을 통해 일부 개인투자자와 전략투자자를 끌어들여 국유자산 일색의 성격을 바꿔버렸다. 또한 홍콩 증권거래소와 뉴욕 증권거래소에 각각 H주와 주식예탁증서ADR의 형식으로 기업공개와 상장을 실시했다.[45] 주주권 다원화의 기초 위에 구조조정과 상장을 거친 대다수 기업은 회사지배구조의 기본 틀을 세웠다.

3.2 개편 기업의 지배구조 문제

중공14기 3중전회 이후 비교적 많은 사람이 받아들인 국유자산 관리체제의 개혁 방향은 '3층' 구도다. 첫 번째 층은 정부 차원으로, 국유자산 관리위원회를 설립하여 국가의 소유자 직능을 집중적으로 행사한다. 두 번째

층은 소위 '국가가 권한을 부여한 투자 기구'로, '국가투자회사, 국가지주회사, 국유자산 경영회사, 조건을 갖춘 기업집단의 그룹회사'[46] 등이며 이 기구들은 세 번째 층의 개편된 기업들에서 주주 권리를 행사한다. 이런 국유자산의 경영 구조는 중대한 제도적 결함이 존재한다.

1. 상장회사는 국가가 권한을 부여한 투자 기구의 산하 기업으로서 독립적 법인 실체를 갖추기 어려움

정부는 '통제권'을 장악하기 위해 보통 개편 기업에서 지배주주 지위를 갖고 있다. 또한 이런 지배주주권은 보통 국유독자의 '국가가 권한을 부여한 투자 기구'가 행사한다. 이러한 상황은 두 가지 측면에서 부정적 결과를 가져온다. 첫째, '국가가 권한을 부여한 투자 기구'의 배경을 갖춘 이사(보통 이 기구의 고위 경영자)가 상장회사 이사회에서 지배적 지위를 갖는다. 둘째, 비록 중국증권감독위원회가 상장회사와 지주 모회사 간에 인력, 자산, 회계의 '삼분리'를 요구하지만, 상장회사 이사장(보통 '국가가 권한을 부여한 투자 기구'의 CEO가 담당)은 분리 범위 내에 있지 않다. 또한 「회사법」 규정에 근거하면 주식유한회사의 이사장이 보통 그 회사의 '법정대리인' '회사 재무의 최종 통제자'이며, '기업 계약 체결의 최종 결정권'을 장악하여 그의 권력은 '기업 전체 활동에 스며 있다'.[47] 이리 되면 비록 주주권이 다원화된 상장회사라도 국유독자인 '국가가 권한을 부여한 투자 기구'의 완전한 통제 아래서 시장경제가 요구하는 경영 독립성을 갖기 어렵다.

2. 구체제의 '존속기업'이 지배주주로서 상장회사 지배

분할상장 시, 분할되지 않은 국유지주회사, 자산경영회사, 업종총공사行業總公司, 기업집단의 자산('존속기업')은 여전히 원래 기업 즉, '국가가 권한을 부여한 투자 기구'가 보존했다. 구체제의 '존속기업'을 실체로 하는 '국가가 권한을 부여한 투자 기구'가 시장경제 신체제의 기초 위에 건립한 상장회사를 국가 대신 통제하는 것은 상장회사를 시장경쟁력을 갖춘 기업으로 만들기에는 분명히 불리했다. 또한 '존속기업'은 많은 비핵심 자산과 불필요한 인원이 집중돼 있어서 상장한 자회사에서 자원을 공급받아야만 했다. 그렇지 않을 경우 생존하기가 어려웠다. 동시에 '존속기업'은 상장회사의 지배주주로서 그룹 내 거래를 통해 상장 자회사로부터 자원을 취득할 충분한 조건을 갖고 있었다. 그래서 일부 모회사가 상장회사 자산을 '털어가고' 상장회사를 통해 주식시장에서 '단숨에 돈을 그러모으는圈錢' 사례가 나타났다. '국가가 권한을 부여한 투자 기구'로서 일부 그룹회사는 '성동격서'식으로 우량 자산을 이전하고 채무를 그룹회사에 집중시킨 후 마지막엔 파산 신고를 해서 채무를 기피하고 위험을 정부와 은행에 떠넘겼다.

3. 내부자의 소유권 행사

'권한 부여'의 방식으로 상장회사 국유주를 보유해 대다수 개편 회사에서 지배권을 행사하는 것은 모두 순국유기업, 즉 정부가 권한을 부여한 지주회사, 자산경영회사, 그룹 모회사 등 '국가가 권한을 부여한 투자 기구'다. 권한을 부여받은 대부분의 순국유기업은 소유와 경영의 분리가 이루어지지 않고 단지 혼합적인 '임원진'만 있을 뿐이다. '임원진의 구성원'은 이중 신분을 갖는데 이들은 국유 주주의 전권대표이면서 국유 주주가 고용한 경영자다. 결과적으로 '국가가 권한을 부여한 투자기구'에는 소유자와 경영자 간의 견제가 이루어지지 않고 이들 '임원진 구성원'은 자기가 자기를 감독한다.

중국 회사제의 개혁 과정에서 가장 두드러진 문제는 회사지배구조가 '내부자 통제'로 탈바꿈한 것이다. '내부자 통제'는 사회주의 국가가 초기 경제 이행 과정에서 자주 부딪치는 문제다. 일본 경제학자 아오키 마사히코는 이들 국가의 기업제도를 연구한 뒤 '내부자 통제'는 '이행 과정에서 고유한 일종의 잠재 가능한 현상'이며 반드시 조치를 취해 극복해야 한다고 지적한다.[48]

이런 현상은 중국 이행 과정 중의 국유기업, '경영자주권'을 획득한 기업, 청부제 기업 및 '주식제 기업'에 광범위하게 존재한다. 현대 회사는 원래 소유와 경영의 분리를 특징으로 하기 때문에 회사제 개혁 중 갖가지 비규범적 수단은 내부자 통제가 '합법' 혹은 '준법'적 형식을 얻도록 한다. 예를 들면 앞에서 언급한 이른바 '회사제의 실질은 주주 소유권과 기업 법인 재산권의 분리'라는 견해, 회사가 고정의 '법정대리인' 혹은 '법인 대표'를 세워야 한다는 법률 규정 등등 모두 내부자 통제를 성행하게 하는 것이다.

3.3 국유자산감독관리위원회 성립 이후의 국유기업 개혁

2003년 3월 전국인민대표대회에서 국무원 국유자산감독관리위원회(약칭 '국자위') 설립 결정이 통과됐다. 국자위는 국가를 대표하여 중앙 소속 비금융 기업들의 출자자 직책을 이행한다. 지방 기업의 국유자산은 성, 시(地) 정부의 국자위가 관리를 책임진다. 국무원 「기업 국유자산 관리감독 임시조례企業國有資産監督管理暫行條例」(2003)의 규정에 따르면 국자위의 주요 직책은 (1) 「회사법」 등 법률과 행정 법규에 따라 출자자 직책을 이행하고 국유기업 개혁과 구조조정 추진을 지도한다. (2) 국가를 대표해 일부 대형기업에 감사회를 파견한다. (3) 기업 책임자의 임면, 고과, 경영 실적에 따라 상벌을 실시한다. (4) 관리 대상인 국유자산의 가치 보존과 증식을 관리감독한다. (5) 국유자산 관리의 법률, 행정 법규를 입안하고 규정을 제정하며, 법에 따라 지방 국유자산 관리를 지도 감독한다. 2008년 국자위의 직능은 기업의 임금 분배에 대한 관리감독, 국유자본의 경영, 예결산 편제와 집행에 대

한 책임, 관리감독 기업의 안전 생산 검사 등의 영역으로까지 한층 더 확대되었다.[49]

국무원 국자위의 성립은 출자자 직책을 전권 행사하는 하나의 권위 기구의 지도 아래 중국 국유기업 개혁과 운영이 진행된다는 의미이며 사공이 많은 상황이 좀 나아진 것이다. 중공전국대표대회와 국무원의 관련 결정에 따라 국자위의 업무는 주로 두 가지에 집중돼 있다. 하나는 '조정調'으로, 한층 더 강하게 국유경제의 분포를 조정하고 국가는 일반 경쟁 영역에서 질서 있게 퇴진하는 것이다. 또 다른 하나는 '관리管', 즉 국가가 아직 물러나지 않은 회사의 국유주를 관리하고 주주권을 행사하는 것이다. 하지만 2003~2008년의 실제 상황을 보면 국무원 국자위 성립 이후 국유기업 개혁의 '조정'은 잘 진전되지 않았고 심지어 일부 영역에서는 '국진민퇴國進民退' 추세가 나타났다. 국자위 업무의 중심은 '관리' 방면에 점점 더 치중되어 대형 국유기업의 회사지배구조 개혁은 어느 정도 진전이 이루어졌다. 그러나 「회사법」이 규정한 소유자의 권한 범위를 넘어서 너무 많이 세세한 부분까지 관리하는 문제가 나타났다.

국자위 성립 이후 국유기업 개혁 과정에서 재산권 양도 절차에 존재하는 허점들을 신속하게 메우는 조치들이 행해졌다. 2003년 12월 국자위와 재정부가 공동으로 「국유기업 재산권 양도 관리의 임시 방법企業國有産權轉讓管理暫行辦法」을 반포했다. 이 규정과 후속 반포된 일련의 관련 문건들은 국유재산권 양도의 절차를 규범화하여, 이전에 수년 동안 소수에게 공공재산이 이전돼온 중요한 통로를 막았다. 동시에 국유기업의 구조조정 매각 결정 절차가 확립되어 국유재산권 매각과정의 투명도도 제고되었다. 이러한 모든 것이 국유기업 퇴출 과정의 질서와 공정성을 보장했다.

그러나 2004년에 '제3차 개혁대논쟁(제11장 3.3 참고)'이 시작되면서 개혁개방을 회의하고 부정하는 사조가 국유기업 개혁 영역에서 먼저 폭발했다. 국유경제가 사회주의 국가에서 갖는 중요성을 강조하는 목소리가 높아지면서 국유경제 분포를 조정하는 발걸음이 늦춰지고 국유기업에 주입되는 경제 자원은 계속 증가했다. 2007년 국자위가 관리하는 중앙 국유기업의 자산총액은 14억6000만 위안에 달하여 2002년에 비해 두 배로 증가했다. 재정부가 집계한 비금융 국유기업의 자산은 2002~2006년 기간에 54퍼센트 증가했다.[50] 에너지, 원자재, 교통, 통신 등 국민경제의 상류에 위치한 업종과 중앙 기업들은 공고한 독점 우위를 형성했다. 국자위의 자료를 보면 중앙 기업이 거의 모든 원유, 천연가스와 에틸렌 생산을 담당하고 전체 기초 전신 서비스와 고부가가치 서비스 대부분을 제공했다.[51] 이들의 발전량은 전국의 55퍼센트를 차지하고, 민항 운수의 총회전량은 전국의 82퍼센트, 수운 화물 총회전량은 전국의 89퍼센트, 자동차 생산량은 전국의 48퍼센트, 고부가가치 강재는 전국의 60퍼센트, 수력발전 설비는 전국의 70퍼센트, 화력발전 설비는 전국의 75퍼센트를 점유했다.[52] 국유기업은 이러한 업종에서 독점 지위에 기대어 거대한 이윤을 획득하지만 이를 국가라는 대주주에게 배당할 의무가 없었기 때문에 이 이윤은 시급하게 보강해야 할 공공서비스 영역에 투입되지 못하고 국유기업에 유보되어 통제되었다. 2007년 중앙 소속 국유기업의 이윤 총액은 1만1000억 위안에 달했고 전체 비금융 국유기업의 이윤 총액은 1만6200억 위안에 달해 GDP에서 각각 4.5퍼센트와 6.6퍼센트를 차지했다.[53] 국유기업의 거대 이윤은 재정 예산 절차를 거치지 않고 자동으로 투자자금으로 전환되는데 이는 근래 중국 경제성장이 지나치게 투자에 기대고 소비 성장이 부진한 중요한 원인이다.

현재는 국유경제 분포 조정 면에서 국유자본 퇴출은 없고 오히려 '국유경제 통제력 제고'를 주요 목적으로 하고 있다.[54] 국자위 성립 초기에 국유기업 회사지배구조의 중요한 결함은 내부자 통제였다. 따라서 국자위 성립 이후 '관리'에 힘쓰면서 회사지배구조 면에서 국가의 소유자 지위를 강화하고, 내부자 통제의 추세를 억제했다.

첫째, 국자위는 일련의 중앙 기업 '책임자(이사장, CEO, CFO를 포함하고 일부 기업은 부이사장, 부사장도 포함한다)'의 실적 심사 제도를 건립하고 실시했다. 실적 심사는 연도별 경영 실적 심사와 임기 경영 실적 심사로 나뉜다. 연도 심사는 연도 이윤 총액과 순자산수익률을 기본 지표로 삼고 임기 심사는 국유자산의 가치 보존과 증가율 및 3년간 주 영업 업무 수입 평균성장률을 기본 지표로 삼는다. 연도 경영 실적 심사와 임기 경영 실적 심사의 최종 결과는 A, B, C, D, E 5등급으로 나뉜다. 국자위는 심사 결과를 보고 기업책임자 보수의 '성과급' 부분을 상벌체계와 연계했다.

둘째, 국자위는 국내외 경영자 시장에서 중앙 국유기업 책임자의 공개 채용을 적극적으로 탐색했다. 중공중앙 조직부가 주도하여 2001년부터 국내외에서 중앙 국유기업의 고위 관리자를 공개 채용하기 시작했다. 2003년 국자위 성립 후 이미 중공중앙 조직부와 함께 7차례 공개 채용을 조직하여 92개 중앙 기업이 108명의 고위 관리자를 채용했다.[55] 공채 직위는 부직副職에서 정직正職으로, 회계사에서 CEO로 중요성이 점차 높아졌다.

실적 심사, 고위 관리직의 공개 채용을 실시하면서 국자위는 자신의 주주 역할을 초월하여 주식유한회사 이사회가 일상적으로 행사하는 직능까지 행사하기 시작했다. 당시 국자위가 상대하는 일급회사(지주회사, 그룹회사) 대부분은 국유독자회사이며 이들 회사는 이사회가 없거나 있더라도 상급 기관이 임명한 '최고경영자 집단(특히 최고책임자)'이 결정권을 갖고 이사회는 아무런 역할도 하지 못했다. 국자위 지도부는 국유기업 관리 개선의 '핵심은 회사 법인의 지배구조 개선이며 그중 관건은 규범화된 이사회를 건립하는 것'이라고 인식했다.[56] 이를 고려하여 2004년 6월 국무원의 비준을 받아 국자위는 「중앙기업 국유독자회사 이사회 건립과 완비의 시범 업무에 관한 통지關於中央企業建立和完善國有獨資公司董事會試點工作的通知」와 「국유독자회사 이사회 건립에 관한 지도 의견(시안)關於國有獨資公司董事會建設的指導意見(試行)」 등의 문건을 발표하고 바오산 철강寶鋼 그룹부터 이사회 건립 시범 업무를 시작했다. 2008년 말 이미 17개 중앙 국유기업이 이사회를 건립했다. 이후 시범 범위가 계속 확대됐다. 전통적 국유기업의 '최고경영자 집단'과 비교할 때, 이사회 테스트 포인트試點에서 '테스트'한 것은 두 가지 새로운 메커니즘이었다. 하나는 외부이사를 상당수 영입하는 것이고, 다른 하나는 이사회와 CEO를 대표로 하는 경영자층 간에 견제관계를 형성하는 것이다.

이사회의 규범화를 시작하면서 2008년 10월 국자위와 중공중앙 조직부는 함께 「이사회 시행 중앙 기업의 이사회 고위 관리자 선발 채용 업무에 관한 지도 의견關於董事會試點中央企業董事會選聘高級管理人員工作的指導意見」을 발표하고, 처음으로 중앙 국유기업 고위 관리자의 선발 채용 권한을 이사회에 넘겨주었다. 출자자 기구가 이사회를 선발 파견하고 이사회는 경영층을 선발 채용하고 관리하는 국유기업 지도부 계층 분류 관리의 새로운 체제를 건립했다.[57]

국유경제의 분포 조정과 국유기업의 회사지배구조 건립은 국유기업 개혁 전략에서 상호 연계된 두 방향이다. 세계 각국의 실천이 증명하듯 국유독자 혹은 절대지주 기업에서 효율적인 회사지배구조 건립은 비록 완전히 불가능한 것은 아니지만 매우 어렵다. 그래서 국유기업 회사지배구조 개혁을 강화하는 동시에 반드시 국유경제의 분포를 조정해 국가가 퇴출할 수 있는 영역의 기업은 최대한 퇴출해서 국유경제를 축소하고, 동시에 국가가 일시적으로 혹은 장기적으로 퇴출할 수 없는 기업에는 최대한 비국유 자본을 끌어들여 주주 다원화를 실현해야 한다. 2004년 제3차 개혁대논쟁이 터진 후 국유자본 퇴출의 행보가 주춤하고 국유기업 이사회 건립의 개혁 흐름이 완만해진 상황이 오래 지속되면서, 국자위는 '손 놓고 있을 수 없는' 압력 아래 전 업종의 '시어머니(기업의 상급 행정 주관 기구)'로 회귀할 수도 있다.

따라서 중공15대에서 확정한 국유경제 분포 조정 방침을 재차 강조하고, 새롭게 시작할 필요가 있다. 몇 가지 방면에서 채택을 고려할 만한 조치가 있다. 첫째, 경쟁 영역에서 국유자본 퇴출에 관한 특별한 규획을 제정하여 국자위가 책임지고 완성한다. 둘째, 독점도가 높은 국유기업 업종을 적극적으로 개혁한다. 「중화인민공화국 반독점법」(이하 「반독점법」) 제7조는 정부가 국유기업의 경영 행위를 감독, 조정해 '소비자 이익을 보호, 기술 진보를 촉진'하도록 했다. 독점 업종 개혁의 첫걸음은 실시 조례를 제정하여 「반독점법」이 규정한 정부 책임을 실현하는 것이다. 셋째, 재정 체제 개혁과 결합하여 법정 예산 감독의 절차를 통해 국가 공공 재정 자원의 국유기업 투입에 대한 엄격한 심사와 통제를 실시한다. 여기에는 국유기업 이윤 유보와 기타 형식을 통해 국가가 국유기업에 추가한 투자 역시 포함한다.

동시에 국유지주기업의 인센티브 시스템을 포함하여 국유기업을 변화시킬 유효한 조치들을 채택할 필요가 있다. 중요한 조치 하나는 국자위의 주주 역할을 한층 더 명확히 하여 법정 주주 권리를 초월하는 행위를 제한하는 것이다. 2009년 5월 1일 실시한 「중화인민공화국 기업 국유자산법」 제14조에 국자위는 '법에 의한 출자자 직책 외에 기업 경영활동에 간여할 수 없다'고 규정했다. 여기서 '법에 의한'이라는 것은 「회사법」에 의해 명확히 확정된 것이다. 「회사법」은 회사제 기업의 각종 이해관계자 행위를 규범화한 기본 법률이고 국자위는 이미 회사화한 국유기업의 국유 주주를 대표하여 '인사, 사무, 자산'을 관리하는 직권을 행사하기 때문에 당연히 그리고 반드시

「회사법」의 틀 내에서 권한을 행사해야 한다.

　'인사' 측면에서 「회사법」은 주주가 '관리자 선택'의 권리를 갖는다고 규정한다. 단, 여기서 말하는 '관리자 선택'의 권리는 구체적으로 주주총회에서 '이사의 선거와 교체' 투표를 한 후 이사회를 통해 간접적으로 '관리자를 선택'하는 직권을 의미한다. 그러나 2004~2008년 전신,[58] 은행[59] 등 대형 국유기업(상장회사 포함)에서 발생한 '고위층의 회전문 인사'는 종종 '이사회 비준'의 형식적 절차를 거치지 않은 채 관련 행정 부문이 선포하는데, 이는 「회사법」 규정을 위반한 것이고 자본시장에 좋지 않은 영향을 미친다.

　'사무' 측면에서 「회사법」은 주주가 회사에서 '중대한 결정권'을 향유한다고 규정한다. 이른바 '중대한 결정권'이란 위에서 말한 주주회의에서의 투표, 이사 교체와 이사 보수의 결정 권리 외에 다음과 같은 10가지 항목의 권리다. (1) 회사 경영방침과 투자계획 결정, (2) 주주 대표가 맡는 감사의 선거와 교체, 관련 감사의 보수 사항 결정, (3) 이사회의 보고를 심의 비준, (4) 감사회 혹은 감사의 보고를 심의 비준, (5) 회사의 연도별 재무 예결산 방안을 심의 비준, (6) 회사의 이윤 분배 방안과 적자 보전 방안을 심의 비준, (7) 회사 등록자본의 증감에 대한 결의, (8) 회사 채권 발행에 대한 결의, (9) 회사의 합병, 분리, 회사 형식의 변경, 해산, 청산 등 사항에 대한 결의, (10) 회사 정관 수정(제38·103조). 「회사법」은 유한책임회사 주주의 직권을 한 가지 더 첨가했는데 바로 '주주가 주주 이외의 사람에게 출자금을 양도하는 것에 대한 결의'다.

　이상 두 종류 회사의 기타 결정권은 이사회에 권한을 넘겨주어 이사회 혹은 이사회가 권한을 부여한 경영자가 결정해야 한다. 주주는 월권해서는 안 되며 개별 주주는, 비록 지배주주라 하더라도 직접 간여할 수 없다.

　'자산' 측면에서 국유자산은 자본금의 형식으로 회사에 투입된 후 법에 따라 그 회사의 '법인 재산'을 형성한다. 회사의 '법인재산권'은 법률의 보호를 받는다. 출자자(주주)는 「회사법」이 규정한 회사지배구조의 틀 내에서만 자신의 권익을 보호받으며 회사 법인 재산의 운영에 직접 간여할 수 없다.

2003년 국무원이 반포한 「기업 국유자산 관리감독 임시조례」 일부 규정은 「회사법」과 충돌한다. 마땅히 '상위법 우선' 원칙에 따라 수정이 가해져야 할 것이다.[60]

4. 대형기업의 회사지배구조 개선

회사지배구조 개선은 현대 회사제도의 안정적 운행을 보장하는 영원한 주제다. 회사지배구조 문제는 소유자와 경영자 간, 대주주와 소액주주 사이의 정보 비대칭 및 기업경영이 직면하는 불확실성에서 발생한다. 이러한 비대칭성과 불확정성은 영원히 완전하게 제거할 수 없기 때문에 기업 입장에서 회사지배구조 개선은 끝없는 장정이다. 회사지배구조의 낙후는 최종적으로 반드시 혁신 능력과 경쟁력의 낙후를 반영한다. 이런 의미에서 회사지배구조 개선은 여전히 중국 대형기업 모두 중시해야 할 과제다. 회사지배구조 건립의 역사는 매우 짧으며 국유회사든 민간회사든 아직 완전치 못한 중국 기업이 반드시 대면해야 할 도전이다.

4.1 회사지배구조 개혁의 국제적 추세

제2차 세계대전 이후 대형기업 내의 각종 모순이 영미형 회사와 독일형 회사에서 각각 다른 형식으로 나타났다. 전자는 주주권이 매우 분산되어 다수 소액주주는 차라리 '무임승차자free-rider'가 되어 경영자를 소유자의 통제와 감독을 벗어나게 하는 문제가 발생했고, 후자는 회사지배구조가 지나치게 노동자의 이익에 편향됐다. 이 두 경향은 모두 주주 이익을 손상시키고 기업 경쟁력을 하락시킨다.[61]

이 문제들을 겨냥하여, 1990년대 초 영미 유형의 국가에서 주주 가치를 강조하고 회사에 대한 주주의 통제를 주제로 하는 '회사지배구조 운동'이 일어났다. 1990년대 회사지배구조 개혁은 1992년 런던 증권거래소에서 캐드버리 경Sir Adrian Cadbury을 수반으로 하는 위원회가 회사 재무 정보 공개의 개선에 관한 연구 보고[62]를 발표한 것이 발단이었다. 그 보고서는 회사지배구조를 강화하기 위해 제출한 일련의 건의로, 독립이사 제도 도입과 회계감사 등의 전문위원회 설립 등을 제안했고 1990년대 중반 업계에서 보편적으로 받아들여졌다. 회사지배구조 운동이 기타 회사제도 개혁, 예를 들면 증권법, 증권거래법의 제정과 구별되는 중요한 특징은 우선 각종 비정부조직이 자율적, 지도적 행위규범을 발표하는 방법을 채택하면서 기업이 회사지배구조를 개선하도록 촉진했다는 것이다. 이어서, 국가기구가 다시 행정법규의 형식으로 이러한 규범을 확인시켰다. 1990년대 말 회사지배구조 강화는 이미 국제적 조류가 되었다.

회사지배구조 개혁은 종종 위기와 스캔들에 의해서 추동된다. 1990년대 영미에서 나타난 회사지배구조 운동은 내부자 통제가 야기한 추문이 끊임없이 출현한 결과로 촉발된 것이다. 2001~2002년 미국의 엔론Enron과 월드컴World Com 등 대기업에서 심각한 스캔들이 발생하면서 회사지배구조에 대한 새로운 사고와 개혁 노력을 불러일으켰다. 그 성과 가운데 하나가 바로 사베인즈옥슬리법Sarbanes-Oxley Act, SOX Act이다.

칼럼4.4

2002년 미국「사베인즈옥슬리법」의 새 규정[63]

엔론 등 기업 스캔들로 들끓는 속에서, 2002년 7월 미국 국회의 압도적 다수의 찬성으로 「사베인즈옥슬리법」이 통과됐다. 이 법안의 반포는 '루즈벨트 시대 이후 미국 비즈니스와 관련해 가장 중대한 영향을 갖는 입법'이라 여겨진다. 「사베인즈옥슬리법」이 상장회사에 새롭게 요구하는 사항은 다음과 같다.

회사의 최고경영자CEO와 최고재무책임자CFO는 반드시 회사 재무 보고에 개인적으로 서면 인증을 해야 한다. 만약 이들이 보고가 증권거래법의 관련 요구사항에 부합하지 않음을 알면서도 서면 인증을 했을 경우, 100만 달러 이하의 벌금과 10년 이하의 징역에 처하고, 만약 계획적 행위일 경우 500만 달러 이하의 벌금과 20년 이하의 징역에 처한다.

회사는 CEO와 CFO에게 대출을 제공할 수 없다.

회사에 만약 중대한 규정 위반이 발생할 경우 관리자는 성과급 수령의 권리를 상실한다.

다음은 내부 고발자 보호다. 만약 회사 피고용인이 상급 관리자, 감독기관과 국회의원에게 회사 비리 행위를 보고함으로 인해 해고, 강등, 정직, 위협, 훼방 혹은 기타 어떤 형식의 차별을 받는다면 그 피고용인은 소송을 제기할 수 있고 배상받을 수 있다.

미국 증권거래위원회SEC는 법원을 거치지 않고 규정을 위반하거나 직위에 적합하지 않은 이사와 기타 관리자들이 공개회사의 이사 혹은 기타 직무를 맡는 것을 직접 금지할 수 있다.

회사는 반드시 독립이사와 한 명의 재무 전문가로 구성된 감사위원회를 설립하여 회사의 재무 보고를 청취하고 심의하며 외부감사의 초빙, 해임, 감독과 보수 사항을 직접 책임져야 하고, 아울러 독립 재무 고문을 초빙하여 해결하기 어려운 문제를 처리할 권한이 있다. 회사 감사위원회는 회사 내부의 감사 계통의 효율성을 책임진다.

SEC가 통제하고 외부 인사로 구성된 '공개회사 재무회계감독위원회'를 설립하여 외부 감사 회계사에 대한 업계 감독을 강화한다.

OECD, 세계은행 등 국제조직이 세계적인 회사지배구조 개혁을 추동하는 데 중요한 역할을 했다. 1999년 OECD는 회원국들의 요구에 부응하여 일련의 회사지배구조의 원칙을 제출했다. 2002년 OECD는 재차 회원국들의 요구에 응하여 1999년 이후 회사지배구조 영역의 새로운 변화를 연구하기 시작했고, 1999년의 회사지배구조 원칙을 수정한 기초 위에 2004년 새로운 「OECD 회사지배구조 원칙OECD Principles of Corporate Governance」을 내놓았다.[64] OECD의 회사지배구조 원칙은 주주 및 이해관계자의 권익 보호 강화와 이들이 회사지배구조에서 발휘하는 역할, 투명도 제고 및 이사회의 책임 강화에 주안점을 두었다.

2005년 OECD는 국유기업에 특별히 적용되는 『OECD 국유기업 회사지배구조 지침OECD Guidelines on Corporate Governance of State-Owned Enterprises』(이하 『지침』)을 출판했다.[65] 국유기업의 회사지배구조에 관하여 『지침』은 우선 효율적인 법률과 감독 체계를 건립해야 하고 그 핵심은 국유기업과 기타 기업이 평등하게 경쟁하는 환경을 조성하는 데 있다고 강조한다. 또한 『지침』은 정부가 어떻게 표준적인 소유자가 될 수 있는지 몇 가지 구체적 원칙을 제시했다. 정부는 기업의 일상 경영활동에 간여해서는 안 된다는 것 외에 『지침』은 '집중화'된 소유권 대표 기구를 건립하고 사회에 자신의 '소유권 정책'을 발표하여, 소유자로서 추구하는 목표와 이 목표를 실현할 수단을 명확히 할 것을 요구했다. 소유권 대표 기구는 의회의 감독을 받아야 한다. 정보공개 측면에서 『지침』은 소유권 대표 기구가 연도 보고를 공개 출판하여 의회, 매체와 대중에게 국유기업의 정보를 공개할 것을 건의했다. 연도 보고는 국유기업의 재무 성과와 국유자산 가치 및 판매액, 주 영업활동 이윤, 현금 흐름, 투자, 주식수익률과 배당 등 총 재무 정보에 집중해야 한다. 『지침』은 또한 공기업으로서 국유기업은 상장 여부와 관계없이 그 투명도가 상장기업의 수준에 달해야 하며 구체적으로 『OECD 회사지배구조 원칙』에서 상장공개회사公衆公司에게 요구한 정보공개와 동일한 기준을 요구했다.

중국에선 2002년 1월 중국증권감독위원회와 국가경제무역위원회가 강제적인 「회사지배구조 규범公司治理規範」을 반포하여 모든 상장회사는 효과적인 회사지배구조를 건립해야 한다고 요구했다. 중국 기업은 회사지배구조 개선 작업 중에 선진국 회사지배구조의 경험과 교훈을 분명 더 많이 받아들여야 할 필요가 있다.

4.2 주주 권익 보호와 정보공개 강화

첫째, 이사회 성원의 지명, 선거 및 회사 경영전략과 보수 정책 등 회사지배구조와 관련된 중대한 결정에 주주의 효과적 참여가 마땅히 보장되어야 한다. 이사회 성원, 주요 임원과 피고용인의 보수 계획 중 〔스톡〕옵션 계획期權計劃 등 주주권과 관련되는 사항은 반드시 주주총회의 비준을 거쳐야 한다. 관련 정책의 참여 외에 회사지배구조에서 주주가 자신의 권리를 행사하는 또 하나의 중요한 경로는 회사 정관을 제정하는 것이다. 2005년 수정한 「중화인민공화국 회사법」은 회사지배구조에서 회사 정관의 역할을 강화했다. 주주가 회사 정관 제정의 권리를 충분히 운용하여 기업의 회사지배구조 시스템을 설계함으로써 상당한 정도로 주주의 '당사자 자율성意思自治, autonomy of will'을 실현하도록 했다.

둘째, 모든 주주, 특히 소액주주의 평등을 보장해야 한다. 소액주주가 정책 결정에 평등하게 참여하도록 보장하는 중요한 메커니즘 한 가지는 누적투표 제도다. 2005년 수정한 「중화인민공화국 회사법」 제106조 규정은 '주주총회에서 이사, 감사의 선거는 회사 정관의 규정 혹은 주주총회의 결의에 따라 누적투표제'[66]를 실행하여 이사회 선거 중 중소 주주들의 사실상의 결정권을 보호할 수 있도록 했다.

셋째, 기관투자자의 적극적인 역할을 충분히 발휘하도록 한다. 기관투자자의 의의는 수많은 중소투자자의 자금을 집중해서 투자하여 중소투자자의 '무임승차', 즉 회사지배구조에 적극적으로 참여하길 원하지 않거나 참여할 능력이 없는 문제를 어느 정도 방지할 수 있다는 점이다. 발달한 시장경제, 특히 영미의 시장경제에서 기관투자자는 회사 주주권 구조 가운데 중요한 지위를 점한다. 미국에서 1994년 회사 주주권 구조에서 46.2퍼센트가 각종 기관투자자 보유이며 그중에서도 두 종류의 기관투자자, 연기금과 뮤추얼펀드가 각각 25.9퍼센트와 11.9퍼센트를 차지했다.[67]

중국 국유기업의 회사제 개혁에서 기관투자자는 매우 큰 잠재력을 갖춘 소유권 주체다. 그중 가장 큰 잠재력을 갖춘 것이 노후기금이다. 우선 국가가 고참 노동자들에게 진 사회보장 채무를 상환하는 방식을 사용하여 기관투자자로서의 사회보장기금을 적극 육성해야 한다. 이러한 방식이 합리적인 이유는 현재 국가 재산 가운데 상당 부분이 노동자들이 과거 '저임금' 형식으로 미리 지불한 사회보험금으로 형성한 것으로, 고참 노동자들이 저임금을 국가가 자신들에게 약속한 사회보험과 교환한 것이기 때문이다. 이러한 약속은 정부의 음성적 부채다. 많은 경제학자는 이 부채를 상환하기 위해 현재 국유자산 가운데 '한 덩어리를 잘라내' 사회보장기금으로 이전하여 노후제도 개혁 중 국유기업 고참 노동자들에게 진 빚을 메꾸는 데 사용해야 한다고 주장한다. 이러한 조치가 실현된다면 '일석이조'의 효과를 볼 수 있다. 즉 노후제도 개혁의 역사적 유산 문제를 해결하고 사회보장체계의 자금 상황을 개선할 수 있다. 또 정부 외의 새로운 기관투자자를 만들어 효과적으로 소유자의 감독을 강화하고 회사지배구조를 개선할 수 있다.[68]

주주가 회사지배구조에서 충분한 역할을 발휘하려면 반드시 충분한 정보가 보장되어야 한다. 따라서 회사 정보의 투명성은 주주 권익 보호에 매우 중요하다. 많은 회사지배구조 스캔들은 중국의 충민위안瓊民源(제6장 칼럼 6.3 참고), 인광샤銀廣夏에서부터 미국의 엔론, 월드컴까지 모두 정보공개 시스템의 실패와 밀접한 관련이 있다. 햇빛이 가장 좋은 소독제다. 만약 정보공개 시스템이 정상적으로 작동한다면 이러한 스캔들은 발생할 수 없다. 따라서 대형기업의 회사지배구조를 강화하려면 반드시 재무회계 제도와 정보공개 제도를 강화하여 주주의 알권리를 보장해야 한다.

4.3 건전한 이사회의 지배구조 시스템

이사회 제도는 현대 대형기업 회사지배구조 제도의 핵심이다. 대형회사는 주주의 수가 많고 분산돼 있기 때문에 이사회가 회사를 운영한다. 일반적으로 현대 대형기업의 이사회는 보통 두 가지 기능이 있다. 하나는 회사 경영전략을 결정하는 것이고, 다른 하나는 회사 경영진을 선발 채용하고 동기부여 및 감독하는 것이다. 많은 혁신형 현대 회사에서 이사회는 통상적으로 전문 지식을 운용하여 경영진에게 자문과 건의를 제공할 책임을 진다.

이사회의 지배구조 시스템 마련에 필요한 첫 번째 조건은 지배주주와 이사회의 권한을 명확히 함으로써 이사회의 권위를 보장하는 것이다. 앞에서 말한 것처럼 국유지주 대형기업에서 사실상 국자위가 이사회의 많은 기능을 행사하고 있다. 이사회 자체는 대부분 여전히 발전 초기 단계에 머물러 있고 기본적으로 원래 국유기업의 '경영자 집단'으로 구성돼 있다. 비국유 대형기업에서도 이사회는 대체로 대주주 혹은 '지배주주' 수중의 허수아비다. 일부 기업에서는 심지어 가족기업의 전통이 답습되어 대주주가 주주, 이사회와 최고경영자의 직능을 한몸에 다 가지고 있다. 만약 기업에 단지 한 명의 소유주만 있고 업주 혼자 직접 기업을 경영하여 이사회와 경영진도 필요 없다면 당연히 어떤 잘못된 것도 없다. 대다수 가족형 중소기업은 모두 이러한 발전 단계를 거쳤다. 그러나 대형회사의 대주주는 유일한 주주가 아니다. 이사회가 유명무실하다는 것은 기타 주주들이 회사 운영에 아무런 영향도 미치지 못하면서 대주주의 경영 실패가 가져온 위험을 감당해야 하는 것을 의미한다. 이러한 시스템도 대주주가 다른 형식으로 여타 주주들의 이익을 침범하는 데 편리를 제공했다. 따라서 주주 구성이 다원화된 대형회사에서는 대주주와 이사회 간에 반드시 명확한 권한 설정이 이루어져야 한다. 고위 경영진의 임면 결정과 상시적 감독은 이사회의 핵심 직능 가운데 하나다. 출자자의 이익과 회사의 목표를 확보하기 위해 이사회 특히 그중 독립이사는 반드시 고위 경영진의 인사임명권과 보수 결정의 권리 및 회사 전체 재무에 대한 상시적 감사 권리를 가져야 한다.

이사회는 반드시 그 역할을 담당할 충분한 능력을 지녀야 한다는 것이 이사회 지배구조를 실행하기 위한 두 번째 조건이다. 현대 회사의 이사회와 전통 국유기업의 최고경영진 사이의 중요한 차이는 전자가 전방위적 지식 구조를 갖췄다는 점이다. 대형기업의 이사회는 보통 회계사, 변호사, 엔지니어, 과학자 등 회사 경영과 밀접한 관련이 있는 영역의 전문가를 포함하고 있다. 이사는 회사의 정규 고용인이 아니기 때문에 회사는 큰 '인재 풀'에서 이사를 선발할 수 있고 전문가는 여러 회사에서 이사를 겸임할 수 있다.

효과적인 이사회 지배구조 건립의 세 번째 조건은 이사회의 독립성을 보장하는 것이다. 어떻게 이사회의 충분한 능력을 보장하면서 동시에 그 독립성을 보장하는가는 현대 회사지배구조 개혁의 큰 어려움이다. 1970년대부터 일부 선진국은 상장회사에 독립이사 제도를 도입하기 시작했다. 현재 회사지배구조에서 독립이사 제도는 이미 세계적으로 행해지고 있고 이사회에서 독립이사의 비중은 점점 늘어나고 있다. 1999년 OECD 조사에 따르면 대형 상장회사 이사회에서 독립이사의 비중은 미국 62퍼센트, 영국 34퍼센트, 프랑스 29퍼센트다. 1970년대 이후 일부 회사는 이사회에 감사, 보수, 이사 추천 등의 전문위원회를 설립하기 시작했다. 1977년 뉴욕 증권거래소는 상장회사에 독립이사로 구성된 감사위원회를 설립하도록 요구했다. 상장 규칙에는 다음의 요구 사항이 있다. 독립이사가 발표한 의견은 이사회 결의안에 명시해야 하고, 회사의 관련 거래는 반드시 독립이사가 서명한 이후에 효력이 발생하며, 두 명 이상의 독립이사는 임시주주총회 소집을 제의할 수 있고, 독립이사는 주주총회, 미국 증권거래위원회와 기타 관련 부문에 상황을 직접 보고해야 한다. 2002년 미국 국회가 통과시킨 「사베인즈옥슬리법」은 모든 상장회사에 반드시 전원 독립이사로 구성된 감사위원회가 있어야 한다고 했다. 그 밖에 미국의 일부 대형 상장회사는 이사회의 추천위원회와 보수위원회도 전원 독립이사로 구성돼 있다. 중국증권감독위원회가 2001년 반포한 규정은 상장회사에 독립이사 제도를 실시하도록 요구하고 있다.

독립이사회의 독립성에 관해 나라와 지역마다 다른 정의를 내리고 있다. 사람들이 일반적으로 받아들이는 정의 가운데 '독립'은 다음과 같은 몇 가지 함의를 포함한다. (1) 회사에서 경영 등의 직무를 담당하지 않은, 즉 회사 관리자층으로부터의 독립. (2) 회사와 업무 관계가 있는 변호사 사무소, 회계 사무소와 같은 이해관계가 없고 회사의 중요한 고객 혹은 공급상이 아닌, 회사의 업무 파트너로부터의 독립. (3) 회사 주식 보유가 주식 총액의 1퍼센트를 초과하지 않으면서 대주주와 관련없는 인사, 대주주로부터의 독립. 당연히 독립이사 제도 건립은 좋은 회사지배구조의 충분조건은 아니다. 그러나 많은 사례가 보여주듯 만약 적임자를 선발하고 충분한 권리를 부여한다면 독립이사는 비록 중국 같은 경제 환경에서도 중요한 역할을 할 수 있다.

이사회 지배구조를 실현하는 네 번째 조건은 회사에 대한 이사의 충성을 유지하는 것이다. 이사는 주주가 계약을 통해 고용하거나 보수를 위해서 그리고 주주 이익을 위해서 서비스하는 피고용인이 아니다. 주주의 위탁을 받아 주주의 재산을 관리하도록 부탁받은 사람이다. 따라서 현대 회사지배 구조 제도의 중요한 지주 가운데 하나가 바로 주주와 회사에 대한 이사의 충성 의무duty of loyalty와 수탁책임fiduciary duties이다. 이것은 이사(독립이사 포함)에게 인센티브 제약을 가하는 기본 시스템이다. 미국의 권위 있는 회사 법 교과서에 따르면 '회사법의 역사는 상당 부분 충성 의무를 실행 가능한 내용으로 발전시킨 역사'다.[69] 충성 의무 혹은 수탁책임의 핵심은 어떤 사람 이라도 일단 이사가 되면 주주에 대한 충성, 회사의 법률 책임에 대한 충성 을 받아들여야 함을 의미한다. 만약 이 책임을 이행하지 않았다고 판정이 난다면 그 결과는 단지 보통 피고용인처럼 보수를 잃고 일자리를 잃는 것에 서 끝나는 것이 아니라 법률의 제재를 받을 수 있다. 2005년 수정한 「회사 법」은 이미 명확하게 이사는 '회사에 충성 의무와 근면 의무를 갖는다'라고 규정하고, 아울러 이사가 '해서는 안 되는' 일련의 행위를 열거했다. 대형기 업이 이사회 건립을 강화하는 중요한 경로는 바로 기업의 현실과 결합하여 이 원칙을 더 한층 구체화시키고 회사 정관과 기타 형식을 통해 이를 제도 화하는 것이다. 예를 들면 「회사법」에서 이사는 '이사회 혹은 주주총회의 동의를 거치지 않고 직무 편리를 이용해 자신 혹은 타인을 위해 회사에 속 한 상업 기회를 도모하여 회사에서 맡은 동일한 업무를 스스로 혹은 타인 을 위해 경영해선 안 된다'고 규정했다. 이 조항의 실시는 중국 회사지배구 조 개선에 중요한 역할을 할 것이다.

종합하면, 이사회 건립의 관건은 네 가지로 개괄할 수 있다. 권위, 능력, 독립성과 충성. 서열적 권위와 개인의 전권을 강조하는 중국의 전통 지배 문 화 측면에서 말하자면, 수탁책임을 이사회 지배구조 제도의 주춧돌로 삼는 것은 일종의 생소한 '외래품'이다. 비록 비국유 기업이라도 효과적인 이사회 지배구조를 형성하려면 실패와 곡절을 겪을 것이고 오랜 기간 끊임없는 노력을 쏟아부어야 할 것이다. 그러나 만약 중국의 대형기업이 이러한 제도를 정착시키지 못한다면 기업의 성장과 확장은 필연적으로 대주주의 자금 능력, 통제 반경과 관리 능력에 의해 제한될 수밖에 없다. 오늘날 이와 같은 세계화 시대에 이런 기업은 국제 경쟁에서 선두적 지위를 차지하기 어렵고 심지어 일부 영역에선 생존조차 할 수 없다. 국유 대형기업에서 이사회 지배구조 제도 건립은 많은 어려움을 겪고 있고 더 큰 노력을 필요로 한다.

4.4 시장 시스템의 충분한 발휘와 회사 외부 지배구조 강화

앞에서 말했듯이 기업은 일련의 계약관계의 연결점으로 볼 수 있다. 이러한 의미에서 기업은 시장 거래의 산물이다. 시장 시스템의 완비는 회사지배구조 개선에 매우 중요한 역할을 발휘할 수 있다.

우선, 경영자 시장을 충분히 이용하여 경영자에 대한 인센티브와 제약을 개선한다. 주주의 목표를 실현하기 위한 경영자의 노력을 확보하기 위해서는 경영자에 대한 엄격한 감독뿐만 아니라 이들에 대한 충분한 인센티브가 있어야 한다. 그렇지 않으면 기업 이익에 손해를 끼치는 일종의 '58세 현상'[70]이 쉽게 나타난다. 경영자에 대한 인센티브는 승진, 재직 소비(고위급 직원이 직책을 이행하는 과정에서 얻는 사무실, 전용차 등 임금 외 수익), 장려금, 복지와 스톡옵션 등의 방식이 있다. 이런 방식은 각각 장단점이 있어 종합적으로 이용할 필요가 있다. 인센티브 방식을 선택할 때 가장 주의할 점은 경영자에 대한 인센티브와 소유자 목표 실현의 겸용성을 보장해야 한다는 것이다. 발달한 시장경제 국가에서 가장 일반적으로 채택하는 경영자 인센티브 방식은 스톡옵션이다. 효과적인 주식시장에서 주가는 회사의 예상 수익 능력을 반영한다. 그래서 경영자에게 스톡옵션 인센티브를 부여하는 것은 주식 목표와 잘 맞는 겸용성을 갖출 뿐만 아니라 자극의 강도도 매우 크다. 그러나 이 방법은 회사지배구조의 유효성과 주식시장 관리감독 수준에 대한 요구가 매우 높기 때문에 많은 노력을 기울여 그러한 조건을 만들어야만 비로소 이루어낼 수 있다.

다음으로, 채권자의 역할을 충분히 발휘해야 한다. 은행 등 채권자는 여러 측면에서 기업의 회사지배구조를 강화하는 역할을 한다. 첫째, 기업 관리자층의 정책 결정 실패를 감소시키고, 둘째, 기업의 중대한 위험을 감시·제어하고, 셋째, 기업 관리자층이 경영 실패에 대한 책임을 지도록 한다. 투자 결정 외에 대출은행은 자신의 이익을 고려하여 반드시 자신의 채무 기업이 직면할 수 있는 중대한 위험을 감시·제어한다. 기타 투자자 특히 중소 주주는 이 방면에 편승할 수 있다. 만약 기업이 경영 실패로 만기에 채무를 상환하지 못해 파산에 이를 경우 채권자 특히 주요 대출은행은 사실상 기업을 통제하게 된다. 이런 상황에서 채권자가 어떤 행동을 취할지, 기업 관리자층의 이익에 어떤 영향이 생길지, 기업 관리자층은 이에 대해 예상할 수 있다. 이런 예상은 일종의 중요한 억제력으로 기업 관리자층이 더욱 자신의 행위를 규범화하도록 한다.

마지막으로, 증권시장의 역할을 충분히 발휘하도록 한다. 이번 장 1.4에서 말한 대로, 영미의 회사지배구조 모델에서 증권시장은 상장회사의 지배구조를 효과적으로 운용하는 데 매우 중요한 역할을 한다. '발로 하는 투표', 적대적 인수합병, CEO에 대한 스톡옵션 제공 등을 통한 증권시장의 운용은 고위 경영자들에게 매우 강력한 인센티브와 제약을 형성한다. 중국 증권시장은 현재 이 방면에서 거의 아무런 역할도 하지 못하고 있어 반드시 온 힘을 기울여 이 문제를 해결해야 한다. 이외에 채권자와 마찬가지로 증권시장의 많은 참여자도 상장회사의 회사지배구조에 중요한 역할을 발휘할 수 있다. 예를 들면 신용평가 기구는 행위규범과 아울러 비교적 강한 정보 수집 및 처리 능력이 있다. 이들도 은행처럼 상장회사의 큰 위험을 감시·조절하는 역할을 수행할 수 있다. 증권시장의 분석가들도 증권시장에서 기업 정보를 수집, 처리하는 중요한 역할을 한다. 그들의 분석 결과도 매우 강한 외부 효과를 갖기 때문에 모든 투자자에게 '무임승차'를 제공할 수 있다.

신용평가 기구, 시장분석가 외에 재경 관련 매체도 기업의 회사지배구조 개선을 촉진하는 중요한 힘이다. 이 방면에 중국의 일부 매체가 상장회사와 증권시장 감독 기구를 도와 회사지배구조 개선에서 발휘하는 독특한 역할이 가장 좋은 예다. 그러나 재경 매체는 감사관이나 검사가 아니다. 또한 경찰도 아니다. 그들의 보도는 감사 보고, 고소장처럼 확실하고, 엄밀하고, 증거를 다 갖출 수 없다. 따라서 반드시 입법과 집행 두 측면에서 재경 매체를 위해 합리적 활동 공간을 제공하고, 지배구조가 불량한 회사가 법을 무기로 자신을 감시하는 재경 매체를 짓누르지 못하도록 방지해야 한다.

제 5 장

민영경제의 발전

단일한 소유자로 구성된 '국가 신디케이트' 내에서 시장 교환 즉 서로 다른 소유자 간의 재산권 교환은 실제로는 존재할 수 없다. 시장제도를 수립하려면 국유제 천하의 낡은 체제를 타파하여 민영경제[1]를 무에서 유로, 밑에서 위로 자라나게 해야 한다. 민영경제의 성장과 강화는 또한 국유기업을 환골탈태시켜 개혁하는 경쟁 압력으로 작용했다. 이렇게 해서 중국의 시장경제에 다양한 종류의 소유제 경제가 공동 발전하는 새로운 기반이 점차 형성되었다.

국유경제가 지배적 지위를 점한 환경 속에서 중국 민영경제의 성장과 강화는 우여곡절의 많은 과정을 거쳤다. 민영경제는 우선 1978년 이후의 증량개혁 과정 중에 길이 열렸으며 1980년대 중반에 이미 중국의 국민경제에서 중요한 위상을 차지했다. 그러나 1997년 중국공산당 제15차 전국대표대회에 이르러서야 비로소 국유제에 대한 미신을 최종적으로 타파하여 민영경제가 이데올로기적 억압에서 벗어날 수 있었고 '시장경제의 중요한 구성 부분'으로 중화인민공화국 헌법에 기입되었다.

1. 국유제 숭배와 극복

소련의 사회주의 정치경제학 이론에 따르면 국가소유제의 지배적 지위와 국유제 기반 아래 수립된 국가계획이 바로 사회주의의 가장 중심적인 경제적 특징이다. 설령 노동자의 집체경제라 하더라도 국가소유제라는 '두루 비추는 빛普照之光'이 환하게 비추는 상태에서만 비로소 사회주의적 성질을 갖게 되는 것이다. 그 외의 다른 경제적 구성 요소는 반反사회주의적 요소로 간주되므로 소멸되어야 했다. 개혁 과정 중에 이러한 전통적인 관념이 차츰차츰 극복되어 민영경제 요소가 점차 발전할 수 있었다.

1.1 국유제 천하통일 체제의 수립

이 책의 제1장 1.2에서 이미 이야기한 것처럼 사회주의는 반드시 국가소유제의 기반 위에 수립해야 한다는 관념은 마르크스주의의 창시자인 마르크스와 엥겔스에게서 나온 것이 아니라 레닌과 스탈린에게서 나온 것이다. 마르크스와 엥겔스가 확실히 언급했던 것은 정권 획득 이후 '무산계급이 자신의 정치적 통치를 이용하여 한 걸음 한 걸음씩 자산계급의 자본 전체를 쟁취하여 모든 생산수단을 국가 즉 통치 계급으로 조직화된 무산계급의 수중에 집중하고 아울러 최대한 빠르게 생산력의 총량을 증가시킬 수 있어야 한다'는 것이었다.[2] 그러나 이는 마르크스주의 창시자가 국가소유제를 사회주의의 목표로 삼았음을 의미하지는 않는다. 엥겔스가 말한 것처럼 '국가란 권력 쟁취 단계의 통치 투쟁에서 승리한 무산계급이 계승해나갈 일종의 필요악에 불과하다. 승리한 무산계급도 역시 파리 코뮌과 마찬가지로 부득불 이러한 필요악의 가장 나쁜 측면을 최대한 제거해나간다면 새로이 자유로운 사회적 조건 아래에서 성장한 세대가 국가라는 폐물을 버릴 능력을 갖게 될 것이다.'³ 그들은 생산수단이 국가 재산으로 변하면 '무산계급으로서의 자신을 소멸시키고 모든 계급 차별과 계급 간 대립을 소멸시킬 것이고 또한 국가로서의 국가를 소멸시킬 것이다'라고 주장했다. 따라서 '국가가 진정으로 전 사회의 대표로서 취하는 첫 번째 행동 즉 사회의 이름으로 생산 수단을 점유하는 것은 동시에 또한 국가가 국가로서 취할 최후의 독립 행동이기도 하다'.⁴

레닌과 마르크스의 국가관은 다른 점이 있다. 레닌은 사회주의가 국가소유제를 자신의 경제적 기반으로 삼아야 한다는 사상을 제시했다. 그는 사회주의 제도에서 전체 사회는 하나의 '국가 신디케이트'가 되며 '전 시민은 모두 전 인민(소유)의, 즉 국가 '신디케이트'의 직원과 노동자가 될 것'이라고 보았다.⁵ 1928~1930년 스탈린은 국가의 강제력을 충분히 운용하여 모든 민영경제를 소멸하고 농업의 집체화를 추진해서 레닌이 전체 소련 사회를 '하나의 국가라는 대형회사國家大公司'로 만들고자 했던 목표를 실현했다.

스탈린의 직접적 지도하에 소련의 현실에 대한 이론적 개괄로 소련 과학원 경제연구소가 펴낸『정치경제학 교과서』는 다음과 같이 썼다. '사회주의 공유제는 두 가지 형식이 있다. (1) 국가 전민소유제 (2) 협동조합의 집체농장 소유제.' 그 가운데 '국가소유제는 사회주의 사회에서 우위를 점하고 주도적 작용을 하는 소유제 형식'으로 '가장 성숙하고 가장 철저한' 사회주의 생산관계를 체현하며, 국유제라는 '이 사회주의 소유제의 고급 형태는 전체 국민경제에서 지도적이고 결정적인 역할을 하고', 집체소유제는 농업 생산력의 발전 수준이 충분히 높지 않은 상황에서 임시변통으로 유지하는 제도로 농업 생산력이 일정한 수준으로 향상되면 집체소유제는 응당 '전면적인 전민(국가)소유제'로 점차 넘어가야 한다.⁶ 소련의『정치경제학 교과서』가 전파한, 엥겔스가 일찍이 강렬하게 비판했다는 이러한 종류의 '국가라는 미신' 혹은 '국가 및 국가와 관련된 모든 사물에 대한 맹목적인 숭배'7는 사회주의 진영 내 각국의 경제제도와 경제정책에 결정적인 영향을 미쳤으며 상당히 오랜 시간 사회주의의 불변의 진리로 간주되어 어떤 의심이나 토론도 용납되지 않았다.

개혁개방 이전의 중국 경제체제는 바로 이러한 경제사상 아래 건립되었다. 이 책 제1장 5.1에서 서술한 것처럼 중화인민공화국 건립 이전에 중국공산당은 1945년 중국공산당 제7차 전국대표대회에서 확정한 방침에 근거하여 우선 회복 시기 3년의 준비를 거친 이후 10~15년 동안 신민주주의 사회의 건설을 진행하고 다시 사회주의로의 이행을 시작하기로 계획했다. 신민주주의 시기에는 자본주의에 대해 '공공과 개인이 함께 배려하고 노동자와 자본가 둘 다 이익이 되는'8 정책을 실시했다. 그러나 1953년 마오쩌둥은 과도기의 총노선을 제시하면서 10~15년에 사회주의로의 전환을 기본적으로 완성할 것을 요구했다. 총노선의 확립 이후 급속도로 전국적 범위에서 '사회주의 개조' 움직임이 고조되었다. '고조의 열기' 속에서 원래 10여 년 시간을 들여 완성하기로 한 임무는 단 2년의 시간도 걸리지 않아 완성되었다. 공유제(국유제와 준准국유제인 집체소유제를 포함)를 중국 유일의 경제적 토대가 되도록 이후 끊임없이 '자본주의의 꼬리를 자르는' 운동을 발동하여 사영경제는 완전히 자취를 감추게 됐다.

칼럼5.1

자본주의 및 자산계급 정책의 변천9

1935년 12월의 중국공산당 중앙정치국 와야오바오瓦窯堡 회의는 과거

민족 자산계급을 배척하던 그릇된 방식을 고쳐 민족통일전선 전략의 수립을 결정했다. 이에 기반해 마오쩌둥은 『신민주주의론』에서 중국 혁명을 두 단계로 나눌 필요가 있음을 제시했다. 첫 번째 단계는 민주주의 혁명이고 두 번째 단계는 사회주의 혁명이다.

이러한 사상에 근거하여 1945년 중국공산당 제7차 전국대표대회는 혁명 승리 후 '각 혁명 계급이 연합 독재하는 신민주주의 사회'를 수립하자는 강령을 확립했다. 마오쩌둥은 대표대회에서 '자본주의의 광범위한 발전은 신민주주의 정권에서는 해로움이 없고 유익하다'라고 지적했다.

승리가 임박함에 따라 새로운 모순이 나타나기 시작했다. 한편으로는 1948년 9월 중국공산당 중앙정치국 시바이포西柏坡 회의에서 신민주주의 사회를 '3년 준비, 10년 건설'한 연후에 다시 사회주의로의 전환 계획을 시작하기로 확정했다. 다른 한편에서는 마오쩌둥과 류사오치가 모두 '전국의 정권이 손안에 들어온다면 민주 혁명은 이미 해결된 셈이고 이미 끝난 것이다. 제국주의와 봉건주의와의 모순이 이미 존재하지 않는 만큼 사회의 주요 모순은 바로 무산계급과 자산계급 사이의 모순이다'라고 강조했다.

1947년 11월 중국인민해방군의 스자좡石家庄 점령부터 거의 매 도시의 해방마다 일부 간부가 농촌 토지개혁처럼 빈민과 노동자, 점원들에 의지하여 공장주나 점주 대상의 청산 투쟁을 전개하는 상황이 발생했다. 이로 인해 사영기업의 조업이 심각하게 부족해졌고 일부 자본가들은 국경 밖으로 도피했다.

이러한 상황에 직면하여 류사오치는 1949년 4월 톈진을 시찰하는 자리에서 간부, 직공, 상공업자에게 각각 장편의 담화를 발표하여 직공과 간부들에게 현재는 아직 자본가를 소멸시킬 시기가 오지 않았고 직공의 생활 내지 사회경제적 생활의 발전은 여전히 자본가와 불가분의 관계라고 타이르며 노동-자본 관계의 긴장 악화 상황을 완화하여 생산 회복을 위한 상공업자의 적극성을 불러일으키길 희망했다. 이와 동시에 또한 중화전국총공회 中華全國總工會를 통해 일련의 법규를 반포하여 노동자도 고용을 누리고 계약을 해지할 자유가 있듯이 자본가도 규정에 따라 직공을 고용하고 해고할 권리가 있다고 규정하고 노동자, 점원이 임의적으로 노동 대우의 향상을 요구하거나 태업·파업하는 등의 방식에 반대했다.

이후 1949년 「중국인민정치협상회의 공동 강령」의 제정 과정에서 중국공산당 대표는 사회주의를 강령에 써넣자는 일부 민주 인사의 건의를 부결시키고 아울러 신정부의 근본적인 경제 방침을 '공공과 개인을 함께 배려하고, 노동자와 자본가 양쪽에 이익이 되도록 하며, 도시와 농촌이 서로 돕고, 국내외가 교류해야 한다'는 입장으로 정리했다.

1951년 겨울, 중국공산당 중앙위원회는 횡령 반대, 낭비 반대, 관료주의 반대라는 '삼반三反' 운동과 '자산계급의 난폭한 공격을 격퇴하자'는 '오반五反' 운동(뇌물 수수 반대, 세금탈루 반대, 국가 재산 빼돌리기 반대, 부실 공사 반대, 경제 정보 절취 반대)을 발동했다. 마오쩌둥은 '이것은 인민의 정부가 전국에서 승리한 이후 자산계급의 범법 행위를 처음 대규모로 징치하는 것으로 완전히 필요한 조치'라고 주장했다.

치열한 계급투쟁은 상공업자들을 두렵게 만들어 루쭤푸盧作孚·셴관성洗冠生 등 일부 유명한 기업가들은 스스로 목숨을 끊었다. 악화일로의 경제 및 사회 정세에 직면하자 마오쩌둥은 민족 자산계급이 '시대에 뒤떨어진 반동적 일면성'만을 가졌다는 등의 좌경 사상을 '전파한' 중앙선전부 기관 간행물인 『학습學習』을 지엄하게 비판하며 바로잡을 것을 요구했다. 관련 부처는 또한 자본주의 상공업에 대한 정책을 조정하여 상공업자의 적극성을 불러일으켜 생산을 유지, 발전시키고자 했다.

그러나 당시의 정책 조정이 정부의 근본 방침의 변화를 의미하지는 않는다. 바로 마오쩌둥이 나중에 해석했던 바와 같이 당시 민족 자산계급에 대한 정책 조정은 토지개혁과 한국전쟁이 아직 끝나지 않아 자산계급에 대해 '전투를 시작할' 조건이 아직 구비되지 않았기 때문이었다. 근본 방침으로 말하자면 이러했다. '우린 매우 양심이 없다! 마르크스주의는 그렇게 흉폭하고 양심은 많지 않으니, 바로 제국주의가 멸종되고 봉건주의도 멸종되고 자본주의도 멸종되고 소생산 체제도 멸종되도록 만들어야 한다.'

토지개혁이 끝나고 한국전쟁 정전 협상이 시작되고 '삼반' '오반' 운동이 결정적 승리를 거둔 이후에 마오쩌둥은 1952년 6월 명확히 제시하기를 '다시는 민족 자산계급을 중간계급이라고 부르지 말아야 한다'라고 했다. 1953년 '당은 과도기의 총노선에 있다'는 것을 확립했고, 세 차례의 '5개년 계획' 혹은 더욱 오랜 시간을 이용하여 농업, 수공업, 자본주의 상공업에 대한 사회주의적 개조를 실현하고 사회주의 사회로 넘어갈 것을 계획했다.

1955~1956년 중국은 순조롭게 '3대 개조三大改造'를 실현하여 자본주의 경제는 이미 더 이상 존재하지 않게 되었다. '3대 개조' 와중에 남아 있던 소량의 개체경제, 집체 농민의 '자류지自留地', 공사합영公私合營 이후 개인 영세 상공업자의 독립채산제 및 농민이 가정의 재산인 농부산물을 교환하던 재래시장('자유시장') 등도 1958년의 '대약진'과 '인민공사화' 운동 중에 '자본주의의 꼬리'로 간주되어 소멸되었다. 이렇게 중국은 '과도기의 총노선'이 규정한 '공유제를 유일한 경제적 토대로 만든다'는 목표를 실현했다.

사회주의는 반드시 전면적인 국가소유제를 목표로 삼아야 한다는 지도 사상에 근거하여 마오쩌둥은 1958년에 '인민공사화' 운동을 일으켰다. 이

운동은 명의상 집체소유제에 속하는 합작사(협동조합)를 '대규모 공유제' '행정과 생산이 통일'된 국가조직으로 고쳤을 뿐 아니라 한 걸음 더 나아가 자산계급의 법적 권리를 타파하고 필요에 따라 분배하는 공산주의를 실행하기 위해 노력했다. '대약진'과 '인민공사화' 운동이 막대한 혼란을 야기했기 때문에 마오쩌둥은 '먼저 사회주의를 건설하고 점차 공산주의로 넘어가자'는 입장에서 물러났다. 1958년 12월 10일 중국공산당 제8기 6중전회(우창武昌 회의)는 「인민공사의 몇 가지 문제에 관한 중공중앙의 결의中共中央關於人民公社若幹間題的決議」를 통해 현 임무는 공산주의로의 이행이 아니라 사회주의 집체소유제에서 사회주의 전민소유제로 점차 넘어감으로써 전민소유제를 전면적으로 실현하여 15~20년 혹은 더 시간이 걸리더라도 국유경제를 유일한 경제 요소로 만드는 것이라고 선포했다.[10]

1.2 민영경제의 태동과 점진적인 성장

1970년대 말 개혁개방이 시작된 이후 이데올로기의 속박을 깨고 시장 시스템을 도입하는 것이 개혁의 중심 임무가 되었다. 이데올로기에서 비롯된 거대한 장애물을 피하기 위해 덩샤오핑 등 지도자는 '논쟁하지 않는다'는 전략을 채택하여 경제활동에서 국유경제의 통치를 점차 완화하는 데 집중했다. 정부 쪽에서는 시작부터 일련의 융통성 있는 정책들을 만들어 민간의 창업 행위가 더 큰 활동 공간을 갖도록 했다. 민간 쪽에서는 사람들이 새롭게 출현한 기회를 이용하여 능동적으로 창업 활동을 전개할 방법을 강구해냈다. 당시 현지의 정책 환경에 적응하기 위해 이러한 창업 활동은 행동 면에서는 매우 조심스러웠고 형식도 융통성이 있고 다양했다. 구체적으로 말해서 민영경제의 점진적인 도입은 대략 아래와 같은 방식을 취했다.

1. '개체경제'의 개방

'문화대혁명' 종료 이후에 '상산하향上山下鄕' 했던 약 1500만의 지식 청년들이 도시로 돌아오자 그들의 취업 문제 해결이 각급 정부가 직면한 긴박한 문제가 되었다. 이러한 상황에서 경제학자 쉐무차오는 소상인의 판매 유통 활동조차도 모두 형사범으로 처리하는 방식을 고쳐야 하며 미취업자 등의 개체경영자가 상업 활동에 종사하도록 허용하여 취업의 문을 더욱 많이 열어야 한다고 지적했다.[11] 1979년 2월 국무원이 하달한 국가공상행정관리총국의 보고서는 이러한 건의를 받아들여 각급 공상행정관리국이 '해당 지역의 시장 수요에 근거하여 관련 업무 주관 부서의 동의를 획득하면 정식 호구의 유휴 노동력이 수리, 서비스, 수공업의 개체 노동에 종사하는 것을 허용하되, 단 다른 노동자 고용은 불허하도록' 지시했다. 1980년 8월 「전국 노동력 취업 회의 문건 전달에 관한 중공중앙의 통지中共中央關於轉發全國勞動就業會議文件的通知」는 '노동 부문의 취업 소개, 자발적인 취업, 독자적인 직업 모색을 서로 결합한다는 방침(즉 '세 가지 경로'의 취업 방침)'을 확인하고 '성진城鎭 개체경제의 발전을 장려하고 지원할 것'을 요청했다. 1981년 6월 중국 공산당 제11기 6중전회가 통과시킨 「건국 이래 당의 몇 가지 역사 문제에 관한 중공중앙의 결의中共中央關於建國以來黨的若幹歷史問題的決議」는 '일정 범위 내의 노동자 개체경제는 공유제 경제의 필요충분조건'이라고 지지했다. 이는 개체경제의 합법성이 정식으로 승인되었음을 의미했다.

2. 개체업주의 노동자 고용 허용

개체업주 개인의 능력만으로는 발견한 시장 기회의 활용이 부족한 시점에는 노동자 고용이 필요하다. 그러나 당시의 환경에서 노동자 고용은 '착취'로 간주되었기 때문에 엄격히 금지되었다. 이러한 금기를 깨지 않고서는 민영경제가 발전할 공간이 없었다. 이때, 바로 중국공산당 중앙서기처 연구실에서 근무하던 경제학자 린쯔리*가 정부 문건 초안 작성에 참여하면서 마르크스가 『자본론』에서 설정한 셈법 사례를 인용하여 개체 상공업자의 소규모 노동자 고용은 여전히 타인의 노동력 지배를 생활의 주요 원천으로 삼는 것이 아니며 노동자의 신분을 유지하는 것임을 논증했다. 이러한 의견이 정치적으로 통과된 이후 국무원은 1981년 7월 「국무원의 성진 비농업 개체경제에 관한 몇 가지 정책적 규정國務院關於城鎮非農業個體經濟若幹政策性規定」에서 개체경영자는 필요할 경우 '1~2명의 조수를 초빙할 수 있다. 기술적 성격이 비교적 강하거나 혹은 특수한 기예의 성격을 갖고 있는 경우 2~3명의 도제를 거느릴 수 있으나 최다 5명은 초과할 수 없다'라고 규정했다.[12] 이로부터 고용자 수 8명이 '개체기업'과 '사영기업'을 나누는 경계선이 되었다.

3. 농민 가정농장의 보편적인 건립

1980년 가을에서 1982년 말까지 중국 농촌에 '포산도호包産到戶'가 보편적으로 실행되면서 인민공사 제도는 이에 따라 와해되었다. 이러한 청부경제의 성격에 대해 정부 문건은 통상적으로 이를 '집체소유제의 합작경제'라고 불렀지만[13] 실제로 그것은 '청부'하는 토지 위에 건립한 일종의 업주

• 린쯔리林子力(1925~2005). 중국 경제학자. 장기간 중국공산당 중앙선전부 과학처에서 일했다. 개혁개방 이후 중국공산당 중앙서기처 연구실 실무위원 겸 이론조 조장을 역임했고 샤먼대학廈門大學 등의 대학에서 교수를 겸임했다. 1950년대 초 중국 경제 문제와 마르크스주의 경제학 연구에 힘쓰기 시작했다. 개혁개방 이래 당대 사회주의 실천 과정의 중요한 문제들을 연구했다. 주요 저작으로는 『'사인방'의 '유생산력론'에 대한 비판을 평하다'評'四人幇'對'唯生産力論'的批判』(공저, 1977), 『연합청부제를 논하다論聯産承包制』(1983), 『사회주의 경제: 중국 경제개혁을 논하다社會主義經濟: 論中國經濟改革』(1985/1986) 등이 있다.

제 기업(중국 법률에서는 이를 '개인독자기업'이라 부름)인 셈이었다. 중국공산당 중앙위원회는 1981~1985년 5년 연속으로 '1호 문건'을 발표하여 이러한 청부경영제도의 공고화를 지시했다. 나중에 1991년 중국공산당 제13기 8중전회와 1993년의 제14기 3중전회의 결정 과정에서도 농촌의 가정청부경영제를 장기간 변화시키지 않을 것을 명확히 규정하여 가정농장 제도를 더욱 공고히 했다.

4. 향진기업의 발전

덩샤오핑이 말한 것처럼 농촌개혁에서 '완전히 예상치 못했던 최대의 수확 중 하나는 향진기업의 발전'이다.[14] 1980년대 향진기업은 '갑자기 흥기하여' 급속한 발전 양상을 보였다.[15] 1990년대에 들어서 향진기업은 이제 중국 경제의 중요한 구성 부분이자 고속 성장의 핵심 동력이 되었다. 각 지역의 향진기업은 서로 다른 특징을 갖고 있었고 소유제 형식에도 비교적 큰 차이가 존재했다. (1) 쑤난蘇南 지역 향진기업의 원형은 흔히 '문혁' 시기의 사대社隊 기업으로 거슬러 올라갈 수 있다. 개혁개방 이후 이러한 기업들은 촌村, 향鄕, 진鎭 정부에 의해 건립되어 보유되었고 상하이와의 긴밀한 관계를 이용하여 기술과 영업 루트를 획득하여 급속하게 발전했다. 이처럼 기층 정권이 지역사회社區를 대표하여 수립, 보유한 향진기업 형태를 '쑤난 모델蘇南模式'로 부르게 되었지만 실제로는 1980~1990년대 전국 각지에서 가장 유행했던 향진기업 형태라 할 수 있다. (2) 저장성 원저우, 타이저우臺州의 향진기업도 매우 발달했는데 이는 주로 농민, 수공업자 등 개인이 창립한 개인 상공업에서 발전된 것이다. 이러한 종류의 '원타이 모델溫臺模式'의 향진기업은 흔히 보호를 받기 위해 국유기업이나 집체기업의 명의 밑으로 '부속'되었지만(속칭하여 '사회주의 모자를 씀') 실제로는 엄연히 사영기업이었다. (3) '주장 삼각주 모델'의 향진기업의 특징은 홍콩, 마카오, 타이완의 투자자(여기에는 중국 자본이 홍콩과 마카오에 개설한 기업 즉 이른바 '가짜 서양 귀신'을 포함) 소유도 대부분 외향형 수출 업무를 하는 기업이라는 점이다.

5. 외자기업의 발전

1978년 중국공산당 제11기 3중전회는 개혁개방의 방침을 확립하고 대외경제 정책의 조정을 결정하여 각 지역, 각 업종의 공유제 기업이 '자력갱생의 기초 위에서 세계 각국과 평등하고 상호 이익이 되는 경제협력을 적극 발전시킬 것'을 요구했다. 1979년 반포한 「중화인민공화국 중외합자기업법」은 중국이 외국 자본의 직접투자를 금지하던 것에서 적극 장려하는 쪽으로 변화했음을 보여준다. 외상투자기업은 세 가지 유형으로 나뉜다. 곧 합자기업合資企業, 합작기업合作企業, 외상독자기업外商獨資企業이다. 외자 이용에 따르는 논쟁에 맞서 중국 정부는 1979년부터 1988년까지 차례로 5개 경제특구를 설치하고 14개 연해 도시를 솔선하여 개방할 것을 확정했다. 외자에 대한 인식의 변화로 각 지방은 의심을 거두고 경쟁적으로 정책을 채택하여 외상투자 유치 쪽으로 입장을 바꾸었다.

6. 사영경제의 합법화

이상의 개혁을 거쳐 중국 경제는 이미 외자기업에게 개방되고 제한적으로 업주제 기업(개인기업)에게 개방되었다. 그러나 1980년대 초만 해도 민간 자본주의 상공업은 여전히 금지 대열 속에 있었다. 1982년 12월 통과된 「중화인민공화국 헌법」은 다음처럼 규정했다. '중화인민공화국의 사회주의 경제제도의 기반은 생산수단의 사회주의 공유제 즉 전민소유제와 노동 대중의 집체소유제다.' '국영경제는 사회주의 전민소유제 경제이며 국민경제 중에 주도적 역량이다. 국가는 국영경제의 공고화와 발전을 보장한다.' '법률이 규정한 범위 내에서의 도농 노동자의 개체경제는 사회주의 공유제 경제의 보충이다.' 이 헌법은 사영경제를 전혀 언급하지 않았다. 그러나 노동자 고용의 문이 열리도록 허용한 이후 사영경제는 빠르게 발전했고 고용자 수 8명이라는 제한도 극복했다. 1983년 초 마오주의 구노선과 구체제를 지지하던 일부 정치가와 이론가는 자본주의가 이미 도처에서 발생했다고 고함지르며 이를 억제하고 타격할 것을 요구했다. 그들이 덩샤오핑 진영으로부터 얻은 회답은 '2년을 기다려보자'는 것이었다.[16] 그리하여 사영경제는 '논쟁하지 않고 대담하게 시도하고 대담하게 부딪혀본다'[17]는 슬로건의 보호하에 계속 발전했다. 1987년 중국공산당 제13차 전국대표대회는 개체경제와 사영경제의 발전을 장려한다는 방침을 명확히 제시했다.[18] 1988년 4월 제7기 전국인민대표대회 제1차 회의는 「헌법 수정안」을 통과시켰는데 그 제11조는 다음과 같이 규정했다. '국가는 사영경제가 법률적 범위 내에서 존재하고 발전하도록 허락한다. 사영경제는 사회주의 공유제 경제의 보충이다. 국가는 사영경제의 합법적 권리와 이익을 보호하여 사영경제에 대한 선도, 감독, 관리를 실행한다.'

바로 이 책 제2장 2에서 제시한 것처럼 중국 경제개혁의 두 번째 단계는 증량개혁을 기본 특징으로 한다. 이른바 증량이란 주로 고유의 (국유 중심의) 국민경제 속에 점차 새로운 비非국유의 경제 요소를 늘려감을 가리킨다. 이러한 새로운 경제 요소의 성장은 1980년대 중국 경제의 지속적인 고속 성장을 실현 가능하게 한 기반이었다.

당시에 국유기업과 준准국유의 집체기업 모델에는 시장수요를 만족시킬수 없다는 거대한 모순이 존재했다. 따라서 민간 기업가가 자신의 창업 활동을 통해 이러한 종류의 수요를 만족시켰고 동시에 취업 압력을 완화했다.

이러한 효과가 있었기 때문에 지방정부는 정도의 차이가 있지만 통상적으로 비국유 경제 요소의 발전을 묵인하고 보호하거나 혹은 지지 장려하는 태도를 취했다. 중앙의 소유제 정책은 또한 끊임없이 미세한 조정을 통하여 더욱 큰 규모로, 더욱 높은 수준에서 민영기업의 발전을 용인했다.

이처럼 민영경제가 국민경제에서 차지하는 비중은 점차 커졌고 국유경제의 비중은 점차 낮아졌다. 1980년대 후반에 이르면 민영경제는 이미 상당한 위상을 갖게 되었다.

1.3 소유제 문제 논쟁과 '기본 경제제도'의 확립

1990년대 초 민영경제의 지위가 더욱 향상됨에 따라 1993년 11월 중국 공산당 제14기 3중전회는 '공유제 경제'라는 옛 구호에 새로운 해석을 내릴 수 있었다. 제14기 3중전회에서 통과된 「사회주의 시장경제체제 수립의 몇 가지 문제에 관한 중공중앙의 결정中共中央關於建立社會主義市場經濟體制若幹問題 的決定」은 다음과 같이 제시했다. '전국적으로 말하자면 공유제는 국민경제에서 주체적인 지위를 차지해야 하나 지방별, 산업별로 다소의 차이는 존재할 수 있다. 공유제의 주체적 지위는 주로 국가와 집체소유 자산이 사회의 총자산에서 우위를 점한 분야, 국유경제가 국민경제의 명맥을 통제하는 분야 및 국유경제가 경제 발전에 주도적인 작용을 하는 분야에서 체현되어야 한다.' '국가는 각 종류의 소유제 경제가 시장경쟁에 평등하게 참여하도록 조건을 창조해야 하고 각 종류의 기업을 차별 없이 대해야 한다.'

집정당 중앙위원회의 이러한 새로운 해석과 민영경제의 빠른 발전은 마오주의 노선과 구체제를 지지하던 일부 정치가와 이론가의 대대적인 불만을 야기했다. 그들은 1995~1997년 사이에 차례로 기본 경향은 일치하나 내용과 강조점이 조금씩 다른 4편의 긴 글(속칭 '만언서萬言書')을 써서 개혁개방 이후의 방침과 정책에 대해 강력하게 문제를 제기했다.[19] 특히 1997년 초 중국공산당 제15차 당대회 개최 전야에 그들은 개혁개방 방침에 대한 비판을 강화하기 위하여 '제3편 만언서' 「공유제의 주체적 지위 견지에 관한 몇 가지 이론과 정책 문제關於堅持公有制主體地位的若幹理論和政策問題」를 발표했다.[20] 이번 만언서는 '공유제를 주체로 함'에 대한 제14기 3중전회의 새로운 해석이 '상당히 보편적으로 받아들여지는 것'은 '불행한 사실'이라고 평가했다. 동시에 만언서는 자신의 사회주의 관념 즉 '사회주의는 전민소유제(국유제)를 공유제의 고급 형태이자 반드시 추구해야 할 목표로 삼는다'는 것을 전면적으로 논증했다.

글의 작성자들은 사회주의를 견지하려면 반드시 다음과 같은 점을 견지해야 한다고 주장했다. 첫째, '국유경제는 주로 수십만 개의 대·중·소형 독립채산 공업기업 및 국가경제의 핵심 산업에서 통일적이고 완성된 체제를 유지해야 한다'. 둘째, '국유경제는 반드시 집체경제를 주도해야 한다'. 셋째, '공유경제는 반드시 비공유 경제를 보충적 지위에 놓아야 한다'. 또한 정부가 비국유 공업의 성장세가 국유공업보다 크도록 방임하여 '국유공업의 비중이 대폭 하락하게 만들었다'고 예리하게 지적했다. 만언서는 또한 집정권과 소유권이 한몸인 사회주의 국가가 만약 정권의 힘으로 국유기업을 보위하지 않는다면 '고르바초프의 착오 노선'을 집행하는 것과 다를 게 없다고 주장했다.

시장화 방향의 개혁을 견지한 경제학자들은 '만언서'에 정면으로 맞섰다. 그 가운데 국무원 발전연구센터의 '국유경제의 전략적 개조' 프로젝트 팀의 연구가 대표적이다.[21] 그들의 주요 논점은 다음과 같다.

(1) 사회주의의 본질은 사회정의의 추구와 공동 부유의 점진적인 실현에 있다. '한 국가가 사회주의 성격을 갖고 있느냐 여부는 국유경제의 비중에

의해 결정되는 것이 아니며 (…) 공산당이 정확한 정책으로 부의 분배의 양극화를 효과적으로 방지해야 우리 나라의 사회주의 성질이 모두 보장되는 것이다.'

(2) 이른바 '사회주의가 국유제를 공유제의 고급 형태이자 추구해야 할 목표로 삼는 것'은 소련『정치경제학 교과서』의 사회주의 기본 경제 특징에 관한 케케묵은 개념일 뿐이다. 이러한 관점은 이미 개혁개방 추진 가속화에 주요한 장애가 되었다. '소련 모델과『정치경제학 교과서』의 속박에서 벗어나 사회주의에 대해서 더욱 명확한 정의를 내리고 사회주의의 본질이 공동부유 사상의 실현임을 관철하는 것'이 매우 필요하다.

(3) "공유제에는 다양한 종류의 실현 방식이 있다. 다양한 종류의 공유제 형식(예를 들면 각종 형식의 기금과 기금회, 각종 형식의 합작 조직(협동조합 조직), 사구(社區 소유제)의 모색과 개척을 응당 장려해야지 공유제 형식을 국가소유제와 소련식 집체소유제로 국한할 수는 없고 더더욱 국가소유제를 '공유제의 최고 형식과 사회주의가 추구해야 할 목표'로 간주할 수는 없다."

(4) 현재의 과학기술과 기술혁명 추세에서 예견할 수 있는 것은 인력 자본과 개인의 창조적 작용의 강화로 21세기 초에 현대화가 기본적으로 실현된 이후라도 여전히 다양한 종류의 소유제 경제의 공동 발전 방침을 취해야 한다는 점이다.

1997년 9월 중국공산당 제15차 당대회는 이 논쟁에 명확한 결론을 내렸다.[22] 이 대회는 '공유제를 주체로 하고 다양한 종류의 소유제 경제가 공동 발전하는 것'을 중화인민공화국의 '기본 경제제도'로 규정하고 비공유제 경제를 '우리 나라 사회주의 시장경제의 중요한 구성 부분'으로 확정하는 동시에 "'세 가지 유리한 점'[23]에 부합하는 모든 소유제 형식은 일체 사회주의를 위해 복무하는 데 사용되어야 하고 사용될 수 있다"는 원칙에 의거하여 국민경제의 소유제 구조에 대해 조정을 실행할 것을 결정했다. 국민경제에서의 국유경제 비중의 하락 상황에 대하여 중국공산당 제15기 4중전회는 조정을 거쳤으므로 전체 국민경제에서의 국유경제 비중 감소가 중국 사회주의 성격에 영향을 미치지 않을 것이라고 주장했다.[24]

2. 국유경제 분포의 조정과 사유 부문의 성장

중국공산당 제15차 전국대표대회가 소유제 구조를 조정 개선하겠다는 결정은 주로 비非전략 부문에서 국유기업 퇴출과 사유 부문의 발전이라는 두 가지 측면을 통해서 실행되었다.

2.1 국유경제 분포의 전략적 조정 방침의 제정

중국공산당 제15차 전국대표대회가 확정한 '세 가지 유리한 점'의 측정 기준에 의거하여 소유제 구조의 조정 개선 임무를 완성하기 위해서는 국유 경제의 규모 과다와 그 분포의 불합리성 문제를 해결하는 데 중점을 두어야 한다. 이에 따라 국유경제의 분포에 대해 진퇴가 자유로운 '전략적 조정'을 실행할 것이 제시됐다.

구舊국가국유자산관리국 통계에 따르면 1995년 말까지 중국이 운영하는 국유자산은 약 4조5000억 위안이었으며 군대, 우편통신(체신), 철로 등 특수한 단위 외에 상공업 영역에 분포된 국유자산은 대략 3조6000억 위안이었다. 중국 상공업 기업의 자산 가운데 약 20퍼센트인 비생산적 자산(예를 들면 주택, 학교, 병원 등)을 고려하면, 생산 경영활동에 진정으로 사용된 국유자본의 수량은 실제 3조 위안에도 미치지 못했다. 그러나 이러한 3조 위안에도 이르지 못하는 국유자본도 소매업에서 장거리 미사일 등에 이르기까지 거의 모든 상공업 영역에 다 퍼져 있어, 29만1000개에 달하는 상공업 기업 가운데 한 기업이 평균적으로 생산 경영에 진짜로 사용한 국유자본 량은 1000만 위안밖에 되지 않았다.

시장경제에서 공유제 기업의 존재 이유는 개인기업이 제공할 수 없거나 제공을 원하지 않는 재화 즉 비非경쟁성과 비非배타성을 가진 공공재를 제공할 수 있기 때문이다(제7장 1.1을 보라). 그러나 일반 경쟁성 영역에서는 국유기업이 개인기업에서 갖고 있는 융통성과 경쟁력을 구비하지 못했을 뿐아니라 사회에 싼 가격의 제품과 서비스를 제공할 수 없다. 중국의 국유 부문은 규모나 구조 면에서도 이하의 심각한 문제들이 확연히 존재한다. 한편으로는 국유경제가 포괄하지 않은 영역이 거의 없고 정부 경영에 부적합한 많은 영역에도 진출해 있어 서비스가 좋지 않고 심지어 막대한 손실이 나타나기도 했다. 다른 한편에서는 국유경제의 분포가 과도하게 분산되어 있고 개별 기업의 자금은 지나치게 적기 때문에 국유기업 경영이 적합한 영역에서도 규모의 경제 실현과 중요한 기술혁신 추진이 어려웠다. 일반 영리성 사업에서 매우 많은 국가자금이 사용되면서 정부가 기본 공공서비스를 실현하는 데 필요한 자금도 보장받을 수 없는 부정적인 결과가 발생했다. 예를 들면, 정부의 9년 의무교육 제공에 대해 일찍부터 「중화인민공화국 의무교육법」에 명문화된 규정이 있다지만 많은 지방에서는 교육 경비가 부족했기 때문에 부모에게 학비 납부를 요구했고 그렇지 않으면 입학을 허가하지 않았다. 법 집행 기관의 경비 부족 때문에 어떤 지방에서는 심지어 형사 안건처리 역시 피해자에게 비용을 수수하는 비정상적 현상이 나타났다.

이런 상황에 대한 가장 효과적인 방법은 여전히 지나치게 많은 국유경제의 범위를 앞서서 축소하여 국유경제를 일반적 경쟁 부문에서 퇴출하고 통제할 필요가 있는 전략적 부문에 집중하는 것이었다. 1999년 중국공산당 제15기 4중전회의 결정에 근거하면 이른바 '전략적 부문'이란 주로 '국가 안보 관련 업종, 자연독점 업종, 중요한 공공재와 공공서비스 제공 업종 및 지주산업과 하이테크 산업의 중요한 핵심 기업'[25]을 포함했다.

세기의 전환기에 중국공산당 제15차 전국대표대회와 제15기 4중전회의 결의가 관철되기 시작했다.

2.2 중소 국유기업 자율화 및 활성화

국유기업 가운데 절대다수를 차지했던 것이 소형기업이었다. 1995년 전국적으로 독립채산제 국유 공업기업은 모두 8만7900개였으며 국가통계국의 기준에 따라 나누면 그 가운데 대중형 기업은 약 1만5700개였고 그 나머지인 7만2200개가 소형기업이었다. 그 외에 또한 50여 만 개의 향과 향 이하 정부 소속의 향진기업이 있었는데 모두 근 60만 개 정도였다.

1990년대 중반 중국의 지도자는 이 60만 개의 중소형 국유기업을 모두 잘 운영하는 것이 매우 어려운 일임을 인식하기 시작했다. 그래서 일찍이 제시되었던 '모든 국유기업을 잘 운영하자'는 구호는 '모든 국유경제를 활성화하자'는 구호로 대체하기로 결정했고 국유기업에 대한 방침 또한 '분류하여 지도한다' '큰 것은 틀어쥐고 작은 것은 풀어준다'로 변했다. 장쩌민은 1995년 중국공산당 제14기5중전회의 담화에서 다음과 같이 제시했다. '국유경제의 발전 전략과 구성 분포를 연구 제정하고 현대적 기업제도의 건립이라는 목표에 의거하여 국유기업 개혁을 적극적으로 추진해야 하며 역량을 집중하여 대형 국유기업은 잘 육성하고 일반 소형 국유기업은 더욱 통제를 풀어 활성화해야 한다.'

경제학자와 지방 당정 간부들이 이러한 새로운 지도 방침에 대해 토론하는 가운데, 많은 사람이 '큰 것은 틀어쥐고 작은 것은 풀어준다抓大放小'에서 강조점은 '작은 것은 풀어준다' 즉 '중소형 국유기업을 자율화해 활성화하는 것'에 있었다고 지적했다. 그래서 이러한 분위기에 먼저 편승한 지방은 '작은 것은 풀어주는' 개혁을 대대적으로 추진하기 시작했다.

이른바 소형 국유기업은 매우 광범위한 개념이다. 이것은 대략 두 가지 종류의 기업을 포함한다. 한 종류는 공식적인 국유기업으로 주로 지방 국유기업 가운데 중소기업인 경우이다. 다른 한 종류는 향진鄕鎭 등 기층 정부에 소속된 향진기업으로 속칭 '쑤난 모델蘇南模式의 향진기업'이다.

이른바 '쑤난 모델의 향진기업'이란 향과 향 이상 정부의 직접적인 영도 하에 건립된 것으로 원래 대부분 기층 정부가 전체 자본을 소유하고 있는 경우다. 개혁 초기에 이러한 기업형태가 기층 정부의 보호와 비교적 우호적인 융자 조건을 능히 얻을 수 있었기 때문에 일찍부터 매우 활기를 띠었다. 그러나 개혁이 심화되어 기업이 점차 규모가 커진 이후에 이 기업들과 국유기업에는 서로 유사한 문제점들이 날로 명확히 나타났다. 1990년대 이래 일부 지역 향진기업의 성장률은 하락해 어려움을 겪는 기업이 대량 증가했는데 이는 일부 이러한 향진기업 역시 절박하게 기업혁신을 필요로 했음을 보여주는 것이다.

국유 중소기업(기층정부 소속의 향진기업을 포함)의 개혁을 위해 보통 사용된 관리 방법은 경영자(관리자)층의 청부경영管理層承包經營이다. 이렇게 하니 당연히 정부의 직접 관리에 비해 기업 책임자가 생산과 수입 증대를 위한 적극성을 발휘하는 데 유리했다. 그러나 이 또한 왕왕 '내부인 통제'의 상황이 만들어져 관리자층의 행위가 단기화되고 '돈이 있으면 나누어 써버리고, 돈이 없으면 빌리고, 갚을 돈은 다음에'라는 말과 행위가 유행했다. 더 심한 경우 기업 자금을 유용하여 주식시장이나 어음시장, 부동산 등 리스크가 큰 시장에 투입하고 투기와 시장조작을 행하기도 한다. 어떤 경우엔 '이중장부, 분식회계, 수익 유출'이 발생하고, 공공재산을 착복하고, "청부책임제를 '공장장 소유제' '친인척 소유제'로 탈바꿈시키기도 했다".26

일찍이 1993년 11월 중국공산당 제14기 3중전회의 「사회주의 시장경제 체제 건립의 몇 가지 문제에 관한 중공중앙의 결정中共中央關於建立社會主義市場經濟體制若幹問題的決定」은 이미 바로 다음과 같이 제시했다. '일반 소형 국유기업의 경우, 청부경영이나 임대경영을 실행해도 되고 주식합작제로 개조해도 되며 또한 집단 혹은 개인에게 매각해도 된다.' 같은 해에 산둥성 주청諸城에서는 '우선 매각 후 혁신에 의한 내부 직공 지분 소유'를 주요 형식으로 삼아 시, 향의 기업 중 '전방위적으로 지분책임제를 추진한다'고 결정했다. 1993~1994년 광둥성 순더順德에서는 1980년대 초기에 건립한 신규 국유제 기업과 향진 집체소유제 기업에 소유권의 주체 구조 변혁을 핵심으로 하는 개혁을 진행했다. 그러나 일부 사람들은 '좌파'적 관점에서 출발했기 때문에 '작은 기업 풀어주기'는 정치적으로 '착오적'이라고 보아 아주 거대한 이데올로기적 압력을 조성했고 이로써 산둥성 주청과 광둥성 순더 등 소수 지방을 제외하고 '작은 기업 풀어주기' 작업은 광범위하게 전개되지 않았다.

칼럼5.2
산둥성 주청과 광둥성 순더의 '작은 기업 풀어주기' 개혁[27]

산둥성 주청과 광둥성 순더는 1990년대 중반기에 솔선하여 '작은 기업 풀어주기'를 실현한 지급地級 시다.

주청에는 국유 소기업이 많지 않았고 대부분 '쑤난 모델'의 향진기업이었다. 이 기업들은 규모가 크지 않았고 경영 상황도 좋지 않아 지방재정에 심각한 손실 부담을 지우고 있었다. 1992년 9월 주청 정부는 시 전체 범위에서 기업주식제 개혁을 진행하기로 결정을 내리고 우선 주청전기공장諸城電機廠에서 시범적으로 시행하기로 했다. 주청 정부는 두 가지 방안을 직공에게 제공했다. 하나는 국가가 지분을 통제하고 개인 지분이 20퍼센트를 초과하지 않는 방안이었다. 두 번째는 기업 자산을 직공에게 매각하고 국가는 토지 가격 산정으로 지분을 갖는 것이었다. 그러나 이 두 가지 방안은 모두 직공들에게 수용되지 못했다. 직공들은 기업 자산을 전부 매입하고 토지는 〔기업이〕 유상으로 사용할 것을 요구했다. 시 정부는 직공의 요구에 동의하여 노동자들이 구매액 평가 후 주식으로 환산한 기업 순자산을 자발적으로 구입함으로써 주식합작제의 주청시카이위안전기주식회사가 건립됐다. 개혁 후의 주청시카이위안전기주식회사의 실적은 양호했다. 그래서 주청 당위원회와 시 정부는 1993년 4월 결정을 내려 '선매각 후 구조조정, 내부의 직공 지분 소유'를 주요 방식으로 시, 향의 기업에 대한 전방위적인 기업 구조조정을 추진했다. 1994년 7월까지 시 전체 향진 이상의 274곳의 기업(그중 국유기업은 37곳)이 구조조정을 진행했다. 그 가운데 주식합작제 도입 기업은 210곳이었고 다른 형태로는 유한책임회사, 외자 유치, 재산권의 무상 양도, 파산, 임대 및 합병 등이 있었다.

1993~1994년 광둥성 순더에서는 1980년대 초기에 세운 국유제와 집체소유제 기업에 대해 소유권 주체 구조의 변혁 중심의 기업혁신을 진행했다. 기업제도 혁신의 기본 방식은 다음과 같다. 상장 혹은 비상장의 주식회사 설립, 경영자와 직공에게 재산권을 매각하여 혼합형 유한책임회사를 구성, 외국 자본에게 일부 재산권을 넘겨 새로운 형태의 중외합자기업을 수립, 임대경영, 리스크 담보 청부제 및 청산 경매 등이 그것이다. 구조조정과 동시에 순더에서는 또한 일련의 관련 조치들을 취했는데 여기에는 옛 직공들에 대한 보상 제공 및 사회보장제도 수립, 투자 체제의 개혁, 업종별 상인 연합회 건립 등이 포함됐다. 1994년 말까지 순더에서 896곳의 기업이 기본적으로 기업제도의 혁신을 완료하여 그해 전체 기간 동안 시市급과 진鎭급 공유제 기업의 82.7퍼센트에 이르렀다. 제도 혁신 기업 가운데는 상장회사가 2곳, 주식회사가 7곳, 중외합자기업이 32곳, 공사합영기업이 124곳, 공유민영기업이 431곳, 직공 소유 지분의 주식제 기업이 78곳, 경매한 기업이

22곳이었다. 총 자산 측면에서는 시급과 진급 정부가 모두 61.2퍼센트를 점유했고, 민영 자본은 22.6퍼센트, 해외 자본은 15퍼센트, 순더 바깥의 공공 지분은 1.2퍼센트를 점유했다. 그러나 규모가 비교적 큰 몇몇 기업은 기업제도 혁신을 실현할 수 없어 꽤나 심각한 문제들이 해결되지 않은 채 남게 되었다.

1997년 중국공산당 제15차 당대회 이후 '작은 기업 풀어주기'는 비로소 전국적 범위에서 전개되었다. 중소기업의 구조조정 방식은 주로 이하 몇 가지 종류였다. (1) 일부 혹 전 재산권을 내부 직공에게 양도하여 만든 '주식합작제 기업'[28] 방식. (2) 기업 전체를 비공유 법인 혹은 자연인에게 매각하는 방식. 매각 후의 기업은 독립적인 혹은 다른 기업 산하의 민영기업, 합자기업, 외자기업이 된다. (3) 「회사법」 규정의 절차에 따라 유한책임회사 혹은 주식회사로 개조하는 방식. 구조조정 후의 회사는 국가 지분을 유지하는 경우, 내부 직공 지분 위주로 개조되는 경우, 중외합자회사가 되는 경우 등이 있다. (4) 합병, 연합을 통해서 다른 기업의 구성원이나 자회사가 되는 방식. (5) 기업의 전체 자산 혹은 일부 자산을 다른 기업 혹은 본래 기업의 경영자층이나 직공에게 임대를 주어 경영하는 방식. 그중 다수는 국유 토지, 공장 건물 등 부동산을 새로운 업주에게 임대를 줘 경영을 시키고 새로운 업주는 국가에게 임대료를 납부하고 손익에 스스로 책임을 진다.

'작은 것 풀어주기' 구조조정은 중국의 경제 발전에 매우 큰 촉진 작용을 일으켰다. 구조조정 이후 짧은 몇 년의 시간 만에 전국에 이미 매우 큰 활력을 가진 기업들이 나타났다. 동시에 이러한 사기업들은 취업 증대의 주력군이 되었으며 또한 1997년 발생한 아시아 금융위기에 맞서 실업인구를 감소시키는 데 큰 기여를 했다.

중소기업 구조조정의 과정 중에 기업의 간부였던 사람들이 '자기가 사서 되판다든지' '공개 매각이지만 실제로는 공짜로 준다든지' 그리고 오래된 직공들에게 어떤 보상도 하지 않는 등의 악의적 방식이 출현하여 직공 등 이해관계자의 권익에 피해를 입혔다. 이러한 상황에 대해 중국 정부는 일련의 조치를 취해 '작은 것 풀어주기' 과정에서 각 방면의 이해관계를 정확히 처리할 것 특히 기업의 재산 가격의 결정이나 직공의 사회보장 등 두 가지 측면에서 사회적 공정성을 최대한 보장할 것을 요구했다.

본래 기업의 가치는 그 기업의 미래 수익 능력에 달려 있으며 이는 시장에 의한 판매 경쟁을 통해서 결정될 수 있을 뿐이다. 그러나 자본시장이 아직 성숙하지 않았고 간부가 가격 결정권도 장악한 상황하에서 (매각) 가격이 지나치게 낮게 책정되어 어떤 때는 거의 무상으로 헌납하는 잘못된 경향이 쉽게 나타났다.[29] 양도 가격에 큰 편차가 나타나는 것을 방지하기 위하여 각 지역에는 다음의 방지 조치가 취해졌다. (1) 국유자산 관리 기관 위주로 매도자 측의 전권 대표로서 가격이나 여타 관련 재산권을 양도하는 법률적 사무를 처리하는 전문 기구를 설립했다. (2) 거래의 쌍방이 기업재산권의 양도 가격을 협상하기 전에 일률적으로 법적 자격을 갖춘 평가 기관(회계 사무소 등)이 자산의 최저 가격을 평가했다. (3) 시장경쟁 시스템의 도입이 양도 가격의 거대한 편차 발생을 방지하는 가장 효과적인 방법이다. 중국에 집중된 증권 거래 시장이 충분히 발달되지 못하고 규범화도 크게 부족한 상황하에서 일부 지방(예를 들면 상하이)에 재산권 거래 시장을 열어 경매 거래를 실행했다.

또 다른 중요한 문제는 어떻게 직공 사회보장기금에 보상을 할 것인가였다.[30] 기업 자산은 소유자 권익과 부채의 두 가지 부분으로 형성되어 있어 이에 근거하여 국가의 직공에 대한 사회보장 부채를 어떻게 보상해야 하는지의 문제가 제기되었다. 실천 과정에서 주요한 처리 방법은 세 가지 종류였다. 하나는 국유 재산권을 매각하는 시점에 매각 대금에서 예상되는 사회보장 지출을 제하여 매각 이후 새로운 업주가 은퇴나 이직 직공에게 계속 노후연금 등의 비용을 지불하게 하는 방식이다. 두 번째 방식은 국유자산의 순자산 대금 중에서 일부 자금을 구분해내어 직공에게 일차적으로 지불하는 것인데 이는 실제 운용 과정에서는 '명예퇴직(기업이 잉여 인력을 해고하는 구조조정을 단행할 때 직원들의 근무 연수에 따라 퇴직위로금을 차등 지급하는 것)'이라고 불렸다. 세 번째는 일부 국유 재산권을 나누어 관련 사회보장 기구에 넘겨주고 소득 배당금 등의 수입을 직공의 노후연금 등의 비용에 사용하는 방식이다. 이상 세가지 방식 가운데 첫 번째 새로운 기업이 옛 기업의 사회보장 비용 지급 책임을 승계하는 것은 비록 이행은 간편하나 궁극적으로 영구적인 해법은 아니다. 두 번째 방법은 지불 능력이 있는 기업에 대해서는 비교적 간단히 이행할 수 있지만 직공을 위한 노후기금을 건립하는 것이 아니니 여러 가지 문제가 남게 된다. 세 번째 방법은 비록 복잡하지만 장기적으로 보아 더욱 많은 장점을 가질 수 있는 방법이다. 이러한 종류의 방법에 대해서는 제9장 3.2에서 더욱 많은 토론을 할 것이다.

2.3 1998년: 민영 중소기업의 발전에 대한 대대적 지원

1997년 중국공산당 제15차 전국대표대회가 사유 부문에 대하여 취한 또 다른 중대한 행동은 민영 중소기업의 발전을 돕는 조치를 취한 것이다. 20세기 중반에는 국민경제에서 차지하는 중소기업의 위상과 역할에 대한 사람들의 인식이 매우 크게 변화했다. 1973년 영국의 경제학자 에른스트 슈마허E.F. Schumacher(1911~1977)는 자신의 저작『작은 것이 아름답다Small is

Beautiful』에서 기업, 도시 그리고 국가가 모두 클수록 더 아름다운 것이 아니며 대형화는 효율의 저하, 환경오염, 자연 고갈을 가져온다고 강조했다. 거꾸로 소기업은 자신만의 장점을 가지고 있는데 기업 내부의 관계를 처리하는 데 유리하여 각 직원의 창의력을 충분히 불러일으켜 더욱 큰 협력을 만들어낼 수 있다고 보았다. 이러한 관점은 갈수록 많은 동의를 얻게 되었다.

미래학자 앨빈 토플러•는 『제3의 물결』[31]이란 책에서 다음과 같이 지적했다. 18세기 후기 제1차 산업혁명부터 시작된 공업화 물결('제2의 물결') 중에 형성된 관념은 클수록 좋고 큰 것이 아름답고 커야 효율적이라는 것이었다. 그러나 1950년대 하이테크 혁명의 물결('제3의 물결')의 흥기 이후에 사람들은 오히려 '작아야 좋은 것이고, 작아야 아름답고, 작아야 활력과 경쟁력이 있다'고 보편적으로 인식하게 되었다. 이러한 변화가 발생된 원인은 바로 제1차 산업혁명의 핵심 내용이 기계가 수공업을 대체하게 된 것이기 때문이다. 당시의 기술 조건하에서 규모의 경제는 효율 제고의 가장 중요한 요인이었다. 이로 인해 형성된 생산방식을 '대량생산 방식mass production'이라 일컫게 된 것이다. 예를 들면, 미국의 포드 자동차 회사가 창조한 '포드 생산방식'이 바로 생산량 확대, 생산원가 절감, 규모의 경제 효과 창조를 경쟁력 제고의 주요 수단으로 삼는 방식이다. '대형화'를 둘러싸고 소위 '대형 중독증大型狂'이 형성되어 유명한 미쯔비시 같은 회사는 '사훈'에 '규모를 끊임없이 확대하자'를 자기 회사의 기본 신조로 삼기도 했다. 제2차 산업혁명 이후 한편으로는 전기 에너지의 광범위한 사용이 동력의 분산적 공급이 가능하도록 만들었다. 다른 한편으로는 자본이 집중되고 에너지 소모가 큰 대

• 앨빈 토플러Alvin Toffler(1928~). 미국의 미래학자. 1980년 출판한 『제3의 물결』과 1990년 출판한 『권력이동』 등의 저작은 당대 사회사상 흐름에 광범하고 깊은 영향을 끼쳤다.

규모 기업의 부정적 영향이 날로 두드러졌고 인력 자본의 역할 확대로 소형 기업의 우위가 나타났다. 이로 인해 사람들은 점차 생각을 바꾸어 중소기업이 대량의 새로운 일자리를 창조할 수 있을 뿐 아니라 경제적 활력, 효율 제고, 발명의 촉진, 경쟁력 증대에 매우 중요한 작용을 하고 있음을 깨달았다.

특히 1950년대 이후 정보산업을 대표로 하는 하이테크 산업이 발전했다. 각 개인의 재능과 지혜에 크게 의존하는 하이테크 기술의 혁신은 소형기업 운영 방식에 가장 적합하다. 사람들은 보통 미국 전자공업의 활력은 인텔, 마이크로소프트, IBM, HP, AT&T 등과 같은 대기업으로부터 나온다고 생각한다. 사실 소형기업이야말로 기술혁신의 주요한 원천이다. 첫째, 이러한 대기업들은 소형기업에서 한 걸음씩 발전된 기업이다. 둘째, 그들이 대기업이 된 후에도 수많은 소형기업을 인수하거나 개선하여 자유경쟁의 공간을 창조해야 했다. 이러한 환경하에서 대량의 소형기업은 생존 발전할 수 있었고 줄곧 발명 창조의 능력을 유지해서 경제 발전을 지속할 수 있었다. 중소기업의 발전이 시장 개선과 경쟁시장에 매우 중요한 의미가 있음을 깨달았기 때문에 제2차 세계대전 이후 각 주요 국가들은 더욱 자발적인 방식으로 독점을 타파했는데 미국의 반反독점법, 독일의 반反카르텔법(중국의 '자율가격'은 사실 일종의 가격 담합의 카르텔 행위다), 일본의 공정취인위원회 등이 그 예다. 이와 동시에 중소기업을 육성하는 체계적인 방법을 구축했다.

칼럼5.3

일부 국가와 지역의 소형기업 육성 정책[32]

미국 미국 정부는 연간 판매액 500달러 이하, 고용 인원 500명 이하의 회사를 소기업으로 간주했다. 미국에는 2300만 개의 소기업이 있어 전국 기업 총수의 90퍼센트 이상을 차지하고 있다. 소기업은 비록 미국의 국민총생산액의 39퍼센트를 차지하지만 미국 비정부 기구 고용 인원의 53퍼센트를 고용하고 있어 미국의 절대 부분의 신규 공업 일자리를 제공하고 있다. 매년 55퍼센트의 기술혁신과 발명이 소기업에서 나온다. 미 연방정부는 1953년 「소기업법」에 근거하여 내각급의 기구인 중소기업청Small Business Administration, SBA을 설립하여 소기업에 대한 지원을 전담하여 책임지게 하고 있다. SBA의 임무는 '소기업의 이익 보호와 소기업에 대한 지원과 자문 제공으로 미국 경제의 활력 유지에 협력한다'는 것이다. SBA는 4000여 명의 고용 인원을 두고 전 미국에 10개의 지역 분국分局과 약 100개의 지역 사무실을 설치하여 전국의 신용대출, 교육, 훈련 기구와 협력했으며 약 1만5000명의 자원봉사 인력을 가진 '은퇴 경영자 서비스 팀'을 두어 소기업에 대한 무료 자문 서비스를 제공했다. SBA의 소기업 지원은 주로 ⑴ 관리, 영업 판매, 기술 지도와 교육 훈련 제공 ⑵ 금융 협력 지원 ⑶ 국제무역 측면의 도움 전개 ⑷ 소기업을 위한 정부 계약 획득 등이었다.

일본 제2차 세계대전 이후 일본 정부는 매우 활력적이기는 하나 정보력이나 개발 능력을 갖고 있지 못한 중소기업을 주목하기 시작하여 중소기업이 취업 확대와 대기업 집단의 '산업고도화' 실현을 지원하는 기반 역량이 될 수 있도록 만들었다. 일본 정부의 소기업 육성 정책은 시기별로 중점이 달랐다. 제2차 세계대전 이후 초기에는 재정금융정책을 통해 중소기업의 발전을 도왔다. 경제적 고속성장기에는 중소기업의 설비투자를 촉진하여 그 생산능력과 설비의 현대화를 제고했다. 1970년대 '석유위기' 이후에는 중소기업이 확장형에서 집약형으로 발전하도록 지도하는 종합 대책을 마련하여 중소기업의 기술개발과 생산품의 부가가치 제고를 중점 지원했고 생산 에너지와 공해의 감소를 실현했다. 1990년 일본 경제의 거품이 꺼지고 경제는 구조적 공황 상태에 빠져 소기업은 더욱 깊은 피해를 입었다. 경제 쇠퇴로 인해 일본의 조야는 경제 활력 유지에 소기업이 갖는 의미를 뼈저리게 깨달았고 따라서 소기업이 자신의 장점을 발휘해 '모듈화 생산'[33] 방식을 통해 정보산업과 소프트웨어 산업 방향으로 발전하도록 적극 지원했다. 현재 정보 문화 소프트웨어 제품(일본에서는 '고쿠산빈酷産品'이라 불림) 생산은 이미 일본 최대 산업 가운데 하나가 되었다.

독일 독일의 322만 곳의 기업 가운데 직원 총수가 500명 이하인 소기업은 99.6퍼센트에 이른다. 독일 GDP의 53퍼센트와 투자액의 45.6퍼센트가 중소기업에 의해 실현되고 있다. 1987~1996년 전국에서 새로 늘어난 일자리는 250만 개였는데 그 가운데 중소기업이 200만 개를 차지했다. 독일 정부의 중소기업 지원 정책은 간접적인 지원과 직접적인 지원 두 종류로 나누어진다. 전자는 주로 정부 투자로 사회 공공 인프라 시설을 건설하여 중소기업이 무료로 사용하도록 제공하는 것이고 후자인 직접 지원은 주로 저리 융자와 투자 담보를 제공하여 자기자본 비율을 높이고 연구개발 그리고 기술혁신 등을 확대하는 것이다.

한국 한국 정부가 1970년대 중반 이후 집행한 것은 과도한 대기업 편향 정책이었다. 1997년 아시아 금융위기 발생 이후에야 충분하고 건전한 중소기업의 기반이 없으면 국민경제의 균형적이고 안정적인 발전이 불가능함을 깨닫게 되었다. 그래서 한국 정부는 '중소기업특별위원회' '중소기업진흥공단'을 설립하여 중소기업이 자금난을 극복하도록 돕고 그들의 경영 기반을 안정시켰다. 한국 정부는 또한 21세기 초 5년간을 '중소기업 기술 능력 향상의 전략적 시기'로 정하고 중장기 종합 방안을 제정 실현하여 2만 곳의 벤처투자기업을 중점적으로 육성했고 중소기업이 기술집약형 그리고 지식

집약형 산업구조로 전환하도록 추진했다.

타이완 타이완의 중소기업 지원은 1966년에 시작되었는데 우선 '행정원' 국제경제협력위원회에 '중소기업 지도업무소조'를 설립한 후 몇 번의 변천을 거쳐 1981년 '경제부 중소기업처'를 설립하여 중소기업의 건강한 발전에 협력했다. 그 업무는 다음과 같다: (1) 중소기업 정책 및 지도 조치 요강을 제정 (2) 중소기업의 경영 환경 개선에 협력 (3) 중소기업 발전 기금의 설치 (4) 중소기업 융자 보장 제도의 수립 (5) 중소기업 서비스 네트워크 건립 (6) 연구개발, 생산기술, 공업 안전 지도, 오염 예방, 시장 마케팅, 재무 융통(파이낸싱), 경영관리, 정보관리, 상호 제휴互助合作, 품질 향상 등의 중소기업의 10대 지도 시스템 수립 (7) 인재 양성 등등.

그러나 전통적 사회주의 계획경제하에서 중화학 공업 편중에 맞춰 유행한 것이 대형기업 편중의 '대형중독증'이었다. 이에 덧붙이자면 중국의 소기업 대부분은 민영기업인데 이러한 상황으로 인해 소기업은 정치적 홀대와 국유기업의 경제적 압박을 더욱 쉽게 받게 되었다. 제4장 2.3에서 이미 언급한 대로 1990년대 중반 국유기업의 경영 상황은 이미 완전히 막다른 지경에 이르러 적자기업이 기업 총수의 약 절반을 차지하고 국유 부문 전체가 수개월 연속으로 순손실이 나는 상황이 발생했다. 1997년 7월 시작된 아시아 금융위기는 국유 부문을 더욱 어렵게 만들었다. 이러한 상황하에서 중국은 '하강〔일시 귀휴〕를 통한 재배치와 감원을 통한 효율 증가'를 주요 내용으로 하는 '3년 내 탈곤경(1998~2000)' 계획을 실시했다. 이러한 국유경제 구조조정 과정에서 일자리를 잃은 노동자 수가 매우 많았기 때문에 중국 정부는 해고의 방법을 택하지 않았고 이들 실직 노동자를 기업 내에 잔류시

켜 기본 생활비를 지급했다. 이들 노동자가 '하강 노동자下崗職工'로 불리게 된 연유다. 1998~2001년 사이에 국유기업에서 2250만 명의 노동자가 하강을 하여 중국 국유기업 직공 총수의 약 4분의 1을 차지했다.

1998년 4월의 국유기업 하강 노동자 재배치 문제를 연구 토론하는 제1차 회의 석상에서 일부 학자와 공무원은 '민영 중소기업을 국유기업 하강 노동자 재배치 문제의 주된 방법으로 삼자'는 건의를 제시하여 국무원 지도부의 수락을 받았다. 중국공산당 중앙위원회와 국무원이 6월 발표한 「국유기업 하강 노동자의 기본생활 보장과 재취업 업무를 철저히 수행하는 것에 관한 중공중앙과 국무원의 통지中共中央國務院關於切實做好國有企業下崗職工基本生活保障和再就業工作的通知」에서는 민영 중소기업의 대대적인 발전을 국유기업 하강 노동자 재취업 문제 해결의 주요 수단으로 삼을 것을 제시했다. 민영 중소기업의 발전을 지원하기 위하여 중국 정부는 이하의 몇 가지 측면에서 조치를 취했다:

(1) 사영기업의 발전을 가로막던 이념적 장애를 없애고 사유기업은 '사회주의 시장경제의 중요한 구성 부분'이라는 중국공산당 제15차 전국대표대회의 새로운 위상 설정을 대대적으로 선전하는 것을 포함하여 사유경제를 차별하고 배척하던 과거의 각종 방식을 바로잡았다.

(2) 전 국가경제무역위원회는 중소기업사中小企業司를 설립하여 중소기업이 발전 과정에서 부딪히는 어려움을 해결하도록 전문적으로 지원함으로써 중소기업의 건강한 발전을 촉진했다. 많은 지방정부는 또한 유사한 기구를 건립하여 중소기업의 발전을 촉진했다.

(3) 각 상업은행에 중소기업 신용대출부를 설립하도록 요구하여 중소기업에 대한 신용대출 서비스를 개선하고 중소기업에 대한 은행 대출 이자율의 유동 범위를 넓혀서 이자율의 시장화를 점차 실현했으며 각 성(자치구, 직

할시)에 모종의 정책성 금융 성격을 가진 중소기업 신용대출 담보 기구를 조직했다.

(4) 중소기업의 부가가치세율을 6퍼센트에서 4퍼센트로 낮추는 등 재정부와 국가세무총국에 중소기업에 대해 일련의 감세와 면세 우대 조치를 취하도록 요구했다.

(5) 전국인민대표대회는 2002년 6월에 「중화인민공화국 중소기업법」을 통과시켜 2003년 1월 1일부터 실시했다. 이 법률은 '중소기업의 경영환경을 개선하고 중소기업의 건강한 발전을 촉진하여 도농 취업을 확대하며 국민경제와 사회발전 중에 중소기업의 중요한 역할을 충분히 발휘시킨다'를 입법 취지로 삼아 중소기업의 법률 지위를 확립하고 정부 관리 부문의 직책을 명확히 하며 아울러 중소기업 발전을 촉진하는 주요 정책을 법률적 수준으로 끌어올렸다. 이러한 법률 및 이에 걸맞은 법규와 실시 세칙의 철저한 집행은 중소기업 발전을 위한 좋은 환경을 만들었다.

(6) 정부와 사회의 민영기업에 대한 서비스를 개선했다. 중소기업은 경영 정보, 기술정보, 산업 발전 상황, 세계 시장의 수요 공급 상황 등을 절실하게 필요로 하는데 각 기업이 단독으로 구하려면 원가가 매우 높지만 정부 혹은 여타 사회조직이 제공한다면 효율을 높일 수 있다.

1998년 이후 민영 중소기업이 급속히 발전했다. 국무원 발전연구센터, 중국기업가조사체계中國企業家調査系統 등 기구의 연합 조사에 의하면 2001년 말까지 중국에는 모두 2930만 개의 중소기업이 있었고 노동자 수는 1억 7400만 명이었다. 생산 면에서 보면 2001년 중소기업이 창조해낸 부가가치가 중국 GDP의 50.5퍼센트를 차지했고 취업 해결 면에서는 신규 취업 총량의 75퍼센트 이상을 차지했으며 납세액에서는 전국 세수 수입의 43.2퍼센트를 차지했다.[34] 국가공상행정관리총국의 표준 통계에 의거한 사영기업 발

[표5.1] 사영기업의 발전35

연도	사영기업 고용자 수		사영기업 등록 자본금	
	(만 명)	성장률(%)	(억 위안)	성장률(%)
1989	142.6	—	84.5	—
1990	147.8	3.7	95.0	13.1
1991	159.8	8.1	123.0	29.5
1992	201.5	26.1	221.0	79.7
1993	321.3	59.5	681.0	208.1
1994	559.4	74.0	1,448.0	112.6
1995	822.0	46.9	2,622.0	81.1
1996	1,000.7	21.7	3,752.0	43.1
1997	1,145.0	14.4	5,140.0	37.0
1998	1,445.3	26.2	7,198.0	40.0
1999	1,649.8	17.6	10,287.0	42.9
2000	2,011.2	18.4	13,306.9	29.4

전 상황은 표5.1을 보라.

2.4 다종 소유제 경제 공동 발전 국면의 형성

다양한 종류의 소유제 경제의 공동 발전 국면은 우선 중국 동남 연해 지역에서 형성된 이후 점차 중서부와 여타 지역으로 확장되었다. 이러한 국면이 먼저 출현한 곳은 저장浙江이었다.

개혁개방 이전, 저장은 중간 수준으로 발전한 성省이었다. 1980년 저장의 전체 공업총생산액은 단지 201억 위안에 불과했다. 그 가운데 민영 상공업은 특히 뒤떨어져서 성 전체 민영 중소기업의 공업총생산액은 700만 위안으로 성 전체 공업총생산액의 약 0.035퍼센트를 차지했다. 1981~1985년은 저장의 민영 중소기업이 비약적으로 발전한 시기다. 저장의 민영기업 대다수는 수많은 가내 수공업 공장과 '상점과 공장을 겸한' 소기업에서 시작해 전문시장을 바탕으로 기업 클러스터clusters와 특화된 제품을 형성하여 전국 시장, 나아가 세계 시장에까지 판매했다. 1985년에 이미 26만4000개의 농민 개체기업과 농민 연호기업農民聯戶企業이 있었다. 다시 말하면 이미 수십만 명의 농업 노동력이 비非농업 산업으로 전환하여 취업한 것이다. 이와 상응하여 5년 동안 농촌 주민의 순수입의 연평균 성장률은 무려 20.14퍼센트에 달했다. 1986년까지 저장 농촌 주민의 연간 일인당 평균 수입은 이미 직할시를 제외한 각 성, 자치구 가운데 수위를 차지했다. 이후 민영 중소기업은 계속 급속히 발전했다. 2000년 도농 민영기업이 실현한 공업 부가가치액은 이미 전체 성의 공업 부가가치액의 49퍼센트를 차지했다. 1981년부터 2000년까지 20년 동안, 농촌의 잉여노동력은 대거 도시 비농업 산업으로 이전되었다. 농업 노동력이 전 사회 노동력에서 차지하는 비중은 이미 1980년의 67.7퍼센트에서 2000년의 37.2퍼센트로 떨어져서 모두 30.5퍼센트 하락했다. 도시화율 또한 1980년의 14.9퍼센트에서 2000년의 48.7퍼센트로 높아져서 33.8퍼센트가 상승하여 전국 평균 수준보다 12.5퍼센트 높게 나타났다. 저장성 전체의 연간 일인당 평균 국민총생산액과 일인당 평균 소득은 모두 상하이, 베이징 등 대도시 다음으로 여타 전국 성급 단위 중에서 수위를 차지했다.[36] 이처럼 저장에서는 21세기를 앞두고 다양한 소유제 경제의 공동 발전이 나타났고 도시와 농촌이 나란히 날아오르는 즐거운 국면이 출현했다.

장쑤江蘇의 경제 발전은 일련의 곡절을 겪었다. 1980년대 '쑤난 모델蘇南

模式'의 향진기업은 당시 지배적인 지위에 있었던 국유기업에 비해 매우 현격한 경쟁우위를 보였는데 이러한 현상은 전국이 본받던 본보기였다. 그러나 1990년대 초기에 이르면 이러한 '준准국유'의 향진기업은 규모 면에서 발전이 있었지만 오히려 국유기업과 유사한 문제점이 날로 나타나 효율 하락과 성장세가 저하되는 흐름이 출현했다. 과거 중국의 국민경제에 매번 쇠퇴가 나타났을 때도 장쑤는 가장 먼저 역경을 뛰어넘어 성장 속도가 전국 각 성 가운데에서 가장 선두를 달렸다. 그러나 2000년 중국 경제에 전기가 생겼을 때, 장쑤의 성장 수준은 오히려 전국 평균 수준보다 낮았으며 아울러 저장에 추월당했다. 따라서 '쑤난 모델'의 향진기업은 이제 제도 개혁이 필요하다는 것이 각계 인사들의 공통된 인식이 되었다. 그러나 '소형 국유기업 자유화放小'에는 두 가지 문제가 곧 나타났다. 하나는 권력자가 매우 낮은 가격으로 기업을 자기 사람에게 '반값에 거저 주거나' '파는 척 거저 주는' 것이었다. 두 번째는 주식합작제로 개편할 때 예전 직공 사원에게 노동보험 체납금에 대한 보상을 해주지 않았을 뿐만 아니라 또한 노동자들에게 주식을 사도록 강요하고 그렇지 않으면 내쫓아버린 것이었다. 이러한 불합리한 수법은 노동자들의 강렬한 저항을 야기했다. 이와 같은 문제에 대하여 국가경제무역위원회는 '이러한 기풍을 근절하라刹住這股風'고 요구하는 통지를 발표했다. 그래서 일부 지방에서는 '소형 국유기업 자유화'를 중지했다. '소형 국유기업 자유화'를 중지한 지방은 경제가 더욱 악화되어 이들 지방이 더 이상 버틸 수 없는 상황에서 원저우溫州, 타이저우臺州를 배우려는 붐이 일어났으며 이들 지역의 기업제도를 본보기로 삼아 재산권의 구조조정[재편성]을 진행하여 대다수가 개인독자 혹은 회사제 기업으로 개조되었다.[37] 그 이후 쑤난의 경제 상황에 급격한 변화가 발생하여 GDP가 성장하고 공업 생산이 다시 상승하며 투자가 매우 활발해지는 등 막 힘차게 발전하는 활기를 보였다. 특히 이 지역의 외향형 경제는 매우 좋은 상황이다.

쑤난의 외향형 경제는 본래 저장에 비해 우월했다. 최근 몇 년간 중국과 싱가포르가 합자하여 건설한 쑤저우공업원구蘇州工業園區는 싱가포르 정부가 관리하던 모든 '소프트웨어(즉 규장제도)'를 도입하고 장쑤의 각 개발구에 이식하여 장쑤성의 투자 환경이 크게 개선되었다. 이에 더하여 쑤난 지역은 중국 최대의 상업 무역 및 금융 중심지인 상하이에 가까워서 해외 자본 투자가 대량으로 유입되었다.

광둥廣東은 중국의 오래된 개혁 실험 지역으로 외향형의 향진기업이 뛰어나서 일찍부터 다양한 종류의 소유제 경제가 병존했다. 그러나 20세기 말 국유경제 개혁과 법치 환경의 개선이 늦었기 때문에 대내외 경제에서 광둥의 성적은 주장 삼각주長江三角洲 지역에 비해 뒤지는 점이 있었다. 2000년대로 진입한 이래 현재 광둥의 어떤 지역은 이미 투자 환경 개선과 국유기업 개혁 추진 등의 측면에서 열심히 추격을 전개하고 있다. 만약 홍콩 특별구 경제와의 통합 과정에서 장점을 상호 보완할 수 있다면 그 미래는 매우 밝을 것이다.

결론적으로 세기적 전환기에 중국 동남 연해 지역에서 경제가 비교적 발달한 성省들은 사영경제가 규모와 질적 측면에서 매우 크게 확장되고 향상되어 각 지역 경제성장을 지원하는 중요한 역량이 되었다(표5.2).

연해 지역에서 매우 큰 활력을 가진 '쑤인창蘇錫常〔쑤저우蘇州, 우시無錫, 창수常熟〕' 경제의 선도하에 2002년 중국의 민영경제는 이미 국민경제에서 점유하는 액수가 가장 큰 경제 부문이 되어 중국 경제 발전의 기반 역량을 지탱하고 있다. 표5.3은 사영기업의 급속한 성장을 보여준다.

민영경제는 수량이 막대할 뿐만 아니라 매우 큰 본질적인 우위를 가지고 있다. 사실 민영경제는 시장경제의 기반이자 가장 활력적인 요소이며, 막

[표5.2] 저장, 장수, 광둥의 경제성장 속도(전년도 동기 대비, %)38

연도	GDP			수출 총액		
	저장	장수	광둥	저장	장수	광둥
1997	11.1	12.0	10.6	25.7	21.4	25.6
1998	10.1	11.0	10.2	7.5	11.1	1.4
1999	10.0	10.1	9.5	18.5	16.9	2.7
2000	11.0	10.6	10.8	51.1	40.8	18.3
2001	10.5	10.2	9.6	18.2	12.6	3.8
2002	12.5	11.6	11.7	28.0	33.3	24.1

[표5.3] 국민경제에서 민영경제의 지위와 작용(%)39

연도		1997	1998	1999	2000	2001	2002
고정자산 투자	국유	52	54	53	50	47	43
	집체	16	15	14	15	14	14
	민영	32	31	32	35	38	43
도시城鎭 취업자 수	국유	53	42	38	35	32	29
	집체	14	9	8	6	5	5
	민영	33	49	54	59	63	67

대한 중산층 계급middle class의 육성에도 유리하다. 민영경제는 경제적 안정과 사회적 안정 유지를 위한 기초 역량이며 기술혁신의 새로운 원천이기도하다. 민영경제는 1997년 동남아 금융위기 이후 경제 쇠퇴를 막고 경제회복을 촉진하는 과정에서 큰 효력을 발휘했고 도시의 하강 노동자 재취업의 주요 경로 역할을 했으며 농촌의 빈곤 완화와 농민 소득 향상을 위한 진로를

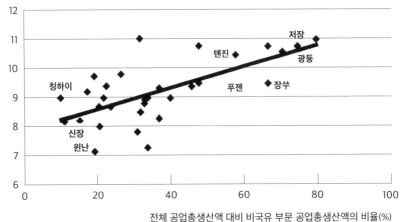

GDP 동기 대비 증가율(%)

전체 공업총생산액 대비 비국유 부문 공업총생산액의 비율(%)

* 공업총생산액의 총수치는 전체 국유 공업기업 및 연 판매 수익 500만 위안 이상의 비국유 공업기업을 포함함.

[그림5.1] 민영경제의 경제성장 촉진(2000년의 예)40

개척하는 동시에 중국 시장경제의 심화 발전을 추동하고 있다. 세기의 전환기에 여러 지역의 민영경제가 경제에서 차지하는 비중의 정도와 그 지역 GDP 성장 속도 사이의 상관성을 놓고 볼 때 민영경제의 비율이 큰 지역일수록 GDP 성장이 더욱 빨랐다(그림5.1).

3. 민영경제의 진일보 발전의 장애 및 극복

최근 몇 년 동안, 중국의 민영경제는 급속히 발전하여 국민경제의 건강한 발전에 큰 공헌을 했다. 그러나 현재까지 민영경제의 경영환경에는 여전히 많은 문제들이 존재하며 특히 최근 몇 년 동안 '좌파' 사상이 되살아나고 있어 민영경제의 발전에 매우 큰 손상을 입히고 있다. 다른 한 측면은 민영기업 자신의 조직제도, 경영전략과 인센티브 시스템이 또한 적지 않은 약점을 가진 점이다. 민영경제의 진일보 발전을 보장하기 위해서는 이러한 문제들을 모두 제대로 해결할 필요가 있다.

3.1 민영경제의 경영환경 개선

중국에서는 계획경제와 '좌경' 이데올로기가 남긴 유산 때문에 민영기업의 경영환경이 선천적으로 부족하고 후천적으로도 불균형적인 결함들을 갖고 있어 정부가 주도적으로 행동하여 민영경제 발전의 장애물을 제거해야 한다. 가장 중요한 문제는 아래의 몇 가지 측면이다.

첫째, 사영기업에 대한 진입 제한을 철회하여 실질적인 '네거티브 리스트 제도'를 실시해야 한다. 사영기업이 경영환경상 직면하는 첫 번째 난제는 많은 영역에서 자유로운 진입이 어렵다는 점이다. 1976년 이전의 '전면적인 독재' 체제하에서 개인의 경제활동은 엄격하게 금지되고 단호하게 처벌되었다. 개혁개방 이후 개인 경제활동에 대한 금지령은 점차 해제되었지만 1997년 중국공산당 제15차 전국대표대회까지는 여전히 공유제의 보충 범위 내로 제한되었다. 1993년 중국공산당 제14기 3중전회에서는 '각종 소유제 경제가 시장경쟁에 평등하게 참여할 수 있도록 환경을 조성하고, 어느 기업이든 차별 없이 동등하게 대하겠다'라고 밝혔다.[41] 그러나 1997년 중공15대에서

'비공유제 경제는 중국 사회주의 시장경제의 중요한 구성 요소'라고 명확하게 선언한[42] 이후에도 많은 영역에서 사영기업에 대한 진입 제한은 여전히 철회되지 않았다.

2003년 중국공산당 제16기 3중전회는 '비공유제 경제의 발전을 억제하는 법률 법규와 정책들을 일소하고 수정하여 체제상의 장애를 제거한다. 시장진입을 완화하고 비공유 자본이 법률 법규상으로 진입이 금지되어 있는 인프라, 공용 사업 및 기타 업종과 영역에 진입하도록 허용한다. 비공유제 기업은 투융자, 세수, 토지 사용과 대외무역 등의 측면에서 다른 여타 기업과 동등한 대우를 받는다'고 결의했다.[43] 2007년 중국공산당 제17차 전국대표대회는 '물권을 평등하게 보호하고 여러 종류의 소유제 경제의 평등한 경쟁, 상호 촉진의 새로운 국면을 만들 것'을 거듭 천명했다.[44]

정부의 행정 허가 권한을 제한하기 위하여 전국인민대표대회는 2003년 8월 「중화인민공화국 행정허가법」(약칭 「행정허가법」)을 2004년 7월 1일부터 실시하기로 결정했다. 이 법률 규정은 법률과 행정 법규를 제정할 권한이 있는 전국인민대표대회나 국무원 등 소수 기관만이 행정 허가를 설정한 권한이 있음을 규정했다. 「행정허가법」의 효과적인 실시를 보장하기 위하여 국무원은 2004년 6월에 「보류해야 할 행정 심사 항목에 대한 행정 허가 설정 결정對確需保留的行政審批項目設定行政許可的決定」을 내놓아 과거 설정된 심사 비준 항목 가운데 유지되어야 할 500여 항목을 제외하고는 모두 철회할 것을 선포했다. 국무원은 「행정허가법」 집행과 공민의 시장진입권 보장을 위하여 차례로 일련의 조치들을 취했다.

그러나 이러한 결정과 조치들의 효과는 그리 뚜렷하지 않았다. 지령경제의 관성 세력과 지대 추구 행위의 특수 이익집단의 거부와 저항을 받았기 때문에 실시 상황은 매우 좋지 못했다. 최근 몇 년 동안 일부 지방과 업종에서는 '국진민퇴國進民退(국유기업의 활성화와 민간기업의 퇴조)' 등 '역주행' 현상이 나타나기도 했다. 만약 진정으로 시정되지 않는다면 민영기업의 경영환경은 더욱 악화될 것이다.

둘째, 민영기업의 융자 환경을 개선해야 한다. 민영기업이 원활한 융자 루트를 갖고 있지 못하다는 점 또한 강하게 비판할 문제다. 1998년 이후 민영기업의 담보 능력 부족 문제를 해결하기 위하여 각 지방은 보편적으로 중소기업 신용대출 담보 기구를 건립하여 은행을 위해 리스크를 분담했다. 동시에 민영기업의 융자 루트를 더욱 개척하기 위하여 또한 다양한 형태의 민간 금융기구를 발전시키려고 모색하기 시작했고 아울러 이 기구들이 금융 업무를 전개하도록 지원했다. 그 외에 스타트업 융자 특히 하이테크 기업의 시드seed 단계는 정보 비대칭이 비교적 심각한 영역이다. 미국, 이스라엘 등의 경험에서 보자면 이러한 난제를 해소할 정부의 벤처투자에 대한 입법 강화와 각종 유동성 조치의 실시가 필요하다.

셋째, 사회 신용 상황을 개선해야 한다. 시장경제는 공정하고 투명한 게임규칙 위에 수립돼야 한다. 즉 시장의 법치 기반을 수립해야 한다. 현재 시장 질서가 상대적으로 혼란하여 신용 상실, 사기 등의 현상이 매우 보편화되어 이로 인해 사람들은 상공업을 위험한 길로 여긴다. 정부 관여가 적을수록 좋다는 일반적인 시각은 단편적인 생각이다. 현재 정부의 문제는 관여하지 말아야 할 일은 너무 많이 관여하고 관여해야 할 일은 관여하지 않는 점이다. 시장 규칙의 설정, 지원 시설의 육성 그리고 엄격하고 공정한 법의 집행은 여전히 정부가 회피하지 말아야 할 책임이다. 중국의 법치 건설이 점차 추진되어야 민영기업의 경영환경도 비로소 차츰 개선될 수 있다. 2001년부터 시작하여 일부 정부 기구의 제안하에 상하이 지역에서 신용조회 기구설립 실험을 진행하고 이어서 민간의 신용조회 조직과 신용조직 또한 육성되기 시작했다. 그러나 경쟁적이면서도 질서 있는 신용조회 시장을 어떻게 수립할 것인지에 대해서는 또한 해결해야 할 많은 문제가 존재한다.

넷째, 상회(업종협회) 및 기타 사회조직(예를 들면 생산력촉진센터)의 역할을 발휘시켜야 한다. 중국에서는 상명하달로 조직된 업종협회가 왕왕 '중개 조직'으로 불리거나 여기에 '업종 관리'의 행정기능이 부여되어 있다. 레닌의 프롤레타리아 독재 체제하의 '지렛대' '전달 벨트' 기능에서 변화돼온 이러한 종류의 '제2의 정부' 조직은 실제로는 시장경제에서 민간 조직처럼 특정 사회집단의 합법적 권익을 보장하고 그들의 요구를 반영하며 아울러 여타 사회집단과 협상 대화하는 역할을 수행할 수 없었다. 상회는 응당 기업가의 조직이어야 하며 그 취지는 기업가 집단의 이익을 스스로 보호하고 동시에 스스로 자기교육과 자기 감독 및 자율적인 단속을 추진하는 것이다.[45]

3.2 민영기업의 강화 노력 필요

민영기업은 과거 중국의 경제 발전 과정에서 상당한 성과를 거두었으나 그 역량은 여전히 매우 취약하다. 세계화의 조건하에서 중국 경제 발전의 주력이라는 중임을 맡고 싶다면 끝까지 포기하지 않는 막대한 노력을 바쳐야 할 필요가 있다.

1. 기업제도를 완성한다

기업 발전에 있어서 좋은 기업제도는 기본적인 조건이다. 그러나 중국의 대다수 민영기업은 '개체호個體戶'에서 발전되었든 아니면 중소형 국유기업과 준准국유의 향진기업의 제도 전환을 통해 이루어졌든 간에 모두 뚜렷한 체제 결함이 존재했다. 기업이론에 따르면, 적절한 기업제도란 시기에 따라 지역에 따라 그리고 업종과 발전 단계에 따라 다르게 나타난다. 시장경제에서 기업제도의 종류는 너무나 많고 각 기업제도마다 자신만의 특수성을 가지고 있어 다양한 업종, 다양한 규모, 다양한 특징을 가진 기업의 요구에 적응하고 있다. 기업들은 자신의 특징에 맞게 서로 다른 조직 형태와 경영방식을 채택하는 것으로 모든 기업에 적용될 '가장 우월한' 기업제도의 배치란 존재할 수 없다. 기업제도의 구체적 형태는 비록 서로 다르지만 모든 효과적인 기업제도는 공통의 특징을 가지고 있는데 그것은 재산의 경계가 매우 명확하다는 것이다. 그리고 규모가 좀더 큰 기업일수록 더 명확한 재산권 기반 위에 효과적인 지배구조를 수립해야 한다.

이처럼 쟁점은 즉 두 가지 측면에서 존재한다. 한편으로는 소유권이 정립되어야 하며 다른 한편으로는 지배구조가 충분히 효율적이어야 한다. 기업주가 직접 기업을 경영하는 자연인 기업에서는 이러한 측면들이 비교적 쉽게 처리 가능하지만 합작사 회사 등의 법인제 기업에 있어서는 경영자에게 경영을 위탁하기 때문에 소유와 통제의 분리가 존재하여 상황이 복잡해지므로 본서의 제4장에서 토론한 바 있는 기업 지배의 기본 요구에 의거하여 처리해야 할 필요가 있다.

현재 중국의 민영기업에는 기업제도 측면에서 중점적으로 주목해야 할 두 가지 문제가 있다: 우선 국유기업과 민영기업에서 매우 유행하고 있는 '다급 법인제多級法人制' 조직구조의 장단점 문제. 다급 법인제는 국유기업의 '방권양리放權讓利' 개혁 과정에서 형성된 일종의 조직구조다. 민영기업이 소규모에서 대규모로 성장하는 과정에서 다른 기업을 인수 합병하는 것은 효과적인 수단이고 인수 합병된 기업의 독립적인 지위를 일정한 시기 동안 유지하는 것도 원래의 업주나 직원을 잡아두는 데 적합한 방법이다. 따라서 많은 중대형 민영기업 또한 '핵심층' '긴밀층' '분산층' 등이 포함된 다급 법인 구조를 채택했다. 많은 민영기업이 일정 규모 수준까지 발전된 이후에 또한 국유기업을 모방하여 제각기 제도 개혁을 단행하여 '다급 법인제'를 실행하고 있다. '다급 법인제'의 기업집단 가운데 기업 본사는 아래에 일률적으로 독립 법인의 지위를 가진 자회사를 설립하고 자회사는 아래에 얼마간 독립 법인 지위의 손자, 증손자 격의 회사들을 다시 설립했다. 등급의 수가 5급, 6급에 달했고 심지어는 더 많았다.

이러한 종류의 기업조직 형식은 적지 않은 병폐가 존재한다. 우선, '다급 법인제'는 민법 중의 '법인法人'과 서로 충돌하는 개념이다. 주지하듯이 이른 바 '법인'이란 인격적으로 독립된 자연인과 마찬가지의 민사상 능력과 책임을 갖고 있는 조직을 일컫는다. 이러하기에 '법인'은 '다급'이 될 수 없는 것이다. '다급 법인제'하에서 '2급 법인' '3급 법인'은 모두 완전히 독립적인 권리를 가지지 못한다. 이는 마치 과거 중국의 종법제宗法制 사회 상황과 비슷한데 이 사회에서는 한 사람이 이미 성년이 되었다 하더라도 그의 부친이 여전히 생존해 있으면 그는 인격적으로 가장인 부친에 종속되어 있어 완전한 독립성을 갖지 못했다.

다음으로 '다급 법인제'는 효과적인 동기부여 원칙을 위반한다. 효과적인 동기부여 시스템은 반드시 동기부여의 겸용성兼容性을 구비하고 있어야 한다. 즉 하급 조직 혹은 개인의 적극성을 동원해야 할 뿐만 아니라 동원된 적극성이 상급 조직의 목표에 부합하도록 보장해야 한다. 그렇지 않으면 하급 조직의 '적극성'은 자신의 밑뿌리를 흔들게 될 것이다. 기업조직학의 관점에서 보자면 이러한 '다급 법인제'의 제도 배치는 중국 구시대에 분가하지 않은 대가정이 각 '방房'에 자신의 소小금고를 설립하고 자신의 '비상금私房錢'을 갖도록 허락한 것처럼 기업집단의 각 '성원 기업' 서로 간의 이익충돌을 야기할 것이다. 현대 경제학의 불완전 계약 이론에 의거하면 무릇 각 측이 가져야 할 권리와 져야 할 책임에 대해 계약상에서 명확히 규정할 수 없는 경제활동은 모두 기업 내부로 가져가서 행정적 권위의 지휘와 관리하에 서 완성하는 것이 바람직하다. 그렇지 않으면 이익이 충돌되는 독립적 주체 간에 상호 권리 침해, 상호 위협 및 끝없는 입씨름과 마찰 등의 문제를 발생 시켜 거래비용을 크게 상승시킬 것이다. 일부 민영기업 기업집단 가운데 이 른바 핵심 기업과 성원 기업(계열사) 간에는 이러한 종류의 마찰이 존재한 다. 예를 들어 독립적인 수많은 기업들이 하나의 브랜드를 함께 사용하기 때 문에 성원 기업들은 종종 일은 대충하고 자재는 규정보다 줄여 제품 품질을 낮추는 방법을 통해 기업그룹에 손해를 입히고 자신만 이익을 얻어왔는데, 이는 수차례 금지해도 근절되지 않았다.

사실상 각국의 공업 발전 초기 단계에서, 상대적으로 큰 규모의 기업은 작은 규모의 기업을 인수합병하고 이후 지주회사 형태로 이러한 소기업들 을 하나의 기업집단으로 조직하는 것은 흔한 방법이다. 그러나 '다급 법인 제'가 보편적으로 적용되는 제도가 되어 여러 기업으로 확산되어 운용되면 서 그 제도의 부정적 측면이 점점 더 두드러지게 나타났다. 중국의 민영기업 에서 나타난 '다급 법인제'는 재산권이 집중된 특징을 가진 회사도 아니며 모회사가 자회사의 지배주주인 영국식 기업집단 회사와도 다르다. 이 기업 들은 중국 문화의 배경하에 나타난 특수한 산물이라 말할 수 있다. 소규모 소작농으로 채워졌던 중국에는 예로부터 이른바 '법인 문화'가 존재하지 않 아서 즉, 엄밀한 규장제도를 가진 관료조직을 운용하여 대규모 생산(시스템) 을 조직하기 어려웠으며 재산권을 각각 분할하여 나누어주는 '제후 분봉'의 실행이란 방식으로 경제적 협력 관계를 유지하는 것이 습관화됐다. 이러한 종류의 제도는 통상적으로 기업 내부의 할거 상태와 이익 충돌을 야기하므 로 회사제의 원칙에 의거하여 점진적으로 개조해나가는 것이 필요하다.[46]

주목해야 할 가치가 있는 것은 가족기업 문제다. 가족기업에 대해서는 두 가지 관점이 유행하고 있다. 한 가지 관점은 가족기업을 매우 우월한 기업제도 형식으로 평가하며 응당 지향하고 확대해나가야 한다고 보는 것이다. 또 다른 관점은 가족기업을 구시대의 기업조직 방식으로 평가하여 최대한 빨리 현대적인 회사로 제도를 개혁해야 한다고 보는 것이다. 그러나 이 두 가지 극단적인 관점은 모두 일정하게 단편적이다. 어떤 형태가 적절한 기업제도인지는 조건에 따라 달라져야 하는 것이지 어떤 종류의 기업제도가 어느 곳에서든 다 옳다고 일반화해 말할 수는 없다. 일반적으로 혈연적 유대를 중시하는 화인華人 사회에서는 중소 규모의 기업이 가족식 기업경영 모델을 선택하면 기업 내부의 응집력을 높이고 거래비용을 낮추는 장점을 가지고 있다. 그러나 기업규모가 확대된 이후에 특별히 경영 능력이 매우 강했던 창업자가 역사의 무대에서 떠나고 초빙된 전문 경영자에 의한 기업 관리가 필요한 시점에는 소유권과 경영권이 서로 분리된 현대적인 회사제도를 선택하는 것이 객관적으로 요구된다. 그러나 현대적 회사제도의 운용은 양호한 법률적 틀과 신용 체계가 필요하기 때문에 운용 환경이 제대로 갖추어지지 않은 상황에서는 창업자 가족이 여전히 이사회와 집행 기구에서 결정적 역할을 하는 가족회사가 일정한 장점을 가질 것이다.

칼럼5.4

해외 화인華人 가족기업[47]

지금까지 해외에 분포된 화인(화교를 포함하여)은 3000만 명으로 그 가운데 절대다수는 동남아 각국에서 생활하고 있다. 제2차 세계대전이 끝난 후 동남아 각국의 화인 가족기업은 큰 발전을 이루어 현지에서 무시할 수 없는 경제 세력이 되었다. 어떤 업종에서는 군계일학을 이루기도 하고, 어떤 기업은 또한 국제적인 지명도를 가진 기업집단으로 발전했는데 예를 들면 타이의 짜른 포카판 그룹Charoen Pokphand Group, 말레이시아의 쿠옥 그룹 Kuok Group, 싱가포르의 홍렁 그룹Hong Leong Group, 인도네시아의 살림 그룹 Salim Group과 필리핀의 LT 그룹 등이 있다. 이러한 가족기업들은 홍콩, 타이완의 유명한 리카싱李嘉誠 그룹, 리자오지李兆基 그룹과 왕융칭王永慶 그룹 등과 함께 그 독특하면서도 생명력 있는 기업 조직 형식 때문에 세상의 광범한 주목을 받고 있다.

개괄하면 해외 화인 기업은 발전 과정에서 아래의 특징들이 보편적으로 나타났다. 우선, 경영방식에서는 대다수 화인 가족기업은 규모의 성장을 경험하여 단일 업종 경영에서 다각화 경영의 과정을 거쳤다. 해외 화인 기업은 상당수가 요식업, 잡화 소매업, 봉제, 의류 세탁업과 이발업 등 서비스업에서부터 기업을 일구었다. 제2차 세계대전 이후 거주 지역 경제의 급속한 발전에 따라 화인 기업은 빠르게 성장했고 투자 리스크의 분산과 더 많은 발전 기회의 창출을 위하여 화인 기업가는 경영 영역의 다원화를 모색하기 시작했다. 화인 기업이 발을 들여놓은 업종은 또한 금융, 부동산, 제조업, 여행업 및 엔터테인먼트 등을 포함한 다수의 영역으로 확대되었다. 1990년대 이래 홍콩과 타이완 등지의 화인 기업은 더 나아가 하이테크 산업으로 확장했다. 이와 동시에 화인 기업은 국제시장 개척을 매우 중시하여 초국적 투자를 실행하고 기업 간 국제 협력과 전략적 동맹 등을 수립했다.

그다음, 기업조직 관리 측면에서 화인 가족기업은 통상적으로 소유권과 경영권이 밀접하게 결합된 가족식 경영 모델을 실행했다. 화인 기업 혹은 재단은 왕왕 한 가족에 의해 회사 지분이 절대적 혹은 상대적으로 지배되어 기업의 이사장, 총재는 대부분 창업가 가장이 맡고 가정의 핵심 구성원이 또한 요직에 위치하여 기업의 핵심 결정자층을 구성하며 친척이나 친구로 구성된 관리자층이 기업의 일상적인 경영 업무를 책임지고 그 밖에는 일반적인 고용 인원이 존재하여 중국의 전통 사회와 유사한 '차등 구조差序格局'를 형성한다. 아울러 기업 내부의 분업은 아주 명확하거나 정교하지 않아서 '가장家長'이 큰일이든 작은 일이든 일일이 간섭한다.

마지막으로 경영이념상에서는 화인 가족기업은 동방의 문화 전통을 중시하여 대내적으로 충효, 인애, 근검, 분투, 가장의 권위에 대한 복종을 강조하여 매우 큰 가족 응집력을 보인다. 대외적으로 화합을 강조하고 신용을 중시하며 정부와 좋은 관계를 만드는 것을 포함해 '꽌시' 네트워크 구축을 중시한다.

가족 간 정을 이용하여 거래비용을 낮추는 것이야말로 화인 가족기업이 성공을 얻게된 중요한 요소다. 그러나 이러한 기업조직 형식에는 또한 일부 병폐도 존재한다. 기업의 발전 과정에서 이러한 병폐들은 때로는 기업에 치명적인 타격을 주기도 한다. 예컨대, 정책 결정권이 고도로 집중되어 있기 때문에 기업의 생존이 한 사람에게 달려 있어 일단 정책 결정의 오류가 발생하면 돌이키기 어렵고, 기업의 최고경영권이 부자간 세습되기 때문에 가장 경영 능력이 뛰어난 전문경영자가 기업경영에 참여하도록 보장하기 어려우며, 기업 내부 경영이 불투명하기 때문에 사회적 신뢰를 얻기 까다로워 사회의 여러 자원들을 더욱 많이 활용하기가 어렵다. 혈연, 지연과 업무적 인연 등의 관계 네트워크를 중시하고 업무 전개에 법률 관념이 부족하여 기업 규모의 확장에 불리하고, 사람을 쓸 때 혈연이나 정에 이끌려 인재 선발에 불리하고 기업의 생산효율을 떨어뜨리며, 정부와의 관계를 지나치게 강조해 기업경영이 정국이나 정책의 영향을 지나치게 많이 받도록 만들어 기업의 안정적 발전에 불리하다. 화인 가족기업이 창업 1세대에서 서방의 현대적인 경영이념을 받아들인 제2세대로 승계되고, 또한 세계화 경쟁의 충격이 더해지면서 일부 해외 화인 가족기업이 상술한 문제에 대해 이미 인식하고 관념과 제도상의 혁신이 진행되기 시작했는데 예를 들면 전문경영자의 초빙, 나아가 기업의 지분 구조 개방과 기업의 대중적 이미지 구축 등이 이루어졌다. 아마도 중국과 서방 문화의 이념과 경영 경험이 결합된 기업조직 형식이 일부 화인 가족기업에서 조용히 형성되고 있는 듯하다.

결론적으로 보면, 가족회사의 재산권과 경영의 사회화는 가족기업이 크게 발전하는 과정에서 나타나는 큰 흐름이다. 첫째, 대형기업이 사회화되는 필연성은 아래에 서술한 객관적 요인들에 의해 초래되는 것이다. 우선, 시간적 추이에 따라 가족의 증가가 가족 구성원 간 혈연관계를 점차 옅어지게 만든다. 가족 재산을 분할 승계한 구성원 서로 간의 혈연관계 역시 점차 옅어지게 된다. 장기적으로 보면 가족 내부의 연계가 약화되어 모순과 충돌 등의 원인으로 가족기업 지분의 외부 유출이 야기되는 확률이 크게 높아진다. 다음, 기업규모의 확대가 경영과 융자의 사회화를 촉진한다. 가족기업의 발전, 규모의 확장은 필연적으로 경영의 전문화와 외부자금의 융자 수요를 가져와서 외부의 경영 인재와 외부의 주주를 끌어들여 가족기업 경영자와 소유권의 사회화 수준이 제고되도록 가속화한다. 가족기업은 경영 과정에서 어떤 어려움이 나타날 경우에 항상 일부 지분 내지 심지어는 전체 지분의 양도를 그 대가로 삼아 어려움에 대응하곤 했고 그 결과 가족기업 재산권의 사회화가 또한 촉진되었다.

두 번째, 중국의 가족기업이 사회화되는 과정에서 가장 두드러진 모순은 경영자 문제이며 특히 창업자 이후 경영 승계자를 선택하는 문제 그리고 전문경영인 인재의 유입 문제다. 인재 선발 문제에서 중국의 가족기업은 두 가지 주요한 어려움에 처한다. 하나는 페이샤오퉁費孝通이 정의한 바 있는 중국 전통 사회 인간관계의 '차등 구조'에서 비롯된다. 그는 중국의 '사회관계는 점진적으로 일개인으로부터 퍼져나가는 개인 연결의 증가이며 사회 범위는 하나하나의 개인 연결로 구성된 네트워크이고'[48] '마치 수면 위에 돌멩이를 떨어뜨리면 둥글게 퍼져나가는 파문과 같다'고 말했다.[49] 이는 자신의 이익을 핵심으로 삼아 가까운 친척은 가장 긴밀한 '자기 사람'이 되고 친척도 아니고 연고도 없으면 '외부 사람'으로 간주되어 이른바 '우리와 동류가 아니니 그 마음이 다를 것'이라고 해서 자연히 신뢰를 얻지 못하는 것이다. 확실히 친소로 관계를 결정하는 이러한 사유 방식은 범위가 광대한 낯선 이들 간의 시장(비인격화된 교환)에서 경영활동에 종사해야 하는 현대 기업의 발전에는 지극히 불리하다. 또 다른 어려움은 외부 인재의 공급 부족에서 비롯된다. 현재 중국의 전문경영인 시장에서 비교적 높은 수준의 직업적인 도덕 소양과 경영 능력을 겸비한 인재를 선발 초빙하는 것은 쉬운 일이 아니다. 이러한 외부 환경의 어려움은 또한 개별 기업이 극복할 수 있는 문제가 아니다.

세 번째, 제도와 문화의 건설이 가족기업 발전의 미래를 결정한다. 장기적으로 보면, 가족기업의 사회화는 내재적인 기업제도와 기업문화의 건설에 의지하고 있으며, 외재적인 법치와 문화 환경의 진화에도 의지하고 있다. 현재 중국 대부분의 가족기업은 가족관계의 장점을 충분히 이용하는 동시에 전문경영인을 적극 유치하여 그들의 재능에 걸맞는 권력을 부여하고 아울러 회사 문화의 진보를 촉진하고 전문경영자가 자신의 재능을 충분히 펼치도록 하여 점차 현대 회사제도로의 전환을 실현해야 한다.

2. 정확한 경영전략을 제정한다

민영기업은 창업 시점에서 통상 국유경제의 틈새를 이용하여 염가의 상품으로 시장에 비집고 들어가는 전략을 취해 자신의 발전을 도모한다. 예를 들면, 저장성 원저우溫州와 타이저우臺州 지역은 전문시장을 통해 판로를 개척하여 수천 개의 '판매와 제조를 겸한前店後廠' 소기업 생산을 이끌었다. 이러한 기업들은 종종 '업종 전환을 통해打一槍煥一個地方' 돈을 벌 수 있다면 무엇이든 생산하되 명확한 발전 목표와 발전 전략은 존재하지 않았다. 이러한 방식은 초창기 중소기업과 국유경제가 우위에 있던 판매자 시장(구매자가 많아 판매자에게 유리한 시장) 조건에 적합하다. 반대로 기업규모가 이미 비교적 크고 구매자 시장(판매자가 더 많아서 구매자가 유리한 시장 조건)이 기본적으로 형성된 조건하에서는 원래의 경로대로 진행하면 그 길이 점점 좁아질 것이다.

우선, 경영전략 제정은 기업이 일정 단계까지 성장하기 위해 객관적으로 요구되는 것이다. 기업규모가 매우 작고 직원 수가 매우 적거나 혹은 주로 가족 구성원으로 이루어진 상황하에서는 경영의 조정이 완전히 심정적인 묵계를 통해 실현될 수 있다. 그러나 기업 인원수가 많고 인적 구성이 다양한 상황하에서는 명확한 경영 발전 전략을 갖추어 전체 직원 특히 우선적으로는 고위층과 중간층 경영자들이 자신의 노력을 공동의 목표에 맞게 기울이도록 해야 한다. 마이클 포터*가 '경쟁에 참여하는 회사들마다 모두 명시적이든 혹은 묵시적이든 경쟁전략을 갖고 있다'고 말한 바처럼 말이다. 그렇지 않고 '각 부문이 맘대로 하도록 맡겨놓으면, 그들은 그 업무 성격과 책

---

* 마이클 포터Michael E. Porter(1947~). 미국 경제학자, 경쟁전략과 국가 경쟁력 등 방면의 주요 전문가. 주요 저작으로는 『경쟁전략』(1980) 『경쟁우위』(1985) 『국가 경쟁우위』(1990) 등이 있다.

임자의 흥미에 휘말려 움직일 수밖에 없게 되어 제멋대로 일하게 된다'.[50]

현재, 중국 민영기업 경영전략의 주요 경향은 '가격 전쟁을 벌여打價格戰' 가격인하에 의한 덤핑판매를 주요 경쟁 무기로 삼는 것이다. 과거 판매자 시장 조건하에서는 거의 모든 제품의 공급이 수요에 미치지 못해 지배적인 지위에 있는 국유기업이 '황제의 딸은 시집갈 걱정 없는皇帝的女兒不愁嫁' 지위에 있어 전력을 다해 시장수요를 만족시킬 필요가 없었다. 이런 상황에서 민영 중소기업은 제품의 질이 일정 수준 이상만 되고 가격 또한 충분히 저렴하다면 판로를 걱정할 필요가 없었다. 그래서 많은 중소기업이 잘 팔리는 물건을 조잡하게 만들어 낮은 가격의 우위에 입각해 승리하는 전통이 형성되었다. 현재의 시장 상황은 공급이 수요보다 부족한 판매자 시장에서 공급이 수요보다 많은 구매자 시장으로 변화하여 경쟁이 매우 극심해졌다. 이러한 상황에서 민영기업은 원래 가격인하로 판매 경쟁하던 길로 계속 가서 그 악성 경쟁이 기업 이윤을 점점 줄게 만들어 기술혁신 추진 동력이 완전히 소진되는 지경까지 이르고 심지어는 부실 생산 방식으로 가격을 낮추어 생존을 추구하기도 했다. 이렇게 계속 가면 반드시 모든 산업이 망하게 될 것이다. 포터는 기업에게는 성공의 기회를 제공할 수 있는 전략이 세 가지 존재한다고 제시했는데 그것들은 바로 총원가 선도 전략, 상표 차별화 전략 그리고 목표 집중 전략이다.[51] 가격인하에 의한 판매 경쟁은 그 가운데서 총원가 선도 전략 실시를 전제로 삼아야 한다. 그러나 포터가 말한 바처럼 총원가 선도 전략의 실시는 반드시 지속적인 자본투자와 공예 가공 기술 능력, 노동자에 대한 엄격한 감독 관리, 저비용의 판매 시스템 등 기본적인 기능과 자원이 필요하며 또한 구조가 분명한 조직과 책임의 존재, 엄격한 원가 통제 등 기초적인 조직적 요구를 만족시켜야 한다.[52] 만약 이러한 부분들을 잘하지 못하고 제품의 품질 하락과 이윤 축소 등의 방법으로 가격경쟁에 의

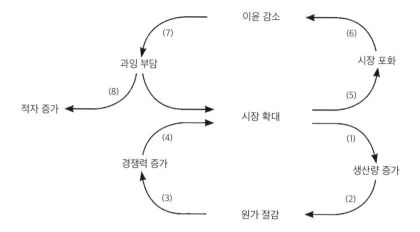

이윤 감소

과잉 부담 (7)

(8) 적자 증가

시장 확대

경쟁력 증가 (4)

(3) 원가 절감

시장 포화 (6)

생산량 증가 (5)

(1) (2)

[그림5.2] 유한적인 틈새시장[53]

지한다면 이러한 생존 모색 방법은 자살이나 다름없다.

경영전문가 스쯔이石滋宜가 대만의 모 기업이 협소한 '유한적인 틈새시장利基市場, niche market'에 끼어들어 악성 경쟁을 하는 것을 비판하면서 제시한 것처럼, 기업가는 다른 이가 이미 점유한 시장에서 다른 이보다 '잘하는' 것을 생각해서는 안 되며 중요한 것은 다른 이보다 '특별한' 것이다. 이는 기업이 반드시 다른 기업과 동일한 시장에 끼어드는 것을 피해야 하며 가격 전쟁을 벌이면 최후에는 양쪽이 모두 피해를 입게 되고, 고객의 요구에 맞춰 차별화 전략을 택하여 자신만의 특징을 구비한 후 특정한 고객 집단에 적합한 제품과 서비스로 세분화된 시장에서 자신만의 안정되고 성공적인 영역을 찾아내야 한다는 것이다(그림5.2).[54] 이렇게 해야 현재 유사한 제품 구조가 마치 천군만마가 외나무다리로 몰려드는 듯한 악성 경쟁 상태를 변화시켜 크고 광활한 강과 하천에서 많은 배들이 경쟁하는 질서 있는 경쟁 국면을 만들 수 있다.

중국 민영기업의 경영전략에서 또 하나 빈번하게 나타나는 문제는 과도한 업종 다각화다. 많은 기업들이 좀 규모를 갖게 된 후엔 곧 급하게 여러 업종에 진입해왔다. 이런 업종 간의 연관성은 높지 않아서 자금, 기술 그리고 경영자 능력의 분산을 가져왔으며 또한 기업의 차별화 전략 실행에도 불리하다. 기업의 다각화를 위해 파악해야 할 점은 다각화하려는 새로운 업무 영역이 그 자체로 산업 발전 전망이 좋은 동시에 더욱 중요하게는 그 업종이 반드시 기업의 현재 주 영업 업무 및 핵심 경쟁력과 충분한 전략적 관련성strategic fits이 있어야 한다는 것이다. 즉 기업 내부적으로 서로 다른 사업 조직Strategic Business Units 간에 자원을 공유하여 생산 경영을 구성하고 핵심 전문 능력(예를 들면 기술개발 능력, 경영 능력 및 브랜드와 시장 마케팅 기법)의 이전을 추진함으로써 기업의 비용을 낮추거나 혹은 경쟁 상대와 차별화된 우위를 얻는 것이다.

3. '관청과 친분 맺기'는 기업가가 할 사업의 근본이 아니다

최근 몇 년간, 각급 정부의 자원 지배 권력은 줄지 않고 반대로 증가하여 중국의 발전 과정에서 관상 결탁의 부패 풍조가 끊임없이 발생하고 만연했다. 일부 민영기업가들은 경제 발전의 새로운 사고를 개척하여 혁신에 힘쓰지 않고 정부 관원들과의 친교를 통해 특수한 '보살핌'을 찾아 별도의 자원을 획득하려 시도한다.

관상 결탁은 예나 지금이나 동서양을 막론하고 적지 않았다고 말해야 할 것이다. 특히 구舊중국의 전제 왕정에서는 황제에서 하급 정부 관원 수중에 이르기까지 자원이 대거 관청에 장악되었다. 이로 인해 중국 구시대의 상업 문화에서 적극적인 '관청과의 친분 맺기'를 통한 권력과 자본의 거래를 치부의 유일한 방법으로 삼는 악습이 실행돼왔다. 개혁개방 이래 (계획경제와 시장경제의) 이중 체제의 병존으로 인해 행정 권력이 자원배치에서 중요한 역할을 하고 있어서 우리들이 이 책 제2장 2.4에서 토론한 지대 추구 rent-seeking 행위가 여전히 광범위하게 존재했다. 지난 몇 년간 중국의 전체 사회경제 환경은 일정하게 진보했지만 이러한 악성 경영환경은 아직 근본적으로 고쳐지지 않았으므로 일부 기업가들은 『호설암胡雪岩』 등 '관상紅頂商人'의 행적을 묘사한 저작에서[55] 구시대의 상인이 관청과 결탁하던 수단과 기교를 찾아내 자본과 권력의 거래에 기대 치부를 도모했다. 그들의 이러한 행위는 시장 질서를 심각하게 훼손했고 상업 윤리를 문란케 했으며 시장경제의 정상 운행을 위협하고 권력자본주의라는 돌림병이 전파되는 주요한 근원이기도 했다.

이러한 관상 결탁 현상의 출현은 근원적으로 정부 및 관료들이 과도하고 제한받지 않은 권력을 가졌기 때문이라고 말해야 할 것이다. 현재 각급 정부는 여전히 대량의 행정 권력으로 기업 활동에 간섭하고 있기 때문이다. 민영기업은 치열한 시장경쟁에 직면한 동시에 또한 시장진입 등 여러 방면에서 불리한 위치에 처해 있다. 정부가 자원을 지배하는 큰 권력을 갖고 있고 또 효과적인 상호 제어가 결여되어 있다면 기업가가 정부와 '협력'을 추구하는 것은 일종의 합리적인 선택이 될 것이다. 그러나 '관상 결탁'은 권력의 개입으로 만인의 권리에 대한 시장경제 시스템의 보호를 파괴하여 다수 사람들의 이익은 해치고 소수 사람들의 이익을 보호하여 공평의 원칙을 훼손한다. 그러나 지름길로 가려는 민영기업가는 이러한 돈과 권력의 거래가 습관이 되어 결국 시장 환경보다 더 파악하기 어려운 고난이도의 리스크를 직면하게 된다. 기업의 운명, 기업가 본인은 결국 모두 권력투쟁의 희생물로 전락할 가능성이 있다.

민영기업이 관청과의 결탁, 권력의 지대 추구의 나쁜 길로 가지 않도록 하기 위해서는 정부의 역할을 바로잡아 법치의 시장경제를 수립하는 것이 필요하다. 민영기업가는 스스로 이익에 대한 자각을 높여서 관청과의 결탁과 지대 추구에 의한 돈벌이가 결코 기업가의 본분이 아님을 깨달아야 하며 동시에 사회적 책임감을 증강해 '관상官商'의 경계 구분을 명확히 해야 한다. 시장이 점차 규범화되고 정부 관원의 권력이 제약을 받음에 따라 탐관오리와 결탁해 기업을 발전시킨 졸부 형태의 기업가는 향후 생존 기반을 잃게 되어 몰락할 것이다.

3.3 중소기업의 기술 향상과 산업 고도화

개혁개방 이래, 중국의 하이테크 산업은 무에서 유를 창출하며 성장했다. 현재 중국은 세계 하이테크 제품 특히 통신산업 제품의 중요한 생산국이자 수출국이 되었다. 문제는 중국의 하이테크 산업이 규모는 크나 강하지 않으며 수출 규모가 매우 큰 '하이테크 산업' 역시 자주적인 지적재산권을 가진 기술이 부족하여 단지 부가가치가 낮은 조립 제품을 생산한다는 사실이다. 기술 진보의 가속화와 부가가치의 증대가 중국의 하이테크 산업 발전을 위한 절실한 임무다. 이러한 임무를 실현하기 위한 관건은 중소기업을 발전시키고 중소기업의 혁신 능력을 향상하는 것이다.

하이테크 산업hi-tech industries과 전통산업의 가장 큰 차이는 하이테크 산업이 지식의 기반 위에 있다는 점이다. 바꿔 말하면 생산의 제 요소 가운데 인적자본human capital(즉 인간의 지식과 기술 능력)이 가장 핵심적인 역할을 한다는 것이다. 따라서 인적자본을 가진 전문 인력의 적극성과 창조력을 발휘하는 데 유리한 제도적 배치, 조직구조 그리고 문화적 분위기가 있어야만 비로소 하이테크 산업 발전의 요구에 부합한다.

이러한 문제에서 흔히 보이는 인식상의 오해는 고액의 연구개발 투자가 있고 선진적인 설비를 가진 대형기업을 건설해야 하이테크 산업의 급속한 발전을 추진할 수 있다고 보는 견해다. 중국이 과거에 해온 '신흥 산업 운동'과 '하이테크 산업 운동'의 발전을 회고해보면 선택 경로가 대동소이한데 즉 정부 주도로 과학과 기술 발전의 중점을 확정하여 물적 자원을 동원하고 기술 역량을 분배하여 '난관 돌파'를 추진하고 아울러 기업에 신기술의 제품화를 요구하는 방식이다. 과거 몇십 년 동안에 많은 하이테크 기술과 산업 발전 계획을 제정하여 과다할 정도로 과학과 기술의 '난관 돌파' 운동을 발동했다. 정부는 '난관 돌파'의 중점을 확정하고 '난관 돌파'를 위해 자본 배분, 물자 배분, 인력 조율 배치를 추진하는 데 주의력을 집중했다.

기술과 제도 변천의 역사에 관한 현대의 연구는 상술한 주장을 부정했다. 예를 들면, 더글러스 노스•와 로버트 토머스Robert Thomas의 명저 『서방 세계의 흥기The Rise of the Western World』는 18세기 이후 서구에서 먼저 경제의 급속한 발전과 일인당 소득의 급속한 증가 국면이 출현했는데 이는 이러한 국가들이 가장 효율적인 경제조직을 갖추었기 때문이라고 했다. '효율적인 조직은 제도적으로 소유권의 배치와 확립을 통해 일종의 유인을 만들어내서 개인의 경제적 노력을 개인수익률이 사회수익률에 근접한 활동에 기울이도록 해야 한다.' '효율적인 경제조직이 서구에서 발전한 것이 바로 서방 세계 흥기의 원인이다.'[56] 네이선 로젠버그Nathan Rosenberg(1927~2015)와 버젤 주니어L. E. Birdzell Jr.는 『서양은 어떻게 부유해졌는가How the West Grew Rich』[57]라는 책에서 확실한 역사적 사실을 들어 다음과 같이 밝혔다. 과학

• 더글러스 노스Douglass Cecil North(1920~2015). 미국 경제학자로 경제사상사 연구에서 재산권 이론, 국가이론, 이데올로기 이론을 포함하는 '제도 변천 이론'을 수립했고 이로 인해 1993년에 로버트 포겔Robert W. Fogel과 공동으로 노벨경제학상을 받았다.

기술 자체를 말하자면, 15세기까지만 해도 중국과 아랍 국가들이 서구보다 여전히 높은 수준을 유지했지만 서방국가들은 매우 빠른 속도로 추월하여 경제적으로 동방 국가들을 크게 앞질렀는데 그 원인은 서구가 중세기 후반에 지속적인 혁신에 유리한 사회 시스템을 구축했기 때문이었다. 예컨대 경제 영역은 정치와 종교적 통제에서 벗어나 자주적인 발전을 실현했고 상인 계층(부르주아)이 출현했으며 국내와 국제 무역이 확대되고 조직 관리가 혁신됐다. 18세기 중반 제1차 산업혁명이 이로 인해 발생할 수 있었는데 이는 경제적 성장 시스템이 제도적 기반으로 존재했기 때문이었다. 이러한 성장 체제는 중세기 중후반기의 상업혁명에서 점차 형성된 것으로 예를 들면 복식부기가 13세기에 발명되었고 회사제도는 17세기 초에 출현했다. 이러한 제도적인 변천이 없었다면 산업혁명은 일어날 수 없었을 것이다. 따라서 산업혁명은 사실 상업혁명의 직접적인 결과라고 확실히 말할 수 있다.

종합하면, 하이테크 산업의 발전에서 중요한 문제는 혁신 창업 정신을 육성하고 발휘할 수 있는 제도를 건립하는 데 있다. 제도가 기술보다 중요하다.[58] 기업제도에 대해서 말한다면, 소기업이야말로 기술혁신의 주요한 원천이다. 중소기업은 기술혁신 측면에서 대기업보다 뛰어난 장점을 가지고 있음이 여러 사실로 증명된다. 통계에 의하면, 미국 2700만 개의 소기업이 미국의 새로운 일자리 중 60~80퍼센트를 만들어내고 있으며 미국 전체의 하이테크 인력의 40퍼센트를 고용하고 있다. 이러한 인력이 만들어내는 특허의 수는 대기업 하이테크 인력의 14배에 해당하는데[59] 바로 이와 같은 이유로 '소기업이 미국 경제의 엔진'이란 생각이 이미 민주당과 공화당 양당의 컨센서스가 되었다. 중국의 중소기업도 기술혁신 측면에서 또한 매우 큰 잠재력을 가지고 있다. 과학기술부의 통계에 의하면, 개혁개방 이후부터 대략 기술혁신의 70퍼센트, 국내 발명특허의 65퍼센트와 신제품의 80퍼센트 이상이 중소기업에서 나왔고 중소기업 가운데 90퍼센트가 비공유제 기업이었다.[60] 이러한 문제를 연구할 때는 하이테크 기술혁신에 적합한 기업규모와 하이테크 제품 제조에 적합한 기업규모를 구분하여 토론할 필요가 있다.

하이테크 제품의 제조 측면에서 말하자면 초기 연구개발과 설비투자 금액이 매우 크고 그 한계비용 또한 거의 무시할 수준이기 때문에 기업의 규모가 결정적인 의미를 갖게 된다. 따라서 대기업이 매우 큰 우위를 지니게 되고 심지어는 '승자독식winner takes all'이 이루어진다.

그러나 기술혁신에 있어서는 기업규모가 지나치게 크면 오히려 많은 불리한 점이 존재하게 된다. 첫째, 기업조직의 엄정함에 많은 인원수의 직원을 일치시키기 위해서 대기업은 엄밀한 규장제도와 엄격한 규율이 있어야 하지만 이는 오히려 창조적 재능을 갖고 자신의 발명 실현을 도모하려는 사람들에게는 자신의 개성에 대한 속박으로 간주될 것이다. 둘째, 대형 기업그룹에서는 혁신 인력의 기여도와 그 보수 사이에 필연적으로 일정 정도의 괴리가 발생하여 연구 인력의 혁신 동력을 약화시킨다. 셋째, 하이테크 기술혁신은 통상적으로 연속적이고 끊임없는 혁신의 고속 발전 과정이다. 기술은 최단 기간에 실현될 수 없으면 매우 빠르게 도태된다. 대기업은 몸무게가 커서 소기업처럼 유연하고 신속하게 행동할 수 없다. 따라서 소기업이 하이테크 혁신의 주요한 원천이 되는 것이다. 이러한 상황에 맞춰 일부 대기업은 자신의 직접투자 부서를 설립하여 연구개발에 종사하는 소기업에 자금을 투입하고 소기업의 연구개발이 성공을 거둔 이후에 인수, 합병 혹은 특허 구매 등의 방법으로 신기술을 자신의 체계 안으로 들여오려 한다.

개혁개방 30여 년의 경제 발전을 거쳐 중국은 이미 일정한 기술 연구개발 능력과 비교적 강한 제조업 기반을 갖게 되었다. 이러한 조건하에서 중국은 응당 기술적으로 혁명적인 성과를 낼 산업 영역을 선택하여 신기술의 산업화를 가속화하고 세계적 경쟁력을 가진 일류 산업을 스스로 만들어서 산업의 진흥을 실현해야 한다.

예를 들어 '제13차 5개년' 계획 기간 동안 정보통신 분야는 글로벌 경쟁의 각축장이 됐다. 경쟁의 내용도 기술 경쟁에서 인터넷 산업 체계를 핵심으로, 네트워크 거버넌스, 표준 제정, 규칙 주도, 산업 영향을 중점으로 한 시스템 경쟁으로 점차 진화했다. 이로써 국제 규칙, 표준 체계, 자원분배에 있어 조정과 변화가 발생했다.[61] 중국은 이 중요한 기술전환기와 신흥 업태의 황금 시기를 여는 기회를 움켜잡을 조건을 완벽하게 갖췄다. 첫째, 중국은 세계 최대의 통신시장을 갖고 있다. 둘째, 중국은 세계 최대의 통신 생산 제품의 제조 기지다. 셋째, 전체적인 자질 면에서 아직 선진국을 따라잡지는 못하나 중국은 고등교육을 받은 기술 인력의 수가 이미 세계 1위를 차지하고 있다. 이와 더불어 최근 몇 년간 중국의 연구개발 투자는 매우 빠르게 증가했고 획득한 특허권 또한 대거 증가했다.[62] 만약 중국기업이 이러한 조건을 이용하여 중대한 기술 프로젝트의 첨단 경쟁―기술 표준을 제정하는 경쟁에서 성공을 거둘 수 있다면 자주적 지적재산권에 입각한 대형 산업을 약간이라도 구축할 수 있을 것이고 이러한 시장 잠재력이 거대한 영역에서 한자리를 차지할 수 있을 것이다. 따라서 현 단계에서 어떻게 여건을 조성하여 자주적 지적재산권의 기술을 신속하게 보급하고 시장경쟁 규칙을 완비할 것인가가 매우 절박한 상태다. 과거의 경험을 통해 우리가 알아야 할 것은 중국 기업이 산업을 진흥시켜 국제경쟁력을 갖출 기회를 얻지 못했던 것이 아니라 이러한 기회가 나타났어도 왕왕 기술 준비 부족, 혁신 동력의 미약, 산업 조직의 낙후 혹은 정책적 실수로 인해 눈 깜짝할 사이에 귀중한 기회를 잃었다는 점이다.

결국 세계 각국이 하이테크 산업을 발전시킨 경험과 교훈을 종합적으로 평가하면 중국이 기울여야 할 노력은 다음과 같다.

1. 정부의 역할을 정확히 발휘한다

중국의 하이테크 산업 발전의 역사에서 자주 보이는 인식상의 오류는 바로 정부가 가장 장기적인 시각을 갖고 있고 국가의 장기적인 이익을 대표할 수 있으며 인력, 물자, 재력을 동원할 능력을 가장 잘 구비하고 있기 때문에 정부 주도의 하이테크 기술 연구개발과 하이테크 제품 생산이 가장 큰 효과를 거둘 수 있으리라고 보는 것이다. 그러나 제2차 세계대전 종료 이후 각국의 하이테크 기술혁신의 역사는 사실이 이와 같지 않았음을 보여준다. 일본은 1980~1990년대 미국과의 하이테크 기술혁신 경쟁에서 1960~1970년대 구미 선진국 추월 시기에 사용했던 방법을 계속 운용하여 정부가 계획을 제정하고, 기술 로드맵을 지정하고, 사회적 역량을 조직하여 기술의 연구개발을 진행했으나 결과는 뜻대로 되지 않고 실패로 막을 내렸다.[63] 그 원인을 찾으면 첫째, 선진국 추월 활동은 기존의 지식으로 진행할 수 있어 정부가 계획과 조직화를 진행했고 정보 면에서도 아주 큰 어려움이 없었다. 하지만 기술혁신의 본질은 미지의 것을 탐구하는 데 있다. 기술에 대한 정책 결정이 필요로 하는 지식은 정부가 본래 갖고 있는 것이 아니라 수많은 과학기술 인력이 끊임없는 '시행착오' 가운데에서만 얻을 수 있는 것이다. 둘째, 하이테크 기술의 개발은 전문 인력의 자유로운 창조 정신에 의거해야 한다. 정부의 계획과 행정 기율은 혁신 전문 인력의 능동성과 창조성을 억제할 뿐이다. 셋째, 하이테크 제품의 생산은 정부와 국유기업의 사업 단위에 의해 진행되는데 경쟁의 압력도 없고 상업적 소득의 뒷받침이나 이윤 획득의 유인도 없기 때문에 민영기업처럼 효율이 나올 수가 없다.

따라서 하이테크 산업 발전을 위해서는 한편으론 앞에서 말한 정부 우위 체제와 정부 직능 왜곡의 편향을 바로잡아야 하며 다른 한편으로는 정부 직능이 제대로 발휘되도록 해야 한다. 하이테크 산업 발전 과정에서 정부가 해야 할 활동에는 (1) 하이테크 창업 활동에 유리한 조직제도와 법률체계의 수립 (2) 정부자금으로 직접적인 상업적 수익이 나지 않는 기초연구와 '경쟁 전前' 기술 개발을 지원 (3) 외부효과가 있고 초기 투자가 상대적으로 많은 신제품 수요자에 대한 보조금 지원 (4) 공용 기술 개발의 조직이 포함된다.

2. 하이테크 창업 기업에 적합한 융자 시스템을 수립한다

하이테크 기업은 여러 다양한 발전 단계에서 융자 형식에 대한 수요 차이가 매우 크다. 중국은 하이테크 기업의 다양한 발전 단계의 필요에 따라 다양한 융자 형식을 지속적으로 개발해야 한다. (1) '시드 단계' 창업기업을 위한 '엔젤 투자'의 발전을 장려하고 촉진한다. 창업기업이 성장 초기에 '성장의 함정'에 직면해 있을 때, 한편으로는 정부가 지원하는 혁신 인큐베이터, 정책성 중소기업 신용담보 플랫폼, 소액신용대출 기구의 설립을 통해서 시드 단계 창업기업 융자시장의 시장실패를 극복해야 한다. 다른 한편으로는 또한 전문 능력을 가진 투자 자본, 전문 기금 및 민영기업이나 사회단체가 제공하는 '엔젤 투자'를 장려해야 한다. (2) 유한합자기업을 주요 형식으로 하는 벤처투자기업을 더욱 완전하게 해야 한다. (3) 장외시장over the counter market, OTC market과 2부시장[벤처시장]을 설립 완성하여 성숙기의 하이테크 기업의 계속적인 융자와 벤처자본의 퇴출 채널 등의 문제를 해결해야 한다. (4) 사모펀드private equity fund와 인수합병에 관한 법규를 완성하여 민간 자본의 하이테크 산업 지원 방법을 더 많이 제공해야 한다. (5) 전통적인 상업성 금융기구의 신용대출 혁신을 가속화하여 자산 담보 기반에서 수주注定單에 기반한 채무융자로 바뀌어야 한다. 예를 들면 '공급 사슬 융자供應

鏈融資'를 대대적으로 추진해야 한다. (6) 미국의 '실리콘 밸리 은행'[64] 경험을 본보기로 삼아 다양한 단계의 하이테크 기업 융자에 초점을 맞춘 투자 기구를 수직통합하여 고객 정보와 자원을 공유할 투융자 플랫폼을 만들어야 한다.

3. '산학연 결합'의 효과적인 형식을 모색한다

20세기 '과학을 향한 진군' 운동 이후, 중국은 줄곧 기업, 대학교와 과학 연구 기관 간의 신기술 산업화에서의 협력을 제창했다. 그러나 이러한 측면에서 이룬 성과는 그리 뛰어나지 않아서 다시 개선할 필요가 있다. 중국에서 '산학연 결합' 실현의 중요한 형식 가운데 하나는 과학 연구 기관과 대학교가 스스로 기업을 운영하는 것이다. 대학교의 기업 운영은 중국 특유의 현상이다. 실리콘 밸리의 기업 60~70퍼센트가 모두 스탠퍼드대학의 학생 혹은 교수들이 만든 것이다. 그러나 스탠퍼드대학은 학교 기업이 하나도 없다. 현대사회의 분업은 매우 세분화되어 있어 대학교와 과학 연구 기관의 임무는 지식의 창출과 지식의 전달이지 기업경영을 자신의 본업으로 하기는 매우 어렵다. 아울러 중국의 대학이나 연구기관이 운영하는 기업과 같은 특수한 유형의 국유기업은 발명가와 기업가의 절실한 이익 관계가 부족하여 역시 그 재능을 충분히 발휘시키기가 매우 어렵다. 대학, 연구기관들은 통상 그들이 운영하는 기업에서 일정 소득을 얻을 수는 있겠지만 능력이 한결같지 않고 자원이 분산되어 있기 때문에 오히려 과학 연구와 교육이라는 본업을 약화시켰다. 따라서 이러한 조직 형식은 전문 인력의 적극성, 창조성의 발휘에도 불리할 뿐만 아니라 대학교와 과학 연구 기관의 집중적인 교육과 과학 연구에 영향을 미치므로 최대한 빨리 이들을 분리하여 독립적으로 발전시켜야 한다.

'산학연 결합'의 또 다른 중요 형식은 과학 연구 기관, 대학교와 기업이 공동으로 연구개발 기구를 조직하여 '프로젝트 연구課題攻關'와 신기술의 산업화를 추진하는 것이다. 그러나 과학 연구 기관, 대학교 및 그 업무 인력과 기업의 목표 함수가 서로 같지 않기 때문에 그들 간에는 왕왕 해결하기 어려운 많은 모순들이 존재한다. 기존의 경험에서 보자면 신기술을 최대한 힘써서 빨리 개발하고 신기술의 산업화를 실현하기 위해서는 협력 당사자들의 요구를 효과적으로 만족시키는 이해관계 메커니즘을 반드시 수립해야 한다. 이로써 산학연 각 측이 각자 업무를 완수하도록 할 수 있을 뿐만 아니라 힘을 합쳐 하이테크 산업의 발전을 공동으로 촉진하도록 할 수 있다.

4. 좋은 혁신 기지를 건설한다

정부는 상업 조직과 중개기구 등을 포함한 사회 각 측과 공동으로 노력하여 창업기업에 좋은 '서식지棲息地' 혹은 '창업 지원 기구孵化器'를 만들고 전문 인력을 위해 그들의 창조적 재능을 발휘할 준비 조건을 갖춰야 한다. 처음에는 사회의 자원 조건이 비교적 부족하고 법규 역시 제대로 구비되어 있지 않기 때문에 '창업 지원 기구'를 만들기 시작할 시점에는 종종 정부가 설립하여 그것들이 정부가 관리하는 유형의 기구가 되어버려 이러한 기구에 진입하여 '창업 지원'을 받으려면 우선 정부가 그 기업의 '높은 과학기술 함량'을 인정해야 했다. 이러한 방식은 매우 큰 한계가 존재하여 창업 역량일체의 적극성 발휘에 불리하므로 '창업 지원 기구'의 울타리를 열어 광범위하게 사회자원을 흡수해서 각종 민간기구가 초창기 기업에게 더욱 전문화된 서비스, 예를 들면 자문 서비스, 융자 서비스, 부동산 서비스, 비서 서비스 등을 제공하고 전 사회가 중국의 하이테크 산업 진흥을 위해 공동 노력하는 훌륭한 국면을 조성해야 한다.

제 6 장

금융개혁

금융시장, 금융중개와 금융관리제도 등으로 구성되는 금융체계는 현대 경제에서 가장 중요한 구성 부분 가운데 하나다. 계획경제에서 시장경제로 이행하는 핵심은 바로 시장경제의 요구에 따라 금융체제를 새롭게 건립하는 것이다. 우리는 계획경제 금융체계와 시장경제 금융체계의 차이를 구별하면서 이 주제에 대한 토론을 전개한다.

1. 시장경제와 계획경제의 화폐와 금융

1.1 시장경제의 화폐와 금융

시장경제에서 가장 중요한 자원 중 하나인 자본은 금융체계를 통해 다른 시장 주체들 사이에 시공간적으로 배치된다. 아래에서 현대 시장경제의 금융체계를 간략하게 소개한다.

1. 금융시장

금융시장의 기본 기능은 풍부한 자금을 보유한 사람의 수중에서 쓰이지 않고 있는 자금을 자금이 부족한 사람의 수중으로 인도하는 것이다. 각각 다른 분류 기준에 따라 금융시장을 몇 가지로 구분 할 수 있다.

화폐시장과 자본시장 금융시장에서 거래 기한의 장단에 따라 시장을 화폐시장과 자본시장으로 나눌 수 있다. 화폐시장은 단기(1년 이하의 기한) 금융자산을 거래하는 시장을 의미한다. 화폐시장의 거래 대상은 주로 환매계약repurchase agreement, repo, 단기국채treasury bill, 양도성예금증서certificate of deposit, CD, 상업어음commercial paper, CP, 은행인수어음banker's acceptance, BA 및 외환 등이다. 화폐시장의 중요한 기능 하나는 기준금리를 결정하는 것이다. 자본시장은 장기(1년 이상의 기한) 금융자산을 거래하는 시장이다. 자본시장의 거래 대상은 주로 주식, 자산담보증권asset-backed securities, ABS, 회사채, 중장기 국채 등이다.

신용대출시장과 증권시장 대출시장은 대출 주체와 차입 주체 간에 진행되는 대출 거래로 형성된 시장이다. 증권시장은 채권, 주식 등 증권을 거래하는 시장이다. 신용대출시장에서 자금의 융통은 상업은행 등 금융중개를 통해 이루어진다. 그래서 신용대출은 간접 융자라고도 부른다. 이와 상대적으로 증권 융자는 직접 융자라고 부른다. 증권 거래가 발전하기 전에는 신용대출시장이 널리 존재했고 사회 융자에서 주요한 역할을 맡고 있었다. 기타 자금시장이 발전하면서 신용대출 융자는 선진국의 사회 총융자액에서 차지하는 비중이 하락하는 추세이지만 여전히 기초적인 역할을 담당하고 있다.

신용대출시장의 신용대출 자산은 여러 방식으로 구분할 수 있다. 예를 들면, 주택담보대출按揭貸款은 리스크의 정도에 따라 프라임prime 대출과 서브프라임sub-prime 대출로 구분하고 일반 대출은 기한을 기준으로 단기 대출과 중장기 대출로 나눈다. 또 대출 대상에 따라 기업 대출과 개인 대출로 나눌 수 있고 대출 용도에 따라 고정자산투자대출, 유동자산대출, 담보대출抵押貸款, 무역융자대출 등이 있다.

채권과 주식시장 기업이 자본시장에서 증권 발행을 통해 자금을 얻는 방법에는 두 가지가 있다. 하나는 채권을 발행해서 자금 모집자가 기한에 따라 금융자산 보유자에게 이자를 지급하고, 확정된 날짜까지 원금을 상환하고 나머지 이자를 지불하는 것이다. 다른 하나는 주식을 발행해서 자금을 얻는 방법이다.

일차시장과 이차시장 일차시장primary market은 발행시장이라고도 불리며, 자금 모집 기관이 최초의 구매자에게 새로 발행한 채권과 주식 등 증권을 판매하는 금융시장이다. 이차시장secondary market은 유통시장이라고도 불리며 과거 발행한 증권을 양도하는 금융시장이다.

거래소와 장외거래시장 이차시장에는 두 가지 조직 형태가 있다. 하나는 거래소 시장이고 다른 하나는 장외거래시장(궤대櫃臺거래시장, 점두店頭거래시장)이다. 양자의 일차적 구분은 전자는 고정된 거래 장소에서 거래가 이루어지는 데 비해 후자는 고정된 장소에서 거래가 이루어질 필요가 없다는 점이다. 공개 발행된 상장주식과 일부 채권은 거래소에서 거래되나 비상장된 주식은 장외시장에서 거래된다. 전자는 호가집중을 통해 매매가 이루어지지만 후자는 매매 당사자 간의 협상을 통해 가격이 정해진다. 전자는 엄격한 정보공개 기준과 비교적 높은 진입장벽이 존재하지만, 후자는 참여자에 대한 진입 장벽이 상대적으로 낮다. 거래소 내 거래는 표준화와 다중의 참여로 인해 비용이 낮고, 유동성이 높다.

2. 금융중개

금융중개는 자금이 풍부한 사람과 자금이 부족한 사람 사이에 개입한 기업과 기타 사회조직, 즉 상업은행, 투자은행, 보험회사, 기금 등을 포함한다. 이들은 적어도 다음과 같은 3가지 역할을 한다. 첫째, 예금자와 차입자 사이에서 소통 경로를 만들고, 둘째, 화폐정책의 전달 경로 방면에 중요한 역할을 하며, 셋째, 다양한 금융 서비스를 제공하고 저축의 투자 경로를 확충한다. 발전한 시장경제에는 3가지 유형의 금융중개기관이 존재하고 있다. 즉 예금취급금융기관, 계약형 저축 기관 및 투자 중개 기관이다.

이른바 '예금취급금융기관'이란 개인과 기관으로부터 예금을 받아 대출해주는 금융중개기구를 의미한다. 화폐금융학 연구는 주로 예금 기구에 많은 관심을 가지고 있는데, 예금 기구는 예금을 받아 대출을 하고, 이 대출금은 또 새로운 예금을 파생시켜 화폐 공급의 중요한 구성 부분을 이루기 때문이다. 이 금융중개기구는 상업은행, 저축은행, 상호저축은행 및 신용협동조합 등을 포함한다.

'계약형 저축기관(보험회사와 양로기금 등)'은 계약을 통해 기한에 따라 자금을 얻는 금융중개기구다. 비교적 정확하게 미래 연도에 수익자에게 지불할 금액을 추산할 수 있어 자금원과 운용에 예측성을 갖는다. 자금의 유동성도 예금 기구처럼 그렇게 중요하지 않기 때문에 이 기관들은 자금을 회사채, 주식 및 담보대출 같은 장기 증권에 투자할 수 있다.

'투자 중개기구'란 고객의 투자를 도와주는 중개기구로 주로 증권회사, 기금 회사 등을 포함한다.

3. 중앙은행제도

중앙은행은 정부 기구로서 주로 국가의 화폐정책을 입안하고 실행하며 화폐 체계의 안정을 보장한다. 일반적으로 중앙은행은 화폐를 발행하는 은행이다. 중앙은행은 '은행의 은행'으로서 상업은행의 준비금 관리를 책임지고 은행 간의 청산 서비스를 제공하며, 상업은행에 재대출과 재할인을 제공하여 '최후 대부자'의 역할을 담당한다. 중앙은행은 또한 '국가의 은행'으로서 국고를 대리하는 등의 금융 서비스를 제공하고 국가를 대표해 국제 금융 조직에 참가한다. 주요 시장경제 국가의 중앙은행은 미국의 연방준비제도이사회Federal Reserve Board, Fed[1], 영국의 잉글랜드은행Bank of England, BOE[2]과 유로존의 유럽중앙은행European Central Bank, ECB[3] 등이 있다.

화폐정책이란 '중앙은행이 화폐와 기타 금융 조건에 영향을 미치는 정책을 채택하여 지속적인 실질 산출의 성장, 취업률 제고와 물가안정 등 광범위한 목표를 이루려는 행동'을 의미한다.[4] 화폐정책과 재정정책은 시장경제 아래서 정부 거시경제 정책의 주요 내용을 이룬다.

각국 중앙은행이 상용하는 화폐정책 수단은 공개시장조작, 지급준비율, 재할인율과 창구지도다. 화폐정책의 변화는 금융시장 참여자들의 행위에 큰 영향을 미치기 때문에 현대 시장경제의 기업과 개인들에게 매우 중요하다.

4. 감독제도

금융감독제도는 금융시장 참여자들의 권리와 책임을 한정하고, 그 행위를 규범화하고 제약하는 일련의 제도 배치다. 정보경제학 연구에 따르면 금융시장은 다른 시장들과 비교해서 정보 불완전성의 특징이 더욱 두드러진다. 금융시장의 운행 실패 혹은 금융기구 등 시장 참여자들의 경영실패는 전체 경제에 엄청난 영향을 미치기 쉽기 때문에, 경제학은 보통 외부 감독의 개입을 통해 시장의 정상 운행을 보장해야 한다고 주장한다. 서방 시장경제국가의 발전 과정에서 여러 번 금융위기가 발생했다. 매번 위기 후 반성의 결과로서 감독제도는 끊임없이 개선되고 있다.

각 시장경제 국가의 정부는 강제성 있는 정보공개 제도와 위법행위 처벌을 통해 투자자 특히 중소투자자의 이익을 보호하는 시장감독을 시행한다. 국제증권감독기구IOSCO는 1998년 「증권 감독의 목표와 원칙Objectives and Principles of Securities Regulation」을 발표해 모든 관리감독은 첫째, 투자자 보호, 둘째, 시장의 공평, 효율, 투명성 보호, 셋째, 시스템 리스크 감소, 이상 3가지 관리 목표를 준수해야 한다고 주장했다.

칼럼6.1

증권시장의 정보 불완전성[5]

정보는 공유의 특성을 갖고 있기 때문에 일종의 준공공재다. 정보 불완전, 매매 쌍방의 정보 장악 능력이 비대칭적인 상황 아래서 경제인의 제한적 이성과 기회주의 성향은 거래비용을 상승시키고 시장 효율을 떨어뜨린다. 증권시장은 전형적인 불완전시장으로서 정보 불완전은 다음과 같이 나타난다. (1) 대부분의 증권구매자는 증권발행자의 진실한 상황을 이해하는 데 있어 발행자와 관련있는 일부 특수 인사들과 비교할 수 없다. 따라서 매매 쌍방의 입장에서 증권 거래는 조건이 비대칭적인 거래로서 대부분 투자자는 정보 약자에 속하며 거래에서 불리한 입장에 처한다. (2) 증권발행자의 정보는 증권의 가격을 직접 결정한다. 또한 리스크가 충만한 증권시장에서 일반투자자가 증권 거래를 위해 수집하는 정보의 한계비용은 매우 높아 증권 거래에서 얻는 수익이 정보 비용을 메꾸기에 부족하다. 대부분의 투자자는 증권 가격을 파악하는 정도가 증권발행자와 일부 관련 인사보다 떨어지기 때문에 일반투자자는 종종 '따라가기跟風'의 피해자가 될 뿐이다. (3) 정보의 불완전성으로 인해 증권시장에 증권 사기와 주식시장을 조종하는 큰손坐莊이 존재하고, 증권의 시장가격을 그 내재적 가치와 괴리시켜 사회적 부의 불공정 분배를 야기한다. 정보 불완전과 비대칭 문제를 해결하기 위해 정부는 일련의 유효한 법률제도를 제정해 시장 참여자의 행위를 규범화하고 제약할 필요가 있다.

미시경제학의 관점에서 볼 때 불완전시장인 주식시장은 파레토효율의 균형점이 존재하지 않고 매우 큰 구간 안에서 수요공급 균형과 시장청산을 이룰 수 있다. 주식가격의 높낮이는 상당 부분 구매자와 판매자의 미래 가격에 대한 예측에 의해 결정되고, 심지어 다른 사람의 가격 예측에 대한 예측에 의해 결정된다. 따라서 이런 예측은 '자기 실현'의 성질을 갖는다. '오르면 오를수록 앞다퉈 사들이고, 사들이면 사들일수록 올라서' 천문학적인 가격으로까지 오르고, '떨어지면 떨어질수록 내다팔고, 내다팔면 내다팔수록 떨어져' 밑바닥까지 내려간다. 그래서 주식시장에는 큰 파동과 투기 거품이 곧잘 나타난다. 어떤 사람들은 권력과 사적정보를 이용하여 내부자거래와 시장 조작 등을 통해 금융사기를 칠 수도 있다.

발전 과정과 법률 체계가 다르기 때문에 각국의 감독제도 또한 큰 차이를 보인다. 비교적 전형적인 예로, 영국 금융감독청Financial Service Authority, FSA〔영국 금융감독청은 2012년 폐지되고 건전성감독청PRA과 금융행위감독청FCA으로 분리됐다〕이 주도하는 전능 감독 모델과 미국 연방준비제도이사회, 미국 통화감독청Office of the Comptroller of the Currency, OCC, 미국 연방예금보험공사Federal Deposit Insurance Corporation, FDIC와 증권거래위원회Securities and Exchange Commission, SEC 등 기구가 분업되고 계층화된 감독 모델이 있다.

금융 감독의 적절성, 전면성과 유효성은 금융시장 참여자의 정당한 권익을 보호하고, 금융혁신을 촉진하며, 금융시장의 효율을 높이고 시스템 리스크를 방지하는 기초다. 시장경제 조건에서 각국은 모두 금융 서비스를 발전시키고 자국 금융업의 경쟁력을 높이는 전략으로 금융 감독을 완비하고 강화하려 한다. 2008년 글로벌 금융위기를 맞은 이후 미국을 위시한 서방국가들은 새로운 감독제도의 개혁을 시작했다.[6]

1.2 계획경제의 화폐와 금융

본서 1장 1.1에서 이미 말한 것처럼, 사회주의자들은 사회주의 사회에 상품화폐 관계가 존재하지 않는다고 여겼다. 계획경제 시기 각 사회주의 국가의 중앙은행은 루블이나 인민폐 등과 같은 모종의 크레딧 바우처憑證를 발행해 노동자들의 노동을 계량하고 기업의 경제를 계산했다. 그러나 마르크스주의 정치경제학자들이 보기에 이런 '화폐'는 '연극표와 다름없고 화폐가 아니며',[7] 단지 사회성원들이 공동 생산품 중 점유한 몫에 대한 '증서'일 뿐이며, '이것은 유통되지 않는다.'[8] '화폐'의 이런 본질적 속성 때문에 계획경제의 금융체계는 다음과 같은 특징을 가지고 있다.

⑴ 화폐 외에 기타 금융자산이 없다.

(2) 화폐는 단지 가격 계산의 도구로 이른바 '소극적 화폐'다.

(3) 자원배분의 '자발성'을 방지하기 위해 '현금 관리' 등의 수단을 이용해 현금 사용을 엄격히 제한하고 통제했다. 공상기업과 국가은행 간의 신용 관계(은행신용)만을 허가하고, 기업 간의 신용 관계(상업신용)는 엄격하게 금지했다.

(4) 은행은 단지 국가 정부의 출납 기구로 존재할 뿐이고, 중앙은행과 상업은행이 통합된 단일한 은행제도를 운영했다.

(5) 은행은 단지 미미한 자금의 시간적 배분 기능을 담당할 뿐, 기업 융자는 '비정액非定額 유동자금(즉 유동자금의 비상년非常年 점용 부분)' 대출로만 제한했다.

(6) 주민 개인은 은행에 저축예금 통장을 개설하는 외에 어떤 기타 금융 활동도 할 수 없다.

1949년 중화인민공화국 건립 직전 중공중앙은 화베이華北 해방구에 있던 중국인민은행을 국가은행으로 개조했다. 1956년 사회주의 개조가 이루어짐에 따라 사영 금융기구들은 중국인민은행에 병합되었고, 중국인민은행은 국가 금융 관리 및 화폐 발행 기구이면서 동시에 각각의 은행 업무를 통일적으로 경영하는 은행이 되었다. 중국인민은행은 국가은행으로서 전국을 수직적으로 지도하는 조직 기구 체계를 건립했다. 또한 화폐 발행과 신용대출 계획, 시장의 화폐 수급 조절, 국민경제의 고속 성장을 지원했다.

1958년 '대약진'과 '인민공사화' 운동 이후, '극좌' 노선의 지도 아래 경제생활은 더욱 실물화되었고, 은행의 역할은 더욱 약화됐다. '문화대혁명' 기간 인민은행의 독립적 존재는 더욱 노골적으로 무시되어 재정부로 병합되었다.

1949년 10월 관료자본 보험 기구를 접수한 토대 위에 중국인민보험회사를 건립했고, 그후 몇 개의 자회사를 설립했다. 그러나 이 시기 정부는 보험업의 재정 수단과 경제 수익을 더 중시했고 사회보장 역할은 주목하지 않았다. 게다가 보험회사를 독립적인 경제 실체로 보지도 않았다. 1952년 6월 중국인민보험회사는 재정부로 편입됐다. '인민공사화' 이후 보험의 역할은 사라졌다. 1958년 전국재정회의에서는 '국내 보험 업무의 즉시 중지'를 결정했다.

2. 금융시장의 건립과 발전

개혁개방이 시작된 이후, 중국 경제에 중대한 변화가 발생했다. 민영경제가 1980년대 초부터 점차 발전하기 시작했지만, 이들의 운영자금은 모두 자기자본에 의존해야만 했다. 이런 상황 아래서 은행의 금융중개 역할이 중시되고, 금융체계 기능의 회복도 개혁 일정에서 앞당겨졌다.

2.1 1980년대 금융체계의 형성

'문화대혁명'이 끝난 직후 중국 정부는 은행 체계 재건에 착수했다. 1978년 1월, 국무원의 결정에 따라 중국인민은행이 재정부에서 분리되어 독립적으로 업무를 진행했다. 1979년 2월, 국무원은 중국은행을 중국인민은행에서 독립시켜 국무원 소속으로 외환 업무를 전담하도록 했다. 동시에 중국농업은행도 회복되어 중국인민은행 소속 농촌 금융 업무 전문은행이 되었다. 농촌신용사도 대부분 회복되어 중국농업은행의 기층 기구가 되었다. 같은 해 8월, 중국인민건설은행도 재정부에서 독립되어 중국인민은행 소속 고정자산투자대출 전문은행이 되었다.

전문은행이 중국인민은행에서 분리되면서 중국인민은행이 단일한 국가은행에서 시장경제에 적합한 중앙은행으로 전환될 수 있는 조건을 만들었다. 1983년 9월, 국무원은 「중국인민은행의 중앙은행 직능 전문 행사에 관한 국무원의 결정國務院關於中國人民銀行專門行使中央銀行職能的決定」을 반포하여 중국인민은행의 중앙은행 지위를 명확히 했다. 공상기업 신용대출과 도시 저축 업무를 처리하기 위해 1984년 별도로 중국공상은행을 설립하고 전국적으로 지점을 설치했다.

전문은행 외에 여러 가지 형식의 은행과 비은행 금융기구도 건립했다.

1984년 이후 지방은행, 투자신탁회사 및 리스금융회사 등 금융기구가 건립되기 시작했다. 1979년 국무원은 보험 업무 실시를 요구했다. 1980년 말 중국인민보험회사는 시짱을 제외한 전국에 성급 지점을 회복했다. 1980년대 일부 해외 보험 기구들도 발전했다. 1986년 신장新疆생산건설병단보험회사가 설립됐다. 1988년 선전深圳에 회사제의 중국평안平安보험회사가 건립됐다. 1987년 교통은행과 중국국제투자신탁회사에 부속된 중신中信실업은행 두 개의 전국적 주식제 상업은행이 설립됐고 초상은행 등 지방은행이 조직되었다. 이들 기구는 계획경제와 시장경제 사이의 틈바구니에서 시장경제 규칙에 따른 금융 활동을 전개했다. 이런 개혁을 거쳐 중국 금융체계는 시장경제 국가와 형식상 근접하게 됐지만 실제로는 시장경제 금융체계와 여전히 큰 차이가 있다.

우선, 이들 '독립적' 전문은행과 금융기구는 여전히 독립성이 부족하다. 중앙은행은 여전히 이들을 자신의 하급 행정단위처럼 관리한다. 또한 각급 정부 역시 여러 행정 제약을 가한다. 따라서 이들 금융기구는 자주적으로 업무를 할 수 없다. 동시에 중앙은행으로서 중국인민은행도 다음과 같은 원인으로 인해 화폐안정화의 기본직능을 효율적으로 행사할 수 없다. 첫째, 중국인민은행의 직능이 명확하지 않고 독립성이 결여돼 있다. 1986년 「중화인민공화국 은행 관리 조례」에서 중앙은행, 전문은행과 기타 금융기구의 금융 활동은 모두 경제 발전, 화폐안정, 사회경제적 효율과 이익 제고를 목표로 한다고 규정했다. 그러나 실제 운영에서 은행은 정부의 요구에 따라 '경제 발전'과 '사회 안정 유지'를 우선순위에 놓고 경제성장을 위해 확장적 화폐정책을 실시하여 중앙은행의 기본 직능인 '화폐 안정' 정책을 효율적으로 행사할 수 없다. 둘째, 중국인민은행은 행정 구획에 따라 계층적으로 지점을 설치해 '이중 거시 조절'을 실행함으로써 중앙은행 지점은 항상 지방정부의 영향을 받고 화폐정책의 통일성이 영향받으며, 화폐공급량의 총량 통제 역시 방해받는다. 셋째, 중국인민은행은 행정적인 대출한도를 화폐 정책 목표를 실현하는 주요 수단으로 하는데, 실제 운영 중에 구멍이 너무 많다. 외부의 '부도장치倒逼機制'와 은행 시스템 내부의 이익 동기 아래 거시경제 관리의 효과는 이상적이지 못하다. 넷째, 중국인민은행 지점이 실행하는 이윤 유보 제도는 화폐를 과다 발행하도록 자극하고, 또한 이들은 많은 영리 기업을 설립했는데 이런 행위는 중앙은행의 성격과 부합하지 않으며 중국인민은행이 내재적인 화폐 확장 동기를 갖도록 한다.

동시에, 금융기구의 경영 행위를 관리감독하는 중국인민은행의 독립성과 전문성이 부족해 금융기구의 위법행위와 종사자들의 비도덕적 행위가 사회에 널리 존재했다. 지방 투자신탁회사와 신용합작 기구 등 비은행 금융 기구의 기형적 발전은 이후의 시장 규범 심지어는 사회 안정에 매우 나쁜 영향을 끼쳤다.

1980년대의 탐색과 발전을 거쳐 1993년 중공14기 3중전회에서 금융시장 발전과 개선에 관해 다음과 같은 요구를 내놓았다.

―화폐시장 방면에서는 규범적인 은행 간 콜머니와 어음할인 제도를 발전시키고, 중앙은행은 국채 매매를 실시하여 국채의 공개시장 업무를 통해 화폐를 조절한다.

―자본시장 방면에서는 적극적이고 온당하게 채권, 주식 융자를 발전시킨다. 채권발행 기구와 채권의 신용평가 제도를 건립해 채권시장의 건강한 발전을 촉진한다. 주식 발행과 상장을 규범화하고 점차 규모를 확대한다.

―외환관리체제 개혁의 경우 시장을 기초로 하는 관리변동환율제도와 통일적 규범의 외환시장을 건립하고 점진적으로 인민폐의 태환성台換性을 강화한다.

이들 요구사항은 금융시장 개혁의 방향이 되었다.

2.2 화폐시장의 건립과 발전

1980~1984년 각 전문은행은 상업 어음 할인 업무를 시작했다. 1982년 우선 상하이에서 시범적으로 어음인수 할인 업무를 개시했고, 1985년 중국 인민은행은 은행 간 재할인轉貼現 업무를 허가했다. 중국인민은행은 1986년 재할인再貼現 업무를 개설하고, 더불어 시장에서의 어음 양도를 허가했다. 이로써 어음시장이 기본적으로 형성됐다. 1981년부터 재정부는 국채 발행을 회복했다. 1987년과 1988년 차례로 회사채와 국고채 거래시장이 개방됐고, 1987년부터 은행 간 콜시장, 은행 간 환매조건부채권 매매시장과 은행 어음 할인시장 등이 점차적으로 나타났다. 이들 시장은 빠르게 발전하고 확대됐다.

그러나 전반적으로 1980년대 화폐시장의 질서는 혼란했고 발전은 기형적이었다. 우선, 시장진입에 명확한 규정이 없거나, 혹 있어도 관리가 엄격하지 않아 자주 시장진입 자격을 갖추지 못한 투자자가 시장에 진입하는 상황이 발생했다. 많은 공상기업이 금융업 콜시장에 진입할 수 있어서 콜시장은 본래의 의의를 상실하고 은행 체계 외부의 신용대출시장으로 변해 기한이 지나치게 길거나, 이자율이 지나치게 높은 문제를 야기했다. 다음으로, 국채시장은 금융 시스템의 지지가 부족하여 재정과 금융이 밀접하게 조화된 국채시장 운행 시스템을 형성하지 못했다.

1996년 16개 상업은행 본점 간에 전국의 통일적 콜시장이 형성됐다. 동시에 지방 금융기구의 단기자금 과부족은 중국인민은행 지방 지점이 설립한 지역 융자 센터가 조절했다. 그러나 진입 기준이 엄격하지 않았기 때문에 관리가 혼란하고, 대량의 위약 사건이 발생하여 이들 지역 융자 센터는 강제로 폐쇄됐다. 1997년 중국인민은행은 은행 간 채권시장을 건립했다. 그 시장은 전국 은행 콜센터의 기술적 지원을 제공받았으며, 중앙국채등기결산회사를 등기·위탁 관리 기구로 하고, 기관투자자 위주로 이루어졌다. 이 밖에 어음시장도 빠르게 발전하여 상업은행 간 할인과 상업은행과 중앙은행 간의 재할인 거래가 활발했다.

금융상품 혁신 면에서, 2002년 중국인민은행은 중앙은행 어음을 발행하기 시작했고,[9] 그 발행량은 통화 헤지對沖貨幣의 필요에 의해 빠르게 증가했다. 2004년 담보형 환매 조건의 토대 위에 개방형 환매조건부채권을 내놓았고,[10] 2005년 단기융자채를 도입했다.[11] 금융파생상품도 훨씬 더 풍부해져 인민폐 금리스왑거래 및 선물금리遠期利率계약 업무 등을 실시했다. 동시에 화폐시장 기관투자자들도 계속 발전했다. 2017년 2월 기준 콜시장에 참여하는 은행, 증권사, 금융회사, 농촌 신용합작사, 신탁회사, 보험사 등 다양한 형태의 기관투자자는 모두 1693곳[12]이었다. 또한 머니마켓펀드MMF 같은 투자 도구나 거래 주체가 생겨났다.

금리시장화는 계속해서 금융개혁의 중심 문제였다. 2007년 '상하이 은행 간 대출금리Shanghai interbank offered rate, SHIBOR'가 추진되었다. '중국 상하이은행 간 금리'인 시보SHIBOR는 중국판 리보LIBOR로, 시장화 상품의 가격을 결정할 때 널리 운용되면서 통화시장의 고속 발전을 촉진했다. 시보와 채권 금리의 시장화, 대출금리와 재할인율의 시장화, 예금금리의 시장화 등세 단계를 거치면서 다년간 노력한 결과 2015년 말 중국은 기본적으로 금리 시장화를 실현할 수 있었다. 대출이든 예금이든 금리가 완전히 개방된 것이다. 금융기관이 자체적으로 금리를 결정할 수 있는 권한이 주어졌고 금리 결정 메커니즘이 지속적으로 보완되면서 완비돼갔다.

2.3 외환시장

외환시장 존재의 전제는 외화를 보유한 판매자와 구매자다. 계획경제 시기 중국은 외환의 수입과 지출을 통일적으로 관리했다. 모든 외화 수입은 반드시 관방 환율에 따라 국가에 팔아야 했고 또한 모든 외화 지출은 국가 계획에 따라야 했다. 따라서 중국의 외환시장은 개혁개방 이후 무無에서 건립됐다.

1. 1980~1993년의 외환조절시장

계획경제 시기, 중국은 계속 자국의 화폐가치를 높게 유지하는 환율정책을 실시해왔다. 수출기업이 외화 창출에 적극적으로 나서도록 국무원은 1979년 8월 국가의 외환 집중 관리, 통일 균형 정책을 계속 실시하는 동시에 무역외환유보정책을 실시하기로 결정했다. 외환유보란 수출기업이 수출로 얻은 외화 수입을 국가에 판 후에 국가가 규정된 비율에 따라 수출 기업에 지방 외환유보 한도액을 부여하는 것이다. 외환 사용 시, 외환 사용 단위를 인민폐로 환산하여 국가가 규정한 환율에 따라 외환을 구매했다.

외환유보제도의 주요 결점은 외환 공급과 수요 간의 불균형이다. 외환유보액이 있는 기업에 반드시 외환 사용이 필요한 것은 아니며, 도리어 외환이 필요한 기업에 외환유보액이 없는 경우가 자주 생겨났다. 이런 수급 불균형은 외환조절시장 설립에 일종의 내재적 필요성으로 작용했다. 1980년 10월 국가외환관리국은 중국은행이 베이징, 상하이 등 12개 중대형 도시에서 외환조절 업무를 하도록 비준했다. 여기에서 외환조절시장과 관방외환시장의 '이중가격제雙軌制'가 생겨났다.

중국은행이 먼저 외환조절을 담당하는 중개기구 역할을 하다가 1986년에 국가외환관리국이 이를 담당했다. 맨 처음 외환조절에 참여한 주체는 국영, 집체기업 및 사업단위에 한정됐다가 1988년부터 지방정부의 유보 외환, 화교 및 홍콩, 마카오, 타이완 동포들이 기부한 외화가 조절시장에 들어오기 시작했고, 1991년 12월 1일 내국민과 중국 내 거주 외국인의 외환조절시장 진입을 허가했다. 조절가격은 맨 처음 달러 대 인민폐의 무역내부결산가(1달러=2.8위안 인민폐)를 기초로 10퍼센트 구간 내에서 변동하도록 했다. 1988년 후에는 외환조절가격을 개방하고, 조절가격은 외환 수급에 따라 자유 변동하게 했다. 1985년 말 선전에 외환조절센터를 설립하고, 이후 다른 경제특구에도 이어서 설립했다. 1988년 베이징에 전국외환조절센터를 설립하여, 전국적으로 통일적인 외환조절시장이 형성됐다.

2. 1994년 외환관리체제 개혁

중공14기 3중전회에서 제기한 '시장 수급을 기초로 한 관리변동환율제도와 규범화된 통일적 외환시장 건립' 요구에 근거하여, 1993년 말 중국인민은행은 「외환관리체제 개혁 강화에 관한 중국인민은행의 공고中國人民銀行 關於進一步改革外彙管理體制的公告」를 발표하고, 1994년 1월 1일부터 새로운 외환관리체제 개혁을 실시하기로 결정했다. 주요내용은 다음과 같다.

첫째, 1994년 1월 1일부터 외환 상납과 유보를 철회하고, 국내 기구의 경상항목하의 외환 수지에 대해 은행 결제와 외환 매도 제도를 실행한다. 국내 기구의 경상항목하의 외환 수입은 국가가 보유 허가를 규정한 외환 외에 모두 즉시 경내로 소환해 시장환율에 따라 은행에 팔아야 한다. 국내 기구의 경상항목하의 외환 지불은 수입 계약 혹은 유효한 상업어음을 근거로 시장환율에 따라 은행에서 구매한다.

둘째, 은행 간 외환시장을 건립하고 환율 형성 제도를 개혁하여, 기존의 환율과 조절가를 통일해 관리변동환율제를 실행한다. 외환개혁 첫째 날 인민폐와 달러의 환율을 8.72위안 대 1달러로 태환하여, 1993년의 관방 환율 5.7위안 대 1달러에 비해 33.3퍼센트 절하되었다.

셋째, 1996년 하반기부터 외자기업을 은행의 외환 결제 체계에 편입시켜 경상항목하의 인민폐 태환을 본래 계획보다 앞당겨 실시한다.

이렇게 중국은 1996년 12월 1일 국제통화기금IMF 협정 제8조 규정 수락을 정식으로 선포했다. 즉 경상 지불에 대한 외환 제한 철폐, 차별적 통화 조치 철폐 등의 IMF 회원국 의무를 포함했다. 중국 외환시장에서 시행한 이 '관리변동환율제' 이후 변화 상황은 제8장 1.3과 제10장 3.2에서 자세히 다룰 것이다.

3. 2002년 이후 외환관리체제의 계속적인 개선

2001년 중국이 WTO에 가입한 이후 경제글로벌화에 속도가 붙고 시장 체제가 점차 완비되며 대외개방이 좀더 확대되면서 외환 상황에 근본적 변화가 발생했다. 특히 2002년 이후 중국 외환보유액이 대폭 증가하면서 중앙은행의 통화 발행에 큰 압박으로 작용했다. 외환 관리가 '한번 들어오면 나가지 않았던 방식'에서 균형 관리로 바뀌면서 자본 항목의 자유 태환이 순차적으로 추진되고 금리, 환율의 역할이 더 커지며 국제수지 균형이 촉진되고 국제경제 리스크 대처가 중시됐다.

2005년 7월 21일 밤 중국은 위안화 환율의 결정 메커니즘 개혁을 다시 선포했다. 단순히 달러에만 페깅pegging했던 방식에서 시장 수급 기반으로 전환돼 통화바스켓을 참고해 조절하는 관리변동환율제를 시행했다. 이어 태환 시작가를 1달러 8.2765위안에서 8.11위안으로 조정했다. 동시에 경상항목의 외환 계정 한도의 상향 조정, 개인의 외환 매입 한도의 상향 조정 및 수속·증빙 간소화, 은행의 고객 대상 선물환 매매 업무 확대 및 위안화와 외화 스왑거래 개시, 은행 명목환율 관리 조정[13] 등 일련의 외환 관리 정책을 추가로 시행했다. 이로써 기업과 은행이 시장환율 변동에 점차 적응할 수 있는 환경을 조성했다.

2015년 8월 11일 중앙은행은 위안화-달러 환율 중간 가격의 공시 메커니즘을 조정한다고 발표했다. 시장조성자가 전일 은행 간 외환시장 환율 종가를 참고해 중국 외환거래센터에 중간 가격을 공시하는 방식이다. 이러한 조정안은 위안화-달러 환율의 중간 가격 메커니즘을 더욱 시장화하고 당기 외환시장의 수급 상황을 좀더 실제적으로 반영할 수 있었다. 2015년 8월 11일부터 2016년 8월 11일까지 위안화-달러 환율 중간 가격은 최고 6.2298위안, 최저 6.6971위안을 기록했다. 이로써 지난 10년간 달러에 대한 위안화 환율이 누적 33퍼센트 절상되던 상황이 종결됐다. 위안화 환율은 이 개혁으로 달러라는 단일 통화에 페깅돼 변동되던 상황에서 벗어나게 됐다. 닻 하나에 의존하던 메커니즘에서 두 개의 닻을 활용하는 메커니즘으로 전환된 것이다. '종가 환율±통화바스켓 환율 변동'의 메커니즘이 운용되면서 시장에서는 매일 중간 가격의 흐름 예상의 정확성이 더 높아졌고 그로 인해 시장 예측을 뛰어넘어 중간 가격이 큰 폭의 변동을 보이는 상황을 피할 수 있게 됐다.

2.4 신용대출시장

금융개혁의 과정이란 역시 신용대출시장의 형성과 발전 과정이다. 비록 개혁이 심화되면서 금융시장도 날로 다양해졌지만, 은행의 신용대출은 언제나 중국의 가장 중요한 사회 융자 경로였다. 2000년대 초까지 신용대출 융자가 사회 총융자에서 차지하는 비중은 여전히 90퍼센트를 넘었다.

계획경제체제 아래, 은행 자금은 '통합저축, 통합대출'의 계획관리체제를 채택했다. 1979년 이 체제는 '통일계획, 분급관리, 예대預貸연계, 차액통제'로 바뀌었다가 1981년 다시 '통일계획, 분급관리, 예대연계, 차액청부' 제도로 바뀌었다. 1985년에는 또 '통일계획, 자금구획, 실대실존〔각 성, 자치구의 인민 은행 지점이 인민은행 본점으로부터 하달받은 대출한도금 내에서 전문은행에 대출 해주는 제도〕, 상호융통'의 관리방식으로 전환됐다. 이는 전문은행이 동급 인 민은행 성省 지점으로부터 계획 규정된 한도액 내에서 대출을 받아, 위계적 으로 자신의 기층 지점으로 배분하고, 각 기층 지점은 분배받은 자금을 현 지 중국인민은행에 예금한 후 조금씩 사용하는 것이다.

이 시기에 원래 국가가 무상으로 국영기업에게 고정자금과 정액 유동자 금을 불하하던 방식도 바뀌었다. 첫째, 1983년 6월부터 국영기업의 유동자 금 부족분은 차츰 은행 대출로 전환됐다. 둘째, 1985년부터 국가 예산 내 기본건설투자도 전부 국가 지원에서 대출로 바뀌었고, 개편된 중국인민건설 은행이 국가 기본건설 계획에 따라 대출을 해주고 기한에 따라 이자 및 원 금을 상환받았다. 그래서 국가 예산지출을 통한 기업 투자는 점차 줄어들 고, 은행 신용대출을 통한 투자는 크게 증가했다. 국가 예산지출에서 차지 하는 국유기업 고정자산 투자 비중은 1979년 이전 약 3분의 2에서 1980년 대 중반에 이르면 4분의 1로 줄었다.[14] 당시 전문은행은 상업적 직능과 정 책성 대출 업무도 맡고 있어 목표와 직능이 명확하지 않았다. 한편으론 정 책성 임무에 필요한 자금 보장이 불충분했고 또 한편으론 경영 리스크와 손실이 정책성 임무에 덮였다. 전문은행은 이익 동기에 의해 신용 확장 충 동을 갖지만 이에 상응하는 리스크 억제 메커니즘이 결여돼 있었다. 한편으 론 계획 내 대출은 자금원이 부족했는데, 또 한편으론 은행 간 단기융자, 은 행 관련 거래 등의 형식으로 대출을 추가 발행했다. 한편으론 관방이 규정 한 금리는 보통 매우 낮아서 대다수 연도의 실질금리는 마이너스를 보여주었고, 다른 한편으론 합법시장의 자금 부족으로 블랙마켓과 그레이마켓의 자금 가격(이자)은 기형적으로 높아 이로 인한 엄청난 이율 차액은 부패, 지대 추구 행위를 야기했고 화폐 공급도 효과적으로 통제하지 못했다. 셋째, 비록 금융계와 경제학계는 전문은행의 종합적이고 다양한 기능 발전을 강하게 요구했지만, 정부는 시종 명확한 〔정책〕 표현을 하지 않았고, 이와 동시에 전문적인 관리제도 또한 완비되지 못하여, 신용대출 자금은 이른바 '부외업무(자산부채표 외의 신용대출 활동)'를 통해 대량으로 블랙마켓과 그레이마켓에 흘러 들어갔다.

1980년대는 신용대출시장이 계획경제체제 아래서 처음으로 생겨난 시기다. 당시 신용대출시장은 자금배분 효율이 낮았다. 신용대출시장 금리는 정부의 엄격한 통제를 받아 중국의 은행 체제는 오랫동안 미국 스탠퍼드대학 교수 로널드 매키넌●과 에드워드 쇼Edward S. Shaw가 말한 '금융 억압' 상태에 처해 있었다.[15] 인위적으로 조성한 저금리 나아가 마이너스금리 상태 (표6.1), 영원히 만족시킬 수 없는 신용대출 수요와 '행정 부서로 달려가는'[16]

[표6.1] 국가은행 대출 실질금리(1985~1989, %)[17]

연도	명목대출금리(a)	인플레이션율(b)	실질금리(c)
1985	4.68	11.0	-7.22
1986	4.68	7.0	-2.23
1987	6.69	8.8	-2.11
1988	7.56	20.7	-13.14
1989	10.26	16.3	-6.04

● a=중국인민은행이 금융기관에 대출한 연 이자율(가중평균).
● b=소매물가지수(전년대비)
● c=a-b

지대 추구 행위는 자금 배분의 효율성을 낮게 만들었다. 다른 한편, 금융기구 대다수가 정부에 종속돼 있고 외부 감독마저 부재했기 때문에 정부는 스티글리츠가 건의한 정책을 실시했다. 이는 즉 비교적 낮은 금리로 금융기구에 지대를 제공해 이들이 금융 서비스를 제공하도록 자극하는 정책[18]이었지만 효과는 분명치 않았다.

이 시기 관방 금리는 줄곧 시장을 통해 자본을 효과적으로 배분하기 어려운 상태에 있었고, 그래서 주로 행정계획을 통해 그 분배를 결정하는 상황이었다. 이런 조건에서는 경제의 효율 증가와 거시경제 안정을 보장하기 어려웠다. 반대로 국민경제는 항상 '큰 폭'의 파동을 보였다.

칼럼6.2

'금융 억압'과 '금융 제약' 이론의 요점[19]

제2차 세계대전 후 많은 개도국은 예금금리를 인위적으로 낮추어 투자를 지원해서 고속 성장을 이루고자 했다. 그러나 결과적으로 지나치게 많은 대출 수요와 신용대출 할당액 통제로 이들 국가의 금융체계는 억압 상태에 놓이게 되었고, 가격신호는 자본을 효율적으로 배분하는 역할을 할 수 없었다. 이런

• 로널드 매키넌Ronald I. Mckinnon(1935~2014). 미국 스탠퍼드대학 교수. 금융자유화발전론의 중요 창시자. 그의 저서 『경제 발전 중의 화폐와 자본Money and Capital in Economic Development』(1973)은 금융 억압의 해로움을 분석한 것으로, 금융자유화발전 이론을 정초한 저작이다. 그는 『경제자유화의 순서: 시장경제 이행 중의 금융 통제The Order of Economic Liberalization: Financial Control in the Transition to a Market Economy』(1993)에서 금융자유화의 정책 순서를 제시해서 개도국 금융 이행에 중요한 영향을 끼쳤다. 1997년 아시아 금융위기 이후, '동아시아 화폐-달러 페그제'를 주장했다.

현실적 배경 아래, 금융자유화 이론의 대표자인 쇼와 매키넌은 1970년대 초 '금융 억압financial repression'의 제거와 '금융 심화financial deepening' 즉 금융 자유화 이론을 주장했다.

이 이론에 따르면 금융 억압이 있는 경제는 다음과 같은 특징이 있다. (1) 국내 금융시장은 자본 항목의 외환 규제로 인해 외부와 격리된다. (2) 은행 시스템은 예금자와 투자자를 이어주는 중개자로서 중요한 역할을 하지만 증권시장의 역할은 미미하다. (3) 정부는 통상적인 소스로부터 수입을 얻어 경상예산과 자본예산을 지지하는 능력이 제한받는다. (4) 저금리 상태에서 화폐 당국은 자기가 선정한 대출신청자에게 보조적 대출을 제공할 수 있다. 그러나 이런 금리 수준에서 공개되거나 은폐된 금융 적자를 메울 수 있는 충분한 금융 자원을 동원할 수 없을 때 인플레이션이 발생한다. 금융 억압은 두 가지 나쁜 결과를 야기한다. 첫째는 국민경제 내 대출 자금의 유량 감소다. 둘째, 관방 기관이 돌보는 투자자가 마이너스 실질금리로 대출을 얻을 때 이는 보통 저질의 투자 항목에 투자되고, 동시에 다른 고수익 항목이 가능한 잠재적 차입자는 엄격한 신용할당 제한을 받는다. 이 이론은 많은 개도국에 영향을 끼쳐 1980년대부터 세계 금융자유화의 이론적 지지대가 되었다.

매키넌은 1980년대 초 라틴아메리카의 금융 규제 완화가 가져온 문제에 대해 반성하면서 초기의 완전자유화 관점을 수정했다. 그는 1988년에 쓴 논문에서 금융이 경제 발전을 더 촉진하게 하려면 '도덕적 해이가 존재할 때 정부는 금리 규제를 해야 하고, 자산건전성 등의 요구를 지시해야 한다. 도덕적 해이가 존재하지 않을 때는 은행 스스로 금리를 제한하고, 보수적으로 할당 할 수 있다'고 주장했다.

다른 한편, 정보경제학이 발전하고 이를 금융 영역에 광범위하게 운용하면서 사람들은 보편적으로 금융시장이 본래적으로 갖는 정보 불완전으로 인해 얼마 정도의 금융 규제와 정부 간여는 필요하다고 인식했다. 예를 들면, 스티글리츠●는 정부는 '금융 제약financial restriction'의 실시를 통해 금융 시장의 효율을 높여야 한다고 여겼다. '금융 제약'의 두 가지 기본 구성 부분은 금리 규제와 금융 부문 간의 경쟁 제한이다. '금융 제약'은 금융기구에 지대를 제공하고, 이를 통해 금융기구를 자극해 금융시장에 서비스를 제공하도록 한다. 이와 비슷한 관점을 지닌 문헌은 매우 많다. 예를 들면, 제러드 캐프리오Gerard Caprio와 로런스 서머스Lawrence H. Summers는 은행업에 보편적으로 도덕적 해이가 존재하기 때문에 예금금리 규제는 은행 행위의 장기 최적화를 촉진할 수 있음을 증명했다.

1990년대 신용대출시장은 점진적인 규범화 과정을 거쳤다. 「중화인민공화국 상업은행법」으로 신용대출 행위를 규범화한 후, 중국인민은행은 1996년 6월 28일 『대출 통칙貸款通則』을 반포해 상업은행이 신중하게 경영 원칙을 실행하도록 요구했고, 1998년부터 대출 5급 분류 방법을 보급해 신용대출의 위험관리를 강화했다.[20]

1990년대 신용대출시장은 비록 규범화됐지만, 국유 상업은행은 어느 정도 여전히 정부에 종속돼 있었다. 신용대출시장에는 불량 자산을 발생시키는 메커니즘이 여전히 존재했기 때문에 불량 신용대출 자산은 여전히 높은

● 조지프 스티글리츠Joseph Stiglitz(1943~). 미국 경제학자, 공공부문 경제학 영역의 리더. 2001년, 스티글리츠와 애컬로프George A. Akerlof, 스펜스A. Michael Spence는 '비대칭적 정보 상황의 시장분석'으로 노벨경제학상을 공동 수상했다.

수치를 보이고 신용대출시장의 자금 배분 효율은 여전히 낮았다.

2000년대 들어 중국 신용대출시장에 3가지 큰 변화가 발생했다. 첫째, 상업은행이 개편되면서 독립성이 눈에 띄게 높아졌고 각급 지점에 대한 지방정부의 간여도 줄어들었다. 둘째, 대출 금리 규제가 완화됐다. 2001~2002년 도시상업은행, 농촌신용협동조합 예대 금리의 변동 범위가 확대됐다. 2004년 10월 중국인민은행은 상업은행의 대출금리 상한을 완전히 개방했고, 도농 신용협동조합 대출금리의 변동 상한선도 기준금리의 2.3배까지 확대됐다. 동시에 인민폐 예금금리 인하제도를 시행했다. 2013년 7월 20일 중국인민은행은 금융기관의 대출금리를 전면 개방했다. 금융기관의 대출금리 0.7배 하한선을 철폐하고 금융기관이 비즈니스 원칙에 따라 자체적으로 대출금리 수준을 결정할 수 있게 한 것이다. 셋째, 관리감독이 강화됐다. 특히 중국은행감독관리위원회 성립 후 신용대출 방면에 많은 정책 지도 혹은 강제성 규정을 만들고, 상업은행이 신용대출 위험을 중시하도록 요구했다.

상업은행 개혁 및 공개 상장과 외부 감독의 강화 후 상업은행의 신용대출과정은 더욱 과학적으로 관리되었고, 위험을 식별, 계량, 통제하는 기술 수단도 날로 진보하여 이성적인 위험관리 문화도 점차 건립되었다.

2.5 채권시장

중국 채권시장은 1980년대에 점차 발전하기 시작해서 장외점두櫃臺시장, 거래소시장, 은행 간 시장 위주의 3단계의 발전을 거쳤다.

1. 채권시장 발전의 3단계

1988~1991년 채권시장은 은행과 신탁회사의 점두거래 위주로 발전했다. 당시 채권투자자 구조는 개인투자자 위주였다.

1990년 상하이 증권거래소 성립 후 국채가 거래소에서 거래되기 시작했다. 1994년부터 정부는 국채 점두거래를 정리하고 국채는 상하이와 선전 두 거래소에 집중하여 거래하도록 했다. 1997년 중국인민은행은 거래소시장에서 상업은행을 퇴출시키고, 은행 간 채권 거래는 전국 은행 간 대출 센터가 제공하는 거래 시스템을 통해서만 이루어지도록 요구했다.

은행 간 채권시장이 막 성립한 1997년 상업은행의 총자산에서 차지하는 채권 자산 비중은 약 5퍼센트에 달했다. 채권시장의 주요 참여자는 여전히 개인과 소규모 기관투자자 위주였다. 2000년부터 보험회사, 증권회사와 기금관리회사 등 주요 금융기구가 은행 간 채권시장에 진입했다. 2002년 은행 간 채권시장 진입은 인가제에서 등록제로 바뀌어 기업 등 비금융 기구도 은행 간 채권시장에 진입하면서 점차 시장 주체가 되어갔다. 2001년부터 은행 간 시장은 그 채권 거래량이 처음으로 거래소시장의 거래량을 대폭 초과하여 주요한 채권 거래 시장이 되었다.

2. 채권시장의 혁신

2003년 이후 정부의 '적극적 채권시장 개척'[21] 정책의 지도 아래, 발행 채권 종류의 혁신과 시장제도 건설 방면에서 큰 진전이 있었고 투자 주체도 날로 다원화되었다.

채권 발행 종류의 혁신은 상업은행의 보통금융채권, 후순위채, 혼합자본채권의 발행 허가, 조건에 부합하는 재무회사의 금융채권 발행 허가, 자산 증권화 시범 지역 추진, 기업 중기사채 및 채권선도거래 출시, 기업의 무담보 신용채권, 자산저당채권, 제3자담보채권 등의 발행 허가, 전환사채, 신주인수권부사채, 상장회사채 등 신품종 출시 등이 있다. 이 단계에서 자본시장에 계속 새로운 거래 품종이 나타났다. 예를 들면, 전환사채, 은행신용대출

자산증권화, 주택담보대출증권화, 기업자산증권화, 은행불량자산증권화, 기업 혹은 증권회사가 발행한 종합수익계획상품 및 워런트 등의 상품이 있다. 각 금융기관은 자금 수요에 따라 초단기융자권, 단기융자권, 중기채, PPN非公開定向債務融資工具, 중소기업 사모채, 비금융 기업의 채무 융자 수단, 자산유동화증권 등을 포함한 각종 유동성 리스크 관리 수단을 활용해 자금을 조절함으로써 유동성 리스크를 낮췄고 사회 자금의 각종 투자 수요를 만족시킬 수 있었다.

시장제도를 구축해가는 과정에서 채권자와 채무자 관계를 명확히 하고 투자자의 권익을 보장하기 위해 중앙국채등기결산유한책임공사, 중국증권등기결산유한책임공사, 상하이 청산소 등이 차례로 설립됐다. 이로써 각각의 채권시장에 대해 통일된 등기, 위탁 관리, 결산제도를 집중 시행할 수 있었다. 은행 간 채권시장의 정보공개제도, 신용평가제도 및 시장조성자제도 등에서 진전을 이루었다. 기업채권 발행 승인 절차를 개혁하여 기업은 단기융자어음과 중기어음 형태로 자금을 조달할 수 있게 되었다.

2015년 은행 간 채권시장은 거래유통 심사허가제를 취소했다. 사모펀드, 인터딜러 브로커 등이 각각 은행 간 채권시장과 거래소 채권시장에 진출할 수 있게 됐다.

혁신 제품 출시와 기초 설비 개선에 따라 채권시장의 규모와 영향은 날로 확대되어 점점 더 많은 비금융 기업과 금융기구 등 기관투자자들이 시장 활동에 적극적으로 참여했다. 2015년 말 기준 중국 채권시장은 44조8500억 위안을 위탁 관리했다. 연간 채권발행량은 16조8200억 위안, 거래액은 675조1300억 위안[22]이었다. 각종 기관투자자와 개인투자자가 투자에 참여했고 그중 기관투자자는 1만 곳을 웃돌았다.

3. 채권시장의 대외개방 수준 제고 및 국제화 가속

2015년 6월 역외 위안화 청산은행과 참여은행의 은행 간 채권시장 진입이 승인됐다. 동시에 채권 환매 거래를 개시했고 환매 자금을 해외에서 사용할 수 있게 됐다. 7월 역외 기관(역외 중앙은행, 국제 금융기관, 국부펀드)의 은행 간 채권시장 진입이 승인됐다. 또 인민은행은 허가제에서 등록제로 변경됐고 투자 한도가 확대됐으며 뒤이어 거래 품종도 늘었다. 2015년 말 기준 중앙 결산 공사에 계좌를 개설한 역외 기관투자자는 300곳 이상으로, 이들이 보유한 위안화 채권 자산 규모가 6000억 위안을 넘어섰다.[23]

역외 위안화 채권발행을 보면 2007년 7월 홍콩에서 첫 번째 위안화 채권이 발행됐다. 이후 역외 위안화 채권발행이 점차 가속화됐고 채권 품종도 점차 다양화됐으며 발행시장도 타이완, 싱가포르, 말레이시아, 런던 등지로 확대됐다.

4. 채권시장에 존재하는 문제

현재 중국 채권시장의 주요 문제는 상품 구조가 여전히 주로 정부 채권과 준정부 채권 위주로 기업 채권 발전이 매우 더디다는 점이다.[24]

그 원인을 찾아보면 시장화된 채권 신용 체계가 건립되지 못하여 채권시장에 대한 분산 관리 체제[25] 및 은행 간, 거래소와 은행 창구(점두) 3개 시장의 분할이 기업 채권시장 발전에 영향을 끼치고, 기업 채권을 통한 자본의 효율적 배치라는 기본 기능의 발휘를 제한했다. 한편 중국의 취약한 사회 신용 기반과 공신력이 떨어지는 평가 기관도 채권시장의 발전을 가로막는 장애물로 작용했다.

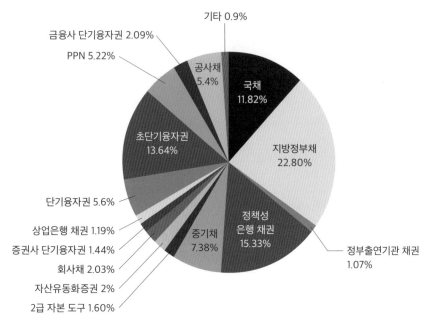

기타 0.9%

금융사 단기융자권 2.09%

PPN 5.22%

공사채 5.4%

국채 11.82%

초단기융자권 13.64%

지방정부채 22.80%

단기융자권 5.6%

상업은행 채권 1.19%

증권사 단기융자권 1.44%

회사채 2.03%

자산유동화증권 2%

2급 자본 도구 1.60%

중기채 7.38%

정책성 은행 채권 15.33%

정부출연기관 채권 1.07%

[그림6.1] 은행 간 채권시장 2015년 각종 채권 발행량 비중26

2.6 주식시장

경제가 발전하고 시장화 개혁이 진전됨에 따라 기업 융자 수요가 다양해 졌다. 채권 융자 방식 외에 주식 융자와 거래의 수요도 생겨나기 시작했다. 자본시장의 분석 기준Benchmark으로서의 MM정리27에 따르면, 정보의 완전 대칭 등 일련의 가설을 만족하는 조건 아래서 기업의 시장가치와 기업의 융자 구조는 무관하다. 그러나 현실 경제의 정보 비대칭 조건 아래서 다양한 융자 방식은 기업의 시장가치에 다양한 영향을 끼친다. 기업 주식 융자와 거래에 대한 기업의 수요는 주식시장의 형성과 발전을 촉진한다.

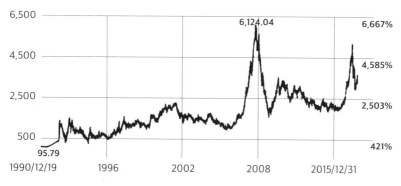

6,124.04

6,667%

4,585%

2,503%

421%

95.79

1990/12/19 　 1996 　 2002 　 2008 　 2015/12/31

[그림6.2] 상하이 종합주가지수 추세도(1990년 12월 19일~2015년 12월 31일)28

1. 1990년대 주식시장

1990년 12월 19일과 1991년 7월 3일 상하이와 선전에서 증권거래소가 각각 정식으로 문을 열었다. 상하이와 선전의 거래소 설립은 중국 증권시장이 형성되기 시작했음을 의미했다. 2000년 11월 말 상하이, 선전 두 거래소에 상장한 기업은 1063개에 이르렀고, 총시가로 4억6000만 위안, 국내 상장회사의 누계 조달 자금은 4800억 위안에 달했다. 이 밖에 H주, 레드칩을 통해 홍콩 증권거래소에 상장하는 등 여러 형식을 통해 중국 기업은 국제시장으로 나아갔을 뿐만 아니라 또한 국외에서 600여 억 달러를 융자받을 수 있었다.29

주식시장은 국내 투융자 경로를 확대하고, 가계의 은행 저축, 기업의 은행 대출이라는 단일한 형식을 깨고 자금 유동과 효율적 배분에 유리한 국면을 조성했다. 국유기업의 주주권 다원화와 지배구조 개선에 새로운 길을 열었고, 이후 국유기업을 경쟁 영역에서 퇴출할 수 있는 경로를 제공했다. 국민경제에서 스톡 자산의 유동성을 확대하여 투자자가 구조조정과 인수합병 등의 방식을 통해 산업을 구조조정하고 스톡 자산의 효율을 제고하는

데 유리하도록 했다.

그러나 1990년대 주식시장이 막 생겨났을 때, 시장 규모는 상대적으로 작았고, 행정 간여가 많고 투기가 성행해 시장은 큰 기복을 보였다. 통계에 따르면 1990년 12월 29일에서 1999년 5월 17일까지 상하이 주식시장은 모두 402개 거래 주周가 있었고, 그 가운데 주가상승기는 184주, 주가하락기는 238주였다. 주가지수가 가장 높을 때는 1500점 이상, 가장 낮을 때는 350점 이하를 찍어 등락이 빈번하고 진폭이 매우 컸다.[30]

이외에 '충민위안瓊民源' 사건이나, '중커창예中科創業' 같은 시장 조작 행위, '인광샤銀廣夏' 사건 같은 많은 위법행위가 나타났다. 많은 허위 진술, 내부거래, 큰손의 조종 등 중국 법률에 명문화된 금지 규정을 어기는 범죄행위가 창궐하고 심지어 공공연히 아무런 거리낌없이 행해졌다. 일부 범법행위자들은 혼란한 시장 환경을 이용해 거대한 부를 그러모았다. 그러나 이들 가운데 매우 소수만이 법적 처벌을 받았다. 투자자의 이익은 효과적인 보호를 받지 못했고 시장의 자금 배분의 역할도 발휘되지 못했다.

중국 주식시장에서 성행하는 위법행위와 주가의 급등 급락 현상을 두고 경제학자들은 서로 다른 인식과 태도를 갖고 있었다. 일부 경제학자들은 현재 중국이 처한 상황은 견실한 일자리와 지난한 창업 정신의 발휘가 가장 필요한 발전 초기 단계이기 때문에 거품경제와 위법 활동은 경제 발전과 사회 안정에 심각한 해를 끼친다고 여겼다. 특히 활황기의 고수익을 노리고 시장에 뛰어든 별로 부유하지 않은 중소투자자들은 일단 거품이 꺼지면 큰 손실을 입게 되고, 이로 인해 야기되는 사회적 결과는 매우 심각하다고[31] 주장했다.

또 다른 일부 경제학자는 '중국에서 시장투기는 많은 것이 아니라 오히려 부족하다'고 여겼다.[32] 1993년 여름 이후 거시경제 부문은 긴축적 화폐

정책과 인플레이션 억제를 위한 정책을 채택하고, 증권시장과 부동산 시장의 지나친 투기와 거품을 제한하는 태도를 취했다. 그러나 매번 금융자산 가격이 하락할 때마다, 누군가는 튀어나와 큰 소리로 '주식시장 불황' '주식시장은 개혁의 산물이고, 개혁을 구하려면 주식시장을 구해야 한다'고 외쳤다. 이들과 일부 관료들이 함께 거시경제 부문에 압력을 가하여 주식시장이 투기 광풍이 불 때의 '휘황찬란'한 시기를 되찾도록 정부가 나서서 주식 발행 제한限制擴容, 수요 증대, 감세 등 방식으로 주식시장을 지지하도록 요구했다.[33] 1996년 주식 투기 붐, 부동산 붐, 선물거래 붐 가운데 나타난 거품경제의 해악이 분명해졌을 때도 여전히 경제학자들은 "'거품경제'론은 유언비어일 뿐만 아니라 흑백이 전도되었다" "사실, 1993~1995년 중국 어디에 '거품경제'가 있었나?"[34]라는 주장을 공공연하게 펼쳤다.

칼럼6.3

'충민위안' '중커촹예' 사건[35]

'충민위안瓊民源'의 정식 명칭은 하이난海南 민위안民源 현대농업주식유한회사이며 1996년 중국 주식시장에서 가장 눈에 띄는 다크호스였다. 당해 연도 1년의 주가는 1059퍼센트 상승했다. 1997년 3월 1일 재무 조작으로 고발당해 주식 거래가 중단됐다. 조사에 의하면 1996년 보고된 5억7100만 위안의 이윤 가운데 5억6600만 위안이 조작되었고, 6억5700만 위안의 자본적립금은 물탄자본이었다. 지배주주는 허위 정보를 이용하여 주가를 조작했다. 1998년 11월 베이징 중급인민법원은 이사장에게 3년의 징역형을 내렸다. 1999년 7월 중관춘 과기발전주식유한회사가 충민위안을 인수했다.

1988년 11월에서 2001년 1월까지, 뤼신젠呂新建(呂梁)과 주환량朱煥良이 모의하여 '캉다얼康達爾(1999년 12월 중커촹예中科創業로 개명)'의 주가를 조작했다. 이들은 신탁 관리 방식으로 50여 억 위안을 융자받아 다른 사람 명의로 1500여 개의 증권 계좌를 개설하여 55.36퍼센트의 '중커촹예' 유통주를 장악하고 주가를 조작했다. 주가는 1998년 초 급등해서 최고 84위안까지 올라 10배 이상의 상승폭을 보이면서 장안을 떠들썩하게 만들었다. 2000년 말 자금조달이 끊기면서 주가는 연속 10차례 하한가로 장을 마쳐 13.10위안까지 떨어졌다. 시가 50억 위안의 손실을 보면서 일반투자자들은 큰 피해를 입었다. 이 사건의 선고는 2003년 4월 공개되었다.

2. 21세기 중국 주식시장

21세기 들어 20년도 채 되지 않는 시간 동안 중국 주식시장은 또다시 버블이 크게 생겨났다 사그라지는 파란만장한 시기를 두 차례나 겪었다(그림6.2). 2007년 10월 16일 상하이 종합주가지수는 6124포인트로 사상 최고치를 기록했다. 이후 큰 폭의 변동을 보이고 소폭 하락한 후 2014년 7월 또다시 상승세를 타기 시작했다. 2015년 6월 12일 5178포인트에 다다른 후 주가가 대폭락하면서 금융시장 안정을 위해 정부가 개입할 수밖에 없는 상황이 전개됐다. 2010년 상장한 주가지수선물은 '리스크 관리 기능을 충분히 발휘하지 못했다'[36]는 평가를 받았다. 이로써 주식발행 등록제 개혁의 목소리가 힘을 잃게 됐다.

중국 주식시장의 발전 과정에서 정부가 여러 차례 나서 시장을 떠받쳤다. 비록 주식시장 거품은 장기적으로 유지될 수 없지만 거품이 모든 시장 참여자에게 가져오는 단기 이익으로 말미암아 지대 추구자의 찬사를 얻을 수 있었고, 최종적으로 거품이 꺼지면 본전을 날릴 중소투자자(이른바 '개미 투자자')들에게도 주가 상승시 갈채를 받을 수 있었기 때문에 힘써 시장을 떠받치는 사람들도 모종의 '군중 지지'를 얻었다.

1995년 5월 19일 관리 부문의 조직 아래 상하이, 선전 두 시장이 '폭등' 했다. 이후 20일 동안 상하이 종합주가지수는 1059포인트에서 1427포인트 로 상승했다(6월 14일). 6월 15일 『런민일보』 논설은 주가의 급속한 상승은 거시경제 발전의 실제 상황과 시장 운행의 내재적 요구를 반영한 것으로 '정상적인 회복성 상승'이며, '현재 중국 거시경제는 지속적이고 건강한 발 전을 계속 유지하고 있으며 증권시장은 장기적인 안정적 발전을 위한 양호 한 기초를 갖추고 있다' '우리는 인식을 통일하고 믿음을 견고히 하고 함께 노력하여 규범적이고 생기와 활력이 넘치는 21세기 증권시장을 만들자'[37] 는 내용을 발표했다. 정부의 분명한 태도는 더 많은 투자자들에게 확고한 믿음을 주어 안심하고 시장에 진입할 수 있게 했다. 그래서 주가는 계속 상 승했다. 1999년 6월 29일, 상하이 종합지수는 1739.2포인트까지 올랐다. 2001년 6월 14일, 상하이 종합지수는 역사상 최고점인 2245.44포인트를 기 록했다. 이후 4년간의 조정기를 거치면서 주가지수는 크게 떨어져 2005년 6월 6일, 상하이 종합지수는 1000포인트를 깨고 최저 998.23포인트를 기 록했다. 이 시기 신주 발행과 상장회사의 재융자 어려움은 크게 가중되었고 주기 또한 길어졌다. 증권회사는 심각한 경영난에 봉착했고 2005년까지 모 든 업종은 4년 연속 손실을 보았다. 시장은 여전히 뜨거웠지만, 주식시장을 놓고 한 차례 큰 논쟁이 벌어졌다.

2001년 '주식시장 대논쟁' 중 쌍방의 논점과 논거[38]

2000년 10월 『재경財經』이라는 잡지에 「기금 흑막基金黑幕」이라는 기금 조작에 존재하는 위법행위를 폭로하는 글 한 편이 실렸다. 10개 기금관리회사가 곧 연합 성명을 발표하여 이를 반격했다. 10월 29일 우징롄은 중앙TV 「경제30분經濟半小時」 기자와의 인터뷰에서 내부거래와 시장 조작 행위를 비판했다. 2001년 1월 13일 방송한 중앙TV 「대화」 프로그램에서 우징롄은 현장 방청객의 질문에 답하면서 중국 주식시장에 대한 시각을 표명하고 규범적 시장을 주장했다. 증권 감찰 기구의 관리감독이 강화되면서 그리고 2001년 1월 9~10일 이안커지億安科技와 중커창예의 주가조작 혐의 조사의 공표로 1월 15일부터 연속 4일간 주가가 크게 하락했다. 주식시장에 관한 대논쟁이 곧 신문과 인터넷에서 전개됐다.

2001년 2월 8일 『증권시장 주간證券市場周刊』에서 '우징롄에게 9가지를 묻다'를 발표하면서 논쟁이 뜨거워지기 시작했다. 11일 리이닝厲以寧·둥푸렁董輔礽·샤오줘지蕭灼基·한즈궈韓志國와 우샤오추吳曉求 다섯 명이 손을 잡고 나와 기자간담회에서 우징롄의 관점을 반격했다. 3월 우징롄은 『주식시장에 관한 10년간의 논의十年紛話股市』를 출판하면서 이 책 서문에 자신을 향한 힐난에 대해서 전반적이고 체계적으로 회답했다.

논쟁의 두 진영은 주로 "전 인민의 주식 '투자炒'가 좋은가 나쁜가" '중국 주식시장은 투기가 심한가 그렇지 않은가' '주식시장의 수익률이 지나치게 높은가 아닌가' '큰손을 어떻게 봐야 하는가' '초기 주식시장에서 규범을 강화해야 하는가' 그리고 '어떠한 시장경제를 건립해야 하는가' 등의 문제를 둘러싸고 팽팽한 논쟁을 벌였다.

리이닝 등 다섯 명이 대표하는 진영의 주요 관점은 (1) 전 인민의 주주화는 사회화 투자 체계를 형성하는 유기적 구성 부분이다. 중국에서 주식에 투자하는 사람은 아직 충분하지 않기 때문에 더 많은 사람들이 주식 투자를 하도록 성원을 보내야 한다. (2) 투기가 없으면 증권시장도 없다. (3) 주가 수익률을 볼 때 중국이 자금 부족 국가이고 공급이 부족하단 점을 고려해야 한다. 공급이 부족한 상품 가격은 자연히 높다. 주가수익률이 높은 것은 신흥 시장의 공통 특징이다. 5~60배의 주가수익률은 절대 높은 편이 아니며 합리적인 범위 안에 있다. (4) 주식 투자의 주력이 없고 큰손이 없다면 증권시장은 단지 한 바가지의 썩은 물일 뿐이다. 큰손이 없으면 증권시장도 없다. (5) 중국 주식시장은 시작부터 규범이 비정상적이었다. 전체 시장 발전의 과정은 투자자와 관리자의 공동 학습 과정이다. 이런 학습 과정 자체가 비규범을 가져온다. 주식시장은 아직 갓난아이이며 보호해야만 한다. 비록 문제가 있더라도 너무 강한 약을 사용해선 안 된다. (6) 논쟁의 실질은 발달한 금융 체계와 자본시장을 갖춘 시장경제를 건립하느냐 아니면 단지 소상품 도매시장의 시장경제를 건립하느냐의 문제다.

우징롄의 주요 관점은 (1) 자본시장이 확대되려면 점점 더 많은 사람이 주식 매입을 포함한 직접투자를 해야 한다. 그러나 주식 매입을 단기투자 성격의 '주식 투기'와 혼동하면 안 된다. 전 인민의 '주식 투기'는 비정상이다. (2) 주식 투기는 시장경제에서 빠트릴 수 없는 기능이 있다. 시장균형의 실현을 도와서 자원의 효율적 배분에 도달하게 한다. 그러나 투기 활동과 투자활동이 결합되어 긍정적 상호작용을 할 때에만 경제에 적극적 역할을 하는 것이지 단순한 투기는 사회의 부를 증가시키지 못한다. (3) 주가수익률은 회사의 성장성 즉 미래의 영업성과와 결합해야만 주식의 투자가치를 반영하고 평가할 수 있다. 만약 상장회사의 성장성이 매우 좋다면 주가수익률이 좀 높더라도 염려할 일이 아니다. 중국의 상장회사의 성장성은 불량하고 심지어 회사 수익이 갈수록 나빠지는 상황에서 지나치게 높은 주가수익률은 결국에 투자자에게 쓴맛을 보게 할 것이다. (4) '큰손'들이 주가조작을 통해 폭리를 취하는 것은 중국 형법을 위반하는 범법 행위다. 이런 행위를 방임하는 것은 중국 법률의 존엄을 손상하는 것이다. 사법기관이 개입하여 형법 위반자들을 법에 따라 처벌해야 한다. (5) 초창기의 주식시장이라도 규범의 기초 위에서 발전을 추구해야 한다. (6) 이른바 전통적 시장경제와 현대적 시장경제의 차이는 실물경제 혹은 의제경제, 소상품 도매시장 혹은 발달한 금융체계의 구분에 있는 것이 아니다. 문제의 진정한 실질은 법치에 기초한 현대 시장경제를 건립하느냐, 아니면 권력이 시장거래에 간여하고 국민을 유린하는 정실자본주의를 건립하느냐다.

이 논쟁을 통해 점점 더 많은 사람이 국유기업처럼 '배당 없는 투자 모금圈錢'에 기대어서는 경제 효율을 높이거나 재무 상태를 개선하지 못할 뿐만 아니라 결국에는 민영기업을 쫓아내고 자본시장 발전을 더디게 한다고 인식하게 됐다. 주식시장의 비정상 운행은 상장회사 나아가 전체 국민경제에 심각한 부정적 영향을 끼친다. 정부와 증권거래 감독기구의 주요한 직능은 위법 활동에 대한 관리감독을 강화하여 정보공개 제도와 주식시장 거래 규칙을 엄격하게 집행하고 위법활동을 제지하고 처벌해 시장의 신뢰 수준을 높이는 것이다.

안타까운 사실은 2014년부터 2015년까지 중국 주식시장에 거의 비슷한 일이 반복해 발생했다는 점이다. 2014년 7월 18일 상하이, 선전의 증권거래소는 채권 업체에 대주 거래의 수정 시행 세칙에 관한 의견을 구하는 공문을 보내 대주 거래의 계약 기간 연장, 신용 계정의 기능 제한 확대 등을 허가했다. 한 주가 시작되는 월요일, 상하이 종합주가지수가 오름세를 거듭하면서 불마켓이 새로 시작됐다는 평가가 나왔다. 9월 신화통신은 3일 연속 중국 주식시장에 힘을 실어주는 기사를 게재하며[39] 관방 매체로서 가장 먼저 A주 시장의 서막을 알렸다. 연일 상승세를 보인 후 2015년 3월 31일 주가지수가 하락장을 보이자 관방 매체는 다시 시장 엄호에 나섰다. '전문가들 모두 연일 상승세를 보이는 주식시장에 자체적인 조정 필요가 있었고 단기적으로 리스크가 발생한 후 중국 경제가 건강하고 안정적인 상승장에 진입할 것이라고 입을 모았다.' '업계 인사들 대부분이 현재 불마켓을 뒷받침하는 조건들에 변동이 없다고 판단했다.'[40] '올해 경제 운용에 큰 압박이 있었음은 직시해야 할 사실이다. 특히 주식시장의 강력한 뒷받침이 필요하다. 주식시장을 안정적으로 운용하는 것이 매우 중요하다.'[41] '경제 운용 압박이 비교적 큰 상황에서 주식시장의 지원은 시기적절하다.'[42] '주식투자자들은 중국 경제 향방을 낙관하고 있다. 다시 말해 수중의 돈을 가지고 중국 경제의 미래에 투자하라.' "A주를 '중국 꿈'의 매개체라고 한다면 그 배후에 엄청난 투자 기회가 숨겨져 있다. (…) 이번 불마켓은 2007년 시장 상황과 다르다. 중국 발전 전략의 거시적 지원 및 경제개혁에 따른 내재적 동력이 있기 때문이다. 4000포인트는 A주 불마켓의 시작에 불과하다. 현재 자본시장의 열기가 더해가고 있는 것은 시장이 국가경제 변화에 보이는 정상적 반응이자 판단이다. 역사적으로 중국은 일부 서방국가처럼 버블을 생성할 '전통'이나 '동력'을 갖추지 못했다."[43]

그러나 이후 찾아든 주가 대폭락으로 모든 것이 물거품이 됐다.

3. 중국 주식시장의 문제 발생 원인

중국 주식시장에 위에서 언급한 비정상 상황이 나타난 주요 원인은 두 가지다. 즉 시장의 자리매김이 불명확하고 관리감독이 편향돼 있었기 때문이다. 아래에서 이 두 가지 문제를 각각 설명한다.

하나는 주식시장 기능의 자리매김에 관한 것이다. 현대 경제학에서는 주식시장의 기본 기능이 주식거래와 주가 변동을 통해 자본을 효율적인 곳으로 흐르게 하여, 자본의 최적 배분을 실현하는 것이라고 본다. 이와 동시에 회사 실적을 측정하는 주가의 기능을 이용하여 회사 경영을 평가하고 경영자를 감독한다. 중국 주식시장 건립 후 오랜 기간 동안 관리 부문은 주식시장의 기본 기능을 기업을 위한, 특히 국유기업 융자를 위한 것으로 여겨 '증권시장은 국유기업을 위해 복무한다'는 방침을 채택했다.[44] 비록 최근 몇 년간의 개혁 과정에서 이 방침이 어느 정도 수정됐지만 그 영향은 여전히 일정 정도 존재한다.

첫째, 국유기업의 자금조달 '어려움을 탈피'하기 위해 발행과 상장심사 과정이 '국유기업에 편향'되었다. 선진 시장경제 국가에서 회사 설립과 일반 공모는 보통 등록제를 채택한다. 중국에서는 오랫동안 회사의 최초 기업공개IPO와 상장listing의 경우 성급 정부 추천, 중국증권감독위원회 비준을 거쳐 상장회사 수가 정해지고 이후 상장액과 발행가격 확정 등 거쳐야 할 여러 심사 경로가 있다. 이런 여러 층의 심사 절차를 통과할 수 있는 것은 기본적으로 국유기업이다. 민영기업은 상장 기회를 얻기 어렵다. 1998년 3월이 되어서야 민영기업 신희망 그룹의 지주회사인 쓰촨 신희망농업주식유한회사(주식코드:000876)가 비로소 처음으로 상장되었다. 그 밖에 일부 민간 자본이 지배하는 상장회사는 '우회'상장했다.

둘째, 상장권을 얻은 회사는 규모 통제와 '주식 분할'로 주가를 올려 더 높은 프리미엄溢價으로 더 많은 자금을 조달할 수 있었다. '국유기업을 위해 복무'한다는 사상적 지도 아래 일부 제도 배치는 모두 신주발행과 상장 후 증자에서 얻는 비교적 높은 프리미엄에 편향되어 공급과 수요 두 측면에서 주가를 끌어올렸다.

공급 측면에서 두 가지 주요한 방법은 (1) 신주발행 흐름과 심사 비준을 통제하여 '확장 제한', 즉 발행주식 수량을 한정하는 것이다. (2) 2005년 4월 증권감독위원회가 '주식 분할 개혁'을 시작하기 전 중국은 계속 '유통주'와 '비유통주'를 구분해 약 3분의 1의 '유통주'만이 주식시장에서 유통되도록 했다. '주식 분할'의 방법은 신주의 공급을 크게 감소시켜 주가를 올렸다. 수요 측면에서 주요 방법은 각종 자금이 시장에 유입되도록 장려하고 조직하는 것이다. 대형 국유기업이 신주를 발행할 때 수조 원의 자금이 구매를 신청하곤 했다.[45] 이렇게 수요와 공급 두 측면에서 주가를 올리기 위해 병행한 방법은 일급시장의 신주발행과 이급시장의 주식 양도 사이에 거대한 차액을 존재하게 만들어 신주발행과 신주 구매의 권리를 얻은 사람들은 거액의 비생산성 이윤을 획득할 수 있었다. 중소투자자도 거품이 꺼질지 모르는 위험을 아랑곳하지 않고 시장에 뛰어들었다.

또 다른 하나는 관리감독 노선에 관한 것이다. 본장 1.1에서 증권시장에 행정 감독이 필요한 까닭을 이미 언급했는데, 주요 원인은 이 시장에 심각한 정보 비대칭이 존재하기 때문이다. 이로부터 알 수 있듯 주식시장에서 규범적 관리감독의 가장 중요한 직능은 바로 강제적인 정보공개 제도를 통해 정보 비대칭 문제를 완화하고 투자자의 이익이 침해받지 않도록 보호하는 것이다. 그러나 중국은 오히려 오랫동안 다른 관리감독 노선, 즉 행정적 심사 비준의 관리감독 노선을 채택했다.[46]

주식시장이 제자리를 찾지 못하고 관리감독이 엉성하여 나타난 직접적 결과는 이급시장에서 주가가 고공행진하고 위법행위가 성행한 것이다. 1990년 대와 2000년대 초 유통주의 평균 주가수익률P/E[47]은 100~200배의 황당한 지경에까지 올랐다. 이렇게 대부분의 주식이 완전히 투자가치를 잃었다. 또한 중국 상장회사의 현금배당이 이윤에서 차지하는 비율은 10분의 1 정도에 불과했기 때문에 선진국의 주가수익률(선진국의 비율은 3분의 1 정도)과 비교할 때[48] 이러한 주가수익률 수준은 장기투자자 입장에서는 더욱 흡인력이 떨어졌다. 이런 상황에서 시장 참여자는 투자에서 수익을 얻기를 바랄 수 없고, 투기성 매매를 통해서 차액을 취할 수밖에 없었다. 이렇게 전체 주식시장은 투기 분위기에 휩싸여 '규칙 없는 도박장'이 되었다.

눈여겨봐야 할 것은, 투기가 시장의 효율적인 운영에 없어서는 안 될 역할을 한다는 점이다.[49] 만약 금융시장에 장기투자자만 있다면 시장은 유동성이 없게 되고, 가격도 발견될 수 없다. 투기자는 위험 수익을 쫓아 거래가 연속적으로 진행되게 만든다. 그러나 문제는 투기 활동이 투자자의 활동과 결합되어 양성의 상호관계가 실현될 때에만 비로소 증권시장을 통해 자본의 최적 배분을 이룰 수 있고 경제에 적극적 역할을 발휘할 수 있다는 것이다. 단순한 투기는 이런 작용을 할 수 없다. 단순한 투기는 효율을 높이고 부를 증가시킬 수 없다. 단지 '돈을 다른 사람의 주머니에서 또 다른 사람의 주머니로 옮기는' 제로섬 게임일 뿐이다.[50] 승자가 얻은 것은 결코 패자가 잃은 것보다 클 수 없다. 이것이 바로 주식시장에서 회자되는 '오래하면 반드시 잃는다'는 격언의 이치가 맞아떨어지는 경우다.

지나친 투기의 직접적 결과는 주가 상승으로 펀더멘털, 즉 회사의 미래 영리 능력에서 멀리 이탈하여 주식시장의 거품을 팽창시키는 것이다. 이것이 증권시장 같은 자산시장의 특성과 직접 관련된 부분이다. 경제의 거품은 계속해서 팽창할 수 없다. 지나치게 높은 가격에서 일단 시장가격이 상승을 멈추고 하락하기 시작하면, 매우 빠르게 하행의 정귀환positive feedback, 正反饋의 진동이 출현하고 시장의 붕괴를 야기한다. 주식시장이 붕괴하면 강세장에서 투기를 통해 얻은 액면상 수조 원의 가치가 순식간에 휴지조각으로 변하여 이른바 '부富의 효과'가 '부의 역효과'로 변한다. 일부 풍부한 재력을 갖춘 투기꾼은 종종 금융시장의 이런 특성을 이용하여 '큰손坐莊'으로서 작전을 펴 '따라가는' 소액투자자를 해치며 자신은 큰 수익을 거둔다.

17세기 네덜란드 '튤립 광풍', 18세기 영국의 '남해거품'과 프랑스의 '미시시피 거품',[51] 1920~1930년대 미국의 '대호황'과 '대붕괴',[52] 1980~1990년대 일본[53]과 타이완[54]의 거품경제, 2000년대 초 미국의 '인터넷 거품',[55] '광적인 투기-공황 상태의 투매-시장 붕괴'[56]의 금융 희비극이 끊임없이 상연되었다. 1990년대 중국의 증권시장과 초기 시장경제의 상황은 매우 닮은 점이 있다. 일부 사람들은 마음대로 불법적인 조작을 행하고도 어떠한 처벌도 받지 않는 특권을 가지고 주식시장, 선물시장과 부동산 시장에서 풍파를 일으키면서 광적인 투기를 일삼았다. 이것은 거품경제를 야기했고 거품이 꺼질 때 본전을 날린 소액투자자의 비통함을 가중시켰다.

2.7 보험시장

1980년부터 중국인민보험회사가 국내 보험 업무를 회복한 이래 보험업은 비약적인 발전을 이루었다. 보험료 수입이 크게 성장해 1980년 0원에서 2008년 9784억1000만 위안으로 증가했다. 보험업 총자산은 급증하여 1980년 첫걸음을 뗀 후 2008년 3억3000만 위안으로 성장했다.

보험 자금 운용의 경우 1984년 이전까지 보험 자금 전부가 은행에 예치됐다. 1985년 3월 국무원이 반포한 「보험기업 관리 임시조례保險企業管理暫行條例」는 보험기업이 자주적으로 보험 자금을 운용할 수 있도록 명기했다.

1986년, 1987년 전국 각 성급의 보험회사가 연이어 투자처處와 투자회사를 발족시켰다. 그러나 곧이어 한동안 보험 자금 운용에 혼란이 나타났다. 1989년 정부는 금융 질서를 정돈하기 시작했고 보험 투자회사도 정돈 대상이 되었다.

1991년 금융 질서의 정비가 끝나고 거시경제 환경도 호전되자 중국인민보험회사는 보험 자금의 운용 업무를 회복하고 중국평안보험(집단)유한주식회사와 중국태평양보험(집단)유한회사도 차례로 보험 자금의 운용 업무를 전개했다. 생명보험과 비생명 보험의 혼합 경영으로 인해 성격이 다른 자금이 섞여 사용되어 위법 현상이 심각했다. 신용대출 비중이 너무 많아 대량의 불량 대출을 형성했고 마침내 다시 엄격한 정비를 하지 않을 수 없었다. 1995년 반포한 「중화인민공화국 보험법」은 보험 자금을 '증권 경영 기구의 설립과 기업투자에 사용해선 안 된다'고 제한했다. 이후 보험 자금 운용은 점차 규범화되었고 보험 자금은 화폐시장과 자본시장에서 중요한 역할을 했다.

2001년 12월 WTO 가입 후, 중국은 약속 이행을 위해 계속 보험업 개방의 폭와 깊이를 넓혀나갔다. 국외 보험회사의 진입은 중국 보험시장의 경쟁력을 높였다. 2004년 12월 11일 보험업의 WTO 과도기가 끝나고 중국 보험시장은 전면적인 대외개방을 실시했다.

중국 보험시장은 아직 다음과 같은 문제가 있다. ⑴ 보험 중개시장이 충분히 발전하지 못했다. 2014년 말 보험 중개기관의 보험료 수입은 전체 보험료 수입의 2.5퍼센트에 불과했다(영국 시장에서 이 비율은 약 60퍼센트).[57] ⑵ 재보험 시장의 발전이 지체되었다. 2013년 재보험비가 전체 보험료에서 차지하는 비중은 7.2퍼센트에 그쳤다(선진국은 보통 20퍼센트).[58] ⑶ 보험의 심도와 밀도[59] 역시 선진국과 비교해서 매우 낮은 수준이다. ⑷ 퇴출 기제가 불건전하다. 현재까지 중국 보험업은 아직 파산 사례가 발생하지 않았다. (5) 법률 규범과 신뢰誠心 체계도 불건전하다. (6) 보험회사의 지배구조를 개선해야 하고 상환 능력, 위험관리 수준, 영리 능력과 서비스 의식도 제고돼야 한다.

2.8 상품선물 및 기타 파생상품 시장

중국의 선물시장은 탐색 단계에서 현재까지 대략 3단계를 거쳤다. 1990~1993년은 초창기로 처음엔 농산품 선물 거래 위주였다. 1990년 10월 정저우鄭州 양식도매선물시장이 성립하고 처음으로 선물거래가 도입되었다. 이어서 바로 각종 선물거래소가 대량으로 출현하여 50여 곳에 달했다. 선물중개기구는 1000여 곳에 달했다. 이 발전 단계에서 농산품 거래는 여전히 '일괄구매, 일괄판매統購統銷' 위주였고, 현물시장은 아직 개방되지 않은 상황이었다. 선물시장은 시장 조작 등 위법행위가 만연해 건강하게 발전할 수 없었다.

1993~1999년은 규범화와 정돈의 시기였다. 1993년 11월, 국무원은 「선물시장의 맹목적 발전 제지에 관한 국무원의 통지國務院關於堅決制止期貨市場盲目發展的通知」를 하달했다. 정돈을 거쳐 거래소는 3개로 감소했고 중개회사는 180여 개로 줄었다. 거래 품목은 12가지만 보류했다. 수년간의 침묵을 깨고 국무원은 「선물거래 관리 임시조례期貨交易管理暫行條例」 및 4개의 관련 관리 방법을 반포하여 선물시장은 정식으로 법치의 궤도에 올랐다.

2000년~현재, 선물시장은 규범적 발전 단계에 진입했다. 「선물 중개회사 관리 지침期貨經紀公司治理指引」과 「선물거래 보증금의 봉인 관리 방법期貨交易保證金封閉管理辦法」이 발행되어 선물회사의 순자본을 관리감독하고 선물보증금의 예탁제도를 실시하여 투자자의 기금을 보장하도록 했다. 2003년 선물시장은 전면적으로 거래보증금 봉인제도를 추진하여 운행했다. 2004년부터 계속해서 면화, 연료용 기름, 옥수수 등이 선물 신품목으로 출시됐다. 2009년 3월 강재鋼材가 선물 품목에 올랐다. 2013년 11월 상하이 국제에너지거래센터가 정식으로 현판을 걸었다. 이는 원유 선물시장이 시작됐음을 의미한다. 현재 중국 선물시장에서는 50개 이상의 상품이 거래되고 있으며 선물시장이 헤징과 가격 예측 기능을 점차 발휘하게 됐다.

금융 파생상품 방면에서 1992년 12월 상하이 증권거래소는 일부 증권상들에게 국채선물을 다룰 수 있게 허가했고 1993년 10월 개인투자자에게도 개방했다. 1995년 5월 '327 국채선물 파동'[60]으로 인해 국채선물 거래가 중단되었다.

2006년 9월 중국금융선물거래소가 설립됐다. 2010년 4월 16일 주가지수선물이 중국선물거래소에서 출시됐다. 2013년 국채선물이 이곳에서 다시 거래되기 시작했다.

3. 금융기구 개혁 발전과 금융관리감독제도 건립

3.1 1990년대 금융기구 개혁 발전과 금융관리감독제도의 초보적 건립

1992~1994년 발생한 경제 과열과 높은 인플레이션은 중국 금융체계에 심각한 문제가 있음을 폭로했고, 중국 정부가 금융체제 개혁을 더욱 심화하도록 촉진했다. 1993년 11월 소집한 중공14기 3중전회에서 「사회주의시장경제체제 건립의 몇 가지 문제에 관한 중공중앙의 결정」을 내놓았다. 그 가운데 금융기구 개혁에 대한 주요 요구는 다음과 같았다.

—기존의 전문은행을 점진적으로 상업은행으로 전환하고, 필요에 따라 점진적으로 농촌합작은행과 도시합작은행을 조직한다. 상업은행은 자산 부채 비율의 관리와 위험관리를 충족시켜야 한다. 상업은행 예대 금리는 규정 구간 내에서 자유롭게 변동될 수 있다.

—비은행 금융기구를 규범화하고 발전시킨다.

—국가개발은행, 중국수출입신용대출은행과 중국농업발전은행을 설립하여 법이 정한 범위 내에서 정책 업무를 담당하게 하고 상업은행은 상업 업무에 전념하도록 한다.

이 편성에 따라 1994년부터 금융기구 개혁이 차례로 전개되었다.

1. 전문은행의 상업화 경영과 기타 상업은행의 발전

이 시기의 주요 개혁 조치는 다음과 같다. 첫째, 기존 중국은행, 중국농업은행, 중국공상은행과 중국인민건설은행(1996년 '중국건설은행'으로 개명) 4개 전문은행을 국유독자 상업은행으로 전환하여 상업화 경영을 실행했다.

둘째, 국가개발은행, 중국수출입은행 및 중국농업발전은행 등 3개 정책은행을 차례로 설립했다.

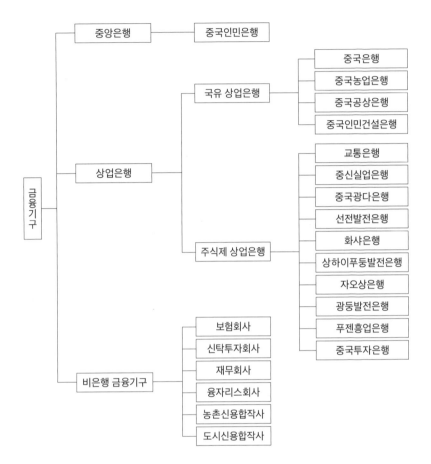

[그림6.3] 1990년대 초 중국 금융기구[61]

　　셋째, 비국유독자 주식제 은행을 증설했다. 1993년 이전에 있던 교통은행交通銀行, 중신실업은행中信實業銀行, 중국광다은행中國光大銀行, 선전발전은행深圳發展銀行, 화샤은행華夏銀行, 상하이푸둥발전은행上海浦東發展銀行, 자오상은행招商銀行, 광둥발전은행廣東發展銀行, 푸젠흥업은행福建興業銀行, 중국투자은행中國投資銀行 외에 1995년 민영경제를 서비스 대상으로 하는 중국민생은행中

國民生銀行과 하이난 경제특구를 위한 하이난발전은행海南發展銀行 두 개의 주식제 은행을 증설했다. 동시에, 원래 수도강철회사에 소속돼 있던 화샤은행을 독립적인 회사제 은행으로 개편하고, 중국광다은행은 처음으로 외국 금융기구가 지분을 보유한 상업은행이 되었다. 이외에도 도시신용합작사를 정비하고, 중소 금융기구의 리스크를 제거하는 총체적인 정책 안배 아래 각지 도시신용합작사는 합병을 시작하여 도시상업은행을 건립했다(그림6.2).

1990년대 중반 경제가 과열되고 금융기구가 빠르게 발전하면서 금융 시스템에 많은 문제가 누적됐다. 1990년대 중반 국가가 경제 과열을 억제하기 위해 실시한 강력한 긴축 조치와 1997년 7월부터 시작된 아시아 금융위기의 충격이 이 문제들을 분명하게 드러냈다. 정부의 부당한 간여, 금융기구 자체의 경영 미숙, 내부 통제 미비, 대출사기 등 무수한 위법 현상의 존재는 불량 자산을 쌓아갔고,[62] 전업종이 1990년대 말에 이미 사실상 채무초과의 상황에 빠졌다. 비록 국가의 신용 지원으로 전업종의 지불 위기는 발생하지 않았지만 일부 중소 금융기구의 소액 지불 위험은 수시로 발생했고 이는 중국 금융체계의 안전을 직접적으로 위협했다.

취약한 금융체계가 경제에 가져올지도 모를 심각한 위험을 피하기 위해 중국 정부는 1999년부터 도시신용사, 신탁투자회사 등의 금융기구를 정돈하기 시작했고, 곧이어 하이난발전은행, 광둥국제신탁투자회사 등 일부 위험이 나타난 기구들을 폐쇄했다.

그 밖에 국유은행의 불량 자산 비율을 낮추고 이들의 자본충족률을 높이기 위해 1998년 2700억 위안의 특별 국채를 발행해 국유은행의 자본금을 보강했다. 1999년 연속해서 신다信達, 화룽華融, 둥팡東方, 창청長城 4개 자산관리회사AMCs를 설립해 4개 국유 상업은행이 지고 있던 1조4000억 위안의 은행 부실채권을 맡았다.

2. 비은행 금융기구의 발전

조정과 정돈을 거쳐 신탁투자회사의 수는 감소했고 동시에 한 무리의 증권과 보험기구가 문을 열었다. 1991년 중국태평양보험회사가 설립되어 보험시장에 중국인민보험회사人保, 중국태평양보험회사太保, 중국평안보험회사 平保의 3대 보험회사가 정립한 경쟁 국면이 나타났다. 1992년 미국 AIA 생명보험회사가 상하이에서 경영활동을 허가받아 개혁개방 후 처음으로 중국에 진입한 외자 보험회사로 기록 되었다. 이어서 많은 외자 보험회사와 중개기구가 중국에 들어왔다. 1997년 중국인민보험(집단)회사가 철수되고, 생명보험, 재무보험, 재보험 3개 보험회사로 분해되었다.

1990년 말과 1991년 7월 상하이와 선전에 증권거래소가 건립된 이후 증권회사 등 중개기구가 우후죽순으로 발전하기 시작했다. 1992년 9월 중국공상은행, 중국농업은행, 중국인민건설은행을 지주회사로 한 첫 번째 전국적 증권회사들인 화샤증권華夏證券, 궈타이증권國泰證券과 난팡증권南方證券이 연이어 설립됐다. 이후 증권회사 수가 급증했다. 이들 증권회사 주주들의 배경에는 기본적으로 모두 국유은행, 지방정부 및 이들의 관련 부처가 있었다. 1994년 10월 최초의 중외합자투자은행인 중국국제금융유한회사가 성립됐다. 2000년 11월까지 거의 100여 개 증권회사의 2600여 개의 증권영업부가 전국 각지에 편재했고, 기금관리회사, 변호사 사무소, 회계사 사무소와 투자자문 기구도 점차 성장하기 시작했다.

3. 중앙은행제도와 관리감독제도의 건립

1993년 중공14기 3중전회의 요구에 따르면 중앙은행인 중국인민은행의 주요 직능은 국무원의 지도 아래 독립적으로 화폐정책을 집행하는 것이다. 동시에 화폐정책의 집행이 [중앙과 하급 단위의] 다단계 조정에서 (중앙) 일급 단위의 조정으로 바뀌어야 한다는 요구에 따라 중국인민은행 지점을 본부의 파견 기구로 개편하고 차츰 행정구역을 초월해 설치했다.

1997년 화폐정책의 과학성을 높이기 위해 중국인민은행 화폐정책위원회를 설립하여 화폐정책 결정의 자문 기구로 삼았다. 1998년 중앙은행이 화폐정책을 집행하고 금융을 관리감독하는 데 지방정부가 간여하는 것을 막기 위해 중국인민은행이 행정구역별로 설치한 31개 성급 지점을 폐쇄하고, 9개 중심 도시에 광역 분점分行을 설치했다.

동시에 화폐정책의 중개 목표를 신용대출 자금의 규모에서 화폐공급량으로 전환하기 시작했다. 중국인민은행은 1994년 삼사분기부터 화폐공급량 통계 모니터링 지표를 내놓고 정기적으로 사회에 공표했다. 1996년 4월 중앙은행은 공개시장 운영을 시험 운행했다. 1996년 1월 전국적으로 통일된 은행 간 대출시장이 건립되고 6월 1일부터 은행 간 대출금리가 개방됐다. 1998년부터 국유 상업은행의 대출 규모 제한이 폐지되고 자산 부채 비율의 관리와 위험관리에 기초한 간접 조정이 시행되었다.

관리감독 면에서 분업화된 관리감독의 기본 틀이 점차 형성되었다. 1992년 10월 국무원 증권위원회와 중국증권감독관리위원회(이하 '증감회')가 연속해서 성립됐다. 1997년 소집된 전국금융업무회의에서 은행업, 증권업, 보험업의 분업 경영과 관리감독의 분업 원칙이 확정됐다. 1998년 4월 국무원 증권위원회가 없어지고, 그 전체 직능 및 중국인민은행의 증권 경영 기구 관리감독 직능이 모두 증감회로 넘어갔다. 1998년 11월 중국인민은행의 보험 업무, 보험기구와 보험시장 관리감독권이 새로 성립된 중국보험감독관리위원회(이하 '보감회')로 넘어갔다.

이 시기 정부는 일련의 규범과 금융업 발전을 위한 법규와 제도를 반포하고 실시했다. 은행 방면에서, 1995년 5월 전국인민대표대회는 「중화인민공화국 상업은행법」을 통과시켜 상업은행 및 지점의 설립, 분리, 합병에 대한 신청, 비준 조건과 절차에 대한 규정을 만들고, 상업은행의 독립경영권에 대한 보호 원칙을 명확히 하고, 상업은행 개혁을 강화하기 위한 법률적 보장을 제공했다. 증권 방면에서, 1993년 5월 국무원은 「주식 발행과 거래 관리 임시조례股票發行與交易管理暫行條例」를 반포하여, 주식 발행, 거래 및 상장회사 인수 등에 대한 규범을 정하고 주식 발행의 심사제도를 건립했다. 1993년 8월 「증권 사기행위 금지 임시방법禁止證券欺詐行爲暫行辦法」을 발포했다. 1997년 3월 14일 새로 수정한 「중화인민공화국 형법」이 제8기 인민대표대회 제5차 회의에서 통과되어 내부거래, 유언비어 유포, 증권 거래가격 조작 등을 범죄행위로 확정했다. 1999년 7월 1일 「중화인민공화국 증권법」이 실시됐다. 상술한 법규와 규정은 이 시기의 증권시장을 규범화하고 증권시장 관리감독 제도의 원형을 형성했다.

증권시장 관리감독에 존재한 주요 문제는 강제적 정보공개 제도와 규범에 부합하는 관리감독제도 건립을 중시하지 않고, 지나치게 실질적인 심사에 의존한 점이다. 그러나 이론적 측면에서든 실천적 경험 측면에서든 행정심사는 효과가 없을 뿐만 아니라 보편적인 지대 추구 환경을 조성하여 관리감독 부문 자체의 부패를 더욱 심하게 하여, 주식시장은 중소투자자의 슬픔의 장소, 권세가들의 거대한 '지대 추구 장소로 변질됐다(관리감독 방식에 관한 토론은 본장 4.2 참고).

3.2 21세기 초 금융기구 개혁 발전과 금융 분업 관리감독 체계의 형성

중국은 2001년 말 세계무역기구WTO에 가입하고 외자은행에게 시장을 더욱 개방하겠다고 약속했다. 갑자기 어떻게 중국의 유치한 금융 체계에 존재하는 금융 리스크를 제거하고 금융기업의 경쟁력을 강화할지가 세기를 뛰어넘는 중요한 과제로 부각되었다.

1. 국유 상업은행 개편의 실현

1990년대 은행의 기본 제도를 변화시키지 않고 국유은행 경영을 개선하려는 일련의 노력은 은행 체계의 자산건전성 악화 문제를 효율적으로 완화하지 못했다. 2002년 말 통계에 의하면 4대 국유 상업은행의 부실채권은 2조770억 위안에 달해 국유은행 대출 총액의 26.12퍼센트를 차지했다. 이는 당해 연도 신규대출액의 1.61배에 이른다. 또한 4대 국유 상업은행 가운데 중국은행을 제외하고는 모두 「바젤협약」이 요구한 자본충족률에 못 미친다.[63] 이 사실이 의미하는 것은 국유은행을 개혁할 때 중국 은행업에 악성부채가 발생하는 내재적 기제를 제거하지 않고 단순히 악성부채를 분리하고 장부에서 삭제하는 것만으로는 중국 은행 체계의 위험을 제거하기 어렵다는 점이다.

그래서 중국 정부는 2003년 국유 상업은행 개편을 중심으로 새로운 은행업개혁을 진행했다. 그 가운데 4대 국유 상업은행의 개혁 목표는 '국유상업은행을 시장화의 길로 가게 하기 위해 재산권 제도를 개혁하고 회사지배구조를 개혁해서 국유 상업은행을 진정한 현대적 상업은행으로 전환하는 것'이다.[64] 4대 국유 상업은행의 개혁 경로는 대략 다음과 같이 개괄할 수 있다. (1) 국가의 자금 투입과 부실채권 분리를 통해 재무 개편을 이루어 역사적 유산을 해결한다. 중앙회금彙金회사를 통해 국가는 790억 달러의 외환보유액을 4대 국유 상업은행에 투입[65]하고 이어서 4대 국유 상업은행에서 약 1조 9000억 달러의 부실자산을 분리한다. (2) 주식화와 해외 전략투자자 유치를 통해 재산권 구조와 경영 시스템을 개혁하고, 건전한 회사지배구조를 형성한다. (3) 기업공개IPO를 통해 한층 더 은행 자본금을 충실히 하는 한편, 시장의 구속력을 강화하여 은행의 지속적 개혁을 추진한다.

이 경로를 따라 중국건설은행, 중국은행, 중국공상은행이 차례로 상하이와 홍콩의 증권거래소에 상장됐다.[66] 중국농업은행 역시 2009년 2월 주식유한회사로 전환됐다.

동시에 중소 은행금융기구의 정돈을 강화하고, 농촌 금융체계 개선, 정책성 은행의 상업화 개혁을 포함하는 일련의 금융 안정 조치가 연이어 시행됐다. 주식제 은행, 도시상업은행, 정책성 은행,[67] 우편저축기구[68] 및 농촌신용사 등이 모두 개혁의 발걸음을 빨리하고, 부실채권 분리, 자본 보충(전략적 투자자와 상장 포함)을 통한 구조조정과 관리 체계 재건 등 다양한 방식으로 금융위험을 제거하여 경쟁력을 높였다. 특히 농촌신용사 개혁 과정에서 정부는 농촌신용사의 관리 체계, 재산권 모델과 조직 형식에 전면적인 개혁을 행하여 주식제, 주식합작제 등 새로운 재산권 형식을 적극적으로 탐색하는 한편 농촌상업은행, 농촌합작은행, 현(시)급의 통일적 법인 기구 등을 조직했다.

주주권 구조 다원화의 토대 위에 중국의 주요 상업은행은 이미 상대적으로 규범화된 기업지배구조를 초보적이나마 건립했다. 일부 상장은행은 일정 수의 독립이사를 초빙하고 이사회 밑에 감사위원회, 임금과 평가新酬與考核위원회, 위험관리와 관련거래위원회, 전략위원회 등 전문위원회를 설립하여 정책 결정 규칙과 절차를 더욱 명확하게 하고, 운영을 점진적으로 규범화하고, 내부 감독을 강화했다. 동시에 정보공개 역시 제도화, 규범화되면서 정보의 투명성이 높아졌다.

WTO 가입 약속을 계속 이행하기 위해 은행업 부문의 대외개방이 계속 심화됐다. 4대 국유은행 개편 과정에서 해외 전략투자자를 유치하고 이들과 전략적 합작 관계를 맺어 선진 경영이념과 관리 기술을 도입하고자 했다.

2006년 12월 「중화인민공화국 외자은행 관리 조례」가 실시되어 외자은행에 가해졌던 건전하지 못한 모든 시장진입 제한이 폐지되고, 국제 관례에 따라 중국에 등록한 외자 법인은행에게 인민폐 업무가 전면 개방됐다.

동시에 국내 은행은 '해외 진출' 전략에서 실질적인 진전을 보았다. 2006년 이후 이미 여러 개의 중자은행이 해외에서 인수합병을 실시하거나 새로운 지점을 개설했다.

상술한 개혁을 추진하는 가운데 은행 체계의 재무 상황이 분명하게 호전되었고, 스톡 리스크存量風險는 기본적으로 제거되었다. 은행의 위험 방어 능력이 뚜렷하게 높아져[69] 중국 은행업의 회사지배구조와 신용 문화를 한층 더 강화했고 또한 어느 정도 은행의 위험관리 능력과 서비스 능력을 높였다.

그러나 여전히 많은 문제가 존재하며 상업은행 개혁은 더 심화돼야 한다. 예를 들면 구조조정을 거쳐 상장한 상업은행의 지배구조는 '겉과 속이 다른' 문제를 갖고 있다. 고위 관리층의 임면은 시장경제 규칙에 따라 이루어지지 않고, 은행의 경영관리와 행정 체제는 여전히 복잡한 관계를 맺고 있다. 2008년 말 한 차례의 신용대출 광풍이 몰아쳤을 때 엄청난 신용대출이 정부 주도의 지방 융자 플랫폼이나 기초 시설 항목에 투입됐다. 이 배후에서 각급 정부의 그림자를 어렵지 않게 볼 수 있다. 상업은행 내부 '관료문화官場文化'는 오랫동안 근절되지 않고 있고 위험관리 능력은 여전히 취약하다. 또한 서비스 의식과 혁신 능력도 더 높아져야 한다.

2. 비은행 금융기구의 새로운 발전과 관리감독 강화

2000년대에 진입한 후 비은행 금융기구는 규범화가 이루어지면서 새로운 발전을 맞이했다. 그 가운데 두드러진 측면은 다음과 같다.

증권기구 1990년대 말에서 2000년대 초 증권기구에 장기간 누적된 문제들이 표면화되면서 심지어 업계의 생존마저 도전받게 됐다. 2005년 7월 국무원은 증감회에 「증권회사 종합 정비 방안證券公司綜合治理方案」을 하달하면서 각지 정부와 관련 부문이 적극적으로 협력하여 공동으로 종합 정비 업무를 잘 이루어내도록 요구했다. 2006년 10월까지 증감회는 난팡증권南方證券, 민파증권閩發證券, 더헝증권德恒證券, 광둥증권廣東證券 등 31개 증권회사를 처벌했다. 종합 정비가 끝난 후 증권회사는 빠르게 발전하기 시작했다. 2015년 말까지 중국에는 총 125개 증권사가 있었으며 순자산 1조4500억 위안, 총자산 6조4200억 위안이었다.[70] 비록 중국 증권회사가 총량에선 크게 성장했지만 국제 대형 투자은행에 비해 규모는 여전히 작은 편이고 영리 모델이 동질화돼 있으며, 지배구조와 내부통제 시스템 역시 개선돼야 하고 핵심 경쟁력도 높여야 한다.

2004년 6월 1일 「중화인민공화국 증권투자펀드법中華人民共和國證券投資基金法」이 실시되면서 증권투자펀드가 독립적으로 발전할 수 있는 법적 지위를 확립했고, 새로운 발전 단계에 진입했다. 2015년 12월 말, 중국 역내 펀드관리사는 101개였다. 그중 중외합작회사는 45개, 내자회사(로컬기업)은 56개였다. 공모펀드 관리 자격을 취득한 증권사 또는 증권사 자회사인 자산관리사는 10개, 보험자산관리사는 1개였다. 이들 기관이 관리하는 공모펀드 규모는 총 8조4000억 위안으로 집계됐다.[71] 또 보험, 신탁, 기업연금 및 해외 적격투자자qualified foreign institutional investors, QFII 등 각종 기관투자자가 점차 중국 자본시장에 들어와 오랫동안 중국 주식시장에 존재했던 기관투자자 부족 문제를 어느 정도 완화했다.

보험기구 각종 보험업 금융기구도 이 시기 크게 발전했다. 2015년 말 기준 중국보험감독관리위원회 홈페이지에는 중국인민보험, 중국생명보험, 중국평안보험, 중국태평양보험 등 12개 보험그룹회사, 74개 재산보험회사, 82개 생명보험회사, 10개 재보험회사, 21개 보험자산관리회사, 187개 외자보험회사 대표처 등이 소개됐다.[72]

신형금융기구 2008년 8월, 국가는 '전국사회보장기금이사회'를 설립하여 전국사회보장기금의 관리, 운영을 책임지도록 했고, 2004년 말에는 중앙회금투자유한회사를 설립하여 국유 상업은행 구조조정을 위한 투자 플랫폼으로 삼았다. 2007년 9월 29일에는 또한 중앙회금투자유한회사를 자회사로 삼는 중국투자유한책임회사를 설립하여 중국의 국부펀드sovereign wealth fund, SWF로서 전문 투자와 국가 외환보유고의 가치 보존과 증식을 담당하도록 했다. 요 몇 년 동안 각종 자산관리회사와 사모펀드private equity fund, PE 등도 계속 성립됐다. 이들 신형금융기구의 출현은 시장주체 구조를 다양화하고 각종 기업에게 새로운 융자 경로를 열었다.

3. '일행삼회' 관리감독 체제의 형성

2003년 4월 정부는 중국은행업감독관리위원회(이하 '은감회')를 건립하고 은행업의 관리감독 직능을 중국인민은행에서 분리하고 또 강화했다. 이렇게 은감회와 1992년 건립한 증감회 그리고 1999년 설립한 보감회가 정립하는 '일행삼회一行三會'의 관리감독 국면이 형성됐다.

은감회는 자본 관리감독과 준법 관리감독을 은행 관리감독의 핵심 내용으로 삼았다. 자본 관리감독 면에서 '정확한 분류, 준비금 충족, 이윤 실현, 자본 충족'의 지속적 관리감독 방식에 따라 은행에 대한 세밀한 관리감독을 강화했고, 은행의 자본충족률도 뚜렷하게 개선됐다.[73] 준법 관리감독 면에서 은감회는 이사회 및 각급 관리자들에 대한 '문책제도'를 강화했다. 여러 방면의 노력을 거쳐 근래 은행업 내 빈번했던 사건 발생이 감소했다.[74]

그러나 막 발걸음을 뗀 지 얼마 안 된 중국 금융업 입장에서 준법 관리감독은 여전히 장기적 도전과제다.

증권 방면에서 2000년 이후 증감회는 시장의 관리감독 강도를 강화하여 일부 문제 있는 증권사와 상장회사의 위법행위를 처벌했다. 2001년 1월 14일 국무원 총리 주룽지朱鎔基는 전국 은행, 증권, 보험 업무 좌담회를 소집하여 금융 법치의 완비와 엄격한 법 집행을 요구했다. 동시에 공안 기관이 증시 관리감독에 개입하도록 배치하여 증권 범죄 활동을 단속하도록 했다. 2002년 3월 정식으로 출범한 공안국 증권범죄정찰국은 증감회와 협력하여 증권시장의 범죄행위를 단속했다. 그러나 상당히 오랜 기간 동안 어떤 지향점을 가지고 관리감독을 해야 할지에 관해서 관리층의 인식은 그리 명확하지 않았고, 많은 사람은 여전히 실질적인 심사제도를 관리감독의 중점으로 삼고 있었다. 근래 증권시장의 준법 관리감독이 강화됐지만 이 개혁만으로는 권력의 시장 간여와 부정행위에 대한 비호를 막기에는 부족하다. 이 때문에 큰 사건이 빈번하게 발생하고 이에 대중은 강한 분노를 터뜨렸다.

보험방면에선, 2000년부터 보감회가 상하이, 광저우, 베이징, 선양 등지에 차례로 파견 기구를 설립하여 보험시장의 관리감독을 강화했다. 동시에 상환능력 관리감독, 회사지배구조 관리감독과 시장 행위 관리감독을 핵심으로 하는 현대 보험 관리감독 이념을 확립하여, 회사 내부 규제를 기초로, 상환능력 관리감독을 핵심으로, 현장 검사를 중요 수단으로, 자금 운영 관리감독을 키포인트로, 보험보장기금을 위험 방어 보호벽으로 하는 다섯 가지 방어선을 구축했다.

4. 중국 금융개혁 심화 의제

4.1 은행업의 대내개방과 발전

금융업을 민간 자본에 개방해야 하는지의 문제는 중국 금융계가 오랫동안 논쟁해왔고 아직도 의견 일치를 보지 못한 중요한 논점이다. 중국이 이미 WTO에 가입했고 5년 후 외자은행에게 중자은행과 동등한 대우를 하기로 약속한 상황에서 본토 민간자본에 개방하는 것은 더 이상 문제가 되지 않고, 2001년 12월 3일 국무원 판공청이 국가계획위원회에 하달한 「'10.5' 계획 기간 서비스업의 빠른 발전을 위한 몇 가지 정책 조치에 대한 의견'十五'期間加快發展服務業若干政策措施的意見」에서도 '모든 외상투자 진입을 고무하고 허가하는 영역에 동일하게 민간투자 진입을 고무하고 허가해야 한다'고 지적했다. 그러나 관련 부서에서는 민간 자본이 은행을 비롯해 금융기관을 설립하는 것을 허가해줘야 할지를 놓고 오랫동안 의견이 분분했고, 2014년에 이르러서야 시범 민간은행이 설립됐다.

사실, 정규 민간금융기구를 발전시키는 것은 금융시장을 활성화하고 비정규 금융의 필요를 규범화하는 것이다. 민간금융기구가 부족하고 민영기업의 융자 수요가 만족을 얻지 못하는 상황에서, 민영경제가 비교적 발달한 지역에서 보통 개인사채를 포함해 '불법 금융 조직' '계' 등 비교적 발달한 비정규 금융 활동이 존재하고 있다. 비정규 금융은 비록 유연하고 다양한 장점이 있지만 종종 이자가 높고 위험이 크다.[75] 따라서 정규 민간금융기구를 발전시키는 동시에 대부분 지역의 비정규 금융에 3가지 조치를 취할 필요가 있다. 이는 즉 (1) 합법화 (2) 규범화 (3) 신용 체계 건설의 강화다.

비정규 금융의 중요한 대체물로서 소액대출micro-lending은 중요한 의의를 갖고 있다. 특히 소액대출을 처음 실시한 방글라데시 그라민은행Grameen

Bank과 창설자 무함마드 유누스Muhammad Yunus가 공동으로 노벨평화상을 수상한 이후 중국에서도 광범위한 토론이 벌어졌다. 실제로 1993년 초, 중국 경제학자 마오위스茅于軾, 탕민湯敏이 산시山西 린현臨縣 지역에서 소액대출 실험을 벌였고 이후 점차 영업 범위를 확대했다. 전국에서 이와 비슷한 실험이 무수히 많이 벌어졌다. 현재의 문제는 정부와 사회 각계가 이 사업에 더 힘쓰고, 경영환경을 규범화하여 더 빠르고 건강하게 발전할 수 있도록 하는 것이다.

그러나 중국의 관리감독 부문은 민영은행을 완전히 개방하는 데 무척이나 신중했다.[76] 원인은 일반 업종과 달리 은행업은 고위험, 고부채 업종으로 외부성이 매우 크기 때문이다. 일단 문제가 발생하면 전체 금융체계에 화가 미칠 수 있다. 따라서 관리감독 수단이 비교적 낙후하고 은행 회사지배구조가 효율적이지 않으며, 예금보험제도가 아직 건립되지 못한 상황에서 광범위한 민영은행 개방은 예상치 못한 결과를 가져올 수 있다. 대내개방의 실천 면에서 관리감독 부문은 점진적인 방식을 택하여 일부 민영자본이 투자를 통해 주식을 매입하는 방식으로 도시상업은행 등 중소 금융기구에 진입하도록 허가했다. 이와 함께 많은 조치들을 내놓고[77] 민영자본을 포함해 각종 자본을 농촌 지역으로 이끌어 촌진村鎭은행, 대출회사, 농촌자금호조사와 소액대출회사 4종의 금융기구를 조직하여 일정한 성과를 거두었다.[78]

은행업의 대내개방은 한 무리의 중소은행을 생겨나게 한다. 은행의 안정적 경영을 보장하고 시스템 위험을 완화할 예금보험제도 같은 제도를 도입할 필요가 있다. 오랫동안 중국 정부는 계속 개인예금 전액보증제도를 실시해왔다. 이것은 예금자의 이익을 보호하고 사회 안정을 유지하는 데 일정한 긍정적 역할을 해왔다. 그러나 정부가 개인예금을 전액보증하면 예금자의 위험 의식을 약화시킬 수 있고 은행이 직면한 외부시장 관리감독 기제를 취약하게 하여 금융시장의 안정 운행과 시장경제 발전에 불리하다. 이뿐만 아니라 무거운 재정 부담은 정부가 고위험 은행을 처리할 때 종종 지나치게 조심하도록 만들어 가장 좋은 처리 시기를 놓치고 최후의 처리 비용이 더 커지는 결과를 가져온다. 다른 한편 기관 예금의 상환 정책은 계속 지지부진하다. 파산한 중소은행의 기관채권자들은 종종 정부의 보증을 얻지 못해 장기간 파산 청산을 기다려야 한다. 이는 기업의 생산 경영 활동에 막대한 충격을 가져올 뿐 아니라 은행 시스템의 취약성을 가중시킨다.

국제 경험으로 볼 때 모든 예금자를 포함하지만 손해보상률에 차등을 두는 명시적인 예금보험제도를 건립하는 것이 예금자 권익을 보호하고 은행에 대한 대중의 믿음을 높이는 데 유리할 뿐 아니라, 은행의 퇴출 시스템을 규범화하고 은행에 대한 제약과 인센티브 시스템을 건립하는 데 도움이 된다. 그렇게 함으로써 일정 정도 위험을 예방하고 금융업의 안정 발전을 추진할 수 있다. 따라서 가능한 한 빨리 위험도에 따른 명시적 예금보험제도를 마련해야 하며 이는 피할 수 없는 추세다.

4.2 긴급한 증권시장 개혁 강화의 필요성

중국 증권시장에 수많은 문제가 나타나게 된 중요한 원인 가운데 하나는 국유기업의 재산권 확립이 이루어지지 않은 '소유자 부재' 때문이다. 이런 상황은 기업활동 종사자와 증권 업무 종사자들에게 부적절한 행위를 할 기회를 제공한다. 중국 국유 공·상·금융기업의 소유자 부재로 인한 '내부자 통제' 현상이 광범위하게 존재하는 조건에서 손해는 사회가, 이익은 자신이 취하는 상황은 기업경영자들에게 고위험 투기 활동에 종사하게 부추기는 거대한 유혹이다. 지난 몇 년 동안 중국 국유기업이 해외 금융시장에서 여러 차례 거액의 투기 활동을 벌이다 손해를 입었는데 그 근원은 모두 여기에서 나온 것이다. 금융전문가들이 1990년대 말 발생한 몇 번의 금융 스캔들을 분석한 후 얻은 결론은 외부 관리감독(증감회와 중앙은행의 관리감독)의 역할은 제한적이며, 기업에 큰 위험이 나타날지 말지는 내부 관리감독 기능이 좌우한다는 것이다. 외부 관리감독은 경영자와 기타 종사자의 부당 행위를 제때 발견하고 시정하기가 매우 어렵기 때문이다. 그러나 기업의 내부 관리감독은 문제를 제때 발견하기가 비교적 쉽다. 동시에 기업소유자는 최종 관리감독자로서 자기 재산의 손실을 막기 위해 기업지배구조를 통해 경영 일선 종사자들에 대한 엄격한 관리감독을 시행할 동력을 갖고 있다. 이는 외부 관리감독을 강화하는 동시에 효율적인 회사지배구조를 건립하는 전제 아래 기업의 내부 관리감독을 강화하고, 기업 내부 관리감독과 외부 관리감독 두 가지를 긴밀하게 결합해야만 한다는 것을 의미한다.

제4장 4.4에서 말한 것처럼 2000년 이후 회사지배구조 개선을 위해 중국 증권의 관리감독 기관은 일련의 규정과 제도를 내놓고 독립이사 제도를 도입하여 이사회가 내부 관리감독에 책임이 있음을 명확히 했다. 이 조치들은 '내부자 통제' 혹은 지나친 대주주 통제 등 회사 내부 지배구조의 효율성을 약화시키는 문제를 근절시키는 한편, 상장회사를 질적으로 도약시키고 자본시장의 기초를 다졌다.

증권 발행 시스템에 인가제를 도입함으로써 기존 행정심사제와 비교해 4가지 개선이 이루어졌다. (1) 명목상의 한도액 통제를 폐지했다. (2) 지방과 주관 정부 기관의 추천 기능을 폐지했다. (3) 명목상 발행가격은 발행인과 주식발행인수인의 시장 상황 이해와 기관투자자의 조회 가격에 근거해 협상으로 확정하게 됐다. (4) 강제적 정보공개 요구가 부각됐다. 그러나 증권 관리감독 부문은 여전히 많은 행정통제 권력을 보유하고 있으며, 발행시장에서 어떤 증권이 거래될 수 있을지 없을지 여부에 대한 가치판단을 내릴 권리를 갖고 있다. 이는 증권시장에서 권력남용과 부패행위를 쉽게 초래한다. 근래 중국 주식시장에 여전히 큰 부패 사건이 빈발한다는 것은 아무런 구속을 받지 않는 절대 권력은 절대 부패한다는 강력한 증거다. 현재 중국 증권시장의 인가제 발행 체제는 비록 심사제와 비교해서 개선됐지만 등록 신고제로 나아가야 한다.

증권시장 질서를 확립하기 위한 관리감독의 첫 번째 임무는 강제적 정보공개 제도를 엄격하게 집행하는 것이다. 2005년 제정한 「중화인민공화국 증권법」은 상장회사의 정보공개 의무를 규정했다. 1997년 수정한 「중화인민공화국 형법」도 내부 거래와 주가조작을 형사 범죄로 규정했다. 1999년부터 상장회사 관리감독도 점차 정보공개 업무에 중점을 두면서 상장회사의 정보공개를 규범화하는 일련의 제도를 계속 내놓았다.[79] 그 가운데 2007년 공포한 「상장회사 정보공개 관리 방법上市公司信息披露管理辦法」이 바로 지분 분할 개혁 후 상장회사 관리감독의 새로운 요구에 적응하기 위해 정보공개 규칙과 관리감독 절차를 한층 더 개선한 것이다. 2007년 9월 발표한 「상장회사 관리감독 조례(의견서)上市公司監督管理條例(征求意見稿)」는 상장회사 투명도 제고, 정보공개 효율성 강화를 요구하고 동시에 관리감독 부문의 상장회사 관리감독 역할과 지위를 명확히 했다. 즉 상장회사에 대한 관리감독은 정보공개를 핵심으로 상장회사가 진실하고, 정확하게, 완벽하고 적시에 투자자에게 정보를 공개하도록 하는 것이다.

증권시장에는 '과도한 투기'를 발생시키는 기제가 여전히 존재한다. 2006년부터 화폐를 지나치게 많이 발행하여 유동성이 심각하게 과잉되자 중국 주식시장에 다시 '과도한 투기'가 나타났다. 이로 인해 주식시장에 엄청난 거품이 생겨 상하이 종합지수가 2007년 10월 16일 6124.04포인트를 보이며 역사상 가장 높은 수치를 기록했다. 투기적 분위기 속에서 많은 주식이 짧은

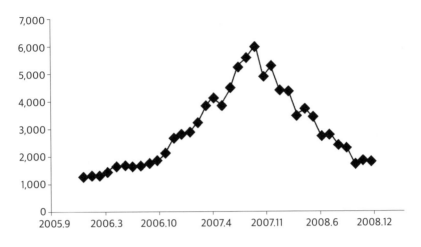

[그림6.4] 2006년 1월~2008년 12월 월별 상하이 종합주가지수

시간에 5~6배 심지어 10배까지 올랐다. 그러나 '거품'이 다시 꺼지면서 이후 1년간 주식시장은 빠르게 하락세를 보였고 2008년 10월 28일 1664포인트까지 떨어져 최대 하락폭이 70퍼센트를 넘었다(그림6.4). 이 과정에서 무수히 많은 중소투자자가 무거운 대가를 치렀다. '과도한 투기' 형성 기제를 없애려면 계속 여러 방면의 개혁을 심화해야 한다.

4.3 금융혁신과 금융관리감독

금융업 발전사는 바로 금융혁신의 역사다. 은행업을 들어 말하자면 금융혁신은 경쟁력을 높이고 지속적 발전 전략을 실현하는 중요한 기초면서 또한 효율적으로 위험을 피하고 분산하는 중요한 수단이다. 국제적으로 동종 업종 간 격렬한 경쟁에 직면한 상황에서 금융혁신은 중국 은행업이 자신의 발전을 실현하고 외부 경쟁에 대응하는 객관적 요구이며 필연적 추세다. 현재 중국은 초보적이나마 금융혁신에 유리한 체제와 관리감독 환경을 마련하여 금융혁신의 기세가 드세다. 예를 들면 자산증권화는 이미 발걸음을 내디뎠고[80] 각종 재테크 업무 역시 여러 방면에서 이루어지고 있다.[81]

그러나 선진국 수준과 비교하면 중국 금융업의 금융혁신 정도는 아직 갈 길이 멀다. 이는 낮은 수준의 혁신, 혁신 발전의 불균형, 혁신 전략 부족, 관련 법규 미비 및 위험 방어 경험의 부족 등으로 나타난다. 동시에 금융상품의 가격결정과 위험 헤징 방면에 상응하는 기술과 경험이 부족하여 금융기관의 신상품 판매, 자금 운용과 회계 정산 등이 아직 규범화되지 못하고 혁신 과정에도 여전히 비교적 큰 위험이 도사리고 있다.[82]

2007년 미국에서 발생해 지금까지 전 세계를 휩쓸고 있는 금융위기를 돌아보면 미국이 금융혁신 과정에서 위험관리를 제대로 돌보지 않았던 점이 위기를 야기한 중요 원인 가운데 하나임을 알 수 있다. 이것은 중국 금융업의 금융혁신에 본보기를 제공한다. 그러나 혁신이 매우 부족한 중국 금융업 입장에서는 절대 구더기 무서워 장 못 담그는 일이 있어서는 안 된다. 충분하게 위험관리를 강화하는 동시에 한층 더 적극적으로 금융혁신을 추진하여 중국 금융업의 수입 구조를 개선하고, 중국 금융업의 주기적인 신용위험을 제어하는 능력을 높여 전체 경제 효율을 높여야 한다.

제 7 장

재정세수체제 개혁

1949년 중화인민공화국 성립 이후 점차 소련 모델에 의거, 정부와 기업이 분리되지 않은 채 고도로 중앙집권적인 재정세수체제가 건립되었다. 이러한 체제는 1958년에 이미 행정적 분권의 방향으로 큰 걸음을 내디뎠으나 '대약진' 실패 이후 행정적 중앙집권을 강화하여 혼란을 수습하고 또 상당 정도로 통일된 재정체제로 회귀했다. 개혁이 시작된 이후 1980년 행정적 분권의 '독립채산재정'체제를 수립하는 중대한 조치를 취했고 1988년에 또한 그것을 '재정책임제'로 더욱 명확히 했다. 이러한 행정적 분권의 재정체제는 막 성장하던 시장경제와 어울리지 않았을 뿐 아니라 오히려 재정세수체제 본래의 모순을 더욱 심화시키고 예산 내 수입 특히 중앙정부의 예산 내 수입을 점차 감소시켜 정부의 수지 불균형 상황이 날로 심각해졌다. 1993년 중국공산당 제14기 3중전회는 재정세수체제의 전면적 개혁을 결정했고 아울러 새로운 재정세수체제의 궤도로 순조롭게 진입하여 시장경제 제도와 서로 연계된 재정세수체제 구조를 수립했다. 2003년 이후 사회주의 시장경제체제에 대한 개선 요구에 의거하여 재정세수체제는 중요한 영역에서 새로운 개혁의 발걸음을 내디뎠다.

1. 시장경제와 계획경제의 재정

경제학은 사회경제 활동의 주체를 개인(가정), 기업과 정부의 세 종류로 나눈다. 앞의 두 주체는 개인 영역private sector에 속하며 뒤의 한 종류가 바로 공공 영역public sector에 속한다. 이와 상응하여 재화goods는 사유재private goods와 공공재public goods의 두 종류로 나뉜다. 재무 활동은 사유재정private finance과 공공재정public finance의 두 가지 부분으로 나뉘며 재정財政이란 용어는 중국어에서 후자인 공공재정의 약칭이다. 정부가 그 기능을 집행하려면 자원 소모가 요구된다. 그래서 어떤 종류의 경제제도 아래에서든 모든 정부는 수입을 얻어 지출을 메워야 한다. 다시 말해서 재정이 있어야 하는 것이다. 그러나 다양한 경제체제하에서 정부 역할의 범위와 방식이 서로 다르기 때문에 재정 체계 역시 매우 큰 차이가 존재한다.

1.1 시장경제의 재정세수체제

시장경제 조건하에서 공공재정의 기본 기능이란 바로 정부가 사회에 공공재를 조달하고 자금을 분배하는 것이다.

칼럼7.1

공공재와 공공재정[1]

경제학은 통상 재화를 경합성rivalrousness과 배제성excludability의 보유 여부에 따라 아래의 네 가지 종류로 분류한다. 순純공공재는 두 가지 기본 특징을 갖고 있다. (1) '비非경합성'을 띤다. 다시 말해서 한 개인이 어떤 재화

	배제성excludable	비非배제성non excludable
경합성 rivalrous	사유재private goods 식품, 의류 등	준准공공재 — 공유재common goods 공중 연못公共池塘, 녹지 등
비非경합성 non rivalrous	준准공공재 — 집합재club goods 위성방송 신호 등	공공재public goods 국방, 사회 치안 등

를 향유하더라도 다른 사람의 이 재화에 대한 향유가 줄지 않는 것을 의미하는데, 바꾸어 말하면 추가된 한 사람이 그 재화를 향유하는 데 드는 비용이 제로인 상황이다. (2) '비非배제성'을 갖고 있다. 다시 말해서 어떤 개인이 이러한 공공재를 향유하는 것을 배제하려면 매우 높은 비용을 지불해야 하는 것이다.

공공재는 상술한 두 가지 측면의 특성을 갖고 있기 때문에 개인이 제공하기가 매우 어렵다. 예를 들면, 국방은 전형적인 공공재다. 국방 보장은 비용을 지불한 자에게만 제공하기는 불가능하다. 만약 그렇다면 국방 보장의 비배제성 때문에 각 개인은 본인 외에 타인만이 비용을 지불하고 자신은 이를 무료로 향유하는 '무임승차자free riders'가 되기를 희망할 것이다. 이렇게 되면 국방 경비는 심각하게 부족해진다. 따라서 공공재는 원칙적으로 정부가 제공해야 한다. 그러나 이는 정부가 공공재를 구성하는 모든 재화와 서비스를 직접 생산해야 하는 것을 의미하지는 않는다. 정부가 이러한 제품을 생산한다면 개인의 생산 효율보다 낮을 수 있기 때문이다. 정부는 재정 자금을 활용해 이러한 재화와 서비스를 모두 민간 부문에서 구매할 수 있다.

공공재 제공을 제외하고 정부는 또한 외부성externality, 정보의 심각한 비대칭 등이 존재하는 영역에서 공공서비스를 제공한다.

순공공재와 순사유재 사이에는 '준准공공재quasi-public goods'가 있다. 준

공공재는 일정 정도의 '경합성' 혹은 '배제성'을 갖고 있다. 예를 들면, 유선 TV는 배제성을 갖고 있으나 경합성을 갖지 않는 준공공재다. 제2차 세계대전이 종료된 이후 어떤 국가는 일부 준공공재들을 유료 서비스로 고쳐서 상업화된 기관이 제공하게 했다. 자원이 더 잘 이용되도록 보장하는 이러한 방법은 많은 국가에서 널리 일반화되었다.

재정public finance 혹은 공공재정의 직능은 정부가 공공서비스 조치를 제공하고 자금을 분배하기 위한 것이다. 공공경제학의 창시자 리처드 머스그레이브Richard A. Musgrave(1910~2007)는 공공재정은 3대 기능을 가지고 있다고 보았다. (1) 배치 기능, 이것이 강조하는 것은 합리적이고 효과적으로 공공자원을 배치하여 사회 구성원의 공동 이익의 최대화를 보장하는 것이다. (2) 분배 기능, 즉 한편으로는 세수 수단을 운용하고 다른 한편으로는 공공 교육, 공공 위생 서비스 등의 방식을 통하여 수입 재분배를 진행하여 사회적 모순을 완화하는 것이다. (3) 안정 기능, 이것은 세수, 공공지출 등의 수단을 운용해서 정부 수입 지출의 차액 변화를 통해서 사회 총수요를 조절하여 거시경제의 안정을 유지하는 것이다.

어떤 사회의 공공재 공급 과정은 모두 4가지 권력의 배치와 관련된다. 즉 (1) 누가 무엇을 생산하고 어느 정도의 공공재를 생산할지 결정할 것인가 (2) 누가 공공재 생산에 필요한 자원의 수량 및 그 조달 방식을 결정할 것인가 (3) 누가 공공재를 제공하는 조직을 책임질 것인가 (4) 누가 공공재의 생산 효율과 수량, 품질에 대한 감독 실시를 책임질 것인가다. 이러한 4가지 권력의 배치 과정은 또한 세수를 통한 자금 조달과 예산제도를 통한 자원배치라는 공공재정 구조 건립의 기본 과정이다.

세수는 국가의 탄생과 함께 발전해온 것으로 국가는 권력에 기대어 모든 주민에게서 강제적으로 이를 거둔다. 세수의 특징과 징수 원칙은 역사적으로 재정학의 중심 토론 주제였다. 현재 일반적으로 애덤 스미스가 『국부론』에서 제시한 세수의 4원칙 즉 평등의 원칙, 확정의 원칙, 편의의 원칙과 경제의 원칙이 세수 원칙에 대한 가장 체계적이고 완벽한 설명이라고 본다. 이른바 평등 원칙의 핵심은 모든 시민은 평등하게 세금을 내야 한다는 것이다. 확정의 원칙이란 시민이 내야 할 세수는 반드시 명확히 규정되어 있어야지 임의로 변경할 수 없다는 것이다. 편의의 원칙이란 곧 납세 시기와 납세 방법 등의 측면에서 납세자에게 최대한 편의를 제공해야 된다는 것을 가리킨다. 경제의 원칙은 세금 징수의 거래비용을 최대한 낮은 수준으로 낮춰야 한다는 것이다.

공공재정의 구조에서 세수는 사회 대중이 공공재를 구매하는 가격으로 볼 수 있으며 다만 공공재 소비의 비경합성과 비배제성으로 인해서 전체 공공재의 총가격에 따라 구매할 수 있는 것이다. 시장경제에 맞는 공공재정을 위해서는 정부가 공공재를 조직 제공하는 기능을 가져야 하나 공공재에 필요한 자금 규모, 제공하는 공공재의 양과 질 그리고 제공하는 공공재의 효율 등 사회 자원의 배치와 관련된 여타 세 항목의 권력은 바로 공공재의 소비자—사회 대중이 가져야 한다. 구체적으로 말해서 사회 대중이 이러한 권력을 행사하는 도구가 바로 현대 정부의 예산제도다.

현대 정부의 예산제도의 연원은 1215년 영국 국왕과 귀족 간에 체결한 「대헌장Magna Carta」으로 거슬러 올라갈 수 있다.[2] 이후 수백 년의 변화를 거쳐 서구 국가의 의회는 점차 세수, 재정지출, 공채 발행과 기타 재정 수지를 비준할 권력을 장악했으며 연도 재정수지 계획을 심사 비준할 권력도 장악하여 정부의 예결산 제도를 구축했다. '예산제도는 민중의 국가 재정 활동

에 대한 동의와 감독에 관한 제도로서 입헌정치의 역사는 현대 예산제도 성립의 역사라고 말할 수 있다.'3

현대 공공경제학이 관심을 갖는 또 다른 중요한 문제는 다급多級 정부하의 재정 문제로 구체적으로 지방정부subcentral authorities의 재정 규모는 얼마나 되어야 하는지, 어느 정도의 독립적인 세금 징수권을 가져야 하는지, 어느 정도로 정부의 이전지출 혹은 보조금에 의존해야 하는지, 어떤 세금 종류를 징수하는 것이 적합한지 그리고 중앙정부의 지방정부 보조금은 어떻게 분배하는지 등의 문제가 포함된다.

다급 정부체제하에서 공공재는 전국적인 공공재national public goods와 지방 공공재local public goods로 나뉜다. 다양한 사회집단의 소비 수요가 서로 다른 상황하에서 만약 전국적 규모로 모든 사람들이 동일한 수준의 지방 공공재와 서비스를 소비하도록 강제한다면 공공자원 배치의 비효율을 야기할 것이다. 소규모 지방정부의 공공재 제공은 장단점을 가지고 있다. 그 주요 장점은 지방정부의 혁신을 촉진하여 그 지역 수요를 더 잘 만족시킬 수 있다는 것이다. 그 주요 폐단은 외부효과를 쉽게 무시하거나 혹은 규모가 작아 규모의 경제를 갖지 못한다는 것이다. 이상의 문제 때문에 중앙정부가 국가 공공재를 제공하고 지방정부가 지방 공공재를 제공한다고 간단히 말할 수는 없고 최적 규모 분석에 근거하여 결정하게 된다―규모 증가의 수익이 규모 증가의 손실을 상쇄시킬 때 공공 예산 기능의 규모 역시 최적에 이르게 된다. 그 외에 외부성 문제를 해결하기 위하여 제공하는 서비스의 경우에도 동일한 원리를 따라야 한다.

다급 정부 사이의 기능 분배와 관련된 또 다른 문제는 리처드 머스그레이브가 말한 '가치재merit good'4―예를 들면 교육―의 제공 원칙이다. 가치재가 완전히 지방정부 책임으로 제공된다면 부유한 인구의 전출과 빈곤인구의 전입을 이끌 가능성이 있다. 또한 지방정부는 화폐정책과 같은 수단을 사용할 수 없고 단지 일정 정도 형식의 재정정책만을 제한적으로 사용할 수 있기 때문에 그들이 거시경제 안정을 유지하는 작용은 매우 작다. 지방정부의 간여가 비교적 풍부한 효과를 얻을 수 있는 영역은 지역區域정책으로 이는 그들이 중앙정부에 비해 해당 지역의 수요을 더욱 잘 이해하고 있어 광범위한 조치를 취해 해당 지역의 경제 발전에서 중요한 작용을 발휘할 수 있기 때문이다.

지방정부는 주로 네 가지 수입원을 갖고 있는데, 즉 대출(채권발행), 요금,5 세수와 보조금이다. 지방정부의 대출(채권발행) 융자의 주요 문제는 그 용도를 통제하느냐 여부에 있다. 현대 재정학은 일반적으로 응당 지방정부의 대출 용도를 자본 항목의 지출로 제한해야 한다고 보는데 이는 대출이 경상항목의 지출에 사용된다면 지방정부가 과도한 지출 경향을 보일 것이라고 여기기 때문이다. 많은 국가에서 경상항목의 지출은 그 지역의 세수와 중앙정부의 이전지출에 의해서만 가능하다.

세금稅과 요금費 역시 지방정부의 중요한 수입원이다. 지방정부에게 가장 적합한 세금 종류는 재산세로, 이는 지방정부가 납세자의 상황에 대해 더 잘 알고 있을 뿐 아니라 재산세의 징수 비용도 상대적으로 낮기 때문이다. 지방정부에게 부적합한 세금 종류로는 영업세 및 세 부담을 지역 주민이 알기 어려운 세금 종류가 포함되는데 이는 납세자가 이러한 세수 부담을 추정하기 어렵기 때문이다. 기업소득세를 지방정부가 징수하는 것이 적합한가 여부에 관해서도 서로 다른 의견이 존재한다. 찬성자들은 기업이 지방정부가 제공하는 공공재로부터 이득을 얻기 때문에 지방정부가 징수하는 것이 합리적이라고 본다. 반대자들은 지역적 성격의 기업소득세는 최소한 일부분은 지역주민이 아닌 고객과 생산자들에게 전가된 것이라고 본다.

지방정부가 중앙정부로부터 이전지출을 얻어야 하는 이유는 주로 세 가지다. 첫째, 보조금은 외부성을 바로잡을 수 있다. 둘째, 지방정부에 적합한 세금 종류는 상대적으로 적어서 통상적으로 지출을 메우기에는 부족하다. 셋째, 중앙정부는 보조금을 이용하여 지역 간 균형을 실현할 필요가 있는데 즉 균형성 보조금equalization grants을 제공해야 한다.

1.2 개혁 이전 중국의 재정세수체제

계획경제의 특징은 사회 전체를 하나의 대기업('사회대공장' 혹은 '국가 신디케이트')으로 조직한 것으로 이로써 공공 부문public sector과 민간 부문private sector의 구별 또한 없어진다. 정부는 국가라는 대형 회사의 총 관리처로서 공공재뿐 아니라 민간재의 제공도 책임진다. 따라서 계획경제의 재정세수체제가 가진 가장 큰 특징은 바로 공공재정과 기업 재무 사이의 경계가 사라지고 후자가 전자에게 병합된 것이다.

이와 동시에 계획경제에서 전체 재화의 공급은 그 권력이 모두 정부 수중에 집중되어 단지 정부 내 다양한 부문 간에 배치될 뿐이다. 사회 대중은 공공재의 소비자이자 납세자이며 공공재 생산의 결정권이 없을 뿐만 아니라 공공재 생산에 대한 감독권도 갖고 있지 않다. 이러한 모델하에서 대중은 공공재에 대한 자신의 선호를 효과적으로 드러낼 수 없으며 정부의 공공재 제공 행위에 대한 효과적인 감독과 통제를 구축할 수도 없어서 공공재의 효과적인 공급을 실현하기가 매우 어렵다.

중화인민공화국 성립 이후에 중국은 점차 중앙집권적 계획경제에 적합한 재정세수 체계를 건립했다. 1956~1979년의 대부분 시간 동안, 중국의 재정세수체제는 이하의 기본적인 특징을 갖고 있었다.

1. 정부의 공공재정과 기업의 재무가 하나로 합쳐져
통일적인 국가 재정 체계가 조성됐다

계획경제가 국유제 기반 위에서 사회 전체적 범위의 대기업을 수립한 만큼, 계획경제의 재정세수 시스템은 1980년대 중반 출판된 한 경제 관리 사전에서 설명된 것처럼 '생산수단 공유제 기반 위에서 건립되었고 전국의 경제를 국가가 통일적으로 영도함으로써 재정은 생산 영역 외의 분배 관계뿐 아니라 생산 영역 내의 분배 관계도 포괄하여 국가예산, 은행 신용대출과 기업 재무를 포함하는 사회주의 재정 시스템이 구축되었다'.[6]

2. 정부는 자신의 가격 결정권과 국유기업 독점권을 운용하여
세수 이외의 방식으로 대부분의 예산 수입을 조직했다

계획경제 조건하에서 정부는 자신의 수중에 있는 가격 결정권으로 농산품 원료와 식량 등 기본 제품에 매우 낮은 가격을 매겨 즉 '공업과 농업 제품의 협상가격차工農業産品價格剪刀差'를 통해 비국유 부문 주로 농촌의 집체 부문이 창조한 잉여를 국유 상공업 기업에 이전하고 이후 국유 상공업 기업의 이윤과 세금 상납을 통하여 거의 국민경제의 잉여 전체를 예산에 집어넣을 수 있었다. 공업화 과정 중이던 다른 국가들과 비교하면, 중국의 공업 부문은 1956년에 계획경제 체제의 전면 수립 이후 줄곧 매우 높은 수익률을 유지했다. 1957년부터 1980년까지 공업 부문에서 예산으로 상납한 이윤과 세수는 시종 재정수입의 50~66퍼센트를 점했다. 다만 1978년 말 개혁이 시작된 이후에는 상황이 점차 변화했다.

3. 다양한 부문과 다양한 기업 사이의 이윤과 세금 등
재정 부담 차이가 매우 컸다

국가 전체가 하나의 대기업인 상황에서 '기업'이라 불리는 경제단위는 '국가 신디케이트'의 한 작업장 혹은 부서에 불과할 뿐 세수든 이윤이든 처음부터 모두 국가에 속한다. '기업'이 세무 부처에 '세금'을 납부해야 하는 까닭은 세수가 계획경제하 기업의 경제 채산에서 이른바 '세금은 이윤을 짜내고 이윤은 원가를 짜내는' 작용을 해서다. 따라서 세율을 설계할 때에 통상 '합리적인 이윤 유보'의 원칙을 택하여 세율이라는 조정 수단을 운용해서 기업에 사회 평균 이윤율과 동일 수준의 계획 이윤을 남겼다.[7] 그 외에 정부는 또한 세수 정책을 광범위하게 운용하여 자신의 산업 발전 의도를 관철시켰으며 다양한 부문과 제품에 대하여 그 격차가 매우 큰 세율을 규정했다. 따라서 계획경제는 '납세의 평등' 원칙을 실행하지 않았으며 격차가 크고 매우 복잡한 세율 구조를 만들었다. 예를 들면 1980년 경공업이 납부해야 할 공상세[8]의 평균 세율은 18.9퍼센트(그 가운데 담배는 31.7퍼센트)였으며 중공업이 납부해야 할 공상세의 평균 세율은 4.6퍼센트로 '빨리 달리는 소를 더욱 채찍질 하는' 래칫棘輪(관성)효과를 야기하여 부문 간에 그리고 기업 간에 '고통과 혜택의 격차가 심한' 상황이 나타났다.

4. 고도의 중앙집권적 특징을 가졌다

1950년 2월, 전국재정회의는 '전국 재정경제 업무의 통일'을 결정하고 '통수통지統收統支(국가가 모든 수입과 지출을 총괄하는 체제)'를 엄격히 실행하는 재정체제를 수립했다. 공량公糧(농업세) 총액의 5~15퍼센트로 징수하는 공량부가세와 몇 가지 작은 세목들을 제외하고 전체 공량과 세수는 모두 중앙정부에 귀속되어 배정 사용됐다. 정부지출 역시 중앙이 규정한 인원 편제 정원과 공급 기준에 의거하여 이루어졌다. 1953년 '제1차 5개년' 계획의 집행이 시작된 이후에 중앙, 성省, 현縣의 3급 예산제도를 수립하여 예산관리의 집중도를 다소 낮추었다. 1954년 예산수입의 분류 및 분배 방법을 더 확대 실행하여 국가 예산 수입을 고정수입, 고정비율분배수입과 조정수입의 세 종류로 나누었다. 중앙에 속하는 고정수입으로는 관세, 염세, 담배와 술의 전매수입 및 중앙의 관리 기업 및 사업의 수입과 기타 수입이 있었고, 지방에 속하는 고정수입으로는 인지세 등 7종의 지방세와 지방 국영기업과 사업의 수입 및 기타 수입이 있었다. 고정비율분배수입에 속하는 것은 농(축산)업세, 상공업영업세, 상공업소득세다. 중앙에 속하는 조정수입에는 상품유통세와 화물세가 있었는데 이 항목의 수입은 중앙이 지방의 부족분을 메우는 데 사용되었으므로 매년 조정의 구체적인 비율은 재정부가 따로따로 심사하여 결정했다. 예산의 지출 측면은 기본적으로 소속 관계에 따라 구분했다. 중앙에 속하는 기업, 사업 그리고 행정단위의 지출은 중앙 예산에 편성했고 지방에 속하는 기업, 사업 그리고 행정단위의 지출은 지방 예산에 편성했다. 제1차 5개년 계획 시기의 전국 재정 총지출 가운데 중앙 재정지출(중앙이 직접 조직한 수입과 지방의 상납 수입을 사용해 보전한 지출이 포함됨)이 74.1퍼센트를 차지했고 지방 재정지출은 25.9퍼센트에 머물렀다. 국가의 중점 건설 항목과 주요 지출은 모두 중앙이 통일적으로 지급했다. '3급 관리三級管理' 예산체제의 기본 경향은 여전히 중앙집중적이었다.

그후 1958년 '체제 하방' 시기에 중앙과 지방 사이에 '비율 배분, 3년 불변',9 전면적인 투자청부제, 기업 이윤의 전액 유보, 유동자금의 전액 신용대출 등 행정성 분권체제를 시행했던 것을 제외하면, 1978년 말 개혁을 시작하기 전까지는 고도의 중앙집권적 재정체제를 계속 유지해왔다.

2. 1980~1993년: 재정청부제 중심의 재정세제 개혁

1979년 개혁이 시작된 이후 중국 정부는 공공 부문에 대해 '방권양리放權讓利'방침을 취하여 지방정부와 기업에 대해 일정한 경제적 인센티브를 제공하여 그들의 적극성을 '유발'했다. 이렇게 해서 중앙정부와 지방정부를 막론하고 정부와 국유기업 사이의 관계에도 모두 변화가 발생했다.

2.1 중앙과 지방 간 재정 관계의 변화

1976년 '문화대혁명' 종료 후에 그동안 방치된 많은 일들을 처리해야 했는데 생산과 생활에서 다년간 쌓인 '채무'를 해결하려다 보니 공공재정에서 지출은 증가하고 수입은 줄어드는 여러 요인이 나타났다. 1970년대 말의 '양약진洋躍進' 외에 기본 건설 투자가 끊이지 않고 추가되었고 동시에 시작된 국유기업의 '기업자주권 확대' 개혁으로 기업의 재정권이 확대되어 임금과 보너스 지급을 증가시켰다. 이러한 요인들은 모두 재정 불균형의 어려움을 가중시켰다. 1979년에 거액의 예산 적자가 나타났는데 적자가 GDP에서 차지하는 비중이 3.4퍼센트에 달해 사상 유례가 없었으며 적자를 중앙이 책임을 져서 중앙정부의 재정 압력이 가중되었다. 적극적으로 지방정부의 수입은 증가시키고 지출은 줄이도록 고무하고 중앙정부의 재정수입이 더 이상 하락하지 않도록 보장하기 위해 중국공산당 중앙위원회는 1980년부터 지방정부에 대한 재정권 하방下放을 결정하여 장장 13년에 달하는 지방 재정청부財政包幹 제도의 실행이 시작되었다.

1. 1980년의 '독립채산재정' 개혁

지방정부로 재정권을 하방下放하여 지방정부가 예산 수지를 책임지도록 한 것은 1958년 체제 하방 때에 이미 시행한 적 있는 방법이었다. 비록 하방된 재정권이 뒤이은 '경제 조정' 중에 회수되었지만 많은 사람들이 이러한 사고를 포기하지 않았기 때문에 1970년 체제 하방 중에 '전면적인 재정책임제' 실시라는 구상이 다시 제시됐다. 1976년 '문화대혁명'이 끝난 후, 국무원은 장쑤성에서 '수입 지출의 분할, 등급별 청부' 방법을 시행해보기로 결정했다.

1979년 심각한 재정 상황하에서 국무원은 베이징, 톈진, 상하이의 3개 직할시는 통수통지統收統支에 가까운 '총액 분할, 1년 불변' 방법을 계속 실행하고 이를 제외한 여타 성省과 자치구自治區는 1980년부터 '수입 지출의 분할, 등급별 청부(속칭 독립채산재정체제分竈吃飯(각자의 부엌에서 밥 먹는 체제) 방법)'를 전면 추진할 것을 결정했다.

이른바 '수입 지출의 분할'이란 중앙과 지방의 수입 지출 범위를 명확히 나누는 것을 가리킨다. 수입 측면에서는 중앙기업의 수입, 관세수입은 중앙 재정에 귀속시켜 중앙 재정의 고정수입으로 삼았으며 지방기업의 수입, 염세, 농축산업세, 상공업소득세, 지방세와 지방 기타 수입은 지방 재정에 귀속시켜 지방 재정의 고정수입으로 삼았다. 가장 중요한 세수인 공상세工商稅(상공업 종합소득세)는 곧 중앙과 지방의 조정수입으로 삼았다. 지출 측면에서 국방비, 중앙 소속 기업의 유동자금 등은 중앙 재정 지출로 귀속되었고 지방이 통합 관리하는 기본 건설 투자, 지방 소속 기업의 유동자금 등은 지방 재정 지출로 귀속되었다. 일부 특수한 지출, 예컨대 초대형 자연재해 구제 비용, 경제 낙후 지역의 발전 자금 지원 등은 곧 중앙에 의해 특별 교부됐다.

이른바 '등급별 청부'란 중앙과 지방 각자의 수입 지출 범위에 따라 1979년의 수입 추산치를 기준으로 계산하여 수입이 지출보다 큰 지방은 지방 수입

중에서 잉여분이 차지하는 비율에 따라 향후 수입의 상납 비율을 확정한 것이다. 또 지출이 수입보다 큰 지방의 경우 그 부족분을 중앙이 공상세에서 일정 비율로 확정하여 조정했다. 개별 지방은 공상세를 전부 보유했는데 수입이 지출보다 여전히 작은 경우 중앙이 정액의 보조금을 제공했다. 비율과 보조금 액수가 확정된 이후에는 5년간 바꾸지 않았다. 청부하는 5년 동안에 지방의 수입이 많으면 지출도 많이 할 수 있었고 수입이 적으면 지출도 적게 해야 해서 자율적 예산 편성하에 자율적으로 수입 지출의 균형이 추구되었다.

'독립채산재정체제'를 실행한 25개 성과 자치구가 채택한 방법은 4가지 종류였다. 첫째, 장쑤성에 대해서는 고정 비율 청부 방법을 계속 실행했다. 장쑤성은 1977년부터 고정 비율 청부의 재정 관리 체제를 시범 실시했다. 구체적인 방식은 역대로 장쑤성의 재정지출이 재정수입에서 차지했던 비율에 근거하여 상납하는 고정 비율을 확정하여 중앙 재정과 지방 재정 간에 분담 비율을 배정하는 것이었다. 실제 이러한 비율은 항상 매년 중앙과 지방 간 담판을 통해 일부 조정할 수 있었다. 중앙 상납 액수와 지방 유보 액수의 비율은 1977년에 58 대 42였고 1978년에서 1980년까지는 57 대 43이었으며 1981년에는 61 대 39였다.

둘째, 대외개방 실험을 선도했던 광둥, 푸젠의 두 성에서는 '수입과 지출을 분할하여, 정액을 상납 혹은 정액을 보조하는' 방법을 실행했다. 즉 이 두 성의 1979년 재정수지 결산 수치를 기수基數로 하여 상납 혹은 보조 액수를 확정하고 반드시 5년 동안 변동이 없도록 하는 방식이다. 광둥성은 매년 고정적으로 10억 위안을 상납했고 푸젠성은 매년 고정적으로 10억 위안을 지원받았다. 집행 과정에서 수입 증가액 혹은 지출 후 잔액은 전부 지방에 귀속되어 사용되었다.

셋째, 허베이, 랴오닝, 헤이룽장, 지린, 쓰촨, 산시, 간쑤, 허난, 후베이, 후난, 안후이, 장시, 산둥, 산시山西, 저장 등 15개 성에서는 '고정수입 비율 분배' 혹은 '조정수입 비율 분배'의 방법을 실시했다.

넷째, 네이멍구, 신장, 시짱, 닝샤, 광시의 5개 자치구와 소수민족이 비교적 많은 윈난, 칭하이, 구이저우의 3개 성은 계속 민족자치의 지방 재정 체제를 실행하여 본래의 민족자치구에 대한 특별한 배려를 유지하되 다음과 같은 두 가지 개선을 이루었다. 우선 이 지역에 대해서도 청부 방식을 취했으며 상술한 3가지 방법을 참조하여 수지의 범위를 나누고 중앙의 보조 액수를 확정했고 아울러 기한도 1년 불변에서 5년 불변으로 바뀌었다. 다음으로 지방 수입의 증가분은 전부 지방에 남기고 민족자치구 지역에 대한 중앙의 보조 액수는 매년 10퍼센트씩 늘렸다.

'독립채산재정' 방법의 실시로 각급 지방정부가 자기 지역경제를 발전시키려는 적극성이 생겼으나 또 다른 측면에선 중앙정부의 재정 부담 증가, 지방보호주의 조장 등의 문제가 나타났다. 1984년 중국공산당 제12기 3중전회에서 개혁의 시장화 목표를 밝히고 아울러 '이개세利改稅' 개혁을 실시함에 따라 국무원은 1985년에 '수입 지출의 분할, 등급별 청부' 체제를 조정하여 세수 종류에 따라 중앙과 지방의 재정수입을 나누고 각급 정부의 재정지출 범위를 새롭게 책정하는 것으로 고쳤다. 아울러 1986년에 '가격, 세제, 재정, 금융, 무역價稅財金貿'의 종합 개혁 방안들을 제정하여 '분세제分稅制'로 '독립채산재정체제'를 대체하고자 했다. 그러나 이러한 관련 개혁안들이 무산되어 '독립채산재정체제'는 취소되지 않았을 뿐만 아니라 오히려 1988년부터 공식적 제도인 '전면적 재정책임제財政大包幹'로 공고화되었다(제2장 3.1 참고).

2. 1988년의 '전면적 재정책임제'

'전면적 재정책임제財政大包幹'는 1980년 '독립채산재정체제'의 지속이자 발전이다. 그 특징은 전국의 37개 성, 직할시, 자치구와 부성副省급 '계획단열시計劃單列市' 전부를 '청부' 시스템 속에 놓고 아래의 6가지 종류의 청부 방법을 각각 나누어 실행하는 것이다.

첫 번째 종류는 '수입체증청부'다. 베이징, 허베이, 랴오닝, 저장, 허난, 충칭重慶 등지에서 이러한 방식이 채택되었다. 구체적인 방법은 다음과 같다.

1987년의 결산 수입과 지방이 지출해야 할 재정력을 기준치로 삼고 각 지역의 최근 몇 년간의 수입 증가 상황을 참조하여 지방수입의 누진증가율(전년 대비)과 유보 및 상납 비율을 확정하는 것이다. 누진증가율 이내의 수입은 확정된 유보 및 납부 비율에 의거하여 중앙과 지방 사이에서 나누고 누진증가율을 초과한 수입은 전부 지방에 남긴다. 지방 수입이 누진증가율에 미치지 못하면 지방이 스스로의 재정력으로 보충하여 납부한다.

두 번째 종류는 '총액배분'이다. 산시山西, 안후이, 텐진은 이러한 방식을 취했다. 구체적인 방법은 앞선 2년간의 재정수지 상황에 근거하여 수입 지출의 기준치를 책정하고 총수입에서 지방의 지출이 차지하는 비중에 따라 지방의 유보 비율과 중앙으로의 납부 비율을 확정하는 것이다.

세 번째 종류는 '총액배분에 성장배분 더하기' 방식이다. 구체적인 방법은 상술한 '총액배분'의 기반 위에서 전년에 비해 증가된 소득 증대 부분에 별도의 분배 비율을 더하는 것이다. 즉 매년마다 전년의 실제 수입을 기준치로 하여 기준치 부분은 총액배분 비율에 의거하여 분배하고 증가분은 총액배분 비율에 의거해 분배하는 것 외에도 별도로 '증가분 배당' 비율을 설정하는 것이다. 이 방법을 실행하는 곳은 3곳의 지역으로 그곳들의 총액배분 비율과 성장배분 비율은 다음과 같다. 다롄은 27.74퍼센트와 27.26퍼센트였고 칭다오青島는 16퍼센트와 34퍼센트, 우한武漢은 17퍼센트와 25퍼센트였다.

네 번째 종류는 '납부액 체증청부'다. 광둥, 후난은 이러한 방식을 채택했다. 구체적인 방법은 1987년 중앙에 상납한 수입을 기준치로 하여 매년 일정한 비율에 의거하여 납부액을 증가시키는 것이다.

다섯 번째 종류는 '정액 상납'이다. 산둥, 헤이룽장과 상하이가 이러한 방식을 채택했다. 구체적인 방법은 원래 책정된 수입 지출 기준치에 따라 고정적인 납부 액수를 확정하는 것이다. 이러한 방법을 실행하는 곳은 3개 지역으로 납부액은 각각 상하이 105억 위안, 산둥성(칭다오는 포함하지 않음) 2억 8900만 위안, 헤이룽장성(하얼빈은 포함하지 않음) 2억9900만 위안이다.

여섯 번째 종류는 '정액 보조'다. 지린, 장시, 푸젠, 산시陝西, 하이난, 네이멍구, 광시, 구이저우, 윈난, 시짱, 칭하이, 닝샤, 신장, 후베이 등지에서 이러한 종류의 방법을 실행했다. 구체적인 방법은 원래 책정된 수입 지출의 기준치에 근거해 계산하여 고정액 액수가 수입보다 지출이 큰 경우에 보조금을 주는 방식이다.

2.2 정부와 기업 간 재무 관계의 변화

1979~1993년 사이에, 중앙정부와 지방정부 사이의 재정청부제의 실시에 따라 정부와 국유기업 사이의 재무 관계 또한 조정되었다. 과거 세금과 이윤의 전액을 재정에 납부하고 국가재정으로 투자액 전액을 분배하던 방식에서 다양한 형식의 '유보'와 '청부' 방식으로 고친 것이다.

1970년대 말부터 국유기업에 대해 기업기금 방식, 각종 형태의 이윤 유보 방식, 손익책임청부 방식을 차례로 시험 실시했다. 수도강철회사 등 '손익책임청부'를 실행한 3곳의 '기업청부제' 시험 단위를 제외하고, '기업자주권 확대'

개혁을 실행한 대다수 국유 공업기업과 교통기업은 이윤 유보를 실행했다. 1980년대 초, 6600곳의 국유기업이 이윤 유보를 실행하여 1978~1982년의 5년 동안 국유 공업기업과 교통기업에 유보된 자금은 약 420억 위안이었다.[10]

1983~1984년간 두 단계로 나누어 '이개세利改稅' 개혁이 전면 추진되었고 국유기업의 이윤 대부분은 기업소득세 형식으로 국가재정에 상납됐다. 1983년 4월, 국무원은 재정부가 제정한 「국영기업 이개세 시범 실시에 관한 방법關於國營企業利改稅試行辦法」 즉 첫 수순의 이개세 방법을 정식으로 하달했는데 그 주요 내용은 세수의 비중을 확대하고 이윤의 비중을 축소하여 세금과 이윤의 병존을 실행하는 것이었다. 1984년 9월, 국무원은 그해 10월 1일부터 전국에서 이개세의 2단계 개혁을 추진하기로 결정했다. 제2단계 이개세의 기본 내용은 국영기업이 납부해야 할 국가 재정수입으로 11개 세목을 설정하고 세금과 이윤의 병존 방식에서 점차 세금으로 이윤을 대체한 뒤 세후 이윤은 기업에 유보하는 방식으로 바꾸는 것이었다.

1987년 국유기업에서는 '기본 계약액을 설정해 당국에 납부하고 초과액은 국유기업에 보유하며 부족액은 국유기업이 보충한다包死基數, 確保上交, 超收多留, 欠收自補'는 원칙이 보편적으로 확대됐다. 그후 비록 중앙정부가 여러 번 공문을 보내 금지했지만 각 지방에서는 통상적으로 기업이 납부해야 할 전체 세금, 즉 유통세, 기업소득세 그리고 이윤을 포함해 전체 세금 액수를 고정시켰다. 기업에서 손해가 발생할 때에는 왕왕 국가의 세수를 점용했다. 이러한 상황하에서 '수익이 초과 발생하면 최대한 남긴다超收多留'는 것은 실현이 어렵지 않았으나 '수익의 부족분은 스스로 보충한다欠收自補'는 것은 반대로 거짓 약속이 되어서 '이익은 책임지나 손해는 책임지지 않는包盈不包虧' 것이 통례가 되었다. 통계에 따르면 1987~1991년 사이에 기업의 손실로 책임져야 할 총액이 많게는 51억 위안에 달했으며 그 가운데 37퍼센트 즉 19억 위안만을 기업이 '스스로 보충하여', 나머지 32억 위안은 모두 재정 예산의 부채로 남았다.[11]

2.3 재정청부제의 제도적 결함

'독립채산재정체제'와 '전면적 재정책임제'의 실행은 본디 중앙 예산 수입의 안정적 확보라는 전제하에서 각급 정부의 재정 권리와 책임을 명확히 규정하여 중앙과 지방의 '두 가지 적극성'을 발휘하기 위한 것이었다. 이러한 체제 실행 이후 지방정부의 적극성은 일정 정도 발휘되었고 지방정부 지역 기업의 발전 보호와 지원을 촉진하는 작용도 했다(제2장 1.4의 행정성 분권에 대한 경제학적 분석을 참고). 그러나 이 체제는 중앙 재정의 수입 증가라는 목표를 실현할 수 없었을 뿐 아니라 중장기적 관점에서는 일련의 부정적 악영향도 가져왔다.

1. 재정수입 특히 중앙 재정 수입의 하락이 너무 커서 국가 재정으로 정부의 사회적 직무 수행을 보장하기에 부족해졌다

지방정부가 재정세수 정책에 대해 매우 큰 결정권을 가지게 된 상황하에서 각 지역은 상부로의 납부액은 축소하고 유보액은 늘리려고 최대한 노력하여 월권으로 감면해주거나 감독 관리가 느슨해지는 경향이 커졌다. 이러한 상황에서 한편으로 재정수입 수준은 국민경제의 활동에 상대적으로 총량이 매년 저하되었다. 다른 한편으로 재정은 여전히 본연의 임무 대부분을 맡아야 했다. 그래서 적자가 크게 늘었으며 심지어 기본적인 공공서비스를 지탱할 수 없을 지경에 이르렀다.

재정청부 체제가 재정수입에 대한 지방정부의 지배 권력을 확대한 반면

이에 상응하는 제약 시스템은 존재하지 않았기 때문에 재정 부담은 주로 중앙의 예산을 압박하게 되었다. 따라서 중앙 예산 수입은 1980년 '독립채산 재정체제'의 실행 초기에만 일정 시간 안정되었을 뿐 1986년부터는 지속적으로 하락하기 시작했다.

재정청부 체제하에서는 정부 재정력의 중앙 집중이 불가능했고 중앙 재정수지와 지방 재정수지의 합리적 배분도 담보할 수 없었기 때문에, 중앙 재정은 경제 발전에 따라 '물이 차면 배도 높아지듯' 나아질 수는 없었다. 특히 인플레이션 상황에서 중앙의 예산 수입은 왕왕 증가되지 않고 반대로 하락했다. 예를 들면, 1988년 전면적 재정책임제를 실행한 지방이 중앙에 납부한 중앙의 예산수입액은 6.5퍼센트 증가했으나 그해 물가는 오히려 18.5퍼센트나 올랐다. 이는 곧 실제 납부한 액수는 마이너스 성장했음을 의미한다. 지방의 수입 증가량을 지방 재정에는 과다하게 남기고 중앙 재정소득액으로는 지나치게 적게 납부하여 신규 증가 수입에서 중앙 재정이 차지하는 비중은 점차 하락했다(그림7.1). 1988년 지방 조직 수입의 신규 증가분에서 중앙 정부가 3.3퍼센트, 지방정부가 96.7퍼센트를 차지했다. 1989년 지방의 새로 증가된 재정수입에서는 중앙이 4.8퍼센트, 지방재정은 95.2퍼센트를 가져갔다.[12] 1999년 중앙 재정은 눈 위에 서리가 쌓이듯 점덤 더 짓누르는 무게를 돌이킬 수 없었다. 1990년대 초기까지 중앙정부의 지출은 거의 절반을 차입금으로 유지해야 했다.

이러한 예산 상황에 봉착하여 중앙정부가 취한 방법은 다음과 같았다: (1) 거의 매년마다 상납 기준 수량 이외에 '공헌'을 더 할 것을 지방 예산에 요구했다. 즉 지방정부에서 '돈을 빌리는 것'이다. (2) 신규 수입 항목을 징수하기 시작했다. 예컨대 1980년대 중반 '에너지교통기금'을 징수하기 시작했고 1989년 '예산조절기금'을 출범시켜 '예산 외' 수지의 규모를 끊임없이 확

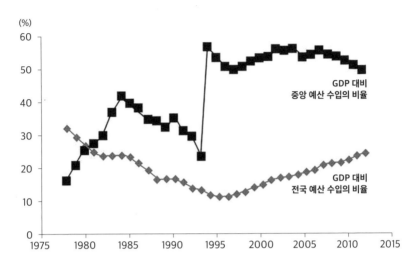

(%)

[그림7.1] 전국 재정수입과 중앙 재정수입 상황(1984~1992)

대했다. (3) 일부 '직권事權(즉 지출 책임)'을 지방정부에 하방했다. (4) 일부 행정기관의 지출과 기초 교육 비용을 포함한 반드시 재정지출이 필요한 일부 항목은 유관 사업 단위에게 '독자 조달' '독자적 수익 창출'에 입각하여 해결하도록 넘겨주어 각 정부 부처와 국유 사업 단위들은 수입과 지출을 독자적으로 운영하는 '비자금' 체제를 차례로 건립했다. 이러한 방식은 의무교육, 기본 의료 등 공공서비스 기관의 '불법요금 수취'라는 비정상적 현상을 극단적으로 조장하여 권력의 지대 추구와 부패가 극심해졌고 사회적 불만을 야기했다.

2. 배분율의 불공평으로 지역 간 빈부격차를 만들고 '상벌 불명'을 야기했다

각 지역의 재정 수입 배분율은 역사적 '기준치'에 근거하여 중앙정부와 지방정부가 '일대일'로 담판하여 결정하므로 공평하고 합리적으로 이뤄지기가 매우 어려웠다. 이렇게 되어 지역 간 공공서비스의 균등화 원칙이 위반되었고 지방정부의 '부익부 빈익부' 상황이 되었다. 어떤 지역들은 원래 경제발전 수준이 낮고 상납 기준 액수 또한 낮았으나 개혁개방 실험 지역으로 확정된 후에 발전이 매우 빨랐고 수입의 성장 또한 매우 빨라 이러한 제도적 안배에서 매우 많은 이익을 얻었다. 그러나 일부 옛 공업기지는 원래 기준 액수도 높고 개혁개방 이래 발전도 느렸는데 매우 큰 상납 임무를 지고 있어 재정상 상대적으로 어려움을 겪었다. 이처럼, 재정수입의 배분율 결정에서 주관적이고 임의적인 재정청부제가 적지 않아 일종의 '지대 추구' 체제가 만들어져 사람들이 지출의 절약이나 정부의 공공서비스를 개혁하여 이익을 얻으려 하기보다는 청부 조건의 결정에서 지대를 추구하여 이익을 얻으려 했다.[13]

3. 지방보호주의 강화로 시장 할거가 심화됐다

어떤 관점에 의하면, 행정적 분권이 개혁의 목표는 아니었을지라도 이는 필경 분권의 방향으로 한 걸음 내디딘 것이었을 뿐 아니라 분권 과정에서 각급 관원들이 이익을 얻게 만들어 개혁에 대한 저항을 크게 감소시켰다. 확실히 행정적 분권은 단기적으로 보면 다중적인 장점이 있었다. 하지만 장기적으로 제도 변천의 이해득실을 평가하려면 제도 변천에 경로 의존성path dependence의 성질이 있음을 반드시 주의하고 매 개혁 단계마다 개혁의 진전에 방해가 되지 않도록 주의해야 한다. 사실상 재정청부제를 통해 지방관원들에게 이익을 주어 확실히 개혁에 대한 저항은 감소했고 동력은 증가시켰지만 이로 인해 지방보호주의와 시장에 대한 '다양한 분할切塊, 切條, 切絲, 切末' 경향은 증가되었다.[14] '독립채산재정체제'와 '전면적인 재정책임제'

는 행정적 예속관계에 의거하여 국유기업의 이윤과 기업소득세가 소속 정부 예산의 고정수입이 되도록 규정했다. 각급 정부는 수입 증가를 위하여 한편으로는 온갖 방법으로 기초 인프라 규모를 확대했고 정부투자를 통해 지방 국유기업을 수립했다. 다른 한편으로는 지방보호주의의 지역 봉쇄, 세금과 요금 부과의 차별, 변칙적인 보조금 지원 등의 방법을 두루 사용하여 '자기 지역' 기업이 외지 기업의 경쟁을 받지 않도록 보호하고 심지어는 시장 할거의 '제후경제諸侯經濟' 현상까지 야기했다.[15] 아울러 이러한 기반 위에서 기득권 중심의 압력 집단은 재정체제가 더욱 규범화되고 공공서비스의 균등화에 유리한 방향으로 추진되는 것을 막아왔다.

3. 1994년 재정세수체제의 전면 개혁

1992~1993년 기간에 중국에는 새로운 경제 과열 현상이 한차례 나타났다. 사람들은 보편적으로 이번 경제파동은 규범화되지 않은 금융 시스템(제6장 2.2 참고) 탓일 뿐만 아니라 재정체제의 결함 또한 그 책임을 피할 수 없다고 보았다. 이리하여 1993년 6월 시작된 '거시 조절 강화' 과정에서 재정세수체제의 개혁이 공식 제기되었다. 1993년 11월 중국공산당 제14기 3중전회의 「사회주의 시장경제체제 건립의 몇 가지 문제에 관한 중공중앙의 결정中共中央關於建立社會主義市場經濟體制的若干問題的決定」은 재정세수체제 개혁의 요점을 다음과 같이 제시했다: 첫째, 중앙과 지방의 직권事權[16]을 합리적으로 구분하는 기초 위에서 분세제分稅制 개혁을 진행한다. 둘째, 통일적인 세법, 공평한 세금 부과, 세제의 간소화 그리고 합리적인 분권의 원칙에 의거하여 세수제도 개혁을 진행하여 원래 실행하던 청부제를 '분세제'로 개혁한다.

3.1 재정체제의 전면 개혁: '분세제'로 '청부제' 대체

'분세제'는 국가의 각급 정부 사이에 직권을 합리적으로 분배한 기반 위에서 세수 종류의 특성을 결합시켜 중앙과 지방의 세수 관리 권한과 세수 수입을 구분하고 아울러 이에 더해 이전지출의 예산 관리 체제를 보충하는 것이다. 그것은 실질적으로 시장경제국가가 통상적으로 채택한 분권형 예산제도—'재정연방주의fiscal federalism' 체제를 의미한다. '재정연방주의'의 요점은 바로 각종 재정지출 책임의 성질에 맞게 각급 정부의 수입과 지출 구조를 확정하는 것이다.

재정연방주의[17]

재정연방제는 국가 정치체제 조직상의 연방제와 필연적인 연계가 있지는 않다. 이는 단지 중앙정부와 지방정부 사이의 재정 관계를 처리하는 시스템이며 그 목표는 각급 정부 사이에 공공자원을 효과적으로 배치해야 한다는 요구에 근거하여 각급 정부 사이에서 재정지출 책임[18]과 수입 권력의 최적의 배치를 실현하는 것이다. 이에 대한 연구는 재정분권fiscal decentralization에 대한 탐구에서 시작되었다.

이른바 '재정분권'은 중앙정부가 지방정부에게 일정한 세수권稅收權을 부여하고 그 지출 범위를 확정하여 지방정부가 그 예산 지출 규모와 구조를 자율적으로 결정하도록 허락하는 것이다. 20세기 후반에 이르러 세계의 많은 국가들이 모두 재정분권을 추진하여 원래 중앙정부에 집중되어 통일 관리돼온 의료, 교육, 주택, 취업 등의 공공서비스를 지방에 하방하여 관리하는 동시에 지방정부에게 상응하는 재정권財權을 부여했다. 이렇게 하게 된 주요 원인은 지방정부가 서비스를 받는 최종 소비자와 더욱 근접해 있어 그들의 수요를 더욱 잘 이해할 뿐 아니라 또한 이러한 공공서비스 비용 절감에 더욱 유리했기 때문이다.

그러나 지방정부에 대한 단순한 분권은 새로운 문제를 야기했고 어떤 지방에서는 심지어 '독립왕국獨立王國'의 경향마저 나타났다. 이로 인해 분권의 방식 그리고 분권의 내용에 대한 규명을 주요 목표로 재정연방주의 연구가 점차 심화되었다.

재정연방주의는 공공재 제공의 모든 면에서 지방이 중앙보다 우월함을 의미하지는 않는다. 재정연방주의가 더 강조하는 것은 각종 공공재의 성격에 따라 즉 전국적 성격의 공공재인지 지방적 성격의 공공재인지에 따라 그리고 서로 다른 직급의 정부가 처한 서로 다른 제약에 따라 그 기능 및 재정 수지를 구분하는 것이다. 미국 재정학자 윌리스 오츠Wallace E. Oates에 따르면 재정연방제는 아래 3가지 전제조건을 구비했을 때 여타 분권 체제보다 우월함이 명확해진다: (1) 현지 지방정부에서 각 공공재를 제공하는 비용이 중앙정부보다 적거나 부負(마이너스)의 외부성이 존재하지 않을 때 (2) 재정분권 제도를 통해 제공하는 어떤 공공재로 인해 야기되는 복리 증진과 각 공공재의 수요탄력성이 반비례할 때 (3) 이러한 복리 증진이 또한 주민의 이동성과 정비례할 때다. 공공재의 융자 문제와 관련하여 오츠는 재산세를 지방성 공공재 융자의 주요 자금원으로 삼을 것을 처음으로 분명하게 제시했다.

리처드 머스그레이브는 공공재정 기능의 측면에서 재정연방제의 틀 아래 각급 정부가 어떻게 기능의 배분assignment of functions을 확정할지 그리고 어떤 종류의 재정 수단을 택해 이러한 목표를 실현할지를 연구했다. 그는 시장경제 조건하 재정의 기본적 기능에서 출발하여 중앙정부와 지방정부 사이의 재정수지의 분배를 추진했다. 그는 국가 안전의 보장, 거시경제 안정 유지 그리고 수입 재분배의 기능은 응당 중앙정부가 책임져야 한다고 보았다. 이는 국가 안전과 거시경제 안정과 같은 종류의 기능은 자연적으로 중앙정부가 행사해야 하며 수입 재분배의 기능을 지방정부가 행사한다면 부자들의 전출과 빈자들의 전입을 야기할 것이기 때문이다. 각 지역 주민의 선호가 서로 다름에 맞춰 지방정부가 차별적인 재정 자원 배치를 추진하는 것이 경제적 효율과 사회 복지 수준의 향상에 더욱 유리할 것이다. 머스그레이브는 또한 다양한 직급의 정부 기능에 의거한 중앙과 지방 사이의 세수 배분 원칙을 제시했다.

고전적 재정연방주의는 신고전경제학(복지경제학)의 프레임하에서 재정 체제의 자원배치 효율과 수입 분배에 대한 영향을 논의한 것이다. 20세기 말기, 정치 이론가와 신제도경제학자는 그것을 더욱 넓은 영역으로 확대했다. 예를 들어 재정연방주의의 구체적인 체제를 구축할 때에 경제적 효율을 고려해야 할 뿐 아니라 또한 시민의 정치참여도 최대한 확대해야 함을 주장했다. 재정연방주의의 구체적인 체제는 시장 효율을 지지하는 성향의 정치 시스템을 옹호하고 정부의 권력을 제한하며 정부가 시장경쟁을 방해하는 행위를 방지하고 지대 추구 활동을 약화시키는 제도적 기반을 제공해야 한다.

제2장 3.1에서 말했던 것처럼 1980년대 중반기에 이미 중국 정부는 '분세제'로 '독립채산재정체제'를 대체할 것을 고려했다. 그러나 후에 이러한 계획이 취소된 것이다. 재정책임제의 문제점이 날로 분명히 드러나자 1992년 중국정부는 '분세제' 개혁 실험을 추진하기 시작했다. 1993년 중국공산당 제14기 3중전회의 「사회주의 시장경제 건립의 몇 가지 문제에 관한 중공중앙의 결정」에 근거하여 전국적 범위 내에서 '분세제' 개혁이 시작되어 중앙정부와 지방정부의 재정권과 '직권(지출 책임)'에 대한 새로운 구분이 실행되었다. 이번의 '분세제' 개혁의 주요 내용은 아래의 몇 가지 측면을 포함하고 있다.

1. 중앙과 지방의 직권 구분 조정

조정 후 중앙 재정은 주로 국가 안전, 외교 그리고 중앙 국가기관 운영에 필요한 경비를 맡았으며 국민경제 구조의 조정, 지역 발전 협력, 거시 조절 실시에 필요한 지출 및 중앙이 직접 관리하는 사업 발전의 지출을 책임졌다. 지방 재정은 주로 해당 지역의 정권 기관 운영에 필요한 지출 및 해당 지역의 경제, 사업 발전에 필요한 지출을 맡았다.

2. 중앙과 지방의 수입권 구분 조정

직권과 재정권의 상호 결합 원칙에 근거하여 이 개혁은 세수 종류에 따라 중앙과 지방의 수입을 구분했다. 각종 세목 가운데 국가 권익의 보호, 거시조절 실시에 필요한 세목은 중앙세로 규정하고 경제 발전과 직접 관련된 주요 세목은 중앙과 지방 공유세로 규정하며 지방의 징세 관리에 적합한 세목은 지방세로 규정했다. 이번 개혁은 지방 세목 확보에 충실하여 지방세 수입 증가를 가져왔다. 세목 구분의 구체적 양상은 아래와 같다.

중앙 고정세수 수입에는 관세, 해관징수 소비세와 부가가치세, 소비세, 중앙기업 소득세, 지방은행과 외자은행 및 비非은행 금융기업 소득세, 철도 부문, 각 은행 본사, 각 보험사 본사 등이 본사로 모아 납부한 수입(영업세, 소득세, 이윤과 도시건설유지세城市維護建設稅를 포함), 중앙기업 상납 이윤中央企業上繳利潤 등이 포함되었다. 대외무역기업 수출환급세外貿企業出口退稅의 경우 1993년 지방이 이미 부담한 20퍼센트 부분이 지방의 중앙 상납 기수基數에 편입된 것을 제외하고는 이후 발생한 수출환급세는 전부 중앙 재정에서 부담했다.

지방 고정세수 수입에는 영업세(철도 부문, 각 은행 본점, 각 보험사 등이 본사로 모아 납부한 영업세는 포함하지 않음), 지방기업소득세(상술한 지방은행과 외자은행 및 비은행 금융기업의 소득세는 포함하지 않음), 지방기업 납부 이윤, 개인소득세, 성진城鎮토지사용세, 고정자산투자방향조절세固定資産投資方向調節稅, 도시건설유지세城市維護建設稅(철도 부문, 각 은행 본점, 각 보험공사가 본사에 모아 납부하는 부분은 포함하지 않음), 부동산세房産稅, 차선車船사용세, 인지

세印花稅, 도축세屠宰稅, 농목축업세農牧業稅, 농업특산물 수입에 징수한 농업세(농업특산세로 약칭), 경지점용세耕地占用稅, 부동산 취득세契稅, 유산세와 증여세遺産和贈予稅, 토지부가가치세土地增值稅, 국유토지유상사용수입國有土地有償使用收入 등이 포함된다.

중앙과 지방의 공유세수 수입共享稅收收入에는 부가가치세增值稅, 자원세, 증권거래세가 포함된다. 부가가치세는 중앙이 75퍼센트, 지방이 25퍼센트를 갖는다. 자원세는 다양한 품종에 따라 나누어 구분하는데 대부분의 자원세는 지방 수입이 되고 해양석유 자원세는 중앙 수입이 된다. 증권거래세는 중앙과 지방이 각각 50퍼센트를 갖는다.

3. 세수 환급 실행

부유한 지역이 재정청부제하에서 얻은 '기득 이익'을 보호하고 분세제 개혁에 대한 저항을 축소하기 위하여, 중앙 재정이 지방 세수에 대해 환급하는 완충적 방법을 수립했다. 환급 액수는 1993년을 기준 시점으로 하여 계산 확정했다. 즉 중앙이 지방으로부터 상납받은 일정 비율의 액수를 기수로 하고, 신체제의 계산에 의거해 계산한 지방의 상납액 중 기수를 초과한 부분은 중앙이 지방에 환급해주는 것이다. 부가세와 소비세가 1퍼센트 오를 때마다 중앙 재정이 지방에 반환하는 세수액 역시 0.3퍼센트 증대되었다. '93년 기수93基數'의 설정 덕분에 지방 정부는 신체제를 기꺼이 수용하여 개혁에 대한 저항은 축소되었다. 그러나 1993년 사사분기에 일부 지방정부가 '기수를 대대적으로 조정하여' 기수를 매우 높게 올림으로써 신체제의 처음 몇 년간 중앙 예산 증수의 양대 세금(부가세와 소비세) 대부분이 지방 예산으로 반환됨에 따라 중앙 예산의 빈곤 지역 이전지출 자금이 부족해졌고 이 때문에 지역 간 재정력 불균형 상태는 더욱 심화되었다. 20세기 말에야 과도한 기준치에 따른 환급액 과다 문제가 비로소 해결되었다.

3.2 세수제도의 전면 개혁

'분세제'는 직권과 재정권의 상호 결합 원칙에 따라 세목에 따른 중앙과 지방 수입의 구분을 요구했으나 본래의 세목 설치와 징수체제는 이를 실현하기 어려웠다. 따라서 '분세제' 재정체제 개혁을 실행하는 동시에 전면적인 세수제도 개혁을 추진해야 했다. 세제개혁의 기본적 요구는 '세법의 통일, 공평한 과세, 세제의 간소화, 권한의 합리적 배분統一稅法, 公平稅負, 簡化稅制, 合理分權'의 원칙에 따라 세제를 규범화하고 시장경제 요구에 부합하는 세수제도를 수립하여 분배 관계를 순조롭게 처리하고 평등한 경쟁을 촉진하는 것이었다. 그 내용은 아래와 같은 몇 가지 측면이 있었다.

1. 부가가치세 중심의 거래세 제도 수립

조세 부담의 총량이 변하지 않는 상황에서 생산기업에 보편적으로 부가세를 징수하는 동시에 아울러 가격 외 부분에 세금을 계산하는 방식이 실현되었다. 일부 제품에는 소비세를 징수하고 노무 제공, 무형 자산 양도 그리고 부동산 거래에 대해서는 영업세 징수를 보류했으며 영업세의 징수 범위와 납세자를 새로 규정하여 영업세의 세목을 합리적으로 조정했다. 개혁 이후 거래세 제도는 부가세를 중심으로 소비세와 영업세를 보충하여 공평하고 중성적이며 투명하고 보편적인 징세를 특징으로 하는 현대적인 거래세 체계가 되었다. 총체적으로 '빡빡하지도 느슨하지도 않게'라는 원칙에 의거하여 일반적인 부가세율을 부가가치의 17퍼센트로 설정했고 13퍼센트의 우대세율을 별도로 마련했다.

부가가치세[19]

'세수의 중성화稅收中性' 원칙에 의거하여 설립된 부가가치세value added tax, VAT는 제2차 세계대전 후 프랑스에서 시작되어 후에 서유럽, 북유럽 각 국 및 동아시아 신흥공업경제지역NIES으로 널리 확산되어 현재는 수많은 국가가 보편적으로 채택하고 있는 세종이 되었다. 부가가치세의 특징은 생산과정 각 단계에서 제품의 부가가치에 대해 세금을 징수하는 것이다. 제품 은 생산에서 판매까지 일정한 단계들을 거쳐야 한다: 생산자가 생산품을 도 매상에게 팔고 도매상은 또한 이를 소매상에게 다시 팔고 최종적으로 소매 상이 소비자에게 파는 과정 등등이다. 뒷부분의 단계에서 제품의 전체 가치 에 의거하여 부가세를 징수할 때 앞부분의 단계에서 이미 징수된 세액을 공 제해야 한다. 따라서 부가세는 소득세와는 달리 일종의 간접세로서 그 납세 자 역시 세 부담의 최종 책임자는 아니다.

자본재 구입에 대해 부가세를 계산할 때 세액을 공제하느냐 여부 그리고 공제 시간의 차이에 의거하여 부가세를 세 가지 종류의 유형으로 나눌 수 있는데 즉 생산형 부가세, 수입형 부가세 그리고 소비형 부가세다. 세 가지 형태의 주요 차이는 자본재 구입 세금에 대한 공제 여부에 있다. 생산형 부 가세는 자본재에 대한 부가세를 공제하지 않는다. 소비형 부가세는 자본재 에 대한 부가세에 일차적 공제를 실행하도록 허용한다. 수입형 부가세는 자 본재가 해당 기간 실현한 부가가치에 대해 세금을 징수한다. 세금 계산의 근 거에 차이가 있기 때문에 서로 다른 유형의 부가세 사이에 수입 효과와 인 센티브 효과는 동일하지 않다. 재정 예산의 측면에서 보면 생산형 부가세의 수입 효과가 가장 크고 수입형 부가세가 그 다음이며 소비형 부가세는 가장 작았다. 투자 장려 측면에서 보면 그 순서는 상반되게 나타난다.

이론적으로 부가세의 과세 방법은 세 종류다: (1) 납세 단위가 납세 기간 내에 새로 창출한 가치를 하나하나 더하여 부가가치 금액으로 삼은 연후 적용세율에 의거하여 부가가치세액을 구해낸다. (2) 기업 납세 기간 내의 영업수입액에서 법정 공제액을 뺀 나머지 금액이 부가가치세액이 된다. (3) 부가가치세액을 직접 계산하지 않고, 영업수입액에 의거하여 계산한 세액 가운데 법정 외부 구매의 기납부 금액을 공제하면 그 나머지 금액이 부가가치세 미납세액이 된다.

부가가치세의 장점은 첫째, 징수 업무가 서로 밀접하게 연결되어 있어 조사가 용이하고 탈세 근절에 유리하다. 둘째, 세수액의 규모는 유통 단계의 많고 적음에 영향을 받지 않아 세금 징수의 중복을 피할 수 있다. 셋째, 기업의 안정적인 수입을 보장할 수 있다. 넷째, 수출에 대해 '제로 세율'의 전액 환급을 실행할 수 있어 세액 환급이 철저하지 않은 일반 거래세에 비해 수출을 더욱 장려할 수 있다.

2. 기업소득세 제도의 통일

계획경제체제에서 국유기업은 이윤 상납 제도를 실행했고 국유기업에 소득세를 징수하지 않았다. 국가와 기업의 이익 분배 관계 합리화를 위하여 1983년 전국적으로 첫 단계의 '이개세' 개혁을 추진하던 시점에 국유 중대형 기업에 대해 55퍼센트의 소득세를 신설 징수했다. 세후 이윤은 기업의 다양한 상황에 따라 차별적으로 점증적 청부, 고정비율 상납, 조절세 징수, 정액 상납 등의 방법을 채택했다. 1984년 두 번째 단계의 '이개세'를 실행했다. 중대형 국유기업이 55퍼센트의 소득세를 납부한 이후의 이윤에 대해서는 통일적으로 조절세를 징수하기 시작했다. 1994년 세제개혁으로 소유제 형태별 소득세 방식은 폐지하고 국유기업, 집체기업, 사영기업 및 주식제와 각종 형태의 연영기업聯營企業에 대해 통일적인 기업소득세 제도를 실행하여 33퍼센트의 통일적인 명목세율로 계산 징수했다. 동시에 국유기업 조절세를 폐지하고 국유기업 소득세 전 대출 반환 규정國有企業所得稅前歸還貸款的規定을 폐지했으며 국유기업의 국가 에너지, 교통 중점 건설 기금 및 국가 예산 조절 기금에 대한 상납 규정도 폐지했다.

3. 개인소득세의 간소화와 병합

과거 개인수입조절세, 해외 국적 보유자들에게 적용되던 개인소득세 그리고 도시와 농촌의 개인 상공업자 소득세를 간소화하여 병합함으로써 통일된 개인소득세 제도를 수립했다. 새로운 개인소득세 세법은 납세 의무가 있는 중국 공민과 중국 내에서 소득을 얻은 외국인에게 적용되었다. 개인소득세 세율은 초과액 누진제를 채택했다.

4. 농업특산세의 신설 징수

원래의 농림특산물 농업세와 옛 공상통일세 가운데 농림수산품 세목을 합병하여 농업특산세로 바꾸어 담뱃잎, 목축산품을 농업특산세 징수 범위에 넣어 일부 생산품의 세금 교차 징수 문제를 해결했다. 개혁 후에 담뱃잎 품목, 원예 품목, 수산품, 산림 수목 생산품, 목축산품, 식용 버섯, 희귀 식품 등 7가지 세목의 세율을 8~31퍼센트로 다르게 했고 기타 품목의 세율은 5~20퍼센트로 다르게 했다.

5. 기타 세수제도의 개혁과 조정

예를 들면 토지 부가가치세를 신설 징수하고 자원세를 개혁하고 도시건설유지세를 개혁했으며 증권교역세를 신설 징수했고 특별소비세와 액체연료 특별세를 소비세에 합쳤으며 염세를 자원세에 합쳤다.

6. 국가세무국과 지방세무국을 구분하여 세수의 징수 관리를 강화

국가세무국과 지방세무국의 이원적 세수 징수 관리 시스템을 구축하여 중앙전유세中央專享稅와 중앙과 지방 공유세中央與地方共享稅는 국가세무국에서 징수하고 지방전유세地方專享稅는 지방세무국에서 징수했다. 세수의 조사 징수 관리를 강화하는 동시에 각급 정부의 요금, 부과금 항목과 '예산 외 수입'을 정리 정비하고 남겨진 부분은 법정 예산 수입 관리에 포함시켰다.

3.3 1994년 이후 재정세수체제의 내적 조정

1994년 개혁으로 시장경제에 적합한 재정세수체제의 기본 틀이 수립되었다. 그러나 이러한 기본 틀에도 분명하게 허점과 결함들이 다소 존재했기 때문에 이후 몇 년 동안 이러한 허점과 결함들에 대해 보완이 이루어졌다.

1. '예산 외 수입'의 정리

중국 각급 정부의 이른바 '예산 외 수입'은 일찍이 중화인민공화국 성립 초기에 고도로 중앙집권화된 재정제도를 실행할 당시에 이미 존재했다. 그러나 당시 지방정부의 독립적 징수와 지출을 허용한 예산 외 수입은 단지 농업에 부가되거나 행정기관의 사업소득에 불과해 그 액수가 매우 적었다. 1957년에 예산 외 수입은 여전히 그해 예산 내 수입의 8.5퍼센트 수준에 불과했다. 1958년 '대약진大躍進' 시기에 경제체제 개혁과 재정권의 하방으로 예산 외 자금의 범위가 확대되었다. 1978년 개혁개방 이후, 예산 내 재정수입은 위축되는 경향을 보였는데 각급 정부의 예산 외 수입은 오히려 날로 증가했다. 1990년대 초기, 예산 외 수입의 개발은 이미 중앙에서 지방에 이르기까지 보편적 현상이 되었다. 1996년 말에 이르면 중앙정부가 명문화하여 규정한 수수료 항목이 130여 항목에 이르렀다. 지방정부와 주관 부서의 층층이 쌓인 항목들을 거쳐 현과 현급시 일급—級의 불완전 통계에까지 이르면, 각종 수수료 항목은 이미 1000개 이상에 달했고 각종 기금 항목은 420개 이상이었다. 1992년 예산 외 자금은 3854억9200만 위안에 달해서 그해 전국 재정수입의 110.67퍼센트였다.[20]

정부의 예산 외 수입의 팽창으로 정부 기구와 관원들의 횡령과 낭비가 성행했고 기업과 주민들은 많은 부담으로 피폐해지는 등 나쁜 결과가 야기되었고 사회적 여론도 들끓었다. 1998년 주룽지 총리는 예산 외 수입 항목에 대해 정리와 정돈을 실시할 것을 선포했다. 정리와 정돈 방안은 5항의 내용을 포함한다: (1) 현재의 각종 수수료 항목에 대해 전면적인 정리를 진행하여 사회적 비판이 상대적으로 많고 명확히 불합리한 수수료 항목에 대해서는 엄격히 단속한다. (2) 반드시 보유해야 할 대부분의 수수료 항목에 대해서는 '요금의 세금 전환' 개조를 진행한다. (3) 공익성 수수료는 정부의 행정성 수수료와 구별한다. (4) 중개기구의 수수료를 엄격히 규범화한다. (5) 소량의 수수료 항목은 보유한다. 이미 취소할 수 없거나 또는 바꾸기 어려운 수수료 항목에 대해서는 정부가 비용을 규정하는 방식으로 보유하도록 한 것이다. 이러한 보유 항목에는 주로 네 가지 분야가 포함된다: 하나는 법에 의거한 등록, 등기를 하는 경우의 증명서 수수료다. 둘째는 법원 소송료다. 셋째는 특허경영 수수료로 예를 들면 택시 영업허가증 등이다. 넷째는 주로 환경오염 기업에 대한 환경보호 수수료다.[21]

세기의 전환기에 이르러 예산 외 수입의 정리 규범화 업무는 뚜렷한 성과를 거두었다. 재정부의 보고에 의하면 중국 정부의 예산 외 수입과 예산 내 수입의 비율은 가장 높았던 연도에 일대일이었다. 2000년에 이르면 이 비율은 0.28:1로 하락한다. 2001년 재정부는 각 예산 단위에 대해 '수입과 지출 이원화收支兩條綫' 관리 개혁을 진행했다. 이 항목 개혁의 핵심 내용은 예산 단위의 수입과 지출의 분리, 징수와 납부의 분리로 예산 외 자금을 점진적으로 경감하고 취소하여 전부 예산 관리에 편입시키는 것이다. 2002년 재정부는 부처의 예산 외 수입을 전부 예산 관리 혹은 재정전문계좌 관리財政專戶管理에 납입할 것을 규정하여 34개 중앙 부처에서 이러한 개혁을 실현했다.[22] 2003년부터 시작하여 정부 직능 부문의 모든 징수와 벌금의 집행으로 수취한 행정사업성 수수료와 벌금 및 몰수금 수입은 모두 '재정전문계좌'[23]로 납입되어야 했는데 이는 예산 외 수입의 종결을 의미하고 있다.

2. '분세제'의 기본적인 완성

1994년의 재정세수 개혁은 '분세제'의 기본 틀을 구축한 것이었고 1994년 이후 중국 정부는 '분세제' 완성을 위한 일련의 조치를 취했다. 그 가운데 가장 중요한 것은 이전지출 방법을 개선하여 전국 지역 간 공공서비스의 균등화를 실현하기 위하여 힘쓴 것이다.

중앙 재정은 중앙의 수입에서 일부 자금을 경제가 저발전되어 있고 해당 지방의 수입으로는 기본적인 공공서비스 지원이 부족한 지역에 이전지출로 분배하여 전국적인 공공서비스의 균등화를 실현했는데 이는 재정연방주의라는 목표 실현을 위해 필요한 제도적 배려의 일종이었다. 이전지출은 응당 기준 수입과 기준 지출의 계산 공식을 기반으로 공공서비스 균등화를 목표로 하는 일종의 일반적인 이전지출 방법을 채택하여야 한다. 그러나 중국은

1994년 '분세제' 실행 초기에 아래의 원인들로 인해 일종의 '과도기적인' 재정이전 제도 실행에 머물렀다: (1) 체제 변동이 진행되는 가운데 각 지역의 재정 측면의 '기득 이익'을 고려할 필요가 있었고 이로 인해 각 지역의 재정 수입 수준에서 비교적 큰 격차가 존속하게 되었다. (2) 중국의 지역은 광대해서 지역 간 발전 격차가 매우 컸으나 중앙 재정이 이전지출에 쓸 수 있는 재정 능력은 한계가 있었고 한 번의 조정으로 공공서비스 수준의 균등화를 이루기는 매우 어려웠다. (3) 통계수치의 불완전, 계산 방법의 미비 등 기술적 한계가 존재했다. 이처럼 당시 취한 이른바 '과도기의 재정 이전지출 방법'은 구체제의 유산인 특별교부금 방식을 다수 존속시켰다.

재정력의 이전지출과 특별교부식의 이전지출이 병존하는 이러한 과도기적 이전지출 체계에서 특별교부식의 이전지출은 중앙 부처 혹은 정부 고위 지도부의 결정에 의해 이루어졌기 때문에 주관적이고 임의적인 성격이 많았으며 아울러 '지방정부가 열심히 발전하려고 한다지만 실상은 정부 부처에 줄을 대서 돈을 확보하려는 현상' 등 비규범적 행위와 부패 활동을 장려하는 꼴이 되었다. 지역 간 재정력 격차를 해소하고 공공서비스의 균등화를 촉진하기 위하여 중국 재정 부문은 재정력의 이전지출 제도의 수립과 강화, 특별교부식 이전지출의 분배와 관리 방법의 개선, 상대적으로 규범적인 이전지출 체계 형성의 노력을 강화했다.

3.4 재정세수체제 개혁의 효과

1994년의 재정세수체제 개혁은 거대한 이익 관계의 조정 특히 지역 간 이익 관계의 조정이었기 때문에 이로 인해 많은 장애물과 저항에 봉착하지 않을 수 없었다. 그러나 전체적으로는 그 진행이 비교적 순조롭게 이루어졌다. 이 개혁을 거치며 시장경제에 맞는 재정세수 제도의 기본 틀이 수립되었다. 1994년의 분세제 재정체제 개혁은 중화인민공화국 성립 이래 이익 구조 조정이 가장 명확하고 가장 영향력이 깊었던 첫 번째 중대한 제도적 혁신이었다. '분세제' 재정체제 개혁이 과거 역대 재정체제 개혁과 중요하게 구별되는 것은 정부 간 재정 분배 관계의 규범화, 과학화, 공평화를 더욱 촉진하여 사회주의 시장경제 요구에 맞는 재정 운용 시스템을 수립하는 데 착안한 점이었다. '분세제' 개혁 이후 재정운영 상황 측면에서 1994년의 '분세제' 개혁의 긍정적 효과가 다음과 같이 기본적으로 명확히 실현되었다.

우선, '분세제'로 인해 과거 재정청부 시기의 다양한 체제 병존 구조가 개혁되었으며 각급 정부는 각자 맡은 임무와 책임을 다하고 각자 이익을 구하는 제약 시스템과 비용은 분담하고 이익을 나누는 귀속 시스템을 수립하여 각급 정부의 책임 권한 관계가 합리화되었다.

다음으로 중앙 재정의 이전지출 능력이 크게 강화되어 상대적으로 합리적인 재정 분배 시스템이 상하 정부 간 관계에서 만들어졌다. 과도기적인 이전지출 방법의 등장으로 상대적으로 규범화된 재정 균형 제도가 동급 정부 간 관계에서 수립되어 지역 간 정부 서비스 수준의 격차 축소에 도움이 되었다.

그다음, '분세제' 재정체제는 산업구조 조정과 자원의 최적화 배치를 효과적으로 촉진했고 지방 재정에 대한 예산 제약을 강화하여 지방정부의 경제행위 합리화를 촉진했다. 분세제는 공업 제품의 부가가치세 대부분과 소비세 전액을 중앙에 귀속시켜 지방 보호와 시장 할거 행위를 강력하게 억제했고 아울러 서비스업의 세수 종목과 농업특산물과 관련된 세수 종목을 지방에 귀속시켜 지방정부가 서비스업과 농업특산품을 적극적으로 발전시키도록 장려했다. 재정수입이 GDP에서 차지하는 비중은 1995년 관성적으로 하락한 이후에 1996년부터 하락을 멈추고 반등하여 재정적자가 GDP에서

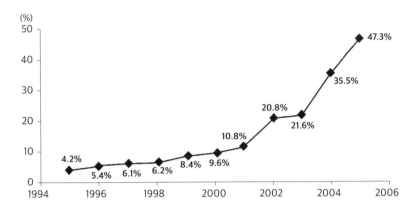

* 일반성 이전지출 계수는 지방정부 재정수지 부족분에 대한 중앙정부의 일반성 이전지출 규모의 충족도를 표시한다. 즉 일반성 지급이전 금액 / (지방정부의 표준 재정지출-지방정부의 표준 재정수입)이다.

[그림7.2] 1995~2005년의 일반성 이전지출 계수系數24

차지하는 비중은 매년 점차 하락했다. 이외에 10여 년의 노력을 거쳐 이전지출을 통한 공공서비스의 균등화 실현 양상에 비교적 큰 개선이 있었다.

1. 이전지출 능력의 점차적인 확대

2005년 중앙의 지방에 대한 이전지출 총액은 7330억 위안(세수 환급은 포함하지 않음)에 달하여 지방 지출 총액의 29.4퍼센트를 차지했다. 지방의 예산 수지 부족분의 절반 가까이를 중앙의 지방에 대한 이전지출로 메우게 되었다(그림7.2).

2. 이전지출 구조의 지속적인 완성

최근 몇 년 동안 중앙 재정은 특별교부성 이전지출의 증가 통제에 힘쓰고 재정력의 이전지출 능력을 강화하여 재정력의 이전지출 비중을 대폭 상

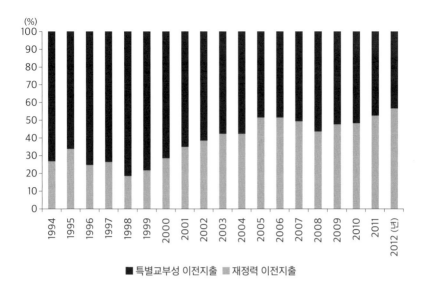

[그림7.3] 1994~2012년 이전지출 구조25

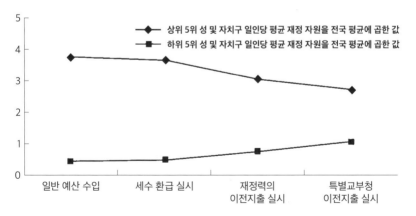

[그림 7.4] 2005년 이전지출의 균등화 효과26

승시켰다(그림7.3).

3. 공공서비스 균등화 효과의 뚜렷한 개선

전체적으로 보면 재정력 이전지출은 일반적으로 모두 각 지역의 재정 곤란 수준을 고려하여 규범화된 분배를 실시했고 특별교부 이전지출 역시 소수민족 지역 및 재정력 부족 지역에 집중돼서 이전지출은 지역 간 공공서비스 능력의 균형 측면에서 효과가 상대적으로 뚜렷했다. 이로 인해 실제로 각급 정부의 재정권과 직권(지출 책임) 사이의 매칭matching도 강화되었다(그림7.4).

4. 21세기 재정 시스템 완성의 과제

4.1 공공재정 제도로의 전환 실현

재정의 근본적 함의는 본디 '공공부문의 재무'라는 의미였으나, 계획경제 체제하에서는 공공부문이든 사적 부문이든 모두 전능정부의 전면적인 관할하에 있어 재정 역시 공공과 사적 부문의 모든 재무 활동을 망라하는 거대 시스템이 되었다. 이러한 종류의 체제하에서 국유기업의 자금 조달과 투자 업무를 관리하는 '생산성 재정' 혹은 '건설성 재정'이 재정 부문의 주요 기능이 되었다. 이는 정부가 과도한 경제 자원 배치의 권력을 여전히 갖고 있었음을 의미한다.

1990년 후반기에 이르면 20여 년의 개혁을 거쳤음에도 중국 재정 시스템은 여전했던 계획경제 재정 시스템의 많은 특징들로 인하여 일련의 부정적 결과들을 야기했다. 우선, 대량의 재정 자원이 경쟁 영역의 국유기업과 각종 '이미지 쌓기' '정치적 업적 쌓기'에 계속 투입되었다. 이와 상응하여 정부는 공공안전, 의무교육, 공공 위생 등의 공공서비스를 지원할 만큼의 충분한 자원은 갖고 있지 못했다. 예를 들면, 필요한 자금, 지원이 존재하지 않았기 때문에 21세기 초에도 중국 농촌 대부분은 법률이 정한 9년 의무교육을 보급하지 못했다. 2003년 한바탕 크게 발생한 SARS로 공공 위생 시스템의 심각한 상황이 폭로되었다. 다음으로 우리가 제4장 2.1의 '전통 국유기업 제도의 주요 특징'에서 이미 이야기한 대로 경쟁 영역에서 국유기업은 비국유 기업과 같은 시장 적응력과 경쟁력을 구비하지 못했다. 설령 일부 국유기업들이 거액의 이익을 거둘 수 있었다 하더라도 이는 또한 거의 독점적 지위 혹은 정부의 '기울어진 정책'에 기대 얻어진 것이었다. 분명히 이러한 배치는 실제적으로 사회자원의 낭비였다.

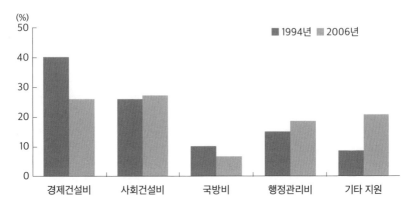

[그림7.5] 재정지출 구조의 개선27

　이러한 상황에서 재정이 응당 '공공재정'으로 돌아가야 한다는 목소리
가 사회적으로 그리고 정부 내에서도 점차 높아졌다. 그러나 이념적 문제 제
기에서 관방의 인정을 받고 최종적으로 중앙이 언술상의 '프레임' '형태' 등
을 '시스템'으로 귀결시키는 데까지는 상당히 오랜 시간이 걸렸다.28 2000년
국무원 지도부는 '사회주의 시장경제 요구에 맞는 공공재정 틀을 수립하자'
는 목표를 공식적으로 제시했다. '공공재정 기본 틀 수립'의 우선적 임무는
'재정수지 구조를 더 잘 조정하고 개선하여 영리성, 경영성 투자 영역은 점
차 축소하고 행정 사업 경비를 대폭 축소하며 경영성 사업 단위를 시장화해
서 재정력을 주로 사회 공공 수요와 사회보장 측면에 사용하자'는 것이었
다.29 이를 위해 국가 재정은 정부 기능의 전환 요구에 순응하고 지출 구조
를 더욱 잘 조정 개선하며 공공재정 지출 범위를 점차 규범화해야 한다. 점
차 일반 경쟁 영역을 퇴출시키고 기업에 대한 경영발전 항목, 응용성 연구
항목에 대한 자금 지원은 축소하며 교육, 과학기술, 위생, 공공안전, 사회보
장, 기초 인프라 건설 등에 대한 보장 수준은 증대해야 한다(그림7.5). 공공재

의 공급으로 자금을 마련하는 기능에 기초하여 공공재정 제도는 다음의 특징을 구비하고 있어야 한다:

(1) 공익성. 공공재정 제도는 공공 수요의 만족을 목표로 하여 시장 활동이나 이윤추구에 종사할 수 없다. 만약 공공재정이 이윤을 추구하면 민간과 이윤을 다투고 권력으로 지대를 추구하는 현상이 출현하여 공평한 경쟁질서를 어지럽히고 시장경제의 정상적인 작동을 방해하거나 심지어 파괴하게 되며 재정자금 또한 고이윤 항목에 편중되어 공공 영역 투자가 부족해질 것이다.

(2) 공평성. 시장경제의 본질적 특징 가운데 하나는 평등 경쟁이다. 공공재정 제도는 정책상 다양한 사회적 지위의 시민들과 다양한 소유제의 기업들을 반드시 평등하게 대우하여 그들에게 평등한 재정 환경을 제공하여야 한다. 다양한 사회집단, 계층, 개인 및 다양한 경제 부문에 대해 서로 다른 재정세수 법규와 정책을 제정할 수 없다.

(3) 규범성. 공공재정은 공공 관리의 원칙을 재정업무의 처음에서 끝까지 관철해야 하고 관리는 규범화되고 투명해야 한다. 한편으로 정부의 재정활동은 법에 의거해 진행되고 다른 한편에서는 인민대표대회와 여타 법 집행 기관이 법률 법규의 집행을 강력하게 보장하고 사회 대중이 진정으로 정부의 재정활동을 제약하고 감독할 수 있어야 비로소 대중에 부합하는 이익을 확보할 수 있다.

(4) 투명성. 공공재정 시스템 속에서 위탁자로서의 사회 대중 즉 납세자가 대리인인 정부 행정기관에 대해 엄격한 감독을 진행하도록 보장해야 한다. '햇빛이 가장 효과적인 소독제다.' 관련 정부의 수입 지출 정보, 예를 들면 예산, 세법 등의 공개를 투명하게 하는 것이 이러한 감독을 실시하는 가장 중요한 전제가 될 것이다.

공공재정으로의 전환을 실현하기 위해서 아래의 몇 가지 측면에서 진일보한 개혁 조치가 이루어졌다.

1. 재정국고관리제도의 개혁

계획경제 시기에 재정수지는 중앙의 일괄적인 수입과 지출의 방법을 취했다. 개혁개방 이후 재정권이 하방되어, 각종 재정지출은 우선 국고에서 예산 단위에 금액을 이체 지급하고 연후에 예산 단위가 예산에 의거하여 지불했다. 이렇게 각 단위는 모두 자신의 금고를 만들고 수입과 지급 권력을 갖고 있었다. 이러한 체제는 많은 병폐를 낳았는데 재정 감독 관리가 약화되고 또한 부패가 손쉽게 만연하게 되었다.

국고집중지급제도의 수립을 위하여 우선 '수입과 지출 이원화' 개혁을 추진하여 수입과 지출 권력의 분리체제를 구축했다. 1998년 6월 19일 중국 공산당 중앙판공청, 국무원 판공청은 「재정부·국가발전계획위원회·감찰부·공안부·최고인민검찰원·최고인민법원·국가공상행정관리국의 공안, 검찰원, 법원 그리고 공상 행정관리 부문의 행정성 수수료와 벌금 및 몰수금의 수입과 지출 이원화 관리 업무 강화에 관한 규정財政部國家發展計劃委員會監察部公安部最高人民檢查院最高人民法院國家工商行政管理局關於加強公安檢察院法院和工商行政管理部門行政性收費和罰沒收入管理工作的規定」 통지를 발송하여 모든 행정사업성 수수료는 모두 수입과 지출을 분리하여 점진적으로 예산에 편입되도록 요구했다. '수입과 지출 이원화' 관리개혁은 수입의 측면에서는 '합법적으로 거두고 적정 규모로 징수를 분리하여 예산 납입받기'를 실행하여 불법 요금 징수, 과도한 벌금 및 임의적인 징수와 지출을 방지해야 한다. 지출의 측면에서는 '수입과 지출의 분리'를 실행하여, 징수 집행 단위가 상납하는 수입을 더 이상 그 지출과 연계하지 않아야 한다. 공공재정 틀의 구축 과정에서 공안, 환경보호, 공상, 가족계획 등의 법 집행 부처가 '수입과 지출 이원화' 개혁을 집행하는 것이 특히나 중요하다.

'수입과 지출 이원화' 개혁의 기반 위에서 2001년 중국 정부는 국고집중 지급제도 개혁을 추진했는데 이는 행정적 분권 개혁 중 형성된 복수 계좌 기반의 분산예산지급제도를 개혁하여 국고 단일 계좌 기반으로 자금 교부가 모두 국고에 의해 수납 지출되는 현대적인 국고관리제도로 바꾼 것이다. 2001년 국무원은 재정부와 중국인민은행이 제출한 「재정국고관리제도 개혁 실험 방안財政國庫管理制度改革試點方案」을 비준하는 동시에 수리부, 과기부, 법제판공실, 재정부, 중국과학원, 국가자연과학기금의 6개 중앙 부처에서 실험을 진행했다. 2008년까지 국고집중 지급 단위의 직급, 수량 그리고 예산 자금 범위는 이미 모든 중앙 부처 및 소속 1만여 개 기층 예산 단위까지 확대되었다. 중앙급 일반 예산 자금, 정부성 기금 및 국유자본의 경영 예산 자금은 전부 국고집중 지급을 실행하고 개혁을 일부 중앙의 지방지원용 특별성 이전지출 자금에까지 점차 확대했다. 2008년 말에 이르면 절대다수의 중앙 예산 부처는 이미 본급에서 '공무 카드' 개혁 실험을 추진하고 아울러 중앙 2급 예산 단위 및 하급까지 확장하여 현금 지출을 더욱 규범화하여 감소시키고 국고집중 지급 범위를 확대했다.

2. 부처예산 제도 개혁 실행과
인민대표대회의 재정 예산에 대한 감독 개선

공공재정은 공공자원의 배치 문제를 처리하는 데 당연히 대중의 대표 기구를 통해 진행되는 엄격한 관리감독을 받아야 한다. 따라서 영국에서 탄생한 의회 관리감독 예산제도는 점차 세계 각국이 모방하고 채택하게 되었다. 이로 인해 형성된 각국 예산제도는 구체적인 형식이나 방법은 조금씩 달랐지만 편제나 집행의 투명성, 법치성 등의 기본 원칙은 모두 동일했고 각국의 예산 편제, 집행, 관리감독 그리고 결산 등 기본 절차 역시 대략 동일했다.[30] 중국의 오늘날 예산 편제 과정에서 뚜렷하게 드러난 문제는 투명성이 높지 않고 법치 수준이 높지 않은 점이다. 오늘날 예산투명도와 법치 수준 강화의 관건은 입법이 아니라 법률의 관철과 집행이다. 일찍이 1994년에 전국인민대표대회 제8기 제2차 회의에서 「중화인민공화국 예산법」이 심의 통과됐다. 이 법률은 예산 관리 직권, 수입과 지출 범위, 예산 편제, 예산 심사와 비준, 예산 집행과 조정 등의 측면에 대해 요구안을 제시했다. 그러나 각급 인민대표대회의 정부예산에 대한 관리감독과 통제 능력은 여전히 매우 취약했다. 구체적으로는 예산 편제 과정이 여전히 불투명하고 인민대표대회의 심의로 넘긴 예산 초안 항목은 너무 조악하며 인민대표대회의 예산 심사는 실질적인 문제를 건드리기 매우 어렵고 구체적인 수정 의견을 제시하기도 아주 힘든 것으로 나타났다.

인민대표대회의 예산 감독 강화는 다음과 같은 두 가지 측면에서 진행될 필요가 있다. 한편으로는 각급 인민대표대회 및 그 상무위원회가 자신의 대표 책임을 진정으로 짊어져야 한다. 다른 한편으로는 각급 정부의 재정 부문은 자발적으로 예산의 편제, 집행과 결산 과정을 인민대표대회 및 그 상무위원회의 감독하에 두어야 한다.

부처의 예산 내외 자금이 규범적이고 통일적인 기준에 따라 부처 예산에 완벽히 반영되도록 하기 위하여, 1999년 하반기부터 재정 부처는 부처예산 제도의 개혁을 실행했다. 2000년 교육부, 농업부, 과기부, 노동사회보장부의 4개 부처의 예산을 전국 인민대표대회의 심의에 상신했다. 2001년, 전국 인민대표대회의 심의에 넘긴 국무원 소속 부처의 부처예산이 26개로 증가하여 예산 내용은 더욱 세분화되었고 형식은 더욱 규범화되었다. 2002년, 중앙 각 예산 단위는 모두 규범적인 기준과 새로운 정부의 수입 지출 분류에 따라 예산 편제를 더욱 세분화했다. 부처 예산 내외의 각 항의 재정자금과 기타 수입에 대한 통일적 관리를 통해서 각 부문의 수입 지출의 투명도를 높였다. 동시에 지방 부처의 예산개혁 역시 진척이 빨라졌다. 부처의 예산개혁은 바로 규범화의 방향으로 나아갔다. 성급, 지(시)급 재정의 경우 공안, 법원, 공상, 환경보호, 가족계획 등의 부처가 부처예산을 실행하도록 요구되었다. 성급 재정의 경우 최대한 부처예산의 실행 범위를 확대해야 했고 지(시)급 재정은 부처 예산개혁 범위의 확대를 철저히 준비해야 했다. 2015년 정부의 전체 수지를 통일 관리하는 방식으로 전체 예산 계획을 세우라는 요구에 따라 정부의 모든 수입이 예산 관리 항목으로 포함됐다.

부처예산 편제의 요구에 따라, 재정부는 각 부처의 정부 구매 예산 편제와 중앙집중 구매 목록 제정을 요구하여 중앙집중 구매를 실행했다. 나아가 정부 구매의 관련 실시 방법을 제정하여 정부 구매 업무의 법치화 수준을 높였다. 동시에 정부 구매 자금의 직접 지불 범위를 확대하고 정부 구매에 공개입찰 제도의 실행을 추진하며 정부 구매 관리 부처와 정부 구매 집행 단위를 서로 분리하고 아울러 정부 구매에 대한 검사와 회계감사를 강화했다. 2001년 전국 정부 구매 금액은 653억 위안에 달했고 2001년 중국 전역 정부의 조달 규모는 653억 위안이었다. 이후 지속적으로 확대돼 2015년 처음으로 2조 위안을 돌파하며 전국 재정지출과 GDP에서 차지하는 비중이 각각 12퍼센트와 3.1퍼센트에 달했다.[31]

지적해야 할 점은 부처예산 개혁 및 이와 연계된 국고집중지급제도, 정부 구매 제도 개혁의 목적은 공공재 공급 과정에서의 감독 문제 해결이라는 것이다. 공공재의 효과적인 공급을 실현하기 위하여 공공재에 대한 사회 대중의 현시 선호 문제를 반드시 해결해야 한다. 따라서 인민대표대회 제도를 개혁 개선하여 인민대표대회가 입법기관으로서 정부예산 제정과 집행 과정 중에 갖는 실제적인 권력을 강화하여 결과적으로 정부예산의 법치화를 실현할 필요가 있다.

4.2 정부 간 재정 관계 개선

재정연방제의 기본 원리에 근거하여 중앙 재정과 지방 재정 각각의 책임은 응당 그들이 제공한 공공재의 수익 범위에 따라 나누어야 한다. 중앙정부는 예를 들면 소득 재분배, 거시 조절 등의 전국적 성격의 공공재를 제공할 책임을 진다. 반면 지방정부는 수익 범위가 유한한 지방적 성격의 공공재, 예를 들면 지방 행정 서비스, 치안 등을 제공할 책임을 진다. 현행 재정세수체제에서 각급 정부의 직권 구분은 불합리하다. 기층 정부, 특히 현급과 향급의 양급 정부는 9년 의무교육 보급, 공공 의료 보건 등 많은 전국적 성격의 공공서비스에 대한 책임을 지고 있어 막대한 지출 범위를 부담하고 있으나 상응하는 수입원은 없는 실정이다. 막중한 책임과 불충분한 수입원이 결합되어 공공서비스 수준의 커다란 격차가 야기되었다.

1994년의 재정세수 개혁은 중앙과 지방 두 정부 사이의 직권(지출 책임)의 구분 문제를 개혁하지 못하여 비록 여러 번 작은 조정이 진행되었지만 대다수를 중앙과 지방이 공동 부담했으며, 이로써 기층 정부의 수입원과 지출 책임의 부조화 문제를 해결하지 못했을 뿐 아니라 또한 행정 효율의 저하도 야기했다. 2006년 중국공산당 제16기 6중전회는 '중앙과 지방의 직권을 더욱더 명확히 하여 재정력과 직권이 서로 조화로운 재정세수체제를 완비할 것'을 제시했다. 재정부의 담당 관료 역시 지출 범위의 구분은 중앙정부, 지방정부 기능의 구분과도 함께 연관되어 있으나 기능의 구분은 적합성, 수익 범위 등의 원칙에 의거해 명확히 그 경계를 정해야 한다고 지적했다.

각급 정부에 자연히 존재하는 수입과 지출 책임 사이의 간극은 정부 간 이전지출 제도로 해결해야 한다. 현 상황에서 보면 '정부 간 재정 관계에 대해 일차적인 기초개혁을 실행할 필요가 있는데 그 가운데 근본은 중앙과 지방의 정부 직능을 과학적이고 합리적으로 구분하는 것이다'.[32] 예컨대 다른 국가 가운데 세계적으로 사회양로보험을 지방 업무로 규정한 국가는 하나도 없는데도 중국은 지방이 이를 관장하여 일부 혼란스러운 국면이 조성되었다. 현재 지방정부가 맡고 있는 사회보장 직권을 상부로 회수하여 중앙의 직권으로 규정할 필요가 있다. 이에 대하여 영국 경제학자 아타 후세인Athar Hussain(1943~2021)과 니컬러스 스턴Nicholas Stern(1946~)은 상세한 분석을 했다.[33] 그들은 중국의 중앙정부가 지방정부로 사회보장, 기초 교육, 보건의료와 공공안전의 지출 책임을 넘겼으며 이러한 서비스에 대해서만 상당히 제한적으로 자금을 제공했다고 지적했다. 지급시와 현급시는 사회보장 방면의 모든 지출을 책임졌는데 이에는 양로금, 실업보험과 기타 수입 구제금 및 복지 항목이 포함된다. 현縣과 향鄕이 함께 농촌인구의 기초 교육과 공공보건 제공 책임을 지고 있는데, 이 두 직급의 정부가 교육 방면 예산 지출의 70퍼센트, 보건 방면 지출의 55퍼센트를 점하고 있다. 정부 간 재정 관계 개선을 위해 그들은 세 가지 방면의 선택안을 제시했다. 첫 번째는 이전지출 제도를 개혁하여 각 일급 정부가 모두 실질적인 기본적 공공재를 제공할 만한 충분한 재정력을 확보하는 것이다. 두 번째는 융자 책임을 새로이 분배하여 기본적인 공공재를 위한 자금 제공 책임을 하급 정부에서 상급 정부로 이전하는 것이다. 셋째는 각급 정부 간 세수 협력이 허용되는 범위 내에서 상대적으로 낮은 하위 정부의 과세권을 확대하는 것이다.

이러한 정부 간 관계의 불균형으로 다음과 같은 매우 심각한 문제가 야기되었다. 한편으로 공공재의 질과 수량이 보장되지 못했고 다른 한편으로는 지방정부가 '재원을 널리 확보한다'는 충동과 동기를 갖게 되었는데, 이는 '불법 요금' 근절의 실패와 변칙적인 차입[34] 등의 측면으로 나타났다. 지방정부의 채무 특히 음성적 채무의 잠재적 리스크는 매우 큰데 이는 주로 다음과 같은 측면을 보인다. 규모는 방대한데 구조는 분산되어 있고 은닉성은 강한데 투명도는 낮다. 통일적인 조건이 없고 조기 경보 체제도 부족하며 통일적인 통계수치도 존재하지 않았다. 이외에 지방정부 채무 문제는 위약률이 높아서 부작용이 컸고 통일적인 관리가 없어서 가속화 경향이 나타났다.[35]

2008년 전 지구적 금융위기가 폭발한 이후 투자 자극과 내수 확대를 위하여 재정부는 국무원의 비준을 받아 지방정부를 대신하여 2000억 위안의 채권을 발행했다. 채권은 지방정부 명칭으로 이름을 붙였기 때문에 매체들에게 지방정부 채권[36] 융자가 곧 개방된다는 신호로 간주되었다. 2009년 4월 3일 약칭으로 '09신장01'으로 불린 신장웨이우얼자치구 정부 채권(1기)이 상하이 증권거래소에 상장되었는데 이는 '지방채'가 정식으로 자본시장에 진입함을 의미했다. 중앙정부의 규정에 근거하여 이번에 발행한 지방채권으로 융통한 자금은 주로 지방이 마련한 공익성 건설 프로젝트 및 사회적 투자를 유치하기 어려운 기타 공익성 건설 프로젝트에 대한 중앙의 투자에 배정되었다. 여기에는 '삼농三農', 민생 등 각항의 재정지출이 포함되었다. 지방정부 채권의 예산 관리 방법과 국고집중지급제도는 자금 용도를 효과적으로 관리감독하여 지방정부의 계획 외 지출 행위를 억제했다.

지방정부가 지방의 발전 계획에 근거하여 채권을 발행하여 재정력을 보완하도록 허용해서 지방정부가 더욱 융통성 있게 자금을 모으도록 돕고 자주 발전 능력을 증강시켜야 한다. 그러나 이와 동시에 중국의 사회주의 민주 정치 건설을 반드시 가속화하여 지방인민대표대회에서 지방정부 행정 행위에 대한 감독을 더욱 힘차게 그리고 더욱 효과적으로 하도록 해야 한다. 그렇지 않고 지방정부의 채권발행이 엄격한 제약을 받지 않는다면 지방정부는 과도하게 빚을 내거나 심지어 일정 범위의 재정위기를 야기할 가능성이 있다. 이는 반드시 주의하여 방지해야 한다.

4.3 기타 세비개혁

1. 부가가치세의 생산형에서 소비형으로의 전환 실현

부가가치세는 중국의 현재 세수 체계에서 가장 중요한 세수 항목이다. 부가가치세의 전환 개혁은 주로 다음의 두 가지 측면을 둘러싸고 진행되었다. 하나는 생산형 부가가치세를 소비형 부가가치세로 바꾸는 것이고 두 번째는 부가가치세의 포괄 범위를 확대하는 것이다. 이전에 부가가치세 개혁의 진전은 빠르지 않았으며 주요 고려 사항은 재정수입에 대한 영향 측면이었다. 1994년 중국 재정개혁 시기에 생산형 부가가치세를 채택한 것은 주로 재정수입을 보장하려는 데에서 착안한 것인데 이는 생산형 부가가치세가 소비형 부가가치세와 비교하여 재정수입 향상에 더욱 유리하기 때문이었다. 그러나 생산형 부가가치세는 설비투자에 포함된 매입 세금에 대해서는 공제를 하지 않아 자본재에 대한 중복 징세의 문제가 존재했으며 적극적인 기업 투자를 억제하는 작용도 했기 때문에 업계와 학계 모두 줄곧 소비형 부가가치세로의 전환을 주장했다.

2004년 7월, 중국 정부는 동북 지역의 장비제조업 등 8대 업종에서 생산형 부가가치세에서 소비형 부가가치세로의 전환이라는 개혁 실험을 실행했고 기업이 새로 구매하여 들여오는 기기 설비에 포함된 부가가치세 매입세액은 기업의 부가가치세 세액에서 공제하도록 허가했다. 2007년 7월부터 중부中部 6개 성省 26개 옛 공업도시의 8대 업종 역시 부가가치세 전환 개혁 실험에 포함되었다. 2008년 7월 실험 범위는 네이멍구자치구 동부 5개 맹시盟市와 쓰촨 원촨汶川 지진 재해 심각 지역으로 확대되었다. 2008년 12월 15일 국무원은 2009년 1월 1일부터 전국의 모든 지역, 모든 업종에서 부가가치세 전환 개혁을 추진하기로 결정하고 아울러 「중화인민공화국 부가가치세 임시 조례中華人民共和國增值稅暫行條例」를 수정했다. 그 주요 내용으로는 다음과 같은 내용이 포함되었다: 기업이 신규 구매 설비에 포함된 부가가치세를 공제하도록 허가하고 동시에 수입 설비의 부가가치세 징수 면제와 외상투자기업의 국산 설비 구매에 대한 부가가치세 환급세 정책을 취소한다. 부가가치세 소규모 납세인은 4퍼센트와 6퍼센트 징수율을 통일적으로 3퍼센트로 낮추며 광산품의 부가가치세 세율은 13퍼센트에서 17퍼센트로 회복한다.

2. 영업세에서 부가가치세로의 전면 개정

영업세는 중국에서 세 번째로 큰 거래세 세목으로 주로 서비스업에 과세됐다. 영업세는 영업액에 따라 징수하기 때문에 그로 인한 폐단이 컸다. 중복 과세나 과중한 세 부담이 성장 방식의 전환을 꾀하고 있는 중국에서 한창 크고 있는 서비스업의 발전을 저해했다.

영업세 개혁을 놓고 21세기 재정학계에서는 '부가가치세 징수 범위가 확대됨에 따라 부가가치세로 영업세를 대체해야 하지만 현재 영업세를 완전히 부가가치세로 전환하기엔 시기상조'[37]라는 인식이 중론이었다. 그러나 경제 구조 전환의 필요성이 갈수록 커지면서 2011년 국무원의 비준을 거쳐 재정부, 국가세무총국이 영업세를 부가가치세로 전환하는 시범 방안을 공동으로 하달했다. 2012년 1월 1일부터 상하이 교통운수업과 일부 현대 서비스업을 대상으로 영업세 대신 부가가치세를 받는 시범 사업이 시행됐다. 2012년 8월 1일부터 그해 연말까지 국무원은 영업세를 부가가치세로 전환하는 시범지를 8개 성과 시로 확대했다. 2013년 8월 1일 시범지는 전국으로 확대됐고 방송 영상 서비스업도 시범 대상에 포함됐다. 2014년 1월 1일을 기점으로 철도 운수와 우편 서비스업도 시범 대상에 포함됐고 교통운수업 전체에 적용됐다. 2016년 3월 18일 국무원 상무회의에서는 2016년 5월 1일부터 부가가치세 전환 시범지를 전면 확대하기로 결정했다. 이에 건축업, 부동산업, 금융업, 생활 서비스업 전체가 시범 대상에 포함됐다. 이로써 영업세는 역사의 무대에서 물러나게 됐다. 부가가치세 전환 사업은 서비스업과 제조업의 세금 제도를 통일시키고 부가가치세 공제 라인을 통합해 중복 과세를 막음으로써 세수 부담을 줄일 수 있었다. 1994년 세금을 국세와 지방세로 나눈 분세제 개혁 이후 재정과 세무 시스템은 분업 심화를 장려하고 사회 분업 협력을 촉진하며 시장 효율을 높여 중국의 재정 및 세무 제도가 시장경제 발전에 따른 필요에 더욱 부합하도록 또 한 차례의 큰 변혁을 치렀다.

3. 농촌 재정세수 개혁

2000년, 농민의 농업과 관련된 과다한 세비 항목과 과중한 세 부담 등의 문제에 대해 중앙의 통일적 조치에 의거하여 농촌 세비개혁이 안후이성에서 실험을 실행했다. 2003년까지 농촌 세비개혁 실험은 전국 범위 내에서 전면적으로 전개되었다. 첫 번째 단계에서 개혁의 중점은 바른 세금체제와 합리적인 비용 수취로서 농민은 7퍼센트를 초과하지 않는 농업세와 1.4퍼센트의 농업세 부가 외에는 다른 비용을 더 이상 부담하지 않도록 했다.

2004년부터 중국공산당 중앙위원회와 국무원은 더 나아가 '5년 내 농업세 폐지'를 발표했다. 2005년 12월, 전국인민대표대회 상무위원회는 공식 결의를 통하여 「중화인민공화국 농업세 조례」를 폐지했는데 이는 토지 전답을 세수 기초로 삼았던 2600년 역사의 농업세가 역사의 무대에서 퇴출

됨을 의미했다. 농촌 세비개혁은 종합적 개혁 단계에 진입했다.

현재, 농촌의 종합 개혁은 세가지 측면의 문제를 둘러싸고 진행되고 있다. 그 가운데 향진鄕鎭 기구개혁은 주로 향진 정부의 기능 전환과 기구 인원의 간소화를 중심으로 전개되었다. 농촌의 의무교육 개혁은 주로 농촌 의무교육 경비를 공공재정의 보장 범위 내에 포함시킨 것으로 2008년 말 전국의 농촌 의무교육은 이미 등록금과 교과서비를 면제받았다. 현縣·향鄕의 재정 관리 체제 개혁은 주로 '성의 현에 대한 직접 관할'과 '향 재정의 현 관할' 방식 중심으로 전개되어 2008년 말에 이르면 전국에 이미 24개 성이 '성의 현에 대한 직접 관할'을 실행했고, 29개 성이 '향 재정의 현 관할'을 실행했다.38

4. 내자기업과 외자기업의 소득세 통일 실현

오랫동안 소득세의 징수는 기업의 성격에 따라 서로 다른 법규가 적용되어 내자기업과 외자기업 세율을 통일하자는 목소리가 매우 드높았다. 2007년 3월, 10여 년간의 논란을 거쳐 새로운 「중화인민공화국 기업소득세법」이 전국인민대표대회의 심의를 거쳐 통과되면서 결국 세계무역기구WTO 가입 과도기 이후의 첫 해에 내자와 외자 두 기업의 소득세법 통합이 실현되었다.

내자기업과 외자기업의 세율상 통합에도 불구하고 신규 기업소득세법에는 불완전한 점이 여전히 존재했다. 예를 들면 국내 각 지역 간 세 부담이 고르지 않았으며 기업소득세 세금 기준 표시에도 여전히 모호한 부분이 있었고 새로운 기업소득세법의 과도기 내 우대 정책은 정리가 요망되는 등이었다. 이러한 문제 해결을 위해서는 역시 실제 운용 중 문제에 근거한 시행 세칙 수정이 필요하다.

5. 소비세 제도의 완전화

소비세의 징수는 응당 자원절약 장려, 환경보호 촉진, 소비의 합리적 유도 그리고 수입 분배의 간접 조절 원칙에 입각해야 한다. 2006년 4월, 재정부는 소비세율과 세목에 대하여 일차적으로 비교적 큰 조정을 진행하여 골프공 및 골프채, 고급 손목시계, 요트, 일회용 나무젓가락, 원목마루 등의 항목을 신설했다 이외에 2008년 말 「중화인민공화국 소비세 임시조례中華人民共和國消費稅暫行條例」를 수정하여 일부 소비제의 징수 절차, 과세 방법과 세율에 대한 조정을 완성했다. 수정 내용에는 주로 다음의 두 가지 측면이 포함된다: 첫째는 그 상위법에 근거하여 1994년 이후 이미 실시된 정책 조정 내용을 수정 후의 세칙 속에 체현하는 것이다. 둘째는 판매와 유상 양도에서의 부가가치세 실시 세칙의 정의, 외환 매출액의 환산, 가격 외 비용, 납세의무 발생 시간 등의 규정과 연계하여 수정 내용이 일치하게 유지하는 것이다.

6. 유류세 징수 시행

유류 차량의 사용은 대량의 희귀 토지 등의 사회자원을 확보하는 것을 필요로 하며 대기오염과 온실효과를 야기하여 매우 큰 마이너스負의 외부성을 갖게 된다. 따라서 현 세계에서 책임 있는 국가라면 예외 없이 유류에 대해 중과세를 부과하여(세율은 100~200퍼센트에 달한다) 자원절약과 환경보호를 촉진한다. 그러나 중국은 줄곧 계획경제의 전통을 답습하여 생산수단으로서의 유류에 대해 조세부담률이 낮은 정책을 실행하여 중국은 세계적으로 유류세 부담이 가장 낮은 국가 가운데 하나였다. 일인당 평균 석유 점유량과 토지 점유량이 세계 평균 수준보다 크게 낮은 중국에서 이러한 정책은 매우 불리한 것이고 유류 소모 비용이 상대적으로 적은 국민에게도 역시 매우 불공평한 것이다. 그래서 사회적으로 식자들은 오랜 기간 세율이 상대적으로 높은 유류세의 징수를 줄곧 주장해왔다.

상술한 외침에 호응하기 위해 2009년 이후부터 중국은 완성유成品油(석유 제품) 세비개혁을 실시하기로 결정하여 원래 완성유 가격 외에 징수하던 도로유지비, 항로보수비, 도로운수관리비, 도로화물운송부가금, 수로운송 관리비, 수운화물운송부가금 등 6가지 항목의 비용 수수를 폐지했고 정부의 2급 도로 요금 상환을 점차 체계적으로 폐지했다. 동시에 가스 소비세와 디젤 소비세를 일정한 폭으로 올렸다. 유류세 징수 방식은 각종 도로유지비를 유가 속에 포함시켜 매 차량의 납부해야 할 도로유지비를 세비로 전환하는 것이었다. 이는 '예산 외 수입'을 규범화하고 행정사업성 비용을 총괄적으로 규범화함을 의미한다. 여기서 더욱 중요한 점은 정부 세수 수단을 운용하여 유류세 사용의 마이너스 외부성으로 야기된 사회적 비용을 메우고 유류 소비자의 에너지 절약과 온실가스 배출 감소를 유도했다는 것이다. 그러나 실시 과정에서 유관 부처는 '차주의 부담을 늘리지 않겠다'고 무턱대고 강조하여 이로 인해 자원절약과 환경보호 독려 효과와 같은 외부 보상 효과를 감퇴시켰다.

제 8 장

대외개방

중국은 1970년대 후반 국내 경제체제 개혁에 착수하면서 동시에 내향경제에서 외향경제로의 전환을 시작했다. 30여 년의 개혁개방을 거치면서 중국은 이미 지난 몇 년간 외국인직접투자 규모가 가장 큰 개도국이자 세계 제2의 무역 대국이 되었다. 대내개혁과 대외개방이 상호 촉진하며 중국 경제의 고속 성장을 이끌었고, 2001년 11월 중국이 정식으로 세계무역기구에 가입한 이후 중국은 전면적인 개방경제 건설이라는 새로운 경계에 들어섰다.

1. 중국의 내향경제에서 외향경제로의 전환

현대 세계에서 어떤 국가도 완전히 문을 닫아걸고 다른 나라와 경제 관계를 맺지 않는 것은 불가능하다. 어떤 방식으로든 대외경제관계를 처리하는 것은 모든 국가경제체제의 중요한 구성요소다. 다양한 국제무역 이론의 기초 위에서 국가들은 서로 각기 다른 대외무역 정책을 형성한다. 지난 30여 년 동안 중국 대외경제의 발전 전략이 지나온 길은 바로 내향경제에서 외향경제로의 전환 과정이다.

칼럼8.1

국제무역 이론의 변천[1]

국제무역 이론은 16세기 중상주의에서 비롯했다. 몇백 년 동안 국제무역 이론의 양대 파벌인 자유무역 이론과 보호주의 이론은 끊임없이 발전하며 다양한 무역 정책을 펼쳐놓았다.

자유무역 이론은 애덤 스미스*의 『국부론』에서 시작됐다. 애덤 스미스

• 애덤 스미스Adam Smith(1723~1790). 영국의 윤리학자 겸 경제학자. 경제학의 창시자. 그의 경제학 저작 『국부론』(1776)은 경제학의 건립과 발전에 심원한 영향을 끼쳤다. 스미스는 시장이라는 '보이지 않는 손'이 자신의 이익을 추구하는 사람들을 사회 복리에 공헌하도록 인도할 수 있다고 여겼다. 따라서 스미스는 영국 정부의 중상주의 정책이 경제활동을 통제하고 간여하는 것을 격렬하게 비판하고 자유시장 경제제도를 강력하게 주장했다. 레닌은 스미스에서 시작된 고전경제학을 마르크스 정치경제학의 원류로 보았다. 스미스는 그의 다른 저작 『도덕감정론』(1759/1790)에서 인간은 사익을 추구하는 동시에 타인에 대한 동정심을 갖고 있다고 보았고, 사람들의 도덕심을 고양시켜야 한다고도 강조했다.

는 무역의 호혜성을 지적하면서, 한 국가는 반드시 어떤 상품생산에서 절대우위를 갖춰야만 국제무역에 참여할 수 있다고 여겼다. 데이비드 리카도●는 비교우위론을 주장하여 국가와 국가 간의 자유무역을 위한 이론의 기초를 다졌다. 비교우위 이론은 한 국가가 어떤 상품에서 절대우위를 갖는 것이 국제무역에 참여하기 위한 전제는 아니며, 각국이 국내에서 비교우위를 갖는 상품을 생산하는 데 집중해서 그 상품을 수출하고 비교열위를 갖는 상품을 수입한다면 모든 무역참여국의 후생은 무역을 행하지 않았을 때보다 높아질 것이라고 주장했다. 1935년 스웨덴 경제학자 엘리 헤크셰르Eli F. Heckscher(1879~1952)와 베르틸 올린Bertil Ohlin(1899~1979)은 요소부존 이론Factor Endowment Theory을 제기하며, 각국은 본국에서 상대적으로 풍부한 생산요소를 집약적으로 사용한 상품을 전문으로 생산, 수출하고, 본국에서 상대적으로 희소한 생산요소를 집약적으로 사용한 상품을 수입해야 한다고 주장했다.

1954년, 바실리 레온티예프Wassily W. Leontief(1906~1999)는 투입산출표를 이용하여 비교우위 이론을 실증할 때, 미국의 수출 상품은 노동집약형 상품이고 수입품은 자본집약형 상품임을 발견하여 '레온티예프 역설Leontief Paradox'을 제기했다. 경제학자들은 '레온티예프 역설'을 검토하면서 국가 비교우위를 결정하는 중요한 요소로서 인적자본(즉 사람의 지식과 기능)은 완전

● 데이비드 리카도David Ricardo(1772~1823). 영국 고전경제학을 집대성한 뛰어난 대표자. 리카도는 노동가치론을 견지하며, 살아 있는 노동이 가치를 창조한다고 여겼다. 이 점은 마르크스주의 잉여가치론의 근원 가운데 하나다. 그는 임금, 지대와 이윤 이론을 발전시켰고, 화폐유통법칙을 개괄하고, 정부의 세수 정책과 채권발행이 경제에 등가의 영향을 미치는 원리(대등원리)를 논증했다. 리카도는 자유무역을 추앙하여 국제무역의 비교우위 원리를 주장했다. 이 원리는 현대 국제무역 이론의 초석을 다졌다.

히 주어지는 것이 아니라 가변적인 것임을 발견했다. 이 발견은 고전적 정태 비교우위 이론을 동태 비교우위 이론으로 발전시켰고 현대 자유무역 이론의 기초를 마련했다.

전통 자유무역 이론에는 두 가지 중요한 가설이 있다. 첫째, 시장은 완전 경쟁적이며, 둘째, 규모의 경제가 존재하지 않는다. 1970년대와 1980년대 경제학자들은 이 두 개의 중요한 가설이 현실에서 성립하지 않는다는 것을 발견했다. 미국 경제학자 폴 크루그먼●은 불완전 경쟁과 규모의 경제라는 두 가설을 전제로 정부의 적당한 간여는 본국 기업의 경쟁우위를 확보할 수 있도록 한다고 주장했고, 이 이론은 신무역 이론으로 불린다.

1990년, 미국의 마이클 포터는 자신의 명저 『국가 경쟁우위』에서 국가 경쟁우위 이론(다이아몬드 모델)을 제기하며 한 국가의 성쇠를 결정하는 근본 요인은 그 나라의 주도산업이 국제시장에서 경쟁우위를 획득할 수 있는지에 달려 있고, 경쟁우위는 다시 생산요소, 국내 수요, 관련 및 지원 산업 그리고 기업의 전략, 구조와 경쟁 등 4대 기본 요소에 달려 있다고 주장했다. 포터는 본원적 생산요소의 중요성은 날로 저하되고(물론 본원적 생산요소가 농업과 원자재 산업에 갖는 의미는 여전히 중요하다), 고급 생산요소가 경쟁우위를 획득하는 데 의문의 여지 없이 중요하다고 여겼다. 고급 생산요소는 외부에서 얻기가 매우 어렵고, 반드시 자신이 투자하여 만들어내야 한다. 또한

● 폴 크루그먼Paul Krugman(1953~). 미국 경제학자. 1991년 클라크 경제학상 수상. 크루그먼은 신무역 이론과 신케인스주의의 대표적 학자다. 그의 신무역 이론은 불완전 시장경쟁과 규모 수익 체증을 기초로 산업내무역과 일국의 전문화 생산의 경로의존성을 분석했다. 그는 무역 이론과 경제지리학을 결합하여 지역의 산업집적 및 지역 내 '중심-주변'의 형성을 연구했다. 크루그먼은 국제화폐경제학 영역에도 상당한 공적을 가지고 있다. 2008년 크루그먼은 무역 패턴과 경제활동의 지리적 위치에 대한 분석으로 노벨경제학상을 수상했다.

정부의 역할과 기회요인은 '다이아몬드 모델'에서 중요한 두 가지 보조적 요소다. 정부가 자신의 역할을 잘하면 국가경쟁력 우위를 확대하는 힘이 될 수 있다고 여겼다.

보호무역 이론은 1581년 영국의 윌리엄 스태퍼드William S. Stafford (1554~1612)가 제기한 초기 중상주의 관점에서 시작됐다. 초기 중상주의는 귀금속의 많고 적음이 국부를 결정하고 수입은 귀금속 유출을 일으킨다고 여겼다. 따라서 정부의 힘을 통해 수출을 많이 하고 수입을 적게 하는 것이 국부를 증가시키는 기본 책략이었다. 말기의 중상주의는 무역차액론이라고 불리는데, 대표적 인물은 영국의 토머스 먼Thomas Mun(1571~1641)으로, 국부를 증가시키는 가장 중요한 수단은 본국 상품의 수출과 소비품 수입의 감소라고 주장했다.

18세기 말과 19세기 초, 미국의 알렉산더 해밀턴Alexander Hamilton (1757~1804)과 독일의 프리드리히 리스트Friedrich List(1789~1846)는 연이어 유치산업보호론을 주장했다. 낙후 국가의 신흥 산업은 초기 단계에 경쟁력이 낮기 때문에 반드시 보호해야만 선진국과의 경쟁에서 패배하는 것을 면할 수 있다는 것이다.

국제무역 이론에서 또 하나 빠뜨릴 수 없는 학파는 바로 아르헨티나 경제학자 라울 프레비시Raúl Prebisch(1901~1986)가 처음으로 주장하고, 이집트 경제학자 사미르 아민Samir Amin(1931~2018)과 브라질 경제학자 테오토니우 두스산투스Theotonio Dos Santos(1936~)가 발전시킨 '중심-주변core-periphery'론이다. 이 이론은 세계를 선진국으로 구성된 중심부와 개도국으로 구성된 주변부로 구분한다. 양자는 경제 발전에서 불평등한 지위에 놓여 있다. (1) 경제 발전의 자주성 면에서 중심부 국가는 주도적 지위에 있는 반면 주변부 국가는 종속적 입장에 놓여 있다. (2) 경제 발전 구조 면에서 중심부 국가는 완제품을 생산, 수출하고 원자재, 에너지와 농산품 등 1차 산품을 수입하는 반면 개도국은 이와 완전히 상반된다. (3) 중심부 국가는 기술 진보가 가져오는 이익을 거의 독점하는 반면, 주변부 국가는 이를 누릴 수 없다. 종속 이론가들은 이런 불평등의 원인을 주로 전통적 국제 분업 체계가 가져온 주변부 국가경제 구조의 단일성과 수출 생산의 피동적 전문화 및 주변부 국가의 무역조건 악화에서 찾는다. 이 이론에 근거하면, 개도국은 보호무역 정책을 실시해야만 경제의 자주적 발전과 진정한 정치적 독립을 이룰 수 있다.

1.1 개도국의 대외경제관계 기본 유형

제2차 세계대전이 끝난 후, 세계에 수많은 신생 독립국들이 나타났다. 이 국가들은 공업화와 현대화를 이루기 위해 노력했고 이에 개발도상국이라 불렸다. 대외경제관계를 이용해 발전을 이루려는 것은 발전 전략 가운데 중요한 구성 요소다. 대외경제관계의 시각에서 볼 때, 개도국의 대외경제 정책은 내향형과 외향형 두 가지 유형으로 나눌 수 있다. 그 가운데 내향형은 다시 저급 형태의 폐쇄형과 고급 형태의 수입대체형 두 가지 유형으로 구분된다. 외향형은 저급 형태의 상대적 개방형(혹은 수출주도형)과 고급 형태의 완전개방형 두 유형으로 나뉜다. 그중 완전개방형은 국내외 시장이 완전히

[표8.1] 대외경제관계의 분류

	내향형	외향형
고급 형태	수입대체	완전개방
저급 형태	폐쇄	수출주도(상대적 개방형)

[표8.2] 대외경제 전략의 두 가지 관련 정책

	수입대체	수출주도
무역보호 정책	고도 보호	적당 보호
환율 정책	본국 화폐 절상	본국 화폐 절하

개방되어 대외경제관계가 고도로 시장화돼 있다(표8.1).

수입대체import substitution 전략과 수출주도export oriented 전략은 모두 후발국이 선진국을 따라잡을 때 채택하는 공업화 전략이다. 이 두 가지 대외경제 전략은 관련 정책인 무역보호 정책과 환율보호 정책에서 각각 선명한 특징을 보인다(표8.2).

구체적으로 수입대체의 기본 방법은 역대 수입 수량에 근거해 거대한 국내시장을 갖는 수입 제품을 확정한다. 그다음 본국 생산자가 수입한 기술을 이용하여 생산하도록 고무한다. 마지막으로 관세와 비관세장벽을 설치함과 동시에 본국 화폐를 절상시키는 외환 정책으로 보조하고, 정부의 우대 정책을 이용해 국내 생산의 높은 창업 비용을 낮춰 목표한 산업의 투자자들이 이익을 볼 수 있게 하여 본국 생산 제품이 수입품을 대체하도록 한다.

수출주도 전략은 정부의 적당한 지원 아래 비교우위를 갖춘 본국의 제품이 국제시장을 쟁취하도록 촉진하는 것이다. 이 전략의 방법은 첫째, 주기적으로 본국 화폐를 절하하여 국내 생산자가 국제시장에서 농산품, 완성품과 노무를 판매할 때 이득을 취하도록 저환율을 유지한다. 둘째, 일부 수출 제품에 보조금을 제공해 생산자가 수출 능력을 확대하는 데 투자하도록 인도하고 동시에 면세, 수출 환급, 부품 수입세 반환, 이자율 인하 및 기타 여러 방법으로 수출상에게 보상해주면서 국제시장 진입의 어려움을 극복하도록 돕는다. 셋째, '적당'하나 '강도가 높지' 않은 대외 정책을 채택한다. 즉 수입 상품에 높은 보호관세나 수량제한을 실시해 본국 기업이 과도한 국내시장 보호 때문에 수출시장 개척을 포기하고 높은 이익을 얻을 수 있는 국내시장으로 눈 돌리는 것을 막는다.

라틴아메리카 국가들이 가장 먼저 수입대체 경로를 밟았다. 아르헨티나, 브라질, 콜롬비아, 멕시코 등의 유치산업이 제2차 세계대전 기간에 탄생한 후, 이들은 본국의 유치산업 보호를 위해 체계적으로 수입 장벽을 설치해 미국 수입품과의 경쟁을 제한했다. 많은 개도국들이 이런 방법을 모방했고, 제2차 세계대전이 끝난 후에는 대다수 신생독립국이 이 경로를 따랐으나, 수입대체 공업화 전략은 기대한 결과를 얻지 못했다. 예를 들면 인도는 수입대체 전략을 엄격하게 집행한 나라였지만, 1950년대 초에서 1970년대 초까지 4차례의 야심찬 5년 계획을 실시했음에도 인도의 일인당 GDP는 이전에 비해 단지 몇 퍼센트 올랐을 뿐이다. 칠레는 또 다른 특별한 사례다. 칠레는 제2차 세계대전 후 강력한 국가 간여 아래 수입대체 공업화 전략을 실시했지만, 공업화 속도를 높이지 못하고 오히려 칠레 경제는 1970년대 큰 어려움에 빠졌다. 1973년 9월 칠레 군정부가 정권을 잡은 후 수입제한을 철폐하고 관세율을 낮췄다. 10여 년간 불안정한 전환기를 거쳐 1983년부터 안정적인 성장이 나타나기 시작했다. 1984~1994년 연평균 경제성장률은 6.4퍼센트에 달해, 1952~1970년 GDP 연평균 성장률(3.8퍼센트)을 초과했고, 다른 라틴아메리카 국가들을 크게 앞질렀다.

상술한 국가들이 채택한 수입대체 전략과 반대로, 동아시아 일부 국가들은 수출주도 전략(신중상주의 전략)을 채택했다. 일본은 제2차 세계대전이 끝난 지 얼마 지나지 않아 적당한 보호관세와 수입제한 및 본국 화폐 절하 정책을 취해 이 전략을 추진하여 고속 성장의 '일본의 기적'을 창조했다. 이어서 1960년대, 타이완, 한국과 싱가포르 역시 이 전략의 지원 아래 고속 성장

[표8.3] 수입대체 전략과 수출주도 전략의 우열 비교2

	수입대체	수출대체
장점	한 국가가 현대화를 발전시키는 데 필요한 광범위한 기능을 촉진한다.	1. 수요가 본국 소득 제한에 구애받지 않는다. 2. 외국 생산자와의 경쟁에서 강력한 시장의 검증을 받는다. 3. 비교적 높은 경쟁 수준이 효율 제고와 산업 현대화를 촉진한다.
단점	1. 무역장벽이 낙후 산업을 보호하고 부패를 조장한다. 2. 무역장벽은 보통 한번 설치하면 다시 물리기 어렵다. 3. 제품 보호를 위해 사용자의 비용을 높이고 해당 제품의 경쟁력을 저하시킨다.	1. 노동집약적 제품의 전문화를 야기하고 장기 성장 잠재력을 약화시킨다. 2. 수출시장 개척이 어렵다. 3. 수출 이외 부문은 낮은 수준에 머문다.

을 시작했다.

수입대체 공업화는 왜 예상한 기능을 발휘하지 못했는가? 크루그먼의 분석에 따르면 가장 중요한 이유는 개도국의 제조업 발전 정도가 낮은 상태에서 일반적으로 숙련 노동자 부족과 기업가, 관리 인재 및 사회조직 방면에 존재하는 문제 등 여러 가지 원인이 작용한 것이다. 무역보호 정책은 이들 국가의 제조업 경쟁력을 만들어낼 수 없었을 뿐만 아니라, 오히려 제조업 부문과 기업의 효율을 저하시켰다. 또한 수입대체 전략은 보호를 받는 소수의 선두 기업에게 독점이윤의 특권을 주기 때문에 이원경제 및 소득분배 불평등과 실업 등의 문제를 격화시킨다.3 바로 이 때문에 수입대체의 논리는 광범위하게 비판받았다.

외향적 경제로서 저급 단계의 수출주도 정책 혹은 신중상주의 정책은 왜 필요한가? 신무역 이론에 따르면 자원 부존의 비교우위 외에 규모의 경제가 대외무역에서 이익을 얻을 수 있는지 없는지에 매우 중요한 영향을 끼친다. 수출주도 발전 전략은 신흥국가 기업이 규모의 생산 능력, 비교적 높은 표준적 생산효율을 형성하는 데 가능한 경로를 제공한다.

그러나 개도국이 성장하고 규모의 경제가 이미 이루어진 후에는 관세, 세율 등 보호 조치가 자유교환을 방해하게 되어 발전 동력이 장애로 변한다(표 8.3). 이런 상황에서 국제경제관계에서 더 많은 이익을 얻기 위해, 한층 더 개방하고, 대외무역과 대외경제관계 등 다른 방면의 자유화를 실현해야 한다.

1.2 경제글로벌화 추세

1970년대 이후 무역자유화, 투자자유화를 주요 내용으로 하는 경제글로벌화가 계속 심화되어 세계 무역 경제 발전의 주요 조류가 되었다. 경제글로벌화globalization란 국가 간 경계를 넘어 상품, 서비스, 자본과 정보 이동이 끊임없이 증가하여, 장애가 점차 적어지고 규모는 끊임없이 확대됨에 따라 각국 상호 간 경제의존도가 날로 심화되는 추세를 말한다.

경제글로벌화는 생산력 발전의 내재적 요구를 반영한다. 기술 진보, 특히 운수와 통신 기술의 진보는 운수와 통신 비용을 크게 낮춰 경제활동의 시장 반경을 크게 넓히고 자원배분을 한 국가 내에서 국제적으로 확장시킨다. 초국적기업은 글로벌화의 주도 세력이다. 2007년, 7만9000개 초국적기업이 전 세계에 79만 개의 국외 지사를 냈고 이들의 해외직접투자 스톡은 15조 달러가 넘는다. 전 세계 외국 자회사의 부가가치(총생산액)는 전 세계 국내총생산액의 11퍼센트를 차지하고 고용 인원은 8200만 명에 달한다.[4] 초국적기업은 자신의 국제경쟁력을 강화하기 위해 전 세계적 범위에서 경영 활동을 펼친다. 글로벌화 조건 아래 국제경제 환경은 다음과 같은 특징을 갖는다.

첫째, 생산 경영 활동이 수직적 일체화에서 수평적 추세로, 기업 내부

분업이 기업 간 분업으로 변한다. 이에 상응하여 국가 간 분업은 산업 간 분업에서 산업 사슬 내 분업으로 변하여, 개도국 기업이 본래 선진국 기업이 장악한 산업 사슬에 진입할 수 있다. 예를 들면, 일부 미국 회사가 콜센터, 연구개발R&D 등 업무를 세계 도처 개도국에 아웃소싱outsourcing을 하면 개도국 기업은 관련 산업의 업무 활동에 참여할 수 있다.[5]

둘째, 다국적 투자가 급속하게 성장하여, 2007년 전 세계 다국적 직접투자 유입량은 1경8330조 달러에 달해, 1982년에 비해 약 30배 증가했다. 유출량은 1경9970조 달러로, 73배 성장했다. 아시아 지역에 현저한 다국적, 다층적 산업 이전 현상이 나타났다. 노동집약형 생산 활동이 일본에서 '네 마리 작은 용'으로 이전됐다가, 다시 '네 마리 작은 호랑이'로 이전되고, 또다시 생산요소 비용이 더 낮은 다른 개도국으로 이전됐다.

셋째, 각국 대외직접투자foreign direct investment, FDI 정책에 근본적인 변화가 일어나 기존의 제한 위주 정책에서 적극적 격려 정책으로 전환됐다. 1992~2007년 100개 이상의 국가가 외자 정책을 조정하여 FDI 진입이 더 유리하도록 정책을 전환했다. 양자투자협정은 1980년 181개에서 2007년 2608개로 증가했고 이중과세방지협정은 1980년 719개에서 2007년 2730개로 늘어났다.

넷째, 국제 무역장벽이 계속 낮아짐에 따라, 국제 상품 무역은 고속 성장했다. 1980~1995년 평균 성장률은 5.6퍼센트에 이르렀고, 특히 서비스 무역이 급성장하여 1980~2007년 성장 속도가 8.1퍼센트에 달해 같은 시기 세계경제 성장 속도보다 높았고, 각국의 무역의존도 역시 눈에 띄게 높아지는 추세였다.

다섯째, 산업 내 무역, 서비스 무역의 성장 속도는 전체 국제무역의 성장 속도보다 빨랐고, 국제무역 비중도 계속 높아졌다.

여섯째, 경제글로벌화의 국제 규칙이 끊임없이 강화됐다. 관세무역일반협정과 세계무역기구GATT/WTO로 대표되는 경제글로벌화 규칙이 기존의 상품 무역 영역에서 서비스 무역, 무역 관련 투자 조치, 지식재산권 등 다양한 영역으로 확대되었고, 성원국들에 대한 요구도 갈수록 엄격해져 이전에 개도국의 수출주도 전략의 성공을 보장했던 일부 산업 지원 정책이 점점 더 많은 제약을 받게 되었고 그에 따라 수출주도 전략의 어려움이 증가했다.

1.3 중국 대외경제 발전 전략의 변화

중국은 세계에서 문명이 가장 일찍 나타난 국가 중 하나로, 역사적으로 세계 각국과 광범위한 경제와 문화 교류를 가졌다. 역사책에 기록된 '비단길'이 바로 중국 대외개방의 금자탑이다. 그러나 1368년 주원장이 황제에 오르면서부터 명조는 해금 정책을 기본 국책으로 삼아 해안의 백성이 사사로이 '널빤지 한 쪽도 물에 들이지 못하도록' 했다. 16세기 서구는 대항해시대에 접어들었지만 점차 쇠락하는 명조는 오히려 더 엄격한 폐쇄정책을 실시했다. 청조에 이르러서도 계속 엄격한 폐관 쇄국 정책을 실시했고 '해금' 정책으로 선박, 인원, 화물의 출입을 금지하여 중국을 세계 밖에 머물게 했다. 서구에서 산업혁명이 절정에 이르렀던 1793년까지 중국 건륭제는 통상무역 관계의 건립을 요구하는 영국 국왕에게 회답하면서 '천조天朝에는 물산이 풍부하여 없는 것이 없으니 오랑캐의 물건을 빌려 교역하지 않는다'[6]고 말했다. 명청 양대 수백 년에 걸친 폐쇄정책은 중국을 빈곤하고 낙후하게 만들었다. 이 이삼백 년 동안 서구 봉건제도는 와해되어 자본주의 각국에 국내시장이 형성되고 국제시장이 열려 생산력 발전을 크게 촉진했다. 중국 경제의 정체와 선명한 대비를 이룬다. 1949년 이후 중국의 대외경제 무역 관계는 차례로 다섯 가지의 다른 전략 단계를 거쳤다.

1. 1949~1971: 쇄국 정책

중화인민공화국 성립 전후로 중국 지도자들은 완전한 폐쇄경제를 건립하고자 의도하지 않았다. 그러나 1950년 한국전쟁 발발에 이어서 미국 및 그 동맹국들이 대중 봉쇄를 실시하면서 중국은 어쩔 수 없이 서방세계와 단절하게 됐다. 1956년 이후 국내경제의 집중적 계획경제체제에 적합하도록 레닌이 주창한 '대외무역의 전면적 국유화'[7]의 대외무역 독점제 원칙에 따라 국가의 완전독점을 특징으로 하는 대외무역 체제를 건립했다. 즉 각 업종별로 건립한 국영 수출입총회사[8]가 소속 업종의 수출입 업무를 통일적으로 경영하고, 수출입은 국가계획위원회가 하달한 지령성 계획에 따라 진행했다. 수출 상품은 계획 수매하고, 수입은 계획 조달 판매를 실시하여 국가 재정부가 이익과 손실을 책임졌다. 이런 체제 아래서, 수출입 무역의 기능은 '유무상통有無相通'과 '과부족 조절'에 머물 수밖에 없었다.

1958년 '대약진' 운동이 발생한 후, 특히 1960년대 초 소련과 관계가 악화된 이후로 중국 지도부는 '자력갱생'을 더욱 강조하고, 각 지역마다 '독립

[표8.4] 중국 대외무역 총액이 세계무역 총액에서 차지하는 비중(1953~1977)[9]

연도	연 총액(억 달러)	세계무역에서 차지하는 비중(%)
1953	23.7	1.5
1957	31.1	1.4
1959	43.8	1.9
1962	26.6	0.9
1970	45.9	0.7
1975	147.5	0.8
1977	148.0	0.6

적 경제 체계'를 건립하도록 격려했다. 대외경제관계에서도 한층 더 폐쇄정
책을 강화했다. 이때부터 1970년대까지 대외무역은 정체 상태에 머물렀다
(표8.4).

2. 1972~1978년: 수입대체

'문화대혁명' 후반에 접어들면서 중국은 공업, 기술, 관리 등 각 방면에
서 공업화 국가와의 격차가 점점 더 커져갔다. 중국 지도부는 장기간 시행
한 폐쇄정책의 위험을 의식하여 1972년 미국과 관계를 완화하고 중일 국교
정상화를 이루었다. 이와 함께 서방국가들과 무역관계를 발전시키는 정책으
로 전환하기 시작했다. 특히 1977~1978년 '양약진洋躍進'[10] 기간, 대형 광공
업설비를 대량으로 수입했고, 1978년 1년 동안에만 78억 달러의 화학비료,
야금 등 플랜트 수입을 포함하는 22개 대형 프로젝트 계약을 맺었다. 수출
입 무역도 비교적 빠른 발전을 보였다. 중국의 수출입 무역 총액은 1972년
63억 달러로 거의 무시해도 좋을 정도에서 1978년 206억4000만 달러로
증가했다. 그러나 이 당시 중국이 대외무역을 발전시킨 목적은 여전히 개방
경제를 건립하기 위한 것은 아니었다. 수입대체를 통해 '자주독립, 자력갱생'
의 경제체제를 건립하길 희망했을 뿐이다.

3. 1979~1993년: 수입대체에서 수출주도로

'문화대혁명'이 끝난 후, 중국 지도부는 과거의 경험을 정리하면서 나라
문을 걸어 잠그는 것은 중국의 경제 발전을 저해하고 손해가 된다는 것을
깊이 인식했다. 덩샤오핑은 '현재 세계는 개방 세계다. 중국은 서방국가에서
산업혁명이 일어난 이후 낙후됐다. 중요한 원인 하나가 바로 쇄국이다. 건국
이후 (…) 30여 년의 경험과 교훈이 우리에게 알려준 것은 문을 걸어 잠그고

하는 건설은 통하지 않으며 발전할 수 없다는 것이다'[11] '역사의 경험은 개방하지 않으면 안 된다는 것을 설명하고 있으며' '개방하지 않고 다시 쇄국을 하면서 50년 안에 선진국 수준에 이른다는 것은 분명히 불가능하다'[12]고 말했다.

덩샤오핑이 이끈 대외개방 전략과 1970년대 중반 대외경제 전략의 차이는 수입대체가 아니라 수출주도였다는 점이다. 개혁개방 초기, 중국 지도부는 동아시아 지역의 일본 및 홍콩, 싱가포르, 타이완, 한국의 '네 마리 작은 용' 등이 외향형 경제를 발전시켜 전체 경제를 빠르게 성장시킨 경험에 끌려 수출주도 방침을 채택하기로 결정했다. 중국 노동력의 비교우위를 충분히 발휘하고, 외자 유치, 노동집약형 산업의 발전, 완제품 수출 확대를 통해 본국 경제 발전을 움직여나갔다. 그러나 1978~1993년 기간 동안 구체적으로 실시한 정책은 사실 수입대체와 수출주도가 결합된 점진적 수출주도로 변화해가는 일종의 과도기 상태에 있었다.

점진적 수출주도로 나아가는 중요한 징조는 이중환율제도의 시행이었다. 개혁개방 이전 중국은 계속 외환 계획정가제와 계획 배분 제도를 시행해왔다. 수입대체 전략과 상응하여 채택한 것이 본국 화폐의 고평가 정책이다. 개혁개방이 시작되면서 인민폐의 관방 환율은 1.5위안 인민폐가 1달러로 교환되는 고평가 체계였다. 1980년 10월 국무원은 국가가 관리하는 집체기업과 사업단위가 중국은행을 통해 인민폐 내부무역결산가(2.8위안 인민폐 대 1달러) ±10퍼센트의 변동 폭 내에서 외환조절 거래를 할 수 있도록 허가했다. 이렇게 관방시장과 조절시장이 병존하는 외환시장 쌍궤제가 형성됐다. 1985년 이후 선전 등 특구에서 시작해 이어서 기타 다른 도시에도 외환조절센터가 널리 설립됐다. 동시에 외상투자기업이 외환관리 부문을 통해 외환 매매를 하도록 허가했다. 조절 환율도 점차 개방됐다. 변동폭 제한은 완전히 조절시장의 수급 상황에 따라 결정됐다.

4. 1994~2001년: 수출주도 정책의 전면적 실시

이후, 외환시장 쌍궤제는 두 가지 경로를 통해 단일 시장 궤도로 전환됐다. 첫째, 인민폐의 관방 환율을 점진적으로 절하했다. 1993년 말까지 인민폐 관방 환율은 5.8위안 대 1달러로 절하됐다. 둘째, 조절시장 거래액이 전국 무역 외환 거래액에서 차지하는 비중이 계속 상승했다. 1993년 말에 이 비율은 80퍼센트에 이르렀다.

외환시장과 외환 환율의 쌍궤제는 외상투자기업의 투자 환경 개선 및 중국 대외무역과 국민경제 발전에 적극적인 역할을 했다. 그러나 이것은 불평등경쟁을 야기했고, 거대한 지대 추구 공간을 조성했다. 이에 중국 정부는 1994년 1월 1일부터 단일한 관리변동환율제를 시행하여 관방 환율을 조절시장 환율과 일치시켰다. 관방 환율은 1993년 12월 31일 5.8위안 대 1달러에서 1994년 1월 1일 8.7위안 대 1달러로 대폭 절하됐다. 이후 또 외상투자

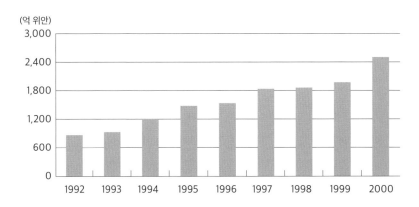

[그림 8.1] 1992~2000년 중국 수출 총액13

기업도 은행의 환매매 결제 체계에 편입됐다.

1994년의 외환개혁은 수출주도 전략의 전면적 실시를 의미한다. 이는 1990년대 중후반 중국 수출의 급속한 성장에 적극적인 역할을 한 원동력이었다(그림8.1).

5. 2001년 WTO 가입: 전 방위 개방

중국은 본래 세계무역기구 전신인 관세 및 무역에 관한 일반 협정GATT 체약국이었다. 1986년, 중국은 가트 체약국 지위 회복을 신청했다. 이 행동 자체가 중국이 세계를 향해 한층 더 개방하고 세계 경제체제에 편입하고자 하는 결심을 의미한다. 2001년 11월 WTO에 정식 가입이 확정되기 전 15년 동안의 협상 과정에서 중국 정부는 관세장벽을 대폭 낮추고 수입할당제를 폐지했으며 법률과 집행 시스템을 개선하는 등 WTO의 요구에 부합하도록 다각적인 조치를 취했다.

2001년 WTO에 가입한 후 지금까지 중국 정부는 WTO 가입 때 내건 약속을 지키고자 대외무역 체제와 정책을 전면적으로 조정했다. 현재 중국 대외경제는 법치 건설, 투명도, 상품 무역, 서비스 무역, 외자 이용과 지식재산권 보호 등 여러 방면에서 장족의 발전을 이루었고 중국의 대외개방 역시 다자간 규칙을 기초로 전면적으로 개방 수준을 높인 새로운 단계에 진입했다.

새로운 단계에서 요구하는 대외개방에 적응하기 위해 중국은 전면적인 조정과 관련된 정책들이 필요하다. 이런 조정이 어떻게 진행되는가는 중국 대외경제관계뿐만 아니라 국내경제에도 중대한 영향을 미칠 것이다(본장 5.1, 제10장 3, 4 참조).

세계무역기구[14]

세계무역기구World Trade Organization, WTO는 1948년의 관세 및 무역에 관한 일반 협정General Agreement on Tariffs and Trade, GATT의 기초 위에 건립한 국제기구다. 가트의 각 체약국은 여러 차례의 다자무역협상을 통해 여러 항목에 걸친 양자 협의를 달성하여 세계무역 자유화를 크게 진전시켰다. 그러나 GATT 조직은 구속력이 없어 실질적인 권력을 갖고 자신의 결정을 집행할 수 없었다. 1994년 4월 15일 GATT 우루과이 라운드 장관급 회담에서 1995년 1월 1일부터 발효될 '세계무역기구 건립 협정'을 맺어 '완전하고, 활력 있는, 지속적인 다자무역 체계 건립'을 결정했다. 이것이 바로 세계무역기구 WTO다.

자유무역은 WTO의 기본 목적이다. 이 목적을 이루는 경로는 다음과 같다. '각 회원국이 무역과 경제 관계를 처리할 때 충분한 취업을 확보하고, 소득을 높이고, 유효수요를 확대하며, 상품과 서비스 생산과 무역을 확대하여 지속 가능한 방식으로 세계 자원을 충분히 이용하고, 환경을 보호 유지해야 한다.' '적극적인 노력을 통해 개도국, 특히 최빈곤 국가가 국제무역 성장 과정에서 그 경제에 상응하는 몫을 얻을 수 있게 보장한다.' '호혜적 협의의 달성을 통해 관세와 기타 무역장벽을 대폭 낮추고 국제무역에서 차별적 대우를 제거해 상술한 목적의 실현에 공헌한다.'

WTO의 기본 원칙은 GATT의 기본 원칙(주로 1994년에 맺은 일반 협정)과 다자무역협상을 거쳐 달성한 일련의 협의를 계승했다. 이 협정과 협의가 포함하는 원칙은 (1) 체약국 일방이 어떤 일방에게 최혜국 지위를 부여하면 모든 체약국에 적용된다. (2) 체약국 간 상대국의 자연인, 법인과 상선에 부여하는 보증은 본국의 자연인, 법인, 상선에 부여하는 대우와 동일하다(국민 대우). (3) 체약국 일방은 어떤 체약국에 대해서도 차별적 대우를 해서는 안 되며 모든 체약국이 동일한 조건에서 무역을 행할 수 있게 해야 한다. (4) 관세는 WTO가 인정한 유일한 합법적 보호 방식으로 체약국은 계속 관세의 전반적 수준을 낮춰야 한다 등이다.

관세 및 무역에 관한 일반 협정과 비교해서 WTO에서 개선된 점은 WTO의 모든 협의는 회원국 모두에게 구속력을 갖는다는 것과 분쟁해결기구Dispute Settlement Body, DSB를 통해 해결 방법을 모색한다는 것이다. DSB는 독립적인 권력을 갖는 전문가 집단Panel을 만들어 이들을 통해 상소를 하고 판결과 건의의 집행 그리고 감독권을 가지며 건의가 집행되지 않을 경우 보복 조치를 취할 권력을 부여받았다.

WTO에는 현재 140여 개 회원국이 있다. 중국은 GATT의 창설 멤버이며 또한 처음부터 끝까지 우루과이 라운드 다자무역협상에 참여했던 국가다. 15년의 협상을 거쳐 중국은 2001년 11월 WTO에 가입했다.

2. 수출입 무역의 발전

계획경제의 대외무역 독점체제를 깨고 대외무역을 크게 발전시키는 것이 중국 대외개방 전략에서 가장 중요한 내용이다.

2.1 대외체제의 개혁 과정

1979년부터 중국은 일련의 개혁을 통해 점진적으로 계획경제 대외무역 체제를 시장화 대외무역 체제로 전환시켜 나갔다.

1. 대외무역 독점체제의 점진적 타파

계획경제체제의 가장 주요한 특징은 레닌의 '대외무역 독점체제', 즉 대외무역 소유권, 관리권과 경영권의 '전면적 국유화'를 실행하는 것이다. 대외무역은 국가 대외무역부 직속의 12개 대외무역총회사가 독점 경영했다. 따라서 대외무역 개혁의 첫 번째 목표는 바로 대외무역 독점체제를 깨는 것이다. 중국에서 이 개혁은 점진적인 방식으로 진행됐다.

⑴ 대외무역 심사권을 이양했다. 1970년대 말부터 중앙정부는 점차 지방정부와 중앙업종부行業部의 대외무역 기업과 수출생산 기업의 대외무역 경영권에 대한 심사권, 외자기업 설립에 대한 심사권, 원재료 가공 방식來料加工 및 구상무역三來一補에 대한 심사권을 확대하기 시작했다. 전국 각 성, 직할시, 자치구와 '중앙직속 중점개발도시'는 점차 직접 대외무역 경영권을 갖는 항구도시를 열어나갔다.

⑵ 각 공업부 소속 대외무역전문총회사 설립을 비준하고 조건을 갖춘 중대형 기업들에 대외무역 경영권을 부여했다. 소수 대종을 이루는 상품, 국가 경제와 국민 생활에 깊은 관련이 있는 그리고 전략적 의의가 있는 상품, 국제

시장에서 경쟁이 격렬한 수출 상품 및 특수한 요구가 있는 수출 상품은 계속 대외무역부 소속 대외무역전문총회사가 경영하고, 그 외 상품은 대외무역 기업의 지방 지점과 공업 부문의 대외무역 권한이 있는 기업이 경영했다.

(3) 외상투자기업에게 자영自營 대외무역 권한을 부여했다. 즉 외상투자기업은 자기 기업에 필요한 원자재, 부품 등을 수입하고 제품을 수출할 권한을 가졌다.

(4) 사영 생산기업과 과학 연구 기관에게 자영 수출입 권한을 부여했다.

2. 관세 보호 수준의 인하

1982년 중국 관세의 평균 법정세율은 56퍼센트에 달했고, 1992년 43.2퍼센트로 낮아졌다. 이후 하락 속도는 매우 빨라졌다(그림8.4). WTO 가입 후 3년 과도기가 끝날 무렵 중국의 평균 세율은 이미 WTO 기타 개도국 회원들의 수준과 비슷했다.

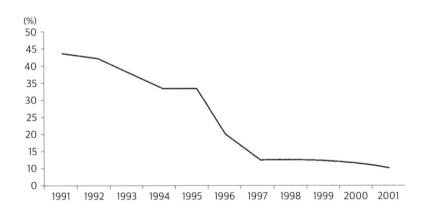

* 그림 중의 세율은 모두 가중하지 않고 계산.
[그림8.2] 중국 평균 법정 관세율 하락의 궤적(1991~2001)15

3. 수입 쿼터와 허가증 제한의 점진적 폐지

중국이 사용한 비관세장벽은 무역 권한 제한, 수입 쿼터, 허가증, 수입대체 명부, 특정 상품의 수입 입찰 요구 및 품질과 안전기준 등을 포함한다. 1980년대 초 대외개방을 시작한 이후, 여전히 광범위하게 쿼터, 허가증 등 수단을 통해 수입을 제한했다. 1980년대 말 허가증 상품은 53종으로 전체 수입 상품에서 차지하는 비중이 46퍼센트에 달했다. 1990년대 들어 중국은 차츰 허가증 상품의 종류를 줄여나갔다. 1990년대 말 4퍼센트 미만의 과세 대상 수입품만이 수입허가증의 제한을 받았다. WTO 의정서에 중국 정부는 모든 수입 쿼터와 허가증 폐지를 약속했고, WTO 가입 후 2~4년 내에 과학 기기, 건축설비, 농업 설비, 의료 설비 등 4대 제품 수입의 강제적 입찰 요구를 폐지하는 데 서명했다.

4. 외환관리체제 개혁

전통적 내향형 계획경제체제 아래 수출입 등 대외경제활동은 계획에 따라 조절됐고, 외환은 행정적으로 분배되어 환율의 역할은 매우 미약했다. 대외경제관계가 발전하면서 대외경제활동에 환율의 역할이 날로 두드러졌다. 1981~1993년 기간 동안, 정부는 관방 환율을 몇 차례 조정했다. 1994년 중국은 관리변동환율제 아래 인민폐 환율을 일원화하고, 3년에 걸쳐 경상 항목의 인민폐 자유 태환을 실현했다(본장 1.3).

2.2 대외무역 발전

개혁개방 이래, 중국은 행정 독점의 대외무역 체제를 개혁하고 인민폐 환율의 지속적 절하를 시행하여 무역의 빠른 발전을 이끌었다. 또 한편, 가공무역 발전에 유리한 일련의 정책을 시행했다. 가공무역 활동에 필요한 수입품에 대해 보세 관리감독 정책을 시행하는 동시에 소수 민감 품목 외에 가공무역 계약 항목의 화물 수입 허가증, 쿼터 등 비관세장벽을 폐지하여 높은 관세와 비관세장벽이 무역을 왜곡하는 것을 방지하고, 가공무역의 발전을 크게 촉진했다. 이 모든 조치가 중국 대외무역, 특히 수출 무역의 큰 발전을 견인했다.

1978~2008년 30년 동안 중국 대외무역 총규모는 123배 증가했다. 전 세계 무역에서 중국의 위치는 개방 초 32위에서 제2대 수출 대국, 제3대 수입국으로 변모했고, 일부 중요 상품의 수출입은 국제시장에서 중요한 지위를 차지하고 있으며 세계무역 체계에서 중요한 구성원이 됐다(그림8.3).

가공무역은 무역 확장의 중요 원인이다. 중국 대외무역의 성장 속도는 세계무역의 평균 성장 속도보다 훨씬 빠르다. 대외무역 고속 성장의 기본 원인은 중국 경제 규모의 확장과 이로 인한 국제경쟁력 제고이고 이 외에 더 중요한 원인은 가공무역의 급속한 발전이다. 1970년대 말부터 중국은 '삼래일보三來一補'정책을 시행했고, 1980년대 중후반 '대량 수입, 대량 수출'의 개방 전략을 실행했다. 이 전략은 국제적 산업 이전의 형세에 잘 적응하여 중국은 국제 분업에서 노동력, 토지 등 비교적 낮은 요소 가격의 비교우위를 발휘해 엄청난 성공을 거두었다. 중국의 가공무역은 외상투자기업 위주, 원료 가공來料加工 방식 위주와 연해 지구 위주의 기본 특징을 가지고 있다. 현재 가공무역은 이미 중국 대외무역의 절반을 차지하고 있으며, 중국 첨단기술 제품을 수출하는 주요 방식이다.

대외무역이 빠르게 발전하면서 중국의 무역의존도[16]도 계속 높아졌다. 2005년 중국의 무역의존도는 63퍼센트, 수출의존도는 33.8퍼센트(표8.5)에 달했다. 세계 각국의 무역 발전 추세와 비교하면 첫째, 중국 무역의존도의 제고는 국제 추세에 부합한다. 세계 평균 수출의존도는 1970년 14퍼센트에

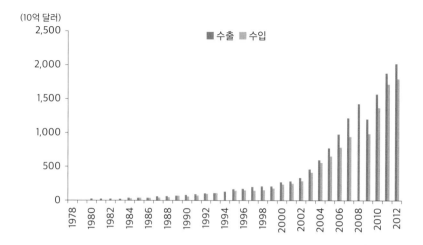

(10억 달러)

■ 수출 ■ 수입

* 1979년 이전은 대외무역부 업무 통계 수치, 1980년 이후는 해관 수출입 통계 수치.
[그림8.3] 중국 대외무역의 발전(1978~2012)[17]

서 2007년 24퍼센트로 높아졌다. 둘째, 만약 각국 GDP 구성의 차이를 고려한다면 중국 제조업의 무역의존도는 독일 등 선진국보다 낮고 싱가포르 등 소위 '소국 개방경제'보다 훨씬 낮다. 셋째, 고비율의 가공무역이 중국의 무역의존도 수치를 높여 중국 경제의 국제시장 의존 정도를 과대평가한다. 넷째, 만약 환율의 영향을 뺀다면, 2000년 당시 구매력 평가로 계산한 무역의존도에 따를 경우 중국의 개방 정도(8.5퍼센트)는 저소득 국가의 평균 수준(8.4퍼센트)에 해당하여 중등 소득 국가(16.7퍼센트)와 고소득 국가의 평균 수준(38.7퍼센트)[18]보다 훨씬 낮다. WTO 가입 후 2002~2007년까지 중국의 수출은 연평균 28.8퍼센트의 고속 성장을 이뤘다. 수출의존도는 대국 경제체 가운데 비교적 높은 수준이다.

비록 중국의 무역의존도가 높은 것은 바로 요소 부존이 매우 불균등한 기본 사실을 반영하는 것이지만 순수출(수출초과)의 급속한 성장, 중국 경제

[표8.5] 중국 경제의 무역의존도(1978~2012, GDP 대비, %)19

연도	1978	1980	1985	1990	1995	2000	2005	2010	2012
수출입 무역 총액	9.5	12.6	22.7	30.0	38.6	39.6	63.0	50.1	47.1
그중: 수출	4.5	6.0	8.9	15.9	20.4	20.8	33.8	26.6	24.9
수입	5.0	6.6	13.8	13.7	18.1	18.8	29.2	23.5	22.1

성장의 과도한 외수 의존은 경제학자들의 점점 더 많은 주의를 끌고 있다.

이외에 저부가가치 가공 상품의 대량 수출을 통해 외환을 벌어들이는 무역 방식은 자원과 환경의 강한 제약을 받으며 또한 장기적으로 지속할 수 없다. 따라서 수출주도 발전 전략은 조정에 직면해 있다. 이 문제에 관해서 우리는 본장 5.1에서 심층적으로 토론할 것이다.

3. 경제특구 건립과 개방지구 확대

중국이 수출주도를 핵심으로 하는 대외개방 전략을 확정한 후 직면한 첫 번째 중요한 문제는 '네 마리 작은 용'식의 수출주도 정책을 집행하기 위해 선진국 시장의 수요에 적합한 수출 제품을 대량생산할 수 있는 생산기지가 필요했다는 점이다. 중국은 비록 풍부한 노동력 자원을 가지고 있었지만 필요한 선진기술과 관리 능력을 갖춘 생산기업은 부족했다. 선진기업은 양호한 경영환경에서 생존하고 발전할 수 있다. 그래서 중국 대외개방은 양호한 경영환경을 갖춘 대외개방기지를 양성하는 데에서부터 시작했다.

중국 지도부는 '네 마리 작은 용'의 성공 경험에 착안하여[20] 경제특구 건립 및 지역적 추진 방식의 대외개방 전략을 채택했다. 경제특구의 건립 의의는 다음과 같다. 중국은 거대한 영토를 가지고 있으며 오랫동안 계획경제 제도를 실시해왔다. 단기간 내에 국내시장을 형성하고 전면적인 대외개방을 실시하는 것은 불가능했다. 중국 선전 등 연해 도시에 이웃한 홍콩, 마카오, 타이완과 해외 화교, 화인들의 여러 우위를 이용하여 시장경제의 '분위기'를 형성하고 세계시장과 만날 수 있었다. 이는 외상투자를 유치하고 기술과 관리 능력, 외향형 산업의 발전을 이루고, 또한 전국의 개혁개방에 중대한 영향을 미치며 거대한 추진 작용을 했다. 중국의 대외개방은 연해지역을 전략 중심으로 삼고, 단계적, 차등적, 점진적 방식으로 추진됐다.

3.1 1980년대 대외개방기지 — 특구 건립

1980년대 초, 중국은 연해 도시에서 대외개방기지를 건립하기 시작했다.

⑴ 1980년 5월, 광둥과 푸젠 두 성에 대외개방 특수 정책과 유연한 조치를 시행하기로 결정했다.

(2) 1980년 8월, 선전深川, 주하이珠海, 산터우汕頭, 샤먼廈門에 '시장 조절 위주의 지역성 외향형 경제 형식'의 경제특구를 시범적으로 운영하기로 결정했다. 국가는 특구의 각종 기업들이 자가소비할 화물들에 대해 수입 관세와 공상통일세를 면제해주고, 해외에서 수입한 상품에 대해서는 수입 관세와 공상통일세를 절반 감면해줬다. 특구에서 생산된 상품이 특구 내에서 판매될 때 공상통일세를 절반 감면해 줬다.

(3) 1984년 5월, 다롄大連, 친황다오秦皇島, 톈진天津, 옌타이煙臺, 칭다오靑島, 롄윈강連雲港, 난퉁南通, 상하이上海, 닝보寧波, 원저우溫州, 푸저우福州, 광저우廣州, 잔장湛江, 베이하이北海(팡청강防城港 포함) 등 14개 연해 항구 도시를 개방하기로 결정하고, 외자기업에게 경제특구와 유사한 우대 정책을 부여했다.

(4) 1985년 2월, 창장 삼각주長江三角洲, 주장 삼각주珠江三角洲, 민난閩南 지역의 샤廈, 장漳, 취안泉 삼각주 및 자오둥膠東반도, 랴오둥遼東반도를 경제 개방지구에 포함시키기로 결정했다.

(5) 1988년 4월 하이난海南 경제특구를 건립하기로 결정했다.

이때 중국 연해 지구에 전방위적인 대외개방기지의 전체적 포진이 기본적으로 형성됐다. 대외개방기지 건설의 의의는 다음과 같다. 첫째, 이들 대외개방지구는 효율적으로 국제 자원을 이용하고 국제 경쟁에 적극 참여하여 중국 대외개방의 선도 지역이 되었다. 통계에 의하면 1980~1990년 기간 동안 선전 등 4개 특구의 10년 누계 기본 건설 투자는 300억 위안을 초과했다. 14개 연해 개방 도시는 '7.5(1986~1990)' 계획 기간 외상직접투자가 100억 달러를 넘었고, 이미 조업을 시작한 '삼자'기업三資企業은 2000개에 달했다. 대외개방은 외향형 경제의 세찬 발전을 촉진했다. 연해 12개 성(자치구, 직할시)의 1990년 대외수출액은 거의 400억 달러에 달해 전국 총대외수출액의 3분의 2를 차지했다.

둘째, 이들 지구의 대외개방은 경제의 급속한 발전을 촉진하여 지역경제 가운데 가장 활력 있는 고속 성장 지구가 되었다. 대外개방은 대外무역을 일으켰고 대外무역은 대外발전을 가져왔다. 가장 먼저 건립된 선전 등 4개 특구의 1985년 공업 총생산액은 55억 위안에 불과했다. 1990년에 이르러 495억 위안으로 5년 만에 8배 증가하여 연평균 50퍼센트 성장했다.

셋째, 이들 지구는 대내적 선도와 대외적 연계 합작의 기능을 발휘하여 내지와 국제시장을 연결하는 중추가 되었다. 이들은 해외 자금, 선진기술과 관리 방식을 흡수하여 수출무역을 크게 발전시키고 자신을 끊임없이 확대해나갔다. 또 한편 이들은 차츰 내륙으로 이전해 내륙 발전과 진흥을 이끌었다.

넷째, 더 중요한 것은 상술한 특구와 연해 개방지구가 현대 시장경제 제도를 건립하기 위한 실험장이 된 점이다. 이들은 선진 시장경제의 경험을 흡수하고 대담하게 새로운 경제제도와 정부 관리 경제의 새로운 체제를 탐색했다. 전국적인 경제체제 개혁을 위해 경험을 축적하고 모델을 세우며 본보기를 제공하는 개혁의 실험구가 되었다.

칼럼8.3

쑤저우 공업단지의 경험[21]

쑤저우 공업단지는 중국과 싱가포르 양국 정부가 1994년 2월 서명한 「쑤저우 공업단지의 합작개발에 관한 협의서」에 의해 건립됐다. 국내 기타 개발구와 비교할 때 쑤저우 공업단지의 특징과 장점은 싱가포르의 공공 관리 경험을 학습하고 운용해 단지를 하나의 현대 공업도시로 만든 것이다.

중-싱 양국정부는 합작개발 「협의서」를 체결하면서 동시에 「싱가포르 경제와 공공 관리 경험 모델 운용에 관한 협의서」에 서명했다. 경험을 전수하고 '관리 소프트웨어'를 이전하기 위해 싱가포르 측에서 '소프트웨어 이전 판공실'을 설립하고, 쑤저우 측에서 '모델 판공실'을 설립했다. 협의 체결 후 10년 동안 쑤저우는 80여 차례에 걸쳐 1200여 명을 싱가포르에 파견해 배우게 했다. 바로 이렇게 국내 상황과 결합하고 선진국 경험을 흡수하는 제도화 건설은 외자기업의 투자 환경을 크게 개선시켰고, 쑤저우 공업단지를 아시아에서 이름난 공업단지로 만드는 데 결정적 역할을 했다.

⑴ 효율적이고 청렴한 서비스형 정부와 '친기업' 즉 바이어를 위한 서비스 관념을 갖춘 공무원 집단. 공업단지를 조성할 때 단지 관리위원회는 간소화, 통일, 효능 원칙에 따라 기구와 인원을 편제하여 부서와 인원수가 동류 행정구획의 3분의 1에 지나지 않았다. 관리위원회는 인사, 재무, 기본 건설에서 정부 조달까지 엄격한 제도를 제정하여 실시했고, 1998년부터 일반적인 사회서비스 책임보증제와 서비스 체계를 실현했다.

⑵ 사회보장제도 완비. 1997년 단지는 싱가포르 모델과 중국 사회보장 개혁 추세에 따라 새로운 공적금(기금) 제도, 개인계정적립방식을 실시했다. 단지 내 기업, 사업 단위는 반드시 노동자 임금 총액의 25퍼센트를 단위에서 낸 동일한 액수와 함께 본인 계정에 예금하고, 그 기금은 노동자의 양로, 주요 질병사회보험 및 주택 구매, 의료와 실업 구제에 사용한다. 이 사회보장 제도는 이미 단지 내 노동자들에게 혜택을 주고 있으며, 또한 고급 인재들을 단지로 끌어들이는 역할을 하고 있다.

⑶ 시장화 방식의 인적자원 배치. 단지는 인적자원 방면에서 전국적 시장화 배치 방식을 선택했다. 단지 관리위원회는 노동 관리 임시 조치와 취업 허가증 제도 제정을 통해 노동 고용 관리를 규범화하고 인재 유동을 촉진

했다. 단지는 인적자원개발회사를 설립해 능동적으로 바이어를 위한 국제적 인재 서비스를 제공했다

(4) 선도적으로 개발한 대중 주택과 완벽한 부대시설의 지역사회 서비스. 싱가포르의 공공주택 개발 경험을 본받아 단지에 2500개 대중 주택을 건설했고, 우수한 품질, 합리적 가격으로 노동자들의 큰 호응을 얻었다. 커뮤니티 센터鄰裏中心는 서비스업 경영관리 방면에서 싱가포르의 경험을 본떠 만든 일종의 새로운 지역사회 서비스다. 정부가 투자해 만들었고 영리를 목적으로 하지 않는 상업, 문화와 지역 서비스가 일체화되어 주변 주민들에게 종합적인 생활 서비스를 제공한다.

(5) 부단히 개선되는 법률 체계. 단지 관리위원회는 대외경제 관련 법률과 법규를 엄격하게 집행하는 한편, 「도시규획건설 관리방법」「건설항목 환경보호 관리방법」「외상투자 관리방법」과 「공적금관리 일반계정 관리세칙」 등 44개 항목의 관리 방법 및 법규성 문건을 편제하고 그 가운데 40개 항목을 실시했다.

그 밖에 단지 관리위원회는 환경보호, 노동관계, 직업교육과 세관 관리 등에도 많은 독특하고 효율적인 관리 방법과 경험을 갖고 있다.

3.2 1990년대: 대외개방의 지역적 확산

1990년대 들어, 중국 정부는 대외개방 '4연 전략四沿戰略'을 제기하고, 대외개방을 한층 더 확대했다. (1) 연해沿海는 보하이만에서 베이부만(통킹만)까지 발전이 치중된 전체 연해 지구다. (2) 연변沿邊은 신장, 네이멍구와 헤이룽장의 중점적으로 발전하는 변경 지구를 말하며 독립국가연합 각국과 경제 무역 교류를 강화한다. 윈난과 광시의 변경 지역을 발전시켜 남아시아와

동남아시아를 통하는 상로를 연다. (3) 연강沿江은 상하이 푸둥浦東을 개발과 개방의 선도 지역으로 삼아 충칭 아래 창장長江 유역의 전면적인 개발과 개방을 추진하여 동서를 관통하고 남북으로 영향을 미친다. (4) 연로沿路는 유라시아를 연결하는 '대륙교橋'의 일부로서 중국의 동부 항구에서 신장 알타이산맥에 이르는 철도 연선 지구를 말한다.

1990년대를 통틀어 국내 각 지구의 대외개방은 두 가지 주요 방향을 따라 전개됐다. 첫째, 상하이 푸둥을 개발과 개방의 선도 지역으로 삼아 창장 연안 도시를 한층 더 개방하고, 점진적으로 창장 양안을 연해 지역에 이어서 거대한 개방 지대로 건설했다. 이것은 1990년대 중국이 대외개방을 확대하는 데 가장 큰 전략적 의의를 갖는 사건이었다. 중국 정부는 1990년 4월 상하이 푸둥을 개발하고 개방하는 전략을 결정했다. 1992년 덩샤오핑이 남순강화에서 말한 것처럼 상하이는 인재, 기술과 관리 등의 방면에서 분명한 우위가 있었다. 또한 상하이의 영향권인 창장 유역은 중국 최대의 산업 밀집 지대 가운데 하나로 창장 양안은 오래전에 이미 상하이, 난징, 우한, 충칭 등 전문화 정도가 비교적 높은 종합적 공업기지를 형성했다. 이 경제 지대는 기술 수준이 높고 범위가 광활하여 더 큰 범위, 더 높은 차원의 대외개방을 이루어 대외개방의 질적 수준을 높일 수 있었다. 상하이 푸둥의 개발과 개방이 시작된 후 중공중앙과 국무원은 1993년 우후蕪湖, 주장九江, 우한武漢, 웨양嶽陽, 충칭重慶 5개 도시에 연해 개방 도시 정책을 실시하기로 결정했다. 이렇게 상하이 푸둥을 개발과 개방의 선도 지역으로 삼아 그 영향력을 강화하는 동시에 창장 유역의 최대 산업 밀집 지대 역시 상하이의 선도 아래 신속하게 발전할 수 있었다.

둘째, 내륙지역 개방을 가속화하고 내지 연변 도시를 한층 더 개방하여 내륙지역 경제 발전을 추진했다. 내륙지역은 발전할 수 있는 지역 공간, 풍부한 자원을 갖고 있어 충분히 개발 이용할 수 있었다. 대외개방을 안내 삼아 개방으로 개발, 발전을 촉진했다. 중공중앙, 국무원은 1993년 허페이合肥, 난창南昌, 창사長沙, 청두成都, 정저우鄭州, 타이위안太原, 시안西安, 란저우蘭州, 시닝西寧, 구이양貴陽, 인촨銀川 등 11개 성 소재지 도시를 개방하기로 결정하고 동시에 연해 연변에 인접한 성의 4개 성 소재지인 하얼빈哈爾濱, 창춘長春, 후허하오터呼和浩特와 스자좡石家莊을 개방 도시로 선정, 연해 개방 도시의 우대 정책을 누리게 하여 상술한 성들이 발전하는 데 활력을 불어넣었다.

이렇게 중국은 1990년대 중반 전면적, 다층적, 광범위한 영역의 대외개방을 이뤄 새로운 국면을 형성했다.

3.3 밀레니엄: 개방으로 개발 촉진, 내륙 및 환발해 지역의 빠른 발전

1999년 9월 중공 제15기 4중전회에서 통과된 결정에서는 '국가가 서부 대개발 전략을 실시한다'고 분명히 밝혔다. 서부 대개발 전략은 내수 확대, 경제성장 촉진, 민족 단결 촉진과 변방을 공고화하는 것과 직접적인 관련이 있고, 동서부 조화 발전과 공동 부유를 최종 실현하는 것과 맞닿아 있다. 이를 위해 서부 지구에서 외자 유치 업종의 진입, 세수 등의 우대 정책을 제공하고 외상투자를 격려했다.

2003년 10월 중공중앙, 국무원은 「동북 지구 등 구공업기지 진흥 전략에 관한 중공중앙과 국무원의 몇 가지 의견中共中央國務院關於促進中部地區崛起的若幹意見」을 하달하고 동북 지구 진흥 등 구공업기지 전략의 조치를 정식으로 제기했다. 2005년 7월 국무원 판공청은 「동북 구공업기지 대외개방 심화 확대의 실시 촉진에 관한 국무원 의견」을 하달했다. 이것은 개방을 확대하여 동북경제의 외향성을 높이고 체제 혁신, 산업 구조조정, 동북 구공업기지 진흥을 촉진하려는 의도였다.

2006년 4월, 국무원 상무회의에서 톈진天津 빈하이신구濱海新區에 종합적인 개혁 시범지구 건립을 비준했다. 이는 상하이 푸둥에 이은 중국의 두 번째 종합개혁시범지구다. 톈진 빈하이신구의 역할은 베이징, 톈진, 허베이를 근거로 환발해環渤海 지역 발전을 이끌고 '삼북三北〔동북, 화북, 서북〕' 지역으로 영향력을 확대하며, 동북아로 나아가는 중국 북방 대외개방의 관문, 높은 수준의 현대 제조업 및 연구개발 전초기지, 북방 국제항운센터 및 국제물류의 중심이 되도록 하는 것이다.

동시에 중공중앙과 국무원은 「중부 지구 굴기 촉진에 관한 중공중앙과 국무원의 몇 가지 의견」을 내놓았다. 이 중요한 결정을 집행하기 위해 국무원은 중부 지구에 중앙대외무역발전기금의 지원 강도를 높이기로 결정하고, 일급항구 건설 지원, 수출가공구 건설, 가공무역의 중부 지역으로의 이전 유도, 조건을 갖춘 중부기업의 '해외 진출' 유도와 중부 지구의 기업 노무의 수출 규모 확대 등을 실시했다.

3.4 경제특구의 발전 전망

경제특구의 기능과 전망에 관해 논쟁이 끊이지 않았다. 처음 논쟁의 초점은 특구의 성격이 '사회주의적'인가 '자본주의적'인가였다. 20여 년 동안 경제특구 발전은 중국이 폐쇄에서 개방으로 향하는 과정에서 정부 관리 능력과 국내체제의 요구에 적응하고, 개혁개방이 지역에서 전국으로 순조롭게 나아가는 모습을 보여줬다. 개혁개방 과정에서 '창구'와 '실험실'의 역할을 했고 외자 이용과 수출 증대를 위한 기지가 되었으며 동시에 현대 산업 특히 현대 제조업의 기지가 되었다. 따라서 현재 경제특구 건설이 잘못이었다고 생각하는 사람은 매우 적다.

그러나 중국의 시장경제체제가 이미 기본적으로 건립됐고 개혁의 분위기도 '국부적'에서 '전면적'으로 바뀐 상황에서 특구 기능의 전환 여부가 새로운 논쟁 주제가 되었다. 1990년대 중반, 전 방위적, 다층적, 전 분야에 걸친 대외개방의 새로운 국면이 형성됐다. 원래 경제특구에서 실행된 일부 우대 정책과 유연한 조치들이 내륙의 많은 지방으로 점차 파급되면서 특구에 '특'을 붙여야 할지 말지가 논쟁이 되었다. 이에 대해 장쩌민은 중공중앙과 국무원을 대표해 '전국적 전 방위적 대외개방 국면이라는 새로운 형세 속에서 경제특구의 지위와 역할이 약화되고 심지어 없어져야 한다는 생각은 잘못이다' "조금의 의문도 없이 특구에는 '특'이 있어야 한다"고 했고, 문제는 '원래 주로 일부 우대 정책과 유연한 조치의 실행에 기대어 형성된 특구의 특징이 자연히 조금 변화해야 한다'는 데 있으며 '그러나 특구의 우위를 유지하는 입장과 핵심은 다시 논쟁거리가 돼서는 안 된다. 주로 각 항의 개혁 심화, 경제 구조조정, 전면적 관리 강화, 인적자원 소질 제고, 투자 환경 개선, 경제 효율 증진, 법제 규범 완비를 통해 전체 경제 수준을 한 단계 높여야 한다'[22]고 거듭 밝혔다.

중국 시장경제의 기본 틀이 건립되고 중국이 WTO에 가입하면서 특수 경제 구역의 기업에게 계속 세수 등의 우대 정책을 부여하는 것은 평등한 경쟁을 벌일 국내 통일시장의 형성에 불리하고 연해와 내륙의 격차를 축소하는 데도 불리하게 됐다. 중국 정부는 WTO에 가입한 후 특수 경제 구역에서 더 이상 국민 대우 등 WTO 원칙에 위배되는 정책을 실행하지 않겠다고 약속했다. 이는 경제특구의 기능이 주로 주도적인 제도 혁신을 통해 새로운 경쟁우위를 획득해야 한다는 것을 의미한다.

4. 외국인직접투자

중국이 만든 대외개방기지의 핵심 임무는 해외 자본과 선진기술을 유치하고 외국 기업이 오랜 발전 과정에서 축적한 경영관리 경험 및 세계시장에서의 판매 루트를 획득하는 것이다. 이 모든 것이 외국인직접투자FDI를 통해 비교적 빨리 실현될 수 있었다.[23] 따라서 중국 정부는 처음부터 외국인직접투자의 유치를 대외개방 정책의 중요 구성 부분으로 삼았다.

4.1 외국인직접투자의 규모 확대와 질적 제고

1970년대 말 개혁개방 이래 중국 정부가 일련의 우대 조치를 통해 외자를 적극적으로 유치함으로써 외국인직접투자는 매년 증가하며 엄청난 성과를 얻었다(표8.6). 2008년 말까지 전국적으로 비준한 외국인투자기업은 모두 66만 개, 외국인투자 총액은 8800억 달러에 달했다. 중국은 1993년 이래 수년 연속 개도국 가운데 최대 FDI 유입국이었으며 2002년 미국을 초월하여 외국인직접투자 이용이 가장 많은 국가가 되었다. 외국인직접투자액 증가보다 더 큰 의의가 있는 것은 외국인투자의 질적 제고 측면이다.

1. 국제적 대그룹과 초국적 회사의 투자 비중 증가

개혁개방 초기 중국 대외개방의 지역적 범위는 비교적 작았고 토지사용료와 노동력이 비교적 저렴했다. 또한 기업소득세 우대를 해주어 기술 수준이 낮은 소형 투자자들에게 흡인력이 있었다. 대외개방의 범위가 확대되면서 연해의 경제가 발달한 지역의 비용 우위가 약화되고, 지리적 위치, 투자 환경, 기초 시설, 부품 공급, 서비스 체계, 인적 소양, 과학기술, 정부의 행정 처리 효율 등의 기능 우위가 점차 두드러지기 시작했다. 이로 인해 1990년대

[표8.6] 외국인직접투자 상황(억 달러)24

연도	계약외자액	실제사용외자액	GDP 대비 실제사용외자액(%)
1979~1982	49.58	17.69	-
1983	19.17	9.16	0.3
1984	28.75	14.19	0.5
1985	63.33	19.56	0.6
1986	33.32	22.44	0.8
1987	37.09	23.14	0.7
1988	52.97	31.94	0.8
1989	56	33.93	0.8
1990	65.96	34.87	0.9
1991	119.77	43.66	1.1
1992	581.24	110.08	2.3
1993	1,114.36	275.15	4.5
1994	826.8	337.67	6.0
1995	912.82	375.21	5.2
1996	732.76	417.26	4.9
1997	510.03	452.57	4.8
1998	521.02	454.63	4.5
1999	412.23	403.19	3.7
2000	623.8	407.15	3.4
2001	691.95	468.78	3.5
2002	827.68	527.43	3.6
2003	1,150.7	535.05	3.3
2004	1,534.79	606.3	3.1
2005	1,890.65	603.3	2.7
2006	-	630.2	2.3
2007	-	747.7	2.1
2008	-	923.95	2.0
2009	-	900.3	1.8
2010	-	1,057.3	1.8
2011	-	1,160.1	1.6
2012	-	1,117.2	1.4

중반 이후, 경영 규모가 크고 기술 수준이 높은 세계적 다국적 회사와 기업 집단의 연해 지역에 대한 투자 비중이 높아졌다. 2000년대 초 글로벌 500대 비금융 회사의 절대다수가 이미 중국에 투자 프로그램을 가지고 있었다.

2. 자본·기술집약형 투자 프로젝트 비중 증가

대형 초국적기업의 투자 비중이 상승하고 자본·기술집약형 프로젝트가 증가하면서 외국인직접투자 항목의 기술 비중도 크게 증가했다. 그래서 중국이 국제 산업 분업에서 차지하는 지위도 크게 높아졌다. 외국인직접투자는 창장 삼각주와 주장 삼각주 지역에 주로 몰려 이 지역에 국제시장에 중대한 영향을 끼치는 IT산업 클러스터clusters가 형성되었다. 중국은 이미 미국 다음가는 세계 제2대 IT제품 생산국이 되었다.

3. 첨단서비스업 외국인직접투자 증가

서비스업 외국인직접투자 비중은 일국의 외자 이용 수준을 가늠하는 중요한 기준이다. 중국 서비스업의 외자 이용 비율은 매우 낮아 30퍼센트 정도에 불과하다(그림8.4). 그러나 미국 등 선진국의 외자 유입은 줄곧 서비스업 위주로 60퍼센트 이상의 비중을 차지한다. 대중 외국인직접투자 산업 분포는 제조업이 주도적인 지위를 점한다. 비록 기술집약형 외자기업일지라도 중국에서 이들의 경제활동은 주로 산업 체인의 말단, 즉 가공 포장에 집중돼 있다. 연구개발, 설계, 브랜드 마케팅, 금융 서비스 등 현대의 생산적 서비스업이 중국에 센터를 설립한 사례는 거의 없다. 서비스업 이용 외자 가운데 거의 절반이 부동산이다.

1990년대 후반부터 중국 현대 서비스업의 외자 이용 상황이 변하기 시작했다. 그 가운데 현저한 특징 하나는 외자기업이 중국에 연구개발센터를

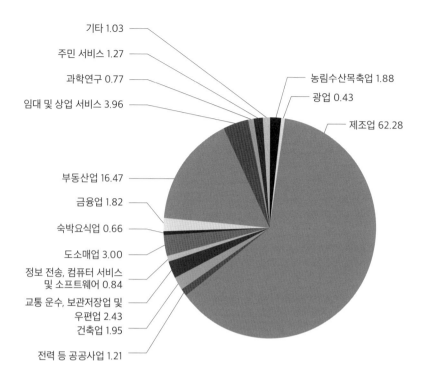

기타 1.03
주민 서비스 1.27
과학연구 0.77
임대 및 상업 서비스 3.96
농림수산목축업 1.88
광업 0.43
제조업 62.28
부동산업 16.47
금융업 1.82
숙박요식업 0.66
도소매업 3.00
정보 전송, 컴퓨터 서비스 및 소프트웨어 0.84
교통 운수, 보관저장업 및 우편업 2.43
건축업 1.95
전력 등 공공사업 1.21

[그림8.4] 대중 외국인직접투자 산업 분포(2007년 말 현재)25

설립한 것이다. 가장 먼저 중국에 연구개발 기구를 설립한 것은 정보통신설비 제조업이다. 이어서 의료기기와 제약업, 화공 제품 제조업 등 기술집약형 산업도 R&D센터 설립 대열에 들어왔다. 관련 연구 보고에 의하면, 2008년 말 중국에 연구개발센터를 설립한 외자는 이미 1200개 이상이다. 그 가운데 연구개발 기구를 가장 많이 설립한 부문은 비금융 계열의 500대 초국적기업이다. 2000년 이전 이 기업들이 중국 내에 건립한 연구개발센터는 100개에 못 미쳤다가 2008년 말에는 340개에 달했다. UNCTAD 조사에 따르면, 62퍼센트의 초국적기업이 중국을 2005~2009년 해외 R&D센

터 우선 대상 지역으로 삼고 있으며 이 추세는 여전히 지속되고 있다.[26]

4. 외국인직접투자의 내륙 확장

중국 정부가 비교적 낙후한 중서부 지구와 동북 구공업기지로 외국인직접투자를 장려하고 있지만, 2002~2006년 5년 동안 동부 연해 지역의 외국인직접투자 비중은 계속 높아져 2006년 90.3퍼센트(표8.7)에 달했다. 외국인직접투자가 이런 지역적 분포를 보이는 데는 깊은 원인이 있다. 첫째, 중국의 개방이 연해에서 시작했고 동부 연해 지역의 정책이 더 개방적이었다. 둘째, 대중 투자 외국인들은 대부분 '대량 수출, 대량 수입'의 가공무역에 종사하며 원자재, 부품은 해외에서 들여오고 시장 역시 해외시장이 주 대상이었다. 이런 기능은 연해 지역에 집중하는 분포를 보일 수밖에 없었다. 셋째, 연해 지역은 기초 시설, 산업 클러스터, 정부 공공서비스 등 비교적 양호한 투자 환경을 형성했다.

서부 개발이 이루어지고 서부의 투자 환경이 개선됨에 따라 외자의 90퍼

[표8.7] 외국인직접투자의 지역적 분포(10억 달러)[27]

지역	연도	2002	2003	2004	2005	2006	2007	2008	2009	2010
동부	금액	45.73	45.95	52.21	53.56	56.92	65.64	78.34	77.59	89.86
	비율(%)	86.7	85.9	86.1	88.8	90.3	78.6	84.8	86.2	85.0
중부	금액	5.01	5.83	6.68	4.83	3.92	5.45	7.44	5.34	6.86
	비율(%)	9.5	10.9	11.0	8.0	6.2	6.5	8.0	5.6	6.5
서부	금액	2.01	1.72	1.74	1.94	2.18	3.68	6.62	7.11	9.02
	비율(%)	3.8	3.2	2.9	3.3	3.5	4.4	7.2	7.9	8.5

* 2007년 통계에는 유관 부문有關部門을 별도로 제시했다. 지역별로 구분되지 않는 외국인 투자 비중은 10.48%다.

센트가 동부에 몰리던 상황이 2007년부터 변화하기 시작했다. 이는 만족스러운 발전 추세다.

4.2 본토경제에 대한 촉진 작용

외국인직접투자기업의 발전은 중국 본토경제 발전에 긍정적인 촉진 작용을 했다. 주로 다음의 몇 가지 측면이 나타났다.

1. 시장경쟁 환경의 최적화

오랫동안 성숙한 시장경제 조건 아래 경영활동을 해온 외자기업들은 경쟁 규칙의 투명성을 경영환경 가운데 가장 중요한 요건으로 요구했다. 개혁개방 초기 중국은 외자기업에게 우대 정책을 실시하여 외자기업의 이 요구를 만족시켜줬다. 예를 들면 세수 우대 등의 조치를 통해 외국인투자기업을 끌어들였다. 그러나 오랫동안 외국인투자기업들에게만 우대 정책을 실시하는 것은 자국 기업을 2등 공민으로 간주하는 것이었고 또 한편 외국인투자기업이 요구하는 공평한 경쟁환경 조성에도 부합하지 않는 것이었다. 따라서 1990년대 중반부터 중국은 조세와 공과금 정책을 조정했다. 예를 들면 공상통일세 폐지, 증치세(부가가치세)와 소비세 및 영업세 징수, 외자기업 수입 소형차에 대한 면세 우대 취소, 내외자 기업소득세 통일 등으로, 조정의 중점을 공평, 법치의 시장 환경 건설에 두었다. 특히 일부 경제특구(쑤저우 공업단지)와 개방 도시(선전 등)는 외국 경험의 학습, 완비된 시장제도 건립을 목표로 삼고 시범 역할을 했다.

투자 소프트웨어 환경을 적극 개선하기 위해 중국 정부는 다음과 같은 조치들을 취했다. 첫째, 외국인직접투자 관련 정책과 법률 환경을 대폭 개선해 법에 의한 행정 처리 수준을 높였다. 외국인직접투자 정책과 법률의 안정성, 연속성, 예측가능성과 활용성을 유지하면서 통일성, 안정성, 투명성, 예측가능성을 갖춘 법률 환경과 정책 환경을 만들었다. 둘째, 공평, 개방의 시장 환경을 유지하고 개선하면서 외국인직접투자기업에 대한 마구잡이식 징세, 검사, 부과금, 벌금을 단호하게 폐지했고, 지방보호주의 및 독점 타파, 지식재산권 보호, 침해 및 불법 복제 행위 단속, 외국인직접투자기업의 고발 고소 제도 개선 등을 시행했다. 셋째, 서비스 무역 영역의 대외개방을 한층 더 확장했다. 넷째, 외자기업의 첨단산업, 기초산업 및 관련 산업 투자를 고무했다. 다섯째, 중서부 지역의 외국인투자를 한층 더 장려했다.

동시에 중국 정부는 국제 관례에 따라 일련의 정책을 제정하여 중국 산업의 외자 유치 흡인력을 증가시키고 다양한 분야의 활동을 규범화하여 외자의 진입을 장려했으며 이들을 정상 궤도에 안착시켰다. 1995년 국가계획위원회, 국가경제무역위원회와 대외무역경제부는 「외국인투자 방향 지도 임시 규정」과 「외국인투자 산업 지도 목록」을 합동 발표했다. 2002년과 2007년 두 차례 「외국인투자 산업 지도 목록」을 수정하여 국제경제의 새로운 형세에 적응하도록 했다. 2001년 이래, 중국은 WTO 가입 협상에서 약속한 대로 「중화인민공화국 외국인투자기업법」「중화인민공화국 중외합자기업법」과 「중화인민공화국 중외합작기업법」을 차례로 수정했고, 외국인직접투자기업에 대한 해외 판매 비율, 현지 함량, 외환 평형, 기술 이전과 연구개발 기구 설립 등의 요건을 폐지했다. 상술한 내용은 외국인직접투자기업에 국민 대우를 부여하는 데 법률적 보장을 제공했다.

2. 외국인직접투자의 본토기업 경쟁력 강화 촉진

외국인직접투자가 유입국 경제 발전에 끼친 공헌은 경제 발전에 필요한 자금, 기술과 관리 경험을 가져오고, 시장경쟁 강화를 통해 경제 효율과 경쟁력을 높이는 것이다. 또 하나 무시할 수 없는 긍정적 역할은 국내 경제체제 개혁을 촉진하는 점이다. 투자 유입국 입장에서 최대의 불확실성은 외국인직접투자가 두 개 영역에서 국내 기업에게 '구축 효과'를 가져올 가능성이다. 우선 상품시장 경쟁에서 본토기업의 성장에 '구축 효과'를 일으킬 수 있다. 다음으로 금융과 기타 요소 시장에서 본토기업이 얻을 수 있는 자금 혹은 기타 요소를 감소시키거나 본토기업이 얻을 수 있는 자금 및 요소 비용을 높여 본토기업에게 '구축 효과'를 발생시킬 수 있다.[28]

유입국 정부는 정확한 정책 조치를 통해 이해득실을 살피고 외국인의 합법적 이익을 보호하는 동시에 외국인투자가 본토기업 발전에 끼치는 부정적 영향을 감소시키고 방지해야 한다. 초기에 중국은 외국인기업들의 국내 판매를 엄격하게 제한했다. 개방이 심화됨에 따라 이런 제한은 점차 감소했다. 중국은 WTO에 가입한 후 모든 국내 판매 제한을 폐지했다. 외국인직접투자기업이 일부 영역에서 빠르게 시장을 점유하고, 일부 중국 기업을 인수합병하자 어떻게 외자의 적극적 유치를 도모하면서 본토기업 발전을 보호하고 촉진할지가 시급히 풀어야 할 문제가 되었다. 이런 상황은 일부 인사들의 의구심을 불러일으켰다. 이들은 기존 정책은 결과적으로 반드시 '시장도 잃고 기술도 얻지 못한다'고 여겼고 이에 외국인의 진입을 제한하여 민족 공상업을 보호해야 한다고 주장했다.

중국이 개방 초기 제기한 '시장과 기술의 교환'이라는 구호를 분석할 필요가 있다. 개혁개방 초기 단계에서 외국인들이 중국에 주로 끌렸던 것은 중국의 광대한 시장 때문이었다. 30여 년간의 경험으로 볼 때 외자기업을 중국에 유치하기 위해 확실히 시장을 양보한 측면이 있지만 전반적으로 손해보다 이익이 더 많았고 생산기술의 빠른 향상과 본토 산업의 건강한 성장에 도움이 되었다. 여기서 관건은 정부가 정확한 정책을 채택해야 본토기업이 '도입, 소화, 흡수, 재창조'의 힘겨운 노력을 한다는 것이다. 이렇게 노력을 기울인 기업과 산업, 외자기업 진입과 필연적으로 발생하는 기술 파급 효과는 모두 본토기업의 기술 진보를 촉진했다. 이와 동시에 시장의 완비와 경쟁 강화는 적자생존의 선별 기능을 발휘해 경쟁력 있는 기업이 두각을 나타낼 수 있게 했다. 평등한 경쟁 조건 아래, 지리적 이점과 인화人和의 우위를 갖는 본토기업은 쇠퇴할 수 없을 뿐만 아니라 오히려 국내 나아가 국제시장에서 입지를 굳히고 크게 발전해나갔다.

현재 이미 많은 증거들이 보여주듯 외자기업에 대한 개방은 분명히 상술한 긍정적 역할을 했으며, 시장제도 건설을 빠르게 하고 본토기업이 선진기술을 장악하는 시간을 단축시켰다. 또 더 심화된 기술 기반을 건립하여 국제경쟁력을 갖춘 본토기업이 많이 나타나기 시작했다.

당연히 다른 영역에서 '시장도 잃고 기술도 얻지 못하는' 현상이 나타나기도 했다. 이런 현상이 나타나게 된 원인을 구체적으로 분석할 필요가 있다. 많은 사례로 볼 때 이런 현상이 나타난 이유는 각급 정부가 국제 관례에 부합하는 자국 약소기업에 대한 보호 조치를 제대로 실시하지 못한 것 외에 주로 다음과 같다. (1) 개방과 개혁이 서로 연결되지 못하는 상황이 나타났다. 일부 본토기업 경영관리가 궤도에 오르지 못하고 경영 조건이 경쟁 상대에 못 미쳐 외자기업과 경쟁할 수 없었다. (2) 기존의 자금 공급 체계가 효율적으로 운용되지 못하고 자본시장의 발전도 부족하여 본토기업은 자신의 생사와 밀접한 관련이 있는 자금조달 문제를 해결하지 못했다. 외자기업은 자신의 자본 우위와 국제 금융시장에서 쉽게 융자받을 수 있는 조건 하에 본토기업을 무너뜨리거나 합병할 수 있었다. (3) 일부 국유기업은 현대 기업제도 건립의 개혁 목표에 도달하지 못했고 기업은 자주 혁신의 압력, 동력과 능력이 부족하여 '도입, 소화, 흡수, 재창조'를 이룰 수 없었다. (4) 일부 국유기업은 당근과 채찍을 겸용한 임금제도를 건립하지 못하여 인재가 유출되거나 외자기업으로 이동하는 현상이 나타났다. (5) 정부 관리가 뇌물을 먹고 '편의를 봐주거나' 개별 외국인기업을 도와 본토기업을 억눌렀다. 이 모두가 본토기업을 외국인기업들과의 경쟁에서 불리한 위치에 처하게 만든 요인들이다.

이런 상황을 겨냥해 정부는 대외개방을 견지하는 한편, 국제 관례와 WTO 규칙에 부합하는 정책 조치를 취했다. (1) 국내시장의 공평 경쟁을 확보하고, 외자기업의 덤핑 등 부정경쟁 행위를 방지한다. (2) 규모의 경제에 민감한 업종 부문에서 본국의 유치산업을 적절히 보호한다. (3) 국내에서 시급한 발전을 요하는 산업에 대해 국제 관례상 허락하는 형식(경쟁 전 연구개발비 보조)으로 산업 발전을 지원한다.

다른 측면에서, 본토기업 스스로 반드시 모든 노력을 기울여 기회를 잡아 자신의 경쟁력을 높여야 한다. 본토기업 경쟁력 제고는 주로 다음에서 기인한다. (1) 기업관리 체제와 인센티브 제도를 완비해 인재 유입 능력을 강화해야 한다. (2) 외국인직접투자 과정에서 기술과 관리의 '기술 파급' 효과를 충분히 이용하도록 자주 혁신 능력을 높여야 한다. (3) 전략적 관리 능력을 높여 차츰 글로벌 경쟁 시야를 형성해야 한다.

이 논쟁에서 사람들은 두 가지 선택에 직면했다. 첫째는 본토기업을 보호하기 위해 개방 속도를 늦추거나 심지어 이미 개방한 문을 다시 걸어 잠그는 것이다. 둘째는 경제체제, 법률체제 및 기타 방면의 개혁을 가속화하여 기업 활력을 강화하고 경영환경을 개선해 활력 있는 기업들이 입지를 굳히고 공평 경쟁에서 승리하도록 지원하는 것이다. 국제적 경험이나 우리 자신의 경험에서 볼 때 전자의 방법은 통하지 않는다. 이 방법으로는 우리가 나아갈 길을 찾을 수 없다. 개방된 세계경제에서 문을 걸어 잠그는 것은 불가능하다. 비록 그렇게 할 수 있다 하더라도 자유무역을 통한 비교우위, 상호보완, 자기 발전을 꾀할 수 없고, 국외의 최신 성과를 이용할 수 없으며, 현재 급속하게 발전하는 기술혁명 조류를 따라갈 수 없다. 과도한 보호는 본토기업을 더욱더 낙후하게 만들 뿐이고 마지막엔 무너지는 것밖에 없다. 우리가 취할 것은 두 번째 방법이다. 각종 해외 방면 입법을 개선하여 외자가 부정경쟁 수단으로 중국 기업을 밀어내는 것을 방지한다. 또 한편 에너지와 업무 중심을 개혁 추진에 놓고 기업 스스로 개혁을 통해 자신의 시스템과 혁신 능력을 발전해나가도록 한다. 이렇게 해야 개방된 환경에서 패배하지 않는 위치에 설 수 있고, 이런 환경을 이용하여 도입-흡수-재창조를 이룰 수 있다. 개혁개방 이래 이미 많은 본토기업이 두각을 나타냈고 이들의 출현은 개방 정책의 정확성을 증명했다.

5. 중국 대외개방의 전망

이번 장 1절에서 언급한 것처럼 각국의 외향적 경제 발전은 순차적인 과정을 겪는다. 수출주도 정책이 이끈 대외개방 발전이 일정한 수준에 도달하면 한층 더 전면적인 개방을 해야 할 필요가 생긴다. 그러나 전면적인 개방으로 나아가는 데 직면한 국제 환경은 낙관적이지 않다. 1990년대 말 중국 대외개방은 점점 더 복잡다단한 형세에 맞닥뜨리게 됐다. 개혁개방을 견지하고 심화하려면 현재 직면한 어려움과 도전을 깊이 분석하여 정확하고 확실한 발전 목표와 조치를 확립하고 실시해야 하며 이렇게 해야 중국 경제를 더 큰 성공으로 이끌 수 있다.

5.1 현재 중국 대외개방이 직면한 중대한 도전

1. 수출주도 정책 조정의 필요

이번 장 2.1에서 지적한 것처럼, 중국은 양질의 저렴한 비용의 노동력 대군을 보유하고 있다. 수출주도 정책의 실시는 1990년대 이래 중국 경제 발전에 매우 긍정적 역할을 했다. 그러나 21세기에 진입한 이후, 이런 정책 지원에 기댄 수출 확대 방식의 부정적 작용이 날로 두드러지고 있다. 문제는 상황이 변화하고 있다는 점이다. 특히 중국이 이미 상당한 기술혁신 능력을 갖춘 많은 전문 인력을 육성한 상황에서 여전히 외국 제조업을 위해 '질 좋고 값싼' 단순노동만을 제공할 수밖에 없는가? 경제성장과 대외무역 방식을 전환해 중국 제품의 기술 함량과 부가가치를 높여서 자국 인민들이 발전 과정에서 더 큰 혜택을 얻을 수 있도록 할 수 없는가? 수출주도 정책을 계속 유지하고 조정하지 않는다면 다음과 같은 문제들이 발생할 수 있다.

첫째, 수출 상품의 부가가치가 낮아 수량 확대에 의존해 얇은 이윤만을 챙기게 된다. 개혁개방 이전, 중국은 주로 1차 상품을 수출했다. 30여 년 동안 대외무역의 상품 구조는 계속 개선돼 수출구조는 개방 초기 1차 상품 위주에서 신속하게 완성품 위주로 전환되었다. 1990년대 말에서 2000년대 초에 이르러 중국은 이미 세계에서 노동집약형 상품의 주요 수출국이 됐다. 비록 20여 년간 가공무역이 발전하면서 전기 기계 제품이 중국 수출 상품에서 차지하는 비중이 날로 높아지고 정보통신 방면의 일부 전기 기계 제품이 국제시장에서 중요한 지위를 차지하고 있지만, 중국이 수출하는 상당 부분의 자본·기술집약형 전기 기계 제품은 해외에서 핵심 기술과 핵심 부품을 수입하고 중국에서 최종 완성품을 조립한다. 따라서 중국이 종사하는 생산 활동은 여전히 부가가치가 비교적 낮은 노동집약형 부분에 속해 있다. 현재 중국이 수출하는 가공 완제품은 자주적 지식재산권을 갖는 기술을 거의 포함하지 않고 또 자신의 판매 루트도 취약해 수출 제품의 부가가치가 매우 낮다. 가공무역을 예로 들면 2006년 중국의 부가가치 증가율은 37퍼센트, 일부 가공수출기업의 이윤율은 3~5퍼센트에 불과하다.[29]

둘째, 수출 상품 구조의 저가형 특성은 중국 수출을 날로 심각해지는 기술적 무역장벽technical barriers to trade, TBT의 제약에 직면하게 한다. WTO 회원국이 통보한 기술 무역 조치와 위생 검역 조치는 각각 2002년 571건과 612건에서 2006년 900건과 1155건으로 증가해 연평균 21.7퍼센트와 24.9퍼센트 증가했다. 중국 상무부 조사에 따르면, 2005년 중국 수출기업의 15.13퍼센트가 국외 기술 무역 조치의 영향을 받았다. 22종 상품군群 가운데 18종이 외국이 실시한 기술 무역 조치로 인해 직접적인 손실을 입었다. 직접적 손실 금액은 691억 달러에 달해 2005년 수출액의 9.07퍼센트를 차지했다. 기업이 외국 기술 무역 조치에 대응하기 위해 증가시킨 생산 비용은 217억 달러로 2005년 전국 수출무역액의 약 2.85퍼센트에 달했다. 국외 기술 무역 조치가 중국 기업에 가져온 수출무역 손실은 1470억 달러로 2005년 수출액의 19.29퍼센트였다.[30]

수출 제품의 구조 제고는 중국 수출의 지속 가능한 발전을 위한 돌파구다. 그러나 중국 수출 제품의 구조 제고는 본국 수출기업의 기술혁신, 제품 향상의 적극성 부족과 선진국 지식재산권이라는 이중 제약에 직면해 있다. 중국의 무역상대국 측면에서 볼 때 초국적기업이 전 세계 85퍼센트 이상의 특허를 보유하고 있고, 이들은 이 지식재산권을 이용해 높은 사용료를 받는 한편 이를 경쟁 상대를 제약하는 도구로 이용한다. WTO「무역 관련 지식재산권 협정」은 각 회원국은 국제무역에서 지식재산권을 보호할 책임이 있다고 명시하고 있다. 날로 가열되는 특허 기술 표준화[31] 추세는 개도국 기업의 상황을 더욱 어렵게 한다. 중국 수출 제품이 기술집약도가 더 높은 제품으로 향상되면서 중국은 이미 날이 갈수록 더 큰 지식재산권 제약을 느끼고 있다. 예를 들면, 중국이 DVD 기계를 수출할 때 초국적기업에게 지불하는 특허료는 총가격의 3분의 1이 넘는다. 본토 브랜드의 DVD 기계는 이미 이런 부담을 견디지 못해 수출을 하지 못한다. 또 중국의 수출은 무역상대국 내 지식재산권법의 제약을 받는다. 중국은 현재 이미 미국 슈퍼 301조 조사와 337조 조사를 가장 많이 받은 국가다.

셋째, 이런 무역 방식은 점점 자원과 환경의 압력을 받는다. 중국은 자원이 부족한 나라다. 일인당 자원 점유 수준은 세계 평균 수준보다 한참 낮다. 부가가치가 매우 낮은 가공 제품 위주의 수출 수량 확대는 경제성장과 자원, 환경 사이의 모순을 격화시킨다. 대외무역은 중국의 지속 가능한 발전에 이중 작용을 한다. 긍정적 측면에서 보면 중국은 국제시장에서 대량의 자원, 에너지를 수입해 국내 자원, 에너지 공급 부족을 완화시킬 수 있다. 부정적 입장에서 보면 대외무역은 중국이 자원, 환경 영역에서 직면한 어려움을 가중시킨다. 왜냐하면 '메이드 인 차이나' 제품이 전 세계에 대량으로 뿌려지면서 중국도 직간접으로 대량의 에너지, 자원을 수출하기 때문이다. 중국이 증가시킨 에너지, 자원 소비는 상당 부분 기타 국가 혹은 지역의 에너지, 자원 소비를 '대체'한 것으로 세계 에너지, 자원 공급에 대한 공헌이다.[32] 이렇게 저부가가치 가공품의 대량 수출은 중국에게 "재생 불가능 자원을 대량 소비하고, 환경오염을 감내하고, '덤핑'의 오명을 짊어지면서 이윤의 대부분은 자신의 수중에 없는" 부정적 결과를 가져왔다.

최근 국내 임금비용 상승, 에너지 부족, 전 세계적 원자재 가격 상승, 기후온난화 등의 문제가 두드러지게 나타났다. 중국 경제 발전 방식과 대외무역 방식의 전환이 더욱 시급한 문제가 되었다. 대외무역은 국가 발전 전략의 중요한 구성 부분으로 반드시 발전 방식 전환의 요구에 상응하는 조정을 해야 한다.[33]

넷째, 중국 수출이 직면한 무역 조건과 국제시장 환경이 날로 악화되고 있다. 중국 수출의 급속한 성장, 국제시장 점유율의 빠른 상승은 중국 경제가 내실 있게 발전하고 있음을 반영한다. 그러나 중국이 처한 국제 경제 무역 환경은 날로 어려워지고 있다. 인민폐 저평가는 중국 수출품의 인민폐 가치가 저평가되고 수입품의 인민폐 가치가 고평가됨을 의미한다. 또 한편, 중국 무역흑자가 계속 확대되고 외환준비금 보유가 세계 최고를 기록하면서 중국은 요 몇 년간 국제사회의 압력을 받고 있다. 더 심각한 것은 중국이 동아시아 생산 네트워크의 하류에 처하여 동아시아 대對 구미 무역흑자의 '세터二傳手'라는 것이다. 주요 무역상대국과 양국 무역의 불균형 현상이 더 심각해지면서 중국은 미국, 유럽의 무역적자의 최대 근원이 되었다. 중국을 겨냥한 무역 마찰이 계속 증가하고, 여기에 더하여 중국의 WTO 가입 의정서에 적힌 이른바 15년간의 '비시장경제' 조항[34]은 중국 기업이 반덤핑 조사에 응소할 때 불리한 위치에 놓이게 해 중국은 수입국 반덤핑 조사의 주요 대상국이 되었다. 이외에 2008년 글로벌 금융위기가 발생한 후 무역보호주의가 많은 나라에서 고개를 들었다. 제품의 품질, 가격과 시장점유율, 양국 무역 불균형 등 여러 가지 원인들로 인해 중국은 무역보호주의의 주요 타깃이 되었고 이는 중국 수출 환경을 더욱 악화시켰다.

수출주도 전략은 또한 거시경제 구조의 불균형 문제를 발생시켰고 또한 매우 큰 금융 리스크를 품고 있다. 수출주도 정책을 택한 동아시아 각국과 지역의 경험에 비추어보면 중국은 시급히 성장 방식을 전환해야 한다. 투자와 수출이 견인하는 조방적 성장 방식에서 기술 진보와 효율성 제고가 이끄는 집약형 성장 방식으로 전환해야 한다. 이 문제에 관해서 우리는 10장 3절과 4절에서 심층적인 토론을 할 것이다.

5.2 중국 대외경제관계의 새로운 자리매김과 목표

중국 경제가 급속히 성장해 세계경제에서 중요한 협력 파트너가 된 것은 현대 세계에서 가장 주목을 끄는 현상이다. 중국 경제의 국제시장과 자원에 대한 의존도가 날로 높아지고 있는 한편, 중국 경제가 세계경제에 끼치는 영향도 날로 커지고 있다. 중국은 한층 더 세계경제에 깊이 들어가 국제 분업의 이익을 함께 누려야 한다. 이런 상황에서 중국이 어떻게 국제사회와의 관계를 정립하고 경제글로벌화의 조류 속에서 중국 경제를 자리매김할지가 중국이 직면한 중대한 도전이 됐다.

상술한 도전 압력은 우선 중국 자신에게서 왔다. 우선 위에서 언급한 것처럼 중국은 외부 자원, 에너지 의존도가 너무 높아 자원과 에너지안전보장 압력이 증대했고, 글로벌 생산 체인에서 위치를 높여야 한다는 요구도 점점 더 급박해져 수출주도 개방 전략을 시급히 조정해야 한다. 둘째, 중국 개방형 경제의 거시 관리가 도전에 직면했다. 최대 개도국 경제체로서 중국 경제의 거시 불균형 현상은 비교적 심각하다. 국제수지 흑자 특히 경상계정 흑자가 GDP에서 차지하는 비중이 급속하게 높아져 외수(순수출)의 GDP 성장공헌도가 지나치게 크다. 결과적으로 외환준비금이 급증하고 자주적인 화폐정책을 펼 공간이 좁아지고 자산 거품과 인플레이션을 야기한다.

다음으로 중국 경제는 날로 복잡해지는 외부 환경에 처해 있다. 첫째, 2008년 글로벌 금융위기 폭발 후 달러패권을 중심으로 한 포스트 브레튼우즈 체제 이후의 불합리, 불공평이 다시 남김없이 드러나면서 국제 금융체계 개혁이 절박한 과제로 대두됐다. 그러나 새로운 체계의 청사진은 아직 그려지지 않았다. 둘째, 도하 라운드는 아직 진전을 보이지 않고 무역보호주의가 고개를 들고 있다. 2008년 발생한 글로벌 금융위기는 또 한 차례 무역보호주의를 불러올 가능성이 있다. 셋째, 지구온난화 문제는 인류 사회가 직면한 새로운 도전이 되었고 각국의 정책, 산업구조에 깊은 영향을 미치게될 것이다. 이미 세계 최대 온실가스 배출국인 중국 입장에서 국제적 책임은 더욱 커질 예정이다. 넷째, 국제사회가 중국에 가하는 인민폐 환율 시장화 문제, 서비스 시장 개방 문제, 무역흑자 문제 등의 압력이 갈수록 거세질 것이다.

2001년 WTO 가입은 중국이 새로운 목표를 실현하기 위해 내디딘 중요한 한 걸음으로 중국이 경제적 국제 규범을 전면적으로 받아들였음을 의미한다. 중국은 동시에 관세를 대폭 축소하고 비관세장벽을 철폐하면서 전략업종의 무역보호 정도를 크게 낮췄다. 국제 무대에서 자본, 기술, 인재를 중국에 끌어들여 개방형 경제를 건설하기 위해 중국은 정부 직능 변화, 시장경제체제 완비와 외국인투자 제한 영역 축소를 통해 매력적인 투자 환경을 만들었다.

2005년 7월에 시행한 외환개혁은 새로운 목표로 나아가기 위한 또 하나의 큰 발걸음이었다. 2002년부터 국제사회는 인민폐 절상 압력을 점점 더 가중하기 시작했다. 2005년 7월 21일 인민폐 환율의 관리변동환율제도를 다시 회복하고, 2008년 말까지 인민폐 대 달러의 명목환율을 18퍼센트 상승시켰다. 그러나 달러 대 기타 주요 화폐와의 환율이 몇 년간 계속 절하되면서, 인민폐 대 유로, 엔화의 절상 폭이 줄어들게 되었다. 글로벌 금융위기가 발생한 후, 달러와 기타 주요 화폐 간의 환율이 짧은 시간에 대폭 절상되면서 인민폐 유효 환율은 2008년 7~9월 사이 7퍼센트 이상 절상되어 수출에 커다란 압력으로 작용했다. 금융위기에 직면하여 중국은 환율 전쟁에 참여하지 않았고 오히려 인민폐 환율의 안정 정책을 유지했다.

세계 각국 경제 발전의 일반 법칙과 중국 정부가 공개적으로 표명한 방침에 의하면 중국의 대외경제 전략 조정의 기본 방향은 의심할 바 없이 전면적 개방으로 나아가는 것이다. 비록 글로벌 금융위기를 맞아 경제글로벌화의 발걸음이 단기적으로는 늦춰질 수는 있겠지만 평화와 발전은 여전히 현대 세계의 주류이며 경제글로벌화의 방향과 추세는 돌이킬 수 없다. 따라서 중국은 대외개방의 기본 국책을 반드시 계속 견지해야 한다.

5.3 중국 대외경제관계의 전망

새로운 국제 환경 아래서 중국의 미래 대외개방 전략 목표는 큰 조정을 겪을 것이다. 기존의 '수출을 통한 외화 획득'에서 더 균형 잡힌 대외경제관계를 추구하고, 대외무역 발전의 주요 목적이 내수 부족을 외수로 메꾸는 데서 내수와 외수의 장단점을 보완하고 자원 구조를 개선하여 글로벌 자원 이용 효율을 증대시키는 방향으로 전환할 것이다.

1. 윈윈전략 견지, 양호한 외부 환경의 조성

중국의 발전은 세계를 떠나서 생각할 수 없고, 좋은 외부 환경은 중국의 미래 발전에 더욱 중요해졌다. 중국의 대외개방은 처음부터 끝까지 상호 이익 증진을 견지하면서 끊임없이 국제사회와의 관계를 개선하여 중국의 발전에 유리한 외부 환경을 조성할 것이다. 첫째, 중국은 여러 나라들 그리고 지역 조직에서 건설적인 역할을 하면서 더 자유롭고 투명하고 안정적인 무역, 투자의 다자 간 시스템을 건립할 것이다. 둘째, 중국은 적극적으로 지역 간 경제 협력을 추진할 것이다. 셋째, 중국은 주요 무역상대국과 소통을 강화하고, 무역 마찰을 이성적으로 처리할 것이다. 넷째, 중국은 능동적으로 능력에 부합하는 국제적 책임을 질 것이다. 다섯째, 중국은 다양한 수단(원조, 투자, 합작 등)으로 개도국과의 관계를 개선할 것이다.

2. 국제분업 체계에서의 지위 상승

현재 중국은 이미 세계에서 가장 경쟁력 있는 저비용 제조 대국이다. 그러나 국제분업 가치사슬에서 비교적 낮은 부분에 머물고 있다. 미래 개방 전략은 중국이 국제분업 체계에서 지위 상승을 이루는 데 주력해야 한다. 첫째, 중국은 더욱더 무역 투자 자유화를 추진하여 대외개방의 영역을 확대하고, 자본집약적, 기술집약적 외국인직접투자를 유치할 것이다. 둘째, 서비스 영역의 개방을 적극 추진하여 현대적 서비스업을 발전시켜 서비스업의 경쟁력을 계속 강화할 것이다. 셋째, 서비스업의 아웃소싱을 발전시키고 고급화할 것이다. 중국은 아웃소싱을 발전시킬 우위를 갖추고 있다. 중국은 인도, 아일랜드 등의 성공 경험을 배워 서비스업 외주 산업을 발전시킬 조치들을 시행하고 서비스업 아웃소싱 산업 사슬에서 고부가가치 부문을 담당하도록 힘쓸 것이다.

3. 글로벌 자원 이용을 통한 자주 혁신 촉진

중국은 이미 자주 혁신을 국가전략으로 확립했고, 경제글로벌화의 배경 아래 개방을 통한 자주 혁신 추진, 글로벌 자원 이용을 통한 자주 혁신 촉진을 견지할 것이다. 첫째, 중국은 선진기술과 설비를 계속 도입하고 도입 기술의 소화, 흡수 그리고 재창조를 매우 중시할 것이다. 둘째, 자주 혁신 과정에서 외국인직접투자기업이 적극적 역할을 충분히 발휘하도록 할 것이다. 중국은 내외자 기업이 평등한 경쟁을 할 수 있도록 더 좋은 시장 환경을 창출하고 경쟁을 통한 자주 혁신을 이루고, 지식재산권 보호를 강화하여 외국인직접투자기업이 중국에서 더 높은 수준의 연구개발 활동을 하도록 하며, 외국인투자기업이 평등 호혜의 기초 위에서 연구개발 협력을 전개하도록 하고, 외자기업과 본토기업이 상하류 협력을 이루도록 이끌 것이다. 또한 중국은 기업 지식재산권 보호의 기초 위에 인재들이 합리적으로 이동하고 공공 기술 정보를 공유하도록 할 것이다. 셋째, 중국은 중국 기업의 '해외 진출走出去'을 적극 도와 국제 자원을 이용한 기술혁신을 전개할 것이다.

4. 개방 입지의 합리화, 지역 간 조화 발전 촉진

중국 대외개방 지역의 분포는 매우 불균형하다. 연해 지역에 외국인직접투자와 수출입무역액의 90퍼센트가 집중해 있어 지역발전의 불균형을 심화시키고 있다. 중서부 지역의 개방을 확대하는 것이 미래 중국 대외개방의 중요한 내용 가운데 하나다. 내륙지역의 개방은 지역 상황에 맞게 장점을 살리면서 계속 투자 환경을 개선하고, 대외개방 영역을 확대해서 시장 모색형 제조업과 서비스업의 투자를 유치하도록 힘써야 한다.

5. 대외개방 리스크 대비 시스템 완비

국제 금융 시장의 리스크 요인이 계속 증대되는 상황에 직면해 대외개방에서 이익을 취하고 손해를 피하기 위해서 중국은 대외개방 리스크 대비 시스템을 한층 더 개선하고 완비해야 한다. 첫째, 개방형 경제의 거시 관리 시스템을 개선하기 위해 관리되는 탄력적 환율 시스템을 마련하고 더 유연한 화폐, 재정 정책을 실시해야 한다. 둘째, 개방의 진행 과정과 위험관리 능력을 장악하기 위해 순서에 따른 점진적인 대외개방을 추진해야 한다. 셋째, 국제 협력을 강화해서 국제 협력 시스템이 위험 방어 과정에서 충분한 역할을 발휘하도록 한다. 넷째, 해외에서 유입되는 단기자본에 대한 감시와 통계를 강화하여 '핫머니'의 충격을 대비해야 한다. 다섯째, 자본 항목의 태환을 신중하게 추진해야 한다.

제 3 부

거시경제와
사회문제

제 9 장

새로운 사회보장체계 건립

중화인민공화국 성립 이후 전 도시를 포괄하는 국유 부문의 사회보장체계가 수립되었다. 이러한 복지 체계가 포괄하는 범위 내의 국유기업 노동자와 정부 업무 인원은 규정된 수익 기준에 따라 국가로부터 의료, 양로, 산재 등의 보장을 받았다. 그러나 이러한 사회보장체계의 포괄 범위는 제한적이었고 제도 배치 과정에서도 중대한 결함이 존재하여 실시 과정에서 매우 많은 문제에 봉착했다. 1970년대 말 시장화 개혁이 시작된 이후 사회구조가 크게 개조되어 전 사회를 포괄하는 사회보장제도의 신속한 수립을 통한 사회 안전망 제공이 더욱 절실히 요구되었다.

1. 사회보장체계의 기능과 분류

사회보장은 경제 발전과 사회 안정에 중요한 촉진 작용과 기반 역할을 하기 때문에 현대의 세계 각국은 모두 사회보장 시스템 구축을 추진했다. 이러한 모색 과정에서 세계 각국은 각자만의 특징을 가진 사회보장 시스템을 만들었다. 여기서는 그 가운데 주요 모델에 대해 개괄적 분석을 진행한다.

1.1 사회보장의 기원

사회보장은 산업사회가 그 구성원 생존의 위험들을 방지 축소하고 기본 생활을 유지하기 위해 제공한 일종의 제도적 배치다. 인류 사회의 초기 단계에서 생존의 위험 축소와 기본 생활 자원의 제공은 가족extended families의 책임이다. 전통적 농업사회에서 산업사회로 변하면서 가족의 공동 거주 형태가 핵가족nuclear families 위주로 변화된 이후 가정에서의 보장은 사회 구성원이 직면한 각종 위험을 방지하기에는 역부족이 됐고 이 때문에 사회보장제도가 만들어졌다.

사회보장제도는 몇 가지 다양한 기원을 가진다. 하나는 서구 장원제의 해체와 산업화 과정에서 사회에서 자연발생적으로 만들어진 민간 사회서비스 조직으로 중세 이후 종교 단체 산하의 자선사업, 19세기 영국에서 광범위한 발전이 이뤄진 노동자 상호 부조 조직인 '공제조합Friendly Society' 등이 그 예다. 또 다른 기원은 정부에 의해 실시된 사회보장 계획이다. 예를 들면, 1601년 영국의 엘리자베스 여왕Queen Elizabeth I(1558~1603년 재위)이 「구빈법Poor Law」을 반포하여 지역사회별로 돌볼 친족이 없는 빈민에 대해 구제를 실시하고 노동을 강제했던 것이 이러한 종류에 속한다. 19세기 후반기 독일의 '철혈재상' 비스마르크Otto von Bismarck(1815~1898)는 날로 강성해지는 노동운동의 영향을 약화시키기 위해 국가가 자금 지원을 제공하는 완전한 종합 사회보장 시스템을 제시했다. 이후 유사한 사회보장 계획이 각 산업화 국가들에서 보편적으로 실시되었다.

소련 등 사회주의 국가는 건립 이후 공산당의 정권 획득 이전의 약속에 근거하여 독자적인 사회보장 시스템을 구축했다. 계획경제하에서 전통적 사회주의 국가의 사회보장체제의 전형적인 특징은 정부가 직접 사회구성원에게 실물적인 복지를 제공하는 것으로 시장경제 조건에서처럼 주로 특정 위험에 맞춰 복지 유지 계획을 수립하는 방식은 아니었다.

사회보장 계획은 두가지 가장 기본적인 기능을 가지고 있는데 즉 저축 기능과 소득 재분배 기능이다. 이른바 저축 기능이란 개인과 가정의 소비 행위를 조절하여 일부 소득을 저축하여 이후 어려운 때를 대비하는 것을 가리킨다. 재분배 기능이란 사회가 일부 자원을 이러한 자원의 소유자 수중에서 가져와 자원을 필요로 하거나 충분히 갖지 못한 노인, 장애인, 유족 및 아동 등 노동 능력이 낮거나 없는 사람들에게로 옮기는 것을 가리킨다. 사회보장의 이러한 기능을 통해 세대 사이에 혹은 인간 집단 사이의 재분배와 위험 분담을 실현할 수 있다. 한 국가의 사회보장 계획은 사회의 소득 재분배와 저축의 양대 기능을 통하여 사회적 공평의 옹호와 경제성장의 촉진 사이에서 균형을 유지해야 한다.

1.2 사회보장체제의 유형 분석

현대의 세계 각국은 많든 적든 모두 자국에 사회보장 시스템을 구축했지만 그 국가들 각각의 사회보장체제는 자신만의 특징을 갖고 있다. 일반적으로 사회보장체제의 유형은 융자 방식, 지급 기준, 실시 방식 그리고 관리 방식 등의 다양한 시각에서 구분될 수 있다(표9.1).

[표9.1] 사회보장제도의 유형

융자 방식	지급 기준	실시 방식	관리 방식
부과 방식	확정급여	강제 실시	정부기관 관리
적립 방식	확정기여	자발적 보험 가입	공공기관 관리
			사인기관 관리
혼합제	혼합제	다차원적 실시	혼합제

1. 융자 방식

사회보장은 두 가지 종류의 기본적인 융자 방식이 있는데 즉 부과 방식 現收現付, pay as you go과 적립 방식funding이다. 부과 방식은 정부 당기 소득을 자금원으로 삼는 것인 반면, 적립 방식은 요금 납부로 만들어진 기금 및 경영 수익을 자금원으로 하는 것이다.

초기의 사회보장 시스템은 대다수 부과 방식을 도입했다. 부과 방식의 장점은 다음과 같이 개괄할 수 있다. (1) 보험금의 즉각적 지불, 그러나 기금의 사전 적립은 필요 없다. (2) 보험금을 물가에 따라 조정하는 지수 조절 방법을 운용하여 인플레이션의 리스크 처리가 용이하며 실제 지불 가격이 인플레이션의 잠식을 받지 않도록 보장한다. (3) 이전 지출을 통해서 사회보장의 상호부조성과 복리성을 구현한다.

또 다른 측면에서 부과 방식 또한 두 가지 뚜렷한 결점이 있다. (1) 이러한 체제 도입은 세대 간 이전지출의 실행을 의미하며 그것은 통상적으로 비용 납부 세대의 업무 적극성과 비용 납부의 적극성을 훼손시킬 것이다. (2) 인구 노령화의 상황하에서는 왕왕 사회보장 시스템의 재정 문제가 일어나며 그러나 사회보장의 자금 보전은 막대한 재정적자를 야기할 것이고 저축과 자금의 적립에 영향을 미칠 뿐 아니라 노동시장의 수요와 공급을 제약하여 사회자원의 최적화된 배치에 불리하다.

적립 방식은 사전 적립한 보험계약자 개인 계좌individual account 중의 사회보장기금을 사용하여 보험금을 지불한다. 적립 방식의 본질은 비용 납부인 소득의 지불 연기, 즉 그들의 업무 기간 동안의 일부 소득을 미래의 사용으로 이전하는 것이다.

적립 방식의 장점은 다음에 있다. (1) 보험 비용 납부와 보험 수익 간에는 직접적인 관련성이 있다. 이는 노동자의 자기 보험 의식을 증강하는 데 도움이 될 뿐만 아니라 납부자의 비용 납부의 적극성을 높이고 기금에 대한 감독을 강화하는 데도 유리하다. (2) 인구의 점진적인 노령화 과정에서 기금의 적립과 증식을 통해 보험계약자에게 비교적 믿을 만한 사회보장을 제공하는 데 도움이 된다. (3) 사회 저축과 자금의 적립을 증가시키는 데 도움이 되어 자본시장의 형성과 발전을 촉진한다. (4) 거액의 양로기금을 만들 수 있다. 합리적이고 효율적으로 관리할 수만 있다면 경제 발전 추진에 긍정적 역할을 할 수 있다.

적립 방식의 결점은 다음과 같다. (1) 사회보장 시스템에 있어야 할 재분배 기능이 없어서 적립 능력이 낮은 저소득계층과 장애인을 도울 수 없다. (2) 기금은 개인 계좌에서 몇 해의 적립이 경과하면 보험금 지불이 가능하나 부과 방식 같은 즉시 지불은 아니다. (3) 사전 적립식 사회보장의 정상 운영과 목표 실현은 자본시장이 안정적인 투자수익을 얻을 수 있는지에 달려 있다. 건강한 자본시장이 존재하지 않거나 혹은 자본시장에 거대한 파동이 발생하는 상황에서는 기금의 가치 보전과 증식에 어려움이 발생하여 사회보장의 지불 능력에 직접 영향을 끼친다.

두 가지 기본적인 재무 시스템이 각각 장단점이 존재하기 때문에 현재 세계 각국은 대부분 다양한 보험 상품을 도입하고 다양한 융자 시스템을 혼합하는 제도를 적용하고 있는데 즉 부과 방식을 사용하여 최저한도의 사회보장을 제공하고 적립 방식을 사용하여 여타 사회보장을 제공하는 것이다.

2. 지급 기준

지급 기준에서 보면, 사회보장은 재무 시스템에 상응하는 두 가지 방식이 존재하는데 즉 확정급여受益確定, defined benefit, DB 방식과 확정기여繳費確定, defined contribution, DC 방식이다.

확정급여제의 특징은 다음과 같다. 사회보장 조직의 수익자에 대한 지급은 사전에 규정한 수익 기준에 달려 있는데, 수익자의 사회보장 지출에 대한 실제 수요를 정확히 추정하기 어렵기 때문에 통상 수익자의 수익 수령 시의 연령, 근무연한, 건강 상황, 실업 지속 기간, 재산, 부양인구 수 등 식별하기 용이한 조건에 근거하여 수익기준을 규정하지만 이는 이전의 수익자의 비용 납부 공헌도와는 무관하다. 이러한 상황하에서 수익의 공평성은 수익 수준의 평균화를 의미한다. 수익자는 자신의 경제 상황을 개선하여 사회보장 시스템 납부 비용을 증가시킬 적극성이 부족할 뿐만 아니라 자원을 절약하여 사용할 동기도 갖고 있지 못하여 왕왕 사회자원의 낭비와 적자 압력을 야기하기도 한다. 비용 납부가 확정된 사회보장 계획은 계획 참가 구성원을 위해 개인 계좌를 개설하여 납부 비용과 이자를 적립하며 구성원이 적합한 수령 요구를 할 경우 비용 납부로 형성된 원금과 이자를 계좌 소유자 혹은 지정 수익자에게 환급한다.

원칙적으로 어떤 지급 기준을 택하는가는 융자 방식과는 직접적인 관계가 없다. 이는 확정급여제가 부과 방식의 사회보장 계획에도 사용될 수 있을 뿐 아니라 적립 방식의 사회보장 계획에도 사용될 수 있음을 의미하며 확정기여제 역시 이와 마찬가지다. 그러나 확정급여제는 부과 방식과의 배합이 간편하고 실행하기 쉬운데 부과 방식의 계획은 경성예산제약이 없기 때문이다. 만약 적립 방식이 확정급여제를 도입하여 지불한다면 그것은 기금 관리 기구 혹은 위탁 관리 기구가 수익자 대신 기금 가치 변동의 리스크를 책임져야 함을 의미한다. 그래서 과거에는 확정급여제가 통상적으로 부과 방식과 연계되었던 반면, 적립 방식은 대부분 확정기여제의 지급 방식을 택했다. 그러나 최근 몇 년 동안 일종의 명목확정기여제notional defined-contribution schemes/non-financial defined-contribution, NDC 혹은 명목확정갹출제名義賬戶制가 발전되어왔는데 이는 부과 방식과 확정기여제를 배합시킨 모델이다.

3. 실시 방식

사회보장의 실시 방식 측면에서는 사회보장에 두 가지 기본 유형이 있는데 즉 강제적인 실시와 자발적인 보험 가입이다. 그 외에 또 다른 방식은 앞의 두 가지 종류를 혼합하여 만들어진 다차원적 실시 방식이다.

강제적 실시 방식은 국가에 의해 국민에 대한 사회보장제도가 건립되어 법률적 형태의 국가 강제력에 의해 그 실시가 보장되는 것이다. 부과 방식의 사회보장 계획은 대다수 국가 강제성의 세수를 취하는데 예를 들면 근로소득세payroll tax를 통해 융자를 실행하여 법으로 정해진 수익자에게 사회보장복지를 제공하는 것이다. 적립 방식의 사회보장 계획의 경우 관련 법률을 통해 강제 실시할 수도 있고 자원해서 보험에 가입하게 할 수도 있다.

자발적인 보험 가입 모델은 일반적으로 상업적 보험회사 혹은 여타 특정한 금융 중개기구를 거쳐서 실시하는데 적립 방식을 취한다. 자발적인 보험 가입 방식의 사회보장 계획은 정부 등 공공기관에 의해 시작될 수도 있고 비정부기구에 의해서 시작될 수도 있으나 그 기구들은 모두 정부 규제하에서만 상업화된 경영을 진행하여야 한다.

4. 관리 방식

사회보장 시스템의 관리에는 다양한 방법이 있을 수 있는데 정부 기구에 의한 통일적 관리, 대중조직(기구)에 의한 관리 그리고 사인기관에 의한 관리 등을 포함한다. 부과 방식의 사회보장 계획은 통상적으로 정부 기구에 의해 통일적으로 관리된다. 적립 방식의 사회보장 계획은 다양한 종류의 선택이 가능하다. 정부가 창설한 사회보장기금은 정부 기구 혹은 대중조직에 의해 관리가 실시될 수 있다. 그러나 정부 기구의 관리는 저효율과 부패와 같은 종류의 문제들이 나타나기 쉬워서 현재 유행하는 방식은 사인기관 혹은 대중조직에 의해 운영되고 정부가 관리감독의 책임을 맡는 형태다.

1.3 각국의 사회보장 실시 경험

1920년대 이후 특히 제2차 세계대전 이후 구미의 각 산업화 국가에는 독자적인 사회보장 시스템 수립이 보편화되어 다양한 형태의 사회보장 시스템이 모색되었다.

1. '복지국가' 정책

19세기 말 비스마르크가 수립한 사회보장 시스템은 부과 방식의 확정급여제를 채택했다. 그러나 지급 기준이 매우 낮아서 겨우 최저 생활을 유지할 수 있는 정도였다.

제2차 세계대전 이후, 유럽 대륙의 사회민주당이나 영국의 노동당과 같은 일부 좌파 정당이 유럽 국가에서 장기 집권하면서 기준도 높고 범위도 넓은 사회보장 시스템이 수립되어 '복지주의' 사회보장제도가 구축되었다. 구미 각국은 이미 지속적인 경제성장을 오랫동안 경험했고 사회적으로도 크게 부유해졌다. 그래서 이러한 높은 복지 수준의 사회보장제도는 사회당이 아닌 정당이 집권한 유럽 국가에서도 유지 확대되었다. 이러한 높은 수준의 복지제도를 실행한 국가는 '복지국가Welfare State'[1]로 불리게 되었다.

유럽식 사회보장제도는 일찍이 사회적 진보와 경제성장을 추동하는 데 긍정적 작용을 했으나 문제점도 점차 나타났는데 이러한 문제점들은 주로 다음과 같았다.

첫째, 사회보장 시스템이 제공하는 보장 수준은 한 국가의 경제 발전 수준에 상응해야 한다. 제2차 세계대전 후 유럽 복지국가의 높은 기준의 사회보장이 시작된 것은 높은 수준의 일인당 GDP라는 기반 위에 구축되었기 때문이다. 1960년대 전체와 1970년대 초기에 걸쳐 서구 국가의 사회복지는 계속 빠르게 향상되어 생산의 성장 속도를 크게 초과했다. 1965~1970년 사회복지 비용은 매년 평균 11.6퍼센트 증가했고 1970~1975년 사이에는 매년 평균 15.3퍼센트 증가했다 사회보장 비용이 국내총생산액GDP에서 차지하는 비중은 1960년대의 20퍼센트가 되지 않던 수준에서 1970년대 중반의 30퍼센트가량으로 상승했다. 사회보장 수준이 경제적 지탱 능력을 초과하여 국민소득 가운데 점점 더 많은 부분이 사회보장에 사용되었기 때문에 장기적인 경제 발전 기반을 해치게 되었다.

둘째, 지나치게 높은 사회복지 수준은 효율의 제고에 불리하다. 제2차 세계대전 후, 서구 각국 정부가 사회보장제도에서 사회 구성원의 보편적 복지를 증진시키는 책임을 맡았는데 이는 사회보장제도의 발전을 추동하는 데 중요한 작용을 했음이 틀림없다. 그러나 국가가 반드시 사회보장 시스템에서 큰 역할을 해야 하는가에 대해서 의문이 없는 것은 아니다. (1) 사회경제적 자원 가운데 점점 더 많은 부분이 정부 수중에 장악되어 정부가 직접 지배하면서 시장 시스템의 작용이 약화되었다. (2) 국가가 사회 구성원의 높은 생활수준을 보장해줌으로써 일부 사람들에게서 국가에 의지하고 사회보장에 의지하여 생활하려는 심리와 나태함을 키운다. (3) 사회보장과 사회복지의 확대는 거대한 복지 기구를 길러내서 낭비가 많고 효율은 낮은 관료주의를 조성한다.

셋째, 지나치게 높은 수준의 복지는 국가 예산의 안정성에 악영향을 끼친다. 서구 국가의 사회보장 자금은 주로 국가 예산에서 나와야 했다. 복지주의 국가 각국의 사회보장 수준이 지속적으로 높아짐에 따라 사회보장에 사용되는 일반 세수와 사회보장 목적으로 지정 사용되는 근로소득세 혹은 사회보험세가 끊임없이 증가했다. 예를 들면, 1965~1984년 기간 동안 스웨덴의 세수가 국내총생산액에서 차지하는 비중은 35.7퍼센트에서 50.6퍼센트로 상승했고 덴마크는 29.4퍼센트에서 47.3퍼센트로, 영국은 30.6퍼센트에서 38.6퍼센트로, 프랑스는 35퍼센트에서 45.5퍼센트로 상승했다. 일부 국가들의 개인소득세 한계세율은 매우 높아서 예를 들면 스웨덴의 개인소득세 최고세율은 높게는 80퍼센트에 달한다. 이러한 높은 세율을 기반으로 높은 수준의 복지를 실행하면 비록 소득재분배 효과가 비교적 커서 빈부격차 축소에 유리하지만 동시에 기업의 제조원가 역시 올라서 자본수익률을 떨어뜨리고 열심히 일해 높은 소득을 얻으려는 사람들의 업무 의욕을 훼손할 것이다. 아울러 사회복지 지출이 지나치게 커지고 예산 수입이 지출보다 부족해지기 때문에 '복지국가' 정책을 실행하는 국가는 거의 예외 없이 막대한 재정적자를 만들게 된다.

이상의 문제들은 복지주의 사회보장제도를 곤경에 빠지게 한다. 특히 1970년대 서구 사회가 인구 노령화와 저성장 단계에 진입한 이후, 그들의 높은 수준의 복지정책은 광범한 비판을 받았다. 동남아 지역의 싱가포르, 남미의 칠레 등의 국가들은 '복지국가' 정책의 교훈을 받아들여 이와 다른 사회보장제도를 발전시켰다.

2. 싱가포르의 중앙공적금 제도

싱가포르의 사회보장제도는 건립 초기부터 유럽과는 다른 이념을 표명했다. 싱가포르 공화국 독립 이전인 1955년에 영연방 식민지 정부는 정부 고용인을 위하여 퇴직금 제도를 만들어 중앙공적금 제도central provident fund, CPF라 불렀다. 이는 일종의 강제성 저축 계획으로 고용주와 피고용인이 각각 피고용자 봉급의 일정 비율에 따라 공동으로 출자하여 피고용자를 위해 만든 특별한 개인 계좌에 저축하고 이자를 적립하되 피고용자는 퇴직한 후에 이를 찾을 수 있다. 1965년 싱가포르 독립 이후에 이는 전 사회를 포괄하는 사회보장계획으로 확대 발전되었다.

당시의 싱가포르 지도자가 이러한 사회보장제도 확립 시점에 의거했던 기본 이념은 다음과 같은 것들이었다. (1) 경제가 충분히 발달하지 않은 단계에서 국가 역시 높은 수준의 사회보장을 제공할 능력이 없고 가족에 의한 상호부조를 통해 보장을 실시하는 동양의 전통을 고려한다면 개인 용도의 자기 보장 방식을 택하는 것이 적절하며 국가는 단지 법규 제정자나 관리자의 역할을 맡아야지 자금을 직접 제공하지는 말아야 한다. (2) 중앙공적금 제도는 실제 강제적 저축의 방식으로 사회보장금의 적립을 진행하는 동시에 경제성장에도 중요한 자금원을 제공한다. (3) 주민의 기본 수요의 만족과 근로를 장려하는 것 사이에서 균형을 유지하려면 사람들이 생활에서 보장받음을 느껴야 하며 또한 사람들이 계속 발전하도록 장려하는 시스템이 있어야 유럽의 '복지국가' 정책하의 주민들이 '공짜 점심을 먹는' 병폐를 피할 수 있다.

중앙공적금 제도는 일종의 완전 적립의 확정기여제 방식의 시스템이다. 이러한 사회보장 시스템의 기본 내용은 다음과 같다. 첫째, 모든 피고용인과 고용주에게 매월 피고용인 봉급의 일정 비율에 따른 적립금 납부가 요구되며 전체 적립금 납금은 피고용인이 보험용으로 중앙적립기관中央公積金局에 개설한 개인 계좌에 예금해놓는다. 둘째, 개인 계좌상의 기금은 보험 가입자 소유에 속하며 중앙적립기관이 통일적으로 관리한다. 셋째, 55세 이하의 보험가입자의 개인 계정(구좌)은 세 개로 구분되는데 즉 일반계정ordinary account, 의료저축계정medisave account 그리고 특별계정special account이다. 가입자의 연령이 55세에 도달한 이후에 그 개인 계좌는 퇴직연금계정retirement account과 의료저축계정으로 변하게 된다. 넷째, 중앙적립기관은 법률이 정한 이율에 따라 이자를 지급한다. 그 가운데 일반계정과 의료저축계정의 예금 이율은 싱가포르의 4대 주요 은행의 1년 정기예금 이율의 산술적 평균치와 동일하며 특별계좌와 퇴직연금계좌상의 예금 이율은 이러한 이율보다 약간 높은 수준이다. 공공주택에 대한 주택담보대출 이율 역시 일반계정의 예금 이율보다 약간 높다. 다섯째, 적립금 예금의 주요 용도는 다음과 같다. (1) 보험 가입자 본인의 자기 보장에 사용된다. 예를 들면 의료비 및 기타 의외의 사건에 대한 지출, 보험가입자의 퇴직연금 등이다. (2) 적립금이 점차 풍부해진 조건하에서는 여타 보장과 투자 기능을 발전시킨다. 예를 들면 정부 아파트HDB를 사들인다든지 부모와 배우자의 적립금 퇴직연금계좌에 입금을 지원한다든지 자녀를 위해 지정된 대학교의 고등교육 학비를 납입한다든지 심지어는 중앙적립기관이 지정한 상장회사의 주식을 구매하는 것 등도 있을 수 있다.

중앙공적금 제도는 사회보장의 저축 기능을 충분히 발휘하여 저축을 크게 장려하는 작용을 했다. 싱가포르가 보편적으로 적립금 제도를 실행한 이후 사회 저축률은 1960년의 −2.4퍼센트에서 1984년의 42퍼센트, 1988년의 41.9퍼센트 그리고 1994년의 51퍼센트로 급속히 성장하여 여러 해 동안 세계 최고 수준을 줄곧 유지했다. 아울러 싱가포르는 국가통일관리기금 형태를 취하여 적립금이 정부 조달 건설 자금의 중요한 원천이 되었다. 싱가포르 중앙공적금 제도의 또 다른 장점은 인센티브 시스템을 강화한 것이다. 보험금의 지급에 있어서 각자의 납입금이 얼마인지의 차이에 따라 적립금 제도도 차별 대우를 실행한다. 이는 수익자에게 매우 큰 인센티브를 제공하는 것이다. 노동자가 믿을 만한 보장을 받으려면 열심히 일해 더욱 많은 소득을 얻고 개인 계좌에 더욱 많은 기금을 적립해야 한다.

그러나 싱가포르의 중앙공적금 제도는 몇 가지 측면에서 비판을 받는다. 첫째, 중앙공적금 제도는 재분배 기능을 갖고 있지 않을뿐더러 고용주와 피고용인의 금액 납입액 비율이 대략 서로 같아서 높은 연봉의 피고용인이 고용주의 납입으로 얻은 재산 역시 많았는데 이는 일정 정도 사회적 소득분배의 격차를 더 벌리는 것이다. 둘째, 중앙공적금의 적금 잔고가 막대해서 중앙적립기관이 조달된 자금을 싱가포르 재정부에 전달했고 재정부가 앞에서 말한 법정 이율에 의해 매년 한 차례 중앙공적금에 이자를 결산했다. 정부가 보험가입자에게 지급하는 이자율은 지나치게 낮았다. 셋째, 정부는 이러한 자금 사용권을 얻음으로써 거액의 자금원을 장악하여 정부의 투자 프로젝트에 사용했다. 중앙공적금 제도는 정부가 사회통제 추진을 위해 사용하는 효과적인 정책 수단이 된 것이다. 일부 논자들은 이 제도가 자유시장경제 원칙과 화해할 수 없다고 본다.

3. 칠레의 사회보장체제 개혁[2]

일찍이 1920년대에 칠레는 여러 업종과 다양한 직위에 따라 규정된 수익 기준에 근거하여 확정급여제로 사회보장을 제공했다. 1950년대 이후에 이러한 확정급여제 사회보장 시스템은 재정 문제가 날로 심각해졌다. 1975년 건강보험을 포함하는 비용납부율이 임금 총액의 51~59퍼센트에 달했으나 사회보장 시스템은 여전히 재정적으로 적자여서 자금 출자의 무거운 책임이 결국 정부에게 맡겨졌다. 1970년대 초기 칠레 정부의 양로보험과 의료보험에 대한 재정 지원이 재정 예산 총지출의 20.5퍼센트를 차지했다. 과도한 재정 의존 때문에 1970년대 초 칠레의 재정 상황 악화에 따라 사회보장의 실제 수익 수준도 급격히 하락되었다.

1973년 칠레의 육군 총사령관 아우구스토 피노체트Augusto Pinochet Ugarte (1915~2006)가 군사쿠데타를 일으켜 살바도르 아옌데 대통령Salvador Allende (1908~1973)이 이끄는 사회주의 정부를 무너뜨렸다. 군사정부는 1970년대 중반 경제자유화 정책을 추진하기 시작했다. 미국 시카고대학에서 유학하고 돌아온 경제학자들의 주도하에 칠레는 1981년 양로금 제도의 개혁을 실시했다.

칠레의 신양로금 제도와 싱가포르의 사회보장제도는 하나의 공통점이 있는데 그것은 바로 완전 적립 방식의 확정기여제를 실행한다는 점이다. 동시에 칠레의 양로금 제도 역시 독자적인 특징을 가지고 있었는데 그것은 민간 관리 회사가 정부 기구 대신 양로기금의 경영관리를 맡은 점이다. 그 구체적인 방식은 다음과 같다.

(1) 기금은 민간이 운영하는 양로기금관리회사(약칭 AFP)가 관리한다.[3] 이러한 기금관리회사는 기금소유자의 신탁을 받아서 노인들을 위해 양로기금의 투자 운영을 책임지고 이윤을 얻는다. 기금관리회사 역시 보험가입자를 위해 부가된 산재보험과 가족의 양로보험을 처리한다. 이와 동시에 기금관리회사는 위탁인에게서 관리 비용을 수취한다. 수수료의 높고 낮음은 각 회사 간의 경쟁에 달려 있다. 보험가입자가 어떤 한 곳의 기금관리회사를 선택할 권리를 갖고 있는 경우 역시 때에 따라 기금관리회사를 바꿀 수 있다.

(2) 양로기금관리회사는 그들에게 관리가 수탁된 기금을 자본시장에 투

자한다. 최초에 기금은 정부가 발행하는 공채에만 투자하도록 허가되었지만 나중에는 기업 채권이나 주식으로 점차 확대되었다. 1980년대 중반부터 양로기금은 투자의 중점이 현재 민영화가 진행되는 공공시설 분야로 바뀌게 되었다.

(3) 기금소유자가 법정 퇴직 연령에 이르게 되면 자신이 선택한 기금관리회사로부터 매월 양로금을 수령하거나 혹은 자신의 양로기금의 원금과 이자를 생명보험회사로 넘겨서 연금을 받는다. 만약 양로기금이 규정한 최저 한도액이 아직 충족되지 않았는데 보험 가입 후 이미 20년을 채웠다면 그 부족분은 국가가 보충해준다.

(4) 국가는 기금관리회사의 운영 활동에 대해 엄격한 관리감독을 진행한다. 정부는 양로기금감독위원회를 설립하여 기금관리회사의 재정 상황과 금융 리스크를 관리감독한다. 동시에 기금관리회사의 대차대조표와 기금이 운영하는 대차대조표는 반드시 별도로 만들어야 한다. 기금관리회사는 자신의 자금으로 리스크 준비금(대비 자금)을 미리 납부해야 한다. 만약 기금 운영 수익이 전체 사회 기금 평균 수익률보다 2퍼센트포인트 낮다면 리스크 준비금으로 부족분을 메워야 한다.

칠레의 사회보장 개혁이 직면한 중요한 문제는 확정급여제에서 확정기여제로 전환한 국가들이 모두 봉착한 문제로, 즉 부과 방식의 확정급여제하에서 정부의 노동자 양로보험 약정으로 형성된 노동자에 대한 정부의 잠재적 연금 부채implicit pension debt, IPD를 환납하는 문제다. 당시 칠레의 공공 재정에 이미 부채가 누적된 상황에서 칠레 정부가 취한 방법은 정부가 '연금인정채권recognition bonds'을 발행하여 이전 보장체제에서 오래 일했고 지금은 은퇴했거나 혹은 은퇴해야 할 사람들을 대상으로 보상을 추진하는 것이었다. 각 사람들이 얻은 '연금인정채권'의 금액은 그들의 과거 업무 연한에 따라 확정되었고 동시에 지수화를 실행하여 인플레이션의 손실을 피할 수 있었으며 아울러 4퍼센트의 연이자를 갖고 있었다. 노동자가 퇴직 연령에 이르렀을 때는 재정부를 통해서 현금으로 바꿀 수 있었으며 동시에 그 채권은 이급시장二級市場〔증권시장〕에서 유통될 수 있어 노동자가 매각하면 현금으로 바꿀 수 있었다.

칠레의 양로금 제도 개혁은 다음과 같은 효과를 거두었다. 첫째, 보험가입자에게 비교적 높은 수익을 가져다주었다. 1981년에서 1995년까지 15년 동안, 전국 양로기금의 평균 실제 수익률은 13.3퍼센트에 이르렀다. 퇴직 연령의 연기가 더해지면서 이로 인하여 새로운 체제하의 양로금 비용납부율은 원래 체제의 수준보다 크게 낮아졌다. 둘째, 양로금 관리 비용은 낮아졌고 서비스는 개선되었다. 민간 기금관리회사와의 경쟁이라는 제약하에서 기금관리회사가 받는 관리비는 더욱 빠르게 하락했다. 1981년 시점에서 보험가입자가 기금관리회사에 납부하는 관리비는 임금의 8퍼센트를 차지했는데 1990년대에 이르면 이미 3퍼센트 정도로 하락했다. 셋째, 자국의 저축률 상승을 강력히 추동했다. 1981년 이전 칠레의 사회 저축률은 대략 15퍼센트였는데 1990년대에는 25퍼센트 정도에 달했다. 통계에 따르면, 양로기금은 증가해 국내 총저축의 30퍼센트가량을 차지했다. 1981년 양로기금 잔고는 3억 달러였지만, 1995년에는 256억 달러로 증가하여 그해 국내총생산액의 40퍼센트 이상에 상당했다. 넷째, 자본시장의 발육을 촉진했다. 양로기금은 전문 기금관리회사를 통해서 금융자산에 투자되어 자본시장의 발육을 크게 촉진했다. 양로기금이 보유한 정부 채권, 주택저당채권, 상업성 기업 채권, 은행예금, 주식 그리고 기업 채권이 사회 금융자산의 22퍼센트를 차지했다. 1990년대 이후 칠레 정부는 기금이 해외에서 공공 건설(예를 들면 항구, 도로, 공항 등의 방면) 투자를 진행하는 것을 허가했다. 일부 기금관리회사는 남미 여타 국가의 양로보험 개혁과 자본시장의 형성 과정에서 긍정적인 작용을 했다. 다섯째, 재정 부담을 경감시켰다. 개혁 초기에 노동자에 대한 잠재적 채무 때문에 정부의 지출은 다소 증가했다. 일정 시간이 경과한 이후 재정 부담은 급속히 하락했다. 1990년대 중반에 이르면 칠레는 재정 예산에 해마다 잉여가 나타나서 세계에서 재정 상황이 비교적 좋은 소수의 몇 개 국가 중 하나가 되었다.

그러나 칠레의 양로금 개혁은 좌파에게서도 일련의 비판을 받았다. (1) 이 제도는 재분배 기능이 결핍되어 있다. (2) 각 회사는 고객 확보를 위하여 경쟁하면서 판촉 인력을 대거 고용하여 사회자원의 헛된 낭비를 초래한다. (3) 보험가입자가 납입한 관리 비용은 효율적인 정부가 양로금 직접 관리에 필요로 하는 원가보다 더 높다. (4) 양로기금의 지불 능력은 자본시장의 투자 운용에 따라 매우 크게 달라져서 자본시장에 큰 파동이 발생하면 보험가입자의 양로금 안정성에 영향을 미친다.

4. 스웨덴의 사회보장체제 개혁[4]

1970년대 이후, 스웨덴의 사회보장 시스템은 위기에 빠졌는데 그 주요 양상은 다음과 같았다. 공공지출 비율이 과다하여 각 복지 지출(양로, 의료, 실업, 보육, 장애인 등)은 대략 정부 공공지출의 85퍼센트를 차지했고, 공공지출이 GDP에서 차지하는 비중 역시 1960년대의 35퍼센트에서 1990년대의 70퍼센트로 상승하여 재정 부담을 견딜 수 없는 상황이었다. 과도한 복지는 노동자의 노동 의욕을 반감시키는 작용을 하여 '복지 사기'와 '복지 의존' 현상을 조성했다. 높은 수준의 복지는 높은 수준의 세금을 요구하여 1980년 스웨덴 개인소득세 평균 한계세율은 56.8퍼센트에 이르렀고 최고 한계세율은 85퍼센트에 달했다. 개인소득세가 개인의 노동 소득에서 차지하는 비중은 65.2퍼센트에 이르렀고 GDP에서 차지하는 비중은 47.7퍼센트였다. 세수가 지나치게 높아서 노동력 원가도 높아졌고 노동집약형 산업의 이전으로 실업률이 상승했으며 기업의 노동임금 인상을 압박해서 인플레이션이 유발되었다. 높은 수준의 복지로 개인은 저축과 투자의 적극성을 갖지 않게 되어 장기적인 경제 발전에 영향을 미쳤고 스웨덴의 일인당 GDP는 OECD 국가 순위에서 1970년의 4위에서 1995년의 16위로 하락했다.

스웨덴 정부는 1991년 양로보험 체제 개혁 진행에 착수하여 1994년에 새로운 형태의 양로보험 모델을 도입했고 개혁 방안은 1998년 국회를 통과하여 1999년부터 실시되었다. 새로운 체제의 틀은 세 가지 부분을 포함한다. 첫 번째 부분은 전 국민을 포괄하는 국가의 강제적 기본 양로금 제도로 세 가지 층위로 구성되었다. 첫째 층위는 명목확정기여제NDC로 수익자가 얻는 양로금이 퇴직 시 개인계정의 명목자산 액수에 따라 달라지는 것이다. 둘째 층위는 실질계정 적립양로금이다. 기본 양로금 제도의 총비용납부율은 18.5퍼센트(고용주와 피고용인이 각각 9.25퍼센트를 납부)로 그 가운데 16퍼센트는 명목계정(확정기여 연금)으로 들어가고 2.5퍼센트는 실질계정(적립식 개인 연금)의 누적금으로 들어가는 것이다. 이러한 두 가지 층위 외에 또 한 가지 기본 층위가 존재하는데 즉 가계 조사식의 최저보장연금GP으로 중앙정부 예산으로 자본금을 조달한다. 두 번째 부분은 준准강제성의 직역연금이며 세 번째 부분은 개인의 자발적인 양로 저축이다.

새로운 체제 가운데 가장 큰 혁신은 명목확정기여제의 양로연금 모델이다. 이러한 사회보장체제는 부과 방식과 확정기여제의 혼합체다. 개인계정의 자산은 명목이자율에 의거하여 수익을 얻음으로써 계좌의 자산 가치를 유지시키거나 증가시킨다. 그 성원의 퇴직 시에 명목확정기여제에서 개인계정에 쌓인 명목자산은 연금으로 전환되어 연금과 그 성원의 퇴직 잔여 수명 및 이자율은 연계된다. 첫해 퇴직금은 명목계정 자산을 연금화 제수annuity divisor로 나누어 얻은 것으로 연금화 제수는 코호트 평균 퇴직 잔여 수명群組平均退休餘命과 이자율의 함수다. 이자율은 미래 평균 임금성장률 기준(1.6 퍼센트)에 의거하여 확정된 것으로 그 성원의 퇴직 후에 실제 평균 임금성장률과 기준 임금성장율의 차差에 의거하여 연금에 대해 지수화 조정을 진행해야 한다.

스웨덴에 이어 명목확정기여제는 매우 빠르게 확산되어 여타의 국가들(이탈리아, 라트비아, 폴란드, 몽골과 키르기스스탄 등)에서 실시되었다. 그 국가들이 이러한 양로보험 체제를 선택한 것은 이러한 제도가 부과식과 적립식의 개인계정제에는 없는 장점을 갖고 있기 때문이었다. 우선, 한 국가가 확정급여제에서 확정기여제로 전환할 경우 정부는 반드시 노동자에 대한 잠재적 연금 부채의 환급 대가를 지불해야 한다. 이러한 전환 비용은 항상 매우 커서 그 총량은 공공 양로금 지출의 20~30배에 달할 수 있다. 명목확정기여제를 도입하면 거대한 전환 비용의 문제를 벗어나게 된다. 그다음, 일부경제체제 전환국은 명목확정기여제 도입으로 체제 전환 비용 극복 이외에도 자본시장 미성숙의 어려움을 벗어날 수 있었다. 라트비아, 폴란드, 몽골과 키르기스스탄 등의 체제 전환 국가들이 명목확정기여제를 도입한 목적가운데 하나는 금융시장의 미성숙이라는 장애를 벗어나기 위한 것이었다. 명목확정기여제를 도입한 국가들은 실제 운용 효과 면에서 대부분 비교적좋은 국가개혁 효과를 보았지만 불확실성 역시 존재한다. 이처럼 완전적립식을 즉시 수립할 조건을 구비하지 못한 국가나 노령화 추세가 뚜렷하고 단기간 내에 그 재정 불안정이 나타날 국가 그리고 금융시장이 발달하지 않은 국가에 있어서는 명목확정기여제 도입이 사회보장제도 개혁의 우선적인선택이 될 수 있다.

2. 개혁 이전 사회보장체제와 1993년 개혁 계획

중화인민공화국 성립 이후 소련과 여타 사회주의 국가의 선례에 따라 수익을 기준으로 하는 부과 방식의 사회보장 시스템이 수립되었다.

2.1 1949년 이후 사회보장 시스템의 건립

1951년 2월, 중앙인민정부는 「중화인민공화국 노동보험 조례」를 반포하면서 노동자와 노동자 가족에 대한 노령보험, 의료보험, 상해보험 등 전면적인 노동보험을 국가가 총괄하고 기업이 실시하도록 규정했다. 이러한 조례에 따라 먼저 국유 공업기업에서 노동보험 제도가 수립됐고 이후에는 점차 국유 상업 무역 등의 업종으로 확대되었다. 농촌은 중국 전통사회의 방법을 따라 가정 보장家庭保障을 주요 보장 방식으로 하고, 홀아비, 과부나 고아 그리고 독거노인 등 봉양할 사람이 없는 인민공사 사원에 대해 설치한 '경로원敬老院' 등 낮은 수준의 사회보장으로 이를 보완했다.

중국의 이러한 사회보장제도는 부과식의 일반적 특징 외에 '단웨이單位(기관, 기업 및 사업 단위 등)'가 실시를 책임지는 특성을 가지고 있었다. 중국은 계획경제체제하에서 '단웨이'라는 이러한 사회적 기층 조직 형태를 수립했고 계획경제체제하에서는 노동의 이동이 필요하지 않아서 노동자는 평생 심지어는 후대에도 그가 속한 '단웨이'에 완전히 종속되고 여기에 의지할 수 있었기 때문에 사회보장 기능은 '단웨이 보장'으로 변화되었다. '문화대혁명' 이전에 기업 단웨이가 사회보장을 실시한 구체적인 방식은 임금 총액의 일정 비율에 의거하여 가산 임금을 추출하여 각 노동보험 비용 지급에 사용하는 형태였다. '문화대혁명'이 시작된 이후 한편으로는 인구 노령화 때문에, 다른 한편으로는 사회적 혼란 속에서 기업들이 재정 부족에 처해 있었기 때문에 가산 임금으로 사회보장비용을 지급하기가 왕왕 힘들어졌다. 따라서 1969년부터 기업들은 더 이상 임금 총액의 일정 비율에 따라 노동 보험 기금을 추출하지 않고 퇴직금, 무상의료 그리고 기타 노동보험 보조금 을 일률적으로 기업 영업 외 수지에서 지출되는 것으로 바꾸었다. 이렇게 사 회보장은 더욱 완전히 기업의 보장으로 변하게 되었다.

2.2 전통적 사회보장체제의 결함

계획경제의 조건하에서 전통적 사회보장 시스템은 도시 노동자에게 기 본적인 생활 보장을 제공했다. 그러나 이러한 시스템에는 일련의 체제적 결 함이 존재했다.

1. 부과 방식이 야기한 문제

앞서 이미 언급했던 것처럼 수익 기준의 부과 방식은 실질적으로 당대 노동자가 앞 세대 노동자에 대한 세대 간 이전지출을 실행하는 것으로 당대 노동자의 노동에 해를 입히고 비용 납부의 적극성이 손상되는 부작용이 있 다. 특히 한 사회의 노령화가 비교적 높은 수준에 이르렀을 때 일하는 한 세 대의 사람들이 지나치게 많은 노령 인구를 부양해야 할 경우 모순은 더욱 심각하게 나타난다. 1980년대 중반 인구 노령화 현상이 뚜렷해지기 시작했 고 1990년대에는 더욱 가속화되었다. 일부 노쇠한 국유기업에서는 퇴직금을 수령하는 퇴직 인원의 재직 인원에 대한 비율이 왕왕 매우 커졌다(1 대 3 내 지 1 대 1). 시간의 추이에 따라 기업의 퇴직금과 의료 비용 부담은 점점 더 욱 커졌고 당시 노동 인력을 독려하는 데 악영향을 미쳤다.

2. '단웨이 보장'과 '기업 보장'으로 초래된 문제

우선 도시와 농촌으로 이원화된 사회구조에서 국가가 독점하던 사회보장 자원의 절대 부분을 모두 도시城鎭의 '국유 단웨이'에 배급했는데 여기에는 정부 기구, 국유기업 그리고 도시의 '대집체'[5]가 포함되었다.

그다음, 도시인구 차원에서 보자면 '단웨이'를 통해 현물 성격의 사회보장 자원을 배치하던 조건하에서 한 개인의 수익 수준은 실제로는 계획 배치 체제하에서 '단웨이'의 자원 확보 능력에 달려 있었다. 이렇게 되었기 때문에 단웨이들 사이에는 복지의 조합과 지출 수준에서 매우 큰 격차가 형성되었다. 국유기업에서도 마찬가지였는데, 기본 보장의 권리를 얻는 데 있어 일부 노동자들은 그 기업이 계획지표를 충족시키지 못하여 보장을 받지 못했던 반면에 또 다른 노동자들은 소재 기업이 충분한 계획 자원을 얻을 수 있었기 때문에 혹은 특수한 정치적 지위로 높은 수준의 복지를 얻을 수 있었기 때문에 사회보장 면에서 '불평등苦樂不均'이 형성되었다.

다음으로는, 인구 노령화 심화에 따라 기업의 부담이 날로 증가했고 특히 일부 오래된 기업은 퇴직 노동자 수가 크게 많아져 퇴직금과 의료비 및 약값 지출 부담이 매우 커져 원가가 기형적으로 높아졌고 재정적 어려움은 날로 가중되었으며 심지어 극복하기 어려운 상황이 되었다. 반대로 신흥 기업은 노동자 평균 연령이 낮고 책임져야 할 노령 노동자, 병든 노동자, 퇴직 노동자 수는 적어서 사회보장의 부담이 경미했다. 이로 인해 오래된 기업들이 경쟁에서 불리한 위치에 처했다. 이와 동시에 기업 사이에 존재하는 사회보장 수준의 차이로 인해 노동자의 이동이 차단되었다. .

3. 수익자 감독의 부재로 야기된 문제

전통적인 사회보장 시스템에서 자금은 국유기업과 국가 예산에서 나왔고 '단웨이'에 의해 관리가 이루어졌으며 수익자는 단지 '단웨이'가 주는 '복지'를 피동적으로 받았을 뿐 사회보장 자금의 수입 지출을 감독할 어떤 동력이나 권력도 가지고 있지 않았다. 이러한 종류의 관리 방식은 관료주의를 만연케 하고 운영 원가를 증가시킨다. 또한 이런 방식하에서는 국가가 모든 사회보장 자원을 독점하고 주택, 의료, 자녀 취업이나 취학, 노동 보장 등 현물성 배치 방식으로 사회복지를 수익자에게 제공하여 개인은 가장 만족스러운 소비재 조합을 자주적으로 선택할 수 없을 뿐 아니라 자신의 전체 생명 주기의 소득에 대해 자주적인 결정을 할 수 없다. 그 결과 다음과 같은 악영향이 나타난다. 첫째, 소비자 개인이 자주적 선택권이 없기 때문에 자주적 선택을 통해 자신의 선호를 만족시킬 수 없고 단지 국가기관(주택관리국, 국립의료원 등)의 결정에 복종할 수밖에 없다. 둘째, 수익자는 정부가 주는 복지를 피동적으로 받기 때문에 사회보장 시스템에 대한 사회적 감독은 상실된다. 셋째, 다양한 사회적 집단에 대해 국가가 다양한 수익 기준을 제정하게 되면 본래 사회적 공평을 추구한다는 취지의 사회보장이 거꾸로 다양한 사회적 집단 사이의 소득격차를 확대하게 된다.

이상 이러한 모순들은 개혁이 시작된 이후 날로 뚜렷하게 나타났다. 첫째, 인민공사 제도가 해체되어 본래 농촌에서 '맨발의 의사(농촌의 의무대원)' '비정규 민간 교사' 등으로 충당되던 '지식 청년'들이 도시로 돌아감에 따라 농촌합작의료 등과 같은 농촌의 미미했던 사회보장 시스템마저도 하나도 남김없이 사라져서 수억의 농민 가정은 최소한의 사회보장도 존재하지 않는 상황에 처하게 되었다. 둘째, 도시 지역에서 개체사영기업, 중외합자기업을 포함하는 국내 비국유 기업이 날로 커졌으나 비국유 기업의 노동자는 오히려 사회보장의 혜택을 받지 못했다. 셋째, 기업의 독립성 증대, 시장 거래 관계의 확대 및 소비자 개인의 선택권 증가로 사회복지의 현물 배치라는 전통 모델은 점점 더 현실과 어울리지 않게 되었다. 현물화된 사회복지 계획에는 약한 고리가 존재하기 때문에 사회보장에서 기업 자체적인 재정에 의존하는 정도가 증가했다. 넷째, 기업의 재정 상황은 갈수록 더 크게 시장에서의 성과에 달려 있게 되어 대부분의 국유기업은 시장경쟁력이 약하기 때문에 재정 상황이 좋지 못한 상황에 처하게 되었고 많은 기업의 노동자는 양로연금 및 의료비 지급과 청구를 보장받기 어려워졌다. 기업이 일단 파산하게 된 경우에는(이는 시장경제에서 일상적으로 발생하는 것이다) 더욱이 노인 부양과 장례는 전혀 보장받을 수 없었다. 이런 상황은 사회 안정에 매우 큰 위협이 되었다.

개혁 과정에서 경제구조에 매우 큰 변동이 있었고 기업의 구조조정은 일상적으로 발생했는데, 사회보장 시스템이 그 보장 기능을 효과적으로 실행할 수 없게 되어 개혁의 혼란을 흡수할 수 있는 사회적 안전망이 부재하게 되었다. 이는 개혁에 대한 저항을 증가시켰고 심지어는 사회적 불안정을 야기했다.

2.3 중국공산당 제14기 3중전회가 확립한 사회보장 개혁 목표

경제체제 개혁의 지속 추진에 따라 중국 본래 사회보장제도의 고유한 결함이 날로 드러나 개혁의 필요성이 대두되었다.

1984년 당시 신구 기업 간 양로연금 격차가 분명해진 문제에 대하여 쓰촨, 광둥, 장쑤 그리고 랴오닝 등의 성의 일부 시와 현은 국유기업 퇴직 비용의 사회통합 실험을 진행하여 양로보험이 기업보험에서 사회보험으로 전환하는 첫걸음을 내디뎠다. 1986년 국무원은 「국영기업의 노동계약제 실행 임시규정國營企業實行勞動合同制暫行規定」을 반포하여 국유기업의 일부 신규 노동자에 대한 노동계약제 실행을 시작할 것을 제시했다. 이러한 일부 노동자의 퇴직 양로 비용은 사회통합을 통해 제공되었다. 이와 동시에 의료보장제도에 대하여 개혁 실험을 시작했는데 즉 일부 도시에서 '중환자 의료비의 사회통합大病醫療費用社會統籌'을 시범 시행했다. 1991년 국무원은 「기업 노동자 양로보험 제도 개혁에 관한 결정關於企業職工養老保險制度改革的決定」을 반포하여 도시 지역에서 양로보험 기금의 사회통합을 광범위하게 추진했다. 그러나 이상의 모든 개혁들은 모두 수익 기준의 부과 방식의 틀 내에서 진행된 개혁으로 이러한 체제의 근본적인 병폐를 극복하지는 못했다.

이러한 상황하에서 정부와 학술계의 일부 인사들이 1990년대 초부터 전통적인 사회보장체제를 어떻게 개혁할지를 모색하여 싱가포르, 칠레 등 국가의 성공한 개혁 경험을 고찰 연구한 이후 중국의 사회보장체제 개혁 목표에 대한 공감대가 대략 형성되었다.[6] 그들은 새로운 사회보장체제는 응당 시장경제 건설과 발전의 수요에 입각하여 기업체제에서 독립되어야 하며 또한 인센티브 시스템이 구축되어야 사람들이 열심히 일하고 즐겁게 저축하여 장기적 경제 발전에 유리하다고 보았다.

(1) 사회보장제도의 선택은 응당 중국의 현실에서 비롯되어야 한다. 중국은 개발도상국으로 경제적 고속성장을 실현해야 인민의 다양한 수요를 만족시킬 수 있다. 따라서 분배 문제의 처리에서 효율을 우선하되 공평을 함께 고려한다는 원칙을 따라야 한다. 이러한 기본 원칙에서 출발하여 사회보장제도 선택 시에 응당 인센티브 체계의 효과성 유지에 주의를 기울여 사람들이 기본적인 안전 보장을 얻게 하고 동시에 '열심히 일하면 많이 얻는다'는 인센티브 메커니즘을 충분히 강화시켜 '큰 솥밥大鍋飯' 먹기의 병폐를 벗어나야 한다.

(2) 기대수익표준을 기준으로 하는 부과 방식은 세대 사이의 이전지출의 성격을 가지고 있는바, 복지 혜택과 보험비 납부 사이의 연계가 단절되어

인센티브의 동기가 약화되었고 사회적 저축의 향상에도 불리하여 정부 예산의 부담이 쉽게 초래되는 만큼 확정기여 방식의 개인계좌제를 응용하여 확정급여 방식의 부과제를 대체해야 한다.

(3) 사회보장 시스템은 정부 행정 기구에 의해 직접 관리되면 저효율과 부패 등의 문제가 나타나기 쉬운 만큼 응당 사회보장의 행정관리와 기금의 운영을 분리하여 수익자가 위탁한 독립기구에 의해 기금 운영을 진행해야 한다.

(4) 여타 사회경제 개혁과의 조합을 중시하여 기타 측면의 개혁을 촉진해야 하며 특히 국유기업의 개혁과 자본시장의 형성에 대해 긍정적인 작용을 발휘하는 개혁을 해야 한다.

이후 1993년 중국공산당 제14기 3중전회에서 통과된 「사회주의 시장경제체제 건립의 몇 가지 문제에 관한 중공중앙의 결정中共中央關於建立社會主義市場經濟體制若幹問題的決定」은 기본 양로보험과 기본 의료보험에 개인계좌제를 도입하여 사회보장과 기금 운영을 분리할 것을 결정했다. 이러한 원칙이 실제로 관철된다면, 다원화된 사회보장제도를 구축하고 시장 역량의 참여를 촉진하여 정부와 공동으로 사회보장의 책임을 맡게 할 것이다.

칼럼9.1

중국공산당 제14기 3중전회가 확정한 사회보장체제 기본 원칙7

중국공산당 제14기 3중전회에서 통과된 「사회주의 시장경제 건립의 몇 가지 문제에 관한 중공중앙의 결정」이 중국의 새로운 사회보장 시스템에 대해 제시한 기본 요구는 다음과 같다.

(1) '다양한 층위의 사회보장 시스템을 건립한다.' '사회보장 수준은 우리 나라 생산력 발전 수준 및 각 방면의 수용 능력과 서로 잘 맞아야 한다. 도 농 주민의 사회보장 방식은 구별되어야 한다. 사회적 상호부조를 제창한다. 상업적 보험업을 발전시켜 사회보험을 보충한다.'

(2) '다양한 사회보장 유형에 따라 그 자금원과 보장 방식을 확정한다. 기업 양로보험과 실업보험 제도를 중점적으로 개선하고 사회서비스 기능의 강화를 통해 기업의 부담을 줄이고 기업조직 구조조정을 촉진하여 기업의 경제적 효과와 경쟁력을 높인다. 도시 노동자의 양로보험금과 의료보험금은 개인과 공동 부담하여 사회보험과 개인계좌가 서로 결합되도록 한다. 실업 보험 제도를 더욱 건전화하여 보험비는 기업이 노동자 임금 총액의 일정 비 율에 따라 통일적으로 부과한다. 기업의 산업재해보험 제도를 보편적으로 구축한다.' '농민의 양로는 가정의 보장을 주로 하되, 지역 공동체의 부조와 서로 결합한다.'

(3) '사회보장 행정관리와 사회보험 기금 경영은 분리해야 한다. 사회보 장 관리 기구는 주로 행정관리 기능을 행사하는 것이다. 정부 관련 부처와 대중의 대표가 참가하는 사회보험 기금의 감독 조직을 건립하여 사회보험 기금의 수지와 경영을 감독한다. 사회보험 기금의 업무 기구는 기금의 정상 적인 지급과 안전한 유동성을 보장한다는 전제하에서 법에 의거하여 사회 보험 기금을 주로 국가 채권 구매에 사용하여 사회보험 기금의 가치 보전과 증식을 확실히 보장해야 한다.'

그러나 정부 기구가 사회자원을 독점하고 그 자원배치 권력을 행사하며 아울러 스스로의 이익 극대화를 보장하는 행위가 일부 정부 기구에는 강력

한 유혹이 되었다. 이로 인해 정부 기관들은 자기 이익과 직접 관련되어 있는 사무를 관리하는 대중의 능력을 의심하고 심지어 대립했으며, 사회보장 제도 구축에서 비정부 세력의 적극적 역할을 배척했다. 그래서 객관적으로 비정부 역량이 사회보장제도 건설에 참여할 수 없도록 했고 또한 이후 개혁의 실제 흐름이 중국공산당 제14기 3중전회가 확립한 목표에서 괴리되도록 만들었다.

2.4 세계은행의 양로연금 '다중 지주 체계'

중국이 1993년 중국공산당 제14기 3중전회의 「결정」에서 자신의 새로운 사회보장 시스템 틀을 제시한 데 이어서 이후에 세계은행 역시 1994년 「고령화 위기 방지: 노년 인구의 보호 및 성장 촉진 정책」이라는 제목의 연구 보고서[8]를 발표하여 양로연금 제도 개혁에 대한 주장을 체계적으로 논술하고 '양로연금 다중 지주 체계多支柱體系' 건립을 제시했다.

보고서는 개선된 양로연금 제도가 효과적으로 노년 인구를 보호할 수 있어야 할 뿐 아니라 경제성장을 촉진해야 한다고 보았다. 구체적으로 한편으론 양로연금 제도는 개인의 저축 혹은 임금에 대한 대체 기능을 갖고 있어야 하는데, 즉 저소득자에 대한 재분배 기능과 노년의 각종 리스크에 대한 방지 기능을 갖고 있어야 한다. 다른 한편으로는 경제성장에 영향을 미치는 음성적 비용을 최소화하고 스스로 지속 가능하고 투명성이 매우 높은 장기적 연금 계획을 수립해야 한다. 이러한 두 가지 측면의 목표 달성을 위해서 각국의 양로연금은 다중 지주 체계multipillar system를 건립해야 한다. 그 체계는 주로 아래의 세 가지 중심축으로 구성되어 있다.

(1) 공공 양로연금 계획. 이 계획은 부과제를 실행하며 정부로부터 자금을 얻는다. 그 목표는 빈곤 노년 인구에 대한 소득재분배 실시와 그들을 위

한 공동 보험의 제도적 배려를 제공하는 것에 한정되어 있다.

(2) 강제성 양로연금 계획. 이러한 계획은 강제성의 직업 양로연금 계획과 강제성의 개인계좌제라는 두 가지 종류의 주요 형식을 취한다. 이는 사람들이 자신의 노년 생활을 보장하기 위해 사전에 저축을 하도록 강제한다. 재분배적 성격을 띠지 않고 완전 적립 방식으로 융자를 실시하며 전체 적립 기금에 대해 분산화된 관리를 실행한다.

(3) 개인 혹은 기업이 자발적으로 건립한 양로연금 계획. 이러한 종류의 자발적인 개인 혹은 기업의 저축 계획은 앞의 두 가지 주축 계획을 보충하여 개인 혹은 기업이 자신 및 고용 인원의 퇴직 기간에 더욱 많은 예방적 저축을 하도록 추진한 자발적인 제도다. 정부 또한 각종 정책 조치를 취해 이러한 계획의 성장을 장려해야 한다.

세계은행의 이러한 '세 가지 중심축'의 양로연금 시스템은 많은 국가의 적극적인 호응을 얻었다. 그후 10년 동안 대다수 국가는 다중 지주 체계의 사회보장 모델을 도입했다.

1994~2004년의 10년간 사회보장 개혁 경험을 종합한 기반 위에서 2005년 세계은행은 「21세기 노년 인구의 소득 보장: 양로연금 제도 개혁의 국제 비교」란 보고서를 발표했다.9 이 보고서는 '3개 중심축' 사상을 확산시키고 나아가 '5개 중심축' 프레임을 제시했다. 이는 즉 (1) 최저 수준의 보장을 제공하는 비非납부형 '제로 중심축' (2) 수익자의 소득과 연계된 납부형 '제1중심축' (3) 다양한 형식의 개인 저축 계좌 성격의 강제적 '제2중심축' (4) 융통성 있고 다양한 형태로 고용주가 제창한 자발적인 '제3중심축' (5) 가정의 구성원 간에 혹은 세대 간에 구축된 비정규적인 보장인 '제4중심축'이다. 1994년의 보고서와 비교하면 이 보고서는 별도로 두 개의 중심축을 확대했는데 하나는 빈곤 제거를 목표로 하는 기본적 중심축 즉 '제로 중심

축'이고 하나는 비경제적 성격의 중심축 즉 '제4중심축'으로, 예를 들면 가족 부양, 의료서비스 그리고 주택정책 등 여타 더욱 광범위한 사회정책을 포함한다. 그 보고서는 또한 '5개 중심축'으로 넘어가는 과정의 3원칙을 제시했다. 첫째, 모든 양로연금 제도는 원칙적으로 모두 기본소득 보장을 제공하고 전 사회적 범위 내의 소득재분배를 실행하여 빈곤을 제거한다는 취지의 '제로 중심축'을 반드시 포함하고 있어야 한다. 평생 저소득자였거나 비정규직이었던 종사자들이 노년에는 기본적인 사회보장을 받도록 국가가 보장해야 한다. 둘째, 강제적인 제도는 강제력이 너무 강해서는 안 되며 또한 관리적 성격을 가져야 하는데, 특히 저소득 국가에 대해서는 강제적 제도가 비록 효과적으로 실시될 수 있다 하더라도 보험료율은 좀더 낮아야 한다. 셋째, 낮은 보장 범위의 소득 관련 제도는 재분배 기능을 약화시키므로 자금은 주로 개인의 비용 납부로부터 비롯되어야 하며 재정의 이전지출에서 비롯돼서는 안 된다. 보고서는 세계은행의 양로연금 개혁에 대한 관점의 두 가지 변화를 반영하고 있다. 첫째는 기본소득 보장이 상대적으로 어려운 노인 집단에 대한 작용에 더욱 주목한 점이며 둘째는 양로연금 체계의 중심축들이 모두 시장 수단의 운용을 통해서만 개인의 소비를 증진하는 작용에 이르도록 더욱 강조한 점이다.

3. 1995년 이후 개혁 실시

중국공산당 제14기 3중전회의 배정에 따라, 새로운 사회보장 시스템의 구축은 1995년부터 도시 기업 노동자의 기본 양로보험 제도와 기본 의료보험 제도 건설을 중점으로 삼아서 추진되기 시작했다. 양로보험과 의료보험이 완만하게 추진되고 단기 내에 완전한 구축이 매우 어려운 상황에서 중국 정부는 우선적으로 사회보장의 기본 중심축으로서 주민의 최저생활보장 제도 건설의 가속화를 결정했다. 그후 여타 영역에서도 일정한 진전을 얻었지만 여전히 적지 않은 문제들의 해결이 요망되었다.

3.1 전 국민적인 최저생활보장제도 건립

1997년 9월 국무원은 「전국 도시 주민 최저생활보장제도 건립에 관한 통지關於在全國建立城市居民最低生活保障制度的通知」를 반포하며 '제9차 5개년 계획' 기간에 전국 도시에 도시 주민 최저생활보장제도를 건립하여 도시주민의 기본 생활을 보장할 것을 요구했다. 그 요점은 아래와 같다.

(1) 도시 주민의 최저생활보장제도의 보장 대상은 가정의 일인당 평균 소득이 해당 지역의 최저생활보장 기준보다 낮고 비농업 호구를 유지하고 있는 도시 주민으로 주로 이하의 3가지 종류의 인원이다. 첫째, 생활 기반이 없고 노동능력이 없으며 법적으로 봉양 혹은 부양 대상자가 없는 주민이다. 둘째, 실업구제금 수령 기간 혹은 실업 구제 기간이 다 지났어도 여전히 재취업을 하지 못해 가정의 일인당 평균 소득이 최저생활보장 기준보다 낮은 주민이다. 셋째, 재직 인원이나 하강下崗 인원이 임금 혹은 최저임금, 기본 생활비를 수령한 이후 및 퇴직 인원이 퇴직금을 수령한 이후 그 가정의 일인당 소득이 여전히 최저생활 기준보다 낮은 주민이다.

(2) 도시 주민의 최저생활보장 기준은 각 지역의 인민정부가 자체적으로 확정한다. 각 지역은 기본 생활을 보장하고 의존심 극복에 유리해야 한다는 원칙에 입각해야 하며, 현지의 기본 생활 필수품 비용과 재정 수용 능력에 의거하여 실사구시적으로 보장 기준을 확정하고 현지 인민정부의 비준을 거친 후에 사회에 공포한다. 아울러 생필품의 가격 변화와 인민의 생활수준의 향상에 맞춰 적시에 이를 조정해야 한다.

(3) 도시 주민의 최저생활보장제도 실행에 필요한 소요 자금은 지방의 각급 인민정부가 재정 예산에 편성하여 사회경제 특별 자금 지출 항목에 포함시켜 특별 회계로 관리한다. 현재 최저생활보장 자금에 대해 재정 및 보장 대상 소재 단웨이의 분담 방법을 택했던 도시는 주로 재정 독자 부담 방식으로 점차 이행해야 한다. 최근 몇 년 동안 각 지역에 최저생활보장제도가 비교적 빠르게 구축되고 있다. 통계에 따르면 2015년 전국에서 도시 주민 최저 생활보장비를 받은 사람은 총 1701만1000명이었다. 월별 1인 최저 생활비 기준은 451.1위안이었고 매월 일인당 보조금은 316.6위안으로 집계 됐다.[10]

20세기 중국 주민의 반수 이상을 차지한 농촌 주민에게는 최저생활보장이 없었는데 이는 줄곧 중국 사회보장 시스템의 가장 큰 결함이었다. 사회 지식인들의 요구로 최저생활보장은 21세기 초에 점차 도시에서 농촌 주민으로 확대되었다. 저장성이 2001년에 먼저 공식적으로 「저장성 최저생활보장 방법浙江省最低生活保障辦法」을 실시하여 농촌을 포괄하는 최저생활보장제도를 건립했다. 이후 점차 많은 성에서 최저생활보장을 농촌으로 확대하여 전 국민의 최저생활보장이 실현되었다. 2007년 8월, 국무원은 「전국 농촌 최저생활보장제도 건립에 관한 통지關於在全國建立農村最低生活保障制度的通知」를 발표 하달하여 전국에 보편적으로 농촌의 최저생활보장제도를 구축할 것을 결정함으로써 여건이 마련된 농촌의 빈곤 인구를 보장 범위에 포함시켰고 환자, 노약자, 노동능력을 상실한 사람 등 일상생활이 어려운 농촌 주민에 대한 중점적인 보장이 이뤄졌으며 중앙정부 재정으로 재정난 지역에 적절한 보조금을 제공했다. 2015년 전국 농촌 최저생활보장비 수령 대상은 4903만6000명이었다. 월별 1인 최저생활비 기준은 264.8위안이었고 매월 일인당 147위안의 보조금이 지급됐다.[11]

3.2 양로보험 개혁

중국공산당 제14기 3중전회의 결정에 따라 각 항목의 사회보장제도 가운데 우선 '사회통합계정과 개인계정이 서로 결합된' 양로보험을 건립해야 했다. 그러나 시작부터 새로운 양로보험 제도의 건립은 어려움에 봉착했다. 이러한 양로보험 제도 추진의 가장 큰 어려움은 이미 퇴직한 나이 든 노동자와 곧 퇴직할 중년 노동자(각기 '노인'과 '중년中人'으로 불린다)의 계정에는 적립 기금이 존재하지 않는다는 점에 있다. 이러한 상황에서 해결 방법은 국가가 출자하여 '노인'과 '중년'의 양로금 적립에 대한 잠재적 부채를 갚는 것이다. 경제학계와 경제계 인사들은 1993~1995년에 사회보장제도 개혁을 토론하면서 이미 현재의 국유자산 '한 덩어리 잘라내기切一塊'[12]와 재정에 의한 '인정채권認可債券'[13] 발행이라는 두 가지 보상 방법을 제시했다. 그러나 일부 정부 직능 부처 관료의 반대에 부딪혔기 때문에 보상은 실현될 수 없었다. 따라서 기업으로부터 거둬들인 '사회통합계정'을 사용하여 '신규 인원'의 돈을 빌려 '노인'을 봉양할 수밖에 없었다. 이를 위해 1995년 3월 양로보험 개혁을 규정하는 전국적 회의상에서 두 가지 방안을 각 지역이 선택할 수 있도록 제시했다.

방안1('체제개혁위원회 방안'으로도 불린다)은 '대大개인계정, 소小사회통합

관리계정'이다. 노동자 개인의 비용 납부 전부가 개인 계좌로 계상되며 기업이 납부한 비용의 일부분도 각기 사회 평균 임금과 노동자 본인 임금의 일정 비율에 따라 개인 계좌로 계상된다. 노동자 퇴직 후에는 개인 계좌의 저축액(원금과 이자를 포함)에 따라 양로연금을 지급한다. 이러한 방안은 중국 공산당 제14기 3중전회가 규정한 원칙과 비교적 근접했다. 그러나 이 방안은 나이 든 노동자들의 양로연금 자금원 문제를 해결하지 못했기에 실행 가능성이 높지 않았다.

방안2('노동부 방안'으로도 불린다)는 '대大사회통합관리계정, 소小개인계정'이다. 노동자 개인의 비용 납부는 개인 계좌로 계상되며 기업의 비용 납부는 사회통합관리기금으로 들어간다. 노동자가 퇴직 시에 개인 계좌 예금이 양로연금을 지불하기 충분하면 지불 방식은 방안 1과 동일하며 만약 계좌 내 저축이 부족하거나 '깡통 계좌'에 속하게 되면 사회통합관리기금에서 부족분을 메우고 사회통합관리기금이 부족하면 재정자금으로 메우게 된다. 비록 두 번째 방안은 개인 계좌를 유지하고 있지만 실제로는 '노인'과 '중년'의 양로연금은 상당 부분 부과 방식의 '사회통합관리'로 해결해야 한다. 그러나 이 방안은 '노인'과 '중년'의 양로연금 자금원 문제에서 비교적 실질적인 처리 방법을 제시했고 아울러 사회보장 주관 기관에 매우 큰 권력을 부여하여 다수 지방정부 부처가 이 방안을 선택했다. 이 방안은 실질적으로 '노인'과 '신규 인원'에 대해 각기 부과 방식과 개인계좌제를 채택한 것이었다. 부과 방식으로의 회귀는 이하의 부정적인 결과를 낳았다. (1) 양로보험 참가 기업이 비용 납부를 지체하거나 피하는 경향이 나타났다. 양로보험 기금 비용 납부율은 해가 갈수록 하락하여 1993년에는 92.4퍼센트, 1994년에는 90.5퍼센트, 1995년에는 90퍼센트, 1996년에는 87퍼센트였다.[14] (2) 비非국유 기업, 특히 민영기업과 삼자기업三資企業은 그들이 납부하는 사회통합관리기금의 고령 노동자에 대한 보상이 불공평하다고 보아 참가를 원하지 않았다. (3) 연금 제공 인구 비율이 매우 높았던 구舊공업도시는 기업의 사회통합관리기금 납부 비용 부담이 매우 막중했다. 당시 양로보험의 사회통합관리 요금률이 평균적으로 임금의 20퍼센트 이상이었으며 여타 보험료율에 더하여 사회보장 총 요금률은 높게는 35~45퍼센트에 이르렀다. 특히 일부 구공업도시, 예를 들면 상하이에는 '노인'과 '중년'이 많았기 때문에 양로보험 보험료율 한 항목만도 노동자 임금의 28.5퍼센트에 이르렀던 반면 (그 가운데 기업으로부터 25.5퍼센트를 거둬들였고 노동자 개인에게서 3퍼센트를 거둬들였다[15]), 일부 신흥 도시는 사회통합관리 요금률이 매우 낮았다. 따라서 구舊도시들은 불평등한 경쟁 위치에 놓이게 되었다. (4) 자금이 부족한 상황하에서 부득이하게 근무하고 있는 노동자 개인 계좌 내의 자금을 유용함으로써 그 계좌들이 깡통계좌로 변하게 되었다. 따라서 장기적으로 이러한 방식은 양로연금 제도를 다시 확정급여제의 부과 방식으로 되돌릴 수 있는 위기 요인을 갖고 있었다.

새로운 양로연금 제도의 상술한 결점들을 극복하기 위하여 노동부, 국가체제개혁위원회 등 정부 직능 부처는 1996년 6월에 현행 체제의 개혁 방안을 제출하면서[16] 개인의 비용 납부 비율을 점차 높이고 기본 보험의 보장 수준은 차츰 조정하며 기금 경영, 감독 및 관리 등을 개선하여 자금조달 상황을 개선할 것을 요구했다. 그러나 이 조치는 역시 장기 근무 노동자의 양로연금 융자 자금원 문제를 해결할 수 없었으며 여전히 '사회통합관리계정'과 근무하는 노동자 개인 계좌의 자금에만 의거하여 고령 노동자의 양로연금을 지급할 수 있었다. 그래서 1998년부터 중국 도시의 양로보험은 당기 소득이 지출에 미치지 못하는 곤경에 빠졌다. 1999년 전국적으로 25개 성(자치구, 직할시)에서 적자가 나타났고 개인 계좌는 1000억 위안이 넘게 유용되었다. 이러한 상황에서 중앙정부는 부득불 매년 수백 억 위안의 예산 자금으로 기본 양로보험의 수지 부족분을 메워왔다.

이상의 상황에 직면하여 사회적으로 여러 다양한 종류의 개혁 방안이 제시되었다. 첫 번째 방안은 사회보험에서 '세금으로 비용 대체費改稅'를 실행하는 것이다. 이러한 관점은 사회보장세의 징수 방법을 사용하여 부과 방식의 자금조달 시스템을 강화할 것을 주장한다. 이는 곧 기본 양로보험비, 기본 의료보험비 및 실업보험비 등을 통일된 사회보장세로 합병하여 세무기관에서 통일적으로 징수하는 것이다. 그러나 이러한 주장은 강렬한 반대에 봉착했는데 이렇게 되면 중국공산당 제14기 3중전회가 규정한 개혁 방향에 완전히 배치되어 확정급여제의 부과 방식으로 회귀할 것이 틀림없었기 때문이다. 아울러 이러한 방법을 취하면 단기간 내에는 사회보장체계의 재무 상황이 다소 개선될 수 있겠지만 장기적으로 보면 필연적으로 국가재정으로 하여금 감내하기 어려운 부담을 짊어지도록 만들 것임을 쉽게 예측할 수 있다. 따라서 이러한 의견은 정부의 수락을 얻지 못했다.

두 번째 방안은 1993년 중국공산당 제14기 3중전회가 건의한 '사회통합관리와 개인 계좌'가 서로 결합된 양로연금 체제를 계속 관철하는 것이다. 2000년 초, 일부 지방의 국유기업에서는 노동자들이 '명예퇴직買斷身份'에 대한 보상이 지나치게 낮은 데 불만을 가져 노동자가 대거 참여한 '집단 시위'가 폭발했다. 이러한 사태로 중국 정부 지도자들은 사회안전망이 없는 상황에서 국유기업 구조조정 추진은 매우 위험하다는 것을 깨달았다. 그래서 그들은 일부 경제학자들에게 새로운 사회보장 시스템을 어떻게 건립할지 건의하도록 요청했다. 그중 가장 대표적 방안이 스탠퍼드대학의 류쥔이劉遵義 교수가 제시한 사회양로보장체제 개혁 방안이다. 그는 정부가 일반성 재정세수를 자금원으로 삼는 '사회기본양로연금(앞서 말한 세계은행이 건의한 '제1지주'에 해당)'과 노동자 및 고용주의 비용 납부로 만들어진 '개인공적금 계좌 (앞서 말한 세계은행이 건의한 '제2지주'에 해당)'의 두 가지 부분으로 구성된 사회양로보험 시스템을 건립할 것을 제안했다. 그중 개인공적금 계좌는 중앙공적금 신탁이사회 산하에 설치된 중앙공적금 관리국이 통일적으로 관리하며 국내 자본 혹은 외자 기금관리자(은행 혹은 기타 금융기구)를 선택하여 경영을 위탁한다.[17]

그는 또한 정부가 현 국유자산으로 국유 단웨이에서 이미 퇴직한 노동자나 재직 노동자 및 하강下崗 노동자에게 은폐된 부채에 대한 보상을 실시하도록 건의했다. 이러한 구상의 기본 사고는 많은 경제학자와 정부 주요 지도자의 지지를 받았다. 이후 일부 기관이 국유 단웨이의 고령 노동자에 대한 정부의 음성 부채를 계산했다. 세계은행 계산으로는 그 규모가 1997년 중국 GDP의 46~69퍼센트에 이르렀다. 일부 경제학자들의 계산 결과는 이보다 좀더 높아서 중국 GDP의 71~94퍼센트였고, 국무원 체제개혁 판공실 과제조의 계산 결과는 더 높아서 145퍼센트에 달했다. 음성 부채를 중국 1997년 GDP의 30퍼센트 수준으로 가정하더라도 그 총량은 2조 위안을 초과한다.[18] 2000년 말 국무원은 전국사회보장기금이사회를 성립하여 중앙정부에 집중된 사회보장기금을 책임지고 관리하게 하기로 결정했다.[19] 그러나 주관 부처의 반대 때문에 이 방안은 최종적인 집행이 이루어지지 못했다.

국제학계에서 완전적립 개인계좌제의 가장 중요한 지지자는 하버드대학

- 류쭌이劉遵義, Lawrence J. Lau(1944~). 화인華人 경제학자, 스탠퍼드대학 경제학 명예교수, 2004~2009년 홍콩 중문대학교 총장 역임. 류쭌이는 경제 발전과 경제성장 및 중국이 포함된 동아시아 경제를 주로 연구했다. 그는 가장 먼저 중국 계량경제 모형을 창건했고 1980~1990년대 중국의 경제개혁 과정에 참여했다. 그는 중국의 사회보장체제, 환율제도, 세수 정책, 대외무역 등을 깊이 연구했으며 아울러 관련 정책을 제시했다.

교수이자 레이건 시대 미국 대통령 경제자문위원회 위원장이었던 마틴 펠드스타인*이다. 그는 중국의 양로보장은 완전 적립의 개인계좌제를 택해야 한다고 보았다.[20]

세 번째 방안은 중국공산당 제14기 3중전회의 양로보험에 대한 구상을 기초로 하여 스웨덴 모델의 명목확정기여제NDC를 도입하는 것이다. 2004년 '중국연구컨설팅프로젝트'[21]가 중국 정부에 MIT의 피터 다이아몬드** 교수와 LSE의 니컬러스 바*** 교수가 집필한 「중국 사회보장체제 개혁: 문제와 대책 선택」이란 연구보고서를 제출했다.[22] 그들은 중국이 완전적립형 확정기여제financial defined contribution, FDC를 택하지 말고 명목확정기여 방식의 개인계정제를 취해야 한다고 건의했다. FDC와 비교하여 NDC는 정부의 음성

• 마틴 펠드스타인Martin Feldstein(1935~2019). 미국의 보수주의 경제학자, 하버드대학 교수. 1978~2008년 미국의 저명한 민간 조직인 전미경제연구소NBER 소장을 맡았고, 1982~1984년 레이건 대통령의 경제자문위원회 위원장, 2009~2011년 오바마 대통령의 경제회복 자문위원회 고문을 맡았다. 거시경제와 공공재정 영역 연구에 주로 기여했으며 공공 양로금 체제의 운용 메커니즘과 지속 가능성에 대해 많은 선구적인 연구를 진행했다. 사회보장제도 개혁에 적극 참여했고 조지 부시 대통령 임기 중 사회보장 시스템의 부분적 사유화의 주요 추진자였다. 1977년 존 베이츠 클라크상을 수상했다.

•• 피터 다이아몬드Peter A. Diamond(1940~). 미국 MIT 경제학과 교수, 걸출한 거시경제학자, 공공재정과 사회보장 전문가. 그는 광범위하게 응용되는 거시경제학 모형―세대 중첩 모형을 만들고 최적의 세제 이론을 발전시켰다. 사회보장 문제 또한 다이아몬드의 연구 주제다. 그는 사회보장은 필요한 부분이며 사유화되지 말아야 한다고 보고 명목 개인 계좌 양로연금 제도의 건립을 주장해왔다.

••• 니컬러스 바Nicholas Barr(1943~). 영국 런던정경대학LSE 공공경제학 교수, 국제적 지명도를 가진 복지경제학자. 일찍이 두 차례 세계은행에서 재직했으며 중부 및 동부 유럽과 러시아를 위한 소득 이전 체제와 의료 체제 설계를 전담했다. 바는 사회정책 개념으로 그 함의가 불명확했던 '사회보장' 개념을 대체하기를 희망해왔고 이데올로기를 초월하여 사회정책에 대한 경제 분석을 진행할 것을 주장해왔으며 다양한 사회정책 영역에서 국가와 시장의 역할에 대해 이론적이고 국제 경험적인 분석을 진행했다. 그는 다이아몬드와 같이 사회정책 영역의 전면적인 사유화를 반대하고 다양한 영역에서 다양한 전략을 취할 것을 주장한다.

부채에 대한 부담과 증권시장의 파동 위험을 완화할 수 있다. 명목계정제는 사실상 개인계정이 '실제 작동할' 필요가 없는 모의 운영 모델을 제공하기 때문에 전환 비용이 지나치게 높은 문제를 해소했다. 동시에 명목확정기여 방식의 개인계정제는 중국공산당 제14기 3중전회가 선택한 '사회통합관리와 개인계정의 상호 결합' 모델이란 절충적 방식과 잘 맞아떨어져 '사회부조'와 '자기 보장' 즉 공평과 효율의 문제를 함께 고려했고 또한 정부가 증권시장의 일부 리스크들을 책임지고 적립제에서 요구되는 자본시장에 대한 높은 요구를 피할 수 있게 되어 중국의 현재 경제 상황에 더욱 적합했다. 또 다른 측면에서 전통적인 부과 방식과 비교하면, NDC는 상대적으로 양로연금을 균형적으로 만들어 융통성을 향상시키고 투명성을 높였으며 비용 납부의 인센티브를 증가시키고 편의성이 있는 등의 장점을 갖고 있었다. 그들의 건의는 일부 중국학자들의 지지를 얻었고[23] 중국 정부 지도자에게서도 높은 평가를 받았지만 최종적으로 주관 부처의 선택을 받지는 못했다.

네 번째 방안은 사회보장체제 개혁의 주관 부처—노동사회보장부勞動與社會保障部에서 제시한 방안이다. 그들의 기본 구상은 개인의 납부 비용으로 형성된 개인계정 자금의 비중을 낮추어 양로보험에서 사회통합관리기금이 중심이 되게 하는 것이다. 이 방안은 정부의 수락을 얻었다.

2001년 7월, 국무원은 노동사회보장부가 제시한 대로 랴오닝성에서 도시 사회보장 시스템 개선 실험을 진행하기로 결정했는데 그 가운데 기본 양로보험 실험의 주요 내용은 다음과 같다.

(1) 개인계정과 사회통합관리의 계좌를 분할 관리하고 개인계정의 실재 계정이 운영되었다. 개인계정은 수익자 임금의 11퍼센트에서 8퍼센트로 축소 조절했고 금액 전체가 개인의 비용 납부로 형성되었으며, 기업의 비용 납부 비율은 개인 임금의 20퍼센트에서 불변하도록 했는데 다만 전액 모두 사

회통합관리기금에 편성했다. 사회통합관리기금은 퇴직 인력의 기본 양로금 지불에 전담 사용했다.

(2) 양로연금 계획 발전 방법을 조정하고 개선했다. 기본 양로연금의 월 기준이 성省(자치구, 직할시)의 전년도 월평균 노동자 임금의 20퍼센트에 상당하도록 유지하는 동시에 노동자의 비용 납부가 만 15년을 채운 이후에는 비용 납부가 매 1년을 채울 때마다 일정 비율의 기초 양로연금을 증가시키며 전체 수준은 30퍼센트 정도로 통제했다. 기본 양로연금 수령인 사망 이후에는 유가족이 수령하는 장례 보조금을 사회통합관리기금이 지불하도록 규정했다. 이외에 개인의 비용 납부가 15년을 채우지 못하면 기본 양로연금을 받을 수 없도록 했다.

(3) 기업이 기업연금을 설립하도록 장려하고 기업의 비용 납부는 임금 총액의 4퍼센트 이내로 하고 원금에서 지출할 수 있도록 규정했다.

랴오닝성의 실험 경험을 종합한 기초 위에서 2003년 중국공산당 중앙위원회와 국무원은 헤이룽장과 지린 두 성에서 도시 사회보장 시스템 실험 업무의 확대 개선을 진행했다. 개인계정의 비용납부율은 수익자 임금의 5~6퍼센트로 더욱 줄어들었다. 2005년 12월, 국무원은 「기업의 노동자 기본 양로보험 제도 개선에 관한 결정關於完善企業職工基本養老保險制度的決定」을 선포하면서[24] 2006년부터 실험 범위를 동북 3성을 제외한 8개 성, 직할시, 자치구로 확대했는데 톈진, 상하이, 산둥, 산시山西, 후베이, 후난, 허난 그리고 신장이 포함되었다.

이상의 방법을 취한 실험 지방에서 양로보험 시스템의 재무 상황이 다소 개선되었지만 자금 축적 규모가 크지 않아 투자수익 또한 낮아져[25] 이러한 개선은 결국 중앙 재정의 이전지출 능력의 확대를 조건으로 하는 것이었다. 중앙 재정에서 양로보험 기금에 대한 보조금 지급은 1998년의 23억 위안에서 2015년 3598억 위안으로 껑충 뛰었다. 최근 수년간 재정보조금 소득이 전체 기업의 양로보험 기금 총수입에서 차지하는 비중은 12~13.5퍼센트 정도를 기록했다.[26] 아울러, 재정적으로 필요한 거액의 비용을 충분히 책임질 수 있다 하더라도 부과 방식 위주의 양로연금 보험 체제는 장기적으로 유지되기 매우 어려웠다. 일부 저개발 지역과 구舊공업기지는 기금이 비교적 크게 부족하여 자신의 힘으로 양로연금의 수지 균형을 실현하기 어려웠다. 2015년 헤이룽장, 랴오닝, 지린, 허베이, 산시陝西, 칭하이 등 6개 성의 도시 기업은 직원 양로보험 기금의 지출이 수입보다 많아 부담이 매우 컸다. 역사적 요인 외에 현실적 요인이 작용한 결과다. 동시에 지역 간 통합이 이뤄지지 않고 기금이 서로 보완적으로 운용되지 못해 선전, 광저우 등 외지에서 온 노동자가 많은 도시의 경우 보험 기금이 충분한 데다 요율이 다른 성(자치구, 직할시)보다 낮아 기금이 부족한 다른 지역과 달리 기금이 남아도는 현상이 발생했다.[27]

개인이 자원하는 양로보험의 가입 방식이 양로보험 시스템의 중요한 근간으로 줄곧 간주되었지만 지금에 이르기까지 명확한 제도적 틀과 발전 계획은 형성되지 않았다. 이러한 수준에서 융자 출처로는 은행의 주민 저축을 이용할 수밖에 없지만 그 자금이 진정으로 양로 부분에 사용될 수 있도록 일반 저축과 차별적인 양로연금 계획을 만들려면 금융기관이 그 자금을 양로 부분의 수요에 적합한 새로운 금융 제품으로 개발하여 시장에 유통시켜야 한다. 이외에 이러한 금융 제품의 판매는 또한 특별한 추진 수단이 필요한데 예를 들면 세수의 징수를 면제하거나 혹은 연기할 수 있다.

기업의 노동자를 제외하고 또한 중요한 양로연금의 수익 집단은 바로 기관의 사업 단웨이 등 공공부문에 취업한 직원이다. 이러한 인원들의 양로보험 비용은 줄곧 확정기여제의 적립 방식을 실행하지 않았고 전통적인 확정급여형의 부과 방식을 취했다. 그러나 공무원 제도의 수립과 인사관리 제도 개혁의 추진으로 기관 사업 단웨이事業單位의 양로보험 제도를 개혁해야 할 시급성이 커졌다.

1990년대 초부터 일부 지역은 다양하게 기관 사업 단웨이의 양로보험 제도 개혁 실험을 전개했다. 그러나 실험 지역에서는 단지 단웨이와 개인의 비용 납부를 실시했을 뿐 양로연금의 계산과 지급은 여전히 원래의 확정급여형 퇴직양로방법을 집행하여 처우와 비용 납부가 서로 연계되지 않았다. 1999년 이래 일부 과학 연구 기구와 문화 부문 단웨이가 차례로 기업화되어 그 양로연금은 기업의 실시 방법에 의거하여 계산되고 조정돼야 했다. 2008년 3월 국무원은 「사업 단웨이 업무 인원의 양로보험 제도 개혁의 실시 방안事業單位工作人員養老保險制度改革的試點方案」을 선포하여 산시山西, 상하이, 저장, 광둥, 충칭의 5개 성(직할시)을 선정하여 사전적으로 실험을 전개했다. 기본 논리는 다음과 같다. 기관 단웨이와 사업 단웨이를 분리하고 이직과 퇴직을 분리하며 노년과 중년 그리고 신진 인원을 분리하고 사업 단웨이를 행정 기능 책임 부문, 기업화 부문 및 지속적으로 사업 단웨이로 유지되는 부문의 3가지 종류로 나누어 처리한다. 2015년 1월 국무원은 「행정기관 및 정부 출연 기관 근로자 양로보험 제도 개혁에 관한 결정機關事業單位工作人員養老保險制度改革的決定」을 발표했다. 행정기관 및 정부 출연 기관과 독립된 방식으로 다양한 루트에서 자금을 조달하고 다층적 보장 방식을 추진하며 관리 서비스의 사회화가 이뤄진 양로보험 체계가 점차 수립됐다. 2015년 말 기준 전국에서 도시 근로자 기본 양로보험에 가입한 사람은 3억5360만 명이었다. 그중 사회보험에 가입한 근로자는 2억6220만 명, 정년퇴직자는 9142만 명이었다.[28]

농촌의 상황에서는 양로보험 수준이 도시의 발전 과정에 비해 떨어져 있고 전국적으로 특히 중서부 지역의 양로보험은 여전히 가정이 책임지고 있는 만큼 농촌 나름의 특징을 가진 보장 시스템과 제도를 급히 건립할 필요가 있었다.

인민공사 제도하에서 중국 농촌은 '다섯 가지 보장五保(의, 식, 주, 의료, 장례 방면에서 부여하는 생활의 돌봄과 지원을 가리키며 필요 경비는 주로 집체경제가 부담)' 제도를 건립했다. 그러나 보장의 수준은 매우 낮았다. 청부제 실행 이후 농촌 사회보장체계는 원래의 자금원을 상실하여 와해되었다. 농촌개혁의 추진 과정에서 농촌의 사회보장제도 건설은 심각하게 뒤떨어져 농민들은 큰 위험에 직면하게 되었으나 효과적인 리스크 대비 및 분산 메커니즘이 존재하지 않았다.

도시 사회보장제도 건립을 추진하는 동시에, 관련 부처에서는 농촌사회에서 양로보험, 의료보험과 최저생활보장 같은 제도들의 실험 업무를 진행하기 시작했다. 1986년 10월, 민정부는 농촌경제가 비교적 발달한 지역에서 사구社區를 단위로 하는 농촌 양로보험을 실행하기로 결정했다. 1991~1993년에 일부 현급 농촌사회의 양로보험 제도가 실험되었다. 1999년 7월 국무원은 농촌에서 사회양로보험을 보편적으로 실행할 여건이 아직 구비되지 못했음을 지적하고 기존 업무에 대해 확연한 정비의 실행을 결정했으며 여건이 되는 지역부터 점차 상업성 보험으로 넘어가도록 유도했다. 2003년 7월, 노동사회보장부는 통지를 발표하여 농촌 양로보험 사업의 건강한 발전을 적극적이고 적절하게 추진할 것을 요구했다. 그 이후 농촌의 양로보험 제도는 또한 다양한 지역에서 다양한 방식으로 점차 전개되었다. 상하이는 '소도시 보험+농촌 보험'의 모델을 택했고 광둥성 중산中山은 '사구 단웨이의 비용 납부+정부의 보조금'의 모델을 취했으며 장쑤 푸닝普寧 및 베이징 다싱구大興區는 주로 자기 보장 모델을 취했다.[29] 그러나 이러한 조치는 대다수

동부 연해의 비교적 발달한 지역에서 전개되었고 중서부 지역의 양로보험 모델은 명확한 진전이 없었다. 2007년 말까지 전국적으로 농촌 양로보험 가입자 수는 5171만 명밖에 되지 않았고 연말 농촌 양로보험 기금의 누계 잔액은 412억 위안이었다.[30]

2009년 9월 국무원은 「신형 농촌 사회양로보험 실험 전개에 관한 지도의견關於開展新型農村社會養老保險試點的指導意見」을 선포하여 2009년부터 전국적으로 10퍼센트의 현(시, 구)을 뽑아서 실험을 실행하고 2020년까지 전국을 아우르는 신형 농촌 양로보험을 건립할 것을 결정했다. 새로운 농촌보험 기금은 개인의 비용 납부, 집체 단위의 보조, 정부의 지원금으로 구성되며 기초 양로연금 기준은 한 사람당 매월 55위안이었다.

도농 간 차이는 단기간에 근본적인 해결이 어려웠기 때문에 농촌의 사회보장제도는 도시의 사회보장제도와는 차별점이 있어야 했다. 농촌 사회보장제도 건설의 입장과 발전 전략 면에서 학계와 정부 부처에는 여전히 다른 인식이 존재했다. 한쪽에서는 농촌 사회보장은 응당 국가, 집체, 개인이 공동 부담해야 한다고 보았다. 또 다른 한쪽에서는 전통적인 농업 생산 방식에 여전히 철저한 개혁이 없는 상황에서 가정의 보장이 여전히 농촌사회가 위험을 막아내는 주요한 방식이라고 보았다. 이러한 전통적인 생산방식하에서 가장 적합한 것은 농민의 자발적인 기초 위의 협력적인 사회보장이지 강제성의 통합적인 자금 관리의 사회보장이 아니라는 것이다.

농민의 소득수준이 상대적으로 낮은 조건에서 만약 외부 역량의 지지가 없다면 농민 자신에만 의존해서는 다방면의 위험 방지 기능을 제공할 농촌 사회보장제도의 구축이 매우 어렵다. 또한 농촌 사회보장 시스템의 구축은 향후 장기적인 역사적 과정이 될 것이다. 현 단계에서 관건은 농촌 사회보장제도의 결함 및 도시 사회보장제도와의 동시 수용 문제를 어떻게 해결할 것인가 하는 점이다. 우선 농촌 최저생활보장의 전면적 현실화의 기반 위에서 해당 지역의 경제 발전 수준에 따라 사회통합관리와 개인계정이 서로 결합된 양로보험 제도를 적극 모색한 뒤 도농 양로보험 제도의 연계를 점차 실현해야 한다.

3.3 의료체제 개혁

어떤 종류의 사회의료 시스템이든 모두 서로 관련되면서도 구별되는 두 가지 부분으로 구성되어 있다. 하나는 의료 비용의 조달 부분이다. 즉 누가 의료 비용을 지불할 것인지의 문제로 환자 가족의 자체적인 지불 혹은 상업 보험 기관의 지불인지 아니면 정부가 보조금을 주는지 등이다. 다른 하나는 의료서비스의 공급 부분이다. 즉 누가 의료서비스를 제공하는지의 문제로 각종 의료 기구가 시장을 통해 제공하는지 아니면 정부의 공립 병원에서 직접 실물 형식으로 제공하는지 등이다.

이상 두 가지 측면에서 모두 다양한 모델 선택이 있을 수 있다. 한 국가의 의료 시스템을 분석할 때 반드시 이 두 가지 측면을 구별해서 나누어 고찰해야 한다.

의료 비용의 조달 측면에서 보면, 사람들이 봉착하는 최대의 문제는 질병(특히 비용이 많이 드는 큰 병)의 발생 여부와 발생 시점이 띠는 매우 큰 불확실성이다. 이 때문에 절대다수의 주민들에게 의약 비용을 개인이 처리하는 것은 감내하기 어려운 문제다. 따라서 선택할 수 있는 몇 가지 해결 방식이 만들어졌다.

⑴ 고대사회에서는 항상 친척이 서로 공조하거나 혹은 종족 조직이 부담하는 방법으로 불시의 생로병사의 수요를 해결해왔다. 그러나 근대에 핵가족이 주도적 지위의 가정 형식이 된 이후 이러한 방식은 이미 주요한 역

할을 하기 어려워졌다.

(2) 상업 보험 기구를 통해 개인의 위험을 분산시키는 것은 근대사회에 출현한 위험 분산 방법이다. 그러나 저소득 집단에게 고액의 보험비는 여전히 감내하기 어려운 문제다. 아울러 정보 비대칭과 역선택의 존재 때문에 상업 보험 기구의 운영 역시 매우 높은 비용과 매우 큰 위험을 갖게 되었다.

제2차 세계대전 종료 이래로 일부 국가 정부가 전 국민을 위하여 국민 전체가 향유하는 공공 의료보험을 건립했다. 공공 의료보험 제도는 현대사회의 인본주의라는 보편적 가치관을 구현할 뿐만 아니라 관리 비용을 절약하는 장점을 가지고 있다. 그러나 일부 논자들은 의료 비용을 전적으로 공공 의료보험 기구가 책임지게 되면 의료 비용의 무절제한 증가를 조장할뿐더러 정부 독점의 보험 기구에 관료주의 행위와 저효율이 난무하기 쉬우므로 상업 보험 회사가 의료보험 시장에 진입하도록 허가해야 한다고 주장한다.[31] 그 외에 개인이 일부 의료 비용을 책임지는 의료보험 계획은 의료 지출의 무절제한 증가를 통제하는 데 긍정적으로 작용할 수 있다.[32]

의료서비스의 제공 측면에서 보면, 의료서비스 시장의 뚜렷한 특징은 정보 비대칭이다. 질병의 진단, 치료에는 전문적 지식이 필요하며 공급자 측(병원, 의사)이 의료시장에서 독점적인 우위와 정보의 우위를 갖고 있지만 수요자 측(환자)은 통상 필요한 의료 지식을 결여하고 있으며 병을 치료하여 삶을 연장하기를 절박하게 원한다. 환자가 비록 의사와 병원을 선택할 수 있지만, 질병의 치료는 역시나 주로 의사가 결정한다. 의사 혹은 병원은 위험을 줄이거나 혹은 소득을 늘리기 위하여 비싼 혹은 필요 없는 의료서비스를 추천할 가능성을 갖고 있다. 만약 의료서비스 제공자가 이익 극대화를 추구하고 아울러 소비자의 과도한 소비를 유도한다면 이른바 '불완전 대리자 행위'가 출현할 것이다. 개별 소비자(환자)는 확실히 이러한 행위를 제약할 도리도 힘도 없으며 결국 수요공급 쌍방의 '계약 실패'를 야기할 것이다.[33] 의료서비스 시장의 정보 비대칭 문제 해결을 위해서는 아래의 몇 가지 선택지가 있을 수 있다.

(1) 의료서비스를 정부가 직접 운영하는 병원과 진료소에서 직접 제공할 수 있다. 즉 이른바 '공급 보조補供方'다.

(2) 정부의 의료서비스 시장에 대한 규제를 강화한다. 예를 들면, 크루그먼의 건의대로 정부가 응당 통일적인 병력 기록을 수립하고 질적 통제 측면에서 더욱 큰 역할을 발휘하는 것,[34] 의료기관에 대한 비용 납부를 사후 지불에서 사전 예약 지불로 바꾸어 의료기관 간에 일종의 '비교 잣대 경쟁 yardstick competition'을 수립하는 데 기여하는 것[35] 등등이다.

(3) 경쟁성의 의료서비스 시스템을 건립한다. 동시에 의료서비스 제3의 구매자―의료보험 기관을 끌어들여 집단적인 힘으로 힘이 없는 개인소비자를 대신하여 수요자 측의 정보 장악 능력과 공급자 측과의 담판 능력을 제고한다. 의료보험 계획의 조직화 수준을 강화하여 가격 협상과 전문 감독 능력을 발휘하도록 돕는다.

사실 시장에서 서비스 품질과 가격 측면에서 전개되는 경쟁을 활용하여 의료서비스를 개선하는 것은 이미 세계적인 추세가 되었다.[36] 물론 정부의 의료서비스에 대한 관리감독 역시 강화해야 하며 따라서 시장경쟁 강화와 정부의 관리감독 강화는 모두 중요하고, '관리받는 시장'으로 나아가는 것이 세계적인 의료개혁 특히 의료서비스 체제 개혁의 큰 흐름이다.

의료체제의 몇 가지 모델[37]

의료 비용의 조달과 의료서비스의 제공이라는 두 가지 측면을 종합적으로 관찰하면 세계 각국의 의료체제는 대략 4가지 모델로 나눌 수 있다. 첫 번째는 영국을 대표로 하는 '국가 의료보장 모델'로 그 특징은 정부가 세수 방식으로 자금을 모집하여 직접 의료 기구를 건립하거나 혹은 기존의 의료 기구에 대해 국유화를 진행하고 무료로 전 국민에게 질병 예방 및 건강 보호, 진단 치료와 간호 등 일괄적인 위생 보건 서비스를 제공하는 것이다. 이러한 모델에서 정부의 의료 지출은 배로 증가하며 진단과 치료의 대기 시간이 지나치게 길고 의료 수준은 높지 않기 때문에 영국은 2000년 이후 정부가 전체를 포괄하는 체제를 개혁하여 민간 병원의 의료서비스 시장 진입을 허가하고 민간 자본을 흡수하여 의료 투자 프로젝트에 투입하도록 했다.

두 번째는 독일을 대표로 하는 '사회 의료보장 모델'로 그 자금이 피고용인과 고용주가 비율에 따라 납부한 보험료(세금)에서 나오고 국가가 적절하게 보조금을 지급하는 방식이다. 기금의 설립은 사회적 직업에 의거하여 확정하고 서로 독립적으로 운영한다. 기금 관리 방식은 사회와 개인 간 동반자 관계를 결성하여 자치 혹은 반자치를 실행하는 모델로, 정부와 의사 조직, 기금과 의사 조직 간에 혹은 이상의 3자 간에 집단적인 협상을 진행하여 협의를 체결하고 정부가 비준 혹은 등록하며 최종적으로 정부가 직접 관리하거나 혹은 관리감독을 위탁한다.

세 번째는 싱가포르로 대표되는 '개인저축 의료보장 모델'로 법률 규정에 의거하여 강제적으로 가정 혹은 개인을 단위로 하여 의료 저축 기금을 건립하고 뒷날의 병환에 필요한 의료 비용의 지불에 사용하는 것이다. 싱가포르의 의료서비스 분업은 비교적 명확해서 초급 위생 보건은 주로 사립 병원, 개업의, 공립 병원 및 연합 진료소聯合診가 제공하고 입원 서비스는 주로 공립 병원이 제공한다.

네 번째는 미국을 대표로 하는 '혼합형 의료보건 모델'이다. 그 특징은 다음과 같다. 연방정부가 65세 이상의 노인에게 제공하는 '메디케어medicare', 저소득 가정에 제공하는 '메디케이드medicaid' 등 공공 의료보험은 전 미국 인구의 4분의 1을 포괄한다. 다른 약 60퍼센트 인구는 노동자 개인과 고용주가 민간 의료보험을 구매한다. 남은 15퍼센트가량의 미국인은 어떠한 의료보험도 없다. 의료서비스에 있어서 즉 공립 병원, 사립 비영리 병원, 사립 영리 병원, 개업의 등은 시장을 통해 제공된다.

1993년 중국공산당 제14기 3중전회 이후, 중국은 장쑤성 전장鎭江과 장시성 주장九江에서 '사회통합관리와 개인계정의 결합'을 핵심 내용으로 하는 도시 노동자 의료보장제도 개혁 실험을 시작했다. 이 두 실험 경험의 기반 위에서 1996년 4월 국무원은 국가체제개혁위원회 등 4개 부처가 제시한 「노동자 의료보장제도 개혁 확대 실험에 관한 의견關於職工醫療保障制度改革擴大試點的意見」을 비준 하달했고 아울러 전국 50여 개 도시로 실험을 확대했다. 상술한 확대 실험의 결과에 근거하여 1998년 국무원은 실험 경험을 종합한 뒤 「도시노동자 기본의료보험제도 건립에 관한 결정關於建立城鎭職工基本醫療保險制度的決定」을 반포했다. 이 문건은 여전히 '낮은 수준과 넓은 범위'와 '사회통합관리와 개인계정의 결합'의 원칙에 입각하면서 모든 도시 고용 업체가 기본의료보험에 참가하고 해당 지역에 의해 관리될 것을 요구했다. 업체單位와 개인의 비용 납부 비율은 각각 임금 총액의 6퍼센트가량과 2퍼센

트가량이었으며 그 가운데 업체 납부 비용의 30퍼센트는 개인계정으로 귀속시켰다. 초기 진단(소액) 비용은 주로 개인계정이 지불하고 입원(거액) 비용은 사회통합관리기금이 지불한다. 2008년 말까지 전국적으로 기본의료보험 가입자 수는 전년에 비해 2028만 명이 증가했다.[38]

의료보험의 적용 범위를 더욱 확대하기 위하여 2007년 국무원은 「도시주민의 기본의료보험 실험에 관한 지도 의견關於開展城鎭居民基本醫療保險試點的指導意見」을 또 반포하여 도시 비非취업 주민의 기본의료보험 실험을 가동하기 시작했는데 특히 초중고생, 노인, 장애인 등의 진찰 치료 문제를 해결했다. 2008년 11월, 국무원 판공청은 「대학생을 도시주민 기본의료보험 실험 범위에 포함시키는 것에 관한 지도 의견關於將大學生納入城鎭居民基本醫療保險試點範圍的指導意見」을 하달하여 재학 대학생을 의료보험 범위에 포함시켰다. 2015년 말 기준 중국 전역에서 도시 기본의료보험에 가입한 사람은 6억6580만 명이었다. 그중 도시노동자 기본의료보험 가입자는 2억889만 명, 도시주민 기본의료보험 가입자는 3억7690만 명이었다.[39]

농촌의 의료보장체제 개혁 측면에서는 농가생산청부책임제의 보급 확대에 따라 원래의 인민공사의 농촌합작의료('맨발의 의사') 시스템이 와해되었다. 1994년 이후 중앙과 각 지방 정부가 노력하여 합작의료를 회복하고자 시도했지만 충분한 경제적 재원과 효과적인 제도 설계가 부족했기 때문에 다시 구축한 합작의료의 지속 시간은 왕왕 매우 짧았으며 지속된 합작의료 역시 주로 발전한 연해 지역에 분포되어 있었다. 2002년 10월, 중국공산당 중앙위원회와 국무원은 「농촌의 위생 업무를 더욱 강화하는 것에 관한 결정關於進一步加强農村衛生工作的決定」을 발송하여 이제까지의 합작의료 경험과 교훈을 전면적으로 종합한 뒤에 2003년부터 전국 농촌에 큰 병에 대한 통합 관리를 위주로 새로운 형태의 농촌합작의료 제도와 의료 구조 제도를 점차 구축할 것을 결정했다. 재정 보조금 측면에서는 2006년부터 중앙 재정은 시市, 구區를 제외한 중서부 지역의 신형 농촌합작의료에 참가한 농민에 대해한 사람당 매년 보조금을 10위안에서 20위안으로 올렸고 지방 재정 또한 상응하여 10위안을 증가시켜 신형 농촌합작의료 제도는 이에 근거하여 전국에서 전면적으로 전개되었다. 2015년 말 기준 신형 농촌합작의료 가입자는 6억7000만 명으로, 가입률이 98.8퍼센트에 달했다.[40]

총괄하면 1995~2008년 중국의 의료개혁은 일정한 진전을 거두었으나 적지 않은 문제 역시 존재했다. 의료 비용의 조달과 의료보장의 적용 측면에서 보면 주요한 문제들은 다음과 같은 것들이었다.

(1) 정부 투입의 부족으로 의료보장의 보편적인 적용이라는 목표 도달과는 여전히 거리가 멀었다. 의료 비용이 지속적으로 상승하는 동시에 의료 위생 총비용에서 정부 투입 비중은 향상되지 않았을 뿐만 아니라 오히려 매년 점차 하락하여 일반 주민이 부담을 감당할 수 없는 데 이르렀다(그림9.1).[41]

(2) 의료서비스와 의료 자원의 배치가 불합리했다. 마오쩌둥은 1965년 제1차 담화(속칭 '6·26 지시')에서 말하길 '도시 나리님 위생부城市老爺衛生部'의 구습은 행정 등급에 의거하여 격차가 큰 의료서비스를 제공하는 것이라고 했다. 이러한 상황은 현재까지 해결되지 않았다. 최근 2년간 중국의 위생 총비용은 단지 인구의 20퍼센트에만 해당됐다. 어떤 위생부 전 부부장은 중국 정부가 투입한 의료 비용 가운데 80퍼센트가 당정 간부에게 사용되었다고 지적했다.[42]

(3) 의료보험 시스템의 총체적 완결성이 높지 않아 도시노동자 기본의료보험, 도시주민 의료보험, 신형 농촌합작의료 간에 효과적인 연계가 존재하지 않으며 질병보험 상호 간 변경 이동이 어려웠다.

(4) 의료보험의 조달과 지급 방식에서도 더 나은 개선이 필요했다.

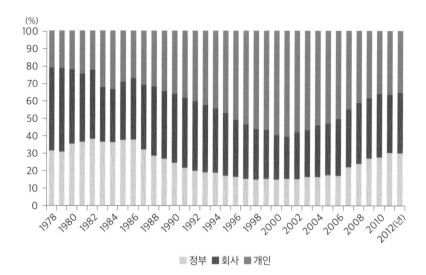

[그림9.1] 중국 위생 비용 조달 구성 변화 추세(1978~2012)[43]

농민공의 특징에 적합한 전국적인 의료보험 방식은 아직 나오지 않았다. 중국 내 도시 유입 노동자와 향진기업 취업 농민공 규모는 약 2억7750만 명이다.[44] 5166만 명의 농민공이 산재보험과 중대 질병 의료보험에 가입했지만,[45] 그 비중은 18.65퍼센트에 그쳤다.

신형 농촌합작의료의 자발적인 비용 납부 방식은 보편 적용이 매우 어려우며 '큰 병에 대한 보장' 위주의 지불 방식을 택하면 사회보장의 소득 재분배 기능을 실현하기가 매우 어렵다.

의료서비스의 제공 측면에서 보면 주요한 문제는 다음과 같다.

(1) 민간 의료 기구에 대한 의료서비스 시장의 개방 여부에 대한 정책이 불명확했다. 해외 우수 의료기관과 본토의 민영 종합병원에 대한 시장진입은 모두 강력하게 규제되었고 농촌과 오지의 의료 행위 자격에 대한 기준 규정이 지나치게 높아서 가능한 많은 자원의 동원을 통한 의료서비스 공급

증가가 억제되었다.

(2) 의료서비스는 거의 전부 국영 의원과 기업 및 사업 단웨이의 부속 의료기관에 의해 제공돼왔다. 이러한 기관의 제도개혁 진도는 완만했으나 조기에 국유 상공업 기업과 유사한 '자주권 확대'의 방법을 취하여 그들 스스로 '수익 창출'이 가능해졌다. 그런데 이는 계획경제하 국유기업의 병폐인 수준 낮은 경영과 저효율을 극복할 수 없었고 의료 인력의 지식과 공헌도에 맞춰 상응하는 보수를 줄 수 없어 그들의 업무 의욕을 저하시켰을 뿐만 아니라 여러 가지 부패행위를 야기했다.

(3) 공립 의료기관에 대한 재정 지급금의 심각한 부족[46] 그리고 그들에게 스스로 '수익을 창출'하여 자금 부족을 메우도록 요구하는 것은 '약으로 병원을 먹여 살리기' '과잉 진료' 그리고 의료서비스 가격의 끝없는 상승 국면을 유발했다. 통계에 따르면 2015년 1회 진료비 평균은 233.9위안으로 실질적으로 전년 대비 6.3퍼센트 상승했다. 물가인상률을 반영하면 4.9퍼센트 인상된 셈이다. 일인당 입원료는 8268.1위안으로 실제 상승률은 5.6퍼센트, 물가인상률을 반영하면 4.1퍼센트 오른 것으로 집계됐다.[47] 이 수치는 개인의 의료비 지출이 계속 늘고 있음을 보여준다.

(4) 의료보험 관리 기관은 제3의 구매자 직무를 수행하지 않았다. 비록 의료서비스 구매자의 명의는 있지만 대다수 상황하에서 이러한 의료보험 기관은 환자를 대표하여 의료서비스 기관에서 서비스를 구매하여 의료서비스의 품질과 가격에 대해 효과적인 통제를 실행하지 못했다.

이상 이러한 결함을 야기한 의료서비스 수준의 저하(진료난)와 개인 의료 지출의 비정상적인 성장(고액 진료비)으로 현행 의료 체제에 대한 극심한 대중적 불만이 나타났고 2003년 이후 전 사회적으로 의료 위생 체제 전반에 대한 대토론이 벌어졌다.

앞서 말한 것처럼 의료 문제는 첫째는 의료 비용의 조달 문제이고 둘째는 의료서비스의 제공 문제다. 전자에 대해서는 사회 각계에서도 의견 차가 없었는데 토론에 참가한 대다수 사람들은 모두 정부가 국민 의료보험 제도를 수립할 책임이 있으며 아울러 저소득 주민을 위해 자금을 제공해야 한다고 생각했다. 그러나 의료서비스의 제공에서는 매우 큰 의견 차가 존재했다.

2003년 이후 의료개혁에 대한 논쟁은 나날이 격렬해졌다. 장쑤성 쑤첸宿遷에서 의료개혁 중에 공립 병원을 헐값 매각한 방식이 논쟁의 초점이 되었다. 2005년 5월 초, 위생부 관원은 공립 의료기관의 공익성 약화와 경제적 이익 추구 경향을 격렬히 비판하면서 다음과 같이 평가했다. '응당 정부 주도를 견지하면서 시장 시스템을 도입해야 한다. 재산권 제도 개혁은 의료제도 개혁의 주요 수단이 아니며 우리들은 민진국퇴(민간 부문의 진입과 국가 부문의 퇴출)를 주장하지 말아야 한다.' 5월 24일 위생부 소속의 『의원보醫院報』 제1면에 위생부 정책법규사政策法規司 사장司長의 제1차 담화가 실렸는데 제목은 '시장화는 의료개혁의 방향이 아니다市場化非醫改方向'였으며 광범위하게 인용되었다. 그 담화는 '고액 진료비' '진료난' 등의 현상은 중국 의료서비스의 사회적 공평성 부족과 의료 자원의 낮은 배치 효율에서 비롯되었으므로 이 두 가지 난제 해결을 위해서는 주로 정부의 힘이 필요하며 의료 체제 개혁이 시장화의 길로 나아가게 해서는 안 된다고 주장했다. 그후 『중국청년보』는 7월 28일에 또 다시 '국무원 연구 기관은 중국의 의료개혁 사업이 기본적으로 성공하지 못했다고 평가했다'고 보도하여 다시 사회적인 주목을 끌었다. 국무원 발전연구센터의 연구자들은 의료개혁 연구보고서에서 의료개혁의 어려움은 근 20년 동안 의료서비스의 점진적인 시장화, 상품화로 야기된 것이라고 주장했다. 그래서 '핵심 이슈는 정부 책임의 강화에 있으므로' 의료개혁의 방향을 선택할 때 정부 주도와 공유제를 중심으로 의료 위

생 사업의 공공재 속성을 견지해야 한다고 주장했다.[48]

상술한 논쟁의 본질은 공공 위생 서비스 이외의 일반 의료서비스[49]에서 정부와 시장이 각각 어떤 역할을 해야 하는가에 있다. 한쪽에서는 의료기관의 수익성 회복을 위해서 국가가 병원을 관리하여 직접 주민들에게 의료서비스를 제공해야 한다고 주장한다(이러한 관점의 사람들은 자신을 의료개혁의 '정부주도'파라고 부르며 논쟁의 상대방을 의료개혁의 '시장주도'파라고 부른다). 다른 한쪽에서는 공공 위생 기구를 제외한 보통의 의료서비스에는 응당 시장화를 실현하여 각종 병원이 모두 경쟁에 참여하고 의료서비스의 구매자(환자 혹은 의료보험 기관)가 의료서비스 제공자를 선택할 수 있어야 한다고 주장한다(이러한 관점의 사람들은 자신을 '수요 측을 개혁하는補需方' 파라고 칭하며 논쟁의 상대방을 '공급 측을 개혁하는補供方' 파라고 칭한다).

칼럼9.3

쑤첸의 의료개혁[50]

재정 압력과 구舊 의료위생체제의 여러 폐단들로 인해 쑤첸은 의료위생체제에 대한 개혁을 실행했다. 쑤첸의 의료개혁 목표는 '4대 분리'와 '4대 전환'을 주요 특징으로 하는 신형 의료위생체제의 재구축에 있었다. '4대 분리'는 다음과 같다. 우선, '관리와 운영의 분리'는 병원 운영 주체의 측면에서 병원 운영자와 병원 관리자를 분리하여 정부는 더 이상 병원을 직접 개원하거나 운영하지 않고 병원에 대한 감독을 주된 임무로 삼는 것이다. '의료와 위생의 분리'는 일반 의료서비스를 공공 위생 서비스와 분리하여 시장이 일반 의료서비스를 제공하고 정부는 공공 위생 서비스를 제공하는 것이다. '의료와 방역의 분리'는 의료기관과 방역 기관이라는 두 가지 서로 다른 성격의 기관을 분리하는 것이다. '의료와 약제의 분리'는 이익의 측면에서 의료와 약제의 두 가지 업종을 분리하는 것이다. '4대 전환'은 정부가 보조금을 공급자에게 제공하던 것에서 수요자에게 제공하는 것으로 전환하고, 의료서비스를 지정에서 자유 선택으로 전환하고, 실물 보조금에서 화폐 보조금으로 전환하고, 비공개 지원에서 공개 지원으로 전환하는 것이다. 개혁의 본질은 정부와 시장이 전문화 분업을 진행하는 것으로 즉 의료서비스는 주로 시장이 제공하고 공공 위생은 주로 정부가 제공하며 빈민의 의료서비스 구매에 대해서는 정부가 자금을 지원하는 것이다.

개혁은 수양현沈陽縣 실험의 기반 위에서 전면적으로 추진되었는데 그 가운데 광범위하게 주목을 받았던 것은 병원의 혼합소유제 개혁이었다. 2006년 7월 말까지 시 전체의 향진鄕鎭 이상의 135곳의 병원 가운데 134곳에 대해 재산권 치환置換을 진행했는데 재산권을 치환한 병원의 소득은 공공 위생방역 시스템에 전부 투입되었다. 정부는 더 이상 통상적인 의료서비스 기구를 새로이 설립하지 않았으며 민영 병원을 우선적으로 발전시키고 정부는 의원에 대해 관리감독의 역할을 이행했다. 의료개혁 이후 쑤첸의 의료서비스 능력과 질이 향상되었고 의료서비스 시장의 경쟁으로 본래의 의료서비스 가격은 떨어졌으며 '춘지수수收紅包' 등의 현상은 기본적으로 사라졌다. 동시에 정부의 재정 압력은 하락하기 시작했고 공공 위생에 대한 재정 투입은 대폭 증가했다. 정부의 공공 위생에 대한 직접적인 재정 투입은 2000년의 2875만 위안에서 2005년의 4692만1000위안으로 증가했고 시 전체 구조조정 치환 자금은 4억2286만3700위안으로 대부분 공공 위생 건설에 투입되었다.

쑤첸의 의료개혁은 사회 각계의 광범위한 논쟁을 야기했는데 그 가운데 대표적인 것이 베이징대학과 칭화대학이 쑤첸에 대해 진행한 의료개혁 조사 연구보고서다. 베이징대학의 보고서는 쑤첸의 의료개혁 논리가 어떤 측면에서는 사회와 경제 발전의 객관적인 법칙을 위배했고 특히 전면적인 시장화 개혁 수단이 이론적으로나 실천적으로 불가능하다고 증명된 의료 위생 영역에 사용되었다고 평가했다. 그래서 현재 쑤첸의 '고액 진료비' 문제는 해결되지 않았고 서민들의 의료 부담은 오히려 가중됐다는 것이다. 반면 칭화대학의 보고서는 쑤첸의 의료개혁이 일종의 적극적인 시도이며 이러한 조치는 경제적 저개발 지역의 의료위생체제의 개혁에 있어 명확한 본보기가 되는 의의를 갖는다고 평가했다.

의료 체제의 개혁 논쟁이 날로 격심해지는 가운데, 2006년 말 국가의약위생체제개혁부처간협조소조가 성립되었다. 2007년 상반기에 9곳의 국내외 기관, 즉 베이징대학, 푸단대학, 베이징사범대학, 국무원 발전연구센터, 세계은행, WHO 그리고 맥킨지 사, 중국런민대학, 칭화대학이 그 소조에게 각자 한 부씩 개혁 건의서를 제출하여 중국의 의약위생체제의 개혁에 대해 지도 원칙과 제도 설계 프레임을 제시했다. 각 측의 의견을 광범위하게 구하는 기반 위에서 2008년 말 「의약위생체제 개혁 심화에 관한 의견關於深化醫藥衛生體制改革的意見」과 「의약위생체제 개혁의 최근 기간 중점 실시 방안醫藥衛生體制改革近期重點實施方案(2009~2011)」이 만들어졌다. 이 방안은 많은 의무 인원의 적극성을 충분히 자극하고 전국을 포괄하는 도농의 기본 의료보장제도를 구축하고자 노력했으며 사람들이 기본 의료 위생 서비스들을 초보적이나마 향유하도록 요구하고 있다. 이 방안은 2009~2011년 중국이 아래의 5가지 업무를 중점적으로 잘 처리할 것을 제시했다.

첫째는 기본 의료보장제도의 건설을 추진하는 것이다. 전국의 도농 주민을 각각 도시노동자 기본의료보험, 도시주민 기본의료보험, 신형 농촌합작의료 제도에 가입시켜 모든 범위를 포괄하여 3년 내 보험 참여율을 평균적으로 90퍼센트 이상으로 향상시킨다.

둘째는 국가 기본약물제도를 건립하는 것이다. 국가 기본 약물 목록을 통일적으로 제정 반포하고 기본 약물의 생산, 유통, 가격 결정, 사용 및 의료보험 정산 정책을 내놓아서 대중의 진료 및 치료의 기본 약물 비용 부담을 줄인다.

셋째는 기층의 공공 위생 서비스 시스템을 완비하는 것이다. 3년 동안 중앙에서 재정적으로 5000곳의 핵심 향진 보건소, 2000곳의 현급 병원 그리고 2400곳의 도시 사구(社區) 공공의료서비스센터의 건설을 재차 지원한다. 벽지의 촌 보건실의 건설을 지원하여 전국의 행정촌마다 보건실이 존재하도록 만든다.

넷째는 기본 공공 의료서비스가 점차 고루 같아지도록 촉진하는 것이다. 무료 공공 의료서비스 범위를 확대해 도농 주민의 일인당 공공 위생 서비스 경비를 15위안 이상으로 하고 이후 점차 향상한다. 심각한 전염병, 만성 질병, 풍토병의 예방 치료에 대한 전문적인 투자를 증대한다.

다섯째는 공립 병원의 개혁 실험을 추진하는 것이다. 관리 체제, 운영 시스템 그리고 관리감독 시스템을 중점적으로 개혁한다. 각 지방이 정사분리政事分開(정부 행정 기능과 공공사업 운영 기능의 분리), 관반분리管辦分開(의료기관 개설과 관리감독의 분리), 의약분리, 영리성과 비영리성 분리의 효과적인 형식을 찾도록 장려한다. 약으로 의료를 보완하는 시스템을 점차 철회하고 공립 병원의 보상 시스템 개혁을 추진한다. 이해관계자의 협상 참여에 의한 의료서비스 가격 결정 시스템을 각 지방이 추구하도록 장려하고 관련 기관, 대중의 대표 및 전문가가 참여하는 품질 관리감독 및 평가 제도를 구축한다.

3년 동안 각급 정부는 8500억 위안을 투입했는데 그 가운데 중앙의 재정 투입은 3318억 위안이었다.[51]

3.4 실업보험에 관하여

계획경제체제하에서 중국은 '통합 노동 관리' 방식의 노동 취업제도를 실행했다. 1958년 도시에서 이미 실업이 소멸되었다고 선포했지만 실제로는 명시적 실업이 음성적 실업으로 변한 것이었다. 1962년부터 1978년까지 개혁개방 이전 약 1800만 명의 지식 청년이 농촌으로 하방되어 농촌은 '잠재적 성격'의 실업 인원을 흡수하는 '저수지'가 되었다. 개혁개방 이후 국가는 전통적인 취업 체제에 대한 개혁을 진행했다. 1986년 「중화인민공화국 기업파산법」과 국유기업 고용의 노동계약 제도勞動合同制度 개혁을 실행하기 시작하면서 실업이 드러나기 시작했다. 1993년 4월, 국무원은 이러한 기초 위에서 「국유기업 노동자 구직보험 규정國有企業職工待業保險規定」을 공포했다. 1993년 중국공산당 제14기 3중전회는 「사회주의 시장경제 건립의 몇 가지 문제에 관한 중공중앙의 결정中共中央關於建立社會主義市場經濟體制若幹問題的決定」에서 '실업보험 제도' 구축을 공식 제기했다. 1999년 국무원은 「실업보험 조례」를 반포하여 도시 기업 및 사업 단위 및 그 노동자가 반드시 실업보험에 가입할 것을 규정했다. 그후 중국의 실업보험 제도는 정상적인 발전 궤도에 오르기 시작했다.

실업보험 제도의 융자 자금원은 기업이 납부하는 실업보험료, 실업보험기금의 이자소득 그리고 재정 지원금으로, 기업의 비용 납부 비율은 일반적으로 기업 노동자 임금 총액의 1퍼센트보다 높지 않고 개인계좌는 개설하지 않는다. 1990년대 후반기에 국유기업 노동자의 하강下崗(일시귀휴) 문제가 더욱 두드러져 실업보험 제도만으로 하강 노동자의 기본 생활을 책임지기가 근본적으로 불가능했다. 따라서 중앙은 하강 노동자에 대해 '3개 부분이 맞드는 방식'의 융자 정책을 취했는데 즉 중앙 재정, 지방 재정 그리고 기업이 각자 3분의 1을 출자하여 하강 노동자의 기본 생활 유지 비용을 지불하는 데 사용하는 것이다. 실업보험금 소득의 부족을 고려하면 지출 수요를 유지하기에는 부족하고, 특히 하강 노동자의 생활비 상당 부분이 실업보험금에서 지출되어야 하는 상황에서 수지 불균형이 뚜렷해져 1998년 5월 중앙이 개최한 국유기업 하강 노동자 재취업 회의國有企業下崗職工再就業會議는 실업보험 납부 비율을 노동자 임금 총액의 1퍼센트에서 3퍼센트로 높이고 그 가운데 개인 부담은 1퍼센트포인트로 확정했다.[52]

2015년 말 기준, 중국 전역에서 실업보험에 가입한 사람은 총 1억7326만 명이었고, 연간 465만8000명이 다양한 시기에 걸쳐 실업보험금을 받았다.[53]

제 10 장

이행기 거시경제 정책

중앙집중적 계획경제의 특징은 전체 사회를 정부가 총감독하는 '국가 신디케이트'로 만든 것이다. 정부는 이 국가라는 대기업을 거시경제에서 미시경제까지, '머리에서 발끝까지' 관리한다. 정부는 직접 국가 생산단위('기업') 간에 자원을 배분하고, 이들이 무엇을, 얼마나, 누구를 위해 생산할지 결정한다. 그래서 모든 경제문제는 '거시경제 문제'가 되고 미시경제와 거시경제의 구별이 없어진다. 계획경제에서 시장경제로 이행하면서 정도는 다르지만 각 기업이 자주적으로 미시경제 문제를 결정하기 시작했고 그래서 거시경제와 미시경제의 구별이 나타났다. 따라서 우리는 이행기 거시경제를 특별히 살펴볼 필요가 있다.

1. 거시경제의 단기분석과 장기분석

비록 계획경제 조건 아래서 거시경제와 미시경제를 구분하지 않았던 것과 그 원인은 다르지만, 1929년 세계 경제위기가 발생하기 전까지 시장경제를 연구대상으로 하는 주류경제학도 거시경제와 미시경제를 구분하지 않았다. 고전경제학은 임금, 이율 및 기타 상품 가격 모두 충분한 탄성을 가지고 있어서 자신들의 상대적 희소가치를 실시간으로 반영할 수 있다고 여겼다. 이런 상황에서는 비록 개별 시장에 수급 불균형이 나타나더라도 가격 변화를 통해 각 시장 간에 자원의 이동을 유도할 수 있고 자원의 재배치와 시장 전체의 균형을 실현할 수 있다. 따라서 사회 총공급과 총수요는 항상 서로 균형을 이룬다.

1929년 세계 경제위기는 상술한 고전경제학 이론에 심각한 도전을 가져왔다. 이 도전에 응전하는 과정에서 케인스주의 경제학이 탄생했다.

1.1 케인스혁명과 거시경제학의 탄생

어떤 경제체의 총체적 균형은 모두 다음과 같은 조건 아래서 이루어진다.

총공급 = 총수요.

혹은

소비 + 저축 + 정부수입 + 수입 = 소비 + 투자 + 정부지출 + 수출.

만약 실물 형태로 본다면 등식의 양변은 항상 같다. 만약 각종 물품 가격이 모두 충분한 탄성을 갖고 있어서 실시간 조정이 된다면, 가치 형태상 양자는 항상 같아서 총수요 부족과 경제위기가 발생할 수 없다.

케인스주의 경제학은 경제위기의 발생 원인을 설명할 때 상술한 추론은 장기적 관점에서만 성립할 뿐이고 단기적으로는 가격이 즉시 조정되지 않으면서 거시경제의 단기적 불균형이 자주 발생한다고 지적한다.

이때부터 미시경제학과 거시경제학이 두 개의 서로 연결되면서 또 한편 독립적인 이론경제학의 구성 부분이 되었다. 전자는 가계, 기업 등 개체 경제활동을 고찰하고 후자는 전체 사회의 총체적 경제활동을 고찰한다.

제2차 세계대전 이후 폴 새뮤얼슨● 등의 경제학자들이 케인스주의 거시경제학의 단기분석과 신고전파 미시경제학의 장기분석을 종합하여 '신고전종합neoclassical synthesis'이라는 '포스트 케인스 주류경제학'을 형성했다.

신고전종합 경제학은 일종의 '혼합경제mixed economy' 체제 건립을 주장한다. 혼합경제에서는 사유 부분이 기초가 되지만 동시에 정부 거시경제 정책과 공공부문도 중요한 역할을 한다. 케인스주의 거시경제 정책의 주장은 총수요 부족과 경제불황이 나타나면 확장성 거시경제 정책을 사용해 총수요를 증가시켜 경제를 살리고, 반대로 총수요가 너무 많아지고 경제가 과열되면 긴축적 거시경제 정책을 사용해 총수요를 감소시켜 이를 억제해야 한다는 것이다.

제2차 세계대전 이후 영미 등 주요 시장경제 국가는 경제가 후퇴할 때

● 폴 새뮤얼슨Paul Anthony Samuelson(1915~2009). 미국 경제학자. 케인스주의 거시경제학과 신고전경제학의 미시분석을 결합해 '신고전종합'을 창시했다. 그는 경제학자 집안 출신이며, 하버드대학 석박사 기간 동안 차례로 슘페터, 레온티예프 등 저명한 경제학자들에게서 배웠다. 1947년 『경제분석기초Foundations of Economic Analysis』를 출판하고 처음으로 비교정태분석법을 제시했다. 같은 해 존 베이츠 클라크상을 수상했다. 1970년 '경제학의 분석과 방법론 수준을 높여 경제이론의 상당 부분을 고쳐 쓰게 했고 다양한 영역에 공헌'하여 제2회 노벨경제학상을 수상했다.

보통 케인스주의 거시경제 정책을 채택해 확장성 재정, 통화 등의 거시경제 정책을 이용해 경제위기를 완화하거나 제거하는 데 현저한 성과를 거뒀다. 그러나 불황이 완화되는 동시에 인플레이션[1]이 뒤따라 나타났다. 이때 거시경제 부문은 긴축적 정책으로 전환해 경기를 억제한다.

1.2 신자유주의와 케인스주의의 논쟁

고전주의를 견지하는 경제학자들(이들은 신자유주의 혹은 신고전경제학자 neoclassical economist로 불린다), 즉 오스트리아 학파의 하이에크, 통화주의의 밀턴 프리드먼●과 합리적 기대 이론의 로버트 루커스●● 같은 이들은 케인스주의의 논점에 동의하지 않는다. 특히 1970년대에 이르러 영미 등 국가는 전례 없이 인플레이션과 높은 실업률이 병존하는 '스태그플레이션stagflation' 상황에 직면했다. '스태그플레이션'의 출현은 케인스주의 경제학에 대한 신뢰를 동요시켰다. 케인스주의가 제기한 정부 간여 정책이 '스태그플레이션'의 근원이라 여겨졌다. 이들 경제학자는 케인스주의와 논쟁하면서 경제의

● 밀턴 프리드먼Milton Friedman(1912~2006). 미국 경제학자. 통화주의 학파 창시자. 시카고 학파의 대표 인물. 그는 정부 간여를 반대하면서 경제의 자유, 시장과 가격의 역할을 강조했다. 케인스주의 재정정책을 비판하고 화폐수량론을 이용해 화폐 공급, 화폐정책이 경제 주기 및 인플레이션에 갖는 중요성을 강조했으며, '언제 어느 곳에서든 인플레이션은 모두 화폐 현상'이기 때문에 단일한 화폐정책 규칙을 실시해야만 인플레이션에 유효하게 대항할 수 있다고 주장했다. 1976년 프리드먼은 소비 분석, 화폐사와 화폐 이론 등에서의 성과와 경제 안정 정책의 복잡성을 드러낸 공으로 노벨경제학상을 수상했다.
●● 로버트 루커스Robert E. Lucas Jr.(1937~2023). 미국 경제학자. 합리적 기대 이론과 신경제성장 이론의 대표 인물. 루커스는 거시경제학 동태분석의 기초를 마련했고, 특히 합리적 기대의 역할을 강조하면서 케인스주의 거시경제 정책의 유효성을 부정했다. 루커스는 또한 신경제성장 이론의 개척자로 인적자본을 내생 성장 모형에 포함시켰다. 1995년 합리적 기대 이론 가설의 발전과 응용으로 거시경제 분석을 변혁시키고 경제정책의 이해를 심화시킨 공으로 노벨경제학상을 수상했다.

장기 운행을 분석하는 많은 유용한 이론과 방법을 제시했다.

하이에크는 두 가지 논점을 가지고 케인스주의를 비판했다. 첫째, 케인스주의 경제정책은 집단주의 논리를 따르기 때문에 필연적으로 중앙 집중 계획을 실행하는 방향으로 나아간다. 둘째, 거시경제에서 위기의 근원을 찾는 것은 잘못됐다. 왜냐하면 경기 쇠퇴는 미시적 원인이 야기한 것이기 때문이다. 또한 정부의 확대는 사유 부문과 민간 사회의 활력을 질식시키고 어려움을 가중한다고 비판했다.

통화주의의 중심 명제는 화폐만 관리하고 나머지는 가격이 결정하게 하라는 것이다. 통화주의자는 인플레이션과 실업 간에 역의 상관관계가 존재하지 않고, 장기 평균 실업률은 경제에 내생적인 '자연실업률'이 결정하며, 중앙은행의 화폐정책은 사람들의 인플레이션 예상에 대한 변화를 야기하고, 그래서 실질실업률은 자연실업률과 어긋나지만 최종적으로 여전히 자연실업률로 수렴한다고 여긴다(칼럼10.1 그림2).

신자유주의 경제학 중 또 다른 한 가지는 '신고전거시경제학new classical macro-economics'이라 불리는 합리적 기대 이론 학파다. 이 학파의 대표 인물인 시카고대학 루커스 교수에 따르면, 케인스주의 거시 간여 정책은 대중이 정책의 영향을 예견하지 못하고 '화폐 환상'이 존재하는 조건에서 가능하다. 그러나 사람들은 이용 가능한 모든 정보를 이용하여 자신의 예견을 형성하고 수정한다. 사람들이 합리적 기대를 갖는 상황에서 정부의 거시 간여 정책은 효과를 잃는다.

케인스주의를 반대하는 경제학자 가운데 공급학파supply-side economist는 좀 특이하다. 이들은 엄밀한 이론 체계 없이 어떻게 실제 정책을 채택하여 '공급 측면(기업 측면)'의 활력을 발휘하게 하는가에 중점을 두고 있다.

1970년대 출현한 서구 경제의 스태그플레이션 기조에 직면하여 1980년 영국 수상에 취임한 대처와 1981년 미국 대통령에 취임한 레이건은 통화주의와 공급학파의 주장을 받아들여 사유화, 감세, 규제 완화 등의 정책을 통해 경제의 활력을 자극하고 산업구조 개선, 기업 경쟁력 제고 등의 방면에서 성과를 보였으며, 미국은 다시 자동차, 전자 등의 공업에서 패권을 되찾았다.

2008년 세계 금융위기가 발생한 이후 신케인스주의 경제학의 활약이 크게 두드러졌다. 그러나 자유주의 관점을 견지하는 경제학자들이 반박에 나서면서 위기는 바로 케인스주의 경제정책이 야기한 것이라고 주장하고 있다.

칼럼10.1

필립스곡선[2]

케인스주의 경제학의 거시경제 단기파동분석과 거시경제 정책 건의는 '필립스곡선'에서 가장 간단명료하게 드러난다. 1958년 런던정치경제대학 경제학자 필립스A. W. Phillips는 1861~1957년 영국의 실업률과 명목임금 증가율 통계자료를 근거로, 물가상승률과 실업률 간에 일종의 역의 함수관계가 존재한다고 주장했다. 물가상승률이 비교적 높을 때 실업률은 비교적 낮고, 물가상승률이 하락할 때 실업률은 상승한다(그림1). 이것을 필립스곡선 Phillips Curve이라 부른다. 케인스주의 경제학자는 거시경제 정책의 목표는 필립스곡선에서 가장 최적점을 찾아 확장적 거시경제 정책을 통해 실업을 완화하거나 긴축적 거시경제 정책을 통해 인플레이션을 완화하는 것이라고 주장한다.

프리드먼에 의하면, 장기적으로는 인플레이션과 실업 간에 역의 관계가

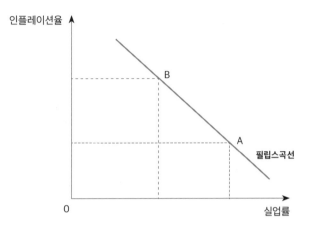

[그림1] 필립스곡선

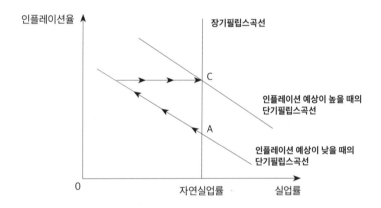

[그림2] 인플레이션 예상에 따른 단기필립스곡선 이동

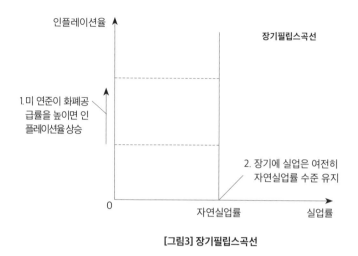

[그림3] 장기필립스곡선

존재하지 않는다. 화폐 공급의 지나친 증가는 마지막에 인플레이션을 발생시키지만 인플레이션율이 어떻든 간에 실업률은 자연실업률로 회귀한다(그림2).

합리적 기대 이론 학파의 경제학자 입장에서는, 인플레이션율과 실업률 간에 역의 상관관계가 전혀 존재하지 않는다. 확장성 화폐정책 실시 초기 사람들이 아직 인플레이션을 예상하지 못하고 화폐 환상money illusion이 존재하는 상황에서 투자와 고용이 증가하지만, 사람들이 인플레이션을 예상하면 취업 수준은 다시 자연실업률로 회귀한다. 경제활동 참여자들이 거시경제 부문에 대한 합리적 기대rational expectation를 형성하고 화폐 환상에서 깨어나면, 실업률은 자연실업률 수준에 머물고 거시경제 정책의 변동에 따라 변하지 않는다. 그래서 필립스곡선은 수직선으로 나타난다(그림3).

논쟁 중에 일부 케인스주의 경제학자도 구케인스주의의 이론을 수정했다. 이들에 따르면 명목임금과 가격점성stickiness이 존재하기 때문에 단기필립스곡선은 하향한다. 그러나 사람들의 인플레이션 예상이 높아질수록 필립스곡선의 위치도 높아진다. 따라서 정부는 단순하게 단기 정책에 의존해 실업 문제를 해결하려 해서는 안 된다. 왜냐하면 그럴 경우 높은 인플레이션 예상 제고와 실업률 제고가 상호 촉진하는 악성순환을 발생시키기 때문이다. 사람들의 인플레이션 예상을 변화시키고 취업을 확대하는 등의 조치를 통해 실업률을 낮춰야 한다.

1.3 거시경제 장기분석과 경제성장 모형의 역사적 변천

케인스주의 경제학과 신고전경제학의 불일치는 주로 거시경제 단기분석 방면에 집중되어 있으며 다른 측면에서는 그렇게 물과 기름 같은 관계는 아니다. 1980년대 이후 각 경제학파는 장기 거시경제 문제에 많은 관심을 가졌다.

단기 거시경제 문제를 토론할 때 우리는 단기에 발생하는 변화 요소, 즉 수요 측면을 분석하는 데 치중했다. 장기 거시경제 문제를 토론할 때 우리는 분석의 중점을 공급 측면에 두고, 장기 성장은 어떤 힘에 의해서 추진되는지 혹은 성장 모델은 어떤 모습인지 등을 연구한다. 여러 가지 경제성장 모델에서 천연자원, 노동, 자본과 기술 등 생산요소의 역할은 매우 큰 차이를 보인다.

현대 경제학 연구에 따르면 18세기 제1차 산업혁명 전 서방국가들의 경제성장은 천연자원, 주로 토지를 투입해서 실현됐다. 천연자원의 수량이 유한하기 때문에 경제성장도 매우 완만했다. 이에 근거하여 영국 경제학자 토머스 맬서스Thomas Robert Malthus(1766~1834)는 일단 천연자원이 인구성장으로 야기된 수요 증가를 지탱하지 못하면 인류는 빈곤의 함정에 빠질 거라고 생각했다. 산업혁명이 맬서스의 예언을 뭉개버렸고, 그후 서구와 북미 각국의 경제성장 모델은 대략 3단계를 거쳤다(표10.1).[3]

[표10.1] 서방국가 경제성장 모델의 변화

성장 단계	주요 특징	구동 요인	주도 산업	성장 이론
'이륙' 이전의 완만한 성장	수작업	천연자원 개발	농업	맬서스 함정
초기 경제성장	기계가 수작업 대체	자본 축적	중화학공업	해로드-도마 투자 구동 성장 모형
현대 경제성장	과학기술의 광범위한 응용에 기초	생산 효율 제고	서비스업과 농공업 일체화	신고전 외생 성장 모형
정보화 시대	정보통신기술이 전체 국민경제 개조	정보 비용 하락	정보통신산업	신성장 이론의 내생 성장 모형

(1) 18세기 후반에서 19세기 후반까지 초기 경제성장이 현대 경제성장의 제1단계다. 이 단계의 성장은 주로 투자에 의해 이루어진 것이 특징이다. 투자율은 끊임없이 높아지고 투자수익이 어느 정도 감소하면서 노동자 생활수준 향상이 완만해지고, 최종적으로 수요 부족 및 이로 인해 생겨나는 경제위기 등 일련의 심각한 경제사회 문제가 출현한다.

(2) 19세기 후반 제2차 산업혁명이 시작된 이후 서방국가는 기술 진보와 효율 제고에 기대어 구동되는 현대 경제성장 시기에 진입했다.

(3) 1950년대 시작된 후기 공업화 시기의 경제성장으로, 이 단계의 경제성장은 국민경제의 정보화와 거래비용 하락을 통해 이루어졌다.

한 나라가 지속적이고 안정된 발전을 이루는지 여부는 종종 어떤 경제모델을 채택하는가와 밀접한 관계가 있다. 앞으로 우리는 우선 단기분석, 그리고 장기분석의 순서에 따라 중국의 이행기 거시경제를 토론할 것이다.

2. 1979~1996년 네 번의 경제파동

단기적 관점에서 보면, 1978년 말 개혁개방 이래 근 30여 년간 중국 거시경제에서 눈길을 끄는 것은 경기과열과 인플레이션이 반복적으로 나타난 점이다.

2.1 인플레이션: 이행기 국가의 보편적 문제

우리가 이 책 제1장 4절에서 본 것처럼 경제 이행기에 중국만 여러 차례 인플레이션을 겪은 것이 아니다. 동구 사회주의 국가의 경제개혁도 거의 예외 없이 모두 인플레이션의 어려움에 빠졌다. 거시경제 상황의 악화는 헝가리, 폴란드, 유고슬라비아 등에서 1980년대 말 경제 붕괴와 사회 소요의 중요한 원인이었다. 계획경제에서 시장경제로 이행하는 과정에서 왜 인플레이션이 늘 발생하는가? 많은 경제학자들이 생각하는 주요 원인은 다음과 같다.

(1) 은폐된 인플레이션의 발현이다. 헝가리 경제학자 코르너이에 따르면 계획경제는 일종의 결핍경제⁴다. 인플레이션은 총수요가 총공급보다 많은 상태다. 그러나 계획경제체제 아래 절대다수의 상품은 고정가격제를 실시하기 때문에 수요 과잉과 공급 부족은 통상 가격 상승으로 나타나지 않고, 행정 압력 아래 은폐되어 존재하면서 배급제도와 가격 외의 탐색 비용 등의 형식으로 나타난다.

시장제도의 핵심은 자유가격제다. 그래서 시장화 개혁이 시작된 후에는 빠르든 느리든 상품 가격과 요소 가격의 개방이 반드시 이어져야 한다. 결핍의 조건 아래 가격 통제를 개방하면 은폐된 인플레이션이 드러난다. 따라서 결핍경제의 시장화 과정에서 물가의 지속적 상승은 피할 수 없다.

(2) 이행기, 특히 이행 초기 재정 예산의 지출 증가 및 수입 감소 요인이

존재한다. 효율성을 높이기 위한 개혁의 효과는 일정한 시간이 지난 후에 비로소 나타난다. 또 개혁 지지층을 확대하고 장애를 줄이기 위해 이익 구조를 개혁하는 과정 중 구체제에서 손해를 본 사람들의 이익을 증가시키고, 동시에 대부분 사람들의 기득권을 가능한 한 손상하지 않도록 보장하고 혹은 개혁 과정에서 손실을 입은 이익 주체에게 일정한 보상을 해야 한다. 이를 실현하기 위해 정부는 지출을 증가시켜 개혁의 비용을 지불한다. 이 두 가지 요소가 합쳐져 개혁 초기 한동안 재정적자 증가 및 화폐 발행 초과 상황이 쉽게 나타나 인플레이션 압력을 가중한다.

(3) 개혁 과정 중 거시경제 관리 결함과 정책 실패는 인플레이션을 초기에 억제하지 못하게 한다. 이행기에는 양호한 거시경제 관리 체제를 건립하기 어렵다. 첫째, 양호한 거시경제 관리는 양호한 기초 시설, 즉 독립적이고 효율적인 중앙은행제도, 건전한 통화정책의 전도 메커니즘과 기업의 경성 hard예산제약 등이 전제된다. 이런 조건들은 이행기, 특히 이행 초기 단계에서 갖추기 어렵다. 둘째, 정부가 재정정책, 화폐정책과 주민 소득 정책을 운용해 거시경제 안정을 유지하는 것은 매우 정교한 예술과 같다. 계획경제의

[표10.2] 1978~1997년 가격지수(전년 대비, %)5

	1978	1979	1980	1981	1982	1983	1984	1985	1986	1987
상품소매물가지수	0.7	2.0	6.0	2.4	1.9	1.5	2.8	8.8	6.0	7.3
소비자물가지수(CPI)	0.7	1.9	7.5	2.5	2.0	2.0	2.7	9.3	6.5	7.3
	1988	**1989**	**1990**	**1991**	**1992**	**1993**	**1994**	**1995**	**1996**	**1997**
상품소매물가지수	18.5	17.8	2.1	2.9	5.4	13.2	21.7	14.8	6.1	0.8
소비자물가지수(CPI)	18.8	18.0	3.1	3.4	6.4	14.7	24.1	17.1	8.3	2.8

* 1985년 이전 소비자물가지수는 직공생활비용지수.

행정명령 조작에 길들어 있고 현대 경제학을 잘 모르는 관료들이 거시경제 관리 임무를 맡기 위해서는 학습 과정이 필요하고 처음부터 만족할 만한 효과를 거두기 어렵다. 마지막으로, 이행기 거시경제 결정은 단기 이익에 치우치기 쉽다. 이 때문에 종종 단기 성장 이익을 얻기 위해 인플레이션 등 장기적인 대가를 치른다. 이에 시장화 개혁의 진전과 함께 인플레이션이 시도 때도 없이 나타나고 심지어 매우 심각한 상황을 보여주기도 한다(표10.2).

2.2 1979~1983년 제1차 경제파동

1976년 '문화대혁명'이 끝난 후 민심이 고무돼 위아래로 모두 '크고 빠르게'라는 경제 건설 열정과 투자 충동이 일어났다. 당시 중국 정부 지도부는 경제체제와 경제구조의 심각한 왜곡 상황을 고려하지 않고 계속 과거의 고지표, 고투입, 저효율의 외연적 성장 모델에 따라 한차례 새로운 '약진' 즉 이른바 '양약진'을 준비했다. 중공중앙과 국무원은 「1976~1985년 국민경제 발전 10년 규획 요강1976年到1985年發展國民經濟十年規劃綱要」을 제정하고, 1978~1985년 120개 대형 프로젝트 신축 및 추가 건설, 전국 14개 대형 중공업 기지 조성을 통해 공업 총생산액을 매년 10퍼센트씩 성장시키는 계획을 세웠다. 새로운 '약진'을 이루기 위해 불과 몇 개월 동안 외국과 160억 위안의 9개 대형 화공 프로젝트, 600억 위안의 바오산寶山 제철소 및 100대 종합 채광 설비 등 22개 프로젝트에 대한 계약을 맺었다. 이와 같은 거대한 투자와 대형 프로젝트가 동시에 건설에 투입되면서 국민경제에 엄청난 충격을 가했고 새로운 경제파동이 나타났다.[6]

우선, 예산 적자와 화폐 발행이 급속히 증가했다. 1978년 예산 잔액 10억 1000만 위안에서 1979년 적자가 206억 위안으로 급증해 국내총생산액의 5.2퍼센트를 차지하여 화폐 확장 압력을 증가시켰다. 현금(M_0) 공급의 연 증

[표10.3] 1978~1983년 중국 거시경제 상황(전년 대비%)7

	1978	1979	1980	1981	1982	1983
GDP 성장	11.7	7.6	7.8	5.2	9.1	10.9
고정자산 투자 증가	-	-	-	5.5	28.0	16.2
소비자물가지수(CPI)	0.7	1.9	7.5	2.5	2.0	2.0

가율은 1978년 9.7퍼센트에서 1979년 24.4퍼센트, 1980년 25.5퍼센트에 이르렀다. 은행 대출 잔액의 연 증가율은 1979년 10.2퍼센트에서 1980년 18.3퍼센트로 높아졌다.

이런 거시경제 상황에서 상품 가격은 대부분 여전히 행정규제를 받고 있었지만, 일부 개방된 가격이 상승하기 시작했다. 소매물가지수는 1978년 0.7퍼센트에서 1979년 2퍼센트, 1980년 6퍼센트로 상승했다.

이 상황을 겨냥해 1979년 3월 성립한 국무원 재정경제위원회는 '조정, 개혁, 정돈, 제고'의 8자 방침을 내놓았다. 그러나 대규모로 진행되던 기본 건설의 바람을 잠재우지 못했고 기업의 '방권양리' 개혁이 계속되면서 이 방침은 제대로 실시되지 못했다. 중공중앙은 1980년 겨울 다음 해 '국민경제 조정 강화'를 강하게 밀어붙이기로 결정했다.[8] 이 국민경제 조정은 '계획경제 위주 견지'의 체제 배경 아래 진행되면서[9] 다음과 같은 긴축정책을 채택했다. 이는 (1) 고정자산 투자와 기본 건설 항목의 축소 (2) 국경 경비와 행정관리 비용의 축소 (3) 은행 대출 관리의 강화, 기업 예금 동결, 국유기업 대상 국고채 48억 위안 판매 등등이다. 이 정책 조치가 작용하여 1981년 인플레이션율이 낮아지기 시작했고 1983년 초 저점에 이르렀다(표10.3). 대외 무역도 적자에서 흑자로 전환됐다.

2.3 1984~1986년 제2차 경제파동

제1차 경제파동이 가라앉은 지 얼마 지나지 않아 다음의 요인들이 중국 경제를 촉발해 1983년부터 달아오르게 만들었고 1984~1986년 경제는 과열 증상을 보였다.

첫째, 1982년 9월 중국공산당 제12차 전국대표대회는 1990년대 말까지 농공업 총생산액을 '배증'하는 전략 목표를 정식 확정했다. 원래 계획은 1980년부터 2000년까지 20년의 기간 동안 10년은 기초를 닦고 나머지 10년은 비상을 이루는 것이었다. 그러나 당시 모두의 열정이 너무 강했고, 또 일부 중앙 지도자의 독려가 더해져 1984년 초부터 각 지방정부는 '배증 조기 완성'을 위해 경쟁적으로 지표를 올리고 투자 규모를 확대했다. 비록 중앙정부가 나중에 여러 차례 '열기를 식히라'고 호소했지만, 일부 지방정부는 과거 경험에 근거해서 '끝내면서 시작' '비판 중 전진'의 구호를 외치며 계속 확장정책을 실시해 과열 추세를 억제하기 어려웠다.

둘째, 1984년 9월 중공12기 3중전회는 1981~1983년 기간 동안 나타난 계획경제 사상으로 회귀하던 분위기를 전환해 사회주의 상품경제라는 개혁 목표를 확립했다. 이로 인해 모든 이의 마음이 진작되었고 이때부터 대담하게 개혁이 이루어져 중국 경제도 곧 날아오를 것이라고 생각했다. 그 밖에 1985년부터 실시하기로 예정된 전문은행의 대출 자주권 확대 개혁의 실시 방법 설계에 기술적 오류가 존재했다. 즉 이후 중앙은행이 은행에게 제공하는 대출한도액은 1984년 실제 대출발생액을 기수로 삼도록 규정했다. 이에 따라 각 전문은행은 1985년의 대출 기수를 올리기 위해 지표를 하달해 1984년 대출 규모를 최대한 확대할 것을 요청했다. 기층 은행은 심지어 기업을 직접 찾아다니며 대출을 더 많이 받을 것을 요구했다.

셋째, 1984년 10월 건국 35주년을 맞아 어떤 중앙 지도자가 '많이 벌고 많이 쓰자'고 주장하면서 일부 기관과 기업이 갑자기 임금을 올리고 장려금과 의복 등 소비품을 풀며 경제 과열 분위기에 부채질을 했다.

이들 요인이 복합적으로 작용한 결과, 화폐 공급이 급속하게 증가했다. 1984년 은행 대출 총액이 전년 대비 28.8퍼센트 증가했고, 그 가운데 12월에만 전년 동기 대비 84.4퍼센트 증가했다. 통화(M_0) 발행은 전년 대비 49.5퍼센트 증가했다. 1985년 일사분기 통화(M_0), 협의통화(M_1), 광의통화(M_2)는 각각 전년 동기 대비 59퍼센트, 39퍼센트, 44퍼센트 증가했다. 1985년 이사분기부터 물가가 빠르게 오르기 시작했다.

1984년 말에서 1985년, 경기 과열과 긴축정책 실시 여부를 놓고 경제학계는 물론 정책 결정층에서도 의견이 분분했기 때문에 정책 결정은 차일피일 지연됐다. 당시 국무원 지도부는 화폐유통이 비정상적으로 흘러가는 것을 확인[10]하고, 1985년 상반기 3차례 연속 성장省長급 회의를 열어 각지의 투자와 소비 기금 팽창을 억제할 것을 요구했다. 그러나 중앙지도부의 의견이 완전히 일치하지 않아서 분명한 효과는 보지 못했다. 1985년 중반 덩샤오핑의 지시로 거시경제 형세를 추정한 후에 비로소 의견 일치가 이루어졌다. 이런 배경 아래 중앙정부는 각 성에 감사를 보내 기본 건설 항목의 축소 상황을 감독했다. 이와 동시에 중국인민은행은 긴축적 통화정책을 실시해 대출한도 통제를 강화하는 한편, 2차례 연속 예대 금리를 상향 조정했다. 행정 조치와 경제 조치가 병행하는 상황에서 통화 공급량은 1985년 하반기부터 줄어들기 시작했다. 투자증가율도 같은 해 3분기부터 낮아지기 시작했고, 1986년 1분기 M_0와 M_2의 연 증가율은 각각 14퍼센트, 13퍼센트로 낮아졌다. 소비자물가지수와 GDP 증가율도 빠르게 떨어졌다(표10.4).

1984~1986년 경제파동은 처음부터 끝까지 격렬한 이론과 정책 논쟁을 수반했다. 1984년 말과 1985년 초 경제 과열의 조짐이 나타났을 때, 경

[표10.4] 1983~1986년 중국 거시경제 상황(전년 대비, %)11

	1983	1984	1985	1986
GDP 증가	10.9	15.2	13.5	8.8
고정자산 투자 증가	16.2	28.2	38.8	22.7
소비자물가지수(CPI)	2.0	2.7	9.3	6.5

제 결정 자문 부문과 경제학자들은 당시 거시경제 상황을 놓고 격렬한 논쟁을 했다. 확장적 거시경제 정책의 실시를 주장하는 경제학자들은 대외개방, 대내활성화 정책의 집행을 관철하면 객관적으로 통화 공급량이 증가한다고 여겼다. 통화 공급 속도가 경제성장 속도를 초월하는 것은 경제 자체가 요구하는 것이며, 통화 공급이 일정 한도 내에서 경제성장 속도를 초월하는 것이 생산에 추진력이 된다는 것이다. 리이닝厲以寧 교수는 자신의 '비균형 이론'으로 확장성 정책의 합리성을 논증했다. 그의 주장에 따르면 수요가 공급보다 큰 상태는 사회주의 경제에서 일상적으로 나타나는 현상이며, 중국 같은 개도국 사회주의 국가에서 국민경제는 예견할 수 있는 일정 기간 동안 시종 총수요가 총공급보다 큰 '비균형 상태'에 처한다. 만약 인위적으로 거시 조절 조치를 통해 수요를 억압하고 통화 공급량을 제한하면 고속 성장에도 불리할 뿐 아니라 여러 측면에 손해를 입혀 사람들의 개혁 의지를 약화시킨다. 따라서 '긴축'적 거시경제 정책을 취해서는 안 된다.12

상술한 관점과 대립하는 일부 경제학자들은 국제적 경험이 이미 거듭 증명하듯 인플레이션은 발전에 불리할 뿐 아니라 개혁에도 불리하다고 여겼다. 동시에 사회 수용력을 고려해서 가격 체계를 포함한 경제 체계의 전면적 개혁을 실시하는데, 중대한 개혁 조치가 시행될 때 심각한 인플레이션을 방지하려면 총수요와 총공급의 균형, 경제 환경의 안정화 그리고 국가 재정의 일정한 여력이 전제돼야 한다고 보았다. 따라서 중공중앙과 정부는 과감하게 수요를 억제하고 공급을 개선해 경제 환경을 어느 정도 안정화한 후 신속하게 일련의 개혁 조치들을 내놓고 신경제체제를 운행해 국민경제가 가능한 빠르게 선순환 구조로 들어서게 촉진해야 한다고[13] 주장했다.

이 논쟁 중에 이론적으로 문제를 해결하는 데 중요한 역할을 한 것은 1985년 9월 2~7일 국가경제체제개혁위원회, 중국사회과학원과 세계은행이 공동 개최한 '거시경제관리 국제토론회(바산룬 회의巴山輪會議)'다. 이 회의에서 경제학자 간의 깊은 토론을 통해 중국이 어떤 거시경제 정책을 채택해야 하는지에 대해 충분한 과학적 근거에 따른 결론이 도출됐다. 특히 케인스주의 통화 문제의 대가로 불리는 제임스 토빈•의 발언은 '서방 주류경제학'의 이름으로 공언됐던 '인플레이션은 경제 발전에 유리하다'는 명제를 한동안 소리 소문 없이 사라지게 만들었다. 토빈은 세계은행이 발표한 중국 경제 상황 브리핑을 근거로 중국은 심각한 인플레이션 발생 위험에 직면했다고 날카롭게 지적하면서 중국은 '3긴정책'을 실시해야 한다고 주장했다. 즉 긴축재정정책, 긴축통화정책, 긴축소득정책으로 위기를 피해야 하며 서방국가들이 가벼운 인플레이션을 만났을 때 통상 사용하는 '재정 확장과 통화 긴축의 조합 정책'을 사용해선 안 된다고 주장했다.[14] 회의 개최 전 국무원 지도부는 회의에 참여한 외국 전문가들을 회견했다. 이들의 중국 거시경제 분석

• 제임스 토빈James Tobin(1918~2002). 미국 경제학자. 케인스주의와 신고전종합 학파의 대표 인물. 토빈은 금융시장과 실물 경제활동 간의 관계를 모형화했고 그의 연구 성과는 거시경제 모형의 주요 구성 요소가 됐다. 토빈의 자산 조합 모형은 토지, 건축, 재고, 원자재 등 실물자산이 더해진 이후 화폐 공급 변화가 어떻게 상품 가격에 직접 영향을 미치는지 분석하는 중요한 분석 도구가 되었다. 1981년 토빈은 금융시장 및 금융시장과 지출 결정, 취업, 생산과 가격 간의 관계를 분석한 공으로 노벨경제학상을 수상했다.

도 중국 정부가 경제 안정 정책을 실시하도록 결심하는 데 일조했다.

이 논쟁의 정책적 결론은 1985년 9월 중국공산당 전국대표대회에서 나왔다. 덩샤오핑은 이 회의에서 '속도가 너무 빠르다 보니 발생하는 문제가 적지 않고 개혁과 사회 분위기에도 좋지 않은 영향을 끼친다. 좀 적당한 게 좋다. 반드시 고정자산 투자의 규모를 통제해야 하고 기본 건설 규모를 키워서는 안 된다'[15]고 말했다. 이 회의에서는 「국민경제와 사회 발전 제7차 5개년 계획 제정에 관한 중공중앙의 건의中共中央關於制定國民經濟和社會發展第七個五年計劃的建議」를 내놓고, 7.5기간(1986~1990) 경제와 사회 발전이 반드시 견지해야 할 4개 지도 원칙을 표명했다. 그 가운데 2가지가 거시경제 정책과 직접적인 관련이 있다.

⑴ 개혁을 우선순위로 견지해 개혁과 건설이 상호 적응하고 상호 촉진하도록 한다. 근본적으로 개혁은 건설을 돕는다. 현실적으로 건설 계획은 개혁에 유리해야 한다. 개혁의 순조로운 진행을 위해 반드시 경제성장률을 합리적으로 정하고, 맹목적인 성장 속도 추구를 지양하여 경제생활의 긴장과 무질서를 피해 개혁을 위한 좋은 경제 환경을 창조하도록 한다.

⑵ 사회 총수요와 총공급의 균형을 견지해 축적과 소비가 적당한 비율을 유지하게 한다. 여기서 중요한 것은 인민 생활을 적절히 돌보면서 동시에 국력에 맞게 고정자산 투자 규모를 합리적으로 정하고 국가 재정, 대출, 물자와 외환의 각 부문별 균형과 부문 간의 종합적 균형을 이루도록 주의를 기울이는 것이다.

중국공산당 전국대표대회에서 나온 이상의 내용은 개혁이 시작된 이래 개혁과 성장, 개혁과 경제 환경 간의 관계를 정확하게 처리하는 데 대한 경험적 교훈을 집대성한 것이다. 안타깝게도 얼마 지나지 않아 큰 대가를 치르고 얻은 교훈은 곧 사람들에게 잊혀지고 1986년에 시작해 1988년에 전면적으로 폭발한 훨씬 더 심각한 인플레이션이 발생했다.

2.4 1987~1990년 제3차 경제파동

확장성 통화정책의 실시 여부와 단기 경제성장을 위한 인플레이션 정책의 운용 여부는 종종 과학적 원리의 옳고 그름에 의해서 결정되는 것이 아니라 경제와 정치의 실제 이익에 의해 좌우된다. 1984~1985년 경제 과열이 막 가라앉았을 때 또 일부에서 이런저런 이유로 끊임없이 인플레이션 정책을 실시해야 한다고 주장했다. 이런 '인플레이션 유익무해'의 부추김은 1988년 봄에 최고조에 달했다. 1988년 8월 마침내 심각한 인플레이션(당월 소매물가 상승 연율 80퍼센트)과 사재기 열풍이 몰아쳤다.

중국 정부의 원래 경제 업무 방침은 1986년 계속 경제를 안정시키고 1987년 '개혁의 큰 걸음'[16]을 시작하는 것이었다. 그러나 1986년 초 경제성장이 하락하는 조짐이 나타나면서 2월 GDP가 '제로 성장' 했다. 이때 정부 지도부는 은행 대출 통제를 완화하기로 결정했다. 그 결과, 1986년 2분기부터 통화 공급이 급속하게 확장됐고 1987년 4분기 인플레이션이 다시 나타나기 시작했다. 그러나 이때 일부 지도자들은 '인플레이션 무해론'의 영향을 받아 1987년의 문제는 총량 문제가 아니고 단지 농업 생산의 국부적 문제라고 생각했다. 그래서 1988년 중앙 '1호 문건'은 줄곧 농업 문제를 주제로 한 관례를 깨고 거시경제 문제만을 다루었다. 문건은 1987년 효율적인 성장을 실현했고 속도는 빠르지만 인플레이션의 위험은 없다고 지적했다. 이렇게 1988년 중반까지 M_1과 M_2의 연 성장 속도는 각각 33퍼센트와 29퍼센트에 달했다.

1988년 5월 상순 중국공산당 중앙정치국 상무위원회는 향후 5년 내 가격과 임금 개혁의 '관문 돌파'를 결정했다. 5월 말, 어떻게 이 결정을 집행할지 토론하는 고위급 회의에서 일부 경제학자들은 당시 거시경제 상황에 근거해 '선정비 후돌파'를 주장했다. 당시 이들은 다음과 같은 근거를 제시했다. (1) 1987년 4분기 농산품 가격 상승부터 시작해서 문제가 다른 영역으로 확산되고 있다. (2) 교통, 생산재 공급의 '병목제약'이 날로 심각해지고 있다. (3) 각지에서 산발적으로 발생한 사재기 현상이 현재 도처에 만연하고 있다. (4) 4월 저축이 마이너스 증가를 보이면서 인플레이션 기대가 형성되고 있다. 그러나 다른 일부 경제학자의 의견이 당시 정부 지도부의 수긍을 얻었다. 이들 경제학자의 주장은 라틴아메리카 경제 상황의 관찰에 근거한 것으로, 몇천 프로의 인플레이션도 경제 번영에 장애가 되지 않는다고 여겼다. 지도부는 이로부터 고인플레이션, 고성장하의 물가개혁 '돌파'의 결론을 내렸다.[17]

1988년 하반기의 사태는 지도부의 낙관적 추정대로 흘러가지 못했다. 6월 초 중공중앙정치국회의에서 물가-임금개혁 '돌파'를 정식으로 결정한 이후, 인플레이션의 기대가 급속하게 형성됐다. 1988년 하반기 전년 동기 대비 전국소매물가지수가 26퍼센트 상승했고, 도시에는 상품 사재기 열풍이 불었다. 계획 조달 물자와 외환의 전매 등 지대 추구 행위가 만연하고 민중의 불만이 더욱 고조됐다. 이 모두가 경제문제를 사회문제로 전환시키면서 정치 불안정을 양성했다.

폭발적인 인플레이션을 통제하기 위해 1988년 3분기부터 고정자산 투자 규모를 급격히 축소하고 계획 외 건설 항목에 대한 심사를 중지했다. 회사, 특히 신탁투자회사를 정리정돈하고 사회 각 집단의 구매력을 통제했다. 물가 관리를 강화하고 중요 생산재에 가격상한제를 실시했다. 1988년 9월 중앙공작회의에서 '강제 착륙'의 거시 조절을 실행하기로 결정하고 중앙인민은행은 일련의 긴축적 통화 신용 정책을 폈다. 이 정책은 신용대출 규모

[표10.5] 1986~1991년 중국 거시경제 상황(전년 대비, %)18

	1986	1987	1988	1989	1990	1991
GDP 성장	8.8	11.6	11.3	4.1	3.8	9.2
고정자산 투자 증가	22.7	21.5	25.4	-7.2	2.4	23.9
소비자물가지수(CPI)	6.5	7.3	18.8	18.0	3.1	3.4

통제와 감사, 엄격한 대출 규모 통제, 향진기업에 대한 대출 정지, 전문은행의 지급준비율 제고를 포함했고 이와 상응하여 금리정책을 조정했다. 인플레이션이 심화되면서 물가상승률이 저축예금 금리를 크게 넘어섰고, 실질금리는 마이너스로 떨어졌다. 실질금리의 하락 추세를 억제하기 위해 중국인민은행은 1988년 9월과 1989년 2월 두 차례 금리를 높였다. 금융 상황을 한층 더 안정시키기 위해 예금자 이익을 보호하고 동시에 3년 이상 정기예금의 가치를 보장했다.

이 일련의 강경한 긴축 조치는 비록 인플레이션율을 빠르게 하락시켰지만 너무 큰 대가를 치렀다. 1989년 3분기 화폐공급량 지표는 최저점으로 떨어졌고, M_1과 M_2의 연 증가율은 -1퍼센트와 13퍼센트로 하락했다. 이와 상응하여 물가도 신속하게 떨어졌지만 동시에 시장의 불황과 공업 생산 하락, 공장 가동 부족, 취업 압력 증대, 재정 악화로 유례없는 불황 국면이 나타났다(표10.5).

2.5 1991~1995년 제4차 경제파동

1989년 3분기에 출현한 경제 침체 상황을 겨냥해 4분기부터 중국인민은행은 저조한 국유경제에 '시동'을 걸기 위해 국무원의 요구에 따라 국유기업에 대량의 대출을 제공했다. 중국인민은행은 1990년 3월, 8월 그리고 1991년 4월 연속 3차례 예대 이율을 대폭 낮추었다. 그러나 사람들은 경기가 매우 침체될 것으로 예상했고, 민영경제도 억눌린 상황에 처해 있었기 때문에 비록 1990년 광의의 화폐 M_2의 전년 대비 증가율이 28퍼센트의 높은 수준에 달했지만 GDP 성장률은 여전히 3.8퍼센트에 불과했다.

1991년 중국 경제는 점차 기운을 회복한 민영경제를 선두로 저점에서 벗어나기 시작했다. 1992년 초 덩샤오핑은 유명한 '남순강화'를 발표하면서 개혁과 발전을 호소했다. 그의 담화는 경제 상승세를 촉진했고 전국적으로 새로운 개혁과 발전의 물결을 일으켰다.

1992년 국민경제가 새로운 상승기로 접어들면서 지방, 부문, 기업은 매우 적극적으로 자신의 지역, 단위의 개혁개방을 추진하고 시장의 역할을 확대했다. 그러나 중국 정부부문은 개혁 추진에 오히려 소극적이고 수동적이었다. 정부는 국가 영도 기구가 추동해야 할 재정, 금융, 국유기업 등 중요 부문의 개혁에 아무런 조치도 취하지 않았다.[19] 동시에 여전히 확장성 화폐정책으로 성장을 자극했다. 1992년 M_1과 M_2의 증가율은 각각 35.7퍼센트와 31.3퍼센트에 달했다. 그래서 각급 지방정부와 국유기업의 지도부는 그들의 주의력을 기본 건설 등에 돌렸고 경제는 빠르게 과열 상태에 들어갔다. 또한 자금 모금 열풍, 개발구 열풍, 부동산 열풍, 채권·주식·선물 열풍 등으로 경제에 거품이 부풀어올랐다.

그러나 1992년 중반에서 1993년 중반까지 1년의 시간 동안 거시경제 상태를 보는 시각은 입장에 따라 매우 달랐다. 대략 4가지 다른 관점이 형성됐다. (1) 과열이 나타난 근본 원인은 시장화 개혁의 추진이 너무 빠르기 때문이라고 여겼다. 그들이 '암시'하는 것은 개혁의 속도를 늦추고 계획 통제를 강화해야 한다는 것이다. (2) 이미 출현한 과열의 분석에는 동의하나 첫 번째 의견과는 반대로 과열이 나타난 근본 원인은 중요 부문의 개혁이 너무 늦기 때문이라고 보았다. 그들은 과감한 조치로 경제를 안정시키고 개혁을 추진해야 한다고 주장했다. (3) 경제 발전 상황은 양호하며 고속 성장을 유지해도 인플레이션의 위험은 없다고 주장했다. 그들은 전 단계 경제 업무를 긍정적으로 평가하며 앞으로도 계속 똑같이 해나가야 한다고 주장했다. (4) 개혁 추진 상황에는 만족하지 못하나 경제성장 추세에는 만족했다. 인플레이션은 고도 성장 과정에서 나타나는 부산물이며 긴축정책을 펴서 고속 성장 추세를 꺾으면 안 된다고 주장했다.

상술한 논쟁이 근 1년 동안 지속됐다. 1993년 봄 인플레이션의 위험이 매우 분명해졌다. 소매물가지수가 전년 동기 대비 10퍼센트 이상 상승했고 달러 대비 인민폐 환율은 1992년 11월에서 1993년 5월까지 6개월간 45퍼센트 절하됐다. 이때 대다수 사람들의 시각이 비로소 거의 일치했다. 1993년 4월 덩샤오핑의 직접 간여로 최고 지도부는 거시경제를 안정시키기 위해 두 가지 조치를 실시했다.

1. 응급조치

1993년 6월 중공중앙과 국무원은 「현재 경제 상황과 거시 조절의 강화에 관한 의견關於當前經濟情況和加强宏觀調控的意見」(즉 1993년 '중앙 6호 문건')을 발표해 16항의 경제 안정화 조치를 선포했다. 이는 즉 (1) 화폐 발행의 엄격한 통제로 금융 정세 안정 (2) 불법적인 단기 대출 자금에 대한 단호한 시정 (3) 금리 레버리지의 유연한 운용으로 저축예금 증대 (4) 각종 무분별한 자금 모집 금지 (5) 신용대출 총량에 대한 엄격한 통제 (6) 저축예금에 대한 전문은행의 지급 보장 (7) 금융개혁의 속도를 가속화하여 중앙은행의 금융 거시 통제 능력 강화 (8) 투자 체제 개혁과 금융 체제 개혁의 결합 (9) 기한 내

국고채 발행 임무 완수 (10) 유가증권 발행 개선과 시장 관리 규범화 (11) 외환관리 방법을 개선해 외환시장 가격 안정 (12) 부동산 시장의 거시 관리 강화로 부동산 산업의 건전한 발전 촉진 (13) 세수의 징수 및 관리를 강화하고 세금 감면의 허점 보완 (14) 건설 중인 프로젝트 감사 대기, 신규 프로젝트에 대한 엄격한 통제 (15) 가격개혁을 적극적으로 꾸준히 추진하고 총물가 수준의 지나치게 빠른 상승 억제 (16) 사회집단 구매력의 과도한 성장을 엄격히 통제하고 집단 구매력의 구매 통제 관리 강화 등이다.

2. 근본 조치

이번 조정이 계획 관리 강화에 주로 의존했던 과거 몇 차례 조정과 매우 다른 면은 개혁을 심화해 이번 과열의 제도적 근원을 제거했다는 점이다. 이는 1993년 11월 중공14기 3중전회에서 통과된 「사회주의 시장경제체제 건립의 몇 가지 문제에 관한 중공중앙의 결정中共中央關於建立社會主義市場經濟體制若幹問題的決定」에서 집약적으로 나타나는데, 재정세수체제, 금융 체제, 국유기업, 새로운 사회보장제도 등 방면에 전면적인 개혁을 추진하여 20세기 말까지 기본적인 사회주의 시장경제 체계를 건립하도록 요구했다.

이렇게 1993년 중반 내놓은 경제 안정의 구체적 조치는 3가지로 분류할 수 있다. (1) 행정 조치로, 법규를 위반한 단기 대출의 기한 내 회수, 전문은행 대출액 통제 강화, 투자 항목 재심사 등을 포함한다. (2) 경제 조치로, 두 차례의 은행 예대 금리 제고, 보장성 예금 저축 회복, 국고채 판매 등을 포함한다. (3) 개혁을 통해 인플레이션의 미시 기초를 제거하고 시장경제에 적합한 거시 조절 체계를 건립하는 것으로, 국유기업 개혁, 재정 체제 개혁과 은행 체제 개혁 등을 포함한다.

'중앙 6호 문건'이 나온 후 곧 과열 추세는 가라앉았다. 협의의 화폐(M1)

의 증가율은 6월 34퍼센트에서 10월 15.6퍼센트로 떨어졌다. 국유 부문의 투자증가율은 74퍼센트에서 58퍼센트로 하락했다. 생산재물가지수 상승률은 53퍼센트에서 31.4퍼센트로 내려갔고, 외환조절시장에서 달러 대 인민폐 환율은 1달러당 11.5위안에서 1달러당 8.7위안으로 하락했다.

정책 논쟁과 동시에 인플레이션 억제와 실업 완화 간의 관계를 어떻게 이해하고 정확하게 처리하는가의 문제가 논의됐다. 당시 적당한 인플레이션은 유익하다고 주장했던 경제학자들은 새로운 논거를 제시했다. 즉 인플레이션이 비록 해롭지만 모든 사람에게 똑같이 피해를 주기 때문에 사람들은 비록 인플레이션에 불만을 갖지만 소란을 일으키지는 않을 것이다. 그러나 실업은 다르다. 실업은 사회불안정을 야기한다. 따라서 두 가지 해악을 잘 비교해서 가벼운 것을 취해야 한다면 인플레이션으로 실업을 완화해야 한다는 것이다. 이를 반박하는 사람들은 인플레이션과 실업을 역비례관계로 보고 '두 해악 중 가벼운 것을 취해야 한다'는 것은 구케인스주의자들이 필립스곡선을 이해하는 낡은 방식이라고 주장한다. 첫째, 현대 경제학은 이미 이런 낡은 이해 방식을 넘어섰다. 필립스곡선의 위치는 고정된 것이 아니며, 이는 사람들의 인플레이션에 대한 예상에 의해 결정된다. 따라서 고정된 필립스곡선을 따라 사회가 인플레이션과 실업을 수용할 수 있는 최적점을 찾는 방법은 이미 대다수 경제학자들이 부정하고 있다. 우리는 제2차 세계대전 후 일부 국가가 이런 인플레이션 완화 정책을 펴다 '스태그플레이션'을 야기한 전철을 되밟아서는 안 된다. 둘째, 이른바 인플레이션이 모든 사람에게 끼치는 해가 같기 때문에 사회불안정을 야기하지 않는다는 말은 현실과 맞지 않는다. 사실, 인플레이션은 일종의 재분배 작용을 갖는 나쁜 세금이다. 인플레이션은 부자들에게 유리하고 '하루 벌어 하루 먹는' 임금노동자 계층에게 불리하다. 따라서 심각한 인플레이션은 사회관계 긴장과 사회불

[표10.6] 1992~1996년 중국 거시경제 상황(전년 대비, %)[20]

	1992	1993	1994	1995	1996
GDP 성장	14.2	14.0	13.1	10.9	10.0
고정자산 투자 증가	44.4	61.8	30.4	17.5	14.8
소비자물가지수(CPI)	6.4	14.7	24.1	17.1	8.3

안정을 야기한다. 셋째, 돈을 풀어 실업을 완화한다는 주장의 실제 함의는 경영이 힘든 국유기업에게 대출로 임금과 각종 보조금을 준다는 것이다. 개혁을 통해 기업의 활력과 효율을 제고해 일자리를 늘리는 것이 아니라 대출로 기업에게 임시변통의 보조금을 주는 것은 일시적으로 실업을 완화할 뿐 멀리 내다보는 일이 아니다. 하물며 중국 실업문제에서 가장 심각한 문제와 근원은 농촌에 있는 수억 명의 실업인구가 전체 사회 취업 상황을 악화시키고 있는 데 있다는 것은 두말할 나위도 없다. 확장성 통화정책으로 국유기업을 보조하고 국유기업의 잉여 인력 고용을 유지한다면 잠시 국유기업 노동자의 실업 압력을 경감할 수 있겠지만 농촌 잉여노동력이 비농업 부문으로 전환하는 것을 가로막을 뿐 아니라 근본적으로 중국의 실업문제도 완화할 수 없다.[21]

3. 1997~2008년
경제글로벌화 조건 속 거시경제 파동

앞의 토론에서는 외부 경제 요소를 고려하지 않고 각종 국내 요소가 중국 거시경제에 미치는 영향을 단순하게 분석했다. 사실 중국의 대외개방이 계속되면서 수출무역과 자본유동을 포함하는 대외관계가 거시경제에 미치는 영향은 날로 커지고 있다. 여기에서는 외부 요인을 포함한 중국 거시경제의 발전을 토론한다.

3.1 1996~2002년:
수출을 통한 경제 번영과 아시아 금융위기 충격의 대응

8장 1.3에서 토론했듯이 1994년 외환개혁과 인민폐의 대폭 절하는 중국이 전면적인 수출주도 전략을 시행함을 의미했다. 이때부터 중국 수출무역은 빠르게 성장했고 무역균형도 흑자와 적자가 교차하던 예전과 달리 매년 수십억 달러 흑자를 보였다.

거대한 수출 수요는 국내 수요의 부족을 메꿔줬고, 경제성장을 위한 강력한 지지대를 제공했다(표10.7) 이것은 중국 경제가 1993년 중반부터 시작된

[표10.7] 중국 수출입 무역의 발전(억 달러)22

	1993	1994	1995	1996	1997	1998	1999	2000	2001	2002
수출 총액	917	1,210	1,488	1,511	1,828	1,837	1,949	2,492	2,661	3,256
수입 총액	1,040	1,156	1,321	1,388	1,424	1,402	1,657	2,251	2,436	2,952
순수출	-122	54	167	122	404	435	292	241	226	304

긴축적 재정정책과 화폐정책으로 국내 수요가 감소한 상황에서도 1994~1997년 4년간 계속 매년 10퍼센트의 GDP 성장률을 유지하도록 했다. 그러나 이런 수출에 의존한 번영은 곧 1997년 7월 발생한 아시아 금융위기의 충격을 받았다.

제2차 세계대전 이후 일본 경제는 폐허에서 일어나 30여 년의 고속 성장을 지속했고 1980년대 후반 일본의 경제력은 최정상에 올랐다. 한국, 싱가포르, 타이완과 홍콩 등 아시아 '네 마리 작은 용'도 바짝 따라붙어 경이로운 성장 속도로 전 세계를 앞서 나가면서 1990년대 초반 '신흥공업경제지역newly industrialized economies, NIEs'으로 뛰어올랐다. 이들 국가와 지역은 미국 등에 자본과 상품을 수출하면서 1980년대 후반 세계경제 번영의 주춧돌 노릇을 하여 '동아시아의 기적'이라 불렸다.[23]

'동아시아의 기적'이 세계를 떠들썩하게 할 때, 한 냉정한 경제학자는 동아시아 경제에 잠재한 위기를 경고했다. 미국 경제학자 크루그먼은 1994년 11/12월호 『포린 어페어스』에 「아시아 기적의 신화」[24]라는 제목의 논문을 발표해 동아시아 국가들은 '기적'을 만들어내지 못했다고 주장했다. 그는 이들 국가의 빠른 발전은 국내 저축이 제공한 투자에 의존했을 뿐이지 생산 효율을 높인 것이 아니며, 따라서 성장 속도는 반드시 떨어지게 돼 있다고 지적했다.

이런 경고는 사람들의 긍정적 대응을 끌어내지 못했다. 1995년과 1996년 동아시아 경제가 두 해 연속 고속 성장을 하고, 사람들이 크루그먼의 경고를 잊었을 때 아시아의 많은 국가들에 파급력을 미친 금융위기가 발생했다.

칼럼10.2

아시아 금융위기의 원인과 발생[25]

이 위기는 태국에서 시작했다. 1997년 7월 2일 태국은 바트화와 달러 간의 디커플링을 선포하고 변동환율제도를 실시했다. 당일 바트화 환율은 20퍼센트 폭락했다. 10월 20일 바트화는 53.32퍼센트 절하됐다. 위기는 신속하게 동남아와 동아시아 각국으로 확장됐다. 인도네시아 루피는 49.67퍼센트, 말레이시아 링깃은 31.8퍼센트, 신타이완 달러는 9.49퍼센트, 싱가포르 달러는 9.37퍼센트, 일본 엔화는 5.66퍼센트, 한국 원화는 4.08퍼센트 평가절하됐다. 같은 기간 이들 국가와 지역의 주식은 30~60퍼센트 폭락했다. 추정에 따르면, 이번 금융위기에서 외환시장, 주식시장 폭락이 야기한 동아시아 경제의 자본 증발 손실은 1000억 달러 이상이다.

아시아 금융위기는 다음과 같은 배경 아래 발생했다. 첫째, 이들 국가와 지역은 고투입, 고성장의 경제성장 모델을 채택하여 재정적자와 통화 발행 초과를 야기했다. 둘째, 이들 국가는 자본의 자유로운 국제적 이동을 위해 자본시장을 개방했지만 고정환율제를 채택하여 화폐정책의 능동성을 잃었다. 셋째, 주요 국가의 준비통화—달러의 급격한 확장으로 동남아, 동아시아 국가와 지역에 유동성 과잉과 자본 거품이 나타났다. 일단 국부적인 자산 가치 축소와 유동성 축소가 나타나면 연쇄반응을 통해 신속하게 전체 금융시스템에 전달되면서 전면적인 유동성 결핍이 형성된다.

아시아 금융위기 발생 후, 관련국 은행 체계에 거대한 블랙홀이 출현하여 붕괴 일보 직전에 처했다. 금융 체계 운행을 유지하기 위해 이들 국가의 정부는 거액의 구제 자금을 은행에 수혈하지 않을 수 없었다. 일본(1992~1998), 한국(1997~2000)과 인도네시아(1997~2000)가 은행을 구하기 위해 형성한 재정 손실은 각각 GDP의 21.5퍼센트, 14.7퍼센트, 55퍼센트였다.

금융위기의 충격 아래 아시아 각국 경제성장률은 하락하여 장기 정체에 진입했다. 동시에 대량의 외자가 유출되어 큰 영향을 주었고 인도네시아 등 몇몇 국가에서는 오랫동안 곪아 있던 국내 정치 위기가 촉발됐다.

국제 금융시장도 아시아 경제위기의 영향을 받아 급격한 파동을 보였다. 런던 주식시장은 1997년 10월 초 3077.98포인트에서 10월 24일 2849포인트로 폭락하여 거의 8퍼센트에 달하는 낙폭을 보였다. 10월 27일 미국 다우존스지수도 554.25포인트 폭락해 뉴욕 거래소는 9년 만에 처음으로 거래 중지 제도를 사용하지 않을 수 없었다. 1997년 11월 일본에서 은행과 증권회사 몇 곳이 파산하거나 도산했고, 엔화와 달러 환율도 1달러당 130엔을 돌파해 연초에 비해 17.03퍼센트 절하됐다. 1998년 2월 초에 이르러 악화되던 추세가 비로소 억제됐다.

이번 위기는 중국 경제에도 충격을 주었다. 중국이 국제경제 체계에 깊이 편입되고 국제무역 특히 수출무역 의존도가 매우 높은 상황에서(제8장 2.2), 주변국의 화폐 평가절하와 수입 감소는 수출과 외국인직접투자FDI를 크게 감소시켜 중국 시장은 더욱 침체했다. 중국 경제가 충격을 받게 된 데에는 기타 동아시아 국가 및 지역과 유사한 원인 외에 중국이 갖는 특수한 요인이 있었다.

첫째, 1993년 이후 긴축 조치의 관성이 작용했다. 20년 동안 중국 경제는 대체로 '상승-팽창-긴축-정체-완화-확장'의 궤적에 따라 발전했다. 1993년 여름부터 시작된 거시 조절 정책은 1997년까지 지속됐다. 모든 국가의 물가안정을 위한 통화정책이 일반적으로 사후적으로 나타나는 것처럼

1998년 중국 경제도 이 측면의 압력을 느끼고 있었다.

둘째, 국유경제를 구조조정하는 과정에서 불필요한 생산 능력을 폐기했다. 예를 들면 방직업에서 3년 동안 방추 1000만 개를 감소시켰는데 이는 원래 방추 총량의 25퍼센트를 차지했다. 또 한편 국유기업 노동자들의 대규모 하강下崗이 있었다. 1997년 국유기업 하강 노동자 총수는 1275만 명으로 그 가운데 소수만이 새로운 일자리를 찾았다. 1998년에도 많은 국유기업 노동자가 하강했다. 이들 모두 수요 감소를 야기했다.

셋째, 개혁 과정에서, 특히 주택제도 개혁과 사회보장제도 개혁 과정에서 과거 국가가 책임지던 제도가 빠르게 사라지고 새로운 제도 건립은 늦어지면서 사람들의 저축 경향이 높아져 소비가 감소했다.

이상 안팎의 요인이 동시에 작용하면서 중국 경제성장률이 1998년 초부터 하락하기 시작했고 이와 더불어 2년에 걸친 통화 긴축, 물가지수 하락 과정에 진입했다(표10.8). 이런 상황을 겨냥해 중국 정부는 1998년 초부터 수요와 공급 두 측면에서 경제성장을 자극하는 유력한 조치를 채택했다.

(1) 수요 측면에서 거시경제 부문이 채택한 정책은 다음과 같은 조치를 포함한다. 첫째, 국채 투자 위주의 '적극적 재정정책'을 실시했다. 1998~2001년 4년 동안 장기건설국채 약 5100억 위안을 발행하고 고속도로, 교통, 발전과

[표10.8] 1997~2002년 중국 거시경제 상황(%)[26]

	1997	1998	1999	2000	2001	2002
GDP 성장	9.3	7.8	7.6	8.4	8.3	9.1
고정자산 투자 증가	8.8	13.9	5.1	10.3	13.0	16.9
소비자물가지수(CPI)	2.8	-0.8	-1.4	0.4	0.7	-0.8

대형 수리 공사 등 기초 시설에 투자하여 투자 감소 추세를 빠르게 제어했다. 둘째, 4대 국유 상업은행이 국채에 투자한 '관련 자금'은 재정지출금 총액과 거의 비슷했다. 셋째, 재정정책과 짝을 이룬 통화정책은 표면상 '온건'을 표방하면서 실제로는 적당한 확장정책을 실시했다. 중앙은행은 7차례 예대 금리를 낮추고 화폐 공급을 증가시켰다.

이렇게 정부가 직접 수요를 창출하는 확장적 거시경제 정책의 장점은 빠르게 수요를 증가시켜 투자 감소의 추세를 막을 수 있다는 점이다. 그러나 이런 방법으로 수요를 증가시키면, 특히 장기간 이런 방법을 이용하여 수요를 증가시키면 부정적인 측면이 드러나게 된다. 우선 재정투자가 민간투자를 감소시키는 '구축효과'가 나타난다. 또한 일반 경쟁 영역에서 정부 재정투자는 효율성을 발휘할 수 없다. 더 중요한 것은 장기적으로 볼 때 정부투자를 위해 발행한 국채는 최종적으로 세수를 증가시켜 상환해야 하기 때문에 민간투자의 적극성을 떨어뜨려 투자 환경을 불리하게 만든다는 점이다. 그래서 2000년부터 '적극적 재정정책'을 점진적으로 줄이고 정부 정책의 중점을 공급 측면의 활력을 강화하는 쪽으로 전환해야 한다는 목소리가 나타났다.[27]

(2) 공급 측면에서 1980년대 초 '스태그플레이션'의 경험이 우리에게 알려준 것은 경제성장 속도가 떨어지는 상황에서는 확장성 수요 정책뿐 아니라 공급 측면의 정책도 채택하여 기업이 활력을 발휘하여 쇠퇴에 대응하도록 해야 한다는 것이다.

1998년 초부터 중국 정부는 확장성 재정정책과 통화정책을 채택해 수요를 증가시키는 동시에 일련의 정책 조치를 통해 공급 측면의 활력을 높였다. 이 정책은 다음을 포함한다. 첫째, 중공15대에서 결의된 국유경제 분포 조정 요구에 따라 수십만 개 국유 중소기업을 구조조정해 재산권이 명확하고 시장지향적인 민영경제를 만들었다. 둘째, 일련의 조치를 통해 민영기업의 창업 환경과 경영환경을 개선했다. 국가경제무역위원회에 중소기업사司를 설립하여 중소기업 발전을 담당하게 했다. 금융 방면으로 중소기업 대출 서비스 개선을 강조하여 각 성(자치구, 직할시) 모두 중소기업 신용대출담보 회사·기금을 설립해 중소기업의 융자 환경을 개선하도록 했다. 이 조치들은 민영기업의 경영환경을 개선했고 민간투자의 적극성을 자극해 일부 지역의 중소 민영기업은 빠르게 성장할 수 있었다. 셋째, 국유기업 개혁의 발걸음을 빠르게 하여 석유, 통신, 철도, 전력 등 대형 국유기업이 집중된 부문을 구조조정하고 동시에 이들 기업을 개혁해 회사제로 전환했다. 이를 위해 실시한 3가지 주요한 사항은 (1) 정경政企 직능 분리 실현과 새로운 정부 관리감독의 틀 건립 (2) 업종별 독점 타파와 기업 간 경쟁 촉진 (3) 국내외 증시 상장을 통한 구조조정 및 주식다원화의 기초 위에 회사지배구조의 기본 틀 건립 등이다. 이상의 조치는 중소기업의 창업 적극성을 자극했고 이들의 재무 상황을 개선시켜 취업을 확대하고 시장에 활력을 불어넣었다.

시간이 지나면서 상술한 두 측면의 정책이 미치는 힘도 변화했다. 1990년대 말과 2000년대 초 공급 정책의 역할이 분명하게 수요 정책을 넘어서서 중국 경제의 빠른 성장의 동력이 되었다.

첫째, 민간투자가 이미 사회 투자의 주요 부문이 되어 영향력이 점차 커졌다. 국무원 발전연구센터의 조사 보고[28]에 의하면, 1992~2001년 각종 민영경제의 고정자산 투자의 성장 속도는 국유경제의 고정자산 투자의 성장 속도보다 빨랐다. 국유 투자의 증가폭이 완만한 추세를 형성한 것과 뚜렷이 대조되게 민간 고정자산 투자의 평균 증가폭은 1998~2001년 4년 동안 각각 20.4퍼센트, 11.8퍼센트, 22.7퍼센트, 20.3퍼센트에 달했고 전 사회 투자의 증가폭보다 높았다(표10.9).

[표10.9] 전체 고정자산 투자 중 각 경제 유형별 투자 증가(1998~2002, %)[29]

연도	전체 평균	국유 경제	집체 경제	개체 경제	기타 경제	그중			
						주식제 경제	외국 투자	홍콩·타이완 투자	연영경제 등
1998	13.9	17.4	8.9	9.2	11.6	40.3	-16.2	42	37.9
1999	5.1	3.8	3.5	12.1	5.3	27.3	-12.6	-8.7	35.1
2000	10.3	3.5	10.7	12.2	28.5	63.9	-8.4	6.2	-3.2
2001	13.0	6.7	9.9	15.3	28.9	39.4	7.8	22.4	-0.2
2002	16.9	7.2	13.4	20.1	36.2	47.1	19.1	11.5	46.2

국내 민간투자의 성장 추세가 점차 강해지면서, 1990년대 말부터 전체 투자 성장에서 정부투자 의존도가 점차 낮아지고 민간투자의 자주 성장 능력이 점차 강화되는 추세가 나타났다. 1999~2001년 국가통계국 보고에 의하면 국채 투자(국채 자금과 매칭펀드액 포함)가 사회 고정자산 투자에서 차지하는 비중은 점점 하락하여 각각 8.1퍼센트, 8.8퍼센트, 6.5퍼센트를 기록했고, 예산 내 투자자금 성장률도 차츰 낮아져 각각 54.7퍼센트, 13.9퍼센트, 13.2퍼센트를 보였다. 전 사회 투자성장률은 차차 상승하여 각각 5.1퍼센트, 10.3퍼센트, 13퍼센트를 나타냈다.

둘째, 공급 정책의 지지 아래 중국의 수출은 고속 성장 추세를 유지했다. 1999년 정부는 민영경제의 직수출自營出口을 허가했다. 2001년 중국이 WTO에 가입하면서 대대적인 대외개방을 실시했다. 2001년 미국, 유럽, 일본 3대 경제 지역이 회복될 기미가 보이지 않고 세계무역의 절대 액수가 하락하는 상황에서 중국 수출은 대폭 증가해 세계무역에서 비중이 크게 상승했다. 2000년 초 중국 경제 성장 속도의 하락 추세는 억제되어 2000년 중반 경제는 새로운 상승 주기에 진입하기 시작했다.

3.2 2003~2008년: 유동성 과잉 속 번영

2003년 초부터 중국 경제는 빠르게 달아오르기 시작했다. 이번 경제 과열은 두 가지 요인으로 촉발됐다.

첫째는 '전시행정'과 '치적 공사'가 이끈 유례없는 투자 열기다. 2002년 말, 2003년 초 각급 당정 지도부가 교체되고 이어서 많은 지방정부의 신임 지도자들이 대규모의 시정 건설(민간에서는 '전시행정'으로 부른다)과 공업 건설('치적 공사'로 불린다) 계획을 내놓았다. 이에 따라 투자가 빠르게 증가했다. 2003~2008년 전국 고정자산 투자의 연평균 성장은 25퍼센트 이상(그림 10.1)을 기록했다. 그 가운데 특히 부동산 투자가 가장 높았다. 이외에도 많은 지방정부가 '중국은 이미 중화학공업 시대에 진입'했다고 선언하면서 자본집약형 '중화학공업'을 현지 투자의 중점으로 삼을 것을 요구했다.[30]

2003년부터 시작된 이런 형세에 직면해 기업계, 학계, 정계는 모두 매우

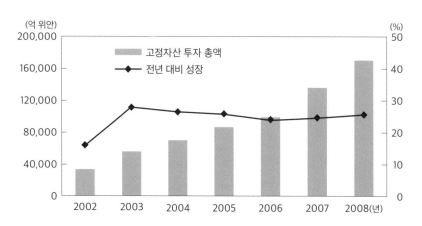

[그림10.1] 중국 고정자산 투자 성장(2002~2008)[31]

다른 의견들을 보이고 있었다. 2003년 초부터 일부 학자는 거시경제가 이미 과열 현상을 보이고 있어 조정을 해야 한다고 주장했다. 그러나 2008년 초까지 주류적 의견은 일부 업종에서 나타난 '국부 과열'일 뿐이고 이런 과열 업종에 대한 투자를 통제하기만 하면 '전국적 과열'로는 번지지 않을 것이라는 주장이었다.

거시경제 방향에 대한 다른 판단으로 인해 1998년 아시아 금융위기에 대응하기 위해 실시한 '적극적 재정정책'이 2004년이 돼서야 비로소 차츰 사그라졌다. 부동산같이 '국부 과열'로 확정된 업종에 대해서 거시경제 부문의 '창구지도'가 지향하는 바도 명확하지 않았다. 2003년 6월 중국인민은행은 「부동산 신용대출 업무 관리 강화에 관한 통지關於進一步加強房地産信貸業務管理的通知」('121호 문건')을 발표해 토지비축기구에 대출하는 자금을 엄격하게 통제하고, 시공사의 유동자금 대출을 규범화하며, 두 채 이상 구입 시 최초 불입금 비율을 제고하고, 대출이자를 상향 조정할 것 등을 요구했다. 이는 부동산 신용대출과 급속한 투자 증가를 통제하기 위한 정책이었다. 그러나 2개월 후 국무원은 「부동산 시장의 지속적이고 건강한 발전에 관한 통지關於進一步加強房地産信貸業務管理的通知」('18호 문건')를 공포하여 부동산업을 국가경제 발전을 이끄는 지주산업의 하나로 위치 지으면서 부동산산업의 지속적이고 건강한 발전을 유지해야 한다고 주장했다. 은행의 부동산 대출은 줄어들지 않았을 뿐만 아니라 오히려 증가했다. 2003년 부동산 개발 대출의 증가는 49.1퍼센트, 주택 구입 대출의 증가 역시 42.9퍼센트를 기록했다.

'국부적 과열'일 뿐 '전국적 과열'이 아니라는 총체적 판단 아래 관련 행정 부서는 강철, 시멘트, 전해 알루미늄 등 '과열 업종'으로 여겨지는 부문의 투자 심사, 시장진입 등의 행정통제를 강화했다. 그러나 개별 업종에 대한 미시적 간여는 거시경제 상황의 개선을 뚜렷하게 보여주지 못했고 지대 추구

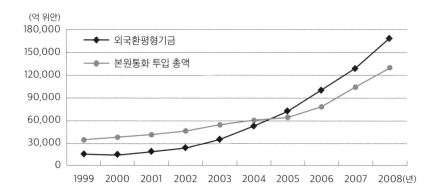

[그림10.2] 중국인민은행 외국환평형기금과 본원통화 투입(1999~2008)[32]

기반을 확대하여 부패가 더 쉽게 만연하게 됐다.

둘째는 외국환평형기금의 빠른 증가와 이로 인한 중앙은행의 피동적인 화폐투입 확대다. 제8장 1.3에서 다루었듯이 1990년대 수출주도 정책의 전면적인 실시는 중국 경제에 큰 발전을 가져왔다. 그러나 수출주도 정책을 실시했던 다른 동아시아 국가 및 지역과 마찬가지로 한동안 성공적으로 이 정책을 실시한 이후 중국도 외환준비금이 크게 증가하고, 무역마찰이 심화되고 화폐정책 실시의 여지가 좁아지는 등의 문제에 직면했다. 1990년대 중반부터 중국의 국제수지에서는 경상계정과 자본계정의 '쌍둥이 흑자'가 계속 증가하는 추세가 나타났다. 2001년 국가 외환준비금 증가폭은 28퍼센트에 달했고 이후 계속 30퍼센트 이상을 유지했다. 가장 빠른 증가를 나타냈던 2004년, 국가 외환준비의 연 증가폭이 51퍼센트에 달하며 초유의 기록을 세웠다. 중국인민은행 자산부채표의 외국환평형기금, 즉 중앙은행이 외환을 수매하기 위해 투입한 본원통화가 대량으로 증가했다(그림10.2).

경제계와 경제학계에서는 어떤 환율정책과 대외무역 정책을 채택해야 할지를 놓고 여러 다른 의견이 존재했다. 일부 경제학자는 인민폐 환율의 저평가 기조를 유지하는 것은 단기적으로 수출을 증가시키는 데 유리하나 장기적 시각에서 볼 때 중국의 자원 손실(수출국으로서 중국 제품을 수입하는 서방국가에 보조해주는 결과)을 의미할 뿐 아니라 중국 수출기업의 기술혁신과 품질 제고 노력을 촉발하는 데도 불리하다[33]고 여겼다. 동시에 먼델-플레밍 3각 모형[34]에 따르면, 자본이 일정 정도 자유롭게 이동하는 상황에서 고정환율 유지는 중앙은행이 통화정책의 능동성을 상실하고 피동적으로 본원통화만을 투입할 수 있음을 의미한다. 이 모든 것은 중국에 불리하다. 따라서 이들은 동아시아 국가의 경험과 이론에 따라 외환관리체제를 개혁해 인민폐 환율 형성 시스템의 시장화를 추진하고 동시에 중국 수출 제품의 경쟁력과 부가가치를 제고해야 한다고 주장했다.

그러나 대부분의 사람들은 이들의 의견을 오랫동안 받아들이지 않았다. 주류적 인식은 인민폐 환율 형성 시스템의 시장화는 인민폐 절상과 수출 증가폭의 감소를 가져오기 때문에 현행 환율 형성 시스템을 견지해야 하고 인민폐 환율 안정과 수출 증가 추세를 유지해야 한다는 것이었다. 2005년 7월이 돼서야 중국인민은행은 비로소 관리변동환율제 회복을 선포하고 인민폐를 완만한 속도로 절상하기 시작했다. 그러나 시장에서 인민폐 절상 기대가 강화되고 더군다나 중미 간 대출이자율이 역전돼 국제 '핫머니'가 빠르게 유입됐다. 이 모든 것은 인민폐 절상 압력을 가중시켰고 이로 인해 중국인민은행은 계속 본원통화를 투입해 외환을 구매할 수밖에 없었다.[35]

화폐 방출이 빠르게 증가하자 중국인민은행은 2002년 6월부터 환매조건부매매 위주의 공개시장조작을 실시해 은행 간 시장의 지나치게 많은 유동성을 회수했다. 그러나 당해 연도 외환매입금 증가 추세가 맹렬해 9월 말에 중국인민은행 수중의 3000여 억 위안의 국채 포지션이 말라버렸다. 그

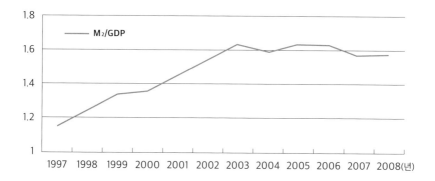

[그림10.3] 광의통화(M₂) 대 GDP 비율(1997~2008)[36]

래서 중국인민은행은 2002년 9월 24일부터 중앙은행어음을 발행하기 시작해 은행 간 시장의 유동성을 회수했다. 그러나 본원통화의 대량 방출로 중앙은행의 유동성 회수 노력은 효과를 보지 못했다. 2003년 이후 광의의 통화(M₂) 대 GDP의 비율은 시종 150퍼센트에서 160퍼센트 정도로 높게 유지됐다.(그림10.3)

이렇게 중국은 일본과 타이완이 1980년대 말, 1990년대 중반에 겪은 화폐 초과 발행, 유동성 과잉, 금융 계통에 축적된 대량의 의제虛擬자본, 자산 거품 형성 등의 유사한 거시경제 상황에 처했다. 2006년, 부동산 가격뿐 아니라 주식가격도 뛰어올랐다. 상하이 증권거래소 종합지수는 연초 1163.88포인트에서 연말 2675.47포인트로 올랐고 이후 계속 상승해 2007년 10월 16일 6124.04포인트로 유사 이래 최고점을 찍었다. 2007년 하반기부터 인플레이션이 나타나기 시작했다. 소비자물가지수CPI는 2007년 2분기에 온건한 인플레이션의 마지노선(3퍼센트)을 뚫고 이후 계속 상승하여 2008년 8퍼센트로 올랐다. 이 시기 2007년 7월 월스트리트 서브프라임 모기지론 사태가 세계 금융위기로 번지면서 중국 경제 체계에 엄청난 충격을 주었다.

3.3 글로벌 금융위기 속 중국 경제

2007년 중국 경제가 경기순환의 정점에 이르렀을 때, 미국 서브프라임 모기지론 사태가 발생하면서 금융위기를 야기했다. 이 위기는 두 개 경로를 따라 중국 경제에 충격을 주었다. (1) 일부 레버리지 비율이 높은 중국 기업에 국부성 자산부채표 위기를 발생시켰다. 이들의 자금 체인이 끊어지면서 금융 체계에 모종의 연쇄반응 및 자산시장에서의 가격 폭락과 '거품' 파열을 일으켰다. (2) 서방 각국의 불경기는 중국 수출기업의 수출을 감소시켰고, 시장수요가 급격히 위축되어 성장 속도가 하락하기 시작하면서 이번 성장 주기를 끝냈다(표10.10).

[표10.10] 2003~2008년 중국 거시경제 상황(%)[37]

	2003	2004	2005	2006	2007	2008
GDP 성장	10.0	10.1	11.3	12.7	14.2	9.6
고정자산 투자 증가	27.7	26.6	26.0	23.9	24.8	25.5
소비자물가지수(CPI)	1.2	3.9	1.8	1.5	4.8	5.9

칼럼10.3

미국의 서브프라임 모기지 사태에서 글로벌 금융위기까지[38]

2006년 봄부터 차츰 나타난 미국 서브프라임 모기지 사태subprime mortgage crisis(약칭 서브프라임 사태subprime crisis)가 빠르게 미국 금융 체계로 번졌고 결국 글로벌 금융위기로 변했다.

제한된 범위 안의 채무 위기가 세계적인 금융위기로 변화하게 된 것은 세계 금융 체계에 이미 존재하던 심각한 결함 때문이었다.

이 결함은 우선 세 방면에서 원인을 찾을 수 있다. 첫째, 미국 경제는 제 2차 세계대전 후 내부 구조의 불균형이 점점 커지고 있었다. 핵심 문제는 저축률이 너무 낮다는 점이었다. 근래 미국 총저축률은 제로 부근에서 머물고 있었다. 둘째, 1970년대 브레튼우즈 체제가 붕괴된 후 세계 통화 체계는 아무런 구속도 받지 않는 달러를 중심으로 형성됐다. 일개 주권국가 미국의 연방준비제도이사회의 제약만을 받는 달러가 국제 준비통화와 무역 결산 통화가 됐다. 이는 미국이 달러의 국제 준비통화라는 특수 지위를 이용해 달러를 찍어내 전 세계에 빌려주고 '주조세'를 수취해 투자 및 높은 소비 수준을 유지할 수 있게 했다. 셋째, 상술한 메커니즘을 통한 미국 경제의 번영을 지지하기 위해 미 연준은 장기간 동안 확장성 통화정책과 느슨한 금융 감독으로 통화 확장과 신용확장을 실현했다.

단기적으로 볼 때, 미국의 이러한 확장성 금융정책은 미국 자신과 전 세계의 경제 번영을 지지했다. 그러나 좀더 장기적인 시각으로 보면, 이 메커니즘이 만든 대량의 '달러 자산'은 종이 위의 부富일 뿐이다. 그 축적은 미국과 전 세계 금융 체계에 거품과 블랙홀을 만들고 또한 공상기업과 금융기업의 자산부채표는 높은 레버리지율로 인해 매우 취약해졌다. 국부적 채무 위기만 만나도 미국, 나아가 전 세계 금융 체계의 시스템 위기를 일으킬 수 있었다.

2008년 중국 경제는 '롤러코스터'식의 격렬한 파동을 겪었다. 2008년 초, 2007년 하반기 추세를 따라 공업 생산과 GDP는 여전히 매우 빠른 성장세를 유지했다. 3월 공업 부가가치는 2007년 동기 대비 17.8퍼센트 성장

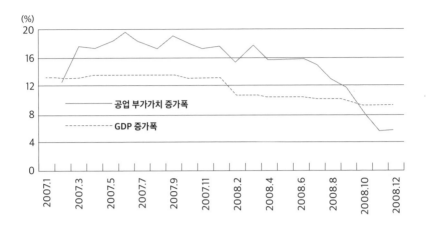

[그림10.4] 2007~2008년 공업 부가가치과 GDP 성장[39]

했다. 6월까지도 16퍼센트 이상의 동기 대비 성장률을 유지했다. 이어서 바로 하락 추세가 시작됐다. 9월 11.4퍼센트로 하락했고 10월 8.2퍼센트로, 11월에는 5.4퍼센트까지 떨어졌다(그림10.4).

소비자물가지수CPI는 2008년 2월 8.7퍼센트로 최고점에 이르렀고 연속 3개월 8퍼센트 이상을 유지했다. 생산자물가지수PPI는 더 빠른 속도로 상승해 8월 10.1퍼센트까지 올랐다. 그러나 하반기에 이르러 이 수치들은 빠른 반전을 보였다. CPI는 달마다 하락하는 추세를 보여 8월 5퍼센트 이하로 떨어졌고, 11월에 2.4퍼센트로, 12월은 더 떨어져 1.2퍼센트를 기록했다. PPI는 8월 이후 급격하게 하락해 10.1퍼센트에서 수직으로 떨어져 11월 2퍼센트, 12월 −1.1퍼센트를 보였다(그림10.5).

2007년 10월부터 주식가격이 떨어지면서 1년도 안 돼 상하이 종합지수가 3분의 2 이상 폭락했다(그림10.6). 동시에 부동산 가격도 흔들렸다. 2008년 12월 부동산 가격도 과거의 오름세가 바뀌어 0.4퍼센트 하락했다

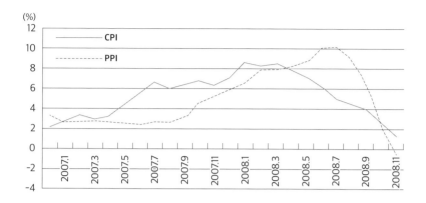

[그림10.5] 2007~2008년 물가 동향[40]

[그림10.6] 2007~2008년 주가 동향[41]

(그림10.7).

　　이런 경제 상황에서 중국 정부의 거시경제 정책도 2008년 1~3분기 '경제성장 과열 방지와 인플레이션 방지를 거시 조절의 우선 목표'로[42] 삼던 것에서 2008년 4분기 '적극적 재정정책과 적절히 완화된 통화정책 실행, 더 유력한 국내 수요 확대 조치 시행으로 (…) 경제의 안정적이고 빠른 성장을

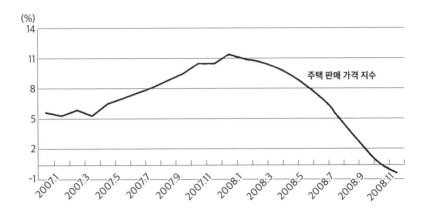

[그림10.7] 2007~2008년 주택 판매 가격 동향[43]

촉진'하는 방침으로 전환됐다.[44]

　'내수 확대, 취업 확보' 방침을 집행하기 위해 국무원은 2009~2010년 두 해 동안 4조 위안을 투자하는 엄청난 계획을 내놓았고, 2009년 1~6월 상업은행 대출은 7조7200억 위안 증가해 전년 동기 대비 32.8퍼센트 올랐다. 총수요의 대폭적 증가는 GDP 성장률을 신속하게 회복시켰다.

4. 중국 거시경제의 장기 문제: 경제성장 방식 전환

앞에서 중국 이행기 거시경제의 단기파동 문제를 토론했다. 이번에는 한 발 더 나아가 거시경제의 장기 발전과 단기파동 간의 관계를 토론할 것이다. 단기적 관점에서 볼 때 충분한 수요만 있다면 한 나라의 빠른 경제성장을 지지할 수 있다. 그러나 장기적 관점에서 볼 때 상황은 이와 다르다. 거시경제의 단기 균형은 경제의 장기 발전에 의해 제약받는다. 경제의 장기 발전은 최종적으로 각종 생산요소가 갖춰져 있는지 그리고 이것이 효율적으로 사용되는지에 달려 있다.

4.1 외연적 성장 방식의 도입 및 장기 성장에 미친 영향

마르크스는 서방국가의 투자주도에 주로 의존한 초기 성장 방식을 깊이 있게 분석하고, 그 방식에 존재하는 폐단들로 인해 사회주의가 자본주의를 대체할 것이라고 단언했다. 불행히도 세계 첫 번째 사회주의 국가가 건립된 이후 소련 지도자 스탈린은 당내투쟁의 정치적 필요에 따라 1920년대 '공업화 논전' 중에 이런 경제성장 방식을 '사회주의 공업화 노선'이라 주장했다. 스탈린은 그의 만년 저작 『소련 사회주의의 경제문제』에서 '축적(즉 투자)은 확대재생산(즉 성장)의 유일한 원천'이라며 '마르크스 재생산 이론의 기본 원리'를 한층 승화시켰다.[45] 중국을 포함한 이후의 사회주의 국가들은 스탈린의 이 단언을 유일한 준칙으로 삼아 자국의 공업화 과정에서 외연적 경제성장 방식을 채택했다.

중국은 1953년 제1차 5개년 계획(1952~1957)을 실행할 때부터 소련에서 중공업 우선 발전 '공업화 노선'과 대규모 투자에 의존한 성장 전략을 배우고 도입했고, 소련의 도움 아래 인력, 물자, 재력을 집중해 156개 중점 대

[표10.11] 1953~1978년 경제성장 기본 지표(%)[46]

	사회 총생산액	농공업 총생산액	국내총생산액	국민소득	축적률
1.5시기	11.3	10.9	9.1	8.9	24.2
2.5시기	-0.4	0.6	-2.2	-3.1	30.8
1963~1965년	15.5	15.7	14.9	14.7	22.7
3.5시기	9.3	9.6	6.9	8.3	26.3
4.5시기	7.3	7.8	5.9	5.5	33.0
1976~1978년	8.1	8.0	5.8	5.6	33.5
1953~1978년	7.9	8.2	6.0	6.0	29.5

• 성장 속도는 불변가격으로 계산, 축적률은 현재 가격으로 계산.

형 프로젝트를 건설했다. 그 가운데 대부분이 중공업 부문으로 중공업 투자가 5년 공업 투자 총액의 85퍼센트를 차지했다. 이후 1958년 다시 이런 성장 전략의 요구에 따라 '강철 생산 위주', 즉 중화학공업을 초고속으로 발전시키는 '대약진' 운동이 일어났다. '대약진' 운동은 엄청난 국부 나아가 인민의 생명을 대가로 끝을 맺었다. 그러나 '문화대혁명'이 끝날 때까지 전통적 공업화 전략은 계속 시정되지 않았다. 투자에 주로 의존하는 경제성장 특히 중화학공업 투자는 제1차 5개년 계획(1953~1957)에서 개혁개방 전까지 몇십 년 동안 중국 경제 발전의 기본 특징이었다.

린이푸, 차이팡蔡昉, 리저우李周把는 중국이 당시 채택한 성장 방식과 공업화 경로를 '따라잡기 전략'이라 불렀다. 이들은『중국의 기적: 발전 전략과 경제개혁中國的奇跡: 發展戰略與經濟改革』에서 이 전략이 야기한 산업구조 왜곡, 저효율과 후생 손실을 자세하게 분석했다.[47] 린이푸 등에 따르면 1953~1978년 중국은 높은 축적률(평균 축적률 29.5퍼센트) 아래, 연평균 농공업 총생산액이 8.2퍼센트에 달하는(GDP 연평균 성장률 6퍼센트) 고속 성장을 보였다(표10.11).

4.2 중국 장기 경제문제의 중요 근원: 외연적 성장 방식

1976년 '문화대혁명'이 끝난 후 이루어진 '정상 회복撥亂反正' 과정에서 온 인민은 상처를 되씹으며 과거 지나왔던 발전 경로를 성찰했다. 이들은 고지표, 고투입, 저효율의 외연적 성장 경로를 따라서는 중국이 순조롭게 공업화와 현대화 목표를 실현할 수 없다고 인식했다.

1979년 중공중앙과 국무원은 3년간 국민경제를 '조정, 개혁, 정돈, 제고'하는 계획을 발표하고 공업 기본 건설 규모를 축소하고, 농업과 경공업 비중을 증가시키기로 했다. 1981년 '국민경제 심화 조정' 과정에서는 정식으로 '비교적 건실한 성장 속도, 비교적 좋은 경제 효익, 인민이 더 많은 혜택을 받을 수 있는 경로를 가자'는 방침을 제기했다.[48]

1979년과 1981년 두 차례 조정을 거쳐 중국의 경제구조는 어느 정도 개선됐고 경제 효율도 높아졌다. 먼저 심각하게 파괴된 농업이 회복됐고 발전이 정체된 경공업이 강화됐다. 다음으로 점진적으로 비국유 기업이 시장에 진입한 이후 소비성 서비스업도 성장했다. 이로 인해 서비스업이 GDP에서 차지하는 비중이 1980년대 초 21.6퍼센트에서 1985년 28.5퍼센트로 늘어났다. 그러나 이 두 차례 조정은 모두 전통적 성장 방식이 야기한 결과를 겨냥해 이루어졌을 뿐 이 문제를 일으킨 근원을 다루지는 않았다. 따라서 얼마 지나지 않아 경제구조에 존재하는 문제가 또 다시 드러났다.

이상의 원인으로 15년 후 1996년 제8차 전국인민대표대회에서 통과된 「국민경제와 사회 발전의 '9.5 계획'과 2010년 장기 목표 강요國民經濟和社會發展的'九五'計劃和2010年遠景目標綱要」에서는 '외연적 성장에서 내포적 성장으로의 경제성장 방식 전환'을 '9.5(1996~2000)' 계획의 기본 임무로 규정했다. 10.5 계획(2001~2005)에서도 경제 구조조정과 경제구조 제고를 5년간 경제 발전의 '골간'으로 규정했다. 2002년 중공16대에서는 '높은 수준의 과학기술, 우수한 경제 효익, 효율적 자원 소비, 적은 환경오염, 인적자본 우위가 충분히 발휘되는 신형 공업화 경로로 나아가자'고 한층 더 명확하게 주장했다.[49]

'구조조정과 구조 합리화는 경제 발전의 골간'이라는 논조는 의심할 바 없이 명확하다. 문제는 누가 어떤 방향으로 산업구조를 조정하는가에 있다. 현대 경제에서 자원배분은 두 가지 기본 방식을 벗어나지 않는다. 하나는 시장을 희소자원의 기본적 배분자로 삼아 시장경쟁을 통해 각종 자원의 상대적 희소성을 유연하게 반영한 가격 체제를 형성하고, 이 가격 체제를 이용해 자원을 배분하는 것이다. 다른 하나는 정부의 행정명령을 희소자원의 기본적 배분자로 삼아 행정명령을 통해 배분하는 것이다. 전자의 경우 경제 자원은 자유교환 과정에서 가장 효율성이 높은 곳으로 흘러간다. 그러나 후자의 경우 자원배분이 반영하는 것은 행정 관료의 의지와 요구다. 중국의 시장화 개혁이 아직 완성되지 못하고 각급 정부가 매우 큰 분배 권력을 갖고 있는 조건에서 각급 정부 지도부는 종종 '구조조정'을 자신들의 '정치업적 제고'를 위한 방향으로 자원을 배분하는 것으로 이해하고, '구조 합리화'는 자본과 기타 자원을 생산액이 많고 이윤과 세수 수입이 높은 간단한 가공 조립 공업 혹은 중화학공업에 투입하는 것으로 이해한다. 이렇게 많은 지방이 현지의 기본적인 공업 발전 조건과 비교우위를 고려하지 않고 자기 수중의 권력을 이용해 자원을 배분하고 경제 '중형화' 혹은 '중화학공업화'의 방법으로 현지 생산 총액의 성장률을 높이고 있다. 그래서 1990년대 말 2000년대 초 대규모 투자가 이어지고 '일 벌이기와 프로젝트 건설'이 전국적으로 벌어졌다.

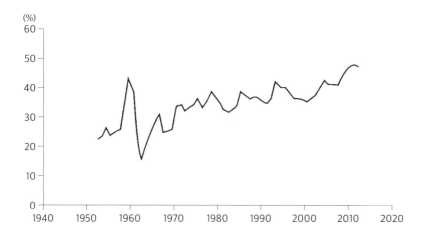

[그림10.8] 중국 투자율 상승(1952~2012)[50]

1990년대 중반 많은 지방에서 투자 주도의 '중형화重型化' 바람이 일어났고, 발전경제학이 초기 경제성장 방식을 분석할 때 드러낸 것처럼 과도한 투자 주도 성장이 투자율을 계속 높여나갔다. GDP에서 투자가 차지하는 비중은 개혁개방 초기의 25퍼센트 남짓에서 2004년 44퍼센트로 높아져 중국과 세계 기타 각국의 경제발전사상 최고 수준을 넘었다(그림10.8).[51]

개혁개방 이전 중국은 소련식 투자 주도 성장 방식을 채택했지만 곧바로 재난과도 같은 결과를 맞았다. 개혁개방 이후 투자 주도의 상황은 근본적으로 바뀌지 않았다. 그러나 상당히 오랜 시간 동안 고속 성장을 지속하면서도 과거에 발생했던 문제는 나타나지 않았다. 이것은 중국이 대외개방을 하면서 일부 동아시아 국가와 지역이 제2차 세계대전 후 실행한 수출주도 정책을 채택해 수출수요로 국내 수요 부족을 보충했기 때문이다.

1990년대 중국 농촌에서는 많은 잉여노동력이 취업을 기다리고 있었다. 자원과 환경 제약이 두드러지지 않은 상황에서 선진국의 저축 부족, 소비수요 증가 국면을 이용하고 수출주도 정책의 지원 아래 가공업을 크게 발전시켜 선진국으로 수출해 순수출로 내수 부족을 보충하면서 중국 경제 발전과 인민의 생활수준 제고에 큰 역할을 했다.

문제는 우리가 이번 장 3.2에서 토론한 것처럼 중국이 수출주도 정책을 10여 년간 성공적으로 이끈 이후 일본 등 수출주도 정책을 실시한 국가와 지역의 전철을 밟아 외환보유고의 대량 증가, 인민폐 절상 압력 가중, 외국환 평형기금 급증이 나타나면서 유동성 과잉과 자산 거품 형성 등의 문제가 발생했다는 점이다. 수출주도 정책은 장기간 유지될 수 없으며 이 정책은 한층 더 심화된 시장화 조정의 요구에 직면해 있다.

그러나 수출주도 정책의 조정은 내수 부족을 보완해야 하는 중대한 문제와 결부돼 있다. 만약 중국의 경제성장 방식을 외연적 성장 방식에서 내포적 성장 방식으로 전환하지 못한다면 중국 경제성장은 크게 시들 것이다. 이렇게 되면 많은 농촌 잉여노동력의 취업, 여전히 낮은 수준에 머물고 있는 인민들의 생활수준 제고 등의 문제는 해결할 수 없다.

4.3 성장 방식 전환, 중국 경제의 장기 안정 발전 실현

이번 장 1.3에서 이미 언급한 바와 같이 서방국가들은 18세기 후반에서 19세기 후반까지 초기 경제성장을 투자 주도에 의존했고 이는 일련의 심각한 경제사회 문제를 일으켰다. 19세기 후반에 이르러서 투자 주도의 성장 방식에서 기술 진보와 효율 제고 주도의 성장 방식으로 전면적인 전환을 이룬 후에야 이 모순들이 어느 정도 완화됐다.

신고전 성장 모형의 창도자 로버트 솔로*는 생산 함수 각항의 생산요소를 분석하고 이 두 가지 성장 방식을 구분해 설명했다.

$$Y = K^a \cdot L^{1-a} \cdot A$$

이 가운데 Y는 총산출을 나타내고, K는 자본 투입, L은 노동력 투입, a와 (1-a)는 각각 자본과 노동의 산출탄성계수를 대표한다. A는 K와 L이 해석하지 못하는 나머지를 대표한다. 솔로에 의하면, 만약 단위 노동 산출(Y/L)을 자본 투입(K)이 결정한다면 투입 증가는 반드시 투자수익 체감을 야기한다. 이렇게 일정한 성장률을 유지하기 위해서는 투자율을 끊임없이 올려야 한다. 그렇지 않으면 성장률은 하락한다. 그러나 1909~1949년 미국의 통계 수치는 오히려 투자율의 두드러진 제고가 없는데도 일인당 성장률은 하락하지 않았다. 솔로의 설명에 따르면, 현대 경제성장에서 이런 현상이 나타나는 것은 경제성장에서 A가 점점 더 큰 작용을 하기 때문이다. 솔로는 A('솔로 잔차')를 '기술 진보'로 정의한다. 솔로가 말하는 '기술 진보'는 공업 기술의 개선만이 아니라 투입 불변 상황에서의 산출 증가를 의미하는 매우 넓은 개념으로 총요소생산성total factor productivity, TFP의 제고로 나타난다.

노벨경제학상 수상자 시어도어 슐츠[**]는 현대 경제성장에서 기술 진보와 효율 제고의 원인을 탐구했다. 슐츠에 따르면 기술 진보는 인적자본 축

• 로버트 솔로Robert M. Solow(1924~). 미국 경제학자. 주로 장기 경제성장을 연구했다. 그는 20세기 전반기 미국의 실제 수치에 근거해 1950년대 해로드-도마Harrod-Dorma 성장 모형에 의문을 제기하고, 동시에 기술 진보를 체현한 새로운 성장 모형, 즉 신고전 경제성장 모형을 건립했다. 1987년 경제성장 이론 발전에 대한 공헌으로 노벨경제학상을 수상했다.

•• 시어도어 슐츠Theodore W. Schultz(1902~1998). 미국 경제학자. 슐츠는 농업을 전체 경제의 일부로 보고, 정체되고 취약한 전통 농업을 어떻게 고효율의 경제 부문으로 발전시킬지 연구했다. 그는 특히 경제성장에서 인적자본 투자의 중요성을 강조했다. 1979년, 개도국 경제 발전 문제에 관한 선구적 연구로 윌리엄 아서 루이스William Arthur Lewis와 함께 노벨경제학상을 수상했다.

적, 즉 사람의 지식 축적과 기능 제고에서 연원한다. 인적자본은 물적 자본과 달리 수익이 체증한다. 따라서 교육의 보급, 전문화 제고, 인적자본의 축적 및 총수익 체증은 현대 경제성장과 병행한다.[52]

결론적으로, 중국 경제의 장기 안정과 지속적 발전을 보증하기 위해서는 근본적으로 경제성장 방식을 자원 투입과 수출수요 구동형의 외연적 성장 방식에서 기술 진보와 효율 제고 구동형의 내포적 발전 방식으로 전환해야 한다. 전국인민대표대회에서 통과된 「중화인민공화국 국민경제와 사회 발전 제11차 5개년 규획 요강中華人民共和國國民經濟和社會發展第十一個五年規劃綱要」은 성장 방식 전환을 '11.5' 기간(2006~2010) 가장 중요한 임무 가운데 하나로 규정했다. 각국의 경험과 발전경제학 연구에 따르면 효율을 높이는 주요 경로는 다음과 같다.

(1) 농촌 잉여노동력을 저효율의 전통 농업에서 효율이 비교적 높은 도시 비농업 산업부문으로 최대한 빨리 전환시킨다.

(2) 과학 교육, 연구 사업을 발전시켜 과학에 기반한 기술의 광범위한 응용을 촉진한다.

(3) 제조업의 서비스화를 추진하여 가능한 한 산업 체인('미소곡선'[53])의 양끝, 즉 연구개발R&D, 설계와 브랜드 판매, 애프터서비스 등 고급 지식이 응축되고 고부가가치를 갖는 서비스 업무로 확장한다(그림10.9).

(4) 서비스업 발전, 특히 생산성 서비스업과 지식 함량이 높은 현대 서비스업을 발전시킨다.

(5) 정보 비용을 절감하고 전체 사회 효율을 높일 수 있도록 현대 정보 기술을 이용해 전체 사회의 각 산업을 개조한다.

주의할 점은 신고전 성장 이론은 기술 진보를 외생적으로 본다는 것이다. 즉 외부에서 들어온 요소로 파악한다. 그러나 1980년대 이래 경제학 연

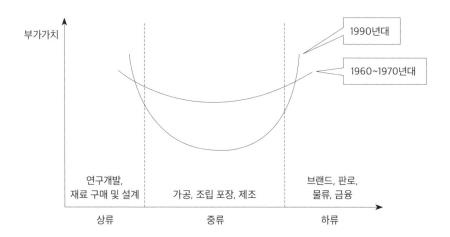

[그림10.9] 미소곡선

구가 보여주듯 기술 진보는 상당 정도 내생적이다. 폴 로머[•]가 대표하는 신성장 이론(내생 성장 이론)에 따르면 기술 변천은 바로 연구개발 활동의 결과처럼 사람들의 자각적 활동이며 이런 인류 활동은 경제에 적용되는 규칙과 제도가 결정한다.

과거 수십 년의 경제 발전 역사가 보여주듯이 중국의 기술 진보는 완만했다. 그 문제는 신기술을 취득하지 못한 데 있는 것이 아니라 제도에 결함이 있었기 때문이다.

• 폴 로머Paul Michael Romer(1955~). 미국 경제학자. 스탠퍼드대학 교수. 기술 진보의 내생 성장 모형의 주요 창시자. 로머의 주요 공헌은 경제의 장기 성장 영역에 있다. 그는 1980~1990년대 사람들의 연구개발을 통한 의식적 활동이 기술 진보를 촉진하는 수리 모형을 구축했다. 그는 규칙과 제도의 개선을 통해 개도국도 다양한, 더 좋은 성장 궤도에 진입할 수 있다고 강조한다. 1997년 그는 『타임』지에 미국의 최고 영향력 있는 25인 가운데 한 명으로 선정됐고, 국제 경제학계에 의해 유력한 노벨경제학상 수상자로 뽑혔다.

구체적으로 말하면, 오래 지속돼온 외연적 발전 방식을 내포적 발전 방식으로 순조롭게 전환하지 못한 주요 원인은 두 가지 측면에서 볼 수 있다. 첫째, 전통적 성장 방식의 퇴출에 여러 가지 체제적 장애가 존재한다. 그 가운데 가장 중요한 장애는 각급 정부가 여전히 지나치게 강한 자원분배 권력을 장악하고 있어 정부 관료가 이런 권력을 이용하여 정치적 업적을 목표로 대량의 토지와 자본 및 자원을 투입하여 산출을 빠르게 성장시키려 할 수 있다는 것이다.[54] 둘째, 기술개발과 이용, 신성장 방식의 채용은 양호한 제도 환경의 지원이 필요하다. 신체제 건설의 지체도 경제성장 방식의 전환에 장애가 된다. 따라서 반드시 경제와 정치체제의 개혁을 추진하여 경제성장 방식 전환을 위한 좋은 조건을 준비해야 한다.

특별히 강조해야 할 것은 중국은 제도와 정책을 개선해 강력한 경쟁력을 갖춘 새로운 산업을 육성해야 한다는 점이다. 산업구조 제고 과정에서 일부 고투입, 고소비, 고오염 기업의 도태는 피할 수 없다. 따라서 중국은 '뺄셈'을 해야만 하는 동시에, 또한 반드시 '덧셈'을 경주하여 더 높은 부가가치를 갖는 산업을 발전시키는 데 박차를 가해 산업 진흥을 이뤄야 한다.

일부에서는 중국은 기술력이 약하고 혁신 능력이 낮아 고부가가치산업을 창건할 비교우위를 갖추지 못했기 때문에 산업구조 제고는 비현실적이라고 여긴다. 이런 관점은 나무만 보고 숲은 보지 못하는 것이다. 비록 중국의 전반적 수준이 아직 높지 않고, 기술 인력이 총인구에서 차지하는 비중도 매우 낮지만 중국은 세계에서 가장 큰 시장을 갖고 있고 개혁개방 이래 이미 강력한 가공 제조 능력을 발전시켜왔다. 또한 인구가 많고 고등교육을 받은 과학기술 인력의 절대 수가 이미 미국을 넘어서 세계 1위를 차지하고 있다. 그 밖에 2007년 연구개발 비용도 이미 일본을 넘어서 세계 2위를 기록하고 있다. 전국 조사 결과 근 30년의 노력을 거치면서 중국의 기술자들은 많은 자주 혁신을 이루었다. 그 가운데 일부는 이미 국제적으로 최첨단을 달리고 있다. 현재 중국은 거대한 규모의 가공제조업 부문에 부가가치를 높일 수 있는 넓은 영역이 존재하며, 세계의 많은 산업이 크고 작은 기술적 난관을 돌파해야 할 상화에 직면해 있다. 만약 중국이 이런 좋은 기회를 움켜잡을 수 있고 자신의 우위를 발휘해 최고 수준의 기술 표준 제정 경쟁을 포함한 국제경쟁력을 획득한다면, 국제경쟁력을 갖춘 일류 산업을 발전시키는 것도 완전히 가능하다.

제11장

체제전환기의
사회관계와 정치개혁

중국의 계획경제에서 시장경제로의 전환은 혁명의 방식이 아닌 개혁의 방식으로 진행됐다. 이는 곧 이러한 전환이 정권의 변화가 발생한 조건에서 진행된 것이 아니라 본래의 집권당과 정부의 지도하에 점차 실현됐다는 것을 의미한다. 이러한 방식은 경제개혁이 안정적인 사회정치적 환경에서 시작되도록 하기 때문에 커다란 사회적 격동을 피할 수 있는 뚜렷한 장점을 가지고 있다. 그러나 경제체제의 변동은 필연적으로 사회구조의 변화를 야기하여 필연적으로 사회의 정치, 문화 등 상부구조에 조응하는 변화가 발생하도록 한다. 만약 경제적 토대에 조응하지 않고 상부구조에서 개혁이 진행되지 않는다면 양자 사이에는 여러 마찰과 충돌이 야기될 것이며 결국 경제개혁이 순조롭게 진행될 수 없다. 따라서 경제개혁 과정에서 수반되어야 하는 정부 자체의 개혁을 포함한 정치개혁 문제가 점점 더 주목받는 이슈가 되었다.

사회주의 국가의 정치개혁은 본래 매우 거대하고 복잡한 과제로서 그 문제에 대한 연구는 이 책의 논술 범위에서 크게 벗어난다. 여기서는 단지 경제개혁과 직접 상관 있는 사회정치적 문제에 대해서만 간단히 핵심적으로 논의하고자 한다.

1. 정치체제와 경제체제의 상호 작용 관계

중국의 정치체제에는 개혁이 필요하다. 이는 근본적으로 전통적 사회주의 정치체제가 경제개혁 과정에서 건립된 신경제체제와 서로 조응하지 못하는 문제에 봉착했기 때문이다. 그래서 우리의 논의는 이러한 정치체제의 기본 특징에서부터 시작해야 할 것이다.

1.1 소련식 정치체제의 기본 특징

시장화 개혁이 시작되기 이전, 중국을 포함하는 사회주의 각국의 경제와 정치 체제는 모두 레닌의 소련식 모델에 의거하여 건립됐다. 제1장 2.1에서 이미 설명한 것처럼 레닌의 사회주의 경제 모델은 하나의 '국가 신디케이트'로서 모든 사회가 전부 이러한 국가 소유의 대규모 회사 안에 조직되어 있고 정부는 이러한 대규모 회사의 총관리처이며 사회의 전체 구성원은 모두 이러한 대규모 회사의 종업원이다. 레닌의 사회주의 정치 모델은 또한 '무산계급 독재체제'라고 불렸다.

스탈린은 그의 여러 저작 가운데 특별히 『레닌주의의 몇 가지 문제』에서 레닌의 유작에 근거하여 '무산계급 독재체제'의 기본 구조에 대해 명확히 밝혔다. 그는 이러한 체제는 하나의 '지도 역량'과 몇 가지 '전동 장치' '지렛대'로 종합 구성되어 있다고 말했다. 여기에서 '지도 역량'이란 무산계급의 전위대로서의 공산당을 가리킨다. '전동 장치'와 '지렛대'란 일부 '무산계급의 가장 광범위한 군중 조직'을 가리키는 것으로 다음의 조직들을 포함한다. (1) '소비에트 및 중앙과 지방에 존재하는 그 수많은 지맥支脈 즉 행정적, 군사적, 문화적 그리고 기타의 국가조직.' (2) '노동조합 및 중앙과 지방의 지맥 즉 생산조직, 문화 조직, 교육 조직 그리고 기타 조직'으로, '그것들은 각 분야 각 업종의 노동자를 모두 단결시킨다'. (3) '각종 합작사(협동조합) 및 그 소유의 지맥'으로, '합작사는 무산계급 전위대가 농민 군중과 연계하기 용이하게 만들고 아울러 농민 대중을 사회주의 건설의 궤도로 끌어들이기 위한 조건을 만든다'. (4) 청년단으로, '그 임무는 당이 사회주의 정신으로 청년세대를 교육시키도록 돕는다. 그 조직은 청년 예비 인력을 모든 관리부문 속 모든 여타 무산계급 군중 조직에 공급한다'.

스탈린은 특별히 '당은 무산계급 독재체제 중의 주요 영도 역량'이라고 강조했다. 그는 "우리 소련, 무산계급 독재국가 내에서 우리 소비에트 조직과 기타 군중 조직은 당의 원칙적 지도가 없으면 어떤 중요한 정치문제나 조직 문제도 결정하지 못할 것이다. (…) 이러한 의미에서 무산계급 독재는 실질적으로 무산계급 전위대의 '독재'다"라고 말했다.[1]

스탈린은 특히 강조하기를, 레닌이 무산계급 독재에서 공산당의 이러한 영도 역할을 구현하기 위해 공산당은 반드시 엄격한 집중 원칙에 의거하여 조직되어야 하며 아울러 당의 최고지도자 개인 독재를 실행해야 한다고 여겼다고 했다. 레닌은 '누가 지도하든 군중은 계급으로 구분되며' '계급은 정당이 영도하고' '당은 통상 가장 많은 위엄과 가장 많은 영향력 그리고 가장 많은 경험을 갖고 가장 중요한 직무를 맡도록 선출되어 영수로 불리게 된 사람들로 구성된 비교적 안정적인 집단이 주관한다'고 보았다.[2] '의문의 여지 없이 역사적 경험을 통해 혁명운동사에서 개인 독재는 혁명 계급의 독재를 표현하고 체현하고 관철한 것으로서 흔히 볼 수 있는 일이다.' '소비에트(즉 사회주의) 민주제와 개인 독재 제도의 실행 사이에는 원칙적으로 어떤 모순도 존재하지 않는다.' '아래의 두 가지 종류의 임무를 협조시켜, 한편으로 항상 군중대회를 열어 업무 조건을 토론하고 다른 한편으로는 업무시간에 소비에트 지도자—독재자—의 의지에 절대 복종'해야 한다.[3]

레닌이 매우 분명하게 상술한 정치체제 모델('무산계급 독재체제')과 그의 경제체제 모델('국가 신디케이트')은 확실히 서로 연계되어 있다. 무산계급 독재국가는 자신의 강제력을 운용하여 '국가 신디케이트'를 건립, 조직하고 수호한다. 핵심적인 지도 역량으로서의 공산당 및 그 지도자는 바로 이러한 완전한 하나의 시스템에 의거하여 '당은 정권을 장악하고 당이 국가를 지도하고'[4] '국가 신디케이트'에 대한 절대적인 통제를 유지한다.

국제 공산주의 운동 내에서 소련의 이러한 정치 모델에 대해 반대 의견이 없었던 것은 물론 아니다. 독일 공산당과 인터내셔널의 창시자 중 한 명인 로자 룩셈부르크●가 바로 레닌의 당내 '극단적 집중제도'와 '일당 독재' 실행에 관한 예리한 비판자 가운데 한 사람이었다. 룩셈부르크의 입장은 독일 사회민주당 우파 지도자 카를 카우츠키가 무산계급 독재를 반대했던 것과는 달랐다. 그는 혁명에 반항했던 자산계급에 대해 독재를 실시할 것을 주장했다. 그러나 그는 동시에 이러한 독재가 민주주의를 폐지하거나 언론 출판의 자유를 제한할 수는 없다고 주장했는데 이는 '보통선거 그리고 제한 없는 출판의 자유와 집회의 자유가 없으면 어떤 공공기관의 생명도 점차 소멸되어 영혼 없는 활동이 되고 관료만이 그 속에서 판치는 유일한 요소가 될 것이기 때문이다. 공공 생활은 점차 침체되고 무궁무진한 정력과 끝없는 이상주의를 가진 몇십 명의 지도자가 지휘하고 통치하고 있지만 그들 중에 실제로는 십수 명의 걸출한 인물이 지도하거나 일부 노동자 중 핵심 세력만

● 로자 룩셈부르크Rosa Luxemburg(1871~1919). 독일의 정치가, 이론가, 독일 공산당의 주요 지도자 중 한 명이다. 룩셈부르크는 당내 민주주의와 사회주의적 민주주의 실행을 주장했고 관료주의 및 특권화와 단순히 행정명령에 의거해 사회주의를 건설하는 것을 반대했다. 제1차 세계대전 발발 전야에 그는 반전운동을 적극 조직하여 여러 차례 체포되었고 1919년에 피살되었다.

이 불시에 소집되어 회의를 열어 지도자의 연설을 들으며 박수 치고 제출된 의견에 같이 동의할 것이다. (…) 이는 확실히 일종의 독재인데 다만 이는 무산계급 독재가 아니라 극소수 정치가의 독재이며 자코뱅파 통치라는 의미에서의 독재다. (…) 이러할 뿐만 아니라 이러한 상황은 반드시 암살, 인질 총살 등등 공공 생활을 야만스럽게 변화시킬 것이다. 이는 매우 강력한 객관적 법칙이며 어떤 정당도 이를 벗어나지 못한다.'5

비록 룩셈부르크의 무산계급 독재에 관한 건의는 레닌과 소련공산당 지도부에 의해 거부되었지만 룩셈부르크의 예언은 적중했다—당시에 룩셈부르크와 대립했던 소련공산당 지도자 트로츠키와 그리고리 지노비예프Grigori E. Zinoviev(1883~1936) 등의 인물들 역시 최후에 스탈린 독재 기관에 의해 죽임을 당했다.

1.2 마오쩌둥 시대의 중국 정치체제

중국에서 1913년 위안스카이를 반대하는 '제2차혁명'의 실패 이후, 쑨중산孫中山은 국민당의 개조를 결정하고 아울러 '러시아를 스승으로 삼기로'한 뒤 소련의 '당의 국가 통치' 사상을 받아들여 국민당의 정치 강령으로 삼았다. 1924년, 그는 국민당 제1차 전국대표대회에서 국민정부의 성립을 제창하면서 다음과 같이 제시했다. '현재 우리를 위해 모범이 될 수 있는 사안이 이미 존재한다. 즉, 러시아는 완전히 당이 국가를 통치하는데 영국, 미국, 프랑스의 정당에 비해 권력 장악이 더욱 진일보한 것이다.' 러시아가 '성공할 수 있었던 것은 즉 당을 국가 위에 올려놓았기 때문이다.'6 1928년 국민당은 전국의 정권을 획득한 이후에 소련 모델에 의거하여 자신의 당정 체계를 건립했다.

중국공산당의 지도자는 당시 이러한 정치체제에 대해 신랄한 비판적 태도를 유지했다. 마오쩌둥은 1920년대 말 징강산井岡山 시기에 쑨중산이 소련에서 들여온 '국민당이 직접 정부에 명령을 내리는 잘못된 방식은 피해야 한다'고 이미 직설적으로 비판한 바 있다.[7] 1929년, 저우언라이는 중국공산당 중앙위원회를 대표하여 홍4군 전적위원회前敵委員會(前委)에게 내린 서면 지시에서도 다음과 같이 말했다. '당이 모든 것을 관장한다는 이러한 구호는 원칙적으로나 사실적으로나 모두 통하지 않는 것으로 당은 오직 중국공산당과 공산주의청년단의 역할을 통해서만 정치적 영도를 할 수 있다.'[8] 1940년, 류사오치 역시 다음과 같이 제시했다. "공산당은 국민당의 '일당전제'를 반대한다. 아울러 공산당의 '일당독재'를 수립할 필요가 없다." '공산당은 아울러 정부를 도맡기를 원치 않는다. 이는 도맡을 수 없는 것이다.'[9] 1941년 덩샤오핑은 "'당이 국가를 통치하는' 국민당의 폐해는 당을 마비시키고 당을 부패시키고 당을 파괴시켜 당이 대중으로부터 이탈하게 만드는 가장 효과적인 방법이다. 우리는 국민당의 당이 국가를 통치하는 일당독재를 반대하며 우리는 특히 국민당의 폐해가 우리 당 내로 전염되는 것에 반대해야 한다"고 더욱 분명하게 제시했다.[10]

전쟁이라는 환경의 잔혹한 역사적 배경하에서 1942년 9월 1일 중국공산당 중앙위원회는 「항일 근거지 당 영도의 통일 및 각 조직 간 관계의 조정에 관한 결정關於統一抗日根據地黨的領導及調整各組織間關系的決定」 즉 '9.1 결정'을 내놓아 각 근거지에 당위원회의 일원화 영도를 수립하여 모든 것을 통일적으로 영도하는 당위원회가 당, 정, 군, 민간 등 각 방면의 업무를 영도할 것을 요청했다.[11] 이때 이후부터 각 근거지에는 소련과 유사한 유형의 이러한 당정 체제가 수립되었다.

1945년 마오쩌둥은 중국공산당 제7차 전국대표대회의 정치 보고에서 민주연합정부를 구성할 것을 제시하며 '독립, 자유, 민주, 통일 및 부강한 신

중국'이란 강령을 수립했다.[12] 1947년 마오쩌둥이 직접 작성하여 10월 10일 선포한 「중국인민해방군 선언」에서 재차 천명하기를 장차 장제스 정권을 타도한 이후에 공장, 농촌, 군대, 학교, 상업의 각 피압박계급, 각 인민 단체, 각 민주당파, 각 소수민족, 각 지역 화교와 기타 애국 분자가 연합하여 민주연합정부를 성립하고 장제스 통치의 독재제도를 소멸시켜서 인민민주제도를 실행하고 인민의 언론, 출판, 집회, 결사 등의 자유를 실행하자고 했다.[13]

그러나 「중국인민해방군 선언」에서 제시된 정치적 구조는 오랫동안 집행하기 위해 준비한 정책은 아니었다. 이 선언의 발표 1개월 이후에 마오쩌둥은 소련과 유고슬라비아의 선례를 모방하여 일당이 정부를 집권하는 구상을 수립할 것을 제시했다. 그는 1947년 11월 30일 스탈린에 전보를 치면서 '중국 혁명이 승리를 거둔 이후에는 소련과 유고슬라비아에서처럼 중국공산당을 제외한 모든 정당이 정치 무대에서 떠나야 할 것입니다'라고 밝혔다. 그러나 이러한 생각은 정세가 변화하고 스탈린이 1948년 4월 20일 전보 회신에서 반대를 표명하면서 실행에 이르지는 못했다.[14]

1949년 10월 중화인민공화국 성립 이후에 신민주주의 강령을 집행하면서 정부 조직은 「중국인민정치협상회의 공동강령」(약칭 「공동강령」)이 규정한 '연합정부' 형식을 대체로 유지했다. 정부의 영도 직무에서 비非중국공산당 당원이 절반을 맡았다.

1952년 10월, 스탈린은 중국공산당 중앙위원회에 헌법을 제정하여 「공동강령」을 대체하고 선거를 실시함으로써 소련식 '일당 정부'로의 전환을 실시할 것을 제의했다. 중국공산당 중앙위원회는 이러한 건의를 받아들였다.[15] 1954년 「중화인민공화국 헌법」의 제정은 소련식 정치체제의 건립을 의미했다. 정부의 영도 직무는 모두 중국공산당 인사가 맡아서 당정합일, 의행합일議行合一을 실현했다.

좌파 정치학자 쩌우당鄒讜의 견해에 따르면 이는 공공 업무, 기업 업무에서부터 개인 업무에 이르기까지 관여하지 않는 바가 없는 '전능정부'였다.[16]

1.3 정치체제 개혁 진행의 필요성

1970년대 말 개혁이 시작된 이후, 중국의 경제체제는 '국가 신디케이트'에서 다양한 종류의 소유제 경제의 공동 발전을 기반으로 하는 시장경제로 전환되었다. 그러나 정치체제 측면에서 레닌식 체제의 기본 구조가 여전히 변화되지 않았다. 이미 거대한 변화가 일어난 경제체제와 근본적인 변화가 없는 정치체제 간에 여러 모순과 갈등이 나타나서 경제체제 개혁의 지속적인 추진과 새로운 경제체제의 효과적인 운영을 방해했을 뿐만 아니라 정치체제의 공공서비스 기능도 실현되기 어려워졌다. 이것이 바로 덩샤오핑이 '경제체제 개혁만 실시하고 정치체제 개혁을 하지 않으면 경제체제 개혁 또한 제대로 하기 어렵다'고 주장한 이유다.[17]

정치개혁을 실행해야 할 필요성은 사회주의 가치관의 추구 그리고 시장경제 토대의 상부구조에 대한 요구라는 두 가지 측면에서 설명할 수 있다. 첫 번째 측면에서 보면, 민주정치와 법치국가는 역사적으로 사회주의자를 포함한 진보적 인사들이 추구해온 이상이며 또한 사회주의자의 현실 정치 강령이기도 하다. 두 번째 측면에서는 시장경제가 평등한 권력의 소유자들 간의 자유 거래를 기반으로 하므로 이러한 경제제도는 민주와 법치의 정치 제도하에서만 존재할 수 있고 발전할 수 있다.

우선, 시장 거래의 핵심 특징은 교환의 자발성과 의사 결정의 자주성에 있다. 작고한 경제학자 존 맥밀런John McMillan(1951~2007)은 다음과 같이 명확히 말했다. '시장 참여자는 자신의 자원을 통제하며 이러한 자원을 어떻게 사용할지 결정하고 아울러 여타 어떤 사람의 명령도 받지 않는다.'" 만약 사람들이 자주권을 상실한다면 이러한 개념 정의에서 그들의 거래는 '시장 거래'가 아닐 것이다. 권력관계가 존재하는 어떤 상황하에서, 예를 들면 한쪽이 다른 한쪽을 관할하거나 혹은 쌍방이 더 높은 권력기관의 관할을 받을 때 발생하는 거래는 전부 기타 형태의 거래이지 절대로 '시장 거래'가 아닌 것이다."[18] 소련식 '국가 신디케이트'에서 당정 영도 기관은 모든 경제주체를 지배할 권한을 가진 최고 권력기관인데 반해 경제주체들은 자발적인 거래 실행에 필수적인 자주권을 갖고 있지 못하기 때문에 시장 시스템이 효과적으로 작동될 수 없다.

다음으로 시장경제는 민주와 법치의 수립을 요구한다. 소련식의 독재정권은 레닌이 말한 바처럼 '무산계급이 자산계급에 대해 폭력 수단을 취해 획득하고 유지한 정권으로 어떤 법률적 제약도 받지 않는 정권이다.'[19] 1920년 레닌은 더욱 명확히 제시하기를 '독재의 과학적 개념은 어떤 제한도 없으며 법률 혹은 규장의 제약을 받지 않고 직접적으로 폭력에 의지하는 정권에 다름 아니다'라고 했다.[20] 인류 사회 초기 '웜 마켓warm market'의 인격화된 교환에서는 계약의 집행이 사람과 사람 사이의 혈연, 친척 등의 관계에 입각하여 보장될 수 있었다. 그러나 발달된 시장경제의 비非인격화된 교환에서는 계약의 집행이 제3자 특히 공식적인 법률 시스템에 의해서 보장되었다. 따라서 현대 시장경제의 효과적인 작동을 위해서는 민주정치의 기반 위에서 법치the rule of law, 즉 법률의 통치가 수립되어야 했다.

종합하면 시장경제란 희소자원을 분배하는 데 자유가격 제도를 통해 시장이 기본 작용을 하는 것을 의미한다. 그러나 전통적 사회주의 정치체제하에서는 정부야말로 중심적인 자원배치자다. 따라서 이러한 정치체제와 시장경제체제 간에는 거대한 모순이 존재했다. 민주와 법치의 수립이란 목표 실현을 위하여 정치개혁을 실행하여 경제적 토대와 조응하지 않는 상부구조를 개조할 필요가 있다.

1.4 사회 전환 중 정부 역할

계획경제에서 시장경제로의 전환 중에 정부 역할에 대해 서로 완전히 대립되는 두 의견이 존재한다. 첫 번째 관점은 '작은 정부가 바로 좋은 정부'라고 주장하며 정부가 경제생활과 사회 업무에 대한 관리를 해체해야만 시장경제가 저절로 성장하여 커진다고 본다. 또 다른 관점은 전체 사회에 대해 정부가 강력한 통제를 유지해야 안정을 유지하고 자원을 사회적 이익에 부합되게 배치할 수 있다고 주장한다. 내가 보기에 이 두 가지 극단적인 의견은 모두 편파적이다.

전자의 의견은 정확히 시장의 역할을 강조하지만 또한 이른바 '시장근본주의'의 편파성을 반영한다. 사실, 고전경제학의 창시자이며 중상주의의 치열한 비판자이자 경제활동에 대한 국가의 간섭 축소를 강력히 주장한 애덤 스미스 역시 정부가 재산권 규칙을 수립하고 집행하여 '보이지 않는 손'을 위해 역할을 하고 환경을 조성하는 등의 기능을 발휘할 책임을 진다고 보았다.

후자의 관점은 정부가 체제 전환 과정을 영도하고 통제하는 것은 일정하게 일리가 있다고 강조한다. 그러나 이 과정에서 일련의 리스크도 야기되는데 즉 정부 및 그 업무 인력(관료)이 국가기관을 수중에서 농단할 수 있다. 그렇게 되면 구습을 타파하고 신질서를 수립하여 개혁을 추진할 필요가 없게될 뿐만 아니라 오히려 국가를 시장의 효율적인 작동을 방해하고 구체제를 옹호하며 특권 이익을 유지 확대하는 수단이 되도록 만드는 것이다.

20세기 정부와 시장의 경계 변동[21]

1776년, 영국의 경제학자 애덤 스미스는 경제학의 경전인『국부론』을 출판했는데, 책에서 그는 중상주의 정부의 경제생활에 대한 개입을 강렬히 비판하며 시장 시스템의 역할을 충분히 발휘하여 사회경제의 발전을 추동할 것을 주장했다. 그 이후에 서구 국가의 정부 활동의 범위는 점차 축소되어 시장 질서의 '파수꾼' 역할을 유지하는 데 만족하는 경향으로 흘렀다.

그러나 19세기 후반기부터 흐름은 상반된 방향으로 전환되기 시작하여 선진국 정부의 경제 규제 활동이 증가하기 시작했다. 20세기 상반기 전체를 통틀어 정부 권력은 날로 확대되었다. 사회주의 소련, 동구와 중국이든 아니면 자본주의 서구와 미국이든 그리고 그들이 취한 개입 방식이 국가소유제와 계획경제든 아니면 케인스주의 거시 조절이든 간에 개입 방식과 개입 정도에서 아주 큰 차이가 있을지언정 정부가 공공 이익을 대표하여 경제를 관리하고 조직한다는 측면에서는 사실상 동일한 점이 적지 않았다. 결국, 사회주의 국가는 '국가 신디케이트'의 이상을 실현하기 위해 힘썼으며 자본주의 국가 역시 정부 기능을 강화했음을 알 수 있다. 예를 들면, 루스벨트의 '뉴딜' 추진에 따라 미국은 점차 '규제자본주의regulated capitalism' 경제가 되었으며 서유럽 국가에서도 정부의 거시경제 관리가 강화되는 동시에 이른바 '선도 업종制高點行業〔감제고지 업종〕'에 대한 국유화 운동이 발생했다.

정부 기능 강화의 흐름은 대략 반세기 동안 지속되었지만 그 이후에는 풍향이 역전되었다. 중국, 소련과 동유럽 사회주의 국가의 계획경제체제의 병폐가 고스란히 폭로되어 잇따라 다양한 방식으로 시장화 개혁이 진행되었다. 서방세계는 1970년대부터 '스태그플레이션'을 경험한 이후 당시 영국 수상 대처와 미국 대통령 레이건이 모두 규제를 철폐하고 정부 개입을 없애는 정책을 실행했다. 일순간에 '신자유주의'가 새로운 유행이 되었다.

소련과 동유럽 사회주의 국가의 급변 이후 일정한 시간 동안 많은 이들은 소련과 동유럽 사회주의 국가의 정치체제 붕괴는 '역사의 종결'을 의미한다고 보았다. 정부와 시장의 경계 문제는 이미 시장에 유리한 방식으로 일거에 완전히 해결되었다. 그러나 사람들은 역사가 아직 종결되지 않았으며 정부와 시장의 모순은 단지 형태만 변했을 뿐 새로이 더욱 높은 수준에서 전개될 것임을 곧 발견했다. 2007~2008년의 세계 금융위기 폭발 이후에는 시계추가 다시 또 다른 방향으로 가고 있는 듯하다.

20세기 사회경제 제도 변화의 기본적 맥락은 우리에게 다음과 같은 사실을 알려준다. 정부와 시장의 경계를 명확하고 합리적으로 규정하는 것은 경제의 안정적 운용과 장기적 성장에 중대한 문제다. 자유시장이 자원배치에서 기본적인 역할을 하고 정부가 공공재를 제공하는 기본 제도적 틀 아래에서 실제 상황에 근거해서 시장과 정부 사이의 경계를 조정하여 시장이라는 보이지 않는 손과 정부라는 보이는 손을 비교적 적절히 결합할 수 있어야만 경제적 번영과 사회적 공정을 보장할 수 있다.

중국에서는 양쪽의 극단적인 관점을 가진 경제학자가 비교적 적고 대다수는 비교적 균형적인 관점을 갖고 있다.[22] 성숙한 시장경제에서 정부의 역할에 대해서 많은 경제학자의 주장은 다음의 네 가지 주요 측면으로 귀결되었다. 첫째는 '시장실패'의 상황에서 자원배치에 간섭하는 것으로 예를 들면 외부성을 가진 재화(예를 들면 오염성이 강한 제품, 사회적 효과가 높은 제품과 공공재)의 생산에 대하여 조절을 실행하는 것이다. 두 번째는 시장에 대한 관리감독으로 독점 반대, 불공정 경쟁 반대의 입법 등을 집행하는 것이다. 세 번째는 거시경제의 안정을 유지하여 시장경제 활동의 과도한 파동을 방지하는 것이다. 네 번째는 자원배치와 소득재분배를 진행하는 것으로 즉 시장에 의해 결정된 소득분배에 대해 조절을 실행하여 공공재의 부족과 소득의 양극화를 방지하는 것이다.

정부가 시장실패를 바로잡는 데 역할을 발휘해야 한다는 점을 인정하는 동시에 정부도 결국 일종의 행정 기구이며 그 역시 실패하는 경우가 많다는 점 즉 정부실패government failure 또한 반드시 주의해야 한다. 더 효과적인 정보 획득의 측면에서 정부는 시장보다 우위를 가질 수 없기 때문에 정부가 시장기구 밖에서 활동하는 것은 저효율을 야기할 수 있으며 정부 조직 자체 역시 사회의 공공 목표를 일탈할 가능성도 있어 정부 기구의 개입으로 파생되는 외부성, 정부 관료가 권력을 통해 사리사욕을 추구하는 지대 추구 활동 등의 요인으로 인해 왕왕 정부 활동의 실패가 야기된다.[23] 이러한 문제들은 모두 예방되고 일소되어야 한다. 예방과 일소의 방법은 다음과 같다. (1) 시장의 역할과 정부의 역할 범위를 정확히 구분한다. 어떤 문제는 시장에 의해 해결하고 어떤 문제는 정부가 개입할지를 명확히 나누되, 최대한 시장 수단을 사용해 문제를 해결한다. (2) 행정 수단을 사용해야 할 상황에서는 시장 시스템과 행정 수단을 적절히 배합하여 협력적으로 작용시켜야 한다.

전통사회에서 현대사회까지 그리고 지령경제에서 시장경제까지의 이중적 전환의 기간 동안에 정부의 긍정적인 역할은 강화시켜야 하지 약화시키지 말아야 한다. 정부의 긍정적 역할이란 아래의 몇 가지 측면을 포함한다.

1. 개혁에 대한 방해와 저항을 제거한다

상술한 것처럼 개혁은 완전히 자발적인 변화 진전의 과정이 아니라 사회 제도의 재조정이다. 이는 경제 이익 관계가 비교적 짧은 시기 내에 크게 조정됨을 의미하는데 이익의 조정은 역시 기득권을 포기하길 원하지 않는 자들의 방해와 저항에 반드시 봉착할 것이다. 정부는 행정, 법률, 교육 그리고 경제 정책 등 각종 수단을 통해서만 이러한 저항을 제거할 수 있다. 물론 정부만이 가지고 있는 이러한 수단 가운데에는 강제성이 있는 것도 있어야 하고 일부 유도성이 있는 것도 포함되어야 한다. 그러나 이러한 유도성의 정책이라 하더라도 정부의 선도와 지원이 필요하다.

2. 시장경제체제의 각종 기초 인프라를 건립한다

시장을 효과적으로 운영하기 위해서는 여타 방면의 제도적 뒷받침과 각종 인프라의 구축이 전제되어야 한다. 이른바 시장제도의 기초 인프라는 한편으로는 상공업 기업, 중개 조직, 정부 기구 등 각종 조직을 가리키며 다른한편으로는 법률, 규장제도 등으로 구성된 '게임의 규칙들rules of the game'을 가리킨다. 개혁개방의 전면적인 심화에 따라 '게임의 규칙'을 수립하는 작업은 이미 중요한 의제로 포함되었다. 국가는 응당 법규 제정 업무를 강화해야하고 아울러 국가의 강제력을 통해 이러한 규칙의 실시를 보장해야 한다.

3. 시장 수준을 업그레이드하며 시장 조절 실패를 보완한다

전환기 시장제도의 불완전함 때문에 발생되는 경제적 조정 측면의 결함은 경제학적으로 정의된 시장실패의 범위에 비해 더 광범위하여 정부가 해야 할 역할 역시 더욱 커졌다. 정부가 이러한 측면의 문제를 해결하는 데 어떻게 역할을 해야 하는지에 대해서 국제적으로 세 가지 관점이 존재한다.

(1) '시장친화론market friendly view'은 정부의 역할은 응당 거시 안정을 유지하고 시장실패를 해결하는 것에 제한되어야 한다고 주장한다. (2) '발전국가론developmental state view'은 이러한 발전 단계에서 정부는 응당 자신의 행정 개입을 통해서 시장을 대체하여 역할을 수행하여야 한다고 주장한다. (3) '시장증진론market enhancing view'은 정부가 발전에 적극적으로 참여해야 하나 그 주요 참여 방식은 응당 기업조직, 금융중개기관, 농업합작사 등 민간 부문의 발전과 그들과의 협력 작업을 지지하는 것이어야 한다고 본다.[24] 위의 세 가지 관점은 초기 시장경제 단계에 처한 개발도상국에 대해 더욱 큰 적용성을 가지고 있다.

앞에서 말한 것처럼, 정치가와 정부 관료가 민의에 순응하고 개혁을 추진하는 행동을 할 경우 사회적 진보에 관심을 가진 모든 사람들은 지지를 표명해야 마땅하다. 그러나 개혁은 본래 정부 기관의 영향하에 진행되기 때문에 이러한 정부 기관은 통상 개입할 수 있는 권력의 힘이 매우 크며 아울러 구체제와의 매우 긴밀한 연계도 불가피하다. 이렇게 되면 개혁 반대 세력에 지나치게 끌려다니며 개혁 추진 시에 머뭇거릴 위험이 있다. 더욱 심각한 것은 일부 관료가 수중에 장악한 공공 권력을 이용하여 '지대를 만들거나' '지대를 추구하여' 권력층의 특수이익의 대표가 될 가능성이 있다는 점이다. 따라서 정부실패가 야기할 위험의 방지가 체제 전환 국가에게는 여타 국가에 비해 더욱 준엄한 임무가 될 것이다.

2. 중국 정부의 정치개혁 규획과 진전 과정

앞의 논의에서 중국과 같은 이런 개발도상국의 정부는 사회 체제전환기에 이중의 임무를 맡고 있음을 알 수 있다. 한편으로는 규범화된 시장 질서와 법률제도 건설 및 현대화 교육에 힘써야 하고 다른 한편으로는 자신의 행위를 제약하는 법률제도 즉 헌정을 실행해야 한다. 동아시아 신흥공업화 경제체제는 경제 발전 초기 시장 발육 정도가 낮았던 상황에서 '권위주의 authoritarianism' 정부가 왕왕 경제 발전의 강력한 추진자 역할을 했다. 그러나 이러한 경제체제가 경제적 '급성장'을 실현한 이후 정부의 시장에 대한 억압과 부당한 개입이 잘못된 투자 방향 유도, 부패의 조장과 '권력자본주의' 등의 문제를 야기하여 경제의 장기적 안정 발전에 위기의 씨앗을 심게 되었다. 따라서 많은 개발도상국은 시장경제가 일정 정도까지 발전한 이후에는 모두 '권위주의에서 민주주의로'의 정치개혁 문제가 대두되었다.[25] 바로 이러한 이유로 중국 지도자 덩샤오핑은 이른 시기였던 개혁개방 초기에 정치체제 개혁의 임무를 제기했던 것이다.

2.1 1980년: 덩샤오핑의 정치체제 개혁 제기

1980년 덩샤오핑은 농촌청부제農村承包制 개혁을 발동하는 동시에 정치개혁의 시작을 요구했다. 그해 8월 18일 덩샤오핑은 중국공산당 중앙정치국 회의에서 유명한 '8.18' 강화를 통해[26] 당과 국가의 영도제도에 대한 개혁 문제를 제시했다(칼럼11.2). 그는 당과 국가의 영도제도, 조직제도의 문제 때문에 '문화대혁명'의 10년 질곡이 야기된 만큼 당과 국가가 색깔을 바꿀 수 있는가가 중요하며 따라서 반드시 군건하고 철저하게 개혁을 해나가야 한다고 주장했다.

중국공산당 중앙정치국의 진지한 토론을 거쳐 덩샤오핑이 이러한 담화에서 제시한 의견은 정치국의 비준을 받았고 이로써 당과 국가의 영도 체제 개혁이 시작되었다. 그러나 이 개혁이 제대로 진행되기 전에 중국은 개혁개방 시작 이후 첫 번째 퇴조에 봉착했고 따라서 덩샤오핑이 제창한 개혁 역시도 관철될 수 없었다.

칼럼11.2

덩샤오핑의 1980년 '8.18' 강화가 당과 국가의 영도제도 개혁을 논하다[27]

1980년 8월 18일 덩샤오핑은 중국공산당 중앙정치국 확대회의에서 당과 국가의 영도제도 개혁 문제를 논하면서 정치개혁에 대한 강령성 의견을 발표했다. 그는 중국의 장기적인 봉건 전제주의의 영향, 인터내셔널 시기 각국 당의 업무에서 지도자 개인에게 고도로 권력이 집중된 전통 그리고 또한 사회주의 제도는 반드시 사회에 대해 고도의 중앙집권 관리 체제를 실행해야 한다는 인식 때문에 공산당과 국가의 현행 영도제도에서 적지 않은 폐단이 다음과 같이 나타났다고 주장했다.

우선, 당과 국가의 정치활동에서 관료주의 현상이 광범위하게 존재하고 있다. 그 주요 현상과 해로움은 다음과 같은 행동들이다. 지도자가 높은 위치에서 권력을 남용하여 현실과 동떨어지고 대중과 멀어지고 외관에 치중하며 비현실적인 이야기를 늘어놓고 사상은 경직되고 케케묵은 규칙만을 고수하며 기구는 방대해지고 업무량은 적고 사람은 많으며 일처리가 늘어지고 효율에 무관심하며 책임을 지지 않고 신용을 지키지 않으며 나랏돈으로 여행하고 서로 책임을 떠넘기며 전횡을 일삼으며 제멋대로 처리하고 사리사욕에 눈이 멀어 뇌물을 주고받고 법을 왜곡하는 등등의 모습이다. '이는 우리의 내부 업무나 국제적인 교류를 막론하고 모두 용인할 수 없는 지경에 이르렀다.'

덩샤오핑은 당과 국가의 정치활동에 매우 심각한 문제들이 존재하는데 주로 당과 국가의 영도제도와 관련이 있다고 말했다. 당과 국가의 영도제도에서 존재하는 주요 문제들은 다음과 같다.

(1) 권력의 과도한 집중. 이는 바로 당의 일원화 영도 강화라는 구호하에 모든 권력을 당위원회에 집중하고 당위원회 권력 또한 왕왕 몇 명의 서기 특히 제1서기에 집중한 것이다.

(2) 당의 대오 내부의 가부장제 작풍. 한 개인이 중대 문제를 결정하고 개인을 숭배하고 개인이 조직을 압도하는 분위기에서 가부장제 현상은 끊임없이 번식했다. 적지 않은 지방과 단웨이單位에는 모두 가부장적 인물이 있게 되어 그들의 권력은 제한을 받지 않았고 다른 사람들은 모두 시키는 대로 절대 복종해야 했으며 심지어 그들에게 인신을 의존하는 관계를 형성하기도 했다. 이러한 가부장제 작풍을 철저하게 없애지 않으면 근본적으로 당내 민주를 이야기하는 것도 사회주의 민주를 이야기하는 것도 의미가 없다.

(3) 간부의 영도 직무 종신제.

(4) 형형색색의 정치경제적 특권.

덩샤오핑은 제도가 좋으면 나쁜 사람이 임의적으로 전횡을 부릴 수가 없으며 제도가 나쁘면 좋은 사람이 좋은 일을 할 수가 없고 심지어는 반대편으로 가게 될 것이라고 지적했다. 따라서 '현행 제도 중의 폐단을 단호하게 개혁하지 않으면 과거에 나타났던 일련의 문제들은 이후에도 다시 나타날 가능성이 있다. 이러한 폐단들에 대해 계획적이고 단계적으로 그러나 또한 결연하고 철저한 개혁을 진행해야만 인민들은 비로소 우리들의 영도를 신임하게 될 것이고 당과 사회주의를 신임하게 될 것이며 우리들의 사업도 비로소 무한한 희망을 갖게 될 것이다.

덩샤오핑은 또한 중국공산당 중앙위원회가 현재 일련의 중대 개혁의 진행을 고려했다고 말했는데 여기에는 다음과 같은 것들이 포함되었다. (1) 헌법 수정 건의를 제기하여 인민들이 진정으로 국가의 각급 조직을 관리하는 권력과 충분한 공민의 권리를 향유하도록 실질적으로 보장한다. 권력의 과도한 집중을 허용하지 않는 원칙에 관하여는 헌법에 표현될 것이다. (2) 국무원에서 지방의 각급 정부에 이르는 위에서 아래로의 강력한 업무 시스템을 실질적으로 수립한다. 이후 정부 기능 범위 내에 속하는 업무는 모두 국무원과 지방 각급 정부가 토론 결정하여 문건을 발표하고 다시는 당 중앙과 지방 각급 당위원회가 지시를 내리거나 결정을 하지 않도록 한다. (3) 준비성 있고 단계적으로 당위원회 영도하의 공장장(경영자) 책임제를 고쳐서 공장관리위원회나 회사 이사회 영도하의 공장장 책임제를 실행한다. 당위원회 영도하의 교장校長, 원장院長, 소장所長 책임제 등의 개혁 역시 고려한다. (4) 각급 당위원회는 진정으로 집단 지도 체제와 분업 책임제를 서로 결합한 제도를 진정으로 실행해야 한다. 중대한 문제는 반드시 집체적 토론과 결정이 필요하다. 결정 시에 다수에 대한 소수의 복종과 일인 일표를 엄격하게 실행하여야 하며 제1서기 맘대로 하지 못하게 한다.

덩샤오핑의 이 강화講話는 1980년 8월 31일에 중국공산당 중앙정치국에서 토론하여 통과됐다.

2.2 1986~1987년: 덩샤오핑의 정치개혁 가속화 건의와
중국공산당 제13차 전국대표대회의 개혁 계획

경제개혁이 일정 정도 추진되었으나 정치개혁이 크게 지체된 상황에서 중국의 지도자는 점점 더 '정치체제를 개혁하지 않으면 경제체제 개혁의 성과를 보장할 수 없으며 경제체제 개혁을 계속 진전시킬 수 없다'고 인식하게 되었다.

1986년 덩샤오핑은 정치체제 개혁의 진행 문제를 재차 제시했다. 그는 '1980년 정치체제 개혁을 제시했지만 구체화되지 않았으니 현 단계에서 의제로 삼아야 할 것'이라고 말했다.[28] '당정 분리와 권력 하방을 포함하여 정치체제 개혁을 생각해야 한다. 내 생각에 중앙의 지도자 동지 특히 서기처의 동지들은 이 문제를 고려해야 하며 1년의 시간을 들여 정치개혁 시점을 조사 연구하며 문제를 잘 파악하고 생각을 잘하여 다시 착수해야 한다. 정치체제 개혁은 경제체제 개혁과 상호 의존적이며 상호 보조를 맞춰야 한다. 경제체제 개혁만을 하고 정치체제 개혁을 하지 않으면 경제개혁 역시 제대로 하지 못한다.' '우리의 모든 개혁이 결국 성공할 수 있느냐 여부는 또한 정치체제 개혁에 의해 좌우된다.'[29]

정치개혁의 내용에 관해서 덩샤오핑은 다음과 같이 제시했다. '우선 당과 정부는 분리되어야 하며 당이 어떻게 영도를 잘할지의 문제를 해결해야 한다. 이것이 관건이며 최우선의 문제로 삼아야 한다.' 그는 '개혁은 일정한 기한이 있어야 하며 너무 지체할 수 없고 내년 당의 대표대회에서 청사진이 나와야 한다'고 요청했다.[30]

덩샤오핑의 이러한 지시에 근거하여 근 1년간의 연구와 준비를 거쳐서 1987년 10~11월의 중국공산당 제13차 전국대표대회는 당정 분리의 실현을 중점으로 하는 정치체제 개혁을 추진하기로 결정했다. 덩샤오핑의 의견에 근거하여 중국공산당 제13차 전국대표대회는 당의 영도는 정치적 영도임을 강조했다. 당이 국가 업무를 영도하는 주요 방식은 당의 주장을 법정 절차를 통해 국가의 의지가 되도록 하는 것이며 당 조직의 활동과 당원의 모범적인 선도 작용을 통해서 많은 인민대중을 이끌어 실현시키는 것이다. 기업과 당 조직의 역할은 또한 행정 수장 책임제의 추진에 따라 점차 감독을 보증하는 것으로 전환하고 더 이상 단웨이에 대한 '일원화' 영도를 실행하지 않아야 한다. 이와 동시에 '당내 민주로 점차 인민 민주를 추동한다以黨內民主來逐步推動人民民主'는 방침을 제시했고 아울러 일련의 구체적인 조치를 확정하여 1988년부터 실시하기 시작했다.[31]

그러나 이번 정치개혁은 막 시작하자마자 1989년의 정치적 풍파로 중단되었다. 풍파가 지나간 후에 일부 사람들은 중국공산당 제13차 전국대표대회의 결정이 '자산계급 자유화資産階級自由化'에 속하는지 여부에 대해 문제를 제기했다. 비록 덩샤오핑이 '제13차 전국대표대회 정치 보고는 당 대표대회를 거쳐 통과된 것으로 한 글자도 고칠 수 없다'고 명확히 제시했음에도[32] 실제로는 적지 않은 조치들의 집행이 중단되었다.

2.3 1997년 중국공산당 제15차 전국대표대회 이후의 정치개혁

중국 지도자는 1990년대 초기 다시 정치개혁의 시동을 걸었다. 1997년의 중국공산당 제15차 전국대표대회는 '사회주의 민주를 확대하고 사회주의 법제를 건전화하여 법에 의해 국가를 다스리는 사회주의 법치국가를 건설하자'는 정치개혁 목표를 제시했다.[33] 2002년 중국공산당 제16차 전국대표대회는 정치개혁 추진 방면에서 또한 법치국가 건설, 민주정치 발전, 정치문명 향상 등의 요구를 제시했다.

정치개혁이 당정 영도 기관의 강령성 문건에 올라가 있었고 또한 20여

년 동안 기층 선거, 시장경제 입법 등의 측면에서 적지 않은 업무를 했음에도 정치개혁의 추진은 원래의 구상처럼 빠르게 진행되지 않았다.

3. 중국 체제전환기의 사회 모순

중국 개혁 초기, 시장화 개혁을 지지하는 적지 않은 사람들은 일찍이 판단하기를 개혁이 일단 시작되면 그것은 향후 스스로 증강되는 안정적인 추진 과정이 될 것이며 즉 경제개혁이 생산력과 인민의 생활수준의 보편적인 향상을 촉진하고 이로써 더 많은 사람들이 경제개혁과 정치개혁의 추진을 지지하도록 촉발할 것이라 여겼다. 그러나 중국의 개혁 심화에도 사회적 모순은 거의 확실히 제거되지 않았으며 때로는 고유한 모순들과 함께 새롭게 야기된 모순들 역시 상당히 첨예하게 나타났다. 이러한 상황이 출현한 것은 객관적 측면의 원인도 있고 개혁 자체의 부족과도 관련이 있다.

3.1 체제전환기: 사회관계가 긴장 국면으로 기울어지는 시기

중국 사회의 체제 전환의 특징 가운데 하나는 전통사회에서 현대사회로의 전환과 계획경제에서 시장경제로의 전환이 결합되어 진행되었으며 어떤 전환 과정이든 모두 모순과 충돌이 많았다는 점이다.

1. 전통사회에서 현대사회로의 체제 전환 중의 사회 모순

드와이트 퍼킨스Dwight H. Perkins(1934~) 등의 학자들은 공동 집필한 『발전경제학Economics of Development』 교과서에서 다음과 같이 썼다. '경제 발전은 시작된 이후 반드시 계속 진전되는 것은 아니며 경제 발전은 자체적으로 특히 초기 단계에 사회적 관계와 정치적 관계가 긴장 국면으로 기울어지도록 만들어 경제성장에 필수적인 안정 국면을 파괴한다.'[34] 새뮤얼 헌팅턴Samuel P. Huntington(1927~2008) 또한 그의 명저 『사회 변화 중의 정치 질서Political Order in Changing Societies』에서 '현대성은 안정을 배태하고 있으나 현대화 과정은 오히려 혼란을 야기한다'고 지적했다.[35] 이는 곧 현대화를 실현한 상황에서 사회는 안정화되지만 현대화 과정은 오히려 각종 사회불안을 유발하는 동인을 내포하고 있음을 의미한다. 현대화 정도가 이미 매우 높은 사회에서 주민 소득수준은 보편적으로 향상되고 개인은 비교적 큰 자주적 의사결정권을 향유하기 때문에 각 사회 구성원은 현존하는 사회질서에 대해 만족하는 태도를 가지게 된다.

이러한 과정에서 한 가지 관건은 중등 소득 계층middle class(중산계급 혹은 중등 계급이라고도 부른다)[36]이 증가하고 역할이 확대되는 것이다. 생활의 궁핍을 걱정하지 않으며 정치문화적인 소양을 가진 중등 계급의 성장이 현대성의 중요한 지표이며 이것이 사회적 안정을 유지하는 중요한 역량이다. 그래서 현대성의 실현은 보편적으로 사회적 안정을 조성할 수 있다.

현대화 과정은 현대성의 증가와 사회적 진보를 의미하며 사회적 안정성을 높이는 것 같다. 그러나 변혁 중인 한 사회에는 안정에 유리한 요인과 안정에 불리한 요인이 동시에 존재한다. 전통사회에서 현대사회로의 거대한 변혁이 다양한 인간 집단에 미치는 영향은 서로 매우 다르다. 이는 사회적 동요를 유발하기 쉽다. 첫째, 현대화 과정은 사람들을 전통사회의 정보 폐쇄 상태에서 변혁 사회 중의 정보 소통 상태로 이끌어 설령 산간벽촌에 사는 사람이라 하더라도 무한한 세계 안에서 사람들이 어떻게 생활하는지 충분히 알 수 있다. 이러한 상황에서 사람들의 생활수준 향상에 대한 기대치 역시 크게 높아질 것이고, 이러한 기대가 만족되지 못하거나 혹은 만족 수준이 비교적 낮을 때에 사람들은 불만의 정서를 표출할 것이다. 만약 힘있고 원활한 정치제도의 제약과 소통이 없다면 사회에 혼란이 발생하기 쉬워진다. 둘째, 사회의 신속한 발전 과정에서 사람들의 이익 증가는 균등하지 않아서 한 사회집단 혹은 한 개인의 이익이 실제 손해를 입거나 혹은 스스로 불공정한 대우를 받는다고 여기게 돼 불만이 야기될 것이고 나아가 사회불안과 혼란을 야기할 것이다. 셋째, 기대치의 상승은 단지 양적인 증가가 아니라 질적인 상승을 포함한다. 매슬로Maslow의 욕구 단계 이론37은 사람들이 하위 단계 욕구가 만족된 이후에는 상위 단계 욕구의 만족을 추구할 것임을 알려준다. 이러한 상위 단계의 욕구가 만족되지 못하면 똑같이 불만을 야기하고 사회적 혼란을 잉태하게 된다.

역사적으로 보면, 전통사회에서 현대사회로 전환하는 과정에서 영국, 프랑스 등 이미 현대화를 실현한 국가들도 모두 동요하는 불안한 시기를 경험한 바 있다. 영국의 봉건 장원제도는 15세기에 붕괴해나가다 이후 자산계급 혁명을 발생시켰으나 그 이후의 아주 오랜 시간 동안 사회는 시종 동요가 멈추지 않았고 1688년 '명예혁명'이 헌정 질서를 확립하고 19세기 말 기술진보와 효율 제고가 추동한 경제성장 이후에야 비로소 점차 안정적 발전의 길에 올라섰다. 혁명을 숭상했던 프랑스에서는 18세기 한 세기 내내 계급대립과 폭력혁명의 기세가 나날이 하늘을 찔렀다. 많은 국가가 모두 현대화를 실현하는 오랜 세월 동안 사회불안정 해결을 위해 일찍이 막대한 대가를 치렀다.

후발 국가는 몇십 년 동안 선진 국가가 몇백 년간 완성한 현대화의 길을 걸어야 하는데 이러한 시간 동안 사회 모순 해소에 주의를 기울이지 않는다면 빠른 현대화를 위해 쏟는 노력이 설사 경제적으로 성공을 거둔다 하더라도 대중의 지지를 얻지 못할 것이기에 결국 실패로 귀결될 것이다. 이란, 필리핀 등의 국가의 경험은 어느 정도에서는 이러한 점을 증명한 바 있다.

각국의 경험을 통해 보면 전통사회에서 현대사회로의 전환 과정 중의 각종 사회적 모순은 왕왕 집중적으로 각 사회계층의 소득격차 확대로 나타난다. 제2차 세계대전 이후 동남아와 남미 지역을 포함하는 현대화 '제3세계' '제4세계' 국가들은 현대사회로의 전환 과정에서 일찍이 다양한 종류의 조치를 취하여 이러한 고속 추격 전략이 야기하는 사회 모순의 격화를 완화하는 방법을 만드는 데 일정한 효과를 거두었다. 소득격차 확대 문제에 대해서는 미국의 경제학자 사이먼 쿠즈네츠●가 1955년에 경제 발전 수준과 불평등 수준 사이의 관계는 '역U자형' 곡선을 보임을 제시했다. 이는 곧 현대화 초기에는 일인당 평균 국민총생산액의 증가에 따라 소득불평등도 커지며 소득이 중등 수준에 도달하면 소득격차 역시 최고점에 도달하고 소득 수준이 산업화 국가 수준에 도달한 이후에야 소득격차가 점차 축소됨을 의미한다.[38] 쿠즈네츠의 이러한 관점은 구미의 부유한 국가들의 역사적 수치와 제3세계 국가들의 제2차 세계대전 후 초기의 수치들을 근거로 제시된 것이다. 그러나 동아시아 신흥공업화 경제체제가 현대화를 실현한 경험들이 시사하는 바는 오히려 개발도상국 초기의 고속 성장은 비교적 낮은 불평등 수준과 동시에 공존할 수 있으며 비교적 평등한 분배 관계를 구축하여도 사회 안정과 고속 성장을 강력하게 촉진할 수 있다는 것이다. 아시아의 일본, 한국, 타이완 등 신흥공업화 경제체제는 일련의 정책과 조치의 제정 및 실시를 통해서 이러한 문제를 비교적 잘 해결했다. 일본은 제2차 세계대전 이후 상당한 시기 동안 거대 상업의 발전을 억제하는 정책을 실행했다. 이러한 정책은 경제학적으로는 부적절한 것이었지만 그 정책은 소상업 부문에 커다란 생존 공간을 부여했으며 아울러 취업 문제 해결에 유리했다. 타이완은

● 사이먼 쿠즈네츠Simon Kuznets(1901~1985). 러시아계 미국 경제학자. 쿠즈네츠는 역사적 수치를 이용하여 일반 규칙을 추상화하고 경제성장과 여러 국가, 여러 시기의 소득분배 관계를 묘사하는 데 힘써 이로부터 쿠즈네츠 곡선, 쿠즈네츠 경제 주기 이론, 국민소득 계산 이론 및 불균형 성장 이론을 만들었다. 1971년, 쿠즈네츠는 경제성장에 대한 경험 해석으로 경제, 사회 구조와 발전 과정에 대한 이해를 심화시킨 공로로 노벨경제학상을 수여받았다.

발전 초기에 소득격차 확대 방지에 매우 많은 노력을 기울였다. 세계은행의 「1991년 세계 발전 보고: 발전이 직면한 도전」은 대만의 소득 평등 수준과 GDP 성장률은 소위 '장징궈蔣經國 시대'에 모두 비교적 높은 수준에 있었음을 보여준다.[39]

2. 계획경제에서 시장경제로의 전환 중의 사회 모순

시장경제로의 전환이 사회 모순을 일으키는 작용은 현대화 작용과 유사한 점이 있는데 어떤 때는 더욱 첨예하고 격화되어 나타난다. 어떤 학자는 '체제 전환으로 파급되는 대규모 제도 변화는 인류가 상상할 수 있는 가장 복잡한 경제사회 과정의 반열에 속한다'고 말했다.[40] 체제 전환 기간 이익 구조의 거대한 변동이 발생하고 동시에 시장 체제가 기본적으로 인격이 종속되어 있는 계획경제 시대의 사회관계를 구조적으로 해체하는 작용을 하기 때문에 사회 모순의 격화와 사회관계의 불안정은 항상 밀접한 관계가 있다.

전통적 계획경제 국가가 수십 년 동안 상술한 이중적인 전환을 실현해야 한다면 이는 곧 현재의 선진국이 수백 년의 변혁 과정에서 직면한 사회 모순을 수십 년의 짧은 시간 내에 압축하여 해결해야 함을 의미한다. 이렇게 되면 사회적 불안정이 출현할 가능성은 더욱 커질 것이고, 정책적 오류가 발생한다면 사회적 혼란은 더욱 쉽게 유발될 것이다.

이로써 전체 개혁 과정에서 상호 모순적인 각 측을 어떻게 조화시키고 모순을 해소하느냐가 깊이 주목하고 절대 방심하지 말아야 할 문제라는 결론을 얻을 수 있다.

3. 사회적 공정성의 유지: 체제전환기의 중요한 문제

30년간의 개혁개방을 거친 중국에서 시장경제가 계획경제를 대체하는 것은 되돌릴 수 없는 역사의 결정이다. 문제는 우리가 이 책의 제2장 칼럼 2.1에서 이야기했던 것처럼 중국 사회가 체제 전환 초기에 건립하고자 힘썼던 것은 이른바 '경제주도형 시장경제'로 이러한 경제의 '이중경제체제雙軌' 사이에는 일종의 제로섬의 관계가 존재한다는 점이다. 명령경제의 지위와 작용이 점차 약화되지 않고 거꾸로 정부 관료의 지배 권력이 점점 더 커지게 된다면 사회적 공정과 공동 부유의 실현이라는 사회주의 시장경제의 근본 목표에서 멀어지게 될 것이다. 여기서 일정 한도를 넘어서면 심지어 다시는 시장경제가 되지 못하고 권력자본주의 혹은 관료자본주의, 즉 마오쩌둥이 정의내린 '봉건적이고 매판적인 국가독점자본주의'로 변질될 것이다.[41]

종합하면 어떤 경제사회 체제를 추구하느냐는 체제전환기의 가장 첨예한 사회적 문제가 된다. 그것의 핵심은 대변혁 과정에서 사회적 공정을 유지하기 위해 힘쓸 것인가 여부 그리고 어떻게 힘쓸 것인가 하는 점이다.

⑴ 사회적 공정을 추구하는 것은 일종의 보편적인 가치관이다. 우리들이 제1장에서 이미 말했던 것처럼 사회주의는 일종의 사회적 이상으로 그 핵심 가치는 바로 사회적 공정성을 추구하고 공동 부유의 실현을 요구하는 것이다. 사회적 공정은 각종 유파의 사회주의자들이 추구하는 이상일 뿐만 아니라 오늘날 세계에서 사회주의자가 아닌 많은 사상가와 정치가 역시도 사회적 공정성을 주장한다. 미국의 도덕철학자 겸 정치철학자 존 롤스•는 『정의론』[42]이라는 책의 첫머리에서 요지를 밝히면서 다음과 같이 제시했다.

• 존 롤스John Rawls(1921~2002). 미국의 저명한 철학자, 윤리학자. 롤스는 사회가 정의로운지 여부가 여전히 가장 근본적인 문제의 소재라고 보았다. 정의란 사회생활의 최고 가치이며 개인의 자유를 박탈하고 타인을 멸시하고 다수가 소수를 박해하고 혹은 개인 간의 운명 차이를 좌시하는 것은 모두 정의를 위반한다는 것이다. 그는 법률은 권익을 쟁탈하기 위해 제정된 산물이 아니라 정의를 실현하기 위해 제정한 규칙이라고 본다.

'정의는 사회제도의 첫 번째 덕목이다.' 그는 공정으로서의 정의justice as fairness의 두 가지 원칙을 제시했다. 첫째, 각 개인은 타인의 자유와 병존하는 기본적 자유를 향유할 권리가 있다. 예를 들면, 사상과 신념의 자유, 언론·집회·결사의 자유, 인신의 자유와 사적 재산의 자유 및 법치 원칙이 규정한 기타 자유 권리 등이다. 둘째는 차등의 원칙difference과 호응하는 기회의 평등 원칙이다. 기회의 평등은 절차의 공정성, 예를 들면 전 시민의 의무교육을 통해서 그 실현을 보장할 필요가 있다. 그러나 천부적이고 사회적 조건의 다름으로 야기되는 불평등한 결과들에 대해서 롤스는 차등의 원칙을 통해 보완해야 한다고 했으니 즉 사회적 약자 집단에 대해 소득재분배를 시행하여 보상하는 것이다. 이에 대해 또 다른 미국 철학 교수 노직Robert Nozick(1938~2002)[43]은 '소유권적 정의론theory of justice in holdings'을 제시하며 롤스의 차등의 원칙 및 분배 영역으로의 국가의 기능 확대 주장을 반대했다. 그가 말한 소유권적 정의는 한 개인의 재물 소유의 근원의 정당성, 즉 '출발점의 공정성'을 가리킨다. 노직이 보기에 소유물의 근원이 혹시 어떤 단계에서든 정의롭지 않을 경우 이러한 소유는 정의롭지 않은 것이므로 그 이전으로 소급해야 한다.

　　노벨경제학상 수상자인 아마르티아 센[*]은 발전을 GDP 성장 혹은 개인

● 아마르티아 쿠마르 센Amartya Kumar Sen(1933~). 인도의 경제학자, 하버드대학 경제학·철학 교수. 1998~2004년 캠브리지대학 트리니티 칼리지의 학장을 역임했다. 사회 선택 이론, 개인의 자유와 파레토 최적의 관계, 복지 분배와 빈곤 연구, 인류 발전과 실현 가능 능력, 기근 문제와 권리 분배 불균등의 관계 등 경제학의 여러 영역에 걸출한 기여를 했다. 그의 복지 빈곤 지수에 대한 연구는 유엔개발계획UNDP이 1990년부터 시작한 「인간 개발 보고서」에서 각국의 '인간개발지수human developmentindex, HDI'를 발표하도록 추동했다. 그는 또한 이로 인해 노벨경제학상 수상자인 로버트 솔로로부터 '경제학의 양심the conscience of economics'이란 찬양을 받았다. 그의 저작은 30여 개 언어로 번역되었다. 1998년 그는 복지 경제학에 대한 공헌으로 노벨경제학상을 받았다.

소득 향상 등으로 정의하는 협애한 발전관을 뛰어넘어 종합적이고 전면적인 가치 기준을 제시하여 사람의 생활 및 사회발전 상황이 이상에 부합하는가 여부 혹은 이상적 방향으로 발전하고 있는가 여부를 평가 기준으로 사용했다. 그는 발전이란 사람들이 향유하는 실질적 자유의 확산 즉 소중히 여길 이유가 있는 그런 생활을 향유할 수 있는 실현 능력으로 평가되어야 한다고 보았다. 여기에는 예컨대 사람들이 고통을 당하지 않고 사회에 참여하고 각종 정치적 권리를 향유하는 것 등등이 포함된다.[44]

종합하면 사회적 공정성을 견지하려는 가치관 측면에서 보면, 체제 전환 과정에서 기회의 평등과 출발점의 공정성을 유지하고 권력자본주의의 만연과 인민의 권리에 대한 침범을 방지하고자 노력하는 것이 결정적으로 중요하다.

(2) 개혁을 통해 기회의 평등을 촉진하고 결과의 평등을 개선한다. 체제 전환 과정 중에 어떻게 평등과 효율 사이의 관계를 처리할 것인가는 최근 몇 년 동안 학계와 경제계 간 논쟁이 비교적 많았던 중요한 문제다. 중앙집권적인 계획경제의 제도적 기초가 되는 것은 전국적으로 통일된 국가소유제로 이는 '전민소유제'로 칭하기도 한다. 이러한 재산권 제도의 기초 위에서 '나라는 부강한데 국민은 빈곤한' 상황 그리고 사회주의 공동 목표와는 반대로 가는 상황이 매우 쉽게 발생한 만큼, 역사적 경험을 통해 시장경제로의 전환의 중요한 임무는 다양한 형태의 재산권에 대해 명확히 규정하는 것임을 알 수 있다. 앞에서 이미 이야기했던 것처럼 국유경제 개혁과 '중소기업의 자율적 활성화' 과정에서 권력자 혹은 권력자의 '측근'과 '연고자'가 공공 재산을 잠식하고 집어삼키는 문제가 출현했다. 이러한 종류의 행위에 대하여 재산권 규장제도의 개선과 위계적인 감독을 통한 방지보다 더욱 중요한 조치는 거래 과정의 투명화를 실현하고 공민의 알권리 등 헌법 권리의

행사와 정부에 대한 효과적인 감독을 보장하는 것이다.

최근 몇 년간의 논쟁에서는 분배의 평등이 사회주의의 근본적 요구이며 따라서 평등이 우선되어야 하며 효율을 최우선시할 수 없다고 보는 관점이 있는 반면 중국은 여전히 가난한 나라이니만큼 효율 제고를 우선 고려해야 하며 '평등을 함께 고려'해야 하는 것은 아니라고 보는 또 다른 관점도 존재한다. 기실 미국 경제학자 아서 오쿤Arthur M. Okun(1928~1980)이 제시한 '효율과 평등은 대체관계(역의 상관관계)가 존재한다'는 원리[45]에 근거하면, 평등은 기회의 평등과 결과의 평등의 두 가지 각도에서 고찰할 수 있다. 오쿤이 말한 효율과 대체관계가 존재하는 평등이란 결과의 평등을 가리킨다. 기회의 평등에 관해서는 대체로 효율과 상호 촉진 관계(정의 상관관계)가 존재하나 역의 상관관계는 존재하지 않는다. 따라서 양자는 응당 둘 다 실현할 수 있다. 현재 중국의 권력 부패와 행정 독점이 빈부격차 확대의 주요 원인인 상황에 대응하여 분명 정부 관료 권력의 지나친 팽창과 감독의 부재로 야기된 기회의 불평등을 최우선 과제로 생각해야 한다. 기회의 불평등과 이로 인해 뚜렷하게 나타난 빈부격차는 시장화 개혁과 기회의 평등 실현을 통해서 해결해야 한다.

물론, 시장경제 조건에서도 기회의 불평등이 발생할 것이다. 예를 들자면 지식경제의 조건에서는 지식 수준이 높은 사람일수록 취업 기회가 더욱 많을 것이고 소득의 수준도 더욱 높을 것이다. 그와는 대조적으로 고등교육을 받지 못했거나 혹은 실용성 있는 전문 기능을 갖지 못한 사람은 역사상 유례가 없는 취업 압력에 직면할 것이며 소득수준이 상대적으로 낮아서 '디지털 분화digital divide' 현상이 출현할 것이다. 이러한 불평등은 정부가 의무교육 보급 등 사회 공공 기능을 발휘하여 없애도록 해야 한다. 그 외에 시장경제에서도 필연적으로 발생하는 결과의 불평등이 있다. 여기에는 또한 필요한 사회정책 조치를 취해야 하는데 예를 들면 사회보장 시스템의 건립, 사회 공공사업의 발전, 유산상속세 및 자본이득세capital gains tax 징수 등의 방법으로 불평등을 완화해야 한다.

3.2 부패 심화와 빈부격차 확대로 인한 사회 모순 격화

20세기 말 중국 경제는 고속 발전의 두 번째 10년에 진입하여 사람들의 생활수준은 보편적으로 향상된 동시에 현 상황에 대한 불만 정서 역시 일부 사람들 속에서 만연하기 시작했다. 당시의 사회조사를 통해 보자면 이러한 불만 정서의 중요한 원인 가운데 하나가 바로 부패의 심화다. 부패의 경제적 근원을 보면 주로 세 가지 종류의 상황이 존재한다.

1. 시장 활동에 간섭하는 행정 권력을 이용한 권력과 자본의 거래

체제전환기에는 두 가지 종류의 중심적인 자원배치 메커니즘이 존재한다. 시장 메커니즘과 행정 메커니즘이다. 이 책 제2장 2.5에서 논의한 것처럼 중국이 실행한 '증량개혁增量改革' 전략으로 경제체제의 두 궤도가 병존하는 상태가 야기되었다. 그래서 어떤 이는 이중 체제 사이의 허점과 맹점을 이용하여 지대 추구 활동을 벌였고 경제활동에 간여하는 행정 권력을 운용하여 개인 이익을 취했다.

'이중 경제체제'가 광범위하게 존재했기 때문에 '권력이 상업을 어지럽히는'[46] 부패행위가 중국의 체제전환기에 두텁고 방대한 저변을 구축했다. 이러한 관료들의 견물생심에 더해 '국가이익'을 명분으로 행정 권력이 경제생활에 간섭을 확대하며 '지대를 설치하고' '지대를 조성하여' 부패가 나날이 창궐했다.

2. 소유제 관계의 조정을 이용한 공공재산 탈취

체제전환기는 소유제 구조의 대大조정 시기다. 본래 공공재산은 재산권 경계가 모호한데 재산권에 대한 새로운 규정은 정부 주도로 이루어지기 때문에 권력 운용이 엄격한 감독과 제약을 받지 않는 상황에서는 권력을 가진 사람이 자신의 제약받지 않는 권력을 이용하여 공공재산을 침탈할 가능성이 있다. 이러한 문제는 제5장 2.2에서 국유 중소형 기업의 개혁 과정에서 간부의 '셀프 매각' 문제를 논의하면서 이미 제시한 바 있다.

국유기업 제도개혁 과정 중에 효과적인 감독 메커니즘이 부재했기 때문에 일부 국유기업의 주관 관료와 기업 지도부는 불법 상인들과 결탁하여 정책의 빈틈을 파고들고 견제받지 않는 수중의 권력을 이용하여 공공재산을 잠식하거나 심지어는 통째로 집어삼키기도 했다.[47]

기실 이러한 체제 환경에서 국유기업이 제도개혁을 하지 않으면 '국유자산 유실'을 피할 수 없다. 제4장 3.2에서 지적했던 것처럼, 지분 다원화가 실현되지 않고 효과적인 기업지배구조가 건립되지 않은 국유기업 중에 국가가 권한을 부여한 투자 기구로서의 기업집단group company 등은 지배주주의 권리를 행사하지만 권한을 받은 투자기구 자체가 하나의 기업으로서 그 경영자는 소유자의 전권 대표인 동시에 고용된 내부자이기도 하다. 이러한 상황에서 그 가운데 어떤 사람이 제약을 받지 않는 자신의 권력을 이용하여 자신 혹은 자신의 소집단을 위해 이익을 도모하는 것은 식은 죽 먹기다. 사람들을 깜짝 놀라게 만드는 큰 부패 사건은 바로 이런 기업에서 발생하는 것이다. 이러한 제도적 조건에서 일부 국유 증권회사, 선물회사에서 '랫 트레이딩' '이익은 내가, 손해는 사회가' 보는 상황 등이 나타났다. 비록 세기의 전환기에 이미 국유은행의 1조4000억 위안의 불량 자산을 제거했음에도 2002년 지속적인 구조조정을 통한 주식 시장 상장 이전에 이들 국유은행에 또다시 1조8000억 위안의 불량 자산이 생겨나서 본연의 자기자본금은 완전히 없어지게 되었다. 이러한 거액의 적자는 상당 부분 국유기업의 횡령과 낭비로 생긴 구멍을 대출을 통해 메웠던 것과 관련이 있다.

3. 규범화되지 않은 시장을 이용한 폭리 취득

시장에서 거래 쌍방이 가진 정보는 비대칭이기 때문에 정보력이 강한 쪽이 자신의 정보 우위를 이용해서 정보력 열세의 다른 쪽에 손해를 입히고 이익을 획득할 수 있다. 그래서 시장 메커니즘을 정상적으로 작동시키기 위해서는 시장에 대한 관리감독을 통해 거래 행위를 규범화할 필요가 있다. 중국의 시장경제는 여전히 수립되는 과정이기 때문에 시장경제 고유의 모순이 야기하는 문제들뿐 아니라 더 중요하게는 시장경제가 아직 제대로 수립되지 않아서 야기되는 문제들에 직면해 있다. 따라서 동업자를 억누르는 시장독점 행위, 강제로 사고파는 행위, 특권에 의한 독점 등 시장경제 이전 방식의 추악한 행위와 함께 사기와 부정, 소비자 기만 등 법치 부재의 시장경제에서의 사기 행위도 존재한다.

증권시장은 정보가 고도로 비대칭적인 시장으로 규범화와 관리감독이 유달리 중요하다. 우리가 제6장 3.5에서 이미 논술한 바와 같이 중국 증권시장의 제도적 결함 때문에 허위 진술, 내부거래, 큰손의 조작 등 형사 범죄 활동이 유달리 들끓었다. 권세가의 위법 활동에 대한 처벌이 힘을 얻지 못하여 상황은 더욱 심각해졌다.

종합하면 경제개혁이 완전히 자리잡지 않았고 정치개혁은 심각하게 정체되었기 때문에 권력은 고집스럽게 시장에서 퇴장하지 않으려 했고 오히려 시장 교환에 대한 압력과 통제를 강화하여 부패라는 지대 추구 활동의 기반을 조성했다. 경제활동에 대한 행정 권력의 간섭이 많아지고 지대 추구

규모가 확대되면서 부패 활동이 날로 창궐했다. 1989~2008년 일부 학자들의 독립적인 연구에 근거하면, 중국의 지대 총액이 GDP에서 차지하는 비율은 20~30퍼센트로 그 절대 액수는 최고 4~5조 위안에 달했다(상세한 내용은 제2장 3.3을 보라).

이 같은 지대 추구의 거대한 이익으로 기득권자 내지 특수 이익집단이 거대세력으로 성장했음은 틀림없다. 개혁개방 과정에서 그들은 시장화 개혁을 힘을 다해 방해함으로써 권력을 이용하여 '지대 추구 활동'을 실행할 제도적 기반을 유지했을 뿐 아니라 적극적으로 '지대 설치' '지대 조성' 활동을 실행했다. 즉, 여러 명목으로 경제활동에 대한 행정 권력의 간섭을 강화하고 행정 심사 비준 항목을 늘려서 '지대 추구' 기회를 증가시켰다. 이로써 부패 활동은 점점 더 심각한 수준이 되었다.

매우 심각한 후과는 제약받지 않는 권력이 사람들을 부자로 만드는 것을 보고 일부 사람들이 수단 방법을 가리지 않고 이러한 권력을 얻으려 한다는 점이다. 그중 한 가지가 바로 '관직을 얻고자 뇌물을 쓰는 것跑官'이나 '관직을 사는 것買官'으로서 대략 1990년대 중반부터 일부 지방에서 '관직을 사고' '관직을 파는' 풍조가 은밀히 일어났다. 그후 이러한 풍조는 끊이지 않고 만연했다.

거액의 지대는 자연적으로 중국사회의 빈부격차 심화와 지니계수의 고공 행진에 결정적 영향을 끼쳤다. 계획경제의 조건에서는 소수의 고급 관원이 직무 규정에 따른 주택, 관용차 등의 대우를 받고 노동자와 농민 간에 비교적 큰 소득 차이가 존재했던 것 외에 개인소득은 균등화 추세였다. 개혁개방 이후 능력과 기여에 따라 분배가 진행되어 평균주의 분배에 비해 상대적으로 사람들의 소득 격차가 벌어지기 시작했다. 덩샤오핑은 1980년대 초기 '일부 사람들이 먼저 부유해지게 하라'는 정책을 제시했다.[48] 이러한 정책의 정확한 함의는 응당 부지런히 일하고 경영을 잘한 사람을 먼저 부유해지도록 하고 많은 인민들이 점차 공동 부유를 실현하도록 선도하는 것이다. 사람들의 능력과 기회가 다르기 때문에 형성된 소득격차는 본래 정상적인 현상이다. 비정상적인 것은 업무상의 실수와 정책적 편차로 인해 발생한 경우다. 한편에서는 상술한 것처럼 자원 권력을 장악한 소수의 탐관오리와 지대 추구 방법을 아는 자들이 권력에 의지하여 졸부가 될 수 있었던 데 반해 다른 한편에서 국유기업 직공을 포함한 일반 노동자 그리고 특히 농민은 개혁에서 얻을 수 있는 이익이 극히 적었고 생활의 개선도 크지 않았으며 심지어 사회보장 시스템의 결여로 기본생활도 보장받지 못해 사회적 모순과 충돌이 발생했다. 제10장에서 언급한 인플레이션에서처럼 한편에서는 근근이 살아가는 임금 소득 계층의 노동 소득이 가혹하게 수탈되었으며 경제공황으로 많은 저소득자의 생활이 설상가상으로 더욱 어렵게 되었다. 다른 한편으로 상품가격의 앙등으로 나타났든 혹은 주식 등 금융자산 가격의 앙등으로 나타났든 인플레이션은 권력 기반을 갖고 있는 금융시장의 '모험가'들에게는 무해한 것을 넘어서 혼란을 틈타 한몫을 볼 수 있는 좋은 기회가 됐다. 따라서 거시경제의 대폭적인 파동은 필연적으로 대중의 불만에 봉착할 것이고 사회불안정 요인의 증가를 야기할 것이다.

개혁 과정 중에 소득의 성장이 가장 느리거나 심지어 하락한 집단은 다음과 같다.

⑴ 국유기업의 '하강下崗 노동자'. 제4장 4.3에서 국유기업의 재무 상황이 1980년대 중반부터 날로 악화되었고 1990년대 중후반기에는 심지어 전체적인 부실의 궁지에 빠졌음을 언급한 바 있다. 이러한 상황으로 인해 다수 국유기업의 일반 노동자의 소득은 자연적으로 향상되기 어렵게 되었다. 재정적 어려움에 봉착한 국유기업은 개혁 초기 단계에서 주로 정부의 재정

보조금으로 지탱됐다. 1980년대 중반 이후에는 은행의 대출로 유지됐다. 1990년대에 이르러 국가 재정과 국유은행이 모두 국유기업에 대량의 '수혈'을 해줄 힘이 없어지자, 국유기업은 기대한 경영상의 어려움에 직면했고 더 나아가서 지급 위기支付危機가 발생했다. 1990년대 후반기에는 매년 대규모의 국유기업 노동자의 '하강'이 있었다. 아시아 금융위기가 폭발한 이후 중국의 수출 부진으로 국유기업의 '하강' 문제는 더욱 심각해졌다. 다각적인 노력을 거쳐 2001년 도시의 등록실업률은 3.6퍼센트가 되었다. 이후 다시 매년 상승하여 2003~2008년에는 줄곧 4.2퍼센트가량의 높은 수준을 유지했다.[49]

(2) 비농업 소득이 없는 농민. 개혁개방 이래 중국 농촌의 빈곤인구는 대폭 감소했다(표11.1). 국가통계국 농촌조사팀의 조사 보고에 의하면, 중국 농촌의 빈곤 인구는 이미 1978년의 2억5000만 명에서 1999년의 4300만 명으로 감소했다. 그러나 도시 주민 소득의 급속한 상승과 비교하면 농촌 주민 소득의 향상은 매우 완만했다.

개혁개방 초기에 가정생산청부책임제가 실행되어 농민의 소득이 대폭 향상되었다(그림11.1). 1985년 이후 도농 격차가 확대되기 시작했다. 1993년 농민과 비농업 주민의 소득수준 차이는 이미 개혁 이전을 초과하는 수준으로 확대되었다. 이후 농촌의 잉여노동력이 비농업 산업 분야로 이동되는 속도는 여전히 빠르지 않고 농촌 자체적인 경제 발전은 완만하여 도농 격차는 지속적으로 증대됐다.

2003년 3월, 국가통계국 보고서는 중국의 도농 주민 소득의 격차가 6 대 1에 달할 가능성이 있음을 보여주었다. 세계 대다수 국가의 도농 간 소득 비율은 1.5 대 1이다.[50]

[표11.1] 빈곤선 기준과 중국 농촌 빈곤 인구의 감소(1990~1998)[51]

연도	중국 관방 기준			국제 기준(1달러 이하/명·일)	
	빈곤선 (당년 가격) (위안/명·년)	농촌 빈곤 인구 (백만)	농촌인구에서 빈곤 인구의 비율(%)	농촌 빈곤 인구 (백만)	농촌인구에서 빈곤 인구의 비율(%)
1990	300	85	9.5	280	31.3
1991	304	94	10.4	287	31.7
1992	317	80	8.8	274	30.1
1993	350	75	8.2	266	29.1
1994	440	70	7.6	237	25.9
1995	530	65	7.1	200	21.8
1996	580	58	6.3	138	15.0
1997	640	50	5.4	124	13.5
1998	635	42	4.6	106	11.5

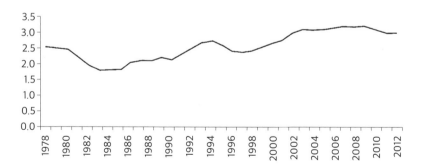

[그림11.1] 중국 도시 주민 가정의 일인당 가처분소득과 농촌 주민 가정의 1인당 순소득의 비교 (1978~2012)[52]

로렌츠곡선과 지니계수[53]

경제학은 로렌츠곡선Lorentz curve을 사용하여 사회 구성원의 소득불평등 정도를 묘사한다(그림1이 보여주는 바와 같다). 그림에서 대각선 OP는 소득분배가 완전히 공평한 로렌츠곡선으로, 이러한 상황에서 20퍼센트의 소득을 20퍼센트의 인구가 획득하고 40퍼센트의 소득은 40퍼센트의 인구가 획득하면 이 시점의 로렌츠곡선은 직선이 된다. 그러나 한 사회에서 이러한 절대 평등의 소득분배는 존재할 수 없다. 80퍼센트의 인구가 소득의 매우 적은 비율을 차지하는 데 반해 5퍼센트 인구가 총소득의 80퍼센트를 차지하는 경우면 이러한 시점의 로렌츠곡선은 아래로 구부러진 곡선이 된다.

매우 큰 불평등이 존재하는 경우 그림의 45도 선과 로렌츠곡선 사이의

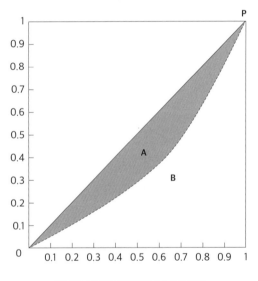

[그림1] 로렌츠곡선과 지니계수의 관계

그림자 면적이 매우 클 것이다. 이 그림자 면적이 전체 삼각형 면적에서 차지하는 비율이 바로 상용적으로 불평등 정도를 측량하는 변량이 되며 이를 지니계수라고 부른다.

지니계수는 이탈리아 경제학자 코라도 지니Corrado Gini가 1912년에 제시한 것이다. 지니계수＝A면적÷(A면적＋B면적)이다. 그림에 의하면 A면적은 실제 소득분배 곡선과 절대 평등 곡선 사이의 면적을 의미하며 B면적은 실제 소득분배 곡선과 절대 불평등 곡선 사이의 면적을 의미한다. 그래서 만약 A＝0이면 지니계수＝0으로 절대적 평등을 의미하며 만약 B＝0이면 지니계수＝1로서 절대적 불평등을 의미한다. 현실 생활에서 이러한 두 가지 극단 상황은 모두 존재하지 않는다. 그래서 지니계수는 0과 1사이에 있으며 그것이 클수록 더욱 불평등함을 의미한다. 일반적으로 지니계수가 0.1~0.2 사이에 있으면 분배가 지나치게 평등한 것이고 0.25~0.3 사이는 약간 불평등한 것이며 0.4 이상은 고도로 불평등한 것으로 평가된다.

시장화 과정에서 나타난 부패의 역류로 야기된 가장 심각한 사회적 후과는 1980년대 후반기부터 주민 소득 격차가 확대된 것이다. 중국 주민 소득의 지니계수는 1990년대 초에 0.4라는 높은 수준을 초과했다. 몇몇 연구에서 근사한 수치가 도출됐다. 1995년 중국런민대학의 한 표본조사는 1994년 전국 주민의 지니계수는 이미 0.43의 높은 수준에 이르러 공인된 0.4의 경계선을 초과했음을 밝혔다.[54] 중국사회과학원 경제연구소 '소득분배 과제조'는 두 번의 주민 표본조사 수치에 근거하여 1988년과 1995년 전국 지니계수를 각각 0.382와 0.452로 추정했다.[55] 세계은행이 발표한 「세계개발 보고서: 공평과 발전」의 수치에 따르면 중국 주민 소득의 지니계수는

개혁개방 이전의 0.16에서 0.47로 상승했다.[56] 또한 왕사오광王紹光 등의 학자들은 중국 주민 소득의 실제 지니계수는 이미 0.5를 초과하여 세계에서 소득분배 불평등이 매우 심각한 국가에 속한다고 평가했다.[57] 각 사회집단의 소득 수준 격차를 측정하는 지표를 통해서 봤을 때 중국의 이웃국가인 일본의 경우 가장 부유한 20퍼센트 가정의 전체 소득과 가장 가난한 20퍼센트 가정의 전체 소득 간 비율은 4배가량으로 나타났던 반면, 중국런민대학의 1995년의 상술한 조사에 의하면 중국은 11.8배까지 이르러 그 격차는 세계 최고 수준의 미국(약 11배)을 넘어섰다.[58] 중국사회과학원 사회학연구소 2008년의 조사에 의하면 이러한 수치는 더욱 높아져 17.1배에 달했다.[59] 소득격차의 지속적인 확대는 필연적으로 사회적 모순을 야기하며 아울러 사회 안정을 위협하고 있다.

세계 각국의 역사적 상황에서 보면, 사회계층 간 관계의 불균형도 왕왕 경제적 사회적 위기를 유발하는 심층적인 요인이었다. 개혁개방 이래 중국 사회계층 구조에는 긍정적인 변화가 발생했는데 예컨대 농민의 수는 감소하고 전문 인력 위주의 중간계층 혹은 중등 소득 계층의 수는 증가한 것 등이다. 그러나 현대 사회의 요구에 따라 이러한 사회계층 가운데 줄어들어야 할 계층은 작아지지 않았고 확대되어야 할 계층 역시 커지지 않았다. 농업 노동자 계층의 규모는 여전히 지나치게 크고 중간층의 규모 또한 매우 작다.[60] 중국사회과학원 「현대 중국 사회계층 연구 보고當代中國社會階層研究報告」의 연구에 근거하면 세기 전환기에 중국의 사회구조는 이미 사회 구성원의 조직 자원, 경제 자원 그리고 문화 자원에 대한 점유 상황에 따라 10대 계층으로 분화했다. 즉, 국가와 사회의 관리자, 경영자, 사영기업주, 전문 과학기술자, 사무 직원, 개인 상공업자, 상업 서비스업 노동자, 산업 노동자, 농업 노동자, 도시와 농촌의 무직자·실업자·반半실업자다. 이러한 계층은 5가지 사회 등급에 속하는데 각각 사회 상층, 중상층, 중중층, 중하층, 저층으로 나뉘어 현대화된 사회계층 구조 모형을 형성한다. 그러나 그 보고서는 중국의 전체 노동인구 중에서 농민의 점유 비율이 높게는 70퍼센트가량에 이른다고 제시했다. 1992년에 농업의 취업 비중은 영국에서는 2퍼센트였고 독일과 미국에서는 3퍼센트, 일본에서는 7퍼센트, 한국에서는 17퍼센트였다. 동시에 중국의 전체 취업인구 가운데 중간계층의 비율은 최대 18퍼센트 정도로서 중등 소득 국가의 평균 수준보다 크게 낮았다.[61]

3.3 개혁을 대하는 각 집단의 다양한 태도

중국 체제전환기의 체제 변동과 이익 관계 재편의 기반 위에서 시장화 개혁에 대해 다양한 태도를 가진 사회집단이 형성되었다. 개혁 초기에는 개혁을 지지하는 사회세력이 절대적인 우위를 차지했다. 그 구체적인 원인은 극'좌' 노선 특히 '문화대혁명'의 10년 동란이 전체 민족에게 극심한 재난을 가져왔고 거의 모든 사람의 이익이 심각한 손해를 입었기 때문이었다. '문화대혁명'이 마침내 1976년에 끝났을 때에 '좌'의 노선과 정책하에서 형성된 극단적이고 왜곡된 경제사회 상황에 대해 불만을 가진 대부분의 당정 기관 간부, 지식분자 그리고 노동자·농민 대중은 당시의 상황을 변화시킬 것을 강렬히 희망했고 명령경제체제를 타파하고 시장을 개방할 것에 찬동과 지지의 태도를 보였다. 그들은 정치적 포부를 가지거나 시대 흐름에 순응하는 정치인들과 결합하여 중국 개혁 추진의 강대한 세력을 형성했다. 개혁 초기의 증량개혁 전략으로 대다수 사람들은 이익을 얻었을 뿐만 아니라 민영경제의 급속한 발전으로 많은 농민, 비국유 부문 노동자와 상공업자가 과거 아무것도 소유하지 못했던 상태를 탈피했고 국유경제에 대한 '방권양리放權讓利(권한 하방과 이윤 유보)' 정책으로 국유기업 간부와 노동자들도 제각각 이익을 얻었으며 이로 인해 만족의 정서가 전체 사회의 주류가 되었다. 당시 개혁을 반대하는 사람은 단지 극소수였고 시장화 개혁의 큰 방향이 집권당의 강령에서 확립됨에 따라 그들의 영향은 점차 쇠락했다.

그러나 시장의 부분적인 자율화와 '이중 경제체제'의 확립에 따라 계획경제의 타파와 시장 개방을 찬동하는 사람들 사이에서 본래 무시해도 괜찮았던 개혁 목표에 대한 인식의 차이 혹은 분기가 오히려 나날이 드러났고 심지어 첨예화되었다.[62]

제2장 칼럼2.1에서 개혁 초기에 개혁 추진 세력의 목표에서 '동아시아 모델'과 '구미 모델' 사이의 분화가 있었음을 일찍이 말한 바 있다. '동아시아 모델'과 유사한 '이중 체제'가 이미 확립된 상황에서 중국이 어디로 가야 할 것인지의 중대한 문제가 제기되었다.

상술한 것처럼 중국의 개혁이 취한 방법은 '체제 외'에서 '체제 내'로의 '증량개혁' 방식이었기 때문에 1980년대 중반기에 이르러 명령경제와 시장경제의 이중 경제체제 병존 상황이 형성되었다. 즉 원래의 행정 권력이 모든 것을 통제하는 명령경제체제는 이미 타파되었지만 시장 시스템이 자원배분에서 기본적 작용을 하는 시장경제체제 또한 완전히 형성되지 않았으며 이에 따라 이중 경제체제가 대치하게 되었다. 이러한 상태에서 일부 사람들은 체제의 틈과 허점을 이용하여 지대 추구 활동으로 돈을 벌고 부유해질 수 있었다. 이러한 사람들이 '증량개혁'의 기득권자였다. 그들은 마치 서구 원시 자본주의 시대의 '중상주의자mercantilists'와 마찬가지로 시장의 규범이 부재하고 행정 권력이 여전히 중요한 작용을 하는 상황을 이용하여 체제전환기의 이중 경제체제에서 손쉽게 이익을 얻었다. 이러한 새로운 기득권자는 계획경제의 '호시절'에 연연해하는 옛 기득권자와는 다르게 계획경제체제로 되돌아가길 원하지 않았지만 또한 규범화된 그리고 평등하게 경쟁하는 시장의 건립도 원하지 않았으며 현재의 행정 권력이 시장에 간여하는 지대 추구 환경이 유지되고 심지어는 확대되길 희망하며 자신의 특수한 지위를 이용하여 자유자재로 권력을 농단하고 지대를 추구했다. 나아가 전문 인력('중산계급')과 상공업 기업가를 포함한 대중들을 착취 수탈하여 돈을 벌고 부유해졌다. 그래서 이러한 새로운 기득권자는 바로 제3의 사회세력을 구성했다. 이러한 사회세력의 목표는 현재의 이중 경제체제를 최대한 유지하고 따라서 행정통제 해제, 독점 타파 그리고 법치 수립을 위한 모든 개혁 조치에 극력으로 반대하는 것이었다. 또한 더욱 악랄하게는 개혁의 시장화 방향을 바꾸고 개혁 과정에 자신의 사적인 관점을 집어넣으며 '지대를 형성하고' '지대를 설치하여' 새로운 '지대 추구' 기회를 창조하는 것이었다. 그러나 그들은 이미 개혁의 경력을 가지고 있었고 아울러 개혁을 방해하고 왜곡했던 때에도 계속 '개혁'의 기치를 내걸었다. 이 때문에 한편으로는 개혁을 정도에서 이탈시켜 건전한 시장제도의 수립을 방해할 수도 있었고 다른 한편으로는 현재 출현한 사회정의와 공동 부유의 목표에 위배되는 나쁜 현상이 모두 시장화 개혁의 산물이라고 대중을 오인시켜 개혁에 대해 회의와 충돌을 야기했으며 심지어는 '과거 회복' 성향의 지지 세력 내지 사회적 기반을 만들었다.

개혁의 진전을 저지하고 왜곡하는 이러한 활동이 성공한다면 상술했듯이 개혁 이전의 구舊노선과 구체제로 돌아가자고 주장하는 세력은 이전의 퇴조 추세에서 벗어나 '부활'과 '과거 회복' 노력을 다시 시작할 것이다. 개혁개방 초기에는 구노선과 구체제로 돌아가자는 주장이 대중의 지지를 받지 못하여 영향력이 날로 쇠퇴했다. 그러나 개혁의 지체와 왜곡으로 상술한 기득권자들이 대중의 이익을 제멋대로 침해할 수 있는 상황이 되자 이러한 역행을 밀어붙인 사회세력이 오히려 사실을 호도하거나 개혁개방을 탓하는 수

법으로 대중을 기만하며 시장화 개혁에 대한 공격을 새로이 시작했다.

구노선과 구체제로의 회귀를 도모하는 사회세력은 권귀자본주의의 강화를 도모하는 사회세력과 형식상으론 서로 대립한다. 그러나 그들은 각자 상대방의 존재를 이유로 자신의 정치적 목표를 정당화하며, 군중을 동원하여 자신의 지지기반으로 만들어 어떤 경우에도 견제를 받지 않는 권력이 지배하는 경제체제와 정치체제를 수립하고자 한다. 따라서 양자는 실제로는 서로 지원하는 것이다. 전자의 세력은 탐욕적인 부패 세력의 존재를 이유로 시장화 개혁을 비난하면서 자신들의 후퇴 주장을 지지하도록 군중을 동원하려 한다. 또한 개혁의 기치를 내걸고 권귀權貴의 이익을 강화하려는 세력 역시 반反개혁 세력의 존재를 대중을 협박하기 위한 허수아비로 삼아 이중 경제체제에 대한 출발점과 귀결점이 서로 완전히 다른 비판 사이에서 원칙의 경계를 교란하면서 개혁을 진전시키자는 정확한 주장에 반대하는 동시에 개혁 지지자들을 오도하여 사람들이 '양머리를 걸어놓고 개고기를 파는 식(양두구육)'의 가짜 개혁 주장을 지지하지 않으면 명령경제의 옛 길로 되돌아갈 것이라 여기게 만들었다. 체제전환기에 바로 이처럼 복잡한 국면이 존재하기 때문에 사람들은 특별히 냉정하고 이성적인 사고를 할 필요가 있으며 어디에 자신의 진정한 이익이 존재하는지 인식하고 역사 전진의 정확한 방향을 확고히 견지해야 한다.

3.4 2004년 시작된 제3차 개혁 대논쟁

권력의 지대 추구와 빈부격차 심화의 상황에 직면하여 완전히 서로 상반된 두 가지 방안이 제시되었다. 시장화 경제개혁과 이에 상응하는 정치개혁을 지지했던 사람들은 기존 중국 사회의 여러 불량 현상은 시장화 개혁이 제대로 이뤄지지 않고 정치개혁이 심각히 지체된 후 권력이 끈덕지게 시장에서 퇴출되지 않고 오히려 시장의 자유거래에 대한 간섭과 압박 등의 지대 추구 활동 기반이 강화되어 야기된 것이라 주장했다. 그들은 근본적인 해결책은 시장화 경제개혁과 민주법치화의 정치개혁을 견지하여 권귀자본주의를 야기한 제도적 기반을 뿌리 뽑고 아울러 공공권력의 행사가 법률적인 제약과 민중의 감독을 받게 만드는 데 있다고 주장했다.

그러나 완전히 상반된 해결 방법을 제시한 사람들도 있다. 그 방안은 정부의 경제생활에 대한 간여와 국유기업의 독점 지위를 강화하고 민영기업과 시장의 활동 공간을 축소하는 것이다.

일부 개혁개방 이전 구노선과 구체제의 지지자들은 바로 이런 정세를 이용하여 현 중국 사회의 기존의 여러 문제가 시장화 개혁, 법치 건립과 민주 참여의 확대로 야기된 것이라고 극력 선동하며 '계급투쟁을 강령으로 삼고' '무산계급 독재하의 계속혁명'의 기치를 다시 들고서 역사의 열차를 갈아타고 '자산계급 특권의 철저한 타파'와 '자산계급에 대한 전면적인 독재'의 구체제로 돌아갈 것을 요구했다. 그리하여 제3차 개혁 대논쟁이 야기되었다.

두 개의 서로 대립되는 사상과 전망이 존재했기 때문에 중국이 장차 어디에서 왔고 어디로 가야 할지에 대한 대논쟁은 과거 30년 동안 항상 출현했다. 제1차 대논쟁은 1981~1983년에 발생했다. 개혁개방의 초기 실험은 그 이전에 시작되었다. 당시 사회사상은 활기를 띠었고 사람들은 구체제 및 이로 인해 야기된 '문화대혁명'에 대해 반성하면서 개혁으로 다가올 새롭고 아름다운 국면을 동경하고 있었다. 이때 구노선과 구체제를 지지한 세력의 영향은 언급할 가치조차 없을 정도로 매우 미미했다. 그러나 1979~1980년에 진행된 도시개혁에서 일부 문제들로 인해 경제 질서의 혼란과 인플레이션이 발생하여 개혁이 좌절되면서 정치적 보수 세력이 다시 승기를 잡고 고개를 들게 되었다. 그들은 이러한 관점 즉 혼란의 근원이 시장 법칙의 작용을 발휘하고 상품경제를 개혁의 목표로 삼은 것에 있다고 선전하며 이로 인해 사회주의 경제는 계획경제 중심을 반드시 견지해야 한다고 주장했다. 1984년에 이르러 중국공산당 제12기 3중전회는 상품경제가 중국 개혁의 목표라고 확정함으로써 당시의 퇴조 흐름을 저지했다.

제2차 대논쟁은 1989~1991년에 발생했다. 1980년대 후반기에 '이중 경제체제의 교착 대치' 상태를 개선하려는 관련 개혁의 진전이 없었기 때문에 인플레이션, 행정 부패 등의 문제가 격화되고 주민들의 불만이 깊어졌다. 이로써 1989년 정치적 풍파에서 정부를 가장 난처하게 만든 문제가 발생했는데, 이는 즉 많은 청년 학생과 일반 대중이 말려든 것이다.[63] 10년 개혁 기간에 쌓인 경제적 문제와 사회적 모순이 1988년의 경제적 풍파와 1989년의 정치적 풍파를 촉진시켰다. 위기의 폭발로 개혁은 심각한 좌절을 겪었다. 구노선과 구체제로의 회귀를 기도하던 사람들이 기회를 틈타 '계획경제의 철회와 시장화 실행이 바로 사회주의 제도를 고쳐서 자본주의 제도를 실행하는 것'이라는 논리로 시장화 개혁이 경제적 파동과 정치 동란의 근원이라고 지적하면서 일순간에 개혁을 역류시키려는 흐름이 늘게 되었다. 1992년에 이르러 덩샤오핑의 남순강화 이후에야 시장화 개혁이 비로소 다시 득세하게 되었다.

사회적 모순의 심화로 2004년 초부터 개혁개방 이후의 제3차 개혁 대논쟁이 시작되었다. 이번 대논쟁의 발생 배경은 21세기 초부터 국유경제 개혁이 대형 국유 중추기업에 대한 근본적인 개혁의 '심연'에 진입한 이후 방만한 흐름이 나타난 것이었다. 동시에 경제 과열 문제에 대응하여 기업의 미시적 활동에 대한 행정기관의 간섭이 다소 강화되고 농촌에서 각급 지방정부의 토지 획득 및 배치 권력이 크게 증강된 것도 또 다른 원인이 되었다. 게다가 정치개혁의 진전 속도 역시 완만했다. 이 모든 이유로 인해 지대 추

구 활동 공간이 확대되었고 부패의 만연과 사회적 불만이 심화되었다.[64]

이러한 상황을 야기한 원인에 대하여 사회적으로 서로 다른 판단이 존재했으며 또한 서로 다른 해결 방법도 제시되었다. 개혁 지지자들은 중국 사회에 존재하는 불공정의 원인을 시장화 개혁의 불완전성과 정치개혁의 심각한 지체에서 찾는 반면, 일부 사람들은 부패의 만연과 빈부 양극화의 원인을 시장화 개혁에서 찾는다. 그들은 전통적 정치경제학의 관점에 동의하면서 시장경제는 필연적으로 빈부 양극화와 노동자 생활수준의 하락을 가져온다고 본다. 현재의 전 지구적 금융위기의 발생 원인과 대응 조치에 대한 주류 해석에서 이러한 사상 경향이 강화되었다. 그래서 몇몇 사람들은 국유기업의 지배적 지위 회복 및 정부 주도적인 자원배치와 소득분배에 희망을 두었다.

이러한 두 가지 관점이 서로 대립하는 상황에서 구노선과 구체제의 지지자들은 부패 등의 문제에 대한 대중의 정당한 불만을 이용하여 포퓰리즘과 민족주의의 구호로 대중을 오도하며 투쟁의 타깃을 대중을 억압 착취하는 특수 이익 세력에서 일반 '부자'와 지식인에게로 돌렸다. 그들은 제2차 개혁 대논쟁 때의 옛 주장을 되풀이하면서 중국 개혁이 '레닌의 무산계급 독재하의 계속혁명 이론을 배반했다'고 지적한다. 경제 면에서 "중앙 지도부는 위에서 각 지방에 '비공유제 경제를 크게 발전시키자'고 극력으로 호소하고 공유제 경제를 힘써 발전시키는 것에는 입을 닫고 말하지 않으며" "최근 몇 년 동안 제기된 '중소 국유기업 민영화' 정책은 이미 심각한 결과를 야기했다"는 것이다. 정치 면에서는 '자유화가 계속 추진되고' '마르크스주의 계급투쟁 학설을 포기하여 무산계급 독재를 배반했다'고 주장했다. "최근 2년간 중앙이 해괴하게도 계급성과 혁명성 없는 구호와 주장, 예를 들면 '인본주의' '평화적 부상' '조화사회' '소강사회' 등을 제시했다"는 것이다. 외교적으로는

'계속 투항적이고 타협적인 노선을 실행했고 중국공산당은 최근 몇 년간 근본적으로 마르크스주의의 국제주의에 대해 주창하지 않았고 제국주의 문제도 제기하지 않았으며 새로운 지도부가 등장했어도 이야기하지 않았다'고 주장했다. "최근 몇 년간 세계 각국의 민족민주 혁명과 제국주의 반대 투쟁을 (⋯) 중국은 지지하지 않았을 뿐 아니라 오히려 제국주의의 뒤꽁무니를 쫓아다니며 민족민주 혁명운동을 '테러리스트 조직' '안정을 파괴하는 세력'이라고 헐뜯었고" '개혁 중에 개인주의화, 서구화, 부패화, 분화가 기본적으로 완성되었으며 거듭 개혁개방을 제도적으로 긍정함으로써 일부 친미적인 신자산계급 분자를 배양했다'[65]고 지적하기도 했다. 그들은 또한 현 중국이 봉착한 여러 사회경제적 문제들 즉 부패의 창궐, 분배의 불공정에서 비싼 진료비, 진학난, 심지어 국유자산의 유실과 잦은 광산 사고에 이르기까지 전부가 시장화 개혁에서 기인했다고 강조했다.

이에 근거해 그들은 1978년 이래의 개혁개방의 큰 방향을 철저하게 되돌릴 것을 주장했다. 경제적으로는 '재국유화'와 '재집체화'를 다음과 같이 실행하자는 것이었다. '도시에서는 개혁 기간에 사유화된 공유재산 모두를 사회주의 전민소유로 전면 회수한다. 농촌에서는 토지의 국유화, 노동의 집단화, 생활의 사회화의 3농 정책을 실행한다.' 정치적으로는 '계급투쟁 강령'과 '무산계급 독재하의 계속혁명'의 기치를 높이 들고, 장칭江靑, 장춘차오張春橋, 야오원위안姚文元, 왕훙원王洪文 등의 '누명을 벗겨주기' 위하여 '7, 8년에 한 번씩 몇 번을 추진하여 무산계급 문화대혁명을 끝까지 추진하며' '당내외 자산계급에 대한 전면적인 독재'를 실현하자고 했다.[66]

비록 구노선과 구체제의 지지자가 포퓰리즘과 민족주의를 선동하여 이데올로기 영역에서 일정 정도 성공을 거두었지만 그들이 자신의 속내를 드러내면, 즉 중국 인민에게 큰 민족적 재난을 야기한 구노선과 구체제로 돌아가자고 한다면, 개혁개방의 구체적인 방식과 중국 사회현상에 대해 이런 저런 의견은 있지만 개혁개방의 큰 방향에는 반대하지 않는 사람들이 그들을 떠나갈 것이다.

개혁개방에 회의하고 반대하는 주장에 대하여 중국의 당정 지도자들은 자신들의 태도를 표명한 바 있다. 2006년 3월 후진타오는 전국인민대표대회 상하이 대표단과의 담화 및 2007년 10월 열린 중국공산당 제17차 전국대표대회에서 제16기 중앙위원회를 대표하여 보고할 당시 조금의 동요도 없이 개혁 방향을 견지해야 하며 중단 없이 사회주의 시장경제체제를 완성하고 시장이 자원배치에서의 기초적 역할을 충분히 발휘하게 해야 하며, 개혁개방은 당심黨心, 민심民心에 부합하고 시대적 조류에 순응해야 하니 방향과 길은 완전히 정확하고 효과와 업적은 부정될 수 없으며 중단하고 후퇴하면 출로는 없다고 지적했다.

4. 적극적이고 신중한 정치체제 개혁

이상의 토론에서 볼 수 있는 것은 중국 개혁의 추진과 관련된 주요 문제는 국유기업 개혁이든 국가 거버넌스 체제 개혁이든 상관없이 모두 하나의 문제, 즉 정치개혁 문제로 초점이 모아진다는 점이다.

정치개혁의 진전이 더디면 한편으로는 경제개혁의 진전 과정과 경제성장 모델의 전환에 방해가 될 것이며 다른 한편으로는 법 질서가 명확하지 않게 되고 사회적 규범이 상실되며 부패가 만연되어 사회 안정과 조화가 심각한 위협을 받게 된다. 따라서 이제 진지하고 적극적인 정치개혁 추진이 개혁의 주요한 임무가 되었다.

4.1 정치개혁의 총체적 목표

중국은 어떤 형태의 정치체제를 건립해야 하는가? 1997~2007년 기간 소집된 중국공산당 제15차, 제16차 그리고 제17차 전국대표대회가 제시한 목표는 사회주의 민주정치의 발전, 사회주의 법치국가의 건설, 사회주의 정치 문명의 향상이다.[67] 정치 문명, 법치와 민주는 현대 민주정치의 기본적 요구라고 개괄할 수 있을 것이다. 일부 학자의 연구에 의하면 여기에서 요점은 아래의 몇 가지 측면이다.

1. 법치 건립

법치the rule of law, 즉 법률의 통치는 고대에 발원하여 근대에 이르러서야 완성된 일종의 거버넌스 이념이자 거버넌스 제도다. 가장 기본적인 내용은 이하 세 가지다. (1) 법률은 사람에 대해 징벌 실시를 결정하는 유일한 근거다. (2) 어떤 사람도 법률 위에 군림할 수 없다. (3) 법정의 결정은 개인의 권리를 옹호하기 위한 최후의 방어선이다. 이는 중국 고대의 법가가 말한 '법을 사용해 나라를 다스린다'와는 근본적으로 구별된다. 진시황이 중국을 통일하고 법가가 지배적인 사상이 된 이후에 중국 대다수 왕조는 모두 형법과 법제를 강조했다(어떤 때는 또한 그것을 '법치法治'라고 불렀다). 이것이 바로 마오쩌둥이 말한 '백대에 걸쳐 모두 진의 제도를 모방해왔다'의 뜻이다.[68] 중국의 제왕들이 말한 '법제' 혹은 '법치'는 단지 법률을 자신이 신민을 통치하는 수단으로 삼은 것에 불과하다. 어떤 제왕이 '겉은 유가이면서 속은 법가'[69]인 수완을 부리더라도 이는 또한 엄격하고 준엄한 형벌과 법령의 외관에 '왕도교화'의 얇은 외피를 덧대어 더욱 사기성이 짙게 만든 것일 뿐이다. 이는 현대사회의 법치 즉 근본으로서의 정의가 구현되고 공인되는 헌법에 의거한 법률의 통치와는 완전히 서로 다른 것이다.

옛 중국은 소농 국가였다. 이로 인해 전제 사상이 아주 오래도록 유행하기가 매우 쉬웠다. 바로 마르크스가 말한 바처럼 경제적 조건, 생활 방식 그리고 교육 수준의 한계 때문에 소생산자는 '자신의 명의로 자신의 계급적 이익을 보호할 수 없었고' '그들이 자신을 대표할 수 없었기에 반드시 다른 사람이 그들을 대표해야 했다. 그들의 대표는 동시에 그들의 통치자로서 그들 위에 높이 서 있는 권위자이며 제한받지 않는 정부 권력이어야 했다. (…) 그래서 근본적으로 소농 체제의 정치적 영향은 행정 권력에 의한 사회 지배로 나타났다'.[70] 엥겔스는 더 나아가 '이것이 바로 동양 전제제도의 자연적 형성의 기초'라고 지적했다.[71]

중화인민공화국 성립 이후에 본래 인민공화국의 본의에 맞게 법치 실현을 위해 노력해야 했다. 그러나 당시의 지도자들은 이렇게 하지 않았다. 반대로 오히려 '중이 우산을 쓰니 법도 없고 하늘도 없다和尙打傘, 無髮(法)無天' 따위의 반反법치 관념을 제창했다. 1957년의 '반우파 운동' 중에서는 나아가 '인치人治'를 부정하고 '법치'를 건립하자는 비판적 건의를 '자산계급의 우파적 의견'이라고 꾸짖으며 이러한 건의를 제기한 지식인을 강하게 공격하기도 하여 놀랍게도 '법치'는 1957년 이후 몇십 년 동안 일종의 금기가 되어버렸다. 비록 1986년 덩샤오핑이 '개혁을 통해 법치와 인치의 관계를 잘 처리해야 한다'고 주장하고[72] 중국공산당 제15차 전국대표대회 또한 '사회주의 법치국가 건설'을 공식적으로 제시했지만 법치에 저촉되는 구舊사상이 여전히 보편적으로 존재하여 사람들의 행위를 지배하고 있다. 중국 매체가 보도한 정부 문건의 외국어 번역문에서는 누차 '법치the rule of law'를 'the rule by law(법을 이용한 통치)'로 잘못 번역했는데 이러한 전통 관념의 영향이 얼마나 넓고 깊은지 알 수 있다. 많은 관원들이 자신을 '법'의 '다스림'을 받는 지위에 놓지도 않았고 엄정하게 법에 의거해 정책을 집행하지도 않았다. 오히려 법률을 자신의 의도를 관철시키는 수단과 도구로 보며 많은 경우 법치의 공정한 절차적 요구를 따르지 않고 법률 규정을 완전히 무시했다. 그들은 권력으로 법을 대체하여 대중을 내막을 알지 못하는 '내부 문건', 불확실성이 매우 큰 '정책 법규' 내지는 '책임자 지시'를 사용하여 지배하고 심지어 뇌물을 받고 법을 어기며 사리를 도모했다.

2. 헌정 실행

많은 중국 당정 지도자들은 모두 민주제도 건설의 중요성을 강조했다. 여기서 주의할 점은 현대사회의 모든 민주는 헌정민주라는 것이다. 근대사회에서 발전된 민주제도에는 두 가지 기본적인 유형이 있다. 첫 번째 종류는 1789년 프랑스대혁명 이후 자코뱅 독재 시기(1793~1794)에 실행된 '급진적 인민민주' 혹은 '직접민주'제도다. 다른 한 종류는 1688년 영국의 '명예혁명' 이후 점차 완비된 헌정민주제도다.

이와 서로 상응하여 바로 구준顧准이 말한 바처럼, 민주를 근거로 호소하는 혁명에도 두 가지 서로 다른 사상 조류가 존재했다. 그는 앞의 첫 번째 종류를 1789(프랑스대혁명)–1871(파리코뮌)–1917(10월 혁명)의 혁명 조류라고 불렀고 뒤의 종류를 영국식 경험주의 개량 조류라고 불렀다.[73]

앞의 흐름은 이후의 발전 과정에서 새로 수립된 제도가 카리스마를 가진 지도자의 과대 권력을 제약할 수 없었기 때문에 주권재민의 민주정치는 '다수의 폭거'와 '지도자의 독재'로 변질되었다.

중국 혁명 과정에서 1789년–1871년–1917년 사상 조류의 영향은 그 역사가 유구하고 오래됐다. 구사회의 독재체제에서 압박과 착취를 질리도록 겪은 노동 대중은 이러한 사상의 영향하에서 쉽게 급진화되는 경로로 나아갔다. 그러나 혁명에서 승리하고 정권을 획득한 이후 구준이 말한 것처럼 '노라가 떠난 후 어떻게 할 것인가'의 문제가 나타났다. 구준은 중국의 '문혁' 기간에 전제주의가 횡행한 전후의 인과관계를 깊이 분석한 후 다음과 같이 제시했다. '나 스스로 역시도 이렇게 믿어왔다. 그러나 오늘날 우리들이 열사의 명의로 혁명의 이상주의를 보수반동적인 전제주의로 변질시킨 이 시점에서 우리들은 철저한 경험주의, 다원주의의 입장을 굳세게 고수하여 이러한 전제주의에 반대하기 위하여 끝까지 분투해야 한다!'[74]

헌정민주제는 어떤 제약도 받지 않는 '최고 주권'을 인정하지 않고 권력의 균형을 요구하기 때문에 개인의 공공 권력 탈취를 방지하기가 비교적 용이하여 주권재민이 인정되도록 보장한다.

4.2 법치 수립에서 출발하는 정치체제 개혁

법치, 민주와 헌정은 긴밀히 연계되며 심지어 상호 규정한다. 그러나 이러한 체제들이 단번에 수립되거나 완성될 수는 없다. 중국의 현실에 입각하고 세계 각국의 헌정민주 실시의 경험을 충분히 흡수하여 법치 수립부터 시작하여 현대화된 정치체제 건설을 진행하는 것이 가장 쉽게 성과를 얻을 수 있는 방안이다.

중국의 실제 상황에 근거한 법치국가 건설을 위해서는 아래의 3가지 측면에서 작업을 강화해야 한다.

1. 전체 공민 특히 각급 지도 간부들 속에 법치 관념을 수립한다

법치 관념은 현대 선진 정치 문명의 중요한 구성부분이며 현대사회의 핵심 가치 가운데 중요한 내용이다. 법치 관념은 '왕의 권력이 모든 것보다 높다' '온 세상에 왕의 땅이 아닌 것이 없다'라는 유의 전통적인 전제 황권 사상과 대립하며 또한 '독재는 어떤 법률적 제약도 받지 않는 정권이다'라는 유의 자칭 '혁명 이데올로기'와도 원칙적으로 구별된다. 법치 관념은 법률이 최고 권력의 지위를 가져 모든 조직과 개인은 모두 법률이 규정한 범위 내에서만 활동해야 하고 법률 위에 군림해서는 안 된다는 것이다.[75]

이러한 측면에서 제대로 '비교적 철저한 사상 계몽 운동을 한번 진행하여 이데올로기적 속박을 풀고 진정으로 현대적인 핵심 가치관을 진정으로 건립할' 필요가 있다.[76]

2. 공인된 기본 정의에 부합하는 법률 체계를 건립한다

우선, 법률과 행정기관의 행정명령은 모두 헌법에 부합해야 한다. 헌법의 주요 내용과 기능은 권력의 배분을 실행하는 것이다. 헌법은 한편으로는 공민의 기본 권리를 확립하여 이러한 권리가 침범되지 않도록 보장해야 하며 다른 한편으로는 정부의 권한 범위를 규정하여 정부의 공민 권리 침범을 방지해야 한다.

법치의 조건하에서 법률은 반드시 투명성이 있어야 한다. 투명성은 아래와 같은 내용을 기본적으로 요구한다. 첫째는 입법과정에서 대중의 광범위한 참여가 있어야 한다. 둘째, 법률은 대중이 모두 알 수 있어야 한다. 현대적인 법치 관념에 의하면 대중이 모두 알 수 없는 법률은 효력이 발생하지 않는 법률이다. 현재 일부 정부 관료들이 인민의 알권리를 무시하여 공공업무의 처리 과정에 해당되고 민중의 절실한 이익과 밀접하게 관련되는 법률과 행정 법규를 당정 기관의 '내부 문건'으로 삼고 '기밀 보안'을 실시하거나 혹은 그 사정을 대중이 모르는 상황에서 정부 내부에서 처리 방법을 찾는다. 이러한 상황에서는 불법적인 관원들이 부당하게 행동하며 법을 왜곡하여 국민을 해치기 쉽다. 셋째, 법률은 소급되지 말아야 하며 이렇게 해야 비로소 공민이 자신의 행위에 대한 법률적 결과를 예측할 수 있다. 그렇지 않으면 행위 주체는 자신의 운명을 주재할 수 없게 되고 오직 '꽌시關系'를 찾거나 뇌물 제공 등의 방법에 의지해서 상당한 재량권을 가진 관료에게 특별 사례를 만들어달라고 도움을 요청해야 자신의 일을 처리할 수 있게 된다.

3. 사법 체계를 완성하여 법관의 독립적인 심판과 공정한 법 집행을 실현한다

독립적인 심판과 공정한 법 집행은 법치 수립의 기본적 요구이며 사법 인원의 부패와 간섭이 이러한 기본 요구의 실현을 가로막은 주요한 요인이다. 이러한 장애 요인을 제거하기 위하여 제도 개선 외에도 주로 법관의 자질을 향상하고 인민 대중의 감독을 강화해야 한다. 공산당은 집정당으로서 또한 사법 업무가 헌법과 규칙에 부합하는지에 대해 감독과 보장 역할을 해야 한다. 그러나 이러한 감독과 보장 역할은 인원의 임명과 심판 절차의 공정성에 초점이 맞춰져야 하며 직접 관원을 임명하거나 구체적인 안건의 심판에 간섭하거나 심판 결과를 결정해서는 안 된다. 현재 사법의 공정성과 독립성에 대한 또 다른 중대한 위협은 이른바 '사법의 지방화'에서 비롯된다. 지역을 초월한 경제적 분쟁 안건에 대한 심판 처리 결과는 왕왕 어느 쪽 지역이 사법 관할권이 있는가에 따라 결정된다. 이에 대해 이미 이를 바로잡을 몇몇 방법이 제시됐는데, 예를 들면 법관의 임명 절차에서 지방 인민대표대회의 권력에 대한 제약을 두는 것 등이다. 이외에도 어떤 학자는 최고법원의 순회 법정을 구성하여 지역을 초월해 안건을 심리하도록 제안했는데 이 또한 지방보호주의를 억제하기 위해 실현 가능한 방법 중 하나다.

4.3 정부 자체 개혁: 정치개혁 추진의 관건

'국가 신디케이트'식 정부 관리체제의 주요한 폐단은 '전능정부' 체제가 정부와 인민 사이의 주종 관계를 뒤바꾼다는 점에 있다. 130년 전 마르크스와 엥겔스는 파리코뮌의 경험을 총결하면서 가장 중요한 일은 온 힘을 다하여 '국가와 국가기관이 사회의 공복에서 사회의 주인으로 탈바꿈하는 것을 방지하는 것'이라고 이미 반복적으로 설명했다.[77] 이번 장 1.2에서 말한 바 있는 '전능정부' 체제에서는 비록 일부 관원이 '인민을 위해 복무하자' '인민의 공복이 되자'는 구호를 벽에 써놓고 입에 달고 산다 하더라도 그들은 실제로는 '사회의 주인'이자 '대중'의 '우두머리' 지위에 있으며 '국가 목표'의 명의로 자신의 의지를 사회에 관철시킬 수 있고 인민의 중요하고 절실한 이익과 관련된 문제를 포함하는 모든 문제에서 '통치하'의 '백성'을 대신하여 결정할 수 있다. 중국과 같이 이러한 장기적인 전제주의 전통을 가진 국가에서는 이처럼 완전히 뒤바뀐 관계가 심지어 대중의 인정을 충분히 얻을 수도 있다. 지방 관원은 백성들에게서 '부모관父母官(부모와 같은 관원)'이라 불렸으며 정치적으로 청렴한 관원은 '백성의 부모'라고 칭송되기도 했는데 이 모두가 몸에 밴 일상적 습관이 된 일이었다.

바로 이러한 현대 정치 문명과 전혀 어울리지 않는 낡은 규범과 관습이 존재하기 때문에 책임을 맡은 몇몇 관원들이 대중의 절실한 이익과 관련된 중대한 문제에서 지극히 무책임한 태도를 취하게 된다. 일부 불법적인 관원들 또한 유권자와 납세자를 위해 복무하지 않을 뿐 아니라 자신의 권세를 이용하여 자의적으로 그들의 이익을 침범하기도 한다.

분명코 정부개혁은 이러한 전도된 주종 관계를 다시 뒤집어 현대 정치 문명의 요구 및 마르크스주의 창시자가 명백히 밝힌 주종 관계의 원칙에 부합하는 정치체제를 수립하려는 것이다. 덩샤오핑은 일찍이 중국공산당의 집정 이래 역사적 교훈에 근거하여 다음과 같이 엄숙히 제시했다. '우리들이 과거에 야기한 각종 착오는 물론 모 지도자의 사상 및 작풍과 관련이 있지만 조직제도, 업무제도 측면의 문제가 더욱 중요하다. 이러한 측면의 제도가 좋으면 나쁜 사람이 임의적으로 횡행할 수 없게 되고 제도가 나쁘면 좋은 사람이 좋은 일을 충분히 할 수 없을 뿐 아니라 심지어 다른 쪽으로 엇나가게 만들 것이다. 마오쩌둥 동지같이 위대한 인물 역시 일부 나쁜 제도로부터 심각한 영향을 받았으며 이 때문에 당에 대해서, 국가에 대해서, 그 개인에 대해서도 모두 매우 큰 불행이 야기되었다.' "스탈린은 사회주의 법제를 심각히 파괴했고 마오쩌둥 동지는 이러한 사건이 영국, 프랑스, 미국과 같은 서방국가에서는 발생할 수 없다고 말한 바 있다. 그는 비록 이러한 점을 인식했지만 실제로 영도제도의 문제 및 여타 일부 원인들을 해결하지 못했기 때문에 '문화대혁명' 10년의 대재앙을 야기하기도 했다."[78]

정부는 정치개혁의 대상이기도 하고 또한 정치개혁의 주요한 추진 세력이기도 하기 때문에 정부 자신의 개혁은 정치개혁 추진의 관건이 된다. 정부개혁의 목표는 유한정부와 효율적 정부를 만드는 것이다. 이른바 유한정부는 앞서 말한 계획경제하의 전능정부(무한정부無限政府)와 상반되는 정부형태다. 경제적 측면에서 보면, 시장경제 조건하의 정부 기능의 범위는 유한적이고 그가 장악한 자원은 공공재의 제공과 관련된 자원에 국한되어 있으며 희소자원의 기본적 배치자의 역할은 시장에 넘겨 맡긴다. 정치적 측면에서 보면, 유한정부의 기능, 권력과 규모는 법률의 제약과 사회의 감독을 받아야 하며 임의적으로 확장할 수 없다. 이른바 효율적 정부에서 정부는 응당 납세자의 감독하에 있어야 하며 정부의 관리를 개선하고 횡령과 낭비를 끊고 저비용 고효율로 공공서비스를 제공해야 한다.

이상 정부개혁의 목표는 분명히 장기적 노력을 거쳐야 비로소 도달할 수 있다. 현재 정부개혁에서 절실하게 해결해야 할 문제는 이하의 몇 가지다.

1. 공민의 기본권리가 침범을 받지 않도록 보장한다

「중화인민공화국 헌법」(약칭 「헌법」)과 중국 정부가 서명한 「세계인권조약」은 사람의 기본권리에 대하여 명확히 규정하고 있다. 인민대중의 이러한 기본권리는 언론, 출판, 집회, 결사, 시위, 종교 신앙 등의 자유를 포함하며 인신의 권리 및 선거와 피선거 권리는 절실한 보장을 받아야 하고 어떤 침범도 받지 않는다.

인민의 정부 공공업무 활동에 대한 알권리 역시 중요한 인권 항목이다. 정부가 공무를 집행하는 과정에서 발생한 정보는 일종의 공공자원으로서 대중이 공공업무와 정부 업무 상황을 이해하고 공공업무 인원을 감독하기 위한 필요조건이다. 따라서 현대 국가는 통상 정보를 공개하는 '투명한 정부'의 입법 기능을 갖고 있다. 국가 안전과 관련되어 법이 정한 절차를 통해 제외된 공공 정보를 제외하고는 모두 대중에게 공개되어야 한다. 정보가 투명한 제도를 건립해야만 정부와 정부 관원을 대중의 감독하에 놓을 수 있다. 최근 몇 년 동안 일부 뇌물을 수수하고 법을 어긴 관원들이 폭로되었는데 이는 왕왕 시민의 감독권이 위력을 발휘한 결과이기도 하다. 그래서 신문 잡지, 방송, 인터넷 등 대중매체가 특히나 발달한 현대사회에서 정부는「헌법」이 부여한 알권리와 감독권을 시민이 행사하도록 지지하고 보호하여 그것을 자신의 기본 본분으로 삼아야 한다.

2. 당정 분리를 실현한다

일반적으로 말해서 각국의 집정당이 국가의 정치 생활을 영도하는 데에는 세 가지 방식이 있다. 첫째는 국가 정권을 통해서 정치 생활에 대한 영도를 실시하는 것, 즉 국가 대의 기구의 입법 활동과 국가 행정기관의 법령에 대한 관철을 통해서 영도를 실시하는 것이다. 둘째는 국가 정권을 통해서가 아니라 국가 정권의 밖에서 본래 국가 대의 기구와 행정기관이 행사해야 할 직능을 직접 행사하는 것이다. 셋째는 집정당이 정부 위에 위치하여 정당이 정책을 결정하고 정부가 집행하는 국면이 형성된 경우다. 프랑스의 마르크스주의 학자 니코스 풀란차스Nicos Poulantzas는 '이처럼 정당과 국가 행정이 분리되어 있지 않고 당정이 혼연일체가 된 정치는 민주와도 그리고 마찬가지로 사회주의와도 근본적으로 관련이 없다'고 오래전에 제시했다.[79] 덩샤오핑은 자신이 국가 영도 업무를 수십 년 맡았던 체험에 근거하여 그리고 과거 '좌'의 노선하에서 당정이 분리되지 않고, 정부와 기업이 분리되지 않은 등의 상황에 맞서서 '당정이 분리되지 않고' '당이 정부를 대신하는' 문제를 해결하여 '당정 분리'를 실현해야 함을 반복적으로 재차 천명했다. 그는 또한 이러한 원칙을 실현할 구체적인 방법을 제시한 바 있다. 그 가운데 일부분은 1987년 중국공산당 제13차 전국대표대회 이후에 실시된 적이 있다. 이러한 경험은 제대로 정리하여 장점은 존속시키고 폐단은 제거하여 확산시킬 필요가 있다.

3. 관련 법률 법규를 엄격하게 집행하여 법에 의한 행정을 실현한다

현 중국에서 각급 정부는 토지, 자금 등 자원의 배치 측면에서 과다한 권력을 갖고 있으며 정부 활동의 경계에 대한 법률 법규 역시 때로는 충분히 명확하지 않아 이로 인해 관원들이 과다한 자유재량권과 지대 추구 기회를 장악하게 되었다. 이러한 상황을 고려할 때 각급 정부가 지배한 경제 권력을 축소하는 동시에 모든 정부 관원이 자신의 직능을 집행할 때 엄격하게 법정 절차를 준수하도록 제대로 보장하여 정부와 정부 업무 인원이 국가이익의 명의로 공민의 기본 권익을 침범하는 것을 막아야 한다. 시장경제의 활력은 각각의 공민이 적극성과 창조성을 발휘하는 데서 비롯되는데 공민의 적극성과 창조성이 충분히 발휘될 수 있는지 여부는 그들의 기본 권익이 효과적인 보호를 받는지 여부에 달려 있다. 최근 몇 년간 전국인민대표대회와 국무원은 정부의 행정 권력을 제한하는 일련의 법률과 법규를 제정했는데 예를 들면 「중화인민공화국 행정허가법」(2004) 등이 있다. 현재의 문제는 이러한 법률 법규가 제대로 집행되도록 보장하는 것이다.

4. 기층 선거 제도를 완성하여 점차적으로 민주를 확대한다

중국의 민주정치 건설은 기층 선거에서 시작되었다. 중국공산당 제11기 3중전회 이후 '기층 정권과 기층 사회 생활에서 점차 인민의 직접 민주를 실현할 것'이 명확히 제시됐다. 1980년대 초, 농촌에서는 농업의 '청부경영包産到戶'을 실행한 이후 촌민 위원회 자치 조직을 창립했고 1982년 「헌법」은 이러한 기층 자치 제도를 명확히 지지했다. 1987년 「중화인민공화국 촌민 위원회 조직법(시행)」이 제정되어 '촌민 위원회 주임, 부주임과 위원은 촌민의 직접선거로 뽑는다'고 규정했다. 1997년 중국공산당 제15차 전국대표대회 보고에서는 '도농 기층 정권 기관과 기층의 대중적 자치 조직은 모두 민주 선거 제도를 건전화해야 한다'고 제시했다. 1998년 「중화인민공화국 촌민 위원회 조직법」이 공식 시행되어 직접선거의 절차를 개선했다. 2001년까지 전국 농촌 촌민 위원회 보통선거에서 4차례의 임기 교체 선거가 진행되어 수백만 명의 '촌관村官'이 임명제에서 직접선거로 전환됐다. 일부 지방에서는 또한 향진 직선의 실험을 전개했다. 그러나 현재 기층 선거의 선거 문화 역시 미성숙한 상황이며 선거가 조종받는 일이나 뇌물 선거와 불법 선거 역시 늘 발생하고 있다. 그 외에 촌 자치체의 영도 체제 문제 역시 해결돼야 한다. 이러한 모든 상황은 기층 선거상에서 많은 업무가 더욱 개선될 필요가 있음을 설명한다.

5. 시민사회를 성장시켜 사회의 자기 조직 능력을 높인다.

현대사회의 이익은 다원적이고 사회적 활동도 다양하기 때문에 공공업무는 당정 기관과 행정 관원에 의지해서만 처리할 수 없고 민간 사회를 발전시켜 각종 사회집단의 자치를 광범위하게 실행해야 한다. 그러나 전통적인 '큰 정부, 작은 사회' 체제의 중요한 특징은 반대로 국가권력의 충분한 확장과 민간 사회 활동 공간의 최대한의 압축이다. 따라서 1956년 사회주의 개조를 실행한 이후 특히 1958년 '정사합일政社合一'의 인민공사화를 실현한 이후에 독립성이 위태로워진 가정을 제외하고 여타 모든 사회집단 조직은 더 이상 존재하지 않게 되었고 사회 전체의 갖가지 직업들이 어떤 업종 혹은 영역에 속하는가에 상관없이 관 본위적인 통일적이고 단조로운 행정 직급 체계로 통합 조정되었다. 이는 생기와 활력이 결여된 '섬유화纖維化' 체계로 혹은 '사회 없는 국가state without society'로 불렸다. 만약 정부의 지도자가 정책 결정을 하고 명령을 하달한다면 이러한 조직 체계는 국가의 권위를 운용하고 동원 가능한 모든 자원을 이용해 특정한 국가 목표를 실현할 수 있다. 그러나 이러한 체계는 치명적인 약점을 갖고 있는데 바로 사회집단의 자체적인 조직 능력이 결여되어 의외의 사태에도 정부 관원의 명령에 의존할 수밖에 없으며 국가가 규정하지 않은 어떤 항목 혹은 관원의 허가를 거치지 않은 활동은 모두 중단할 수밖에 없거나 혹은 일의 진척이 어려워지게 되는 점이다. 인민이 주인인 국가에서는 반드시 민간사회의 자체적인 조직 능력을 향상시켜 사회집단 조직이 다양한 공공업무를 스스로 처리할 수 있도록 해야 한다. 이렇게 돼야만 진정으로 풍부하고 다양한 사회생활과 생동감 있는 정치적 국면이 나타나 경제, 정치, 문화의 전면적인 번영을 실현할 수 있다.

정치체제를 더욱 개혁하려면 각급 정부가 자기 혁명을 진행해야 한다. 즉 원래의 일부 권력을 포기하고 새로운 사회 서비스 책임을 증대시키는 것이다. 자신의 권력을 포기하고 자기 혁명을 추진하는 것은 통상적으로 매우 어려운 일이다. 따라서 일부 정부 관원들은 종종 정치개혁 추진에서 방해 세력이 되곤 한다. 그들은 혹은 시장화 개혁의 진행을 힘써 저지하며 지대 추구의 진지를 유지하려 애쓰기도 하고 혹은 개혁 중에 자신의 개인적 관점을 개입시켜 개혁을 새로운 지대 추구의 기회로 왜곡하기도 한다. 이러한 상황에서 정권을 맡은 중국공산당은 반드시 자신의 정치적 영도 역할을 발휘하여 공산당 구성원이 자기 혁명을 진행하도록 촉구하여 여러 장애물을 제거함으로써 정치개혁과 경제개혁을 밀고 나가야 한다.

제12장

결론

30년의 시장화 개혁을 거쳐 중국은 이미 기본적으로 사회주의 시장경제의 기본 틀을 건립했다. 앞의 11개 장 가운데 제1장은 이 이행의 시발점 즉 집중계획경제에 대해 고찰했고, 나머지 10개 장은 각 부문의 이행 과정을 분석했다. 여기서는 앞선 토론을 간략히 끝맺는다.

1. 시장경제의 초보적 수립과 발전 전망

중국이 20세기 말 건립하기 시작한 신경제체제는 중요한 특징을 갖고 있는데 바로 정부와 국유경제의 주도 아래 시장경제와 명령경제, '쌍궤가 병존'하는 것이다. 한편으론 상품 매매와 화폐 교환이 이미 사회의 일반적인 거래 방식이 되어 시장가격이 상당 부분 자원의 흐름을 인도한다. 이는 시장이 자원배분 방면에 이미 광범위한 역할을 수행하고 있음을 의미한다. 다른 한편, 각급 정부는 여전히 토지 등 가장 중요한 자원을 장악하고 있고 일부 중요한 업종도 국유기업의 행정 독점을 유지하고 있다. 이는 각급 정부 및 관료가 경제 자원 배분 방면에 여전히 중요한 역할을 하고 있고 심지어 결정적 지위를 갖고 있음을 의미한다.

'증량개혁' 원칙에 따라 점진적으로 성장한 신경제체제에 구체제의 유산이 존재하는 것은 완전히 정상적인 현상이다. 문제는 이것이 어느 방향으로 계속 발전하는가에 있다. 구체제의 유산을 제거해나가면서 규범적 시장경제로 넘어가든지 아니면 경제활동에 간여하는 권력을 공고화하거나 나아가 확대해 왜곡된 경제체제를 형성하든지다.

제2장에서 언급한 대로 개혁 초기에 여러 가지 경제개혁 목표가 설정됐지만 그중 가장 중요한 두 가지는 '정부 주도 시장경제(동아시아 모델)'와 '자유시장경제(구미 모델)'였다. 대체로 '동아시아 모델'은 종종 관료들의 주목을 받았고, '구미 모델'은 현대 경제학 지식을 갖춘 학자들의 주의를 끌었다. 그러나 개혁 초기 명령경제가 여전히 지배적이고 시장경제 발전 정도는 매우 낮아 정부가 무거운 조정 책임을 져야 하는 상황에서 양자 간의 차이는 두드러지지 않았다. 그러나 명령경제가 이미 전반적으로 무너지고 시장 규칙이 세워지길 기다리는 상황이 되자 이들 간의 차이는 날로 심해졌다. 전자

의 관점을 지닌 사람들은 개혁 목표가 이미 실현됐다고 여겼다. 그 가운데 특히 지대 추구 활동으로 얻은 기득권의 보호를 요구하는 몇몇 사람에게 가장 구미에 맞는 것은 각급 정부 관료들의 제약받지 않는 권력을 한층 더 강화하여 지대 추구 가능성을 확대하는 것이다. 그러나 후자의 관점을 지지하는 사람들 입장에서 개혁 목표는 아직 완수되지 못했다. 그들은 개혁을 견지하면서 시장경제체제를 한층 더 완비하여 극소수 지대추구자가 아닌 사회 대부분 사람들의 이익에 부합하는 법치의 시장경제를 건설할 것을 요구했다.

그래서 제2장에서 말한 바와 같이 쌍궤제가 확립된 날로부터 중국 사회에는 '어디로 가는가'의 문제가 계속 존재했다. 두 가지 가능한 전경이 준엄하게 우리 앞에 놓여 있다. 하나는 시장경제의 개혁 경로를 따라가면서 행정 권력을 제한하고 법치의 시장경제로 나아가는 것이고, 다른 하나는 정부 역할을 강화하는 중상주의적 경로를 따라가면서 정실자본주의(혹은 관료자본주의, 관가자본주의)의 막다른 길로 나아가는 것이다.

이렇게 중국 경제의 발전 과정은 개혁과 부패 중 누가 더 빨리 달리는지의 한바탕 경주가 됐다. 1992년 덩샤오핑의 '남순강화' 이후 경제개혁의 분위기가 새롭게 일어나면서 정부의 시장 통제가 크게 줄고 대부분의 상품과 서비스 가격이 개방됐다. 1997년 중공15대에서 '3개 유리三個有利于'의 판단 기준에 따라 소유제 구조를 조정하고 개선하기로 결정하고, 민영 중소기업의 발전을 지원해 다양한 소유제 경제가 공동 발전하는 국면이 전국 각지에서 빠르게 형성됐을 때, 인민의 소득수준이 높아지고 사회 각 계층의 적극성과 능동성이 발휘되며 만족의 목소리가 중국 대륙에 울려 퍼지는 아름다운 국면이 나타났다.

이와 반대로, 관상 일체의 '권력이 시장을 어지럽히는' 지대 추구와 지대 설정 행위가 강화되어 '관상官商' '관공官工' '관문官文' '관학官學' 등 각양각색의 '관료 상인紅頂商人'과 탐관오리가 수많은 죄악을 저지르고 빈부격차가 확대될 때 사회의 불만 정서는 강렬해질 것이다.

우리가 제2장부터 제11장까지 분석한 것처럼, 현재 사회에 존재하는 여러 가지 추악한 현상은 근본적으로 말해서 모두 경제개혁이 완전히 제자리를 찾지 못하고, 정치개혁이 심각하게 지체되어 행정 권력이 전보다 더 민간 경제활동을 압박하고 간여하여 광범위한 지대 추구 활동을 조성한 데서 기인한 결과다. 이런 추악한 현상에 대한 대중의 정당한 불만은 개혁을 계속 나아가게 하고, 함정을 메우고 부패를 쓸어버리는 중요한 동력이 될 수 있다. 그러나 만약 개혁개방 전의 구노선과 구체제를 옹호하는 사람들에게 맡긴다면 이러한 정세를 이용해 대중을 속이고 미혹하여 사람들을 그릇된 길로 인도할 것이다.

근년에 중국 사회에 부패가 만연하고 빈부격차가 커지는 등의 사회문제를 놓고 토론하는 중에 개혁 전 구노선과 구체제를 지지하는 사람들이 내놓은 해결 방안은 정부의 권력을 확장하고 행정기관의 경제생활 간여를 강화하고, 공상업에 '국진민퇴'를 실행해 재국유화를 실현하며, 농업에 다시 '공동 소유로 돌아가는' 재집단화를 실현하는 것이다. 중국 사회에 현재 존재하는 여러 가지 정실자본주의 현상의 근원을 찾아보면, 제한받지 않는 권력이 경제활동을 간섭하고 경제 자원을 지배했기 때문인데 구노선과 구체제의 지지자들은 정부와 관료의 '독재' 권력과 국유기업의 독점적 지위를 강화하여 부패를 억제하고 빈부 차이를 축소해야 한다고 요구하니 분명히 정반대의 결과만을 얻을 뿐이다.

만약 시야를 더 넓혀본다면, 우리는 인류가 20세기 근 100년간 행한 사회개량의 역사적 대실험에서 다음을 분명하게 볼 수 있다. 구준顧准이 말한 바

대로 의지가 얼마나 진실하고 아름다운지와 관계없이 1789－1871－1917년의 경로를 따라서 얻을 수 있는 것은 결코 사람들이 약속했던 지상천국이 아니라 대재난과 대역행이며 집 나간 노라가 또 다시 원점으로 돌아온 것일 뿐이다.

결론적으로, 중국이 사회 폐단을 극복하는 올바른 길은 시장경제체제를 전면적으로 건립하고 완비하는 것이다. 특수 이익집단의 교란을 배제하고 시장화 경제개혁과 민주법치화의 정치개혁을 추진해 정실자본주의의 기초를 제거하며 공공 권력의 행사 시 헌법과 법률의 제약과 민중의 감독을 받도록 해야 한다. 이 외에 다른 길은 없다.

2. 전면적 개혁 추진, 시장경제체제 완비

전면적인 시장경제체제 건립과 완비를 위해 반드시 다음의 몇 가지 개혁을 쉼 없이 추진해야 한다.

(1) 비록 전국 각지 특히 연해 지역에서 「중화인민공화국 헌법」이 규정한 기본 경제제도가 이미 기본적 골격을 갖췄지만 소유제 구조의 개선은 아직 가야 할 길이 멀다. 현재 각급 정부와 국유기업은 지나치게 많은 경제 자원 특히 토지와 자본을 통제하고 있다. 이것이 권력 지대 추구 활동이 날로 만연하고 부패가 사라지지 않는 주요 원인이다. 따라서 정부는 심판이 볼을 차고 인민과 이익을 다투는 도착적 행위를 단호하게 버리고, 국유경제 조정을 계속 추진해야 한다. 국가는 모든 수단을 이용해 일부 사람들이 개혁 과정에서 행정권을 이용해 공공재산을 침식하고 먹어 삼키는 것을 방지해 재산의 일차 점유에서 양극화가 나타나는 것을 피해야 한다.

(2) 적극적 탐색, 대범한 실험, 신속한 평가를 통해 사회화 생산에 적합한 공유제 실현 형식을 개척해야 한다. 특별 법인으로서 국가가 독점 경영하는 극소수 특수 업종에 속하는 기업 외에 절대다수 기업은 모두 주주권이 다원화된 회사로 개편돼야 한다. 이들은 기업으로서 어떤 독점 권력을 향유하거나 정부의 특수 정책 우대를 받아서는 안 된다.

(3) 국가경제와 국민 생활에 유리한 모든 사영경제 발전 방침을 견실하게 집행하여 민영기업을 차별하는 규정을 폐지하고 중공17대에서 요구한 '평등한 재산권 보호 견지' '각종 소유제 경제의 평등한 경쟁, 상호 촉진의 신국면'을 형성해야 한다. 여기서 주의해야 할 점은 행정권이 여전히 여러 방면으로 시장 거래에 간여하는 환경에서 성장한 사영기업가 집단이 개별적으로 행정권과 결탁하고 권력 지대를 추구하는 불량 행위를 하지 않도록

교육하고 지지해야 한다는 것이다.

(4) 정부는 반드시 인민의 생활수준을 전반적으로 높인 기반 위에서 가능한 한 빨리 온 국민이 혜택을 받을 수 있는 사회보장체계를 건립해야 한다. 동시에 자신이 장악한 다양한 정책 수단을 충분히 이용해 사회 소외계층을 돕고 빈부 양극화를 방지하여 공동 부유의 목표를 점진적으로 실현하도록 보장해야 한다.

(5) 법치를 엄격히 시행하고 민주정치를 건설해야 한다. 헌법과 법률의 존엄한 권위를 수립하려면 어떤 제약도 받지 않는 권력 주체의 존재를 허락해선 안 된다. 정부의 권한 범위를 확정하고 정부의 권력남용과 공민의 기본권 침해를 방지해야 한다. 공중의 광범위한 참여 아래 공인된 기본 정의에 부합하는 법률 체계를 건립해야 한다. 법률은 투명성을 갖춰야 하고 공중이 알아야 하며 각자가 자신의 행위 결과를 분명하게 예측할 수 있어야 한다. 사법의 독립성과 공정성이 보장돼야 한다.

(6) 법에 의해 지배되는 시장경제 건설을 위해 정부는 우선 자신의 행위를 규범화해야 한다. 시장경제에서 정부 직능은 사회를 위해 공공서비스를 제공하는 것이며 기업과 주민의 미시적 사무에 함부로 간섭해선 안 된다. 정부는 '관여해선 안 되고 관여해도 잘 안 될 일은 절대 관여하지 않고, 관여해야 하는데 관여하지 않거나 잘못 관여한 일은 제대로 관여하도록 노력하겠다'고 자신이 인민에게 한 약속을 반드시 실현해야 한다.

부유, 민주, 문명, 조화의 중국 건설을 위해 행한 개혁과 중국의 집권당—중국공산당이 약속한 사회주의 목표는 완전히 일치한다. 덩샤오핑이 몇 번이고 반복해서 말한 사회주의 원칙, 사회주의 특징, 사회주의 본질은 모두 사회 생산력 발전과 공동 부유의 점진적 실현에 있다. 개혁 과정에서 견지한 사회주의의 대人방향도 각각의 구체적 개혁 조치가 모두 사회 생산력 제고와 공동 부유 목표의 점진적 실현에 유리해야 함을 의미한다.

인정해야 할 것은, 덩샤오핑이 말한 '봉건 전제 전통이 비교적 많이 남아 있고, 민주 법제 전통이 매우 적은' 국가인 중국이 헌정, 민주와 법치를 실행하는 시장경제를 건설하는 것은 매우 위대하지만 극히 어렵고 무거운 임무라는 점이다. 그러나 중국이 끊임없이 진보하는 시대에 세계 민족들 가운데 스스로 서기 위해서 이것은 생략할 수 없는 과정이다. 따라서 시장경제 개혁 임무를 계속 완수하는 동시에 적극적이고 신중하게 정치개혁을 추진하는 것이 미래 중국 개혁의 주제다.

주

제1장

1   계획경제의 본뜻은 희소한 자원을 엄밀하게 계산한 계획에 의거하여 배치한다는 의미다. 사회 전체의 자원배치 계획의 실시를 정부의 행정명령에 반드시 의존해야 할 경우를 강조할 때는 이를 명령경제command economy라고 부르기도 한다.

2   고증에 의하면 '사회주의자socialists'란 말의 첫 사용은 1827년 영국의 오언주의 잡지로 거슬러 올라가며 '사회주의socialism'란 용어는 1832년 생시몽의 한 제자가 제시한 것이다.

3   馬克思 · 恩格斯(1948): 「共產黨宣言」, 『馬克思恩格斯選集』 第1卷, 北京: 人民出版社, 1995, p. 227.

4   주요한 대표 인물은 다음과 같다. 1. 뮌처Thomas Münzer(1490?~1525)는 독일에서 태어나 재산을 공유하는 천년왕국을 건립할 것을 제시했다. 1525년 의병을 이끌고 지휘하여 뮐하우젠의 귀족 의회를 무너뜨리고 혁명 정권의 '영구적 의회'를 세우고 의장직을 맡았다. 2. 캄파넬라Tommaso Campanella(1568~1639)는 이탈리아에서 태어났으며 1601년 감옥에서 『태양의 나라La città del sole』를 썼다. 3. 베이컨Francis Bacon(1561~1626)은 영국에서 태어났으며 1626년에 『새로운 아틀란티스New Atlantis』를 출판했다. 4. 윈스탠리Gerard Winstanley(1609~1676)는 영국에서 태어났으며 1649년 『새로운 정의의 법The New Law of Righteousness』을 출판하고 1652년에 『자유의 법The Law of Freedom in a Platform』을 발표했다. 5. 드니 베라스Denis Vairasse(1630~1700?)는 프랑

스에서 태어났으며 그 여행기 형식 소설인『세바랑브의 역사Histoire des Sevarambes』에는 18세기 프랑스 공산주의 이론의 맹아가 포함되어 있다.

5 托馬斯·莫爾(1516):『烏托邦』, (*A Most Pleasant, Fruitful and Witty Work of the Best State of a Public Weal, and of the New Isle Called Utopia*), 戴鎦齡等譯, 北京: 商務印書館, 2007.

6 초기 공상적 사회주의자의 상품 화폐 관계에 대한 이러한 종류의 의분과 화폐 소멸 예측은 심지어 400년이 지난 후에도 여전히 현대 사회주의자들 사이에서 반향을 얻고 있다. 레닌은 신경제정책 실행 초기에 발표한『현재 그리고 사회주의의 완전한 승리 이후 금의 중요성The Importance of Gold Now and After the Complete Victory of Socialism』에서 다음과 같이 적었다. "우리가 장래에 전 세계 범위 내에서 승리를 얻은 후 우리는 세계 몇몇 가장 큰 도시 거리의 공공 화장실을 황금으로 수리할 것이다. 이렇게 황금을 사용한다면 오늘날 여러 세대의 사람들에게 가장 '공정'하고 충분히 이익이 되는 것이라 할 수 있다. 어떻게 황금 때문에 1914~1918년 위대한 해방 전쟁 중에서 (…) 1000만 명이 비명에 죽었고 3000만 명이 장애인이 되었는지 그들은 잊지 않았기 때문이다." (『列寧全集』第42卷, 北京: 人民出版社, 1987, pp. 248~249.)

7 다음에 근거해 작성했다. 莫爾:『烏托邦』; 卡爾·考茨基:『莫爾及其烏托邦』; 瑪格麗特·柯尔:『歐文傳』.

8 恩格斯(1880):「社會主義從空想到科學的發展」,『馬克思恩格斯選集』第3卷, 北京: 人民出版社, 1972, pp. 376~443.

9 恩格斯(1880):「社會主義從空想到科學的發展」,『馬克思恩格斯選集』第3卷, 北京: 人民出版社, 1972, p. 437.

10 馬克思(1867):『資本論』第1卷, 北京: 人民出版社, 1975, p. 688.

11 馬克思(1867):「資本積累的歷史趨勢」,『資本論』第1卷, 北京: 人民出版社, 1975, pp. 831~832.

12 마르크스는 일찍이『철학의 빈곤』에서 다음과 같이 말한 바 있다. '우리가 현대 공장의 분업을 모델로 하여 이를 전체 사회에 운용한다면, 부의 생산을 위해 사회가 최고로 완벽하게 조직되어 응당 지휘 역할을 하는 기업주가 앞서 제정된 규칙에 의거하여 공동체의 각 구성원에게 업무를 배분하는 것을 틀림없이 보게 될 것이다.' [馬克思(1847):「哲學的貧困」,『馬克思恩格斯選集』第1卷, 北京: 人民出版社, 1995, p. 163.]『자본론』안에서 마르크스는 공유제 조건하의 생산을 공장 내부의 계획적인 분업과 비교하면서 자본주의 '공장제도의 열광적인 변호자들은 사회적 노동의 일반적 조직화는 어떤 것이든 질책하면서 이러한 조직이 사회 전체를 하나의 공장으로 전환해버릴 것이라고 비난만 하는데 이는 매우 특징적이다'라고 말했다. (『資本論』第1卷, 北京: 人民出版社, 1975, p. 395.)

13 馬克思·恩格斯(1848):「共産黨宣言」,『馬克思恩格斯選集』第1卷, 北京: 人民出版社, 1995,

p. 294.

14 馬克思(1867): 『資本論』第1卷, 北京: 人民出版社, 1995, p. 95.

15 『吳敬璉論改革基本問題 II: 中國增長模式抉擇』第2章 참고.

16 미래학자 앨빈 토플러는 '대량생산체제'가 제1차 산업혁명에서 제공된 기술적 기반 위에서 건립된 공업화 생산방식 즉 '제2의 물결'의 핵심이라고 이야기했다. 이러한 생산방식에서는 '크다'가 '효율적이다'의 동의어가 되었다. 그러나 세기의 전환기에 일어난 '정보사회(제3의 물결)'에서는 오히려 소형기업이 왕왕 우위를 차지한다. 托夫勒(1980): 『第三次浪潮』, 北京: 生活·讀書·新知三聯書店, 1983 참고.

17 마르크스주의 경전의 저자가 19세기 공업 발전의 상황에 근거하여 한 상술한 추론의 결함에 대해서는 다음을 참고하여 읽어보라. 吳敬璉(1985): 「生産社會化的槪念和社會主義的商品生産觀」, 原載 『馬克思主義研究』, 1986年第1期, 『吳敬璉選集』, 太原: 山西人民出版社, 1989, pp. 271~303.

18 恩格斯(1895): 「卡·馬克思 『1848年至1850年的法蘭西階級鬥爭』一書導言」, 『馬克思恩格斯選集』第4卷, 北京: 人民出版社, 1995, pp. 516~518.

19 伯恩施坦(1899): 『社會主義的前提和社會民主黨的任務』, 北京: 生活·讀書·新知三聯書店, 1965.

20 이 소절은 다음을 참고하라. [德]托馬斯·邁爾(1980): 『社會民主主義導論』, 北京: 中央編譯出版社, 1996.

21 楊啓先(2001): 「一篇遲到的'考察紀要'」, 榮敬本等編: 『政黨比較硏究資料』, 北京: 中央編譯出版社, 2002 참고.

22 『列寧選集』第3卷, 北京: 人民出版社, 1995, p. 202.

23 恩格斯(1891): 「『法蘭西內戰』1891年單行本導言」, 『馬克思恩格斯選集』第3卷, 北京: 人民出版社, 1995, p. 13.

24 恩格斯(1878): 「反杜林論」, 『馬克思恩格斯選集』第3卷, 北京: 人民出版社, 1995, p. 631.

25 『列寧選集』第3卷, 北京: 人民出版社, 1995, pp. 510~540.

26 布哈林·普列奧布拉任斯基(1919): 『共産主義ABC』, 北京: 生活·讀書·新知三聯書店, 1982. 부하린과 프레오브라젠스키의 이 소책자는 레닌으로부터 가장 높은 평가를 받았을 뿐 아니라 중국의 원로 혁명가들에게도 광범위하고 깊은 영향을 끼쳤다. 덩샤오핑은 1992년의 '남순강화南方講話'에서 '마르크스 레닌주의 학습은 정교하고 효율적이어야 한다. (…) 모두 두꺼운 책을 읽도록 요구하는데 그것은 형식주의적인 것이고 해낼 수도 없다'고 언급했다. 그는 특별히 '나의 입문 스승은 『공산당 선언』과 『꼬뮤니즘 ABC』'라고 말했다. 鄧小平(1992): 「在武昌·深圳·珠海·上海等地的談話要點」, 『鄧小平文選』第3卷, 北京: 人民出版社, 1993, p. 382 참고.

27 다음 등에 근거해 작성했다. 薩穆利(1974): 『社會主義經濟制度的最初模式』, 長沙: 湖南人

民出版社, 1984.

28 布哈林(1920): 『過渡時期經濟學』, 北京: 生活·讀書·新知三聯書店, 1981.

29 列寧(1921): 「十月革命四周年」, 『列寧選集』 第4卷, 北京: 人民出版社, 1995年第3版, p. 570.

30 1922년 11월 레닌은 코민테른 제4차 대표대회 강연에서 'Kommandohöhen'이라는 독일어 즉 '감제고지制高點'라는 말을 사용하여 신경제정책 조선하의 프롤레타리아 국가가 반드시 통제해야 할 중요한 업종과 핵심 영역을 형용했다. 『레닌 전집』 중문판은 이를 '命脈'으로 번역했다.

31 1923년 4월 러시아공산당 제12차 대표대회의 「공업에 관한 결의」는 다음과 같이 제시했다. '우리들이 이미 방향을 바꾸어 시장의 경제 형식을 취한 만큼, 반드시 각 기업에게 시장 경제활동에 종사할 자유를 주어야 한다.' '종합관리위원회의 행정 수단은 이미 탄력적이고 융통성 있는 경제 수단으로 대체됐다.' (『蘇共決議草編』 第2分冊, 北京: 人民出版社, 1964, pp. 259~261.)

32 章良猷(1985): 「蘇聯六十年來社會主義政治經濟學若干問題的爭論」, 『經濟研究』 編輯部編: 『中國社會主義經濟理論問題爭鳴(1949~1985)』 下冊, 北京: 中國財政經濟出版社, 1985, pp. 597~599.

33 스탈린은 부하린의 잘못은 "그가 도농 간의 '가격차' 문제 즉 이른바 '공물' 문제에서 당 노선을 기회주의적으로 왜곡한 것이다"라고 보았다. 스탈린은 농민이 국가에 일반 세금을 납부하는 것 외에도 공산품과 농산품의 가격차를 통해 일정한 초과 세금을 납부해야 한다고 강조했다. 이러한 초과 세금 납부의 이유는 '공업의 발전을 추진하여 우리 나라의 후진적 상황을 해소하기 위하여'였다. 斯大林(1929): 「論聯共(布)黨內的右傾」, 『斯大林選集』 下卷, 北京: 人民出版社, 1979, pp. 148~149 참고.

34 1931년 6월, 스탈린은 경제업무인원회의상의 강연에서 소련 경제의 '평균주의' 방식을 강하게 비판하면서 차별 임금을 규정하고 노동자의 승진을 자극하며 아울러 국영기업에서 재무회계 제도를 실행할 것을 주장했다. (「新的環境和新的經濟任務」, 『斯大林選集』 下卷, 北京: 人民出版社, 1979, pp. 276~297 참고.)

35 斯大林(1952): 「蘇聯社會主義經濟問題」, 『斯大林文選』, 北京: 人民出版社, 1962, pp. 578~582.

36 다음에 근거해 작성했다. 蘇聯科學院經濟研究所編(1954): 『政治經濟學教科書』, 北京: 生活·讀書·新知三聯書店, 1959.

37 巴羅尼(1908): *The Ministry of Production in the Collective State*(중국어 번역본은 『社會主義模式選集』, 北京: 商務印書館, 1981, pp. 78~119). 구준顧准은 조지프 슘페터의 책 『자본주의, 사회주의, 민주주의Capitalism, Socialism and Democracy』(1942)의 중국어 번역본 『資本主義社會主義和民主主義』(北京: 商務印書館, 1979)에서 그 제목을 '集體主義國家中的生産部'라고 번역했다.

38 슘페터(1942)는『자본주의, 사회주의, 민주주의』에서 바로네의 논증에 대해 개략적으로 소개했다(熊彼特:『資本主義社會主義和民主主義』, 北京: 商務印書館, 1979, pp. 214~233 참고).

39 蘭格(1936):『社會主義經濟理論』, 北京: 中國社會科學出版社, 1981, p. 10.

40 哈耶克(1940):『個人主義與經濟秩序』, 北京: 生活·讀書·新知三聯書店, 2003, pp. 175~302.

41 '시장사회주의'에 대한 비판은 다음을 참고하라. 科爾奈(1989):『走向自由經濟之路』, 太原: 山西經濟出版社, 1993.

42 斯蒂格利茨:『經濟學』, 北京: 中國人民大學出版社, 1997, p. 16.

43 하이에크는 이러한 방면의 저술이 매우 많다.「知識在社會中的運用」(1945),『個人主義與經濟秩序』, 北京: 生活·讀書·新知三聯書店, 2003, pp. 116~136;「知識的僭妄」,『哈耶克文選』, 馮克利譯, 江蘇人民出版社, 2007, pp. 405~415 참고.

44 A. Bergson(1961): *The Real National Income of Soviet Russia Since 1928*, Harvard University Press.

45 소련의 관방 보고서에 따르면, 1953년 소련의 단위면적당 식량 생산량과 일인당 평균 식량 생산량은 모두 차르 러시아의 1913년 수준보다 낮았다.

46 리베르만은 소련의 경제학자로 그가 1961년 제시한 소련 경제에 대한 개혁 추진 건의는 1965년 코시긴 개혁의 이론적 기반이 된 것으로 인정받고 있다.

47 A. Hewett Ed.(1988): *Reforming the Soviet Economy*, The Brookings Institute, pp. 37~59.

48 헝가리 경제학자 코르너이는『사회주의 체제』라는 책에서 소련과 동유럽 사회주의 국가의 성장 방식을 외연적(조방적) 성장에서 내포적(집약적) 성장으로 전환하는 문제에 대해 상세히 분석했다. 科爾奈(1992):『社會主義體制』, 北京: 中央編譯出版社, 2007, pp. 171~178 참고.

49 本段主要取材于阿·瓦·巴楚林(1977):『計劃經濟管理方法』, 北京: 生活·讀書·新知三聯書店, 1980.

50 金揮·陸南泉·張康琴主編:『論蘇聯經濟: 管理體制與主要政策』, 沈陽: 遼寧人民出版社, 1982.

51 A. Hewett Ed.(1988): *Reforming the Soviet Economy*, The Brookings Institute, p. 74.

52 巴伊特(1985):「南斯拉夫經濟體制改革經驗」, 中國社會科學院經濟研究所發展室編:『中國經濟體制改革—巴山輪'宏觀經濟管理國際討論會'文集』, 北京: 中國經濟出版社, 1987, pp. 72~82 참고.

53 다음 등에 근거해 작성했다. 布魯斯·拉斯基(1991):『從馬克思到市場』, 上海: 三聯書店出

版社, 1998.

54 '자본 통제'라는 말은 다음과 같이 1924년 국공합작國共合作의 국민당 제1차 전국대표
대회 선언에서 나왔다. '무릇 본국인 및 외국인 기업 모두 독점의 성질을 갖고 있거나 규
모가 지나치게 큰 경우 개인이 이를 운영할 수 없으며, 은행, 철도, 항공 분야의 경우 국
가가 이를 경영하여 사유자본 제도가 국민의 생계를 조종할 수 없게 하니 이는 곧 자본
통제가 그 요지인 것이다.'

55 毛澤東(1940): 「新民主主義論」, 『毛澤東選集』 第2卷, 北京: 人民出版社, 1991, pp.
662~711.

56 毛澤東(1945): 「對「論聯合政府」的說明」, 『毛澤東文集』 第3卷, 北京: 人民出版社, 1996, pp.
272~279.

57 毛澤東(1949): 「在中國共産黨第七屆中央委員會第二次全體會議上的報告」, 『毛澤東選集』
第4卷, 北京: 人民出版社, 1991, pp. 1424~1439.

58 毛澤東(1948): 「在中央政治局會議上的報告和結論」, 『毛澤東文集』 第5卷, 北京: 人民出版
社, 1996, pp. 131~150.

59 薄一波: 『若幹重大決策與事件的回顧』 上卷, 北京: 中共中央黨校出版社, 1991, pp.
46~66.

60 1951년 5~7월 류사오치는 마오쩌둥의 의견에 따라 중국공산당 당내 고위간부들에게
차례차례로 '3년 준비, 10년 건설三年准備十年建設'의 지도 사상을 본격적으로 상세히
밝혔다. 劉少奇: 「三年准備·十年建設」·「春耦齋講話」, 中共中央文獻硏究室編: 『劉少奇論
新中國經濟建設』, 北京: 中央文獻出版社, 1993, pp. 178~210 참고.

61 오성홍기 설계의 숨은 뜻에 대해서는 그 설계자 쩡롄쑹曾聯松의 설명을 참고하라. 다음
에서 인용했다. 王興東: 「曾聯松讓我讀懂五星紅旗」, 『光明日報』, 2009年10月17日.

62 류사오치는 중국공산당 제7기 2중전회에서 이러한 주장을 제시했는데 베이징으로 들어
온 이후에도 1949년 4~5월 사이의 '텐진 담화天津講話'와 5월 31일 중국공산당 중앙위
원회가 기초한 「민족 자본가 정책 문제에 관한 동북국의 타전關於對民族資本家政策問題
致東北局電」 등의 문건에서 이러한 관점을 재차 천명하면서 신민주주의를 초월하려는
'좌左'의 착오를 비판했다. 薄一波: 『若幹重大決策與事件的回顧』 上卷, 北京: 中共中央黨校
出版社, 1991, pp. 46~66; 『劉少奇年譜』 下卷, 北京: 中央文獻出版社, 1996, pp. 211~213
참고.

63 毛澤東(1950): 「不要四面出擊」, 『毛澤東選集』 第5卷, 北京: 人民出版社, 1977, pp. 21~24.
류사오치와 다른 점은 마오쩌둥의 이러한 지시는 단지 정략적 성격策略性이었지 전략
적 성격은 아니었다는 것이다. 그는 나중에 다음과 같이 해석하여 말했다. "1945년 나
는 3중전회에서 '전방위적 공세를 취하지四面出擊' 말라고 말한 바 있었다. 그때는 (…)
농민이 아직 완전히 우리 편으로 넘어오지 않았기 때문에 자산계급을 공격하는 것은

하지 말아야 할 일이었다." 후에 토지개혁을 실행하고 특히 농민을 농업생산합작사로 조직하면서는 이렇게 말했다. '이는 곧 자산계급을 마지막으로 고립시켜 최후로는 자본주의를 소멸시키는 데 편할 것이다. 이러한 일을 하는 데서 우리는 더욱 양심이 없어야 한다! 마르크스주의는 그만큼 난폭한 것이며, 양심이 많지 않아야 제국주의를 멸종시키고 봉건주의를 멸종시키고 자본주의를 멸종시키고 소생산 역시 멸종시킬 수 있다.' 毛澤東(1955年10月): 「農業合作化的一場辯論和當前的階級鬪爭」, 『毛澤東選集』 第5卷, 北京: 人民出版社, 1977, p. 198 참고.

64 毛澤東(1952): 「現階段國內的主要矛盾」, 『毛澤東文集』 第6卷, 北京: 人民出版社, 1999, pp. 231.

65 毛澤東(1953): 「批判離開總路綫的右傾觀點」, 『毛澤東選集』 第5卷, 北京: 人民出版社, 1977, pp. 81~82; 毛澤東(1953年6月): 「在政治局會議上的講話提綱」, 『建國以來毛澤東文稿』 第4冊, 北京: 中央文獻出版社, 1990, p. 251.

66 毛澤東(1953): 「黨在過渡時期的總路綫」, 『毛澤東選集』 第5卷, 北京: 人民出版社, 1977, p. 89.

67 中共中央宣傳部(1953): 「爲動員一切力量把我國建設成爲一個偉大的社會主義國家而鬪爭: 關於黨在過渡時期總路綫的學習和宣傳提綱」, 『社會主義教育課程的閱讀文件彙編』(第1編) 上冊, 北京: 人民出版社, 1957, pp. 341~374.

68 毛澤東(1953): 「關於農業互助合作的兩次談話」, 『毛澤東文集』 第6卷, 北京: 人民出版社, 1999, pp. 298~301.

69 마오쩌둥이 원래의 관점을 바꾸어 '과도기의 총노선'을 제시하는 과정에 대해서는 다음을 참고하라. 薄一波: 『若幹重大決策與事件的回顧』 上卷, 北京: 中共中央黨校出版社, 1991, pp. 64~65, pp. 213~230.

70 "식량에 대한 일괄수매와 일괄판매統購統銷'가 실현되면서 농민과 시장의 연계가 단절되었다.' '1954년 말 전국의 공공 및 개인 상공업 기업 수는 1700여 곳이었다. (…) 이때 공사합영公私合營을 실행한 기업은 주로 대형과 중형 기업이었고 나머지 소형기업과 비교적 낙후한 중형기업은 어려움에 빠져 있었다. (…) 국영기업, 공사합영 기업과 치열하게 경쟁하던 기업은 확실히 생존하기 어려웠다. 따라서 그들은 전 업종에서 공사합영을 실행하기를 원했다. 농업합작화가 고조되면서 자본주의 상공업 역시 전 업종에서 공사합영의 열기가 고조되었다.' 薛暮橋: 『薛暮橋回憶錄』, 天津: 天津人民出版社, 1996, pp. 218~222 참고.

71 毛澤東1955年10月27日和29日同工商界代表人物的兩次對話, 中共中央文獻研究室編: 『毛澤東文集』 第6卷, 北京: 人民出版社, 1999, pp. 488~503.

72 전능주의totalism는 시카고대학과 베이징대학 교수였던 쩌우당鄒讜이 제시한 개념이다. 鄒讜: 「中國二十世紀政治與西方政治學」, 『經濟社會體制比較』, 1986年第4期 참고. 쩌우당이 말한 '전능주의全能主義'의 함의는 서방의 정치학에서 말하는 '전체주의totalitarianism'

와는 다른 것으로 강력한 정치조직을 운용하여 사회생활의 각 영역을 통제하여 사회를 개조 혹은 재건하는 상태를 가리킨다.

73 孫治方: 『孫治方選集』, 太原: 山西人民出版社, 1984, pp. 117~146.

74 孫治方(1961): 「關於全民所有制經濟內部的財經體制問題」, 『孫治方選集』, 太原: 山西人民出版社, 1984, p. 367.

75 顧准(1956): 「試論社會主義制度下的商品生産和價値規律」, 『顧准文集』, 貴陽: 貴州人民出版社, 1994, p. 32.

76 陳雲(1956年9月): 「社會主義改造基本完成以後的新問題」, 『陳雲文選(1956~1985)』第3卷, 北京: 人民出版社, 1986, pp. 1~13.

77 毛澤東(1956年4月): 「論十大關系」, 『毛澤東選集』第5卷, 北京: 人民出版社, 1977, pp. 272~276.

78 다음에 근거해 작성했다. 毛澤東: 「論十大關系」; 薄一波: 『若幹重大決策與事件的回顧』.

제2장

1 劉少奇(1956): 『中國共産黨中央委員會向第八次全國代表大會的政治報告』, 北京: 人民初八社, 1956.

2 1956년 2월 24일 흐루쇼프가 소련공산당 제20차 전국대표대회에서 발표한 「개인숭배와 그 후과에 관하여」라는 보고를 시작으로 소련에서는 전면적으로 스탈린 시대를 청산하는 '탈스탈린화' 운동이 시작됐다.

3 다음에서 재인용했다. 周太和等(1984): 『當代中國的經濟體制改革』, 北京: 中國社會科學出版社, 1984.

4 이 제도 아래서 기업은 총생산액, 이윤과 이윤상납지표를 완성한 후 자신이 속한 부문에 국가가 규정한 비율에 따라 계획이윤과 계획이윤 초과분 중에서 임금 총액의 4퍼센트보다 높은 기업장려금을 인출한다. 그러나 기업장려금 총액은 임금 총액의 10퍼센트를 초과할 수 없다.

5 기업 이윤 유보 비율은 주관 부문主管部을 단위로 계산한다. 제1차 5개년 계획 기간에 인출한 기업장려금, 재정에서 지불한 기술 개조 조치, 소규모 기본 건설 비용 등 '4항목비용', 그 위에 40퍼센트의 계획이윤 초과유보분을 더한 후 같은 기간 내 실현한 이윤 총액으로 나누면 해당 주관 부문의 금후 이윤 유보 비율이 된다. 유보 비율은 확정된 후 5년간 변하지 않는다. 주관 부문은 해당 부문의 유보 총액 범위 내에서 각 기업의 구체적 상황에 따라 그 기업의 유보 비율을 확정한다.

6 1957년 11월 18일, 마오쩌둥은 모스크바에서 개최된 '사회주의 국가 공산당과 노동자당 대표회의'에서 다음과 같은 의견을 내놓았다. '흐루쇼프 동지가 우리에게 15년 후 소

런은 미국을 추월할 수 있다고 말하는데, 나도 말할 수 있다. 15년 후에 우리도 영국을 따라잡거나 추월할 수 있다고.' [毛澤東(1957): 「在莫斯科共産黨和工人黨代表會議上的講話」, 『建國以來毛澤東文稿』第6冊, 北京: 中央文獻出版社, 1992, p. 635.] '대약진'이 진전됨에 따라 '영국을 따라잡고 미국을 추월'하는 시간이 점점 앞당겨졌다. 1958년 4월, 마오쩌둥은 '우리나라는 농공업 생산에서 자본주의 대국을 따라잡는 데 이전에 생각했던 것만큼 그렇게 긴 시간이 필요하지 않다.' '10년이면 영국을 따라잡고, 또 10년이면 미국을 따라잡을 수 있다'고 여겼다. [毛澤東(1958年4月): 「介紹一個合作社」, 『建國以來毛澤東文稿』第7冊, 北京: 中央文獻出版社, 1992, pp. 177~179.] 1958년 6월 21일, 마오쩌둥은 중공중앙 군사위원회 확대회의에서 한층 더 나아간 선포를 했다. '우리는 3년이면 기본적으로 영국을 따라잡고, 10년이면 미국을 따라잡는다. 확실한 믿음이 있다.' [薄一波(2008): 『若幹重大決策與事件的回顧』下冊, 北京: 中共黨史出版社, 2008, p. 494.]

7 마오쩌둥의 말에 따르면, '대약진'의 두 가지 기본 내용은 '식량 생산 위주로 전면적인 발전을 이루는' 것과 '강철 생산 위주로 일체를 이끌어나가는' 것이다. 식량과 강철 '원수元帥'의 '위엄升帳'을 확보하기 위해 식량, 강철 두 영역 모두 현실과 부합하지 않는 높은 지표를 설정했다. 1958년 중공중앙은 「15년 사회주의 건설 강요(초고)」에서 1972년까지 전국 무畝당 양식 산출량 5000~10000근, 면화 산출량 500~1000근을 달성하도록 요구하고, 전국 경작지에 '삼삼제(3분의 1은 농작물, 3분의 1은 휴경과 녹비작물, 3분의 1은 나무와 목초 재배)'를 실시하도록 했다. 1958년 6월, 마오쩌둥이 직접 제정한 강철 생산 계획에서 1958년 생산 목표는 1070만 톤으로, 1957년 생산량인 535만 톤에 비해 두 배가 증가한 수치다. 1959년에는 3000만 톤을 생산해 우선 영국을 따라잡기로 하고, 1962년 생산 목표는 8000만~1억 톤으로 설정했다. 薄一波(2008): 『若幹重大決策與事件的回顧』下冊, 北京: 中共黨史出版社, 2008, p. 486 참고.

8 周太和等(1984): 『當代中國的經濟體制改革』, 北京: 中國社會科學出版社, 1984, pp. 73~75.

9 당시 국무원 부총리였던 보이보薄一波의 회고에 따르면, "1958년 8월 4, 5일 마오 주석이 쉬스이徐水, 안궈安國를 시찰했다. 쉬스이에서 (…) '양식이 많아서 어떻게 하는가?'라고 물으며 농민들에게 하루에 반나절만 일하고, 나머지 반나절은 교양을 쌓고 과학을 공부하고 문화 오락을 즐기게 하며 대학과 중학교를 만들려고 생각했다. 안궈에서는 양식이 많아지면 1인당 매년 600~700근씩 먹을 수 있으니 토지를 윤작하자는 의견을 내놓았다." [薄一波(2008): 『若幹重大決策與事件的回顧』下冊, 北京: 中共黨史出版社, 2008, p. 739.] 1958년 9월 16~20일, 마오쩌둥은 안후이성 수청현舒城縣 수차舒茶 인민공사를 시찰할 때 이 인민공사에서 '밥 먹는 데 돈이 필요 없고' '허리띠 풀고 마음껏 먹을' 수 있다는 소식을 전해 듣고 지시했다. '일개 인민공사가 밥 먹는 데 돈이 들지 않게 할 수 있다면 조건이 되는 다른 인민공사에서도 할 수 있다. 밥 먹는 데 돈이 필요 없

다면 앞으로 옷 입는 데도 돈이 필요 없을 것이다.' (「吃飯不要錢以後」, 『人民日報』, 1958
年10月8日.)

10 이른바 '오포五包'란 생산, 고용, 비용, 현금 수입, 급식을 책임지는 것이고, '십포十包'란
의, 식, 주, 의료, 장례, 결혼, 교육, 난방, 이발, 연극 영화 관람의 생활 비용을 책임지는 것
이다.

11 毛澤東(1959): 「廬山會議討論的十八個問題」, 『毛澤東文集』第8卷, 北京: 人民出版社,
1999, pp. 75~82.

12 '대약진' 운동과 인민공사화 이후 전국의 기근으로 인한 '비정상 사망' 인구를 학자들은
2000만~4000만 명으로 추산하고 있다. 다음을 참고하라. 孫治方: 「加强統計工作改革
統計體制」, 『經濟管理』, 1981年第2期; 李成瑞: 「大躍進引起的人口變動」, 『中共黨史研究』,
1997年第2期; 曹樹基: 「大饑荒: 1959~1961年的中國人口」, 『中國人口科學』, 2005年第1期;
楊繼繩(2008): 『墓碑』, 香港: 天地圖書有限公司, 2008.

13 '칠천인 대회七千人大會'에 관해서는 다음을 참고하라. 張素華(2006): 『變局: 七千人大會
始末』, 北京: 中國靑年出版社.

14 저우타이허周太和 등은 『현대 중국 경제체제 개혁』에서 이번 '맹목적 하방을 중심으로
한 경제체제 대변동'의 내용과 부정적 결과를 3가지 측면에서 개괄했다. "1. 맹목적 기업
하방으로 생산 경영 관리의 혼란 상황을 가중시켰다. 2. 재정수지, 물자 분배와 기본 건
설 투자의 '책임제大包幹'는 예측한 결과를 얻지 못했다. 3. 세제, 신용대출과 노동임금
제도 간소화는 경제 조정 수단의 역할을 약화했다." 周太和等(1984): 『當代中國的經濟體
制改革』, 北京: 中國社會科學出版社, 1984, pp. 134~146 참고.

15 孫治方(1961): 「關於全民所有制經濟內部的財經體制問題」, 『孫治方選集』, 太原: 山西人民出
版社, 1984, p. 242, p. 286.

16 '계획독립 도시'의 권력을 획득한 성 관할 도시는 선양沈陽, 다롄大連, 창춘長春, 하얼빈
哈爾濱, 난징南京, 닝보寧波, 샤먼廈門, 칭다오靑島, 우한武漢, 광저우廣州, 선전深圳, 청두
成都, 충칭重慶, 시안西安 등 14곳이다.

17 張維迎·栗樹和(1998): 「地區間競爭與中國國有企業的民營化」, 『經濟研究』, 1998年第12期.

18 쉬청강許成鋼·첸잉이錢穎一(1993)는 「中國經濟改革爲什麼與衆不同: M型的層級制和非國
有部門的進入與擴張」라는 글에서 기업 조직 구조 중 U형unitary과 M형multi-division 구
조의 이분법을 운용하여 동구와 소련의 직능과 전문화의 수직적條 원칙을 기초로 한
'U형 경제구조'와 달리 중국의 1958년 이래 지역의 수평적塊塊 원칙을 기초로 한 다층
적·다지구적多地區的 'M형 경제구조'가 중국 개혁 기간 비국유 부문이 지속적으로 진
입하고 확장할 수 있었던 주요 원인이라고 지적한다. 錢穎一: 『現代經濟學與中國經濟改
革』, 北京: 中國人民大學出版社, 2003 참고.

19 張五常(2008): 『中國的經濟制度』, 張五常 sohu 블로그: http://zhangwuchang.blog.

sohu.com.

20 다음을 참고하라. 吳敬璉(1984): 「論城市經濟改革: 1984年8月2日在沈陽市幹部會議上所作報告」, 『經濟改革問題探索』, 北京: 中國展望出版社, 1987, pp. 218~227; 吳敬璉: 「城市改革的關鍵是增強企業的活力: 1984年9月15日在上海「世界經濟導報」星期講演會上的報告」, 原載『世界經濟導報』1984年9月24日, 『吳敬璉選集』, 太原: 山西人民出版社, 1989, pp. 389~413; 樓繼偉(1985): 「應避免繼續走地方分權的道路」, 吳敬璉, 周小川等: 『中國經濟改革的整體設計』, 北京: 中國展望出版社, 1988, pp. 204~216.

21 당시 중국 경제학자들은 1960년대와 1970년대 서방 학자들이 이미 이런 구분을 해놓은 것을 모르고 있었다. 예를 들면, 프란츠 슈먼H. F. Schurmann은 1966년 사회주의 경제에서 '분권'은 두 가지 형태가 있는데 그중 '분권 I'은 결정권을 맨 밑의 생산단위까지 하방하는 것이고, '분권 II'는 결정권이 바로 아래 하급 생산단위까지만 내려가는 것이라고 구분했다. 그는 1956년 중국이 체제개혁을 고려하기 시작했을 때 '분권 I'의 사고방식이 우세했고, 1957년에는 '분권 I'과 '분권 II'의 혼합형 개혁을 결정했으며, 1958년 실제로 집행된 것은 '분권 II'의 개혁이었다고 보았다. 이러한 분권은 혼란을 가져왔고 이로 인해 재집중화를 하지 않을 수 없었다. [H. F. Schurmann(1966): *Ideology and Organization in Communist China*, University of California Press.] 1977년 미국의 비교경제학자 모리스 본스타인Morris Bornstein은 미국 국회에서 동구 경제의 개혁 상황을 증언할 때 이른바 중앙기구의 하향 분권에는 두 가지 개념이 있는데 하나는 '행정 분권administrative decentralization', 다른 하나는 '경제 분권economic decentralization'으로, 전자의 목표는 원래의 행정관리 방법을 개선하여 더 효율적으로 만드는 것이고, 후자의 목표는 '정부 규제하의 시장경제regulated market economy'로 향하는 것이라고 지적했다. [Morris Bornstein(1977), 'Economic Reform in Eastern Europe', *Eastern European Economies Post Helsinki*, Washington D.C.: US Government Publishing Office, 1977, pp. 102~134.]

22 행정적 분권이 야기한 부정적 결과는 우징롄吳敬璉·류지루이劉吉瑞의 『경쟁시장체제에 대해論競爭性市場體制』(北京: 中國財政經濟出版社, 1991, pp. 154~168)에서 깊이 다루었다. 2001년 중국이 WTO에 가입할 때까지 지역 봉쇄와 시장 분할은 여전히 중국 국내 통일시장 형성을 가로막는 장애였다. WTO 사무총장 수파차이는 상하이와 우한 정부 간에 서로 상대방이 생산한 자동차에 부가적인 허가세와 영업세를 징수하면서 현지 생산 공장을 보호하는 사건을 들어 이 문제가 중국에서 얼마나 심각한지 설명했다. 素巴猜·克利福德(2002): 『中國重塑世貿: WTO總幹事解讀入世』, 北京: 機械工業出版社, 2002, p. 159 참고.

23 예젠잉葉劍英은 1978년 12월 13일 중앙업무회의 폐막식 연설에서 '문혁' 기간 박해받은 사람이 1억 명에 달하여 당시 전국 인구의 9분의 1에 이른다고 지적했다. 리셴녠李先念

은 1977년 12월 20일 전국계획회의에서 문혁 10년이 야기한 국민소득 손실은 5000억 위안에 달하여 30년간 중국이 형성한 고정자산 총액을 초과한다고 말했다.

24 鄧小平(1987): 「思想更解放一些, 改革的步子更快一些」, 『鄧小平文選』第3卷, 北京: 人民出版社, 1993, p. 265.

25 1978년에만 전부 12명의 국무원 부총리 및 전국인민대표대회 부위원장 이상의 중앙 지도자들이 연달아 50개 국가를 20차례 방문했다. 덩샤오핑은 연달아 4차례 출국하여 8개 국가를 방문했다. 그는 '최근 우리 동지들이 나가서 봤는데 보면 볼수록 우리가 낙후됐다고 느낀다' '무엇을 가지고 현대화라 부르나, 1950년대는 똑같지만 1960년대는 다르고, 1970년대는 더 다른 것이다' '그래서 반드시 마음을 다잡고, 빈말하지 말며, 실제적인 일을 많이 하고, 대범하게 받아들여 선두를 따라잡자'고 말했다. 『鄧小平思想年譜』, 北京: 中央文獻出版社, 1998, p. 66, p. 76, p. 77 참고.

26 李先念(1978): 「在國務院務虛會上的講話(1978年9月9日)」, 『李先念文選』, 北京: 人民出版社, 1989, pp. 324~336.

27 李先念(1978): 「在國務院務虛會上的講話(1978年9月9日)」, 『李先念文選』, 北京: 人民出版社, 1989, p. 330.

28 馬洪(1979): 「改革經濟管理體制與擴大企業自主權」, 『馬洪集』, 北京: 中國社會科學出版社, 2000, pp. 228~245.

29 蔣一葦(1979): 「企業本位論」, 『中國社會科學』, 1980年第1期.

30 董輔礽(1979): 「關於我國社會主義所有制形式問題」, 『經濟研究』, 1979年第1期.

31 '상품경제'는 시장경제의 러시아어 표현으로, 개혁개방 초기 중국 경제개혁의 목표 모델 토론 시 의식 형태의 위험을 피하기 위해 중국 경제학자는 보통 시장경제를 상품경제라 불렀다.

32 薛暮橋(1996): 『薛暮橋回憶錄』, 天津: 天津人民出版社, 1996, pp. 356~357.

33 덩쯔후이는 일찍이 중국 혁명전쟁 시기 이미 중국공산당의 지도 간부였고, 중화인민공화국 성립 이후 농촌 업무를 책임진 주요 관리였다. 그는 토지개혁 완성 후 노동자 고용, 대출, 토지 임대와 매매의 '4대 자유' 실행을 주장했고, 1950년대 중반 맹목적인 합작화를 반대하고 '대약진' 실패 후 농가책임경영제를 주장해서 마오에게 신랄한 비판을 받았다.

34 薛暮橋(1980): 「關於經濟體制改革的一些意見」, 『論中國經濟體制改革』, 天津: 天津人民出版社, 1990, pp. 211~218.

35 당시 상황에서는 후야오방 역시 1982년 9월 '12대' 정치 보고에서 '계획경제 위주, 시장 조절 보완 원칙의 관철이 경제체제 개혁의 근본 문제'라고 긍정하지 않을 수 없었다. 『덩샤오핑 문선(1975~1982)鄧小平文選』이 1983년 출판됐을 때 1980년 '목전의 형세와 임무目前形勢與任務' 연설 중 '계획 조절과 시장 조절의 상호 결합'이란 표현이 '계획경제

지도하에 시장 조절의 보조 역할 발휘'로 바뀌었다가 1994년 덩샤오핑이 직접 『덩샤오핑 문선』의 신판본을 검토했을 때 비로소 다시 원래 표현을 되찾았다. 『백년조』지의 우징롄 인터뷰를 참고하라. 「關於計劃經濟與市場經濟的論爭」, 『百年潮』, 1998年第2期, pp. 1~10.

36 1979년 5월 국가경제위원회, 재정부 등 6개 부문이 베이징, 상하이, 톈진 등에서 수도강철회사를 포함한 8개 기업을 선정해 이윤 유보를 핵심으로 하는 기업개혁 실험을 실시했다. 1981년에는 수도강철회사 실험의 내용을 '이윤체증 도급제'로 삼아 실행하도록 확정했다. 즉, 매년 고정으로 늘어난(체증한) 이윤의 7퍼센트를 상납 기준으로 하고, 초과 이윤은 유보하며, 국가는 더 이상 기업에 투자 지원을 하지 않는 것이다. 이 방식은 1990년대 중반까지 실행됐다.

37 다음 등에 근거해 작성했다. 吳敬璉(2008): 「中國經濟改革三十年歷程的制度思考」, 『中國經濟50人看三十年:回顧與分析』, 中國經濟50人論壇編, 北京: 中國經濟出版社, 2008.

38 중상주의는 16, 17세기 서구에서 성행한 사조다. 정부가 경제에 강력하게 간여하여 화폐적 부를 축적하고 부국강병의 실현을 국가 목표로 강력히 주장한다. 애덤 스미스는 『국부론』에서 중상주의 이론과 정책을 날카롭게 비판했다.

39 예를 들면, 덩샤오핑은 1992년 '남순강화' 시 '개혁개방과 각종 범죄 활동 단속 견지'를 언급하면서 '싱가포르의 사회질서는 좋은 편인데, 그들은 이를 엄격하게 관리한다. 우리도 그들의 경험을 본받아야 한다'고 지적했다. 『鄧小平文選』第3卷, 北京: 人民出版社, 1993, p. 378 참고.

40 Alexander Gerschenkron(1962): *Economic Backwardness in Historical Perspective, A Book of Essays*. Cambridge MA: Harvard University Press. 그가 책에서 사용한 'Advantages of Economic Backwardness'란 말은 보통 '후발 우위後發優勢'라 번역된다.

41 1978년 12월 중공11기 3중전회에서 토론하고, 1979년 9월 중공11기 4중전회에서 정식 통과된 「농업 발전 가속화와 관련된 문제들에 관한 중공중앙의 결정中共中央關於加快農業發展若幹問題的決定」(이하 「결정」)에서는 분명하게 '개별 노동分田單幹(즉 포간도호包幹到戶)'과 일반 지역의 '포산도호包産到戶'를 금지했다. 이 「결정」에는 '개별 노동을 불허한다. 일부 부업 생산의 특수한 필요와 산간벽지, 교통이 불편한 오지의 개별 노동호를 제외하고 포산도호를 금지한다'고 쓰여 있다.

42 中共中央文獻研究室編: 『三中全會以來重要文獻選編』上冊, 北京: 人民出版社, 1982年, p. 507.

43 예를 들면, 1970년대 말 개인 행상의 장거리 운송 판매를 허가하는 것도 취업 문제 해결을 위한 임시변통적 조치로 제시됐다. 노동자 고용을 허가하는 근거는 마르크스 『자본론』 제1권 제9장의 '잉여가치율과 잉여가치량' 중 가정 수치를 통해 '착취율'을 어떻

게 구하는지에 대한 예시로, 그 계산례에서 자신이 노동에 종사하는 고용주는 8인 이
하의 공인을 고용하는 경우 여전히 개체 노동자에 속하며 착취자가 아니다. 개혁과 경
제학자들은 이 계산 논증을 이용하여 노동자 고용을 개방하도록 정치가를 설득하는
데 성공했다. 1980년 이후 중국 정부는 노동자 고용이 8인을 넘지 않는 개체업주제 기
업을 여전히 금지된 '사영기업'과 구별하여 '개체경제'라고 불렀다.

44 『中國統計年鑒』(各年).
45 『中國統計年鑒』(各年).
46 『中國統計年鑒』(各年).
47 科爾奈(2000): 「『通向自由經濟之路』出版十周年之後的自我評價」, 『後社會主義轉軌的思索』,
長春: 吉林人民出版社, 2003.
48 科爾奈(2000): 「『通向自由經濟之路』出版十周年之後的自我評價」, 『後社會主義轉軌的思索』,
長春: 吉林人民出版社, 2003, p. 8.
49 이 문건은 기업에 계획 외 생산품에 일정한 제한을 둔 판매권과 가격결정권을 부여했
다. '기업이 보충 계획에 따라 생산한 제품은 우선 상업, 대외무역, 물자 부문이 선별 구
매하고, 상업, 대외무역, 물자 부문이 구매하지 않은 것은 기업이 국가가 규정한 가격 정
책에 따라 자체적으로 판매할 수 있다.' 자체 판매 가격은 국가가 정한 가격의 20퍼센트
보다 높거나 낮아선 안 된다. 이 제한은 나중에 점차 사라졌다.
50 다음을 참고하라. Lawrence Lau, Yingyi Qian, & G. Roland(1997): Pareto
Improving Economic Reforms through Dual Track Liberalization. *Economics
Letter*, 55(2): pp. 285~292; 張軍: 『'雙軌制'經濟學: 中國的經濟改革(1978~1992)』, 上
海: 上海三聯書店, 上海人民出版社, 1997, pp. 219~288.
51 刁新申(1986): 『價格: 雙軌制的作用和進一步改革的方向』; 「給政策'引出的改革思路: 刁新
申談雙軌經濟中的'權力貨幣化'」, 『經濟學周報』, 1989年3月5日 참고.
52 K. Murphy, A. Shleifer & R. Vishny(1992): The Transition to a Market Economy:
Pitfalls of Partial Reform. *Quarterly Journal of Economics*, 107: pp. 889~906.
53 熱若爾·羅蘭(2000): 『轉型與經濟學』, 北京: 北京大學出版社, 2002, pp. 147~150.
54 弗里德曼(1988): 「致中国领导人的备忘录」, (Milton Friedman and Rose Friedman:
Two Lucky People, Chicago: University of Chicago Press, 1998); 중역문은 『改革』
雜志, 1988年第5期.
55 『經濟社會體制比較』編輯部編(1989): 『腐敗: 貨幣與權力的交換』, 北京: 中國展望出版社,
1989 참고.
56 다음 등에 근거해 작성했다. 『經濟社會體制比較』編輯部編(1989): 『腐敗:貨幣與權力的交
換』, 北京: 中國展望出版社, 1989.
57 16~18세기 '중상주의' 시대는 부패가 가장 만연하기 쉬운 때였다. 그 원인은 첫째, 행

정 권력이 경제에 너무 많이 간여하여 '지대 추구' 조건을 조성했고, 둘째, 시장 메커니 즘의 발육이 불량하여 많은 불공정한 행위가 나타났다. 국유 부문의 개혁이 지체되고 이중 체제가 병존하는 상황에서는 이 두 조건이 충분히 갖춰질 수 있다. 다시 말하자면 이미 화폐화된 경제에서 정부의 행정 간여가 지속되어 '보이는 발이 보이지 않는 손을 짓밟아' 권력을 이용한 지대 추구 기회를 만들면서 부패 행위가 크게 일어나게 된 것이 다. 畢焦(1989): 「從專制到民主: 尋租社會由興至衰的歷史軌跡」, 『經濟社會體制比較』 編輯 部編: 『腐敗尋根: 中國會成爲尋租社會嗎?』, 北京: 中國經濟出版社, 1999, pp. 252~268 참 고. Barry Baysinger, Robert B. Ekelund Jr. & Robert D. Tollison, "Mercantilism as a Rent Seeking Society"를 편역. 원문은 James Buchanan, Robert D. Tollison & Gordon Tullock(eds.) *Toward a Theory of the Rent Seeking Society*, College Station, Texas: A&M University Press, 1981 참고.

58 克魯格(Anne O. Krueger, 1974): 「尋租社會的政治經濟學」, 『美國經濟評論』, 1974年6月, 『經濟社會體制比較』, 1988年第5期에서 재인용. 크루거의 계산에 따르면, 인도의 지대 총 액이 국민총생산액에서 차지하는 비중은 7.3퍼센트, 튀르키예는 15퍼센트 이상이다. 뇌 물 등 지대 추구 비용이 지대 총액보다 적기 때문에 지대 총액은 지대 추구 비용의 상 한으로 볼 수 있다. 만약 다른 조건들을 제쳐놓는다면, 한 국가의 지대 총액이 국민총생 산액에서 차지하는 비중이 클수록 부패의 정도는 더 높다.

59 우징롄은 1998년 이 문제를 제기했다. "왜 규범화된 시장개혁은 종종 진행이 더디고 어 려운데 각종 '지대 추구' 활동, 공공재산을 침탈하는 '재산권 개혁', '울타리 치기'식의 '토 지 징발批租', 소액주주들을 약탈하는 금융마술 등은 도리어 몇몇 사람에게 '개혁'의 이 름으로 극진한 찬양을 받는 일이 순식간에 전국을 휩쓰는가? 왜 이런 기이한 현상의 끊 임없는 출현에도 사람들은 깊이 반성하지 않는가?" "중국이 계획경제 모델로 회귀하는 것은 불가능하다. 그러나 잘못하면 'Crony Capitalism' (…) 혹은 권귀자본주의로 (…) 발전할 수 있다. 이런 싹이 중국에서 이미 매우 분명하게 나타났다. 이 악성 발전을 피하 려면 경제적으로 독립적인 민간 역량이 발전해야 하고, 정치적으로 게임의 규칙을 확립 하여 법치를 실현해야 한다." [吳敬璉·汪丁丁(1998): 「關於中國改革前途的對話」, 『財經』, 1998年第11期.] 우쓰吳思는 '권귀자본주의權貴資本主義'로 현재 중국의 사회현상을 묘사 하는 것은 정확하지 않고, '관가자본주의官家主義' 혹은'자본-관가주의'로 불러야 합당하 다고 주장한다. [吳思(2005): 「置疑'權貴資本主義」, 『鳳凰周刊』, 2005年第13期(總182期).]

60 靑木昌彦·奧野正寬編(1999): 『經濟體制的比較制度分析』, 北京: 中國發展出版社, 1999, pp. 30~31, pp. 309~310.

61 鄧小平(1984年6月): 「建設有中國特色的社會主義」, 『鄧小平文選』 第3卷, 北京: 人民出版社, 1993, p. 65.

62 중공12기 3중전회 관련 문헌에 근거해 편저했다.

63 鄧小平(1984), 「我們的宏偉目標和根本政策」, 『鄧小平文選』第3卷, 北京: 人民出版社, 1993, p. 78.

64 鄧小平(1984), 「我們把改革當作一種革命」, 『鄧小平文選』第3卷, 北京: 人民出版社, 1993, p. 82.

65 鄧小平(1984), 「建設有中國特色的社會主義」, 『鄧小平文選』第3卷, 北京: 人民出版社, 1993, p. 63.

66 鄧小平(1984), 「在中央顧問委員會第三次全體會議上的講話」, 『鄧小平文選』第3卷, 1993, p. 83, p. 91.

67 자오쯔양趙紫陽의 전국경제업무회의全國經濟工作會議 강연, 『人民日報』, 1986年1月13日.

68 1986년 3월 13일 자오쯔양趙紫陽의 중공중앙 재경영도소조中共中央財經領導小組 회의 석상 발언과 3월 15일 국무원 상무회의常務會議 발언(打印稿).

69 이 판공실의 정식 명칭은 '국무원경제체제개혁방안연토소조 판공실國務院經濟體制改革方案研討小組辦公室'이며 '방안판方案辦'이라 약칭한다.

70 당시 '이중가격제'를 단일한 시장가격 제도로 전화하는 방법에 대해 중국 학계는 다양한 건의를 했다. 예를 들면 '조정과 개방의 결합' 방안, '개방 위주' 방안 등이 있었다. 1986년 경제개혁 방안 설계 과정에서 중국 지도부가 채택하려 했던 방안은 체코슬로바키아 개혁 시 부총리였던 오타 시크가 1981년 베이징에서 행한 학술 강연 때 소개한 '선조정 후개방' 방식이었다. 시크의 강연 내용은 다음을 참고하라. 錫克(1981): 「論社會主義經濟模式」, 中國社會科學院經濟研究所學述資料室編: 『論社會主義經濟體制改革』, 北京: 法律出版社, 1982, pp. 105~114.

71 樓繼偉·肖捷·劉力群(1986): 「關於經濟運行模式與財政稅收改革的若幹思考」; 樓繼偉·劉力群(1986): 「改革財政體制解決財政赤字問題的設想」, 吳敬璉等著: 『中國經濟改革的整體設計』, 北京: 中國展望出版社, 1988, pp. 111~151.

72 鄧小平(1986): 「在聽取經濟情況彙報時的談話」·「在全體人民中樹立法治觀念」·「關於政治體制改革問題」, 『鄧小平文選』第3卷, 北京: 人民出版社, 1993, pp. 159~160, pp. 163~164, pp. 176~180.

73 이 문제에 대한 설명은 다음을 참고하라. 吳敬璉: 「從'增量改革'到'整體推進'的改革戰略: 1994年4月13日在中央黨校第三期省部級主要幹部研討班上的討論發言」, 『構築市場經濟的基礎結構』, 北京: 中國經濟出版社, 1997, pp. 44~56.

74 관련 자료에 근거해 편저했다.

75 厲以寧(1986): 「經濟改革的基本思路: 1986年4月25日在北京大學'五四'科學討論會上的報告」, 『中國經濟改革的思路』, 北京: 中國展望出版社, 1989, pp. 3~14.

76 厲以寧(1986): 「經濟改革的基本思路: 1986年4月25日在北京大學'五四'科學討論會上的報告」, 『中國經濟改革的思路』, 北京: 中國展望出版社, 1989, p. 3.

77 厲以寧(1987): 「關於經濟改革基本思路的進一步說明: 1987年6月2日在'國民經濟管理學'課程結束前對北京大學經濟學院各班幹部專修班學員所提問題的回答」, 『中國經濟改革的思路』, 北京: 中國展望出版社, 1989, p. 15.

78 『金融時報』, 1988年1月18日.

79 『理論信息報』, 1986年11月3日; 『金融時報』, 1987年12月3日.

80 「深化改革的重點是公有制形式的改革: 著名經濟學家厲以寧的一次談話」, 『金融時報』, 1987年12月3日.

81 수도강철회사경제연구소首都鋼鐵公司經濟研究所에서 1986년 발행한 일부 자료(打印稿).

82 郭樹清·劉吉瑞·邱樹芳(1985): 「全面改革亟須總體規劃: 事關我國改革成敗的一個重大問題」, 『經濟社會體制比較』, 1985年第1期.

83 郭樹清·樓繼偉·劉吉瑞等(1985): 「關於體制改革總體規劃的研究」, 『經濟研究參考資料』, 1986年第35期.

84 吳敬璉·周小川等(1986~1987): 『中國經濟改革的整體設計』, 北京: 中國展望出版社, 1990.

85 王忍之: 「關於反對資産階級自由化: 1989年12月15日在黨建理論研究班的講話」, 『人民日報』, 1990年2月22日; 『求是』, 1990年第4期.

86 덩샤오핑은 "현재 우파적인 것도 우리에게 영향을 미치고, 좌파적인 것도 우리에게 영향을 미친다. 그러나 가장 뿌리 깊은 것은 '좌'다. 고깔모자를 들고 사람들을 위협하는 이론가, 정치가는 '우'가 아니라 '좌'다. '좌'는 혁명적 색채를 띠고 '좌'일수록 더 혁명적인 것 같다." 鄧小平(1992): 「在武昌·深圳·珠海·上海等地的談話要點」, 『鄧小平文選』第3卷, 北京: 人民出版社, 1993年, p. 375 참고.

87 鄧小平(1992): 「在武昌·深圳·珠海·上海等地的談話要點」, 『鄧小平文選』第3卷, 北京: 人民出版社, 1993年, pp. 370~383.

88 중공14기 3중전회 관련 문헌에 근거해 편저했다.

89 중공 제15차 전국인민대표대회 관련 문헌에 근거해 편저했다.

90 덩샤오핑은 '판단의 기준은 사회주의 생산력을 발전시키는 데 유리한지 아닌지, 사회주의 국가의 종합 국력을 증강하는 데 유리한지 아닌지, 인민의 생활수준을 제고하는 데 유리한지 아닌지를 주로 봐야 한다'고 언급했다. 鄧小平(1992年2月): 「在武昌·深圳·珠海·上海等地的談話要點」, 『鄧小平文選』第3卷, 北京: 人民出版社, 1993, p. 372 참고.

91 『中國統計年鑒』(各年). 다음에서 인용했다. 許小年·肖倩(2003): 『另一種新經濟』, 中國國際金融有限公司研究部報告.

92 비금융 국유기업은 대부분 다급 법인제多級法人制를 실행하고 있고, 1급 기업은 보통 독자국유회사다('다급 법인제'는 모회사 밑에 자회사를 두고 또 그 밑에 자회사를 두는 일종의 기업집단이다).

93 『中國新聞周刊』, 2006年3月27日; 『經濟觀察報』, 2006年4月12日; 『民營經濟報』, 2006年5

月12日 참고.

94 明軍:「中國嚴防經濟局部過熱」,『經濟導報』(香港), 2004年第3期; 吳立波:「行政調控爲何忽
然發力」,『瞭望東方周刊』, 2004年5月17日 참고.

95 吳敬璉(2006):「警惕尋租新動力」,『呼喚法治的市場經濟』, 北京: 生活·讀書·新知三聯書店,
2007, pp. 360~364 참고.

96 다음을 참고하라. 胡和立(1989):「1988年我國租金價値的估計」,『經濟社會體制比較』編輯
部編:『腐敗: 權力與金錢的交換』(第2版), 北京: 中國經濟出版社, 1993, pp. 20~46; 萬安
培(1995):「中國經濟轉型時期的租金構成及主要特點分析」, 吳敬璉等編:『建設市場經濟的
總體構想與方案設計』, 北京: 中央編譯出版社, 1996, pp 31~364; 高輝淸等(2006):「2004
年中國收入分配中非正常成分的價値估算」, 中國經濟體制改革研究會公共政策研究中心系列
研究報告, 2007年9月16日; 王小魯(2007):「我國灰色收入與國民收入差距」,『比較』, 第31輯,
北京: 中信出版社, 2007.

97 당시 러시아 수상인 표트르 스톨리핀Pyotr Stolypin(1862~1911)은 1906년 농민공사公
社를 파괴하고 부농 계급을 육성하는 정책을 시행하여 많은 농민이 토지를 잃고 생계
를 유지할 수 없었다. 秦暉·金雁(2002):「轉軌中東歐國家的民間組織」,『擴展中的公共空
間』, 天津: 天津人民出版社, 2002, pp. 340~373.

제3장

1 張培剛(1945):『農業與工業化』, 武漢: 華中工學院出版社, 1984, pp. 14~22; Simon
Kuznets(1965): *Economic Growth and Structure: Selected Essays*, New York:
Norton, 1965, pp. 244~245; 加塔克(Subrata Ghatak)·英格森特(Ken Ingersent):
『農業與經濟發展』, 北京: 華夏出版社, 1987, pp. 27~75.

2 吉利斯(Malcolm Gillis)·波金斯(Dwight H. Perkins)·羅默(Michael Roemer)·斯諾
德格拉斯(Donald R. Snodgrass, 1996):『發展經濟學』第4版, 北京: 中國人民大學出版
社, 1998, p. 410.

3 世界銀行:『1982年世界發展報告: 發展與環境』, 北京: 中國財政經濟出版社, 1982, p. 43.

4 世界銀行:『2008年世界發展報告: 以農業促發展』, 北京: 淸華大學出版社, 2008, p. 1, p. 4.

5 馬克思(1867):『資本論』第1卷, 北京: 人民出版社, 1975, p. 551.

6 馬克思(1861~1863):「剩餘價値理論」,『馬克思恩格斯全集』, 第26卷第2冊, 北京: 人民出版
社, 1995, p. 263.

7 考茨基(1899):『土地問題』, 北京: 生活·讀書·新知三聯書店, 1955, pp. 14~15.

8 列寧(1899):「書評」,『列寧全集』第4卷, 北京: 人民出版社, 1990, pp. 79~85.

9 秦暉(2004):「馬克思主義農民理論的演變與發展·關於小農經濟要被社會化大生產取代的

理論」, 武力·鄭有貴主編(2004): 『解決三農問題之路—中國共産黨'三農'政策簡史』, 北京: 中國經濟出版社, 2004. 대규모 생산 체제가 소생산 체제보다 우월하다는 입장의 논자들은 늘 토지 점유의 과다와 '대규모 생산' '소생산'의 구분을 똑같이 취급한다. 설사 마르크스주의 경전 저자의 관점에 의거한다 하더라도 양자를 구분하는 기준은 주로 고용 노동에 의지하는지 혹은 자신의 노동에 의지하는지 여부여야 한다. '토지 면적에 의거하여 농장을 분류하면 거의 대다수의 상황에서 농업 전체의 발전 특히 농업 중의 자본주의 발전에 대해 지나치게 단순하고 얄팍한 개념만을 얻게 될 것이다.' [列寧(1915): 「關於農業中資本主義發展規律的新材料」, 『列寧全集』 第27卷, 北京: 人民出版社, 1990, pp. 176~194.] 친후이秦暉는 본문에서 '제2차 세계대전 이래 주요 자본주의 국가의 농업에서 노동 고용 비중은 높아지기는커녕 도리어 낮아졌다. 1966~1967년 유럽 공동체를 창시한 6개국의 농업에서 임시 단기 노동을 포함하는 고용 노동은 농업 노동자의 14퍼센트를 차지했을 뿐'이라고 지적했다.

10 杜潤生(1982): 「家庭聯産承包制是農村合作經濟的新發展」, 『杜潤生文集』, 太原: 山西人民出版社, 2008, pp. 84~102.

11 陳錫文: 『中國農村改革: 回顧與展望』, 天津: 天津人民出版社, 1993, pp. 57~60. 특지통제권特指控制權과 잔여통제권剩餘控制權에 대해서는 본서의 제4장에 서술해놓았다. 한 기업에 대한 소유권ownership이란 그 기업에 대해 잔여청구권剩餘索取權과 잔여통제권을 가진 것을 가리킨다. 현대 기업에서 나타나는 소유와 통제 '양권의 분리'는 즉 소유권과 통제권(특지통제권)이 주주와 집행자(경영자)에게 각각 장악되어 있는 것이다.

12 林毅夫·蔡昉·李周: 『中國的奇跡: 發展戰略與經濟改革』, 上海: 上海三聯書店, 1994, p. 123.

13 張新光(2008): 「小農經濟範疇的歷史考察」, 『貴州社會科學』, 2008年第1期.

14 「中共中央關於農業和農村工作若幹重大問題的決定」, 1998년 10월 14일 중공15기 3중전회 통과.

15 『劉少奇對中共山西省委'把老區的互助組織提高一步'的批語』(1951年7月3日), 중앙 당안관檔案館의 원본 복사에 근거. 新華網: http://www.ce.cn/xwzx/gnsz/szyw/200705/28/t20070528_11515310.shtml

16 1952년 11월 마오쩌둥과 덩즈후이, 두룬성의 담화, 杜潤生: 「憶50年代初期我與毛澤東主席的幾次會面」, 『杜潤生文集』 下冊, 太原: 山西經濟出版社, 1998, pp. 780~796.

17 毛澤東(1955): 「關於農業合作化問題」, 『毛澤東選集』 第5卷, 北京: 人民出版社, 1977, p. 182; 毛澤東: 「論十大關系」, 『毛澤東選集』 第5卷, 北京: 人民出版社, 1977, p. 268.

18 陳雲(1952): 「1952年財經工作的方針和任務」, 『陳雲文選(1949~1956)』 第2卷, 北京: 人民出版社, 1984, p. 160.

19 陳雲(1953): 「實行糧食統購統銷」, 『陳雲文選(1949~1956)』 第2卷, 北京: 人民出版社, pp.

208~211.

20 林毅夫: 『制度·技述與中國農業發展』, 上海: 上海人民出版社·上海三聯書店, 1994, pp. 19~21.

21 林毅夫(1990): 「集體化與中國1959~1961年的農業危機」, 『制度·技述與中國農業發展』, 上海: 上海人民出版社·上海三聯書店, 1994, pp. 16~43.

22 1958년 8월 9일 마오쩌둥이 산둥山東 농촌을 시찰할 때 '역시 인민공사를 운영하는 게 바람직한데 인민공사의 장점은 공업, 농업, 상업, 교육, 군사를 통합할 수 있어 영도하기 편하다는 점'이라고 제시했다. 新華社1958年8月12日濟南電: 「毛主席視察山東農村」, 『人民日報』, 1958年8月13日第1版 참고.

23 陳伯達(1958): 「在毛澤東同志的旗幟下: 在北京大學慶祝黨成立37周年大會上的講話」, 『紅旗』, 1958年第4期.

24 생산대의 2급 기구는 처음에는 생산대대生產大隊라고 했으나 나중에 관리구管理區로 고쳐 불렀다.

25 다음 등에 근거해 작성했다. 國家體改委編: 『中國經濟體制改革十年』, 北京: 經濟管理出版社·改革出版社, 1988.

26 1무는 15분의 1헥타르에 해당한다(약 666제곱미터). 이하 동일하다.

27 陳吉元主編: 『中國農村社會經濟變遷』, 太原: 山西經濟出版社, 1993, pp. 585~586.

28 周日禮: 「農村十年改革的成果評價與發展思路」, 『安徽日報』, 1989年12月30日.

29 연구에 따르면, 1980년 농업이 만들어낸 수입의 전체 누적액은 360억7400만 위안에 이르러 국가의 농촌 지출 부분을 제외하면 농업에서 순수하게 나온 출자금은 278억6200만 위안이 된다. 馮海發·李微: 「我國農業爲工業提供資金積累的數量研究」, 『經濟研究』, 1993年第9期 참고.

30 「中共中央關於加快農業發展若幹問題的決定」, 1979년 9월 28일 중국공산당 제11기 중앙위원회 제4차 전체회의 통과.

31 노동평가 점수합계 제도에는 몇몇 다양한 방법이 사용됐다. (1) '사분사기死分死記': 일반적으로 각 사원의 체력의 강약, 기술 수준 그리고 일상적인 노동 성과에 따라 6~10점의 측량 기준으로 개인의 노동이 하루에 얻어야 할 노동 점수 즉 기본 점수底分를 평가해 내고 사원은 매번 하루 노동을 해서 실제 노동 상황이 어떻든 간에 다들 기본 점수에 의거하여 점수를 기록한다. (2) '사분활평死分活評': 기본 점수의 평가 결정 방법은 위와 같다. 차이점은 정기적으로 사원 조직(집체)이 각 사원의 실제 노동 성과에 대한 평가 심사를 실시해서 기본 점수를 올리고 낮출 수 있는 것이다. (3) '정액계공定額計工': 난이도에 따라 각종 농사일의 노동 점수 기준치를 결정한 연후에 농사일이 완료되면 노동 점수를 계산하는 것이다.

32 國家統計局農調隊: 『中國農村貧困監測報告(2000)』前言附表2, 北京: 中國統計出版社,

2000. 빈곤 기준으로 사용된 기준은 연 수입 인민폐 100위안이다.

33 천시원陳錫文은『중국의 농촌개혁: 회고와 전망中國農村改革: 回顧與展望』(天津: 天津人民
出版社, 1993, pp. 39~49)에서 이 과정에 대해 상세한 서술을 해놓았다. 이 절의 토론
은 대부분 그의 서술에 의거했다.

34 「中共中央關於目前農村工作中若干問題的決定(草案)」, 1963年5月20日.

35 『浙江日報』, 1957年1月27日. 다음에서 재인용했다. 艾豊: 「已是山花爛漫時」, 『人民日報』,
1984年10月12日.

36 馬齊彬等著:『中國共産黨執政四十年』(增訂本), 北京: 中共黨史出版社, 1991, p. 217.

37 저우타이허周太和 등은『당대 중국의 경제체제 개혁當代中國的經濟體制改革』(北京: 中國
社會科學出版社, 1984, pp. 269~270)에서 이러한 3가지 형식에 대하여 상세히 분석했다.

38 다음에 근거하여 작성했다. 楊繼繩:『鄧小平時代: 中國改革開放二十年紀實』上卷, 北京:
中央編譯出版社, 1998.

39 1979년 9월 중국공산당 제11기 4중전회에서 통과시킨 「농업 발전 가속화의 몇 가지
문제에 관한 중공중앙의 결정」에서는 생산대의 통일적인 계산과 분배라는 전제하에 생
산 청부를 작업조에게 맡겨 생산량과 연계해 노동 보수를 계산하고 초과 생산 인센티
브를 실행할 것을 제시했다. 분전단간分田單幹은 불허했다. 일부 부업으로 생산해야 할
특별한 수요와 변경 산악 지역 및 교통이 불편한 단독 농가를 제외하고는 포산도호 역
시 불필요하다고 했다.

40 鄧小平(1980): 「關於農村政策問題」, 『鄧小平文選』第2卷, 北京: 人民出版社, 1983, pp.
315~317.

41 1982년 1월, 중공중앙이 비준한 1981년 12월 베이징에서의 「전국 농촌공작회의 기요
全國農村工作會議紀要」를 당해 중앙 1호 문건으로 하발했다.

42 中國社會科學院農村發展研究所: 「中國農村經濟體制的改革」, 國家經濟體制改革委員會編:
『中國經濟體制改革十年』, 北京: 經濟管理出版社·改革出版社, 1988.

43 國家統計局編:『中國統計年鑑』(1995), 北京: 中國統計出版社, 1995, pp. 347~348.

44 林毅夫, 『制度·技述與中國農業發展』, 上海: 上海三聯書店出版社, 1994, p. 95.

45 『中國統計年鑑』.

46 林毅夫:『制度·技述與中國農業發展』, 上海: 上海三聯書店出版社, 1994, pp. 354~356.

47 朱榮等主編:『當代中國的農業』, 北京: 當代中國出版社, 1992, p. 369.

48 『중국통계연감中國統計年鑑』(2008)의 계산에 근거했다.

49 國家統計局(2008):『城鄕居民生活從貧困向全面小康邁進』, 新華網 www.ce.cn/ztpd/
xwzt/guonei/2009/jjchj/jjchjxbt4/200908/07/t20090807_19734607.shtml.

50 國務院研究室編:『調査與研究』, 1978年第12期.

51 『中國統計年鑑』(各年)·『中國農村統計年鑑』(各年).

52 『中國農村統計年鑑』(2007).

53 『中國農村統計年鑑』(2007).

54 농촌신용합작사의 농가 저축액은 1992년에 2107억8000만 위안에 이르렀다. 『中國統計年鑑』(1993), p. 664 참고.

55 國家統計局: 『國際統計年鑑』(2008), 北京: 中國統計出版社, 2008, p. 132.

56 다음 등에 근거해 작성했다. 吉利斯等(1996): 『發展經濟學』, 北京: 中國人民大學出版社, 1998.

57 이러한 정책의 이론적 근거는 '소생산은 일상적이고 매일 매시에 자연히 대대적으로 자본주의와 자산계급을 낳고 있다'는 레닌의 판단이었다. 列寧(1920): 「共産主義運動中的'左派'幼稚病」, 『列寧選集』第4卷, 北京: 人民出版社, 1995, p. 135 참고.

58 陳錫文: 『中國農村改革: 回顧與展望』, 天津: 天津人民出版社, 1993, pp. 76~77.

59 費景漢·拉尼斯(1964): 『勞動剩餘經濟的發展』, 北京: 華夏出版社, 1989.

60 馬曉河: 『結構轉換與農業發展: 一般理論和中國的實踐』, 北京: 商務印書館, 2004, p. 136.

61 『中國統計年鑑』(各年)·『中國鄉鎮企業統計年鑑』(各年).

62 孫政才主編(2008): 『農業農村改革發展30年』, 北京: 中國農業出版社, 2008, p. 225; 中華人民共和國農業部: 『中國農業發展報告(2008)』, 北京: 中國農業出版社, 2008, p. 140.

63 「中共中央關於完善社會主義市場經濟體制若幹問題的決定」, 2003년 10월 14일 중국공산당 제16기 중앙위원회 제3차 전체회의 통과.

64 溫鐵軍(2005): 「'三農'問題的本土化思路」, 『鳳凰周刊』, 2005年第9期.

65 中共中央文獻研究室編: 「中共中央關於制定國民經濟和社會發展第十一個五年規劃的建議」, 『十六大以來重要文獻選編』(中), 北京: 中央文獻出版社, 2006, pp. 1061~1085. 中共中央文獻研究室編: 「中共中央·國務院關於推進社會主義新農村建設的若幹意見」, 『十六大以來重要文獻選編』(下), 北京: 中央文獻出版社, 2008, p. 139.

66 '두 가지를 면해주고 한 가지를 지원하는兩免一補' 정책이란 농촌 지역에서 9년 의무교육을 받는 학생에게 등록금 및 잡비를 면제하고 그중 빈곤가정 학생에게는 무료로 교과서를 제공하며 기숙생 생활비를 지원하는 것을 가리킨다.

67 1984년 1월 1일 중공중앙이 발표한 「중공중앙의 1984년 농촌 업무에 관한 통지中共中央關於1984年農村工作的通知」. 이 문건에서는 생산청부책임제를 지속적으로 안정화하고 개선할 것을 강조하면서 토지 청부 기간은 일반적으로 15년 이상이어야 하고 생산 주기가 긴 경우나 개발 단계인 경우 청부 기간은 더 길어야 한다고 규정했다.

68 위젠룽은 현재 중국 농민의 토지 상실과 실업 문제가 매우 심각하다고 지적한다. '통계에 따르면 1990년에서 2002년까지 전국적으로 비농업용 건설용으로 사용된 경지가 4736만 무畝에 달한다. 그 가운데 1990~1996년 비농업용 점유지는 모두 3080만 무로 매년 평균 440여 만 무였고, 1997~2002년 비농업용 점유지는 1645만 무여서 매년 평

균 약 274만 무였다. 이러한 비농업용 건설 점유지는 주로 도시 교외나 인구밀도가 높은 경제적 발전 지역에 집중되어 이러한 지역의 일반적인 일인당 평균 경지는 0.7무에 이르지 못하며 평균 1무의 경지를 점용하면 1.4명의 사람이 토지를 잃었다. 이에 따라 추산해보면 13년 동안 전국에 모두 6630만 명의 농업인구가 생계를 의지할 토지를 상실했다. 토지 징용의 보상 기준이 낮기 때문에 토지를 상실한 농민의 토지 보상금은 창업을 하기에도 부족했고 합리적인 인력 배치와 사회보장제도를 구축하지도 못했기 때문에 이러한 땅을 상실한 농민들은 대부분 농지도 없고 정식으로 일할 자리도 없고 사회보장도 없는 사회적 유랑민으로 전락했다.' 于建嶸: 「深入到失地農民中去」, 『南方周末』, 2005年7月14日 참고.

69 韓俊主編: 『中國經濟改革30年: 農村經濟卷』, 重慶: 重慶大學出版社, 2008, p. 62.

70 孫政才主編: 『農業農村改革發展30年』, 北京: 中國農業出版社, 2008, p. 197.

71 張曉山等: 『聯結農戶與市場: 中國農民中介組織探究』, 北京: 中國社會科學出版社, 2002.

72 金雁·秦暉(1990): 「現代化進程中的農民」, 『經濟轉軌與社會公正』, 河南: 河南人民出版社, 2002, p. 263.

73 2000년 말 전국 기층의 공급판매합작사는 2만8000여 개이고 전체 시스템의 직원과 노동자는 362만 명이다. 농촌 기층의 신용합작사는 약 4만여 개이고 지분 자본금은 720억 위안이다. 이외에 또한 인민공사에서 전환한 사구社區(커뮤니티) 합작 경제조직이 223만4000개이고 그 가운데 향(진) 일급 수준이 3만7000개, 촌 및 촌 이하 수준이 219만7000개다. 사구 합작조직은 비록 합작이란 간판을 걸고 있지만 대다수가 향진 정부와 촌민 위원회에 소속되어 있을 뿐 아니라 왕왕 기층 정권이 경제를 관리하는 기능을 행사하고 있어 어떤 이는 향(진) 농공상총공사鄉(鎮)農工商總公司가 '정부의 파견 기관으로 제2의 향(진) 정부 역할을 하고 있다'고 말한다. 張曉山等: 『聯結農戶與市場: 中國農民中介組織探究』, 北京: 中國社會科學出版社, 2002, p. 14, pp. 91~92.

74 孫政才(2008): 『農業農村改革發展30年』, 北京: 中國農業出版社, 2008, p. 211.

제4장

1 科斯(1937): 「企業的性質」, 『企業·市場與法律』, 上海: 上海三聯書店, 1990, pp. 1~23.

2 科斯(1937): 「企業的性質」, 『企業·市場與法律』, 上海: 上海三聯書店, 1990, p. 9.

3 科斯(1937): 「企業的性質」, 『企業·市場與法律』, 上海: 上海三聯書店, 1990, p. 18.

4 威廉姆森(1985): 『資本主義的經濟制度』(*The Economic Institution of Capitalism*), 北京: 商務印書館, 2007.

5 S. Grossman and O. Hart(1986): "The Costs and Benefits of Ownership: A Theory of Vertical and Lateral Integration", *Journal of Political Economy*, 1986,

pp. 691~719.

6   Oliver Hart & John Moore: "A Theory of Debt Based on the Inalienability of Human Capital". *Quarterly Journal of Economics* 109(November, 1994): pp. 841~879.

7   黃仁宇(1982): 『資本主義與二十一世紀』, 台北: 聯經出版事業公司, pp. 79~80.

8   법인corporate, corporation은 중세 유럽의 법률에서 행회行會, 교회, 자치도시 등 자연인과 동등한 민사 행위능력이 있는 비영리조직을 의미했는데, 무역회사가 법인 지위를 획득한 이후 이들 영리기업을 호칭하는 용어로도 사용되었다. 따라서 현대 영어에서 'corporation'은 두 가지 의미를 갖는다. 하나는 법인 조직, 다른 하나는 상공업에 종사하는 법인기업이다. 중국에서는 '公司'라고 부른다.

9   즉, 'Bubble Act(거품법)'다. 이 법은 풍자적 의미가 있는데, 이 법안은 대투기와 사기를 일삼던 단체인 남해회사South Sea Company의 책동하에 제정된 것이다. 남해회사는 영국 왕실로부터 남해 무역(남대서양)에 종사할 수 있는 특허를 부여받은 특허무역회사로 1720년의 '남해거품사건'을 일으킨 당사자다. 지금까지 사용되는 거품경제Bubble Economy라는 용어는 바로 이 사건으로 인해 유행하게 된 것이다. 많은 사람이 「거품법」은 당시 영국 하원 의장 로버트 월폴Robert Walpole과 국왕 조지 2세가 투기에 대한 경고로서 제정했다고 알고 있다. 그러나 고증에 의하면, 영국 의회가 특허무역회사의 책동하에 제정한 「거품법」의 진정한 목적은 '확장 제한'이었다. 즉 주식시장의 거품 형성 중에 민간 회사들로 자금이 흘러들지 못하도록 하기 위한 것이었다. 영국 정부가 「거품법」에 의거해 특허권을 부여받지 못한 회사들을 단속한 이후 남해회사의 주식은 급상승하여 1720년 8월 초 최고점에 도달했다가 9월에 붕괴했다. John Carswell(1960): *The Southsea Bubble*, London: Cresset Press, Charles Kindleberger(1978): *Manias, Panics, and Crashes: A History of Financial Crises*, New York: John Wiley & Sons, INC, 1996, p. 84에서 재인용.

10 A. D. Chandler, Jr.(1977): *The Visible Hand : The Managerial Revolution in American Business*, Cambridge MA: Harvard University Press. 『看得見的手: 美國企業的管理革命』, 北京: 商務印書館, 1987 참고.

11 Adolf Berle & Gardiner Means(1932): *The Modern Corporation and Private Property*(『現代公司與私人財産』), New York: Commerce clearing House. 중문 번체판은 台北: 台灣銀行出版社, 1981년 중문판 참고.

12 A. D. Chandler, Jr.(1977): *The Visible Hand : The Managerial Revolution in American Business*, Cambridge MA: Harvard University Press. 『看得見的手: 美國企業的管理革命』, 北京: 商務印書館, 1987, p. 3 참고.

13 Andrei Shleifer & Robert Vishny(1997): "A Survey of Corporate Governance".

The Journal of Finance, 52: pp. 737~783.

14 Magdi R. Iskander & Nadereh Chamlou(2000): *Corporate Governance: A Framework for Implementation*. Washington D.C.: The World Bank.

15 역선택은 매매 쌍방 간 상품 정보에 대한 이해가 다르기 때문에 야기되는 비효율적 자원배분 상황을 의미한다. 예를 들면, 중고차 시장에서 판매자는 자신이 갖고 있는 자동차의 성능을 잘 알고 있는 반면 구매자는 자동차의 성능을 정확하게 알 수 없기 때문에 성능이 잘 유지된 자동차가 좋은 가격에 팔리지 못하는 경우가 발생한다.

16 도덕적 해이는 경제활동에 종사하는 사람이 최대한도로 자신의 효용을 증진시키면서 타인에게 불리한 행동을 저지르는 것을 의미한다.

17 Andrei Shleifer & Robert Vishny(1997): "A Survey of Corporate Governance". *The Journal of Finance*, 52: pp. 737~783.

18 이런 경우에 대주주는 일반적으로 내부주주inside shareholders로 불린다.

19 경제학의 외부성이란 어떤 경제주체가 경제활동을 하면서 비용 전체를 부담하지 않거나(외부불경제) 혹은 모든 수익을 다 얻지 못하는(외부경제) 경우를 일컫는다.

20 Jean Tirole: "Corporate Governance". A paper presented in the Lectures on Modern Economic Theory, 2000, Beijing.

21 다음 등에 근거해 작성했다. 吳敬璉·錢穎一(1993): 「關於公司化」, 『經濟日報』, 1993年8月24日.

22 레닌-스탈린 모델에서 집권당은 국가조직 내에서 절대적인 지배 지위를 갖는다. 헝가리 경제학자 마리어 처나디Maria Csanadi는 이러한 국유경제를 '당-국경제Party-State Economy'라 지칭했다. 레닌의 '국가 신디케이트'도 당-국기업Party-State Inc.이라 부른다. 喬納蒂(1997): 『轉型: 透視匈牙利政黨-國家體制』, 長春: 吉林人民出版社, 2002 참고.

23 일본 경제학자 고미야 류타로小宮隆太郎는 1985년 5월 11~14일 오키나와에서 열린 '중일경제학술토론회'에서 발표한 논문 「경쟁 시장 메커니즘과 기업의 역할競爭的市場機制和企業的作用」에서 '중국에는 기업이 존재하지 않거나 거의 존재하지 않는다'고 주장했다. 吳敬璉·王海波編: 『經濟理論與經濟政策』, 北京: 經濟管理出版社, 1986, pp. 328~329 참고.

24 국유기업의 이 직능은 '문화대혁명' 기간에 가장 강조되었다. 당시의 표현으로 '기업은 무산계급 독재의 보루'라 불렸다.

25 科爾奈(1980): 『短缺經濟學』 下卷(*Economics of Shortage*), 北京: 經濟科學出版社, 1986, p. 279.

26 周太和等(1984): 『當代中國的經濟體制改革』, 北京: 中國社會科學出版社, 1984, pp. 70~100.

27 毛澤東(1966): 「關於農業機械化問題的一封信」, 『人民日報』, 1977年12月26日.

28 周太和等(1984): 『當代中國的經濟體制改革』, 北京: 中國社會科學出版社, 1984, p. 137.

29 기업하방에 대한 쑨예팡孫治方의 비판은 제2장 1.4 참고.

30 중국 기업개혁의 중요 지도자인 위안바오화袁寶華는 대담 중 '자주권 확대, 이윤 양도擴權讓利' 방침의 결정 과정을 상세하게 설명했다. 위안바오화의 회고에 의하면, 리셴녠李先念의 지시로 1978년 10~12월 국가경제위원회 대표단은 일본 기업을 시찰했다. 대표단은 '우리 기업을 반드시 개혁해야 하고, 기업에게 더 많은 자주권을 줘야 한다고 깊이 느꼈다'. 리셴녠은 대표단의 보고를 들은 후 경제가 잘되려면 우선 기업이 잘돼야 하고, 기업자주권을 확대해야 한다고 말했다. 賀輝敏: 「擴權讓利: 國有企業改革的突破口—訪袁寶華同志」, 『百年潮』雜志, 2003年第8期 참고.

31 周太和等(1984): 『當代中國的經濟體制改革』, 北京: 中國社會科學出版社, 1984, p. 166.

32 國務院: 「全民所有制工業企業轉煥經營機制條例」(節選), 1992年7月23日發布.

33 예를 들면, 국가경제위원회 지도자가 볼 때 1978~1980년 기업자주권 확대의 "다섯 개 문건은 명의상 '자주권 확대, 이윤 양도擴權讓利' 문건으로 부르지만 실제로는 자주권 확대도 이윤 양도도 부족했다". 賀輝敏: 「擴權讓利: 國有企業改革的突破口—訪袁寶華同志」, 『百年潮』雜志, 2003年第8期 참고.

34 1988년 2월 국무원이 반포한 「전민소유제 공업기업 청부경영책임제 임시조례」의 규정은 다음과 같다. '청부경영책임제는 기업의 사회주의 전민소유제를 견지하는 기초 위에 소유권과 경영권 분리의 원칙에 따라 청부경영 계약 형식으로 국가와 기업의 책임, 권리, 이익 관계를 확정해 기업이 자주 경영, 독립채산을 이룰 수 있는 경영관리 제도다'. 기업청부제가 국가와 기업 간의 분배 관계를 처리하는 원칙은 '상납기준액 완수, 상납 확보, 초과이윤 유보, 손실 책임包死基數, 確保上交, 超收多留, 歉收自補'이다.

35 '내부자 통제 제어력 상실'은 현대 회사지배구조에서 자주 나타나는 결함이다. 현대 회사의 주식이 지나치게 분산되거나 다른 원인으로 인해 회사의 잔여통제권이 상실됐을 때, 잔여통제권과 잔여소득수취권이 일치하지 않는 현상이 나타난다. 회사가 '내부자'에 의해 통제되면 주주 이익에 손실을 주는 결정을 하게 되고 회사를 내리막길로 접어들게 할 수 있다. 근래 서방 경영학 간행물에 이 문제를 어떻게 방지할지에 관해 많은 글이 실리는 것도 이 문제가 기업경영에 끼치는 심각성을 방증한다.

36 「中華人民共和國全民所有制工業企業法」·「中華人民共和國公司法」에 근거해 작성했다.

37 기업의 '법정대리인'은 중국에서 국유기업 개혁을 시작할 때 나타난 특수 개념이다. 1982년 반포한 「중화인민공화국 민사소송법(시행)」 제44조 제2항 규정은 다음과 같다. '기업 사업단위, 기관, 단체는 민사소송 당사자가 될 수 있고, 이 단위들의 주요 책임자는 법정대리인이 된다'. 최고인민법원은 1984년 「민사소송법 집행 관철(시행)의 몇 가지 문제에 관한 의견」에서 법정대리인에 대한 규정을 다음과 같이 더 명확히 했다. '기업 사업단위, 기관, 단체의 법정대리인은 그 단위의 정직正職 행정책임자여야 한다'. 1986년

「중화인민공화국 민법 통칙」 제38조 규정은 다음과 같다. '법률 혹은 법인 조직의 장정 규정에 의거해 법인을 대표하여 직능을 행사하는 책임자가 법인의 법정대리인이다.' 이렇게 해서 법정대리인의 개념이 중국 법률에 정식으로 확립되었다.

38 일부 경제학자들은 이러한 '양권 분리'의 논리에 동의한다. 예를 들면 어떤 학자들은 일본 기업의 성공에서 중요한 경험은 '허수아비 소유자架空所有者의 제도 배치에 있다'고 여긴다(吳家駿: 『日本的股份公司與中國的企業改革』, 北京: 經濟管理出版社, 1994 참고). 이런 인식은 계속해서 이어졌다. 일본의 많은 기업을 시찰했던 한 경제학자는 국유기업 개조 과정에서 우선 기업 법인 간 상호 지분 소유를 통해 주식 다원화와 분산화를 실현해 경영자가 기업, 허수아비 소유자를 지배하여 기업의 자주 경영을 이루게 해야 한다고 주장한다. 다른 한편에서는 합리적 이익구조를 건립하고 '이익방어선利益防線'을 구축하여 기업경영자의 이익을 주주권과 연계하는 것이 아니라 임금·장려금 등 경영자의 성과와 연계하고 이를 기초로 기업의 독립채산을 실현해야 한다고 주장한다(趙傑: 「獨立董事是否畫餠充饑?」, 『財經時報』, 2001年8月21日 참고).

39 吳敬璉(1996): 「公司應否設立固定的'法定代表人'」, 『構築市場經濟的基礎結構』, 北京: 中國經濟出版社, 1997, pp. 117~124; 方流芳(1999): 「國企法定代表人的法律地位·權力和利益沖突」, 『比較法研究』, 1999年第3~4合期.

40 『中國財政年鑒』(各年), 北京: 中國財政經濟出版社; 謝春濤: 「國有企業改革的曲折與前景: 專訪中國經濟體制改革研究會副會長楊啓先」, 『百年潮』, 1997年第6期.

41 『中國財政年鑒』(各年).

42 「국유기업 개혁과 발전의 몇 가지 중대 문제에 관한 결정」은 중국 중앙정부의 문건 중 처음으로 상장공개회사公衆公司에 효율적 기업지배구조(당시에는 '법인지배구조'라 칭함)를 건립하라고 요구했다.

43 대외무역 업종과 전신電信 업종의 행정관리 직능은 경제무역위원회의 국가국이 행사하지 않고 대외무역경제합작부MOFTEC와 정보산업부MII가 각각 행사한다.

44 예를 들면, 전력 부문은 '발전과 전력망 분리, 경쟁 입찰網廠分開, 競價上網'의 방침에 따라 발전과 전력 판매 두 개 부분을 개방하고, 송전과 배전 두 부분은 독점형 기업을 조직하여 국가전력감독위원회의 관리감독 아래 운영하도록 했다.

45 1990년대 말, 원래의 국유 대형기업이 국내외 증권시장에 연속 상장한 예가 있다. 칭다오맥주青島啤酒(1993년 홍콩 H주, 같은 해 상하이 A주), 차이나모바일中國移動(1997년 홍콩 레드칩), 중국석유中國石油(2000년 홍콩 H주, 2007년 상하이 A주), 차이나유니콤中國聯通(2000년 홍콩 레드칩, 2002년 상하이 A주), 중국석유화학中國石化(2000년 홍콩 H주, 2001년 상하이 A주), 바오산철강주식유학회사寶鋼股份(2000년 상하이 A주) 등등이다.

46 洪虎(1995): 「「關於選擇一批國有大中型企業進行現代企業制度試點的方案」(草案)的說明」,

國家經貿委企業司編(1995): 『全國建立現代企業制度試點工作會議文件彙編』, 北京: 改革出版社, p. 85.

47 方流芳(1999): 「國企法定代表人的法律地位·權力和利益沖突」, 『比較法研究』, 1999年第3期.

48 靑木昌彦(1994): 「對內部人控制的控制: 轉軌經濟中公司治理結構的若幹問題」, 靑木昌彦· 錢穎一編: 『轉軌經濟中公司治理結構: 內部人控制和銀行的作用』, 北京: 中國經濟出版社, 1995, pp. 15~36. 일부 중국 경제학자들은 이 문제에 관한 아오키 마사히코와 다른 이들의 논의에 이의를 제기한다. 이들은 "국유기업의 '내부자 통제' 형식이 직접적인 인센티브 효과를 창출하고 예산 제약을 강화하며 국유기업의 운영 효율을 크게 높일 수 있다"고 여겼다. 張曙光: 「企業理論創新及分析方法改造: 兼評張維迎的『企業與企業家: 契約理論』」, 『中國書評』, 1996年5月總第10期, pp. 44~45 참고.

49 http://www.sasac.gov.cn/n1180/n1196/n3145/n5738/index.html.

50 『中國財政年鑒』(各年) 참고.

51 『上海證券報』, 2008年8月26日 참고.

52 http://www.gmv.cn/01w2b/2008-08/31/Content_830979.htm.

53 http://finance.sina.com.cn/china/hgjj/20080124/09054446605.shtml.

54 2009년 국자위의 업무 중점은 다음과 같다. '국유경제 분포의 구조조정을 더욱 빠르게 추진하고' '산업집중도를 한층 더 높여 국유경제의 활력, 통제력과 영향력을 제고한다. 나아가 국유기업 구조조정의 강도를 한층 더 강화하고 중앙 기업과의 연합 구조조정, 지역을 아우르는 연합 구조조정을 지지, 격려하여 현지 경제 발전을 선도하는 대기업 대집단을 발전시키고 주력 업종에서 특출 나고 실력이 강하며 자주적 지식재산권과 유명 브랜드를 갖는 경쟁력 우위 기업을 빠르게 형성한다'. www.qstheory.cn/jj/qyzh/201205/t20120509-156829.htm.

55 http://www.sasac.gov.cn/n1180/n1566/n259730/n26468/6136182.html.

56 李榮融: 「在國資委直屬機關深入學習實踐科學發展觀活動總結大會上的講話」, 2009年2月23日, http://www.sasagov.com/Content/2016/02-01/2036018233.html.

57 李榮融: 「在國資委直屬機關深入學習實踐科學發展觀活動總結大會上的講話」, 2009年2月23日, http://www.sasagov.com/Content/2016/02-01/2036018233.html.

58 http://finance.sina.com.cn/roll/20041114/110041256t.shtml.

59 http://finance.sina.com.cn/money/bank/bank_yhpl/20080505/02524827240.shtml.

60 吳敬璉: 「國資委成立後的國有經濟改革(2003)」. 이 글은 필자가 2003년 7월 10일 전국정협경제위원회全國政協經濟委員會의 '국유기업 개혁과 국유자산 관리체제國有企業改革與國有資產管理體制改革' 특별 팀을 대표해서 제10기 정협 제2차 상무위원회에서 발언한 내용이다.

61 예일대학의 헨리 핸스먼Henry Hansmann과 하버드대학의 레이니어 크라크먼Reinier Kraakman은 전자를 '경영자 주도형 회사'라 부르고 후자를 '노동자 주도형 회사'로 부른다. 이들이 보기에 효율적인 회사지배구조는 응당 '주주 주도형'이다. Hansmann H. and Kraakman R.(2000): *The End of History for Corporate Law*, 인쇄물.

62 Cadbury Report(1992): *Financial Aspects of Corporate Governance*, 런던 증권거래소 발행.

63 다음 등에 근거해 작성했다. 方流芳: 「亂世出重典: 2002年美國公司改革法案述詳」, 『21世紀經濟報道』, 2002年8月24日.

64 北京: 中國財政經濟出版社, 2005年中文版.

65 北京: 中國財政經濟出版社, 2005年中文版.

66 이른바 누적투표제란 주주가 보유한 투표권의 집중 사용을 허가하는 것이다. 예를 들면, 만약 어떤 회사의 대주주가 85퍼센트의 주식을 보유하고 중소 주주가 15퍼센트의 주식을 보유하고 있다면, 주주총회에서 5명의 이사를 뽑을 경우 만약 일반적인 투표 규칙을 따른다면 중소 주주는 사실상 결정권 밖으로 배척당하는 것이다. 만약 누적투표제를 실행한다면, 중소 주주는 이사 4명의 선거에서 투표하지 않고 투표권(5×15%=75%)을 누적해서 다섯 번째 이사 선거에 사용할 수 있다.

67 Margaret Blair: *Ownership and Control*, Washington DC: The Brookings Institute, 1995, p. 46.

68 吳敬璉(1993): 『現代公司與企業改革』, 天津: 天津人民出版社, 1994年第2版, pp. 262~263; 吳敬璉(2002~2004): 「政府應當歸還對老職工的社保欠賬」, 『呼喚法治的市場經濟』, 北京: 生活·讀書·新知三聯書店, 2007, pp. 382~390.

69 Robert Clark(1986): *Corporate Law*, Boston: Little, Brown and Company. 중역본은 『公司法則』, 北京: 工商出版社, 1999 참고.

70 이른바 '58세 현상'이란 근래 국유기업에서 상당히 광범위하게 발생하는 현상으로 즉 고위경영자가 60세 퇴직 연령이 다가옴에 따라 퇴직 전 수중의 권력을 이용해 공금횡령, 재직 발명 절도 등 재물을 수탈하는 불량 행위다.

제5장

1 이번 장의 '민영경제'는 일반적으로 비非국유 경제를 가리킨다. '민영기업'은 중국의 현 제도 환경에서 부르는 특별한 호칭이다. 국가공상행정관리총국國家工商行政管理總局의 기업 등록 유형 구분에서도 역시 '민영기업'이라는 이러한 종류는 존재하지 않으며 단지 국유기업, 집체기업, 개체공상호個體工商戶(개인 상공업자), 사영기업 및 외자기업 등만이 있다. 광의의 민영기업은 일반적으로 국유기업 이외 소유제 유형의 기업을 의미한

다. 협의의 민영기업은 사영기업을 가리킨다.

2 馬克思·恩格斯(1848): 「共産黨宣言」, 『馬克思恩格斯選集』 第1卷, 北京: 人民出版社, 1995, p. 293.

3 恩格斯(1891): 「馬克思『法蘭西內戰』1891年單行本「導言」」, 『馬克思恩格斯選集』 第3卷, 北京: 人民出版社, 1995, p. 13.

4 恩格斯(1878): 「反杜林論」, 『馬克思恩格斯選集』 第3卷, 北京: 人民出版社, pp. 630~631.

5 列寧(1917): 「國家與革命」, 『列寧選集』 第3卷, 北京: 人民出版社, 1995, p. 202.

6 蘇聯科學院經濟研究所編: 『政治經濟學敎科書』(1958年修訂第3版), 北京: 人民出版社, 1959, pp. 114~117, pp. 352~356.

7 恩格斯(1891): 「馬克思『法蘭西內戰』1891年單行本「導言」」, 『馬克思恩格斯選集』 第3卷, 北京: 人民出版社, 1995, p. 13.

8 1949년 4월 마오쩌둥은 류사오치의 '톈진 담화天津講話'에 관한 보고를 들은 후 유명한 '사면팔방 정책四面八方政策' 즉 '공공과 개인이 함께 배려하고, 노동자와 자본가 양쪽에 이익이 되도록 하며, 도시와 농촌이 서로 돕고, 국내외가 교류해야 한다'는 주장을 제기했다. 후에 이러한 방침은 「중국인민정치협상회의 공동 강령中國人民政治協商會議共同綱領」에 다음과 같이 서술되었다. '중화인민공화국 경제 건설의 근본적 방침은 공공과 개인이 함께 배려하고, 노동자와 자본가 양쪽에 이익이 되도록 하며, 도시와 농촌이 서로 돕고, 국내외가 교류하는 정책으로 생산 발전, 경제 번영의 목적에 도달하는 것이다.'

9 마오쩌둥의 관련 저작 및 양쿠이쑹楊奎松의 『건국 전후 중국공산당의 자산계급에 대한 정책 변동建國前後中國共産黨對資産階段政策的演變』 등의 자료에 근거하여 작성했다.

10 「中共中央關於人民公社若幹問題的決議」, 1958年12月10日.

11 개혁개방 이전에 중국은 줄곧 '투기거래投機倒把'를 가장 무거운 범죄행위로 간주했다. 1979년 전국인민대표대회가 제정한 「중화인민공화국 형법」은 여전히 '투기거래'를 형사 범죄 가운데 하나로 열거했지만 1997년의 「형법 수정안」에 이르면 이러한 형사 항목은 삭제된다. 개혁개방 이전 '투기거래'로 지칭되던 영세 노점상과 장거리 이동 판매 등은 형사 범죄로 간주되어 혹독한 처벌을 받았다. 쉐무차오는 1979년 3월 노동부가 개최한 '전국 임금제도 개혁 좌담회全國改革工資制度座談會'에서 성진城鎭의 미취업 청년들이 스스로 취업의 길을 찾아 개체경제를 발전시키는 것을 응당 장려하고 도와야 하며 장거리 이동 판매도 허용해야 한다는 주장을 펼쳤다. 薛暮橋(1979): 「談談勞動工資問題」· 「關於城鎭勞動就業問題的幾點意見」, 『薛暮橋經濟論文選』, 北京: 人民出版社, 1984, pp. 216~235 참고.

12 1981년 10월 17일 「문을 활짝 열어 경제를 활성하고 성진 취업 문제를 해결하는 것에 관한 중공중앙과 국무원의 몇 가지 규정中共中央·國務院關於廣開門路, 搞活經濟, 解決城鎭就業問題的若幹規定」에서 이러한 규정은 정식으로 '개체공상호에 대해 응당 경영자가 2명

이내의 조수를 초빙하는 것을 허가해야 하고 특수한 기예를 가진 경우는 5명 이내의 도제를 둘 수 있다'라고 언술됐다.

13 1982년 9월 1일, 후야오방胡耀邦은 중국공산당 제12차 전국대표대회의 「사회주의 현대화 건설의 새로운 국면을 전면적으로 열자全面開創社會主義現代化建設的新局面」라는 보고에서 당시 소유제 구조에 대하여 다음과 같이 묘사했다. '우리 나라의 생산력 발전 수준은 전체적으로 말해서 아직 비교적 낮으며 또한 균형적이지 못하여 오랫동안 다양한 경제 형식의 동시적인 병존이 필요하다. 농촌에서 노동 인민 집체소유제의 합작경제는 주요한 경제 형식이다. (…) 농촌과 도시 양쪽에서 노동자 개체경제가 국가의 규정 범위 내에서 그리고 공상행정관리하에 적절하게 발전하는 것은 공유제 경제에 필요하고 유익한 보충이다.'

14 鄧小平(1987): 「改革的步子要加快」, 『鄧小平文選』 第3卷, 北京: 人民出版社, 1993, pp. 238~239.

15 陳乃醒等: 『中國鄉鎭工業發展的政策導向研究』, 北京: 經濟管理出版社, 1994, p. 262.

16 덩샤오핑은 나중에 회고하길 '이전 어떤 시절의 노동자 고용 문제는 매우 과장이 컸다. 많은 사람이 정말 걱정을 많이 했다. 내 의견은 2년을 기다려보자는 것이었다'고 했다. 鄧小平(1984): 「在中央顧問委員會第三次會議上的講話」, 『鄧小平文選』 第3卷, 北京: 人民出版社, 1993, p. 91.

17 덩샤오핑은 후에 '남순강화南方講話' 중에 '논쟁을 하지 말자는 말은 내가 발명한 것이다. 논쟁하지 말자는 것은 시간을 벌어 추진하기 위한 것이었다. 논쟁을 하면 상황이 복잡해져 시간만 축낼 뿐 아무것도 이룰 수 없다. 논쟁을 하지 말고 대담하게 시도하고 대담하게 부딪쳐야 한다'고 말했다. 鄧小平(1992): 「在武昌·深圳·珠海·上海等地的談話要點」, 『鄧小平文選』 第3卷, 北京: 人民出版社, 1993, p. 374.

18 趙紫陽(1987년10월): 「沿著有中國特色的社會主義道路前進: 在中國共産黨第十三次全國代表大會上的報告」.

19 다음의 책은 '만언서'와 관련된 논전에 대해 자세한 소개를 하고 있다. 馬立誠·凌志軍(1998): 『交鋒: 當代中國三次思想解放實錄』, 北京: 今日中國出版社, 1998.

20 『當代思潮』特約評論員: 「關於堅持公有制主體地位的若幹理論和政策問題」(1996年12月21日至1997年1月20日修改定稿), 打印稿 참고. 그 가운데 주요 관점은 다음을 보라. 『當代思潮』特約評論員: 「以公有制爲主體的基本標志及怎樣才能堅持公有制的主體地位」, 『當代思潮』, 1996年第4期.

21 吳敬璉·張軍擴·劉世錦·陳小洪·王元·葛延風等(1997): 『國有經濟的戰略性改組』, 北京: 中國發展出版社, 1998; 吳敬璉(1997): 「關於社會主義的再定義問題」, 『吳敬璉改革論集』, 北京: 中國發展出版社, 2008.

22 江澤民(1997): 「高擧鄧小平理論偉大旗幟, 把建設有中國特色社會主義事業全面推向二十一

世紀: 在中國共産黨第十五次全國代表大會上的報告」.

23 덩샤오핑은 '남순강화南方談話'에서 '세 가지 유리한 점'의 판단 기준을 제시했다. 그는 다음과 같이 말했다. '판단의 기준은 사회주의 사회의 생산력 발전에 유리한지 여부, 사회주의 국가의 종합 국력 증강에 유리한지 여부, 인민의 생활수준 향상에 유리한지 여부를 주로 보아야 한다'. 鄧小平(1992): 「在武昌·深圳·珠海·上海等地的談話要點」, 『鄧小平文選』第3卷, 北京: 人民出版社, 1993, p. 372.

24 中共中央十五屆四中全會: 「中共中央關於國有企業改革和發展若幹重大問題的決定」, 1999년 9월 22일 중공15기 4중전회 통과.

25 中共中央十五屆四中全會: 「中共中央關於國有企業改革和發展若幹重大問題的決定」, 1999년 9월 22일 중공15기 4중전회 통과.

26 于成志: 「社會主義改革史上的一大創擧: 順德工業混合型産權制度的普遍意義」, 『特區與港澳經濟』, 1995年第4期.

27 다음 등에 근거해 작성했다. 黃少安·黃立君: 「諸城現象'再析」, 『改革』, 1998年第2期; 劉世定: 「順德市企業資産所有權主體結構的變革」, 『改革』, 1995年第6期.

28 주식합작제 기업이란 중국의 경제개혁 과정 중에 만들어진 전체 직공의 지분 참여 형식의 기업을 말한다. 이 기업의 거버넌스는 합작제의 '1인 1표'와 회사제의 '1주식 1표'의 특징을 함께 갖고 있다.

29 吳敬璉(1997): 「別打股份合作制的歪主意」, 『新聞報』, 1997年11月6日; 王曉冰等(2001): 「格林柯爾疑雲」, 『財經』, 2001年10月5日.

30 여기서 말하는 직공 사회보장기금의 보상 문제는 '중소형 기업을 놓아줘 활성화시키는' 과정에서만 발생한 문제는 아니었다. 모든 국유기업이 개혁 과정에서 이러한 측면의 문제를 겪었다(제4장 4.2 참고).

31 托夫勒(1980): 『第三次浪潮』, 北京: 中信出版社, 2006年中文版.

32 다음과 기타 자료에 근거해 작성했다. 陳淸泰主編: 『加快中小企業改革的步伐』, 北京: 中國經濟出版社, 1996; 吳敬璉·柳紅的: 『臺灣怎樣扶植中小企業』, 北京: 中國經濟出版社, 1999.

33 모듈화 생산은 하나의 생산시스템을 몇 개의 서브시스템subsystem으로 나누는 것이다. 이러한 서브시스템은 상대적으로 독립적이고, 이들과 전체 시스템에 대한 새로운 설계를 할 필요가 없이 표준 프로토콜과 인터페이스 표준을 통한 공동의 유저 인터페이스를 통해 상호 독립적으로 스스로 개선해나갈 수 있어서 기술혁신의 속도를 가속화할 수 있다.

34 다음에서 재인용했다. 艾芳·祝興平·王智: 「中小企業融資究竟難在哪?」, 『經濟日報』, 2002年8月13日.

35 國家工商行政管理總局辦公室編: 『工商行政管理統計彙編』(各年).

36 저장의 민영경제 발전 상황에 관해서는 다음을 참고하라. 史晉川等: 『制度變遷與經濟發展: 溫州模式硏究』, 杭州: 浙江大學出版社, 2002.

37 1990년대 말기 장쑤의 향진기업에 관해서는 다음을 참고하라. 新望: 「蘇南模式的歷史終結」, 『中國經濟時報』, 2000年12月30日. 이 글은 쑤난 지역 집체기업의 개혁 구조조정을 둘러싸고 야기된 다양한 논쟁을 기록했다.

38 『各省統計局年鑒』(各年)·『中國對外經濟統計年鑒』(各年).

39 『中國統計年鑒』(各年).

40 『中國統計年鑒』(2001).

41 「中共中央關於建立社會主義市場經濟體制若幹問題的決定」, 1993년 11월 14일 중공14기 3중전회 통과.

42 江澤民(1997): 「高擧鄧小平理論偉大旗幟, 把建設有中國特色社會主義事業全面推向二十一世紀: 在中國共産黨第十五次全國代表大會上的報告」.

43 「中共中央關於完善社會主義市場經濟體制若幹問題的決定」, 2003년 10월 14일 중공16기 3중전회 통과.

44 胡錦濤(2007): 「高擧中國特色社會主義偉大旗幟, 爲奪取全面建設小康社會新勝利而奮鬥: 在中國共産黨第十七次全國代表大會上的報告」.

45 민간 상회의 성격에 관한 토론은 다음을 참고하라. 吳敬璉(2002): 「建設民間商會」, 『吳敬璉自選集(1980~2003)』, 太原: 山西經濟出版社, 2003, pp. 350~360.

46 吳敬璉(2003): 「現代大型公司的經營戰略與組織結構」, 『吳敬璉自選集(1980~2003)』, 太原: 山西經濟出版社, 2003, pp. 386~395.

47 다음에 근거해 작성했다. 雲冠平·陳喬之主編: 『東南亞華人企業經營管理硏究』, 北京: 經濟管理出版社, 2000.

48 費孝通(1947): 『鄕土中國』, 北京: 北京出版社, 2005, p. 40.

49 費孝通(1947): 『鄕土中國』, 北京: 北京出版社, 2005, p. 32.

50 波特(1980): 『競爭戰略』, 北京: 華夏出版社, 1997, p. 1.

51 波特(1980): 『競爭戰略』, 北京: 華夏出版社, 1997, pp. 33~34.

52 波特(1980): 『競爭戰略』, 北京: 華夏出版社, 1997, pp. 34~36, pp. 44~45.

53 石滋宜(1996): 『利基策略: 中小企業的制勝之道』, 北京: 生活·讀書·新知三聯書店, 2002, p. 52.

54 石滋宜(1996): 『利基策略: 中小企業制勝之道』, 北京: 生活·讀書·新知三聯書店, 2002. 'niche'는 본래 천주교의 성단神龕을 가리킨다. 이른바 'niche market', 즉 틈새시장이란 특정 상품과 서비스를 제공하여 특정 수요를 만족시키는 시장이다. 스즈이 박사는 어떤 시장이든 틈새의 규모는 모두 유한적이므로 기업은 응당 다른 이가 전문성을 가진 틈새시장에 끼어들어 다른 이와 경쟁하지 말고 자신의 핵심 능력을 육성하여 자신의 특징에 맞는 틈새시장을 개척해야 한다고 주장한다.

55 호설암胡雪岩(1823~1885). 이름은 광용光墉이고 자字는 설암雪岩이며 안후이安徽 지시績溪 사람으로 청나라 말기의 유명한 '최고 일류 상인'이다. 그는 관청 고위 관원과의 관계에 의지하여 항저우杭州의 일개 전장錢莊의 막내 견습생에서 저장浙江의 최고 거부로 성장했고 아울러 포정사布政使급의 종2품 관직을 겸직했다. 최근 몇 년간 중국에는 상업에 종사하려면 「호설암」을 읽어야 한다는 말이 유행했는데 이는 타이완 작가 가오양高陽이 쓴 베스트셀러 소설『호설암胡雪岩』삼부작을 의미한다.

56 諾思·托馬斯(1973):『西方世界的興起』, 北京: 華夏出版社, 1999, p. 5.

57 羅森堡·小伯澤爾(1986):『西方現代社會的經濟變遷之路: 工業化國家的經濟演變』, 北京: 中信出版社, 2000.

58 吳敬璉:『制度重于技述: 發展中國高新技述産業』, 北京: 中國發展出版社, 2002.

59 美國小企業管理局:『小企業經濟: 致總統的報告(2008)』, 華盛頓: 美國政府印刷辦公室, 2009, p. 47.

60 黃孟復主編(2007):『中國民營企業自主創新調査』, 北京: 中華工商聯合出版社, 2007, pp. 5~6.

61 國家工信部: 信息通信行業發展規劃(2016~2020) 참고.

62 세계지식재산기구WIPO의 자료에 따르면, 2015년 중국인이 「특허협력조약」을 통해 제출한 국제 출원 건수는 2만9846건으로 전년 대비 16.8퍼센트 증가해 세계 3위, 세계 주요국 가운데서는 1위를 차지했다. 이는 세계 전체의 13.7퍼센트로 2014년보다 1.8퍼센트포인트 증가한 수치다.

63 가장 대표적인 사례는 일본 정부가 지정한 아날로그식 기술 노선에 의거하여 고화질 텔레비전의 개발을 추진했던 경우다. 대량의 자금을 투입했고 조기에 효과가 나타났지만 미국 기업이 자주적으로 개발한 디지털 기술에 추월당해 전부 폐기됐다. 吳敬璉(2000): 「中國怎樣才能有自己的矽穀」,『發展中國高新技述産業: 制度重於技述』, 北京: 中國發展出版社, pp. 77~103 참고.

64 미국 실리콘 밸리 은행Silicon Valley Bank, SVB은 1984년에 설립되어 중소기업을 주요 서비스 대상으로 하는 전문적인 중소형 상업은행이다. 실리콘 밸리 은행은 상업은행 발전의 활력과 효과적인 리스크 관리를 유지하면서 또한 채권과 주식의 다양한 투자 방식으로 신기업의 성장에 참여하고 있다. 실리콘 밸리 은행의 특징은 전통적인 상업은행 업무와 투자은행 업무 및 컨설팅 업무 등을 리스크 투자와의 밀접한 관련 및 공통의 이념 기반 위에 수립했다는 점에 있다.

제6장

1 미국 연방준비제도이사회는 1914년에 성립되었으나 일련의 역사적 원인으로 인해 1951년

에야 비로소 이자율 조정의 권한을 부여받았다.

2 잉글랜드은행은 1694년 사영 상업은행으로 성립되었다가 1946년 국유화되었다. 1997년 에야 비로소 독립적인 화폐정책을 집행할 권력을 부여받았다.

3 유럽중앙은행은 유럽연합이 유로를 발행하기로 결정한 후 건립한 중앙은행이다. 1992년 「마스트리흐트 조약」에 근거해 1998년 설립됐다.

4 『新帕爾格雷大經濟學大辭典』第3卷, 北京: 經濟科學出版社, 1996, p. 545.

5 다음과 기타 문헌에 근거해 작성했다. 許成鋼: 「中國經濟改革與現代微觀經濟學理論」, 『改革』, 1993年第5期.

6 2009년 6월 17일 미국이 공포한 전면적인 금융 감독 개혁 방안에 따르면, 미국은 다음과 같은 조치를 취하기로 했다: 새로운 소비자 보호 기구를 설립하고, 미국연방준비제도이사회의 전체 금융체계에 대한 감독 권력을 강화하며, 증권시장에 대한 감독을 강화하고, 시장 투명도를 증가시키고, 시장 평가 기구에 대한 관리를 강화하고, 국제 협력 방면에 많은 기준을 제정한다.

7 이것은 오언의 '노동권券' 혹은 '노동 화폐'를 겨냥한 것이다. 오언의 '뉴하모니' 커뮤니티에서는 각 구성원이 제공한 노동량에 따라 그들에게 일정한 수량의 노동권을 발급하여 자신이 필요로 하는 소비품을 얻도록 했다. 마르크스는 '오언은 직접 사회화된 노동을 전제한다. 즉 일종의 상품생산과 완전히 상반된 생산 형식을 전제한다. 노동권은 단지 생산자 개인이 공동 노동에 참여한 몫과 그 개인이 공동생산품 중 마땅히 얻어야 할 개별 소비의 몫을 증명할 뿐이다' "이런 '노동 화폐'는 연극표와 마찬가지로 '화폐'가 아니다"라고 말했다. 馬克思: 『資本論』第1卷, 北京: 人民出版社, 1975, pp. 112~113.

8 마르크스는 '사회 공유제 생산에서 화폐는 더 이상 존재하지 않는다. 사회는 노동력과 생산수단을 여러 생산 부문에 분배한다. 생산자는 종이 증서를 얻어 이것으로 사회 소비품 저축에서 그들의 노동시간에 해당하는 만큼을 가져간다. 이 증서는 화폐가 아니며, 이것들은 유통되지 않는다'고 주장했다. (馬克思: 『資本論』第2卷, 北京: 人民出版社, 1975, p. 397.) 마르크스의 이론에 따르면, 소위 증서란 '유통되지 않으며', 화폐처럼 거래 중에 '끊임없이 출발점에서 멀어지고' '한 상품 소유자의 손에서 다른 상품 소유자의 손으로 흘러 들어가지' 않는다. (馬克思: 『資本論』第1卷, 北京: 人民出版社, p. 134.) 물품을 취하는 증서는 매번 거래 후 다시 이 증서를 발행한 국가은행으로 회수된다.

9 중앙은행이 상업은행의 초과준비금을 조절하기 위해 상업은행에 발행한 단기채권 증서는 실질적으로는 중앙은행 채권이다.

10 환매조건부채권債券買斷式回購 거래('개방식 환매')는 채권보유자(매도자)가 일정한 채권을 매수자에게 파는 동시에 거래 쌍방 간에 미래 일정 시점에서 매도자가 약정한 가격으로 매수자로부터 동종의 채권을 동일한 수량으로 다시 사들이기로 약정하는 거래 행위를 말한다.

11 단기융자채는 기업이 적격기관투자자에게 발행하는 고정수익 상품으로, 기업 신용을 기초로 한 직접 융자 도구다.

12 수치는 中國貨幣網에서 인용했다. http://www.chinamoney.com.cn.

13 李東榮: 「中国外汇管理体制改革回顾与展望」, 『當代金融家』, http://finance.sina.com.cn/leadership/mroll/20191210/00237081027.shtml에서 인용.

14 『中國統計年鑒』(各年), 北京: 中國統計出版社.

15 肖(1973): 「經濟發展中的金融深化」, 上海: 上海三聯書店, 1988; 麥金農(1973): 『經濟發展中的貨幣與資本』, 北京: 生活·讀書·新知三聯書店, 1997.

16 계획경제 시기 자금은 행정 지도 기관이 집중 분배했다. 하급 정부와 국영기업은 대부분 상급 행정 부문의 관료와 소통하거나 뇌물을 주는 방법으로 자원을 얻었다. 이런 행위를 항간에선 '포부전진跑步(部)前(錢)進('步'와 '部'의 발음이 같고, '前'과 '錢'의 발음이 같은 것을 이용한 언어 유희)'이라고 불렀다.

17 中國人民銀行: 『利率實用手冊』.

18 Joseph E. Stiglitz(1993): "The Role of the State in Financial Markets", *World Bank Economic Review* 그리고 *World Bank Research Observer*(증간, 세계은행의 발전경제학 연례회의 회의록), Washington D.C.: The World Bank, 1994, pp. 19~52.

19 다음 등에 근거해 작성했다. 靑木昌彦: 『政府在東亞經濟發展中的作用』, 北京: 中國經濟出版社, 1998.

20 이른바 대출 5급 분류란 상업은행이 대출 위험 정도에 따라 대출을 '정상' '주목' '2급' '의심' '손실' 다섯 종류로 분류한 것이다. '정상'은 대출자가 계약을 이행하여 충분히 원리금을 갚아나갈 수 있는 대출이고, '주목'은 차입자가 현재 원리금 상환능력을 갖고 있으나 상환에 약간의 불리한 영향을 끼칠 수 있는 요소가 존재하는 대출이며, '2급'은 차입자의 상환능력에 분명한 문제가 나타나 정상적인 경영 수입으로는 원리금을 갚을 수 없는 대출이고, '의심'은 차입자가 원리금을 갚을 수 없고 저당이나 담보를 통해서도 일부 손실을 면할 수 없는 대출이고, '손실'은 모든 가능한 조치와 가능한 법적 방법을 사용한 후에도 원리금을 회수할 수 없거나 극히 적은 부분만 회수할 수 있는 대출이다. 5급 분류는 대다수 시장경제 국가에서 채용한 대출 분류와 위험 통제 방법으로 감독기구의 관리감독 도구이며 상업은행 내부 관리를 위한 일종의 수단이다. 한층 더 엄격한 관리를 위해 서방 은행들은 몇 년 전에 이미, 중국 은행은 근래 2~3년 사이 내부적으로 더 세밀한 자산 분류 방법(예를 들면 '12급 자산분류법')을 실시하여 여러 다른 유형의 자산에 대해 각기 다른 관리 기준을 설정했다.

21 중공16기 3중전회에서 통과된 「사회주의 시장경제체제 개선의 몇 가지 문제에 관한 중공중앙의 결정中共中央關於完善社會主義市場經濟體制若幹問題的決定」은 직접 융자를 확대하고 다층적 자본시장 건립을 건립하며 적극적으로 채권시장을 개척해야 한다는 의

견을 내놓았다.

22 수치는 다음에서 인용했다. 中央國債登記結算有限責任公司: 『中國債券市場槪覽 2015』.

23 수치는 다음에서 인용했다. 中央國債登記結算有限責任公司: 『中國債券市場槪覽 2015』.

24 전 지구적 범위에서 보면, 근래 몇 년간 기업 채권의 비중은 계속 상승하고, 정부 채권의 비중은 끊임없이 하락했다. 미국 채권시장에서 회사채의 비중은 1990년 23.8퍼센트에서 2001년 말 30.3퍼센트로 상승했다. 비록 자산담보부증권의 발전이 빨라 회사채 비율이 좀 낮아졌지만 여전히 20퍼센트가량으로 유지되고 있다.

25 완전히 같은 성질의 기업 채권 발행을 3개의 다른 행정 부문이 심사한다. 발전개혁위원회는 '기업채'의 발행을 심사하고, 증권감독위원회가 상장회사채 발행을 심사, 인민은행이 기업 '단기융자채'과 '중기어음' 발행을 심사한다.

26 中國債券信息網·上海淸算所網站.

27 1958년 미국 매사추세츠공과대학의 프랑코 모딜리아니Franco Modigliani와 시카고대학의 멀톤 밀러Merton Miller가 증명한 정리로, 모딜리아니-밀러 정리Modigliani-Miller theorem라 불리고, MM정리라고 약칭한다.

28 新浪財經.

29 「中國證券市場寫就十年輝煌」, 新華社, 2000年2月19日.

30 「在發展中規範, 在規範中發展—寫在中國證券市場成立十周年之際」, 新華社, 2000年12月19日.

31 吳敬璉(2001): 『十年紛紜話股市』, 上海: 上海遠東出版社, 2001 참고.

32 『亞太經濟時報』, 1993年3月2日.

33 毛畢華: 「中國股市: 困境和出路—著名經濟學家蕭灼基敎授訪談錄」, 『首都經濟』, 1994年第3期 참고.

34 厲以寧: 『轉型發展理論』, 北京: 同心出版社, 1996, p. 181.

35 다음 등에 근거해 작성했다. 『財經』雜志編輯部: 『黑幕與陷阱』, 北京: 社會科學文獻出版社, 2003; 中國證券監督管理委員會編: 『中國資本市場發展報告』, 北京: 中國金融出版社, 2008.

36 「吳曉靈剖析'股災'六大原因: 監管制度存缺陷」, http://finance.jrj.com.cn/2015/11/19105620100070.shtml.

37 『人民日報』特約評論員: 「堅定信心, 規範發展」, 『人民日報』, 1999年6月15日.

38 다음 등을 참고해 작성했다. 「五位經濟學家質疑吳敬璉」, 『財經時報』, 2001年2月13日; 吳敬璉: 『十年紛紜話股市』, 上海: 上海遠東出版社, 2001의 서문.

39 「中國需要'有質量的牛市'」·「搞活股市對推進轉型升級至關重要」·「國企改革和新産業培育或引領第三次牛市」·「經濟新常態形成A股轉型晴雨表功能漸顯」·「改革效應顯現A股價値投資回歸正當時」, 新華網, 2014年9月.

40 「股市震蕩不改'慢牛'趨勢」, 『人民日報』海外版, 2015年4月1日.

41 「'風口'上的中國股市」, 新華網, 2015年4月7日.

42 「經濟降速股市爲何任性上漲」, 『人民日報』海外版, 2015年4月10日.

43 「4000點才是A股牛市的開端」, 人民網, 2015年4月21日.

44 「前任中國證監會主席周正慶回首來時路」, 『證券時報』, 2000年12月11日; 「股市輿論不能偏頗暴漲暴跌都應調控」, 『證券日報』, 2002年3月16日.

45 1990년대 증권시장에서 신주 구매의 무위험수익률은 매우 높았다. 신주 청약은 대량의 자금이 몰려드는 투기의 대상이었다. 이런 현상은 계속되어 2000년대까지 이어졌다. 예를 들면, 2007년 11월 22일 중국중철주식유한회사가 A주를 발행할 때 3조3800억 위안이 청약을 들어 이전 중국석유천연가스주식유한회사가 달성한 3조3780억 원의 A주 청약자금량을 초과했다.

46 오랫동안 중국증권감독위원회에서 높은 직책을 담당했던 가오시칭高西慶 교수는 1996년 다음과 같이 말했다. "현재 아직 확정할 수 없지만, 중국 증권시장의 관리층은 이미 강제적 정보공개제도와 실질적인 심사제도 사이에서 어떤 경향성을 선택했다. 실질적 심사 권력은 여전히 증권시장 관리층이 손에 움켜쥐고 내버리기 어려운 한 자루의 '날카로운 검'이다. 1996년 증권감독위원회가 성립한 후 4년 동안 그 손을 거쳐 발행과 상장을 비준받은 회사가 이미 360여 개로, 전국 31개 성(직할시, 자치구), 14개 중앙직속 중점개발도시의 주요 지도자 및 각 부문의 각급 관료, 국무원 각 부위部委의 주관 관료, 각 기업 경영자 및 업무 종사자 등 수많은 사람들이 끊이지 않고 오랜 세월 동안 증권감독위원회 등 국가 행정 부문에 출입하면서 자신들의 지역과 부문 그리고 기업이 공개발행권을 얻도록 노력해왔다. 이런 강력한 권력을 버리기 위해서는 어떤 기관이라도, 특히 전통적 중앙집권적 계획 체제 아래 성장해온 기관의 입장에서는 아마도 '영혼 깊은 곳에서 폭발하는 혁명'을 겪어야 할 것이다." 高西慶: 「證券市場强制性信息披露制度的理論根據」, 『證券市場導報』, 1996年10月號, pp. 4~17 참고.

47 주가수익률price earning ratio, P/E(중국어로는 '市盈率' 혹은 '本益比'로 번역된다)은 주식의 시장가격이 기업 이윤에서 차지하는 비율이다. 투자자는 주가수익률을 통해 현재 회사의 경영 상황에 따랐을 때 투자자가 기업 이윤을 기초로 한 주식 수익을 통해 몇 년 안에 자신의 투자를 회수할 수 있는가를 알 수 있다.

48 중국 상장회사의 현금배당 수치 및 선진국과의 대비 분석은 다음을 참고하라. 孫國峰: 「2000年2000點, 泡沫是怎樣形成」, 『財經』, 2000年第9期.

49 투기가 증권시장과 선물시장에서 발휘하는 역할은 吳敬璉(1993): 「談談'投機'」, 『何處尋求大智慧』, 北京: 生活·讀書·新知三聯書店, 1997, pp. 195~204 참고.

50 제로섬 게임zero-sum game이란 게임에 참가하는 모든 사람의 총이익이 일정하기 때문에 어떤 일방의 이익은 반드시 다른 일방의 손실을 가져오는 것을 의미한다.

51 査理斯·麥基(1841)의 『非同尋常的大衆幻想與群衆性癲狂』(*Extraordinary Popular*

Delusions and the Madness of Crowds)에서 '튤립 광풍' '남해거품'과 '미시시피 거품'을 생동감 있게 기술했다(중역본은 北京: 中國金融出版社, 2000).

52 加爾布雷斯(John K. Galbrath): 『金融狂熱簡史』(*A Short History of Financial Euphoria*), 吳敬璉(2001): 『十年紛紜話股市』에서 재인용, 上海: 上海遠東出版社, 2001, pp. 266~308 참고.

53 朱紹文: 「日本泡沫經濟的破裂及其敎訓」, 『改革』, 1993年第4期 참고.

54 薛小和: 「臺灣島是怎樣落入金錢遊戲'的陷阱的」, 『改革』, 1994年第1期 참고.

55 希勒(Robert J. Shiller, 2000): 『非理性繁榮』(*irrational exuberance*), 北京: 中國人民大學出版社, 2001 참고.

56 Kindleberger, Charles P.(1989): *Manias, Panic and Crashes: A History of Financial Crises*, New York: John Wiley & Sons, Inc.

57 中國産業信息網, http://www.chyxx.com/industry/201601/375038.html.

58 和訊網.

59 보험의 심도란 보험료 수입이 GDP에서 차지하는 비중을 의미한다. 이것은 한 나라의 보험업이 국민경제에서 차지하는 지위를 나타낸다. 보험 밀도란 한 나라의 전체 인구로 계산한 일인당 보험료 수입을 의미한다. 이것은 한 나라에서 보험의 보급 정도와 보험업의 발전 수준을 나타낸다.

60 327 국채란 1992년 발행한 3년 만기로 1995년 6월 만기 지불되는 국채였다. 1995년 2월 23일 327 채권이 크게 올라 쇼트 포지션short position을 취한 완궈萬國증권은 보유량과 가격에 따라 계약 만기 시 손실액이 60여 억 위안에 달했다. 완궈증권은 148.5위안 가격 수준에서 거래 마감이 실패한 후 거래 마감 8분 전 대량으로 당좌대월 거래透支交易를 실시, 거래 단위 700만 수手, 가치 1400억 위안의 대량 공매도로 가격을 151.3위안에서 147.5위안으로 하락시켜 당일 매수한 롱 포지션long position 전 구간이 큰 손실을 보았다. 그날 저녁 상하이증권거래소는 당일 마지막 8분의 327 채권 거래에 심각한 위법 사항이 있다는 이유로 거래 무효를 선포했다. 이 사건을 역사적으로 '327 국채선물 파동'이라 부른다.

61 中國人民銀行 『中國金融展望』(1994) 및 기타 자료.

62 2003년 중국인민은행 조사에 의하면, 국유 상업은행의 불량 자산 형성에서 계획과 행정 간여로 말미암은 것이 약 30퍼센트를 차지하고, 정책상 국유은행에게 국유기업을 지원하도록 요구했다가 국유기업의 위약으로 인한 것이 약 30퍼센트, 국가가 안배한 폐쇄, 정지, 합병, 전환 등 구조조정으로 인한 것이 약 10퍼센트, 지방정부 간여, 사법, 법 집행 측면을 포함해 채권자 비보호로 인한 것이 약 10퍼센트, 국유 상업은행의 내부 관리 원인으로 형성된 불량대출이 20퍼센트였다. 周小川, 2004년 12월 2일 '경제학 50인 논단 經濟學50人論壇' 강연 참조(打印稿).

63 中國人民銀行調查統計司: 「各銀行資産負債表(2002)」.

64 溫家寶, 2004년 3월 14일 제10기 전국인민대표대회 제2차 회의 외국 기자 간담회에서의 질의응답.

65 2003년 9월, 국유 상업은행의 주식제 개혁이 시작되어 중국은행, 중국건설은행에 먼저 시범적으로 시행되었고, 국가는 450억 달러 외환보유액을 두 시범 은행에 자본금 보충을 위해 투입했다. 이후 국가는 2005년과 2008년에 각각 중국공상은행과 중국농업은행에 150억 달러와 190억 달러를 투입했다.

66 중국건설은행이 먼저 2005년 10월 홍콩 증권거래소에 상장하고, 2007년 9월 A주 시장으로 회귀했다. 중국은행도 상장 경로가 이와 비슷해 2006년 6월 홍콩 증권거래소에 간판을 걸고, 7월 상하이 증권거래소에 상장했다. 중국공상은행은 2006년 10월 동시에 상하이, 홍콩에 상장했다.

67 '분류지도指導, 일행일책一行一策'의 개혁 원칙에 따라 2007년 말 국가는 200억 달러의 자금을 국가개발은행에 투입했다. 또한 2008년 9월 정식으로 주식제 회사로 개편해 상업화 운영을 시작했다.

68 2007년 중국은 우편 저축 체계를 개혁하여 중국우편저축은행을 설립했다.

69 2008년 말까지, 중국수출입은행과 중국농업발전은행 표에는 '일유양태一逾兩呆(1998년 이전 중국의 상업은행은 재정부의 '금융보험기업 재무제도'에 따라 대출을 '정상' '기한 초과逾期' '부진呆滯' '회수 불능呆賬'으로 구분하고 뒤의 3가지를 부실채권으로 처리했다)'에 따라 구분한 불량대출이 각각 91억 위안과 575억 위안에 달했다. 정책성 은행과 농촌신용사를 제외한 전체 업계의 불량대출 잔액은 5682억 위안으로 감소해 총대출액의 2.4퍼센트를 차지했고 대출 손실의 대손충당금 적립률은 115.3퍼센트에 달했다. 銀監會網站(www. cbrc. gov. cn) 참고.

70 수치는 中國證券業協會官方網站 참고.

71 수치는 中國證券業協會官方網站 참고.

72 수치는 中國證券業協會官方網站 참고.

73 2008년 삼사분기까지 자본충족률 8퍼센트의 관리감독 요구에 도달한 상업은행은 모두 192개로 기준에 도달한 은행 자산이 상업은행 총자산에서 차지하는 비중은 84.9퍼센트를 차지했다. 반면 2003년에는 8개의 은행만이 기준에 도달했고 이들 자산이 총자산에서 차지하는 비중은 0.6퍼센트에 지나지 않았다. 「我們有能力做好銀行業風險管控工作—蔣定之副主席在2008年北京國際金融論壇上的講話」, 銀監會網站 참고.

74 2008년 은행업 금융기구의 사건 발생 누적 건수는 309건인데 100만 위안 이상의 사건이 89건으로 동기 대비 29퍼센트 감소했고, 은행 자산에 따른 평균 사건발생률은 이미 국제적으로 비교적 좋은 수준에 접근해 있었다. 「保增長·防風險·確保銀行業穩健發展」, 銀監會網站 참고.

75 盧邁(2001): 「西部地區的民營部門的發展」(打印稿).

76 2003년 7월, 경제학자와 금융계 인사로 조직된 민간기구인 장청금융연구소長城金融研究所는 5개 민영은행에 대한 시범 계획을 설계하고 은감회에 설립 신청 보고서를 제출했지만 받아들여지지는 못했다.

77 2007년 1월 22일, 은감회는 「촌진은행 관리 임시규정村鎭銀行管理暫行規定」「촌진은행 건립 심사 업무지침村鎭銀行組建審批工作指引」「대출회사 관리 임시규정貸款公司管理暫行規定」「대출회사 건립 심사 업무지침貸款公司組建審批工作指引」「농촌자금호조사 관리 임시규정貸款公司組建審批工作指引」「농촌자금호조사 건립 심사 업무지침農村資金互助社組建審批工作指引」 등 행정 허가의 실행 세칙 문건을 발표했다. 2008년 5월 4일, 중국인민은행, 은감회는 「소액대출회사 시범에 관한 지도 의견關於小額貸款公司試點的指導意見」을 내놓고, 5월 8일 「촌진은행·대출회사·농촌자금호조사·소액대출회사에 관한 관련 정책 통지關於村鎭銀行·貸款公司·農村資金互助社·小額貸款公司有關政策的通知」를 하달했다.

78 2008년 12월 31일, 전국에 이미 105개 신형 농촌 금융기구가 개업 허가를 받았고, 그 가운데 촌진村鎭은행이 89개, 대출회사가 6개, 농촌자금호조사가 10개였다.

79 예를 들면, 2005년 11월 「상장회사 경영 개선에 관한 의견關於提高上市公司質量的意見」을 발포하고, 2007년 2월 「상장회사 정보공개 관리 방법上市公司信息披露管理辦法」 등을 공포했다.

80 2005년 4월 21일, 중국인민은행, 은감회는 「신용대출 자산증권화 시범 관리 방법信貸資産證券化試點管理辦法」을 공포했다. 이는 중국 자산증권화 업무가 정식으로 규범화되어 실시되는 단계에 접어들었음을 의미한다. 중국건설은행과 국가개발은행이 처음으로 자산증권화 시범 단위로 선정됐다. 2005년 12월, 국가개발은행과 중국건설은행이 은행 간 채권시장에서 초회에 각각 41억7700만 위안의 신용대출 자산유동화증권과 30억 1900만 위안의 개인 주택저당증권을 발행했다.

81 2005년 9월 은감회는 「상업은행 개인 재테크 업무 관리 임시방법商業銀行個人理財業務管理暫行辦法」과 「상업은행 개인 재테크 업무 위험 관리지침商業銀行個人理財業務風險管理指引」을 발포했다. 2006년 6월 「상업은행 수탁고객 해외 재테크 업무 전개 관련 문제에 관한 통지關於商業銀行開展代客境外理財業務有關問題的通知」를 인쇄 배포하여 상업은행의 QDII 업무 전개 방식, 투자 범위와 위탁 관리 자격 등을 명확히 했다. 2007년 5월 「상업은행 수탁고객 해외 재테크 업무 해외 투자 범위 조정에 관한 통지關於調整商業銀行代客境外理財業務境外投資範圍的通知」를 인쇄 배포하여 해외 투자 범위를 고정수익류 산품에서 주식과 기금 등 비고정수익류 산품으로 확대했다.

82 2008년 8~9월, 주가지수가 크게 하락하여 전반기에 주식시장과 연계된 재테크 상품 (SINO LIFE 보험사의 '변액생명보험' 상품 등)의 가치가 더불어 크게 하락했다. 일부 지방의 투자자들이 이에 큰 불만을 품고 심지어 금융기구 점포망에 모여 항의하는 현

상도 발생했다.

제7장

1 다음 등에 근거하여 작성했다. 斯蒂格裏茨(Joseph Stiglitz): 『經濟學』, 北京: 中國人民大學出版社, 2000.

2 1215년 영국의 존 국왕은 귀족의 압력하에 「대헌장」에 서명했는데 헌장은 국왕이 임의로 세금과 공납금을 징수할 수 없으며 징수가 필요할 때는 반드시 '대회의Great Council'를 열어 '전국적인 여론의 의견'을 구해야 한다고 규정했다.

3 [日]井手文雄: 『現代日本財政學』, 北京: 中國財政經濟出版社, 1990, p. 173.

4 '가치재'는 시장경제에서 '충분히 생산되지 않거나under-produced' 혹은 '충분히 소비되지 않을under-consumed' 가능성이 있는데 이는 주로 소비자의 근시안적 행위, 즉 소비자들이 단기적인 효과의 최대화를 더욱 중시하고 장기적인 효과를 가져올 수 있는 재화의 소비를 원치 않기 때문이다.

5 세계은행은 세금과 요금에 대해 아래와 같이 분석했다 '세수는 보상 없이 강제적으로 지불해야 하는 것으로 주로 중앙정부가 징수한다. 반면, 사용 수수료는 공공부문이 제공하는 특별 상품과 서비스에 대해 지불하는 것으로 주로 국유기업과 지방정부가 징수한다.' 중국에서 '요금費'은 여기서 말한 사용 수수료와 비교하면 더욱 광범위하며 무릇 세법이 규정한 것이 아닌 정부의 행정 대금行政收款은 왕왕 모두 '요금'으로 불린다. 다음을 참고하라. 世界銀行: 『1988年世界發展報告: 以恰當的公共財政政策促進穩定和發展』, 北京: 中國財政經濟出版社, 1988.

6 『經濟與管理大詞典』, 北京: 中國社會科學出版社, 1985, p. 422.

7 梅森堡: 『蘇聯國民經濟中的價格形成』, 北京: 財政經濟出版社, 1956.

8 재정부는 국무원의 비준을 거쳐 1973년 본래 상공업 기업에 대해 징수했던 공상 통일세工商統一稅 및 그 부가세, 도시부동산세, 차량선박사용면허세, 염세, 도축세를 공상세工商稅에 합병했다.

9 '비율 배분, 3년 불변'은 구체적으로 지방 수입을 3종류 즉 지방 고정 수입, 기업으로부터의 배정 수입從企業的分成收入과 상품유통세 등 조절 배분 수입으로 나누었다. 지방 재정의 수지 범위, 수입 항목 그리고 배정 비율은 확정된 이후 3년간 변하지 않았다.

10 周太和等: 『當代中國的經濟體制改革』, 北京: 中國社會科學出版社, 1984, p. 457.

11 亞洲開發銀行(1996): *From Centrally Planned to Market Economies: The Asian Approach*, Vol. 2, Oxford University Press, p. 123에서 인용.

12 葉振鵬·梁尙敏主編: 『中國財政改革二十年回顧』, 北京: 中國財政經濟出版社, 1999.

13 이 문제는 니컬러스 라디Nicholas R. Lardy 교수가 1987년 처음 제기한 것이다. 그는 중

국의 재정청부제하에서 재정수입 배분은 사실상 지대 추구 사회의 정치경제학에서 말하는 '지대rent'라고 지적했다. 그는 이윤과 세수 배분제도의 확대가 지방정부로 하여금 지대 추구rent-seeking 통제를 추구하고 지방보호주의를 행하도록 장려했다고 말했다. 1987년 12월 28~30일 시카고에서 거행된 미국경제학회AEA 연례 총회에서 '경제개혁의 비교 전략'에 대한 토론 시에 강연한 다음의 논문을 참고하라. 「中國經濟體制再造」, 『經濟社會體制比較』, 1988年第2期.

14 중국의 개혁 과정에서 시장의 '다양한 분할切塊, 切條, 切絲, 切末'과 '시장 할거市場割據' 그리고 '제후경제諸侯經濟' 현상에 대한 비판은 다음을 참고하라. 『吳敬璉論改革基本問題I: 論競爭性市場體制』第7章 참고.

15 일부 외국 학자들은 심지어 중국 재정의 '독립채산 재정체제'와 '전면적인 재정책임제'를 18세기 프랑스 국왕 루이 15세 시대의 '조세청부제tax farming'와 서로 비교하여 그것이 통일시장 형성과 상공업 발전에 지극히 불리한 재정제도라고 평가한다. World Bank: "The Management and Organization of China's State Owned Enterprises"; Economist, 『中國經濟』 특별 원고, 1987年8月1日.

16 시장경제의 공공재정 이론에서 재정 부문이 공공서비스를 위해 재정적 지원을 제공하는 것은 정부의 '지출 책임支出責任'으로 간주되나 중국에서는 계획경제의 전통 때문에 이것이 '직권事權'으로 불린다.

17 다음에 근거해 작성했다. W. E. Oates(1999): "An Essay on Fiscal Federalism", Journal of Economic Literature, Vol. XXXVII, pp. 1120~1149.

18 중국이 재정문제 논의에서 습관적으로 사용하는 '직권事權'이란 어휘는 현대 재정학에서 통상적으로 '지출 책임支出責任'으로 불린다.

19 다음 등에 근거해 작성했다. 希爾·唐布什(Stanley Fischer & Rudiger Dornbusch, 1983): 『經濟學』, 北京: 中國財政經濟出版社, 1989.

20 다음에서 인용했다. 樓繼偉: 「中國三十年財稅改革的回顧與展望」, 中國經濟50人論壇編: 『中國經濟50人看三十年』, 北京: 中國經濟出版社, 2008, pp. 330~331.

21 『中國經濟時報』, 1998年11月2日.

22 재정부 부장 샹화이청項懷誠의 2002년 3월 6일 제9기 전국인민대표대회 제5차 회의에서의 「關於2001年中央和地方預算執行情況及2002年中央和地方預算草案的報告」, 『財經時報』, 2002年3月7日.

23 「收費罰款今年起統交國庫'預算外收入'終結」, 『財經時報』, 2003年1月3日.

24 樓繼偉: 「中國三十年財稅改革的回顧與展望」, 中國經濟50人論壇編: 『中國經濟50人看三十年』, 北京: 中國經濟出版社, 2008, p. 341.

25 『中國財政年鑒』, 北京: 中國財政雜志社, 各年.

26 樓繼偉: 「中國三十年財稅改革的回顧與展望」, 中國經濟50人論壇編: 『中國經濟50人看三十

年』, 北京: 中國經濟出版社, 2008, p. 342.

27 『中國統計年鑒』(2007).

28 劉克崮·賈康主編(2008): 『中國財稅改革三十年: 親歷與回顧』, 北京: 經濟科學出版社, pp. 434~437.

29 「李嵐淸副總理在省部級財政專題硏究班開班式上的講話」, 新華社, 2000年11月20日北京電.

30 張馨主編: 『構建公共財政框架問題硏究』, 北京: 經濟科學出版社, 2004, p. 102.

31 수치는 財政部國庫司 참고.

32 樓繼偉: 「中國三十年財稅改革的回顧與展望」, 中國經濟50人論壇編: 『中國經濟50人看三十年』, 北京: 中國經濟出版社, 2008, p. 344.

33 侯賽因和斯特恩: 「中國的公共財政·政府職能與經濟轉型」(爲2006年6月中國財政部和世界銀行共同主辦的'公共財政與和諧社會'國際硏討會提交的論文), 『比較』第26輯, 北京: 中信出版社, 2006.

34 일반적인 재정연방제 국가는 지방정부가 채권발행을 통해 지방사업 발전에 종사할 자금을 융자받는 것을 허락하고 있다. 중국은 재정 리스크 방지의 측면에서 이 제도를 실시하지 않고 있다. 「중화인민공화국 예산법」 역시 지방정부의 채권발행을 금하고 있다.

35 魏加寧: 「中國地方政府債務風險與金融危機」, 『商務周刊』, 2004年第5期.

36 지방정부 채권이란 어떤 국가에서 재정수입 능력을 갖춘 지방정부 및 지방 공공기관이 발행한 채권이다. 지방 채권 발행으로 조달된 자금은 일반적으로 교통, 통신, 주택, 교육, 의료 및 하수 처리 시설 등 지방 공공시설 건설에 사용된다. 지방정부 채권은 통상 세수 능력을 원리금 상환의 보증으로 삼는다. 지방정부의 채권발행에는 두 가지 형태가 있는데 하나는 지방정부가 직접 발행하는 것이고 다른 하나는 중앙정부가 국채를 발행한 후 지방에 대출하는 방식이다.

37 許善達等: 『中國稅權硏究』, 北京: 中國稅務出版社, 2003年9月.

38 國務院農村綜合改革工作領導小組辦公室(2008): 「公共財政覆蓋農村的新擧措」, 謝旭人主編: 『中國財政改革三十年』, 北京: 中國財政經濟出版社, 2008, pp. 196~198.

제8장

1 다음 등에 근거해 작성했다. 王厚雙主編: 『各國貿易政策比較』, 北京: 經濟日報出版社, 2002.

2 斯蒂格利茨: 『經濟學』, 北京: 中國人民大學出版社, 2000, pp. 888~892.

3 克魯格曼·奧伯斯法爾德(2001): 『國際經濟學(第五版)』, 北京: 中國人民大學出版社, 2002, pp. 240~251.

4 UNCTAD(聯合國貿易和發展會議): *World Investment Report 2008: Transnational*

Corporations and the Infrastructure Challenge, Overview.

5 弗裏德曼(Thomas L. Friedman, 2005): 『世界是平的: 21世紀簡史』, 長沙: 湖南科學技述出版社, 2006.

6 『英使馬嘎爾尼訪華檔案史料彙編·上諭檔』.

7 1918년 4월 22일 레닌이 서명한 법령 「대외무역 국유화에 관하여」는 대외무역기업 소유권, 대외무역 관리권, 대외무역 경영권을 '전부 국유화'할 것을 요구했다.

8 중앙 대외무역 부문 직속 총회사는 중국양유식품수출입총회사中國糧油食品進出口總公司, 중국토산축산수출입총회사中國土産畜産進出口總公司, 중국방직품수출입총회사中國紡織品進出口總公司, 중국비단수출입총회사中國絲綢進出口總公司, 중국경공업품수출입총회사中國輕工業品進出口總公司, 중국공예품수출입총회사中國工藝品進出口總公司, 중국화공수출입총회사中國化工進出口總公司, 중국기계수출입총회사中國機械進出口總公司, 중국오금광산수출입총회사中國五金礦產進出口總公司 등이다.

9 關貿總協定: 『國際貿易』, N. Lardy(1994): *China in the World Economy*, Washington, D. C: Institute for International Economics, 1994, p. 2에서 재인용.

10 중국은 1977년부터 전국인민대표대회 제5기 제1차 회의에서 통과된 「1976~1985년 국민경제 발전 10년 규획 강요1976年到1985年發展國民經濟十年規劃綱要」를 시행하기 시작했다. 이 「강요」는 너무 지나치게 급속한 경제성장을 요구했고 도입하려는 외국 선진 기술 및 설비도 너무 많아 당시 중국의 외화 지불 능력 및 조립 능력과 차이가 컸다. 이 때문에 이를 '양약진洋躍進'이라 불렀다.

11 鄧小平(1984年6月): 「建設有中國特色的社會主義」, 『鄧小平文選』第3卷, 北京: 人民出版社, 1993, p. 64.

12 鄧小平(1984年10月): 「在中央顧問委員會第三次全體會議上的講話」, 『鄧小平文選』第3卷, 北京: 人民出版社, 1993, p. 90.

13 『中國統計年鑒』(2001).

14 다음에 근거해 작성했다. 汪堯田·周漢民: 『世界貿易組織總論』, 上海: 上海遠東出版社, 1995; 素巴猜·克利福德: 『中國重塑世貿: WTO總幹事解讀入世』, 北京: 機械工業出版社, 2002.

15 拉迪(2002): 『中國融入全球經濟』, 北京: 經濟科學出版社, 2002, 表2-1 및 기타 자료.

16 무역의존도trade dependence ratio는 하나의 경제체가 국제 상품시장에서 개방과 의존 정도를 측정하는 지표다. 일반적으로 수출입 총액과 GDP의 비율로 표시한다. 장기적으로 대다수 국가의 수출입은 균형을 이룬다. 따라서 일부 연구자는 수출의존도(수출액과 GDP의 비율) 혹은 수입의존도(수입액과 GDP의 비율)로 표시한다.

17 『中國統計年鑒』(各年).

18 隆國強(2000): 「如何看待中國的外貿依存度」, 國務院發展研究中心「調査研究報告」, 2000年

第66號, 『中國經濟時報』, 2000年8月10日.

19 『中國統計年鑒』(各年).

20 '문화대혁명'이 끝난 후, 중국은 위기에서 벗어나 국력을 일으킬 방책을 찾도록 많은 관료들을 세계 각국에 파견했다. 덩샤오핑 본인은 1978년 10월 일본을 방문하고, 11월 타이, 말레이시아와 싱가포르 3국을 방문했다. 그 가운데 싱가포르의 주롱공업구Jurong Industrial Estate가 외자를 도입해 공장을 설립하고 외향형 경제를 발전시킨 방법이 덩샤오핑에게 깊은 인상을 남겼다. 이로 인해 덩샤오핑은 대외개방에 대한 믿음과 홍콩에 인접한 연해 도시에 경제특구를 건립할 결심을 굳혔다. 李巨川(2008): 「裕廊山上那棵海蘋果樹」, 『蘇州日報』, 2008年5月13日.

21 다음 등에 근거해 작성했다. 王曉宏等: 「蘇州工業園區'親商服務理念'解析」, 『蘇州日報』, 2004年5月15~17日.

22 江澤民(1994): 「堅定不移地把經濟特區辦得更好」, 『十四大以來重要文獻選編』上冊, 北京: 人民出版社, 1997, pp. 865~866.

23 중공11기 3중전회는 사업의 중점을 현대화 건설로 전환하기로 결정했다. 문제를 조속히 해결하고 1958년 '대약진'의 실수를 반복하지 않기 위해 외국 자금과 기술이 필요했다. 鄧小平(1979): 「搞建設要利用外資和發揮原工商業者的作用」, 『鄧小平文選』第2卷, 北京: 人民出版社, 1994, p. 156.

24 中華人民共和國商務部.

25 中華人民共和國商務部.

26 「外資在華設研發中心成新趨勢」, 『解放日報』, 2009年2月13日.

27 中國商務年鑒編輯部: 『中國商務年鑒』, 北京: 中國商務出版社, 各年.

28 聯合國貿易和發展會議(1999): 『1999世界投資報告: 外國直接投資和發展的挑戰』, 北京: 中國財政經濟出版社, 2000, p. 11.

29 이 문제와 관련한 전형적인 사례가 있다. 『월스트리트 저널』은 2004년 초 「중국의 궐기는 미국의 패권을 공고화하는 데 유리하다」는 제목의 글을 발표했다. 이 글은 세계 최대 마우스 제조회사인 로지텍을 예로 들어 중국의 고속 성장이 어떻게 미국에 이익이 되는지 설명했다. 로지텍은 미국과 스위스의 합자회사이며, 이들의 제조공장은 중국 쑤저우에 있다. 2004년 2000만 개 마우스가 미국에서 팔렸고 그 가운데 무선 마우스의 판매가는 40달러인데 그중 로지텍이 20퍼센트(8달러)를 갖고 소매업체가 37.5퍼센트(15달러)를 차지하며 칩 등 부품 공급 업체가 35퍼센트(14달러)를 취하고 이런 마우스를 제조하는 로지텍 쑤저우 공장은 7.5퍼센트(3달러)만을 얻는다. 4000여 명의 임금, 수도, 전기세 등 생산 비용은 전부 이 7.5퍼센트의 판매 수입에서 지출된다. 『월스트리트 저널』은 '로지텍의 쑤저우 화물 창고는 현재 세계경제의 축소판이라고 할 만하다'고 지적한다. Andrew Higgins: "As China Surges, It Also Proves A Buttress to

American Strength", *Wall Street Journal*, 2004. 1. 30.

30 상무부 세계무역사司 책임자가 「2005년 국외 기술 무역 조치가 중국 대외무역에 미치는 영향 조사 보고2005國外技術性貿易措施對中國對外貿易影響調查報告」를 들어 기자 질문에 답함. http://www.mofcom.gov.cn/aarticle/zhengcejd/200612/20061204 149873.html.

31 특허 기술 표준화란 사적 성격을 갖는 특허가 국제 혹은 국가 기술 표준이 되는 것을 말한다.

32 馬凱(2007): 「轉變經濟增長方式 實現又好又快發展: 在中國發展高層論壇2007年會上的演講」, 2007年3月18日.

33 가공완성품 수출 위주의 수출주도 전략을 조정해야 하는지 중국 국내에서 논쟁이 일었다. 논쟁 쌍방의 논점과 논거는 다음을 참고하라. 『吳敬璉論改革基本問題Ⅱ: 中國增長模式抉擇』第5章.

34 WTO에 가입한 후 15년 동안 중국은 여전히 비시장경제 국가로 분류됐다. 이는 중국이 WTO 가입 협상에서 양보한 중대한 것들 가운데 하나다. 이 조항으로 인해 외국 기업이 중국 제품의 판매가가 다른 시장경제 제품의 비용보다 낮다고 증명하기만 하면 반덤핑 소송에서 가볍게 이길 수 있다.

제9장

1 에이사 브리그스Asa Briggs는 복지국가에 대해 유명한 정의를 내렸다. "'복지국가'라 할 국가는 조직된 권력을 의도적으로 운용하여(정치와 관리를 통해서) 최소한 3가지 측면에서 시장 법칙의 역할 범위를 축소시키기 위해 노력하는 국가다. 첫째, 개인 또는 가정에게 그들 재산의 시장가치(재산 수준)에 관계없이 최저소득을 보장한다. 둘째, 개인이나 가정에게 질병, 노령, 실업과 같은 '사회적인 의외의 사건'을 해결해주어 불안을 감소시킬 수 있어야 한다. 그렇지 않으면 개인과 가정이 위기에 직면할 것이다. 셋째, 일정 범위 내의 사회서비스 영역에서 그들의 지위나 계층이 어떠한가에 관계없이 모든 시민에게 최대한 양질의 서비스 혜택의 제공을 보장한다. A. Briggs(1961): "The Welfare State in Historical Perspective" 참고. 『新帕爾格雷大經濟學大辭典』第4卷, 北京: 經濟科學出版社, 1996, p. 968에서 재인용

2 이 절의 일부분은 다음에서 발췌했다. 張卓元·吳敬璉·楊茂春: 「從現收現付到個人基金賬戶: 智利養老金制度改革調查報告」, 『改革』, 1996年第4期.

3 칠레의 법률은 충분한 수의 기금소유자를 참가시키고 아울러 12만 달러의 자본금 이상을 보유해야만 양로기금관리회사를 등록 성립할 수 있다고 규정했다.

4 이 절의 일부분은 국가발전개혁위원회國家發展和改革委員會 거시경제연구원宏觀經濟研

究院의 2007년 연구보고서「進一步深化社會保障制度改革幾個重要問題硏究」(打印稿)에서 발췌했다.

5 도시의 '대집체'는 1958년 이후 도시 기층 정부 조직에서 가도판사처街道辦事處에 이르기까지 도시 기층 정부가 창건한 기업을 가리키며 이러한 기업은 명의상으로는 '집체기업'이지만 실제로는 정부 소유에 속하며 기층 정부가 관리한다.

6 옛 국가경제체제개혁위원회國家經濟體制改革委員會가 작성 편집한『사회보장체제 개혁社會保障體制改革』(北京: 改革出版社, 1995)은 이 기간 국무원 및 기타 관련 부처에서 제정한 사회보장 개혁과 관련된 일련의 정책과 방안을 수록했으며 아울러 이러한 정책과 방안의 사고방식에 대해 설명하고 해석했다.

7 「中共中央關於建立社會主義市場經濟若幹問題的決定」에 근거하여 작성했다.

8 世界銀行(1994):『防止老齡危機: 保護老年人及促進增長的政策』, 北京: 中國財政經濟出版社, 1996.

9 世界銀行(2005):『21世紀的老年收入保障: 養老金制度改革國際比較』, 北京: 中國勞動社會保障出版社, 2006.

10 民政部:「2015年社會服務發展統計公報」.

11 民政部:「2015年社會服務發展統計公報」.

12 이른바 '한 덩어리 잘라내기切一塊'란 정부가 현재의 국유자산에서 일부분을 잘라내 국유기업의 나이 든 노동자 양로금의 잠재적 부채를 갚는 데 사용하는 것을 가리킨다. 1993년 사회보장 방안을 입안할 때 적지 않은 경제학자들이 이러한 건의를 제시했다. 周小川·王林(1993):「社會保障: 經濟分析和體制建議」, 吳敬璉·周小川·榮敬本等:『建設市場經濟的總體構想與方案設計』, 北京: 中央編譯出版社, 1996, pp. 211~258 참고.

13 '인정채권recognition bonds'은 칠레 정부가 1981년 양로연금 개혁 시에 발행한 정부 채권으로, 정부가 정부 양로연금 계획에서 퇴출되어 새로운 양로연금 계획에 가입한 노동자의 잠재적 부채를 상환하는 데 사용되었다(이 장의 1.3을 보라).

14 楊宜勇:「養老保險基金收繳率爲何不斷下降」,『經濟學消息報』, 1997年3月7日.

15 聯合國開發計劃署駐華代表處:『中國: 人類發展報告(人類發展與扶貧)』(1997), p. 62.

16 勞動部:「關於統一企業職工養老保險制度的彙報提綱」, 1996年6月9日.

17 다음을 참고하라. 劉遵義:「關於中國社會養老保障體系的基本構想」(2000年7月29日稿). 그 구상은 나중에 다음에 실렸다.『比較』, 第6輯, 北京: 中信出版社, 2003.

18 吳敬璉:「什麼是國有股減持要解決的主要問題」,『財經』, 2002年第2期.

19 2001년 말 공식 성립한 전국사회보장기금이사회는 국무원 직속 사업 단위로 그 직임은 국무원 비준하에 모은 자금 및 그 투자수익으로 만들고 중앙정부에 의해 집중된 사회보장기금을 책임지고 관리하는 것이다. 국유자산으로 양로연금 음성 채무를 보상하는 재정 대체 조달 업무가 시작되지 않았기 때문에 투자 수단과 투자 방식이 여전히 매우

불충분한 상황에서 전국사회보장기금관리이사회는 성립 이후 기반 건설에 치중했는데, 예를 들면 기금관리회사를 위탁투자관리자로 선정하여 전략적 투자자 신분으로 신주 발행에 참여하도록 힘썼다. 현단계에서 사회보장기금의 정책적 허용 범위 내 투자 수단 으로는 은행예금, 국채, 증권투자기금, 주식, 신용등급이 투자급 이상인 기업 채권, 금융 채 등의 유가증권이 포함된다. 그 가운데 은행예금과 국채 투자의 비율은 50퍼센트 이상 이며 기업 채권, 금융채는 10퍼센트 이하이고 증권투자기금, 주식 투자의 비율은 40퍼센 트다. 리스크가 적은 투자는 사회보장기금관리이사회가 직접 운영하며 리스크가 높은 투자는 위탁투자관리자가 운용한다.

20 費爾德斯坦·利伯曼(Martin Feldstein & Jeffrey Liebman, 2006): 「實現中國養老保險 體制的潛力」, 『比較』, 第24輯, 北京: 中信出版社, 2006.

21 이것은 한 해외 화인華人이 모집한 '중국 경제문제 연구 기금中國經濟問題硏究基金'이다.

22 다음을 참고하라. 戴蒙德·巴爾(Peter Diamond & Nicholas Barr, 2004): 「中國社會保 障改革: 問題和對策選擇」, 『比較』, 第24·25輯, 北京: 中信出版社, 2006.

23 다음을 참고하라. 鄭秉文: 「'名義賬戶'制: 我國養老保障制度的一個理性選擇」, 『管理世界』, 2003年第8期; 劉仲藜·吳敬璉(2004): 「就社會保障課題致溫家寶總理的信」, 吳敬璉: 「呼喚 法治的市場經濟」, 北京: 生活·讀書·新知三聯書店, 2007, pp. 390~392; 易綱等(2007): 「轉型名義賬戶制: 中國養老保障體制改革新思路」, 『中國經濟報告』, 2007年9月.

24 국무원은 「기업의 노동자 기본 양로보험 제도 개선에 관한 결정關於完善企業職工基本養 老保險制度的決定」에서 양로연금의 비용 납부와 지급給付의 새로운 방법을 반포했다. 본 래의 방법과 서로 비교하면, 새로운 방법은 여전히 통합계정統賬제이지만 다만 기본 양 로연금 구조에서 변화가 나타나 기본 양로연금은 증가하고 개인계정 규모는 다소 낮아 져서 전체적인 수준은 개혁 이전과 대체로 엇비슷했다. 노동자의 비용 납부 연한이 35년 이 되면 퇴직하는 것을 예로 들면, 개혁 이전의 기본 양로연금 목표 대체율은 58.5퍼센 트로 그 가운데 20퍼센트는 기본 양로연금이고 38.5퍼센트는 개인계정 양로연금이었는 데 개혁 이후 목표 대체율은 59.2퍼센트로 조정되었고 그 가운데 기본 양로연금 대체율 은 35퍼센트, 개인계정 양로연금 대체율은 24.2퍼센트로 조정되었다.

25 사회보장기금의 투자 범위가 리스크가 적은 은행예금 등으로 제한되어 있었기 때문에 그 수익률은 매우 낮았다. 동북 3성의 실험에서 개인계정 투자의 연 수익률은 3~4퍼센 트에 불과했다.

26 人力資源和社會保障部: 「中國社會保險發展年度報告2015」.

27 수치는 다음에서 인용했다. 『中國勞動和社會保障年鑑(2007·2008)』, 北京: 中國勞動和社 會保障出版社, 2008·2009.

28 人力資源和社會保障部: 「2015年度人力資源和社會保障事業發展統計公報」.

29 趙德餘·梁鴻: 「中國農村社會養老保障制度建設: 挑戰·試驗與新思路」, 中國社會保障網,

2006.

30 人力資源和社會保障部: 「2007年勞動和社會保障事業發展統計公報」.

31 관련 논쟁은 다음을 참고하라. 拉豐·梯爾(Jean Jacques Laffont & Jean Tirole, 1993): 『政府采購與規劃中的激勵理論』, 石磊·王永欽譯, 上海: 上海人民出版社, 2004.

32 미국의 랜드RAND 사의 의료보험 실험에서 소비자 분담 비율이 95퍼센트와 25퍼센트 인 공동 지급 보험共付保險과 비교해 완전 보험完全保險의 의료 지출은 각각 앞의 두 가 지의 1.5배와 1.18배로 나타났다.

33 다음을 참고하라. Henry Hansmann(1980): "The Role of Nonprofit Enterprise", *Yale Law Journal*, Vol. 89, pp. 835~901.

34 다음을 참고하라. 克魯格曼和威爾斯: 「美國醫療保險體制的危機及其對策」, 『比較』, 第24輯, 北京: 中信出版社, 2006年5月.

35 슐라이퍼가 제시한 비교 잣대 경쟁 이론이란 일종의 규제경제학의 측면에서 병증에 따 른 비용선납제가 병원의 효율 제고를 자극하여 비용을 낮추게 되는 작용을 논한 것이다. Shleifer(1985): "A Theory of Yardstick Competition", *Rand Journal of Economics Competition*, Vol. 16, No. 3, pp. 319~327 참고.

36 白重恩(2007): 「發達市場經濟國家醫療體制改革的經驗」, 『比較』, 第32輯, 北京: 中信出版 社, 2007.

37 다음 등에 근거해 작성했다. 烏日圖, 『醫療保障制度國際比較』, 化學工業出版社, 2003.

38 수치의 출처는 다음과 같다. 2008年3月5日溫家寶總理在第十一屆全國人民代表大會二次會 議上所作的政府工作報告. 新華網: http://www.xinhuanet.com/2009lh/gzbg/20090305/.

39 人力資源和社會保障部: 「2015年度人力資源和社會保障事業發展統計公報」.

40 國家衛生計生委: 「2015年我國衛生和計劃生育事業發展統計公報」.

41 정부가 예산지출 방식으로 투입하는 비중은 1980년의 36.2퍼센트에서 2004년의 17.1퍼 센트로 하락했다. 개인의 현금 지불 부분은 1980년의 21.1퍼센트에서 2004년의 53.6퍼 센트로 증가했다. 최근 몇 년간 정부지출이 다소 증가했지만 개인 지출이 여전히 큰 부 분을 차지하여 예를 들면 2007년 위생 총비용의 경우 정부와 개인 위생 지출은 각각 20.3퍼센트와 45.2퍼센트였다. 수치 출처는 위와 같다.

42 周凱(2006): 「中國8成政府投入的醫療費是爲各級黨政幹部服務」, 『中國靑年報』, 2006年9月 19日 참고.

43 中國國家統計局: 『中國統計年鑒』(2013), p. 769.

44 國家統計局: 「2015年國民經濟和社會發展統計公報」.

45 人力資源和社會保障部: 「2015年勞動和社會保障事業發展統計公報」.

46 중국 병원 경비의 자금 출처는 최초에는 주로 의료 업무 수입과 정부 재정 지급금 두 가지 부분을 포함했다. 의료 업무 수입은 의료 활동에서의 수속비, 입원비, 수술비, 치료

비 그리고 약값을 가리킨다. 정부 재정 지급금은 차액예산差額預算과 특별교부금專項撥款을 포함하는데 차액예산이란 병원이 국가의 통일적 요구에 의거하여 약품 판매로 도소매 가격 차이 징수를 실행하여 병원이 일부 경제적 수익을 얻을 수 있는 것 외에는 기타 의료 항목 수수료가 의료 원가보다 평균적으로 낮아서 차액 부분을 국가의 정액 예산으로 지불하는 것을 가리킨다. 특별교부금은 차액예산 외에 국가가 지급하는 대형 설비 구입비와 갱신비를 가리킨다. 병원에서 투자 보상 메커니즘 개혁을 진행한 후에 국가는 병원에 대한 보상 모델을 채택했는데 여기에는 예산 보상과 경영 보상이 포함된다. 예산 보상은 정부 재정 부문이 '정액 총지급' 형식을 취하여 병원에 일정한 예상 경비를 지급하는 것이다. 그 장점은 거시적인 조절에 편리하여 병원의 복지 기능을 충분히 발휘하는 것이며 단점은 시스템이 경직되어 있고 병원과 환자 간에 수요공급의 모순이 증가하는 것이다. 경영 보상은 병원의 각 서비스 항목의 실제 원가와 가격에 근거해서 가격을 계산하고 비용 수수를 실행함으로써 서비스 수입으로 노동의 소모를 배상하고 난 다음 이윤을 추구하게 하는 것이다. 이러한 종류의 보상 방식의 최대 장점은 병원이 경영 활력을 가져서 능동적으로 의료 위생 서비스 시장을 지향하며 노동 구조를 개선하고 업무 효율을 강화하여 수요공급 간의 모순을 완화하는 것이다. 단점은 과도하게 의료 소비 서비스의 제공을 유발해 의료 비용이 급증하는 것이다.

47 國家衛生計生委: 「2015年我國衛生和計劃生育事業發展統計公報」.

48 이 논쟁에서 대표적인 논저는 다음과 같다. 李玲: 「中國應采用政府主導型的醫療體制」, 『中國與世界觀察』, 2005年第1期; 國務院發展研究中心課題組(2004): 「對中國醫療衛生體制改革的評價與建議」, 『中國發展評論』, 2005年增刊第1期; 顧昕: 「走向有管理的市場化: 中國醫療體制改革的戰略性選擇」, 『經濟社會體制比較』, 2005年第6期; 周其仁: 『病有所醫當間誰』, 北京: 北京大學出版社, 2009.

49 공공 위생 서비스(질병의 예방 통제, 건강 교육, 부녀자와 어린이의 보건, 응급 구호 치료, 공공 헌혈과 수혈, 위생 감독과 가족계획 등의 도움)와 일반 의료서비스(진찰, 입원 등)의 성격은 다르다. 전자는 공공재에 속하고 후자는 개인용 재화에 속한다. 양자는 분명히 한데 섞어 동일하게 취급할 수 없다.

50 다음 등에 근거해 작성했다. 北京大學中國經濟研究中心醫療衛生改革課題組: 「江蘇省宿遷地區醫改調研報告」, 2006年6月; 清華大學公共管理學院課題組: 「宿遷市醫療衛生體制改革考察報告」, 2006年11月.

51 十一屆人大二次會議政府工作報告, 2009年3月5日 참고.

52 「中共中央國務院關於切實做好國有企業下崗職工基本生活保障和再就業工作的通知」[中發(1998)年10號]과 노동사회보장부勞動與社會保障部, 국가경제무역위원회國家經貿委, 재정부, 교육부, 국가통계국國家統計局, 전국총공회全國總工會 등 6개 부처가 연합 하달한 「關於加強國有企業下崗職工管理和再就業服務中心建設有關問題的通知」[勞社部發(1998)8號].

53 수치는 다음에서 인용했다. 人力資源和社會保障部: 「2015年度人力資源和社會保障事業發展統計公報」.

제10장

1 '인플레이션'의 경제학적 의미는 전체 물가수준의 상승이다. 그러나 중국 문헌에서는 'inflation'을 '通貨膨脹(통화 팽창)'으로 번역해 많은 사람에게 이것이 화폐의 초과 발행을 의미한다는 오해를 불러일으키고 있다.

2 다음 등에 근거해 편저했다. 曼昆: 『經濟學原理』, 北京: 生活·讀書·新知三聯書店·北京大學出版社, 1999.

3 성장 모델 전환에 관한 더 상세한 토론은 『吳敬璉論改革基本問題II: 中國增長模式抉擇』 第2章 참고.

4 科爾奈(1978): 『短缺經濟學』, 北京: 經濟科學出版社, 1986.

5 『中國統計年鑑』(各年).

6 이번 경제파동을 조성한 체제 요인은 국유기업에서 행한 '기업자주권' 개혁이다. 이 개혁이 거시경제에 끼친 영향은 제2장 2.2에서 이미 다루었다.

7 『中國統計年鑑』(各年).

8 陳雲: 「經濟形勢與經驗敎訓」(1980年12月16日), 『陳雲文選(1956~1985)』, 北京: 人民出版社, 1986, pp. 248~254.

9 陳雲: 「計劃與市場問題」(1979年3月8日), 「經濟建設的幾個重要方針」(1981年12月22日)과 「加強和改進經濟計劃工作」(1982年1月25日), 『陳雲文選(1956~1985)』, pp. 220~223, pp. 275~277, pp. 278~280.

10 吳敬璉·李劍閣·丁寧寧: 「當前貨幣流通形勢和對策」(1984年12月31日), 吳敬璉·胡季主編: 『中國經濟的動態分析和對策研究』, 北京: 中國人民大學出版社, 1989, pp. 1~11.

11 『中國統計年鑑』(各年).

12 厲以寧(1986): 「關於經濟改革中急待研究的幾個理論問題」, 『經濟發展與體制改革』 1986年第5期; 厲以寧(1986): 『社會主義政治經濟學』, 北京: 商務印書館, 1986, pp. 466~471.

13 吳敬璉(1985): 「經濟改革初戰階段的發展方針和宏觀控制問題」, 『吳敬璉自選集』, 太原: 山西經濟出版社, 2003, pp. 202~210; 吳敬璉(1985): 「再論保持經濟改革的良好經濟環境」, 『吳敬璉自選集』, 太原: 山西經濟出版社, 2003, pp. 211~229; 劉國光·趙人偉(1985): 「當前中國經濟體制改革遇到的幾個問題」, 中國經濟體制改革研究會編: 『宏觀經濟的管理和改革: 宏觀經濟管理國際討論會言論選編』, 北京: 經濟日報出版社, 1986, pp. 193~203.

14 中國經濟體制改革研究會編(1986): 『宏觀經濟的管理和改革: '宏觀經濟管理國際討論會'言論選編』, 北京: 經濟日報出版社, 1986.

15 鄧小平: 「在中國共産黨全國代表會議上的講話」(1985年9月23日), 『鄧小平文選』第3卷, 北京: 人民出版社, 1993, p. 143.

16 자오쯔양趙紫陽 전국경제공작회의全國經濟工作會議 발표 담화, 『人民日報』, 1986年1月13日.

17 柳紅(2002): 『當代中國經濟學家學述評傳: 吳敬璉』, 西安: 陝西師範大學出版社, 2002, pp. 247~270.

18 『中國統計年鑒』(各年).

19 吳敬璉: 「全力以赴, 建立市場經濟的基礎結構」, 『改革』, 1992年第2期, pp. 4~11.

20 『中國統計年鑒』(各年).

21 논쟁 쌍방의 주요 논점은 『改革』 1994年第2期에서 丁鵠·吳敬璉·厲以寧·馬賓·張卓元 등의 글을 참고.

22 『中國統計年鑒』(各年).

23 1993년 8월 세계은행이 발표한 대형 연구 보고: *The East Asia Miracle*, Oxford University Press, 1993.

24 Paul R. Krugman(1994): "The Myth of Asia's Miracle", *Foreign Affairs*, Nov./Dec., 1994.

25 다음 등에 근거해 작성했다. 黃海洲·王水林: 「加强中國金融系統穩定性的幾點建議」, 『財經』, 2003年第20期.

26 『中國統計年鑒』(各年).

27 吳敬璉(2000): 「經濟走勢出現轉機, 還須加大改革力度」, 『改革: 我們正在過大關』, 北京: 生活·讀書·新知三聯書店, 2001, pp. 76~82.

28 盧中原(2002): 「民間投資態勢分析」, 馬洪·王夢奎主編: 『中國發展研究: 國務院發展研究中心報告選』, 北京: 中國發展出版社, 2003, pp. 109~121.

29 『中國統計年鑒』(各年).

30 『吳敬璉論改革基本問題Ⅱ: 中國增長模式抉擇』第1章 참고.

31 『中國統計年鑒』(各年).

32 『中國統計年鑒』(各年); 『中國經濟景氣月報』(2009.1).

33 餘永定(2003), 「消除人民幣升值恐懼症, 實現經濟平衡發展的過渡」, 『國際經濟評論』, 2003年9月號·10月號; 吳敬璉(2006), 「在'第二屆中國經濟50人田橫島論壇'上的發言」, 『21世紀經濟報道』, 2006年7月21日.

34 먼델-플레밍 모형Mundell-Fleming model, 또는 크루그먼의 '불가능의 삼각정리Krugman's impossible trinity'는 환율안정, 자본 이동의 자유와 화폐정책의 독립성 3자 간에 2가지만을 취할 수 있을 뿐 3가지를 동시에 달성하는 것은 불가능하다는 것을 의미한다.

35 李超·周誠君(2008), 「中國流動性過多與外彙儲備累積」, 『金融研究』, 2008年第12期.

36 國家統計局: 『中國統計摘要2009』, 北京: 中國統計出版社, 2009.

37 國家統計局: 『中國統計摘要2009』, 北京: 中國統計出版社, 2009.

38 다음 등에 근거해 편저했다. 吳敬璉(2008), 「中國應該怎樣應對國際金融危機」, 『上海大學學報』, 2009年第1期.

39 國家統計局: 『中國經濟景氣月報』, 2008·2009年各期.

40 國家統計局: 『中國經濟景氣月報』, 2008·2009年各期.

41 上海證券交易所.

42 원자바오溫家寶 총리의 제11기 전국인민대표대회 제1차 회의에서의 「정부 업무 보고政府工作報告」, 2008. 3. 5.

43 國家統計局: 『中國經濟景氣月報』, 2008年·2009年各期.

44 2008년 11월 5일 국무원 상무회의 관련 보도: "溫家寶主持國務院常務會, 確定擴大內需十項措施", 新華網: http://news.xinhuanet.com/newscenter/2008-11/09/content_10331258.htm.

45 스탈린은 다음과 같이 썼다: '마르크스 재생산 이론의 기본 원리, 예를 들면 사회 생산을 생산 재생산과 소비 재생산으로 구분한 원리, 확대재생산 과정에서 생산 재생산의 우선 원리, 제1부문과 제2부문 간의 비례관계 원리, 잉여가 축적의 유일 원천이 되는 원리, 사회 기금의 형성과 용도 원리, 축적이 확대재생산의 유일 원천이 되는 원리 등—마르크스의 재생산 이론의 이 모든 기본 원리는 자본주의 사회 형태에 유효할 뿐 아니라 어떤 사회주의 사회에서든 국민경제를 계획할 때 이 원리들을 운용하지 않아서는 안 된다.' 斯大林(1952): 「蘇聯社會主義經濟問題」, 『斯大林選集』下卷, 北京: 人民出版社, 1979, p. 600.

46 『中國統計年鑒』(各年).

47 林毅夫·蔡昉·李周(1999): 『中國的奇跡: 發展戰略和經濟改革』(增訂版), 上海: 上海人民出版社·上海三聯書店出版社, 2000, pp. 28~66.

48 「今後經濟建設的方針」, 『人民日報』, 1981年12月14日.

49 江澤民(2002): 「全國建設小康社會, 開創中國特色社會主義事業新局面: 在中國共產黨十六次代表大會上的報告」.

50 环亚经济数据有限公司(CEIC)數據庫.

51 이 수치는 과도한 투자 경향을 보였던 일본의 고속 성장 시기 최고 수준을 넘는다(32퍼센트). 미국은 19세기 말과 20세기 초 고속 공업화 시기 및 제2차 세계대전 회복기에도 투자율이 20퍼센트를 넘지 않았다.

52 舒爾茨(1951~1988): 『報酬遞增的源泉』, 北京: 北京大學出版社, 2001, pp. 15~29.

53 '미소곡선'은 타이완에서 신타이완 달러新臺幣 환율 자유화를 실시하고, OEM 위주의 수출가공업이 심각한 충격을 받은 상황에서 ACER 그룹 창립자이자 최고경영자인 스전룽施振榮이 산업구조 제고 경로를 도식화한 것이다. 그에 따르면, 1960년대 이래 제조업

산업 체인은 계속 부가가치가 높은 연구개발, 설계, 브랜드 경영, 애프터서비스 등 부문으로 확장됐다. 그는 이에 근거해 ACER 그룹이 단순 가공을 넘어서도록 하는 새로운 전략을 세웠다. 많은 타이완 기업이 이 전환 전략을 성공적으로 모방했다. 施振榮(1992): 『再造宏碁: 開創·成長與挑戰』, 臺北: 天下遠見出版公司, 2004年(第二版), pp. 296~298.

54 전통 경제성장 방식의 체제 기초를 제거하는 내용은 『吳敬璉論改革基本問題Ⅱ: 中國增長模式抉擇』 第4章 참고.

제11장

1 斯大林(1926): 「論列寧主義的幾個問題」, 『斯大林選集』(上卷), 北京: 人民出版社, 1979, pp. 413~415.

2 列寧(1920): 「共産主義運動中的'左派'幼稚病」, 『列寧選集』 第4卷, 北京: 人民出版社, 1995, p. 151.

3 列寧(1918): 『蘇維埃政權的當前任務』, 北京: 人民出版社, 1975, pp. 38~42.

4 斯大林(1926): 「論列寧主義的幾個問題」, 『斯大林選集』(上卷), 北京: 人民出版社, 1997, pp. 417~418.

5 盧森堡(1918): 「論俄國革命」, 『論俄國革命·書信集』, 貴陽: 貴州人民出版社, 2001, pp. 31~32.

6 孫中山(1924): 「在廣州中國國民黨第一次全國代表大會上的講演」, 王府民(1993): 『孫中山詳傳』, 北京: 中國廣播電視出版社, 1993, p. 1092에서 재인용.

7 毛澤東(1928): 「井岡山的鬪爭」, 『毛澤東選集』 第1卷, 北京: 人民出版社, 1991, p. 73.

8 周恩來(1929): 「中共中央給紅軍第四軍前委的指示信」, 『周恩來選集』(上卷), 北京: 人民出版社, 1980, p. 41.

9 劉少奇(1940): 「論抗日民主政權」, 『劉少奇選集』(上卷), 北京: 人民出版社, 1981, pp. 176~177.

10 鄧小平(1941): 「黨與抗日民主政權」, 『鄧小平文選』 第1卷, 北京: 人民出版社, 1994, pp. 8~21.

11 중국공산당 중앙정치국의 이 결정은 '근거지 영도의 통일과 일원화란 응당 각 근거지에서 통일적으로 모든 것을 영도하는 당위원회가 있음을 보여야 하는 것이며' '각 지역의 당, 정, 군, 민간 업무의 영도를 통일해야 한다'고 지적했다.

12 毛澤東(1945): 「論聯合政府」, 『毛澤東選集』 第3卷, 北京: 人民出版社, 1991, p. 1055.

13 毛澤東(1947): 「中國人民解放軍宣言」, 『毛澤東選集』 第4卷, 北京: 人民出版社, 1991, pp. 1237~1238

14 마오쩌둥과 스탈린 사이에 오간 전보는 『中共黨史研究』, 2001年第2期와 2002年第1期

에 기재되어 있다.

15 韓大元(2008):『1954年憲法與中國憲政』, 武漢: 武漢大學出版社, 2008, pp 45~53.

16 鄒讜(1994):『二十世紀中國政治: 從宏觀歷史與微觀行動的角度看』, 香港: 牛津大學出版社(中國)有限公司, 1994, p. 223; 아울러 다음을 참고하라. 鄒讜: 「中國二十世紀政治與西方政治學」, 『經濟社會體制比較』, 1986年第4期.

17 鄧小平(1986): 「在全體人民中樹立法制觀念」, 『鄧小平文選』 第3卷, 北京: 人民出版社, 1993, pp. 163~164.

18 麥克米蘭(2002):『市場演進的故事』, 北京: 中信出版社, 2006, pp. 5~6

19 列寧(1918): 「無産階級革命和叛徒考茨基」, 『列寧選集』 第3卷, 北京: 人民出版社, 1972, p. 623.

20 列寧(1920): 「關於專政的歷史」, 『列寧全集』 第12卷, 北京: 人民出版社, 1981, p. 289.

21 우-징렌이『制高點: 重建現代世界的政府與市場之爭』(丹尼爾·耶金, 北京: 外文出版社, 2000)을 위해 쓴 서문 등의 자료에 근거하여 작성했다.

22 예를 들면 중국에서 하이에크나 루커스의 중앙은행 및 화폐정책 반대 관점을 전면 지지하는 사람은 매우 적으며 경제를 지배하여 명령경제로 되돌아가 정부가 전면적인 통제를 실행하자는 주장을 전면 지지하는 사람도 매우 적다. 다수는 통화주의貨幣主義와 신케인스주의 사이에 비교적 균형적인 정책 주장에 기울어져 있다.

23 沃爾夫(Charles Wolf, 1988):『市場或政府: 權衡兩種不完善的選擇』, 北京: 中國發展出版社, 1994, pp. 55~57.

24 青木昌彥·金瀅基等編(1997):『政府在東亞經濟發展中的作用』, 北京: 中國經濟出版社, 1998.

25 大野健一: 「東亞的經濟增長和政治發展: 從威權發展模式到民主發展模式的不穩過渡」, 青木昌彥·吳敬璉編(2008):『從威權到民主: 可持續發展的政治經濟學』, 北京: 中信出版社, 2008 참고.

26 鄧小平(1980年8月): 「黨和國家領導制度改革」, 『鄧小平文選』 第2卷, 北京: 人民出版社, 1994, pp. 320~343.

27 다음에 근거해 작성했다. 鄧小平: 「黨和國家領導制度的改革」(1980年8月), 『鄧小平文選』 第2卷, 北京: 人民出版社, 1993, pp. 320~343.

28 鄧小平(1986): 「聽取經濟情況彙報時的講話」, 『鄧小平文選』 第3卷, 北京: 人民出版社, 1993, p. 160.

29 鄧小平(1986): 「在全國人民中樹立法制觀念」, 『鄧小平文選』 第3卷, 北京: 人民出版社, 1993, p. 164.

30 鄧小平(1986): 「關於政治體制改革問題」, 『鄧小平文選』 第3卷, 北京: 人民出版社, 1993, pp. 176~180.

31 1987년 10월의 중국공산당 제13차 전국대표대회가 확정한 정치개혁의 장기적 목표는 '고도로 민주적이고 법제가 완비되고 풍요롭고 효율적이며 활력이 충만한 사회주의 정치체제를 건립하는 것'이었다. 또한 정치개혁의 단기 목표는 바로 '효율 제고, 활력 증강과 각 방면의 적극성을 환기하는 데 유리한 영도 체제를 건립하는 것'이었다. 구체적인 개혁 조치는 다음과 같은 것을 포함한다. (1) 당정 분리의 실행 (2) 권력 하방의 가속화 (3) 정부 업무 기구의 개혁 (4) 간부 인사제도의 개혁 (5) 사회 협상 대화 제도의 건립 (6) 사회주의 민주정치의 몇 가지 제도 개선 (7) 사회주의 법제 건설 강화.

32 鄧小平(1989):「組成一個實行改革的有希望的領導集體」,『鄧小平文選』第3卷, 北京: 人民出版社, 1993, p. 296.

33 江澤民(1997年9月):「高擧鄧小平理論的偉大旗幟, 把建設有中國特色社會主義事業全面推向二十一世紀: 在中國共産黨第十五次全國代表大會上的報告」.

34 帕金斯等(1983):『發展經濟學』, 北京: 中國人民大學出版社, 1989, pp. 56~58.

35 亨廷頓:『變化社會中的政治秩序』, 北京: 生活·讀書·新知三聯書店, 1988, pp. 30~54.

36 서방국가에서 사람들은 항상 소득수준으로 계급을 구분하며 중등 소득을 가진 계급을 'middle class'라고 칭한다. 자본주의 초기에 'middle class'라는 말은 자산계급(bourgeoisie 혹은 capitalist)의 동의어로 사용되었다. "현대사회에서 'middle class'는 마르크스주의 학설에서의 자산계급 범주와 멀리 떨어진 전문 인력, 화이트칼라, 농민 등으로 구성된다." *Microsoft Encarta* 1994년판 middle class 항목을 보라.

37 매슬로는 인류의 욕구를 5단계로 나누었다. (1) 생리적 욕구 (2) 안전 욕구 (3) 사회 교류와 귀속감의 욕구 (4) 존경받음의 욕구 (5) 자아실현의 욕구다. 그는 하위 단계의 욕구일수록 만족시키기 쉬우며 사람들은 일반적으로 상술한 단계에 의거하여 낮은 단계에서 높은 단계로 각 욕구의 만족을 추구한다고 보았다.

38 쿠즈네츠의 경제 발전 수준과 불평등 수준 사이 상관관계의 '역U자형 가설'에 대해 중국 학자들의 긍정적 의견과 부정적 의견은 각각 다음을 보라. 陳宗勝(1991):『經濟發展中的收入分配』, 上海: 上海三聯書店出版社, 1991; 曾昭寧(1994):『公平與效率』, 山東東營: 石油大學出版社, 1994.

39 世界銀行:『1991年世界發展報告: 發展面臨的挑戰』, 北京: 中國財政經濟出版社, 1991, p. 137 그림 7.2.

40 羅蘭:『轉型與經濟學』, 北京: 北京大學出版社, 2002, p. 6.

41 吳敬璉(2001):「正本淸源分淸是非」,『讀書』, 2001年第7期.

42 롤스Rawls(1971)의『정의론』은 두 가지 중역본이 있다. 1. 何懷玄·何包鋼·廖申白譯, 北京: 中國社會科學出版社, 1988. 2. 謝延光譯, 上海: 上海譯文出版社, 1991.

43 諾齊克(1974):『無政府·國家與烏托邦』, 北京: 中國社會科學出版社, 1991.

44 森(1999):『以自由看待發展』, 北京: 中國人民大學出版社, 2002.

45 奧肯(1977): 『平等與效率: 重大的抉擇』, 北京: 華夏出版社, 1987.

46 吳敬璉(2006): 「妥善處理收入差距過大問題」, 『中國經濟時報』, 2006年7月5日.

47 상당히 광범위하게 발생한 이런 상황에 대해 홍콩중문대학의 랑셴핑郞鹹平 교수는 이를 자본가의 '원죄'와 "이른바 '국퇴민진國退民進'이라고 하는 신자유주의 주도의 개혁" 탓으로 돌리며 '이는 생산수단을 자본가에 다시 주게 될 것'이라고 보았다. 다음을 참고하라. 郞鹹平(2004): 「批判主導中國産權改革的新自由主義學派」, 『經濟管理文摘』, 2004年第18期. 칭화대학의 친후이秦暉 교수는 이러한 관점에 동의하지 않는다. 그는 지적하기를 '국유자산 유실'의 근원은 '요리사 개인이 큰 밥솥을 차지한 것掌勺者私占大飯鍋'에 있으며, 문제는 주로 "관官에 있지 상인商에 있지 않고, '국가國'에게 있지 '백성民'에게 있지 않다. '관'의 문제를 잘 다스리면 민간기업이 아무리 '원죄'가 있어도 '국유자산 유실'의 말이 생기지 않을 것이다. (…) 그러나 '관'의 문제를 잘 다스리지 않으면 민간기업이 '본래 선함原善'이 있어도 소용이 없을 것이다" "공공부문에 손해를 입히고 개인을 살찌우는損公肥私 현상을 야기한 근원을 탐구해보면 그것은 인성의 문제가 아니라 체제의 문제다. 즉 제한을 받지 않는 권력—이것이 바로 '원죄'다"라고 했다. 秦暉(2004): 「國資流失, 板子何以只打買方」, 『南方都市報』, 2004年10月2日.

48 '농촌, 도시 모두 일부 사람들이 먼저 부유해지도록 허락해야 하니 힘써 일해 부유해지는 것은 정당한 것이다. 일부 사람들이 먼저 부유해지고 일부 지역이 먼저 부유해지는 것은 여러분들이 모두 옹호하는 새로운 방법으로 새로운 방법이 옛 방법보다 좋다.' 鄧小平(1983年1月12日): 「各項工作都要有助於建設有中國特色的社會主義」, 『鄧小平文選』第3卷, 北京: 人民出版社, 1993, p. 23.

49 人力資源和社會保障部·國家統計局: 「人力資源和社會保障事業發展統計公報」(各年).

50 中經網(www.cei.gov.cn) 2003年3月11日消息. 일부 경제 전문가는 농촌인구와 도시인구를 호적 소재지에 따라 계산했기 때문에 도농 주민의 소득격차가 과장되었다고 주장한다. 이러한 상황은 확실히 존재한다. 그러나 이러한 통계상의 편차로 소득격차 확대의 기본 추세를 부정할 수는 없을 듯하다.

51 World Bank(2000): "China: Overcoming Rural Poverty, Joint Report of the Leading Group for Poverty Reduction, UNDP and the World Bank", Report No. 21105-CHA.P.Xiii Table 1.

52 『中國統計年鑒』.

53 다음에 근거해 작성했다. 薩繆爾森: 『經濟學』(第16版), 北京: 華夏出版社, 1999.

54 李强(1995): 「我國社會各階層收入差距的分析」, 『科技導報』, 1995年第11期.

55 趙人偉·格裏芬主編(1994): 『中國居民收入分配硏究』, 北京: 中國社會科學出版社, 1994; 趙人偉·李實·李思勤主編(1999): 『中國居民收入分配再硏究』, 北京: 中國財政經濟出版社, 1999.

56 世界銀行:『2006年世界發展報告: 公平與發展』, 北京: 淸華大學出版社, 2006.

57 王紹光·胡鞍鋼·丁元竹(2002):「經濟繁榮背後的社會不穩定」,『戰略與管理』, 2002年第3期.

58『中國市場經濟報』, 1995年7月26日 참고.

59 汝信·陸學藝主編:『2009年中國社會形勢分析與預測』, 北京: 社會科學文獻出版社, 2008, pp. 19~20.

60 陸學藝主編:『當代中國社會階層硏究報告』, 北京: 社會科學文獻出版社, 2002.

61 陸學藝:「建設小康社會社會指標難於經濟指標」,『社會科學報』, 2002年11月28日.

62 여기에서 말한 분화와 파열斷裂은 실질적으로 말하여 여전히 극소수 권귀(권세를 통하여 부귀를 얻은 사람들)와 많은 사회계층 간 이익의 분화와 파열이다. 현대 중국에서 출현한 사회분화와 파열에 대하여 이와는 다른 분석들도 있다. 예를 들면, '강세 집단強勢群體'과 '약소 집단弱勢群體' 간의 분열, '부자'와 '빈자' 사이의 분열, '엘리트'와 '대중' 간의 분열 등등이다. 孫立平(2003):『斷裂: 20世紀90年代以來的中國社會』, 北京: 社會科學文獻出版社, 2003.

63 덩샤오핑은 1989년 5월 31일 두 명의 중국공산당 중앙위원회 책임자급 관원에 대한 대화 중에 '이번에 나타난 이러한 소란 가운데 한 원인은 부패 현상의 만연으로 일부 대중이 당과 정부에 대해서 믿음을 잃었기 때문'이라고 지적했다.「組成一個實行改革的有希望的領導集體」,『鄧小平文選』第3卷, 北京: 人民出版社, 1993, p. 300.

64 중국사회과학원 사회학연구소가 2000년에 실시한 '사회계층, 대중 심리 그리고 사회안정社會分層公衆心態與社會穩定' 과제 연구에서 나타난 정황에 근거하면, 사람들에게는 명확한 낙관적 정서가 없었으며 20퍼센트의 응답자는 비관적 태도를 보였다. 의료개혁에서 손해를 봤다고 인식한 비율이 36퍼센트를 차지했고 좋은 것도 손실도 없다는 비율이 29퍼센트를 차지했다. 노동 취업 제도 개혁에서 손해를 봤다고 인식한 비율은 14퍼센트였고 좋은 것도 손실도 없다는 비율은 46퍼센트를 차지했다. 또 다른 2002년 말의 한 연구에 따르면 전국 도시城鎭 주민 중 생활 상태에 대해 불만이 있는 사람의 수는 약 1~2억 명으로 전국 도시 총인구의 22~45퍼센트를 차지했고 극도의 불만이 있는 사람은 약 3200만~3600만 명으로 도시 총인구의 7~8퍼센트를 차지했다. 불만이 있는 사람은 주로 경제체제 전환과 구조조정 과정에서 이익의 손실을 본 이들로 하강下崗 실업자, 농민, 저소득 인구, 소득수준 하락자 및 기타 이익 손실자를 포함했다. 王紹光·胡鞍鋼·丁元竹:「經濟繁榮背後的社會不穩定」,『戰略與管理』, 2002年第3期.

65 馬賓(2005):「關於對當前的形勢的看法和建議」,『論形勢與任務』(白皮書), 2006, pp. 59~64.

66 馬賓(2006):『紀念毛澤東』(白皮書), pp. 1~2, pp. 270~281; 蕭山木(2007):「馬賓同志新書『紀念毛澤東』導讀」; 馬立誠(2007):「有人想爲'四人幇'平反」,『同舟共進』, 2009年第3期.

67 江澤民(1997):「高擧鄧小平理論的偉大旗幟, 把建設中國特色社會主義事業全面推向二十一

世紀: 在中國共産黨第十五次全國代表大會上的報告」; 江澤民(2002): 「全面建設小康社會,
開創中國特色社會主義事業新局面: 在中國共産黨第十六次全國代表大會上的報告」; 胡錦濤
(2007): 「高擧中國特色社會主義偉大旗幟, 爲奪取全面建設小康社會新腥利而奮鬥': 在中國
共産黨第十七次全國代表大會上的報告」.

68 毛澤東(1973): 「七律·讀「封建論」呈郭老」, 『建國以來毛澤東文稿』 第13冊, 北京: 中央文獻出
版社, 1998, p. 361.

69 한 선제 유순劉詢(기원전 91~기원전 49)은 그의 '유학을 좋아한好儒' 태자 유석劉奭을
가르치며 말하길 '우리 한나라는 자신의 통치제도를 가지고 있으니 그 핵심은 패도와
왕도를 혼합하여 실행하는 것으로 어떻게 순수하게 도덕만으로 교화할 수 있겠는가?
너는 주나라가 실행한 정치제도를 사용하려는 것인가'라고 했다. 이는 중국 제왕이 나
라를 다스리는 비급秘笈이 되었다. 중국의 위대한 사상가 담사동譚嗣同(1865~1898)은
지적하기를 '2000년 동안의 위정 체제는 모두 진나라의 정치체제와 똑같은 큰 도둑大
盜의 정치체제. 2000년 동안 따른 학술 체제는 순자의 학설로 이는 모두 향신 계층
의 바람이었다. 큰 도둑의 정치체제가 향신이 바라던 학설을 이용하니 향신이 바라던
학설은 기꺼이 큰 도둑의 정치체제를 위해 봉사하는 것에 불과하다(『仁學』)'고 했다. 이
한마디는 유가와 법가 혼용의 정곡을 찔렀다.

70 馬克思(1852): 「路易·波拿巴的霧月十八日」, 『馬克思恩格斯全集』 第8卷, 北京: 人民出版社,
1997, pp. 217~218.

71 恩格斯(1875): 「論俄國的社會問題」, 『馬克思恩格斯選集』 第3卷, 北京: 人民出版社, 1995,
p. 280.

72 鄧小平(1986): 「關於政治體制改革問題」, 『鄧小平文選』 第3卷, 北京: 人民出版社, 1993, p.
177.

73 顧准(1973~1974): 「漫談民主」·「民主與'終極目的'」, 『顧准文稿』, 北京: 中國靑年出版社,
2002, pp. 374~397.

74 顧准(1973~1974): 『顧准文稿』, 北京: 中國靑年出版社, 2002, pp. 453~454.

75 집정당執政黨의 각급 조직과 그 구성원 역시 이러해야 한다. 「중국공산당 장정中國共産
黨章程」의 총강이 '당은 반드시 헌법과 법률의 범위 내에서 활동해야 한다'고 규정한 바
있다.

76 秦曉(2007): 「'中國現代性方案'求解」, 원문 적요는 『財經』(總第196期), 2007年第21期.

77 恩格斯(1891): 「'法蘭西內戰'1891年單行本導言」, 『馬克思恩格斯選集』 第3卷, 北京: 人民出
版社, 1995, pp. 12~14.

78 『鄧小平文選』 第2卷, 北京: 人民出版社, 1994, p. 333.

79 王焱: 「促進國家政治生活的法治化」, 『方法』, 1998年第3期에서 인용.

참고문헌

阿格塔米爾(Antoine van Agtmael, 2006): 『世界是新的: 新興市場崛起與爭鋒的世紀』, 北京: 東方出版社, 2007.

白重恩(2007): 「發達市場經濟國家醫療體制改革的經驗」, 『比較』, 第32輯, 北京: 中信出版社, 2007.

蔡昉: 『劉易斯拐點: 中國經濟發展新階段』, 北京: 社會科學文獻出版社, 2008.

蔡昉主編: 『中國經濟轉軌30年』, 北京: 社會科學文獻出版社, 2008.

財政部稅政司: 「中國稅制改革三十年回顧」, 謝旭人主編: 『中國財政改革開放三十年』, 北京: 經濟科學出版社, 2008.

陳清泰主編: 『加快中小企業改革的步伐』, 北京: 中國經濟出版社, 1996.

陳清泰·吳敬璉·謝伏瞻主編: 『國企改革攻堅15題』, 北京: 中國經濟出版社, 1999.

陳錫文: 『中國農村改革: 回顧與展望』, 天津: 天津人民出版社, 1993.

戴蒙德·巴爾(Peter Diamond & Nicholas Barr, 2004): 「中國社會保障體制改革: 問題和建議」, 『比較』, 第24·25輯, 北京: 中信出版社, 2006.

杜潤生: 『杜潤生自述: 中國農村體制變革重大決策紀實』, 北京: 人民出版社, 2005.

費爾德斯坦·利伯曼(Martin Feldstein & Jeffrey Liebman, 2006): 「實現中國養老保險體制的潛力」, 『比較』, 第24輯, 北京: 中信出版社, 2006.

格雷戈裏·斯圖爾特(Paul R. Gregory & Robert C. Stuart, 1985): 「比較經濟體制學」 第1

版, 上海: 上海三聯書店, 1994; Gregory, Paul R. & Robert C. Stuart(1995):
　　　Comparative Economic Systems, Fifth Edition, Houghton Mifflin Co.

哈耶克(Friedrich A. von Hayek, 1945):『個人主義與經濟秩序』, 北京: 生活·讀書·新知三
　　　聯書店, 2003.

韓俊:『中國解決改革30年: 農村經濟卷』, 重慶: 重慶大學出版社, 2008.

侯賽因·斯特恩:「中國的公共財政·政府職能與經濟轉型」,『比較』, 第26輯, 北京: 中信出版
　　　社, 2006.

黃明:「全球金融危機: 啟示與應對」,『比較』, 第39輯, 北京: 中信出版社, 2008.

黃佩華·黑迪(C. Heady)·胡永泰:『中國財政改革與財政管理』, 北京: 中國財政經濟出版社,
　　　1993.

江平:『私權的吶喊: 江平自選集』, 北京: 首都師範大學出版社, 2008.

金雁·秦暉:『經濟轉軌與社會公正』, 鄭州: 河南人民出版社, 2002.

經濟發展與發展組織:『OECD國有企業公司治理指引』, 北京: 中國財政經濟出版社, 2005.

經濟合作與發展組織(2004):『OECD公司治理原則』, 北京: 中國財政經濟出版社, 2005,

景學成·李德主編:『中國金融體系新框架』, 北京國際金融論壇, 2008.

科爾奈(1992):『社會主義體制』, 北京: 中央編譯出版社, 2007.

科爾奈·翁笙和(2001):『轉軌中的福利·選擇和一致性: 東歐國家衛生部門改革』, 北京: 中信
　　　出版社, 2003.

克魯格曼:『蕭條經濟學的回歸和2008年經濟危機』, 北京: 中信出版社, 2009.

拉迪(Nicholas R. Lardy):『未完成的中國經濟改革』, 北京: 中國發展出版社, 1999.

拉迪(Nicholas R. Lardy):『中國融入全球經濟』, 北京: 經濟科學出版社, 2002.

李劍閣:「中國企業改革和股票市場發展」,『改革』, 1996年第6期.

李揚:『中國金融改革30年』, 北京: 中國社會科學文獻出版社, 2008.

厲以寧:「關於經濟改革中急待研究的幾個理論問題」,『經濟發展與體制改革』, 1986年第5期;
　　　『轉型發展理論』, 北京: 同心出版社, 1996.

梁能主編:『公司治理結構: 中國的實踐與美國的經驗』, 北京: 中國人民大學出版社, 2000.

林毅夫:『制度·技術與中國農業發展』, 上海: 上海三聯書店, 1992.

林重庚·豪斯曼(Ricardo Hausmann)·斯賓塞等(Michael Spence):「中國和全球經濟: 中
　　　期問題和對策」,『比較』第24輯, 北京: 中信出版社, 2006.

林毅夫·蔡昉·李周:『中國的奇跡: 發展戰略與經濟改革』第2版, 上海: 上海人民出版社·上
　　　海三聯書店, 1999.

林毅夫·蔡昉·李周(1999):『中國的奇跡: 發展戰略和經濟改革』(增訂版), 上海: 上海人民出
　　　版社·上海三聯書店, 2003.

劉國光·趙人偉:「當前中國經濟體制改革遇到的幾個問題」, 中國經濟體制改革研究會編:

『宏觀經濟的管理和改革: 宏觀經濟管理國際討論會言論選編』, 北京: 經濟日報出版社, 1985, pp. 193~203.

劉克崮·賈康編: 『中國財稅改革30年: 親曆與回顧』, 北京: 北京經濟科學出版社, 2008.

劉小玄: 『奠定中國市場經濟的微觀基礎』, 上海: 上海人民出版社, 2008.

劉遵義(2000): 「關於中國社會養老保障體系的基本構想」, 『比較』, 第6輯, 北京: 中信出版社, 2003.

隆國強: 「全球化條件下中國對外開放的機遇與挑戰」, 王夢奎·陸百甫·盧中原等: 『新階段的中國經濟』, 北京: 人民出版社, 2002.

樓繼偉(1982~2000): 『中國改革: 波浪式前進』, 北京: 中國發展出版社, 2001.

樓繼偉: 「中國三十年財稅改革的回顧與展望」, 中國經濟50人論壇編: 『中國經濟50人看三十年』, 北京: 中國經濟出版社, 2008.

樓繼偉·李克平(1993): 「建立一個規範·有效的財政新體制」, 吳敬璉等編: 『建設市場經濟的總體構想與方案設計』, 北京: 中央編譯出版社, 1996.

羅蘭(Gérard Roland, 2000): 『轉型與經濟學』, 北京: 北京大學出版社, 2002.

馬曉河等: 『我國農村稅費改革研究』, 北京: 中國計劃出版社, 2002.

邁爾(Thomas Meyer, 1980): 『社會民主主義導論』, 北京: 中央編譯出版社, 1996.

毛澤東(1956): 「論十大關系」, 『毛澤東選集』第五卷, 北京: 人民出版社, 1977.

Barry Naughton(2007): *The Chinese Economy: Transitions and Growth*, Cambridge: The MIT Press.

農業部課題組: 『新農村建設戰略研究』, 北京: 中國農業出版社, 2006.

農業部軟科學委員會辦公室: 『農民收入與勞動力轉移』, 北京: 中國農業出版社, 2001.

錢德勒(1977): 『看得見的手: 美國企業的管理革命』, 北京: 商務印書館, 1987.

錢穎一: 「市場與法治」·「政府與法治」, 『現代經濟學與中國經濟改革』, 北京: 中國人民大學出版社, 2003.

錢穎一·黃海洲(2001): 「加入世貿組織後金融的穩定與發展」, 錢穎一: 『現代經濟學與中國經濟改革』, 北京: 中國人民大學出版社, 2003.

青木昌彥·錢穎一編: 『轉軌經濟中公司治理結構: 內部人控制和銀行的作用』, 北京: 中國經濟出版社, 1995.

青木昌彥·吳敬璉編: 『從威權到民主: 可持續發展的政治經濟學』, 北京: 中信出版社, 2008.

薩穆利(László Szamuely, 1974): 『社會主義經濟制度的最初模式』, 長沙: 湖南人民出版社, 1984.

世界貿易組織: 『世界貿易報告』(曆年), 北京: 中國財政經濟出版社.

世界銀行(1997): 『中國2020: 老齡保障—中國的養老保險制度改革』, 北京: 中國財政經濟出版社, 1997.

史晉川·金祥榮等:『制度變遷與經濟發展: 溫州模式研究』, 杭州: 浙江大學出版社, 2002.

Andrei Shleifer & Robert Vishny(1997): "A Survey of Corporate Governance", *The Journal of Finance*, 52: pp. 737~783.

施萊弗·維什尼(Andrei Shleifer & Robert W. Vishny, 1998):『掠奪之手: 政府病及其治療』, 北京: 中信出版社, 2004.

斯蒂格利茨(1989):『政府爲什麼幹預經濟: 政府在市場經濟中的角色』, 北京: 中國物資出版社, 1998.

斯蒂格利茨(1990):『社會主義向何處去: 經濟體制轉型的理論與證據』, 長春: 吉林人民出版社, 1998.

宋曉梧等(2000):『中國社會保障體制改革與發展報告』, 北京: 中國人民大學出版社, 2000.

蘇聯科學院經濟研究所編:『政治經濟學教科書』(第三版修訂本) 下冊, 北京: 生活·讀書·新知三聯書店, 1959.

素帕猜·克利福德(Supachai Panitchpakdi and Mark L. Clifford):『中國重塑世貿: 世貿總幹事解讀入世』, 北京: 機械工業出版社, 2002.

孫震:「台灣經濟自由化的經驗與檢討」,『比較』第25輯, 北京: 中信出版社, 2006年7月.

坦尼夫(Stoyan Tenev)·張春霖·白瑞福特(Loup Brefort)(2002):『中國的公司治理與企業改革』, 北京: 中國財政經濟出版社, 2003.

特爾-米納西安·費代利諾(Teresa Ter-Minassian and Annalisa Fedelino):「中國的財政稅收政策與改革: 構建和諧社會」,『比較』, 第26輯, 北京: 中信出版社, 2006.

佟志廣等編:『中國與WTO: 權威專家話入世』, 北京: 西苑出版社, 2000.

沃爾夫(Charles Wolf, Jr., 1988):『市場或政府: 權衡兩種不完善的選擇』, 北京: 中國發展出版社, 1994.

吳敬璉:「再論保持經濟改革的良好經濟環境」,『經濟研究』1985年第5期;「對經濟形勢的估量和對策建議」,『經濟學動態』1998年第9期;「當前經濟形勢的分析與展望」,『吳敬璉自選集』, 太原: 山西經濟出版社, 2003, pp. 279~292.

吳敬璉:『現代公司與企業改革』, 天津: 天津人民出版社, 1994.

吳敬璉(1991~2001):『十年紛紜話股市』, 上海: 上海遠東出版社, 2001.

吳敬璉:『發展中國高新技術產業: 制度重於技術』, 北京: 中國發展出版社, 2002.

吳敬璉(2005):『中國增長模式抉擇』(第4版), 上海: 上海遠東出版社, 2013.

吳敬璉:『呼喚法治的市場經濟』, 北京: 生活·讀書·新知三聯書店, 2007.

吳敬璉(2008):「金融海嘯與中國經濟」,『上海大學學報』, 2009年第1期.

吳敬璉·樊綱·劉鶴·林毅夫·易綱等編:『中國經濟50人看30年: 回顧與分析』, 北京: 中國經濟出版社, 2008.

吳敬璉·林毅夫:「劃撥國有資產歸還國家對老職工社保基金欠賬」,『比較』, 第6輯, 北京: 中信

出版社, 2003.

吳敬璉·張軍擴等:『國有經濟的戰略性改組』, 北京: 中國發展出版社, 1998.

吳敬璉·周小川(1986)等:『中國經濟改革的整體設計』, 北京: 中國社會科學出版社, 1988.

吳敬璉·周小川·榮敬本等(1992~1993):『建設市場經濟的總體構想與方案設計』, 北京: 中央編譯出版社, 1996.

吳曉波:『激蕩30年: 中國企業1978~2008』, 北京: 中信出版社, 2008.

吳曉靈:『新一輪改革中的中國金融』, 天津: 天津人民出版社, 1998.

肖冬連:『歷史的轉軌: 從撥亂反正到改革開放(1979~1981)』, 香港: 香港中文大學出版社, 2008.

謝平·陸磊:『中國金融腐敗的經濟學分析』, 北京: 中信出版社, 2005.

薛暮橋:「關於社會主義經濟的若幹理論問題」, 『薛暮橋晚年文稿』, 北京: 生活·讀書·新知三聯書店, 1999.

張景安·羅文等著:『創新精神與創新集群: 矽穀的啟示』, 上海: 複旦大學出版社, 2002.

張曉山等:『聯結農戶與市場: 中國農民中介組織探究』, 北京: 中國社會科學出版社, 2002.

周太和等:『當代中國的經濟體制改革』, 北京: 中國社會科學出版社, 1984.

周小川·王林(1994):「社會保障: 經濟分析與體制建議」, 吳敬璉·周小川·榮敬本等著:『建設市場經濟的總體構想與方案設計』, 北京: 中央編譯出版社, 1996.

周小川·楊之剛:「1994年中國稅制改革: 已取得的成績和待解決的問題」, 吳敬璉等編:『建設市場經濟的總體構想與方案設計』, 北京: 中央編譯出版社, 1996.

中國人民銀行:「貨幣政策執行報告」, 曆年.

中國人民銀行研究局:『中國現代中央銀行體制: 中國人民銀行管理體制的重大改革』, 北京: 中國金融出版社, 1999.

中國證券監督管理委員會:『中國資本市場發展報告』, 北京: 中國金融出版社, 2008.

中華全國工商業聯合會·中國民(私)營經濟研究會編:『中國私營經濟年鑒』(2006.6~2008.6), 北京: 中華工商聯合出版社, 2008.

『中華人民共和國國民經濟和社會發展第十一個五年規劃綱要』, 北京: 人民出版社, 2006.

찾아보기

윌리엄슨, 올리버Williamson, Oliver 202

ㅈ

장이웨이蔣一葦 93
장쩌민江澤民 128, 281, 485
장칭江靑 90, 680
저우언라이周恩來 86, 637
주룽지朱鎔基 384, 428

ㅊ

천보다陳伯達 65, 155
천시원陳錫文 146
천윈陳雲 70~71, 79, 85, 151~152, 164

ㅋ

카우츠키, 카를 요한Kautsky, Karl Johann 144~145, 635
코르너이, 야노시Kornai, János 105~106, 220, 584
코스, 로널드Coase, Ronald 201~202, 204
코시긴, 알렉세이 니콜라예비치Kosygin, Aleksei Nikolaevich(Косы́гин, Алексе́й Никола́евич) 50, 53, 96
쿠즈네츠, 사이먼Kuznets, Simon 657
크루그먼, 폴Krugman, Paul 455, 460, 558, 602

ㅌ

토빈, 제임스Tobin, James 591
토플러, 앨빈Toffler, Alvin 288
트로츠키, 레온(레프)Trotsky, Leon(Троцкий, Лев) 34~35

ㅍ

파레토, 빌프레도Pareto, Vilfredo 39~41
펠드스타인, 마틴Feldstein, Martin 549
포터, 마이클Porter, Michael 313~314, 455
프레오브라젠스키, 예브게니 알렉세예비치 Preobrazhensky, Yevgeni Alekseyevich(Преображе́нский, Евге́ний Алексе́евич) 32
프리드먼, 밀턴Friedman, Milton 109, 577, 579

ㅎ

하이에크, 프리드리히 아우구스트 폰Hayek, Friedrich August von 40, 42, 45, 577~578
하트, 올리버Hart, Oliver 202, 204
후야오방胡耀邦 91, 94
흐루쇼프, 니키타 세르게예비치Khrushchyov, Nikita Sergeevich(Хрущёв, Никита Сергеевич) 49~50, 57, 78

중국
현대
경제사

초판인쇄 2024년 6월 20일
초판발행 2024년 7월 5일

지은이 우징롄
옮긴이 김현석 이홍규
펴낸이 강성민
편집장 이은혜
편집 김지수
마케팅 정민호 박치우 한민아 이민경 박진희 정유선 황승현
브랜딩 함유지 함근아 고보미 박민재 김희숙 박다솔 조다현 정승민 배진성
제작 강신은 김동욱 이순호

펴낸곳 (주)글항아리
출판등록 2009년 1월 19일 제406-2009-000002호
주소 10881 경기도 파주시 심학산로 10 3층
전자우편 bookpot@hanmail.net
전화번호 031-955-2689(마케팅) 031-941-5158(편집부)

ISBN 979-11-6909-255-5 93320

www.geulhangari.com

이 책은 2022년 대한민국 교육부와 한국연구재단의 지원으로 수행됨(NRF-2022S1A5B5A16056580)

當代中國
經濟
改革